Verlag Kiepenheuer & Witsch GmbH & Co. KG,
Bahnhofsvorplatz 1, 50667 Köln

Kontaktadresse nach EU-Produktsicherheitsverordnung:
produktsicherheit@kiwi-verlag.de

Das Buch
Welch ein Leben: Vom jüdischen Außenseiter aus Ostgalizien zum Wiener Studenten und Weltkriegssoldaten, vom Starjournalisten der Weimarer Republik und Reisereporter zum österreichischen Literaten mit Weltruhm, der als verlorener Trinker im Pariser Exil stirbt. Joseph Roth war bekennender Ostjude mit Neigung zum Katholizismus, Pazifist und Einjährig-Freiwilliger im Ersten Weltkrieg, zeitweise engagierter Sozialist und bald Propagandist einer erneuerten Habsburgmonarchie, analytischer Journalist und Legendenerzähler des eigenen Lebens, weitherziger Moralist und begnadeter Polemiker: Kaum ein Schriftsteller des 20. Jahrhunderts war so widersprüchlich, kaum einer war so geschickt und souverän darin, seine Biographie und seine Haltung zur Welt ständig neu zu erfinden. Dem renommierten Publizisten und Buchautor Wilhelm von Sternburg gelingt es, dieses zerrissene, leidenschaftliche und erschütternde Leben brillant zu schildern und Licht in das von Mythen durchwirkte Selbstbild Roths zu bringen.

Diese große Roth-Biographie ist eine faktenreiche und fesselnd erzählte Lebensbeschreibung und zugleich ein tiefenscharfes Zeitbild. Sprachlich brillant und mit großem psychologischem und historischem Wissen verknüpft Wilhelm von Sternburg das Lebensbild Joseph Roths mit der Werk- und Zeitgeschichte. Eine Biographie, die Lust macht, wieder Joseph Roth zu lesen – und zwar alles von Roth!

Der Autor
Wilhelm von Sternburg, Jahrgang 1939, war über dreißig Jahre lang Journalist für verschiedene Zeitungen sowie für Rundfunk und Fernsehen, u.a. Chefredakteur Fernsehen des *Hessischen Rundfunks*. Seit 1993 arbeitet er als freier Schriftsteller und Publizist. Sternburg hat u.a. Biographien über Konrad Adenauer, Lion Feuchtwanger, Carl von Ossietzky, Arnold Zweig und Erich Maria Remarque (»Als wäre alles das letzte Mal« – Erich Maria Remarque. Eine Biographie, 2000, KiWi) veröffentlicht sowie weitere Titel zu historischen und kulturellen Themen.

Wilhelm von Sternburg
Joseph Roth

Eine Biographie

Kiepenheuer & Witsch

© 2009, 2010 by Verlag Kiepenheuer & Witsch, Köln
Alle Rechte vorbehalten. Kein Teil des Werkes darf in irgendeiner Form
(durch Fotografie, Mikrofilm oder ein anderes Verfahren)
ohne schriftliche Genehmigung des Verlages reproduziert
oder unter Verwendung elektronischer Systeme verarbeitet,
vervielfältigt oder verbreitet werden.
Umschlaggestaltung: Barbara Thoben, Köln, nach einer Idee von
Rudolf Linn, Köln
Umschlagmotiv: © *Joseph Roth; Jardin du Luxembourg, Paris; circa 1926,*
mit freundlicher Genehmigung des Leo Baeck Institute, New York
Karte: Birgit Schroeter
Gesetzt aus der Berkeley Medium
Satz: Fotosatz Reinhard Amann, Aichstetten
Printed in Germany
ISBN: 978-3-462-04251-1

Für Inga

Inhalt

Kapitel 1
»Ich bin eine Art Hochstapler«
Annäherung
an ein romanhaftes Leben

11

Kapitel 2
*»Der Wind, der über Galizien weht,
ist bereits der Wind der Steppen«*
Herkunft und Jugend in Galizien
(1894–1913)

57

Kapitel 3
»Ich fühle es, ich habe Talent«
Studien- und Soldatenjahre
in Lemberg und Wien
(1913–1918)

118

Kapitel 4

»Ist die Welt nicht ein Tollhaus?«
Journalistische Anfänge in Wien
(1918–1920)

185

Kapitel 5

»Die Menschen lieben das ›Nationale‹
und meinen das Schießgewehr«
Karriere als Journalist
und die Geburt eines Schriftstellers
(1920–1925)

235

Kapitel 6

»Wo immer ich schreibe, wird es radikal«
Reisereporter und Erfolgsautor
(1925–1932)

308

Kapitel 7

»Ich gebe keinen Heller mehr
für unser Leben«
Exil und Untergang
(1933–1939)

403

Danksagung
485

Anmerkungen
487

Bibliographie
535

Lebensdaten
543

Karte
546

Bildnachweis
548

Namensregister
550

Kapitel 1

»Ich bin eine Art Hochstapler«

Annäherung
an ein romanhaftes Leben

Es geht ihm schon lange nicht mehr gut. Die Spuren des körperlichen Verfalls sind unübersehbar. Der Alkohol hat ihn zerstört. Schon 1932 liest Annette Kolb die bitteren Briefzeilen: »Heute habe ich Unglück hinter und neben mir, graue Haare, eine kranke Leber und bin unheilbarer Alkoholiker.«[1] Im gleichen Jahr schreibt der trinkende Joseph Roth an Alfred Ehrenstein: »Eine beginnende Leber-Zirrhose ist da – und ich kann sie höchstens aufhalten.«[2]

Ein Dichter säuft sich systematisch zu Tode. Die langen Nachtstunden werden zum Albtraum. »Ich habe keine Nächte mehr. Ich sitze bis 3h morgens herum, ich lege mich angezogen um 4h hin, ich erwache um 5h und wandere irr durch's Zimmer. Ich bin seit 2 Wochen nicht aus den Kleidern gekommen.«[3] Geschwollene Füße, Hämorrhoiden, die ihm zeitweise das Sitzen zur Qual werden lassen, die sich unter der Jacke sichtbar wölbende Leber, Nierenkoliken, Schlaflosigkeit und das nächtliche Erbrechen, über Wochen ein durch den Alkohol verursachtes Augenleiden, das schmerzende Herz. Der Schriftsteller Soma Morgenstern – er hat den Freund drei Jahre nicht mehr gesehen – zeichnet ein bedrückendes Bild aus dem Spätsommer 1937: »Die Veränderung im Gesicht und in der Gestalt erschütterte mich. Er war damals weniger als dreiundvierzig Jahre alt, und…: – er sah aus wie ein sechzigjähriger Säufer. Sein Gesicht mit deutlichen Backenknochen, zu kurzem Kinn, einst von stets wacher Schaugier belebt, war jetzt gedunsen und schlaff, die Nase gerötet, die blauen Augen voll Blutwasser in den Winkeln, das Haar am Kopf stellenweise wie ausgerupft, der Mund von einem dunkelroten, slowakisch herabhängenden Schnurrbart völlig verdeckt.«[4] In einem Brief aus dem gleichen Jahr klagt Stefan Zweig über einen gemeinsamen Abend in Salzburg: »... abends der grässlich versoffene Roth...«[5] Klaus Mann, der Joseph Roth im Pariser Exil häufig begegnet ist, wird später in seinen Erinnerungen festhalten: »Der Dichter Roth beging langsamen Selbstmord, trank sich mählich zu Tod, inmitten der Bewunderer und Kollegen.«[6]

Und dazu die Weltereignisse. Bereits im Oktober 1930 erreichen Stefan Zweig die pessimistischen Zeilen: »Sie haben Recht, Europa begeht Selbstmord, und die langsame und grausame Art dieses Selbstmordes kommt daher, daß es eine Leiche ist, die Selbstmord begeht. ... Der Teufel regiert wirklich die Welt.«[7] Seit Januar 1933 sind dann in dem Land, dessen Zeitungen und Verlage seine Artikel, Reiseberichte, Glossen, Rezensionen, Essays und Romane veröffentlicht haben, die Nationalsozialisten an der Macht. Als Jude und viel gelesener liberaler Journalist hat er jetzt in Deutschland Schreibverbot. Fanatisierte Studenten und Professoren werfen am 10. Mai 1933 auch seine Bücher in die Flammen. »Aus Berlin schreckliche Nachrichten. Ich bin ganz erledigt«, schreibt er schon nach dem Reichstagsbrand Ende Februar an einen französischen Freund.[8] Wenige Tage später heißt es: »Die Welt ist sehr, sehr dumm, bestialisch. Ein Ochsenstall ist klüger.«[9] Sein Urteil ist kompromisslos: »Diese ›nationale Erneuerung‹ geht bis zum äußersten Wahnsinn. Es ist genau die Form der in der Psychiatrie bekannten Manischen-Depressiven. So ist dieses Volk.«[10]

Im März 1938 marschiert die deutsche Wehrmacht in Österreich ein. Auf dem Wiener Heldenplatz jubeln Hunderttausende dem neuen Heilsbringer und einstigen Landsmann Adolf Hitler zu. Der im Österreich der Habsburger geborene Autor ist jetzt endgültig zum Exildasein verdammt.

Krank, von ständigen Geldsorgen getrieben, deprimiert über den kulturellen und zivilisatorischen Untergang Westeuropas grübelnd, sitzt er dennoch Tag für Tag am Tisch eines seiner geliebten Kaffeehäuser in Paris, Marseille, Nizza, Amsterdam oder Ostende und schreibt. Die wachsende Zahl der Untertassen vor den sich mit seiner kleinen, so zart anmutenden Handschrift füllenden weißen

Blättern dokumentiert den maßlosen Cognac- oder Schnapskonsum. Angesichts des körperlichen Verfalls und der schwierigen, persönlich als hoffnungslos empfundenen äußeren Umstände erscheint es wie ein Wunder, dass Roth in den etwas mehr als sechs Jahren seines Exils noch zwölf Romane und Erzählungen und etwa 160 Artikel verfasst.[11] Franz Kafka offenbart sich 1912 in einem Brief an die spätere Verlobte Felice Bauer mit den Sätzen: »Mein Leben besteht und bestand im Grunde von jeher aus Versuchen zu schreiben… Schrieb ich aber nicht, dann lag ich auch schon auf dem Boden, wert hinausgekehrt zu werden.«[12] Ähnlich wird sich der Schriftsteller Joseph Roth 1936 gegenüber dem Kollegen Stefan Zweig äußern, wenngleich ihm Schreibhemmungen fremd geblieben sind: »Ich kenne, glaube ich, die Welt nur, wenn ich schreibe, und, wenn ich die Feder weglege, bin ich verloren.«[13]

Auch der Briefschreiber Roth verstummt nicht. Seine Freunde, seine Exilverlage, seine in Paris lebende Übersetzerin oder die Mitarbeiter der Zeitungsredaktionen, die ihm noch offenstehen, erreichen materielle Hilferufe, verzweifelte Anmerkungen zur politischen Lage oder spöttische Selbstbespiegelungen.

Der Monarchist

Sein politisches Denken verliert sich in diesen Jahren immer mehr in monarchistischen Illusionen. Er schwärmt von der Wiederauferstehung der Habsburg-Dynastie und wird Legitimist. »Ich konnte mit Ihnen in diesen Tagen nicht zusammenkommen, weil jetzt der Jahrestag der Eroberung Österreichs ist und ich seit 3 Tagen in 6 Versammlungen der Österreicher spreche«, heißt es in einem Brief vom März 1939.[14] Er glaubt allen Ernstes, dass der Kaisersohn Otto von Habsburg der Retter seines Heimatlandes sein könnte. »Der Monarch, der Monarch allein verhütet den Usurpator. … Es kann auf die Dauer keine wirkliche Selbstkontrolle geben ohne ein Vorbild. Dieses Vorbild ist der Monarch, der *Nicht-Gewählte*, sondern der *Gesalbte*. … Wenn das österreichische Volk keinen Diktator will, so rufe es von jetzt ab: ›*Es lebe Kaiser Otto*‹.«[15]

So fern solche Wertungen der Wirklichkeit der 30er-Jahre des 20. Jahrhunderts sind, Roth steht mit dieser Haltung keineswegs allein. Leo Perutz, in Prag geboren und bis 1933 ein viel gelesener jüdischer Autor spannender und raffinierter Romane, lässt den Freund, Reiseschriftsteller und Journalisten Richard A. Bermann 1939 wissen: »Aber was den Legitimismus betrifft, so ist und bleibt es meine Überzeugung, daß nur durch ihn übernationale Staaten möglich werden. Nationalstaaten in diesem Europa bedeuten immer Krieg. Übernationale monarchistische Staaten sind die einzig wirkliche Friedensgarantie.«[16] Auch der ebenfalls aus Prag stammende Franz Werfel hegt große Sympathien für den österreichischen Legitimismus. Und noch 1947 – Europa liegt nach einem Weltkrieg in Trümmern – liest der Heidelberger Philosoph Karl Jaspers ein spätes Echo auf den Niedergang der europäischen Monarchien in einem Brief des Historikers Golo Mann: »Die konstitutionelle Monarchie ist die beste Regierungsform für Europa und das sicherste Bollwerk der Rechte des Einzelnen gegen totalitäre Tyrannei.«[17]

Die Niederlage der europäischen Republiken und der Sieg der diktatorischen Regime in zahlreichen Staaten löst in den 30er-Jahren im Kreise der linken und der demokratisch-bürgerlichen Intellektuellen einen Schock aus. Die allerorts einsetzende Menschenjagd auf Andersdenkende und jüdische Mitbürger und der sich immer deutlicher abzeichnende Weg in den Krieg lässt nicht wenige unter ihnen von der monarchistischen Vergangenheit schwärmen – nicht nur, aber vor allem in Österreich. Stefan Zweig deutet in seinen von Nostalgie und Verzweiflung über den Ersten Weltkrieg geprägten Erinnerungen an, warum gerade so viele noch im 19. Jahrhundert geborene Österreicher Monarchisten geblieben sind: »›Der Kaiser‹, dieses Wort war für uns der Inbegriff aller Macht, allen Reichtums gewesen, das Symbol von Österreichs Dauer, und man hatte von Kind an gelernt, diese zwei Silben mit Ehrfurcht auszusprechen.«[18] Roth hält 1929 in seinem Roman »Der stumme Prophet« verklärend fest: »Und doch war zu meinen Zeiten, als noch der Mensch wichtiger war als seine Nationalität, die Möglichkeit vorhanden, aus der alten Monarchie eine Heimat aller zu machen.«[19] Fast 70 Jahre nach Roths Tod meint der ungarische Literatur-Nobelpreisträger und Roth-Übersetzer Imre Kertész: »… Joseph Roth hat vielleicht am schärfsten unter den Schriftstellern verstanden, was der Zusammenbruch der österreichisch-ungarischen Monarchie bedeutete: Die Wurzel des Nazismus, das Leichengift liegt hier. Es wurden kleine Nationalstaaten gegründet, deren Nationalismus berechtigt erschien. Das führte schließlich zum Nazismus und zum Zweiten Weltkrieg.«[20]

Die Melancholie, diese späthabsburgische Krankheit, die sich in nahezu allen Werken der österreichischen Roman- und Theaterliteratur seit den 90er-Jahren des 19. Jahrhunderts zu Wort meldet, ist im letzten Lebensjahrzehnt auch in Roths Romanen, Artikeln und Briefen nicht zu übersehen. Es ist eine Flucht aus der Geschichte. »Wie jeder Österreicher jener Zeit liebte Morstin das Bleibende im unaufhörlich Wandelbaren«, heißt es in der Novelle »Die Büste des Kaisers«, »das Gewohnte im Wechsel und das Vertraute inmitten des Ungewohnten. So wurde ihm das Fremde heimisch, ohne seine Farbe zu verlieren, und so hatte die Heimat den ewigen Zauber der Fremde.«[21]

Im August 1914 nimmt die europäische Katastrophe ihren Anfang. In den folgenden dreißig Jahren erlebt Europa einen kontinentalen Bürgerkrieg von unvorstellbarem Ausmaß. Er wird den Kulturpessimismus Roths bestimmen, der sein Denken in den späteren 20er- und 30er-Jahren immer stärker beeinflusst.

Roths nostalgischer, die Moderne und ihre Abwendung von der Religion voller Skepsis betrachtender Blick schlägt sich auch in seinem Romanwerk nieder. »Im Grunde hat Roth in allen seinen 15 Romanen einen einzigen Roman geschrieben, den Roman des Mannes (und immer sind seine Hauptfiguren Männer), der zur Modernität, zum Leben in der Gegenwart verdammt ist, der diese Wirklichkeit aber nicht erträgt, sondern flieht, in die Einsamkeit, in die Revolution, in die Vergangenheit.«[22]

Im »Radetzkymarsch« lässt Roth eine der Figuren die eigene Haltung formulieren: »Die Welt, in der es sich noch lohnte zu leben, war zum Untergang verurteilt. Die Welt, die ihr folgen sollte, verdiente keinen anständigen Bewohner mehr. Es hatte also keinen Sinn, dauerhaft zu lieben, zu heiraten und etwa Nachkommen zu zeugen.«[23]

Das Ende des Vielvölkerreiches der Habsburger bleibt für Joseph Roth weit mehr als nur ein politisches Ereignis. Er empfindet es als einen unwiederbringlichen kulturellen und geistigen Verlust. Denn das Reich der Habsburger »versank im Meer der Zeiten, das große Reich mit seiner gesamten bewaffneten Macht ... so vollkommen, so für immer, wie die armselige mit dem Imperium nicht zu vergleichende Kindheit eines Untertanen. Aber in der Erinnerung, in der das Große klein und das Geringe mächtig werden kann, identifiziert sich der kleine Teil einer Kindheit mit einem kolossalen Reich...«[24] Diese Sätze schreibt Joseph Roth in einem Artikel für die »Frankfurter Zeitung« im Juni 1929.

Als schließlich die Stunde der Barbaren schlägt und in Deutschland, in Italien, in Spanien, in Portugal, in Rumänien, in Polen, in Ungarn und auch in Österreich autoritäre, faschistische oder nationalsozialistische Regime triumphieren, wächst die Welt der Habsburger auch für Roth endgültig zur unauslöschlichen Sehnsucht heran. Sie wird ihm zum Gegenpol einer moralisch und politisch verfallenden Gegenwart. 1932 macht er in einem Brief die Bemerkung: »Mein stärkstes Erlebnis war der Krieg und der Untergang meines Vaterlandes, *des einzigen*, das ich je besessen: der österreichisch-ungarischen Monarchie.«[25] In seiner Novelle »Die Büste des Kaisers«, geschrieben in den depressiven Exiljahren, resigniert auch der »alte, verbrauchte«, nach dem Zusammenbruch Österreichs an der Riviera lebende Protagonist Graf Morstin: »Meine alte Heimat, die Monarchie, allein war ein großes Haus mit vielen Türen und vielen Zimmern, für viele Arten von Menschen. Man hat das Haus verteilt, gespalten, zertrümmert. Ich habe dort nichts mehr zu suchen.«[26] Der 13 Jahre ältere Freund Stefan Zweig wird in seiner Autobiographie ganz im Sinne Roths Abschied von der »Welt von Gestern« nehmen: »Wenn ich versuche für die Zeit vor dem Ersten Weltkrieg, in der ich aufgewachsen bin, eine handliche Formel zu finden, so hoffe ich am prägnantesten zu sein, wenn ich sage: es war das goldene Zeitalter der Sicherheit. Alles in unserer fast tausendjährigen österreichischen Monarchie schien auf Dauer gegründet und der Staat selbst der oberste Garant dieser Beständigkeit.«[27]

Roth und Zweig schlagen das große Thema nahezu aller österreichischen Schriftsteller an, deren frühe Jahre noch in die Zeit der Monarchie gefallen sind. So fern uns Heutigen die zahlreichen wehmütigen Rückblicke auf das Gestern der österreichischen Monarchie erscheinen mögen, ist es nicht tatsächlich so, dass nach den Habsburgern der mitteleuropäische Nationalismus eine für seine Völker verhängnisvolle Rolle zu spielen beginnt? Der »Ruhe« des Franz-Joseph-Zeitalters folgen jedenfalls für die Ukrainer, Tschechen, Ungarn, Rumänen, Serben oder Polen nach 1914 Jahrzehnte des Kriegsmordens, der zivilisatorischen Zerstörung und einer langen kommunistischen Zwangsherrschaft. Roths legitimistische Hoffnungen – in den letzten Lebensjahren vom Alkohol und von wachsenden Verfolgungsängsten verstärkt – sind aus seiner Sicht keine Traumgespinste. Sicher, da kokettiert und provoziert einer im Kreis der Exilanten, die aufgeregt und ratlos die immer düsterer werdende politische Lage diskutieren. Auch aus intellektuellem Trotz will er dem vielfach linken Zeitgeist Paroli bieten. Aber Roth glaubt letztlich wohl ernsthaft, dass die Wiedererrichtung der österreichischen Monarchie Europa retten könnte. Jedenfalls lassen sich seine öffentlichen Bekenntnisse in den Jahren nach 1935 kaum anders deuten. So versteigt er sich etwa in einem Vortrag von 1938 zu der pathetischen Formulierung: »In der Tat bin ich ein österreichischer Legitimist, den Kaiser Otto unglücklicherweise zu früh von seinem Eid entbunden hat.«[28] Zwar kennt das 20. Jahrhundert keinen Habsburger »Kaiser Otto«, aber viele der Zuhörer, überwiegend aus ihrer Heimat geflohene Österreicher, wissen Roths Worte zweifellos richtig einzuordnen. Auch für sie ist der Neffe des legendären Franz Joseph der legitime Inhaber des Habsburger Thrones. Der Freund und Schriftstellerkollege Hans Natonek schreibt in seinem Nachruf auf Roth die nicht unsentimentalen, aber den »Legitimisten« doch liebevoll charakterisierenden Sätze: »Als echter Romantiker hat er rückwärts gelebt, *à la recherche du temps perdu*; er marschierte, taumelte in eine bessere Vergangenheit zurück ...; er beschwor den Schatten Vorkriegsösterreichs und seines Kaisers und hielt ihm in kindlicher Sohnesliebe die Treue. ... Er träumte die Wiederherstellung eines menschenwürdigen Reichs, in dem die Idee Österreich, die übernational, humanistisch und katholisch sein wird, sich entfalten kann, und in dem, nicht zu übersehen, der

Dichter Joseph Roth leben kann, reich an den ihm gebührenden Ehren und Gütern und so frei, wie ein Dichter sein muß, um atmen und schaffen zu können.«[29]

Parallel zur verstärkten Habsburg-Sehnsucht wird Roths Blick auf Deutschland mit den Jahren bitterer: »Ich glaube nicht, daß ich am Saupreußen sterben werde. Ich habe es immer verachtet. Ebert oder Hitler ist mir Wurscht und Scheiße. Für mich war dieses Dreckland das, was Kalifornien einem Goldgräber ist.«[30] Die intellektuelle Linke, die nach 1933 im Kampf gegen den Faschismus alle Hoffnung auf die Bildung einer Volksfront setzt, belegt er mit Hohn, nicht selten sucht er sie gar mit heftigem, in der Sache ungerechtem Zorn heim. »Solange wir verbannt sind, keine Gemeinsamkeit mit den ›Linken‹: Feuchtwanger, A(rnold) Zweig, Weltbühne. Sie sind mitschuldig an unserm Schicksal.«[31] Völlig entgleist er in seiner »grausamen« Wut auf die einstige Linke Weimars in einem Brief an Stefan Zweig vom 26. August 1936: »... ich bedaure *nicht*, daß z. B. Ossietzky im Konzentrationslager ist. Wieviel Schaden würde er anrichten, wenn er draußen wäre!«[32] Sätze, die möglicherweise in schwerer Trunkenheit geschrieben worden sind, denn als Zweig diese Zeilen erreichen, liegt der ehemalige Chefredakteur der »Weltbühne« vom Tode gezeichnet in einem Berliner Polizeikrankenhaus. Drei Jahre Folterqualen im Konzentrationslager Esterwege haben seinen Körper zerstört. Wenige Monate nach Roths Brief ehrt die Welt Carl von Ossietzkys Martyrium – dem er im Februar 1938 erliegt – mit der Verleihung des Friedensnobelpreises. Das Exil feiert diese Entscheidung des Osloer Komitees als Triumph gegenüber dem Hitler-Regime, während Roth im »Neuen Tage-Buch« distanziert anmerkt, die Auszeichnung sei »dem *abstrakten* Ossietzky zuteil geworden ... will sagen: dem *Begriff* des gemarterten deutschen Schriftstellers im Dritten Reich, nicht aber dem leibhaftigen ...«[33]

Sein letztes belletristisches Werk, beendet wenige Wochen vor seinem Tod, wird »Die Legende vom Heiligen Trinker« sein. Diese zu seinen Meisterwerken zählende Novelle, an deren Schluss der Clochard Andreas an einer Pariser Bistrotheke ein rasches, sanftes Sterben erfährt, schließt mit dem Satz: »Gebe Gott uns allen, uns Trinkern, einen so leichten und so schönen Tod!«[34] Roth selbst, dem hoffnungslosen Alkoholiker und so begnadeten Schriftsteller, sollte dies nicht vergönnt sein.

Denn sein Tod im Mai 1939 ist schrecklich. Als ihn die Nachricht vom Selbstmord des Schriftstellers Ernst Toller, der sich in seinem New Yorker Hotelzimmer erhängt hat, bei einer trinkfreudigen Tischrunde erreicht, bricht er zusammen. Wenig später wird er in ein Pariser Armenhospital eingeliefert. Das schon lange anfällige Herz ist schwach. Eine schwere Bronchitis bricht aus, die Ärzte und Schwestern verweigern ihm jeden Alkohol und lassen den immer lauter danach Verlangenden mit Riemen ans Bett fesseln. Ein Besucher überliefert den Aufschrei: »Ich muß weg hier.«[35] Delirium tremens schüttelt ihn, eine Lungenentzündung und hohes Fieber kommen hinzu. Vier Tage nach seiner Einlieferung in den Gemeinschaftssaal des Hôpital Necker stirbt er. Ein Arzt, der Roth in den letzten Lebensmonaten kannte: »Im Neckerspital war die Behandlung alles andere als gut.«[36] Die ehemalige Geliebte Andrea Manga Bell schreibt 30 Jahre später: »Wenn man Herrn Walter Landauer und mich rechtzeitig benachrichtigt hätte, wäre Roth in das amerikanische Krankenhaus nach Neuilly gebracht worden, und gestorben wäre er dann bestimmt nicht... Roths Tod ist ein Skandal, Trägheit des Herzens für Sensationslüsterne, denn ein Dichter gehört gefälligst ins Armenhospital. Das gehört zum Dekorum und der Nachwelt.«[37] Vielleicht, aber Roths Körper ist längst zerstört und der Geist resigniert.

Am Grab auf dem Cimetière Thiais versammeln sich katholische Christen, jüdische Emigranten, deutsche Sozialdemokraten, Kommunisten, Liberale und österreichische Legitimisten. Jeder ihrer Sprecher reklamiert den toten Dichter für die eigene Religion, die eigene Ideologie. Es kommt zu lautstarkem Streit und Handgreiflichkeiten. Eine Szene, als wäre sie von ihm erdichtet.

Der Außenseiter und Grenzgänger

Der Schriftsteller Joseph Roth, über dessen Leben hier berichtet wird, bleibt in vielfacher Hinsicht ein Außenseiter und Grenzgänger. Und das hat sein Schicksal bestimmt. Er ist Jude, er stammt aus einer östlichen Grenzregion Europas, er wächst vaterlos auf, und er ist Künstler. Seit seiner Rückkehr aus dem Ersten Weltkrieg führt er ein Vagabundenleben. »Ich habe keine Heimat, wenn ich von der Tatsache absehe, daß ich in mir selbst zu Hause bin und mich bei mir heimisch fühle.«[38] Als Journalist arbeitet er in den 20er-Jahren stets nur für wenige Wochen in den Zeitungshäusern seiner Auftraggeber. Der in der Medienwelt der Weimarer Republik viel beachtete Autor sendet seine Artikel bald aus den verschiedensten Ecken des Kontinents, wohin ihn die Heimatredaktionen geschickt haben. »Also lernte er die Verlorenheit in fremden Städten kennen, die ziellosen Wanderungen durch den ersten Dämmer der Abende, in denen die silbernen Laternen aufleuchten und dem Körper eines Verlassenen den Schmerz von tausend plötzlichen Nadelstichen bereiten. Er ging durch verregnete Straßen über den schimmernden Asphalt der weiten Plätze, die an steinerne Seen erinnern, den Mantelkragen hochgeschlagen, von außen zugemacht und vor sich nur seinen Blick, der ihn durch die Fremde steuerte.«[39] Diese Passage aus Roths Roman »Der stumme Prophet« spiegelt autobiographische Empfindungen des Dichters wider, der sich seit 1925 – unterbrochen von einigen Besuchen – überwiegend jenseits der deutschen und der österreichischen Grenze aufhält.

Ein ruheloses Leben. »Wir sind alle Bruchstücke, weil wir die Heimat verloren haben.«[40] Sein Zuhause werden die Hotels, Cafés und Bars in Europas Metropolen oder in den kümmerlichen Provinzstädten Frankreichs, Polens, Russlands, Albaniens und Italiens, in denen er sich über Wochen während seiner Recherchereisen und dann als aus Deutschland Vertriebener aufhält. »Seit meinem achtzehnten Lebensjahr habe ich in keiner Privatwohnung gelebt, höchstens eine Woche als Gast bei Freunden. Alles was ich besitze sind 3 Koffer. Und das erscheint mir gar nicht merkwürdig. Sondern merkwürdig und sogar ›romantisch‹ kommt mir ein Haus vor, mit Bildern u so weiter.«[41] Der »Hotelbürger« führt kein bürgerliches Leben, mit Eigenheim und Familie, mit Berufskarriere und Bankkonto, mit Rentenanspruch, Theaterabonnement und Kegelclub. Er ist Betrachter und nicht Handelnder, beredsam im Freundesgespräch und natürlich beim Trinken, sonst gilt: »Große Angst vor der Annäherung nicht Zugehöriger«.[42]

Joseph Roth wächst in einer Grenzregion auf. Die ersten 18 Jahre verlebt er im östlichsten Zipfel der Habsburg-Monarchie, in Galizien. Die Grenze zu Russland liegt nur zehn Kilometer hinter seinem Geburtsort Brody. Schmuggler und Deserteure, vor den russischen Pogromen nach Westen flüchtende Juden und plündernde Kosakenscharen, Schankwirte, Korallenhändler, Rabbis und Spekulanten, unterdrückte ruthenische Bauern, herrische polnische Adlige und vom fernen Wien träumende österreichische Offiziere – die Welt des jungen Joseph Roth ist bevölkert mit geheimnisvollen Gestalten, deren Überlebenskampf und Leiden, deren Aufstieg und Fall, deren Glaubenszweifel und Leidenschaft bald die Seiten seiner Romane und Erzählungen füllen werden. »Diese Grenze zwischen zwei verschiedenen Welten lockte ihn, die geheimnisvollen Menschen an der Grenze zogen ihn an ... und zwar so, als ob es die Grenze sei zwischen Leben und Tod.«[43]

Menschen, die um 1900 in den europäischen Grenzregionen der modernen Nationalstaaten leben, reagieren häufig sensibler auf die nie nachlassende Gefahr nationalistischer Gewaltausbrüche. Das gilt für das Galizien der Wende zum 20. Jahrhundert nicht weniger als für das Elsass, die polnisch-deutschen Landschaften Schlesiens oder Südtirol. Joseph Roth, der im galizischen Völkergemisch aufwächst, wird in den 20er-Jahren immer mehr zum Kosmopoliten. »Nationale und sprachliche Einheit kann eine Stärke sein, nationale und sprachliche Vielfältigkeit ist es immer.«[44] Roths Heimatlosigkeit, seine »Fluchten« treiben ihn immer wieder über die Grenzen Österreichs und Deutschlands. Schon vor der Emigration besuchte er die »weißen Städte« Frankreichs, reist er für seine Zeitungsredaktion kreuz und quer durch Europa. Ein Grenzgänger bleibt dieser Schriftsteller zeit seines Lebens. Zu seinen frühesten Erfahrungen zählt die Völker- und Religionsvielfalt, die sich am östlichen Rande Europas in einem sich über Jahrhunderte hinziehenden Wanderungsprozess herausgebildet hat. Als Bewohner einer Grenzregion, in der sich Deutsch- und Slawentum kreuzen, die konkurrierenden Nationalbewegungen ihre Bewohner zunehmend trennen, bekennt er sich als junger Gymnasiast und baldiger Wiener Student aber mit besonderem Nachdruck zur deutsch-österreichischen Kultur.

Der skeptische Jude

Als Jude gehört Joseph Roth zu einer diskriminierten, immer wieder verfolgten Minderheit in der europäischen Staatenwelt. Obwohl er seiner äußeren Lebensweise nach assimiliert ist, sich ganz dem deutsch-österreichischen Sprach- und Kulturraum zugehörig fühlt und seit Mitte der 20er-Jahre vom Katholizismus angezogen wird, bleibt das Werk von seinem Judentum entscheidend geprägt. Und doch ist es ein Leben zwischen den Religionen und Kulturen. »Ich bin nicht von der allerdings schon schwer sinkenden Hand des Christentums ins Leben geführt worden wie Kierkegaard«, umschreibt der Prager Jude Franz Kafka einmal seine Situation, »und habe nicht den letzten Zipfel des davonfliegenden jüdischen Gebetsmantels noch gefangen wie Zionisten.«[45] Für Roth gilt dies ebenfalls.

Er betont vielfach sowohl Distanz als auch Selbstbewusstsein gegenüber seiner jüdischen Herkunft: »Mein Judentum ist mir nie anders, als eine akzidentelle Eigenschaft erschienen, etwa wie mein blonder Schnurrbart (er hätte auch schwarz sein können). Ich habe nie darunter gelitten, ich war nie darauf stolz.«[46] Sicherlich ist dies eine mehr verhüllende als offenbarende Selbstdeutung. Mit ähnlichen Worten hat sich auch Stefan Zweig einmal in einem Brief an Martin Buber geäußert: »Es belastet das Judesein mich nicht, es begeistert mich nicht, es quält mich nicht und sondert mich nicht, ich fühle es ebenso wie ich meinen Herzschlag fühle, wenn ich daran denke, und ihn nicht fühle, wenn ich nicht daran denke.«[47]

In den 20er-Jahren veröffentlicht Roth seinen großen Essay über die »Juden auf Wanderschaft«. In ihm stimmt er das Hohelied des Ostjudentums an, dem er selbst entstammt. Nicht ohne Ironie und feuilletonistische Übertreibung, aber doch mit Zuneigung und sehnsuchtsvoller Rückbesinnung: »Ich sehe, daß man nicht umsonst 4000 Jahre Jude gewesen ist, nichts als Jude. Man hat ein altes Schicksal, ein altes, gleichsam erfahrenes Blut. Man ist ein geistiger Mensch. Man gehört einem Volk an, das seit 2000 Jahren keinen einzigen Analphabeten gehabt hat, einem Volk mit mehr Zeitschriften als Zeitungen, einem Volk, wahrscheinlich dem einzigen der Welt, dessen Zeitschriften eine weit höhere Auflage haben als seine Zeitungen. Während ringsum die andern Bauern erst mühselig zu schreiben und zu lesen anfangen, wälzt der Jude hinter dem Pflug die Probleme der Relativitätstheorie in seinem Hirn.«[48] Ähnlich wird in diesen Jahren Roths Schriftstellerkollege, der in München geborene Jude Lion Feuchtwanger, argumentieren: »Nächst den Chinesen sind die Juden wohl das literarischste Volk der Welt. Ihre Gruppe war seit zwei Jahrtausenden nicht mehr zusammengehalten durch ein staatliches Gebilde, auch der Begriff Rasse war ihnen fremd, sie waren zusammengehalten nur durch ein Buch, durch die Bibel.«[49] Und auch Arnold Zweig, aus dem niederschlesischen Glogau stammender Jude, schwärmt mit vergleichbaren Worten: »Und der Jude mit dem Buch: das ist erst der eigentliche Jude. Hier sind Gefilde ausgebreitet, die seine eigentliche heimatliche Ebene sind, endlos bis zum Horizont des Unwißbaren.«[50] Schon der Emigrant und getaufte Jude Heinrich Heine weiß, was den in der Diaspora lebenden Juden auszeichnet. In seiner Polemik gegen Ludwig Börne heißt es: »Ein Buch ist ihr Vaterland, ihr Besitz, ihr Herrscher, ihr Glück und ihr Unglück. Sie leben in den umfriedeten Marken dieses Buches, hier üben sie ihr unveräußerliches Bürgerrecht, hier kann man sie nicht verjagen, nicht verachten, hier sind sie stark und bewunderungswürdig. Versenkt in die Lektüre dieses Buches, merkten sie wenig von den Veränderungen, die um sie her in der wirklichen Welt vorfielen.«[51]

Roth steht also mit seiner ironisch-selbstbewussten Haltung unter den assimilierten, in Deutschland lebenden Juden nicht allein. Feuchtwanger schreibt 1929: »Ich gebe ohne weiteres zu: mein Hirn denkt kosmopolitisch, mein Herz schlägt jüdisch.«[52]

Es gibt unter den deutschen Juden natürlich auch andere, am neu entflammten Antisemitismus Verzweifelnde. Jakob Wassermann, ein in den Weimarer Jahren berühmter und sich leidenschaftlich zu Deutschland bekennender Autor, formuliert 1921 die niederschmetternden Sätze: »Was bleibt? Selbstvernichtung? Ein Leben in Dämmerung, Beklommenheit und Unfreude ... Es ist besser, nicht daran zu denken.«[53]

Bei Roth finden sich, vor allem in seinen späteren Jahren, scharf ablehnende Bemerkungen über das Judentum. Im Zusammenhang mit Arnold Zweigs Palästina-Roman »De Vriendt kehrt heim« – er erscheint 1932 zeitgleich mit Roths »Radetzkymarsch« im Verlag Gustav Kiepenheuer – lässt er Stefan Zweig wissen: »Die Juden sind sehr dumm. Nur die noch dümmeren Antisemiten können glauben, die Juden seien gefährlich klug. Nach zweitausend Jahren gelingt es ihnen nicht, sympathisch zu werden – und ihre Köpfe sind so töricht, sich und das Judentum für den Mittelpunkt der Welt zu halten … ich bin, zu meinem Bedauern, nicht mehr in der Lage, mich zu diesem, sich selbst fortwährend desavouierenden Judentum zu bekennen.«[54] Manch ähnliche Briefstelle ließe sich da noch zitieren. Meist sind es spontane Reaktionen, in denen Roth seinem Ärger Luft macht – über jüdische Kollegen, über ihre Bücher, über ihr politisches Verhalten. Es werden dabei auch tiefere Schichten berührt. »Roth war ein nichtassimilierter Ostjude, der gerne den assimilierten Juden Österreichs mimte.«[55] Das Verhältnis zu seinem Judentum bleibt kompliziert, häufig sehr widersprüchlich. Aber das gilt im Grunde für viele seiner Bindungen. Kaum hat er einen Gedanken geäußert, eine Position verteidigt, da folgt nicht selten schon im nächsten Brief ein den Adressaten verblüffender Meinungswechsel. Roth ist kein Opportunist, sondern ein Intellektueller, dem jedes persönliche Erlebnis, jedes politische Ereignis sofort ins Grundsätzliche gerät.

Seine Romane und Novellen sind bevölkert mit jüdischen Neben- und mehrfach auch mit jüdischen Hauptfiguren. Der Welt des sich schon um die Jahrhundertwende auflösenden Ostjudentums gehört seine Liebe. »Seit Jahrhunderten wandert dieses Volk der Ostjuden, der armen Bauern, westwärts, Heimat verlassend, Heimat suchend. Eine große Traurigkeit geht von ihnen aus, ihren grauen Bärten, ihren zerfurchten Gesichtern, ihren rührenden, unbeholfenen Bündeln.«[56] Entscheidend für diesen verstehenden Blick wird seine Russland-Reise im Jahre 1926. Es wird eine Fahrt in die eigene Vergangenheit, zurück zu den Wurzeln seiner Herkunft. Im Alltagsleben der Menschen in den jüdischen Kleinstädten (Schtetl) – »kleine Handwerker, Arbeiter, Wasserträger, Gelehrte, Kultusbeamte, Synagogendiener, Lehrer, Schreiber, Thoraschreiber, Tallesweber, Ärzte, Advokaten, Beamte, Bettler und verschämte Arme, … Totengräber, Beschneider und Grabsteinhauer«[57] –, im Wirken der Wunderrabbis, »der Mittler zwischen Mensch und

Gott«, im ernsten Studium der Talmudschüler, im lebensfrohen, frommen Chassidismus glaubt Roth die im Zuge der westlichen Moderne verloren gegangene Humanität, das auf naive Gläubigkeit ausgerichtete Leben mit Gott zu entdecken. »... der Mensch des Ostens ist stärker als jeder andere.«[58] Heinrich Böll schreibt 1956 über Roth: »... alle Weisheit des Judentums war in ihm, dessen Humor, dessen bitterer Realismus; alle Trauer Galiziens, alle Grazie und Melancholie Austrias...«[59]

Dem Zionismus, zunächst noch eine kleine Bewegung innerhalb des Judentums, steht Roth zeitlebens zwiespältig gegenüber. Rigorose Ablehnung wechselt mit skeptischer Zuneigung. Theodor Herzl, der Prophet der zionistischen Idee, hatte 1896 den europäischen Juden aufwühlende Sätze zugerufen: »Wir sind ein Volk. Wir haben überall ehrlich versucht, in der uns umgebenden Volksgemeinschaft unterzugehen und nur den Glauben unserer Väter zu bewahren. Man läßt es nicht zu. Vergebens sind wir treue und an manchen Orten sogar überschwengliche Patrioten, vergebens bringen wir dieselben Opfer an Gut und Blut wie unsere Mitbürger, vergebens bemühen wir uns den Ruhm unserer Vaterländer in Künsten und Wissenschaften, ihren Reichtum durch Handel und Verkehr zu erhöhen. In unseren Vaterländern werden wir als Fremdlinge angeschrien... Wenn man uns in Ruhe ließe... Aber ich glaube, man wird uns nicht in Ruhe lassen.«[60] Roth wird diese Gedanken in seinem großen Essay über das Judentum wieder aufgreifen: »Sie haben kein ›Vaterland‹, die Juden, aber jedes Land, in dem sie wohnen und Steuern zahlen, verlangt von ihnen Patriotismus und Heldentod und wirft ihnen vor, daß sie nicht gerne sterben. In dieser Lage ist der Zionismus wirklich noch der einzige Ausweg: wenn schon Patriotismus, dann lieber einen für das eigene Land.«[61] Aber an anderer Stelle heißt es dann wieder: »Der Zionismus ist nur eine Teillösung der Judenfrage.«[62]

So vielfältig und auch widersprüchlich Roths Anmerkungen zum Judentum generell sind, er bleibt auch in dieser Frage ein intellektueller Außenseiter: »Ich bin mit Wonne ein Abtrünniger, von Deutschen *und* Juden und bin stolz darauf.«[63] Zum 50. Geburtstag seines Verlegers Gustav Kiepenheuer schreibt er 1930: »Er (Kiepenheuer – WvS) liebt die Juden, ich nicht.«[64] Die Schriftstellerin

Irmgard Keun, in den Exiljahren für einige Zeit Roths Trink- und Bettgenossin, meint später, er habe »seine« Juden zugleich geliebt und gehasst.[65]

Jener viel zitierte und meist sehr oberflächlich beurteilte »jüdische Selbsthass«, den manche Kritiker und Biographen bei Autoren wie Karl Marx, Karl Kraus, oder Kurt Tucholsky zu erkennen glauben, findet sich bei Joseph Roth jedoch nicht. Die Lust des Intellektuellen, sich mit dem eigenen Volk, mit der eigenen Glaubensgemeinschaft, mit der Gesellschaft, in der er lebt, kritisch auseinanderzusetzen, hat zudem weniger mit »Selbsthass« als vielmehr mit dem unbesiegbaren Hang zum Widerspruch zu tun, der in jedem seine familiäre und gesellschaftliche Herkunft reflektierenden Menschen wohnt. Jüdische Intellektuelle reagieren häufig besonders hellhörig auf Missstände in den Gesellschaften, in denen sie leben. Ihr Blick auf das hohle Pathos der Politik und deren Propagandisten ist misstrauischer als der vieler ihrer christlichen Nachbarn. Verständlicherweise, denn er ist geschärft von der Jahrhunderte alten Erfahrung persönlicher Diskriminierung und Verfolgung. Imre Kertész, ein Auschwitz-Überlebender, schreibt in einer autobiographischen »Ermittlung«, er sei eher in ein Judentum »hineinbefohlen, als von seiner Notwendigkeit überzeugt worden. ... Ich glaube übrigens, daß auf diese Weise jene psychischen Konflikte entstehen, die dann in der Form jüdischen Selbsthasses kulminieren ...«[66] Franz Kafka stellt lapidar fest: »Wir erleiden die Geschichte.«[67]

Habsburg und das jüdische Schtetl – für Roth werden sie zum Symbol einer untergegangenen Zeit. Sie wird von einer Moderne verdrängt, die in der Tat ein Morden heraufbeschwört, wie es Europa bis dahin noch nicht gekannt hat. Roth entweicht dieser zunehmend mit der Rückbesinnung auf seine galizische Jugend und das Wien seiner Studentenzeit, den Ort seiner ersten journalistischen Arbeiten, die Stadt, in der er heiratet.

»Ich gehe heute in den alten Hafen für die Nacht«, schreibt er 1925 aus Marseille. »Da ist die Welt, in der ich eigentlich zu Hause bin. Meine Urväter mütterlicherseits leben dort. Alle verwandt. Jeder Zwiebelhändler mein Onkel.«[68] Heimat ist für diesen modernen Ahasver schon 1921 nur noch ein Ort der Erinnerung: »Wie war Heimat einst traulicher Inbegriff sentimental-herzlicher Werte:

ein Gäßchen bog sich in lyrischer Krümmung, und ein Brunnen sang Vierzeiler. Es war ein integrierender Bestandteil aller Poesie. Grenze und Ziel einer Sehnsucht. Wurzel der Leidenschaften und ihr Angelpunkt.«[69] In einem seiner Reiseartikel für die »Frankfurter Zeitung« heißt es einmal: »Ich bin fremd in dieser Stadt. Deshalb war ich hier so heimisch.«[70]

Der Vaterlose

Joseph Roth wächst vaterlos auf. Schon vor seiner Geburt ist der westgalizische Handelsvertreter und Kaufmann Nachum Roth aus dem Lebenskreis seiner Familie verschwunden. Der Sohn wird ihn immer vermissen. Sein Roman »Zipper und sein Vater«, veröffentlicht 1927, beginnt mit den Sätzen: »Ich hatte keinen Vater – das heißt: Ich habe meinen Vater nie gekannt –, Zipper aber besaß einen. Das verlieh meinem Freund ein besonderes Ansehen, als wenn er einen Papagei oder einen Bernhardiner gehabt hätte. Wenn Arnold sagte: Ich gehe mit meinem Vater ... – so wünschte ich mir, auch einen Vater zu haben.«[71] An anderer Stelle dieses Romans heißt es: »Hätte ich einen Vater gehabt, ich hätte ihm keinen Vorwurf gemacht.«[72]

Später wird er – Hinweis auf lebenslange Leerstellen – häufig erfundene Geschichten über seine Herkunft, seine Kriegserlebnisse und auch den imaginären Vater erzählen. »Mein Vater war ein Offizier, der in jeder Garnison eine andere Frau hatte.«[73] Ein Graf sei er gewesen, heißt es ein andermal. Dann wieder im Interview mit einer französischen Zeitung die Version: »Mein Vater (war) ein Finanzbeamter, ein Wiener von echtem Schrot und Korn, ein Kunstliebhaber, der auch selbst malte.«[74] Auch vom Wunderrabbi ist die Rede. Nicht nur in vielen Briefen, sondern auch in Zeitungsgesprächen und in Passanträgen oder der Heiratsurkunde vom März 1922 gibt Roth als Geburtsort »Schwaby Bezirk Brody« an, was nicht stimmt, aber eine »deutsche« Herkunft suggerieren soll. Verschiedentlich erzählt er geheimnisvoll von einer unehelichen Tochter, die er gerade besucht habe. Reserveoffizier sei er, lässt er Freunde, Verleger und Reporter wissen. Auch das ist nicht Wirklichkeit, sondern Phantasie. Ein sozialer Aufsteiger wirft da biographische Nebelkerzen. Die Entfremdung vom Ich, die lebenslange Selbstwertkrise und Identitätssuche dieses in seiner Kunst doch so sicheren Dichters, sie lassen sich nicht nur in den täglichen Alkoholexzessen erkennen, sondern auch in den vielen Legenden, mit denen er seinen familiären Hintergrund und seine frühe Jugend umrankt. Wobei andererseits gewiss auch gilt, was Sigmund Freud einmal über die dichterische Phantasie im Allgemeinen anmerkt: »Die liebste und intensivste Beschäftigung des Kindes ist das Spiel. Vielleicht dürfen wir sagen: Jedes spielende Kind benimmt sich wie ein Dichter, indem es sich eine eigene Welt erschafft oder, richtiger gesagt, die Dinge seiner Welt in eine neue, ihm gefällige Ordnung versetzt. Es wäre dann unrecht zu meinen, es nähme die Welt nicht ernst; im Gegenteil, es nimmt sein Spiel sehr ernst, es wendet große Affektbeträge darauf. ... Der Dichter tut nun dasselbe wie das spielende Kind; er erschafft eine Phantasiewelt, die er sehr ernst nimmt, d. h. mit großen Affektbeträgen ausstattet, während er sie von der Wirklichkeit scharf sondert.«[75] Die Kreativität des Schriftstellers ist eng mit dessen Fähigkeit verbunden, zu lügen. Für diese Behauptung bietet die Literaturgeschichte unzählige Beispiele – sie reichen von Rabelais bis zum »Baron Münchhausen«, von William Faulkner bis Joseph Roth.

Für jeden Heranwachsenden ist es wichtig, dass er sich von der regelsetzenden Verbotsinstanz, die der Vater repräsentiert, emanzipiert. In Roths Leben fehlt diese konfliktreiche, aber notwendige Auseinandersetzung. Nie wird er bürgerliche Familienverhältnisse kennen, eigene Kinder haben und nur wenige Jahre mit seiner – bald in psychiatrischen Anstalten dahindämmernden – Ehefrau zusammenleben. Harsch wird Roth einmal formulieren: »Ich habe keinen Vater gekannt, ich werde auch keinen Sohn haben.«[76]

Die Rolle des Vaters spielt im Judentum bekanntlich eine zentrale Rolle. In der väterlichen Autorität spiegelt sich das göttliche Gesetz wider. Sigmund Freud deutet dieses Gesetz in seiner Religionskritik als väterliches Gebot. Der Westjude Franz Kafka spricht in seinem langen, nie abgeschickten Brief an den Vater von dem »grenzenlosen Schuldbewußtsein«, das dieser in ihm hervorgerufen habe. »Ich sage ja natürlich nicht«, schreibt er, »daß ich das, was ich bin, nur durch deine Einwirkung geworden bin. ... Nur eben als Vater warst Du zu stark für mich.«[77] Wo Roths Leben vom Vaterverlust mitbestimmt wird, ist der Vater bei Kafka überrepräsentiert: »Noch nach Jahren litt ich unter der quälenden Vorstellung, daß der riesige Mann, mein Vater, die letzte Instanz, fast ohne Grund kommen und mich in der Nacht aus dem Bett auf die Pawlatsche tragen konnte und daß ich also ein solches Nichts für ihn war.«[78] Die machtpolitische Rolle des Vaters ist über zwei Jahrtausende auch für die patriarchalisch-christliche Kultur von großer Bedeutung. Für die jüdischen Söhne bleibt sie vielfach eine nie endende Herausforderung.

Franz Kafka »floh (alles), was nur von der Ferne an Dich erinnerte«.[79] Joseph Roth ist dagegen ein lebenslanger Vatersucher geblieben: Der greise Kaiser Franz Joseph wird dabei ebenso zum Ersatzvater wie dessen Neffe Otto von Habsburg, dem sich der Legitimist Roth in den 30er-Jahren andient.

Über den übersensiblen, an der Lebenswirklichkeit scheiternden Friedrich Hölderlin, dessen Lyrik zum Schönsten zählt, was in deutscher Sprache je geschrieben worden ist, urteilt Stefan Zweig: »Sanfte Natur hegt ihn ein, sanfte Frauen ziehen ihn auf: kein Vater ist (verhängnisvollerweise) da, ihn Zucht und Härte zu lehren, ihm die Muskeln des Gefühls gegen seinen ewigen Feind, gegen das Leben, zu härten.«[80] Einem anderen, der aus der Welt geht, weil er sie nicht mehr ertragen will, Heinrich von Kleist, stirbt der Vater, als er 11 Jahre alt ist. Und auch Roth, erzogen von einer ihr Wirken ganz auf das einzige Kind ausrichtenden Mutter, zerbricht schließlich am Leben. Hölderlin flieht in den Wahnsinn, Kleist in den Freitod und Roth in den Alkohol.

Über Sigmund Freuds Anmerkung, dass er kein »ähnlich starkes Bedürfnis aus der Kindheit wie das nach dem Vaterschutz ... anzugeben (wüßte)«, gilt es jedenfalls mit Blick auf Joseph Roth nachzudenken. Zumindest dann, wenn Freuds These stimmt, dass »die Erhaltung des Vergangenen im Seelenleben eher Regel als befremdliche Ausnahme ist«.[81]

Paul Matussek wiederum weist in einer psychoanalytischen Untersuchung über Suchtstrukturen auf eine Verbindung zwischen Suchtkranken und der Familienkonstellation hin, in der sie aufgewachsen sind: »Auf der einen Seite handelt es sich um einen Vater, der eine Identifizierung künftig Süchtiger erschwert, sei es wegen seines frühen Todes, zu häufiger Abwesenheit, zu geringer Beteiligung am Familienleben oder auf Grund von Charaktereigenschaften, die das Männliche abstoßend und wenig begehrenswert erscheinen lassen.«[82] Die Mutter dagegen werde eher als verwöhnend denn als hart und abweisend beschrieben. Mit Blick auf den Alkoholiker Roth eine zweifellos interessante These.

Roth bleibt bindungsunfähig. Der Mutter, die seine Kindheit dominiert, wird er die letzten vier Jahre vor ihrem Tod nicht eine Briefzeile schreiben, sie erst am Sterbebett wiedersehen. Die Frauen, die Redaktions- und Schriftstellerkollegen, die Freunde seines Lebens – es bleibt trotz aller Leichtigkeit mancher Briefzeile, trotz des vom Alkohol mitgetragenen Gelächters in der Kaffeehausrunde, trotz der schier unerschöpflichen Erzähllust, von der seine vielen Trinkgenossen und nächtlichen Begleiter in ihren Erinnerungen zu berichten wissen, immer eine innere Distanz. Selten nur überschreitet er die emotionale Schwelle und gewährt Einblicke in sein Inneres. Der charmante Plauderer ist mit Blick auf die tieferen Dimensionen des eigenen Ich ein großer Schweiger.

»... daß es uns«, schreibt Heinrich von Kleist einmal an die Schwester, »an einem Mittel zur Mitteilung fehlt. Selbst das einzige, das wir besitzen, die Sprache taugt nicht dazu, sie kann die Seele nicht malen, und was sie uns gibt, sind nur zerrissene Bruchstücke. Deshalb habe ich jedes Mal eine Empfindung wie ein Grauen, wenn ich jemandem mein Innerstes aufdecken soll.«[83] Dieses »Grauen« davor, sich gegenüber anderen Menschen zu offenbaren, ist auch Roth nicht unbekannt geblieben. »Aber Sie irren sich, wenn Sie glauben, ich hätte eine ›Umgebung‹«, erfährt der Schriftsteller Gotthard Jedlicka. »Ich treffe Den und Jenen, wie man einen Stein oder einen Baum am Wege trifft.«[84] Viele Briefe, vor allem auch die an den großzügigen Geldgeber Stefan Zweig, sind von Selbstmitleid getränkt. Aber die Verzweiflung, die in ihnen anklingt, ist unüberhörbar. »Ihr laßt mich Alle sitzen, Ihr seid so weltlich, so klug, und ich mache so viel ›Dummheiten‹. Ich habe so viel Menschen geholfen, ich bleibe so allein. Ich war so nett zu den Menschen, sie sind so böse.«[85]

Der Starjournalist

Vor allem natürlich ist Joseph Roth Künstler. Auch dies lässt ihn zum gesellschaftlichen Außenseiter werden. Vordergründig betrachtet führt er das Leben eines Bohemiens. Mit einer sich auf Wochen beschränkenden Ausnahme wird er nie eine eigene Wohnung mieten. Seit er sich als 19-jähriger Student in den Universitäten von Lemberg und Wien eingeschrieben hat, lebt er zur Untermiete, in Pensionen und Hotels oder gelegentlich bei Freunden – bis zu seinem Tod. »Wie andere Männer zu Heim und Herd, zu Weib und Kind heimkehren, so komme ich zurück zu Licht und Halle, Zimmermädchen und Portier – und es gelingt mir immer, die Zeremonie der Heimkehr so vollendet abrollen zu lassen, daß die einer förmlichen Einkehr ins Hotel gar nicht beginnen kann. Der Blick, mit dem mich der Portier begrüßt, ist mehr als eine väterliche Umarmung.«[86] Stefan Zweig nennt die ruhelosen Wanderer unter den Künstlern »nomadische Naturen, Vaganten in der Welt«. Denn »weder Kleist noch Hölderlin noch Nietzsche haben jemals ein eigenes Bett gehabt, nichts ist ihnen zu eigen, sie sitzen auf gemietetem Sessel und schreiben an gemietetem Tisch und wandern von einem fremden Zimmer in ein anderes. Nirgends sind sie verwurzelt...«[87]

Roths Werkbank ist der Kaffeehaustisch. Er schreibt im Lärm der Öffentlichkeit, Tag für Tag, Stunde um Stunde, Seite für Seite. Den um ein Treffen bittenden Schweizer Schriftsteller Carl Seelig – Vormund und Biograph von Robert Walser – erreichen im Oktober 1933 die Zeilen: »Kommen Sie nur bitte an einem beliebigen Tag her, auch wenn ich schreibe, stört es mich nicht. Gute Gesellschaft fördert mich höchstens.«[88] Wie anders entstehen da im fernen Prag die Erzählungen und Romanfragmente Franz Kafkas. »Ich brauche zu meinem Schreiben Abgeschiedenheit«, schreibt dieser im Juli

1913 an seine Verlobte, »nicht ›wie ein Einsiedler‹, das wäre nicht genug, sondern wie ein Toter. Schreiben in diesem Sinne ist ein tieferer Schlaf, also Tod, und so wie man einen Toten nicht aus seinem Grabe ziehen wird und kann, so auch mich nicht vom Schreibtisch in der Nacht.«[89]

Roths Welt dagegen sind die Cafés, Bistros und Bars. Hier entstehen die Bücher des Erzählers und die Kolumnen des Journalisten. Fast 1500 Zeitungsartikel sind bislang als Veröffentlichungen aus Roths Feder nachgewiesen. Noch immer tauchen in den Zeitungsarchiven verschollene Texte auf. Er wird 16 Romane, 19 Novellen und Erzählungen schreiben. Einiges bleibt Fragment oder Entwurf, anderes erscheint erst nach seinem Tod. Das ist angesichts der kurzen Lebenszeit, die ihm geschenkt ist, und der eigentlich nur die Jahre von 1919 bis 1939 umfassenden Schaffenszeit ein auch quantitativ gewaltiges Werk.

»Ich wurde eines Tages Journalist aus Verzweiflung über die vollkommene Unfähigkeit aller Berufe, mich auszufüllen«, schreibt er 1925 in koketter Untertreibung.[90] Denn er ist in Wirklichkeit bis zu der Zeit, in der sein schriftstellerisches Werk ganz in den Vordergrund rückt, ein leidenschaftlicher Journalist. In den Weimarer Jahren gehört Joseph Roth bald zu den bekanntesten Zeitungskolumnisten im deutschen Sprachraum. Der erste kleine Artikel erscheint 1915 in »Österreichs Illustrierte Zeitung«, einem belletristischen, bürgerlichen Familienblatt. Ab 1919 veröffentlicht er zunächst regelmäßig im Wiener »Der Neue Tag« und gelegentlich im »Prager Tagblatt«. Dann wird er in Berlin für die »Neue Berliner Zeitung – 12-Uhr-Blatt« tätig, bald auch für den »Berliner Börsen-Courier« und ab 1922 unter anderem für den sozialdemokratischen »Vorwärts«. Höhepunkt seiner Zeitungskarriere sind die Jahre, in denen er als Berliner Korrespondent und Reisereporter für die »Frankfurter Zeitung« arbeitet.

Linke und liberale Blätter sind es also in erster Linie, die Roths Texte in den 20er-Jahren veröffentlichen. Der kurzfristige Ausflug in die rechts-bürgerlichen »Münchner Neuesten Nachrichten« 1930 bleibt eine Ausnahme. Vielfach werden seine Artikel von weiteren Zeitungen und Zeitschriften nachgedruckt. Ein Agent, der

Roths journalistische Arbeiten in den späten Weimarer Jahren den verschiedensten Redaktionen anbietet, wird später berichten, dass er »öfters zehn Feuilletons oder Kurzgeschichten in einer Woche« an 30 verschiedene Zeitungen verkauft hat.[91] Sicher eine übertriebene Darstellung, aber keine Frage: Roth wird einer der Starjournalisten in der Medienwelt der Weimarer Republik.

Als Zeitungsschreiber passt er sich dem Grundtenor des jeweiligen Blattes an. Der Wille beruflich aufzusteigen und die Notwendigkeit, als Journalist ausreichend Geld zu verdienen, lassen ihn sehr genau registrieren, für welche Zeitung er schreibt. Politisch links im »Neuen Tag«, im sozialdemokratischen »Vorwärts« und in den Satirezeitschriften »Drache« und »Lachen links«. Sehr viel feuilletonistischer und »unpolitischer« klingt es dann schon in der bürgerlichen »Frankfurter Zeitung«. Liest man heute seine Texte, wird deutlich, dass er sich dabei nichts vergibt, Grenzüberschreitungen ins Opportunistische nicht erkennbar werden. Der junge aufstrebende Joseph Roth will als Journalist Erfolg haben, und ideologische Barrieren bleiben ihm lange fremd.

Nicht selten erscheinen seine Artikel unter einem Pseudonym. Im »Neuen Tag«, im »Vorwärts« oder in »Lachen links« – also dort, wo er sich betont politisch gibt – zeichnet er gerne mit »Josephus« oder gar als »roter Joseph«. Da ist nicht nur der eigene Vorname erkennbar, sondern auch der Hinweis auf den jüdischen Historiker Flavius Josephus. In Jerusalem geboren, nimmt dieser auf der Seite der Römer am jüdischen Krieg teil, dessen Geschichte er später schreiben wird und der im Jahre 70 n. Chr. zur Zerstörung des Tempels geführt hat. Mit dem späteren Kaiser Titus zieht Flavius Josephus nach Rom und assimiliert sich in der römischen Gesellschaft. Für den in den 20er-Jahren ebenfalls um Assimilation ringenden Roth besitzt der Weg dieses Außenseiters, der von den Römern als Jude, von den Juden als Römer empfunden wird, auch hohe biographische Bedeutung. Roths Kollege Lion Feuchtwanger schreibt in diesen Jahren eine sehr gelungene Romantrilogie, die das Leben des Flavius Josephus erzählt.

Ein Humanist ist der Journalist Roth, flirtet bis Mitte der 20er-Jahre mit dem Sozialismus und weiß eindrucksvoll, häufig ergreifend von der wirtschaftlichen und seelischen Not einer Nachkriegsgesellschaft zu berichten. Seine Sympathien gehören den Kriegsversehrten und Kriegswitwen, den vom Grauen der Schlachten seelisch zerstörten Heimkehrern, den Arbeitslosen und Außenseitern. Seine Helden leben im Schatten einer aus den Fugen geratenen Gesellschaft. »Die Schauspieler, die auf den Bühnen viele geistreiche Sätze sprechen, ehe sie ihr Leid dargelegt haben, und viele prachtvolle Bewegungen vollführen, Pfauenräder mit Armen und Augen schlagen, müßten in den Abteilen für Reisende mit Traglasten fahren, um zu lernen, daß eine leise gekrümmte Hand das ganze Elend aller Zeit fassen kann und das Zucken einer Augenwimper stärker erschüttern als ein Abend mit Tränenbächen.«[92]

Kriegsgewinnler und Spekulanten, Hakenkreuzler und Spießbürger überzieht Roth mit feiner Ironie und gnadenlosem Spott. »Der Sohn dieser Zeit ist Raffke, der Große, der Ahnherr kommender Adelsgeschlechter, kein Raubritter wie sein Vorgänger in den Jahrhunderten des Schwerts, sondern ein Raff-Ritter in dem Jahrhundert des Merkantilismus. Er kommt aus kleinen Verhältnissen in große Paläste, er vernichtet die Degenerierten, gibt Todeskandidaten den Gnadenstoß, zertritt die Armen und Schwachen, die auf dem Weg seines Triumphes liegen. Er besitzt keine geistigen Talente, aber den klugen Instinkt der Raubtiere ... Seine Erfolge verdankt er seinen unverbrauchten Sinnen, seinem Hunger nach Macht ...«[93]

Auch wenn er immer von Geldsorgen getrieben wird, Schulden bei Verlegern und Freunden zum ständigen Begleiter werden und er häufig nicht weiß, wie er die nächsten Tage materiell überleben soll: Joseph Roth gehört zu den bestbezahlten Journalisten seiner Zeit. Die »Frankfurter Zeitung« beispielsweise zahlt ihm (nach der Überwindung der Hyperinflation von 1923) eine Mark pro Zeile. Ab 1927 garantiert ihm die Chefredaktion ein monatliches Mindesteinkommen von 1000 Mark. Davon können die meisten seiner frei schreibenden Kollegen nur träumen. Aber sein Leben ist kostspielig. Das Hoteldasein und der hohe Alkoholkonsum, der Hang zu extravaganter Kleidung, die Großzügigkeit gegenüber Freunden, Trinkkumpanen und Kollegen, die Sanatoriums- und Klinikkosten für die depressive Ehefrau Friedl – nie reichen die Zeitungs- oder Buchhonorare. Im Exil wird dann seine Lage katastrophal. »Er brauchte immer Geld, man mußte ihm immer etwas leihen«, erzählt der in Paris lebende Schriftsteller und häufige nächtliche Begleiter Roths, Joseph Breitbach.[94] »Herr von Trotta hatte immer darauf gehalten, reicher zu erscheinen, als er war«, heißt es im »Radetzkymarsch«. »Er hatte die Instinkte eines wahren Herrn. Und es gab um jene Zeit (und es gibt vielleicht auch heute noch) keine kostspieligeren Instinkte. Die Menschen, die mit derlei Flüchen begnadet sind, wissen weder, wieviel sie besitzen, noch, wieviel sie ausgeben. Sie schöpfen aus einem unsichtbaren Quell. Sie rechnen nicht. Sie sind der Meinung, ihr Besitz könne nicht geringer sein als ihre Großmut.«[95] Ein »wahrer Herr« will Roth immer sein, und so hat er, als er diese Zeilen schreibt, möglicherweise auch etwas von sich selbst preisgegeben.

Die Jagd nach Geld bestimmt seit Mitte der 20er-Jahre Roths Arbeitsrhythmus, denn Verleger und Zeitungsredaktionen weisen immer nachdrücklicher auf die gezahlten Vorschüsse hin. Da schreibt ein Gehetzter. Vor allem gilt dies für die gelegentlich mit hochmütigen Formulierungen überdeckten Notschreie, die Stefan Zweig nach 1933 erreichen. »Was soll ich tun? Ich habe nichts zu essen, nicht einmal mehr zu trinken.«[96] – »Sie verlassen Europa, mein einziger wirklicher Freund. ... Versprechen Sie mir Folgendes: daß Sie mir für 1 Jahr 12.000 Mark versorgen (sic!) können, bevor Sie abreisen.«[97] – »Wenn mir Huebsch (Roths amerikanischer Verleger – WvS) das Geld nicht geschickt hätte, hätte ich ... Selbstmord begehen müssen.«[98] Materiell durchlebt er ein leider nicht seltenes Künstlerschicksal. 130 Jahre vor Roths Hilferufen schreibt Heinrich von Kleist, der sein finanzielles Fiasko ebenfalls durch journalistische Veröffentlichungen zu überwinden versucht, an seinen Verleger Georg Andreas Reimer: »Honorar überlasse ich Ihnen, wenn es nur *gleich* bezahlt wird.«[99] An anderer Stelle: »Die Zeiten sind schlecht, ich weiß, daß Sie nicht viel geben können, geben Sie, was Sie wollen, ich bin mit Allem zufrieden, nur geben Sie es gleich.«[100] Wegen der »Dürftigkeit seiner Wohnung«, so berichtete Friedrich Wilhelm Gubitz, habe Kleist über Monate seine Texte meist »in einem Gasthofe« geschrieben.[101] Für Roth allerdings hat der Arbeitsplatz im »Gasthof« weniger mit seiner finanziellen Lage als vielmehr mit seiner ruhelosen Lebensweise zu tun.

Roth ist ein glänzender Feuilletonist. Ein Journalist der Wiener Schule, zu der die großen Stilisten und Sprachartisten Anton Kuh und Peter Altenberg, Karl Kraus und Alfred Polgar zählen. Auch im bis 1918 habsburgisch regierten Prag – Roth schreibt wie erwähnt verschiedentlich für das »Prager Tagblatt« – brillieren nicht wenige deutschsprachige Feuilletonisten, darunter Egon Erwin Kisch, Richard A. Bermann (alias Arnold Höllriegel), Max Brod und Ludwig Winder. Wenn Roth nach Berlin kommt, diskutieren dort die gehobenen Leserschichten über die Rezensionen, Theaterkritiken, Glossen oder Polemiken von Maximilian Harden, Alfred Kerr, Herbert Ihering, Siegfried Jacobsohn oder Kurt Tucholsky. Die 20er-Jahre sind die große Zeit des Zeitungsfeuilletons und der journalistischen Hahnenkämpfe. Da werden die Messer gewetzt, und ein spöttisches Augenzwinkern vernichtet mal so nebenbei den Gegner im Konkurrenzblatt. Heute werden die Autoren, Schauspieler, Dirigenten, Sänger oder Regisseure unter Bergen von Lorbeerkränzen fast erstickt, morgen herrscht schon wieder Meuchelmordstimmung in den Kulturredaktionen. Die Besten unter den Feuilletonisten können schreiben, dass ihren Lesern die Tränen kommen. Und sie wissen nicht immer genau, ob es Lachen oder Empörung ist, was ihnen die Wangen nass werden lässt.

All diese Essayisten, Reporter, Theater- und Gesellschaftskritiker faszinieren und amüsieren ihre überwiegend bürgerlichen Leser. Als liebevoller, häufig spöttischer, aber auch nicht selten sarkastischer und überaus wacher Beobachter »der kleinen Dinge« des Lebens wandelt Joseph Roth vor allem auf den Spuren seines großen Vorbildes Alfred Polgar. Er, so charakterisiert der Bewunderer Polgars Texte, »schreibt kleine Geschichten ohne Fabel und Betrachtungen ohne Resümee. Er bedarf keines eigentlichen ›Inhalts‹, weil jedes seiner meisterlich gemundhabten Worte voller Inhalt ist. Kein Anlaß ist ihm zu gering. Gerade an den geringen Anlässen zeigt er seine Meisterschaft. Er poliert das Alltägliche so lange, bis es ungewöhnlich wird.«[102]

Was Roth 1925 über Polgar sagt, ist auch ein journalistisches Selbstbekenntnis. Es sind selten die weltbewegenden politischen Fragen, die ihn in seinen journalistischen Jahren vor 1933 zum Schreiben anregen. Es ist vielmehr die Welt des einfachen Mannes, der einfachen Frau, die sich in seinen Artikeln widerspiegelt. Den Alltag in den Großstädten Wien, Berlin und dann auch Paris hält er in seinen Berichten und Glossen fest, oder das Leben in den Provinzstädten, die er auf seinen Reporterreisen besucht. »Ich habe *die Arbeiter des Ruhrgebiets* in ihren freien (und arbeitslosen) Stunden gesehn. ... Nicht ihre Not, von der ich gewußt und die ich vorausgesetzt hatte, war erschütternd, sondern ihre *Anspruchslosigkeit.*«[103]

Im März 1924, die Rentenmark ist gerade eingeführt worden, lesen die Abonnenten der »Frankfurter Zeitung« einen nüchternen, aber gerade deswegen ergreifenden Bericht über einen »Zug der Fünftausend« in Berlin: »Wenn die Spitze des Zuges (den man täglich in der Frankfurter Allee in Berlin erschrocken und erschüttert sehen kann) die Fröbelstraße erreicht hat, ist es zwei Uhr nachmittags, und noch vier Stunden dauert es, bis die letzten der Fünftausend angelangt sind. Den Zug bilden die Elendesten, die Ärmsten, die Verworfensten dieser Stadt. ... Das Ziel der Fünftausend ist das *Obdachlosenasyl* in der *Fröbelstraße.* In diesem befinden sich zwar 40 Schlafsäle, die knapp für 3200 Menschen berechnet sind. Dennoch schlafen in diesen 40 Sälen jede Nacht rund 5000 Obdachlose.«[104]

Die genaue, reflektierende Beobachtung, das Wissen um unsere kleinen Schwächen und Träume ist es, was den Feuilletonisten Roth noch heute so lesenswert macht: »Gegenüber in der ersten Etage ist auch die blonde Frau wieder am Fenster zu sehen. Frauen am Fenster sind immer anziehend, es ist, als wollten sie jemanden erwarten – und wer kann wissen, ob sie nicht mich erwarten? Sie sehen aus wie Gefangene, und ich darf mir einbilden, daß ich sie vielleicht, ja wahrscheinlich befreien werde. Ich liebe Frauen am Fenster und insbesondere die blonden.«[105]

Natürlich ist manches auch journalistische Pflichtarbeit, solide, nichts für die Ewigkeit. Roth ist zudem nicht der tiefschürfende politische Leitartikler. »Sein politisches Vokabular hatte eine Einfachheit behalten«, erinnert sich Benno Reifenberg, sein ehemaliger Feuilleton-Chef bei der »Frankfurter Zeitung«, »einfach wie die Fibel der Kinder, und wie diese unterschied er gute und böse Menschen und irrte sich auch nicht, denn er gedachte nicht zu verstehen, da wo es zu urteilen galt.«[106] Als es 1926 zur Krise in der Zusammenarbeit mit der »Frankfurter Zeitung« kommt, erreichen Reifenberg die Zeilen: »*Ich zeichne das Gesicht der Zeit.* Das ist die Aufgabe einer großen Zeitung. Ich bin ein Journalist, kein Berichterstatter, ich bin ein Schriftsteller, kein Leitartikelschreiber.«[107] Joseph Roths Artikel sind – nimmt man alles nur in allem – funkelnde, elegante Sprachsplitter und ironische Reflexionen, in der Regel knappe, gelegentlich bissige Theater- und Filmkritiken oder Buchrezensionen, psychologische Blicke auf die Sensationsprozesse, die die Menschen in den Weimarer Jahren erregen. »Die Vollbartmänner«, spottet er 1921 in einem Artikel mit der Überschrift »Feuilleton«, »die Ernstlinge und Würderiche, geringschätzen das Feuilleton.«[108]

Als schreibender Zeitzeuge bleibt der »politische« Joseph Roth trotz aller Einschränkungen ein akribischer Beobachter der gesellschaftlichen Verwerfungen der Republik. Mit Blick auf die demokratiefeindlichen und antisemitischen Auftritte der Rechtsradikalen und Völkischen wird er sehr früh zum Propheten des Scheiterns der Weimarer Republik. Mitleid mit den Armen, zornige Ausbrüche gegen ausbeutende Fabrikanten und Spekulanten, gegen Militaristen und Putschisten – das sind Leitmotive seiner politischen Einwürfe. Er erzählt vom Leben der unteren Klassen, von der Welt der Arbeiter, Dienstmädchen, Toilettenfrauen, Näherinnen oder kleinen Beamten – da werden die häufig mit lapidaren Sätzen geschilderten Ereignisse zu bitteren Anklagen gegen die gesellschaftlichen Zustände im Land: »Der Herr Oberstleutnant aus der Mommsenstraße warf sein Dienstmädchen, weil es aus Unachtsamkeit Geschirr zerbrochen hatte, über das Treppengeländer. Das Mädchen fiel auf den Rücken und ward so schwer verletzt, daß es dem zerbrochenen Geschirr zum Verwechseln ähnlich sah. Sie kam ins Krankenhaus, und es ist durchaus nicht sicher, daß man sie reparieren wird. Auch das Geschirr des Oberstleutnants ist für immer dahin. Zwischen einem Porzellanteller und einem Dienstmädchen ist der Unterschied auch dann nicht groß, wenn beide intakt sind. Der Oberstleutnant warf die Scherben zum Fenster hinaus…, das Dienstmädchen räumten er und seine beiden Söhne aus der Wohnung.«[109]

Erschütternde journalistische Dokumente über das Elend der Berg- und Stahlarbeiter sind seine »Briefe aus Deutschland«, in denen er im Spätherbst 1927 für die »Frankfurter Zeitung« aus dem Saarland berichtet. Er fährt unter Tage, besucht Stahlfabriken und Volksversammlungen, streift durch die grauen, staubigen Arbeiterstädte. Die Schilderung einer politischen Veranstaltung in Neunkirchen gerät zur expressionistisch getönten sozialen Anklage: »Die Frauen haben das unbestimmte Alter der Proletarierinnen zwischen fünfundzwanzig und sechzig. ... Sie tragen keine Hüte. Sie tragen die Haare schütter und lang und bleich und farblos, in gleichgültigen, verlegenen Knoten zusammengebunden. Strähnen streifen sie mit harten Händen aus den Gesichtern. ... Ihre Gesichter sind grau und zerfurcht, Physiognomien von männlichen Denkern. Die Sorgen machen Schnäbel aus Nasen, Spalten aus Mündern, kleine Lichtfünkchen aus Augen. Auf den Stirnen Landkarten aus Falten. Die Geographie des Kummers.«[110] Und klingt es nicht höchst aktuell, wenn Roth das Fazit seiner Reise durch die Arbeiterstädte des Saarlands mit dem Satz zieht: »Wenn die ›Rentabilität‹ wichtig ist, kann die Humanität nicht bestehen. Das scheint mir unabhängig von Gesellschaftsordnung und Revolution.«[111]

Roth bleibt zeitlebens ein selbstbewusster Zeitungsschreiber. Er kann keinen Unterschied zwischen dem »hohen« Leben des Dichters und dem journalistischen Alltag des Artikelschreibens erkennen. »Hat Ihnen ein Verschmockter eingeredet, die ›Zeitung‹ wäre eines Dichters unwürdig? ... Oder das ›Feuilleton‹ weniger als ein ›Roman‹?«[112] Das Zeitungsfeuilleton besitzt für ihn als Autor immer einen besonderen Stellenwert. Als sich der Pariser Korrespondent der »Frankfurter Zeitung« 1926 von der Redaktion wieder einmal unter Wert behandelt fühlt, schreibt er an seinen Chef Reifenberg die wütenden Sätze: »Man kann Feuilletons nicht mit der linken Hand schreiben. Man *darf* nicht *nebenbei* Feuilletons schreiben. Es ist eine arge Unterschätzung des ganzen *Fachs*. Das Feuilleton ist für die Zeitung ebenso wichtig, wie die Politik und für den Leser *noch* wichtiger. ... Die moderne Zeitung braucht den Reporter nötiger, als den Leitartikler. Ich bin *nicht* eine Zugabe, nicht eine Mehlspeise, sondern eine *Hauptmahlzeit*.«[113]

Schon 1925 veröffentlicht Roth einen im Ton ironischen, aber in der Sache doch grundsätzlichen Artikel über Bücher schreibende Journalisten. »Wenn deutsche Journalisten Bücher schreiben, bedürfen sie beinahe einer Entschuldigung. Wie kamen sie dazu? Wollen die Eintagsfliegen in den Rang höherer Insekten aufsteigen? Wollen sie, die dem Tag angehören, in die Ewigkeit eingehen? Professoren und Kritiker säumen den Weg, der in die Nachwelt führt. Dichter, die gleichsam schon von Geburt eingebunden waren, wollen manchmal eine genaue Grenze zwischen Journalistik und Literatur ziehen und im Reich der Ewigkeiten, den *Numerus clausus* für ›Tagesschriftsteller‹ einführen. ... Ein Journalist aber kann, er soll ein Jahrhundertschriftsteller sein. Die echte Aktualität ist keineswegs auf 24 Stunden beschränkt. Sie ist zeit- und nicht tagesgemäß. Diese Aktualität ist eine Tugend, die nicht einmal einem Dichter schaden könnte, der niemals für die Zeitung schreibt. Ich wüßte nicht, weshalb ein ausgeprägter Sinn für die Atmosphäre der Gegenwart die Unsterblichkeit hindern soll. Ich wüßte nicht, weshalb Menschenkenntnis, Lebensklugheit, Orientierungsvermögen, die Gabe zu fesseln und andere solcher Schwächen, die man dem Journalisten vorwirft, die Genialität beeinträchtigen können. Das echte Genie erfreut sich sogar dieser Fehler. Das Genie ist nicht weltabgewandt. ... Es ist nicht zeitfremd, sondern zeitnahe. Es erobert das Jahrtausend, weil es so ausgezeichnet das Jahrzehnt beherrscht.«[114]

Nicht häufig ist der Journalismus mit solchen Worten umschrieben worden wie in diesem Artikel der »Frankfurter Zeitung«. Der langjährige Kollege Soma Morgenstern schreibt zu Recht: »Roth war sehr gerne ein Journalist. Es gibt, und es gab schon immer, Schriftsteller, die sich ihrer journalistischen Vergangenheit schämten. Nicht so Roth. Er war stolz darauf. Und er ging soweit, bis in die letzte Zeit seines Lebens mir immer wieder zu wiederholen, daß er unter Journalisten bei weitem sympathischere, anständigere, ja ehrenwertere Männer gefunden hat als unter Schriftstellern.«[115]

1927 bittet »Die Neue Bücherschau« einige deutsche Schriftsteller aus Anlass des 25. Todestages die aktuelle Bedeutung des französischen Schriftstellers Émile Zola für die heutige junge Generation zu würdigen. Roth nutzt diese Umfrage, um seinen Standpunkt noch einmal zu präzisieren: »Zola war der erste europäische Schriftsteller ohne Schreibtisch als Instrument der Eingebung, der erste Romancier mit dem Notizbuch. Der erste Dichter auf der Lokomotive.«[116] Polemisch fällt in dieser Zuschrift die Attacke auf die deutschen Kollegen aus: »Wer von den deutschen berühmten Schriftstellern hat sich um schwarze Reichswehr, massakrierte Arbeiter, bayrische Justiz, Pommern ... gekümmert? Wie viele Dreyfus-Affären hatten wir seit 1918? Wer von den berühmten Männern hat schon einen Lokomotivführer angeschaut? Konstruiert haben sie sich manchmal einen.«[117]

Ein Grenzgänger ist er als Autor. Wollte man den sich polemisch, berichtend und analytisch in seinen Zeitungsartikeln mit der Gegenwart auseinandersetzenden Journalisten Roth von dem Romanschreiber Roth trennen, würde man ihm nicht gerecht. Er löst sich in vielen Passagen seiner journalistischen Arbeiten von der Aktualität. Die Berichte aus den Gerichtssälen, Bergwerken oder über Szenen des Straßenalltags in den Städten, die Filmkritiken und Buchrezensionen verlassen häufig die Gegenwart und münden in zeitlos-philosophische Betrachtungen ein. Umgekehrt bricht das Romanwerk immer wieder aus dem Strom des fiktiven Erzählens aus, um mit zeitkritischen Einwürfen politisch zu argumentieren. Das gilt auch für den Stil. Im Roman verleugnet Roth nicht die distanzierte Sprache des Berichterstatters und im Zeitungsartikel nicht den poetischen und zartfühlenden Schriftsteller.

Der Journalist Joseph Roth ist in der deutschen Öffentlichkeit nach dem Zweiten Weltkrieg in Vergessenheit geraten. Erst seit den 70er-Jahren des vorigen Jahrhunderts wenden sich einzelne Wissenschaftler und Roth-Forscher wieder seinen Zeitungstexten zu,[118] werden sie in die Werkausgabe aufgenommen. Eine lohnende Wiederentdeckung sind sie, eine wichtige Ergänzung des Bildes über die Weimarer Publizistik und die Tragödie, die Irrungen und Wirrungen der deutschen Exilanten. Zehn Jahre nach Roths Tod schreibt Ludwig Marcuse über die Reisereportagen des Freundes: »Man kommt noch nicht zu spät, wenn man die Berichte heute liest.«[119]

Der große Erzähler

Und dennoch: Es ist heute nicht der Journalist, sondern der Erzähler Joseph Roth, der seinen Platz in der Literaturgeschichte des 20. Jahrhunderts gefunden hat. Seine Romane und Erzählungen haben inzwischen die Germanistik zu zahlreichen Deutungen und Interpretationen, Monographien und Dissertationen gereizt. Vor allem aber: Siebzig Jahre nach seinem Tod finden seine Bücher immer noch eine beachtliche Leserschaft. Auch die Hörspiele und die Verfilmungen mehrerer seiner belletristischen Werke – vom Erstling »Das Spinnennetz« bis zum berühmten »Radetzkymarsch« – sind ein Hinweis auf ihre ungebrochene psychologische und gesellschaftliche Aktualität. Da schreibt ein Autor grandiose Geschichten, deren alltagsphilosophische Betrachtungen den Leser wohl häufig seufzen lassen: Ja, so ist es, dieses wundersame, flüchtige, von Zufällen und Unglück, von vergeblicher Liebe und einem unentwegten Scheitern bestimmte Leben! 1966 merkt Marcel Reich-Ranicki an: »Joseph Roth bedarf heute keiner Empfehlung mehr: ... er (hat) in der deutschsprachigen Welt ein Publikum. Vielleicht sogar eine kleine Gemeinde.«[120]

Inzwischen besitzt Roth nicht mehr nur eine »kleine Gemeinde«. Seine Epik zählt zum Kanon der bedeutenden deutschsprachigen Autoren aus den Jahren der Weimarer Republik und des deutschen Exils. Die Auflagen sind zu seinen Lebzeiten ordentlich und seine Bücher werden in zahlreiche Sprachen übersetzt. Aber sie erreichen keineswegs außergewöhnliche Zahlen. Bis 1933 finden Roths Bücher bei den Kollegen in den Zeitungsfeuilletons Beachtung, und auch die renommierte »Frankfurter Zeitung« lässt mehrere Romane ihres Mitarbeiters als Fortsetzungsgeschichten erscheinen. Die vereinbarten Manuskripte werden von Roths Verlegern mit teilweise guten Vorschüssen bedacht. Aber ein außergewöhnlicher Erfolgsautor der Weimarer Republik zu werden, wie beispielsweise seine Kollegen Erich Maria Remarque oder Lion Feuchtwanger, dieses schöne Schriftstellerschicksal ist Roth nicht vergönnt.

Und nach 1945 teilt er dann zunächst das Los fast aller deutschen Exilautoren: Seine Bücher sind nahezu vergessen. Aber das ändert sich bald. Als 1956 Roths Werke endlich wieder in einer von Hermann Kesten zusammengestellten, dreibändigen Ausgabe neu aufgelegt werden, schreibt Heinrich Böll in einer Rezension für die »Frankfurter Allgemeine Zeitung«: »Daß sein Werk nun erscheint, ist nicht nur ein Akt der Gerechtigkeit, es füllt nicht nur eine Lücke in den meisten Bibliotheken: diese Ausgabe ist ein Geschenk, eine Überraschung, weil sie das Werk eines Dichters bietet, den man klassisch nennen kann.«[121] Er steht mit dieser Einschätzung nicht allein. Seit 1948 sind insgesamt rund 2,5 Millionen Exemplare der Romane, Erzählungen und Feuilletonbände von Roth verkauft worden.[122] Seine Bücher sind in bislang 17 Sprachen übersetzt. Noch heute werden die Romane »Das Spinnennetz«, »Hiob«, »Radetzkymarsch«, »Das falsche Gewicht« oder die Novellen »Beichte eines Mörders« und »Die Legende vom Heiligen Trinker« in verschiedenen Bundesländern als Schulliteratur eingesetzt.

»Roth schreibt, wie ein Fechter ficht. Anmut, aber diszipliniert. Gefühl, aber reguliert. Und die Last des Gedankens aufgehoben in der Schwerelosigkeit der Eindrucksschilderung...«[123] Er ist ein traditioneller Erzähler und hält fest an den Formen des 19. Jahrhunderts. »In Roth hatte die deutsche Prosa einen schöpferischen Bewahrer«, schreibt Heinrich Böll, »in dem Glanz und Härte, Melancholie und Leichtsinn sich noch einmal fingen.«[124] Und Reinhard Baumgart hält fest: »Von diesem Erzähler werden wir Leser noch treu an der Hand genommen, und mit seiner anderen, seiner freigebliebenen Hand wird er uns auch auf dies und das im Erzählten immer wieder mit besonderem Nachdruck und mit freundlichen Erklärungen hinweisen. Wir müssen ihm dann nicht in jedem Moment trauen, was er womöglich auch gar nicht erwartet. Aber darauf, daß er die Erzähllandschaft kennt und den Weg weiß, daß er sich die Führung des Lesers zutraut – darauf können wir uns verlassen, ganz gleich, ob uns das eher langweilt, mißtrauisch macht oder glücklich.«[125]

Die bedeutenden künstlerischen Zeitgenossen, die die Literatur zu einem großen stilistischen Experimentierfeld machen – der Dubliner James Joyce, der aus der französischen Provinz stammende Marcel Proust, der Prager Franz Kafka oder der Wiener Robert Musil –, bleiben Roth als literarische Vorbilder fremd. Dem widersprechen nicht die Parallelen zu Prousts Sehnsucht nach einer »verlorenen Zeit«, zu Kafkas jüdischem Symbolismus oder Musils »Kakanien«. Aber der Sprachpurist und Satiriker Karl Kraus oder der literarische Seelendeuter des Vorkriegs-Österreich, Arthur Schnitzler, stehen Joseph Roth künstlerisch erheblich näher als die »Modernen«. »Von allen Literaten hat Roth mit Schnitzler die meisten Ähnlichkeiten. Beide bauen sie eine mimetische Welt aus dem konkreten Anschauungsmaterial der österreich-ungarischen Wirklichkeit auf.«[126] Auch Heinrich Manns Satire auf die wilhelminische Gesellschaft, »Der Untertan«, beeindruckt ihn. Schon mit Bezug auf dessen 1903 erschienenen Roman »Jagd nach Liebe« mahnt Roth in einem Feldpostbrief von 1917 seine Cousine Resia Grübel: »Lies *Heinrich Mann*...«[127] Und in den Weimarer Jahren nennt er ihn einmal im »Vorwärts« den »seit Jahren ... einzige(n) Rufer von Geist im brüllenden Streit der reaktionären Barbaren...«.[128] 1934 bezeugt er in einem Gespräch mit der Zeitschrift »Les Nouvelles Litteraires« seine besondere Liebe zur französischen Literatur: »Von den älteren Schriftstellern bevorzuge ich Rabelais, meinen mir teuren La Fontaine, dessen Fabeln ich als Junge auswendig gelernt habe, Balzac, Flaubert...«[129] Das ist auch, aber sicher nicht nur eine freundliche Verbeugung vor der Kultur seines Exillandes.

Die Literatur des nachklassischen literarischen 19. Jahrhunderts wurde mit Blick auf den europäischen Roman bestimmt von Autoren wie Balzac und Flaubert, Gogol, Dostojewski und Tolstoi, Thackeray und Charles Dickens, Theodor Fontane und Wilhelm Raabe. Die Liste ließe sich noch ein gutes Stück verlängern. In ihrer Nachfolge ist Roths Epik anzusiedeln. »Nachfolge« heißt nicht Gleichsetzung, und natürlich hat nicht jeder der hier aufgezählten Autoren einen direkten Einfluss auf sein Werk besessen. Roth lebt und schreibt sehr bewusst im Zeitalter des untergehenden Bürgertums und der dramatischen Werteumbrüche, die nach dem Ersten Weltkrieg in Westeuropa zu beobachten sind.

Auffällig an Roths Epik ist die Lust am bildreichen, in den späteren Romanen auch breiten Erzählen. Oder das unerschöpfliche

Schuld-und-Sühne-Thema, das ihm Dostojewski so nahebringt. Oder Flauberts pessimistischer Blick auf das Leben, seine Verachtung für die heraufdämmernde kapitalistische Gesellschaft, seine tief sitzende Skepsis gegenüber dem materialistischen Zeitalter, das Westeuropa im Zuge der Industrialisierung zu prägen beginnt. Und Roths Geschichte von dem »Gast auf dieser Erde«, Nikolaus Tarabas, wäre ohne die Kenntnis von Gogols »Taras Bulba« wohl kaum geschrieben worden. Unter die künstlerischen »Vorfahren« Roths ist zweifellos auch Heinrich Heine zu zählen, der Spötter, der Einsame, der genaue Beobachter, der Frankreich-Verehrer, der brillante Journalist und unübertreffliche Stilist. »Die Leute sagen: Heine hat das Feuilletonunheil in die Welt gebracht«, heißt es in einem Artikel Roths vom Juli 1921. »Heines Reisebriefe sind aber nicht nur amüsant, sondern eine künstlerisch große Leistung... Heine hat vielleicht kleine Tatsachen umgelogen, aber er sah eben die Tatsachen so, wie sie sein sollten.«[130]

Auch der so traditionelle Autor Joseph Roth weiß natürlich, dass »der überlieferte Roman mit der ›geschlossenen Handlung‹ unmöglich geworden« ist.[131] Aber die scheinbar unausrottbare Neigung des Lesers, Kritikers oder Verlegers, »sich an *Formeln* zu halten«, führe rasch zur Entstehung von »Moden« und zur »ungerechten Beurteilung«, zur »falschen Klassifizierung. ... Es gibt kein ›Gesetz‹, keine ›Norm‹, keine ›Regel‹. Es gibt nur schlechte Autoren und gute«.[132]

In Roths Romanen und Erzählungen werden die Handlungsstränge immer wieder »modern« aufgebrochen, die inneren Monologe, die lakonischen Dialoge seiner Figuren, der häufig wechselnde Sprachrhythmus, die nicht selten überspitzten Vergleichssätze oder die so bewusst eingesetzten Satzwiederholungen sind entscheidende Stilelemente. Kaum ein anderer Autor arbeitet so geschickt mit der Raffung äußerer Handlungen und dem Wechsel der Zeiten innerhalb der erlebten Rede, wie Roth. Kurze Kapitel, kurze Sätze – in den frühen Romanen wirkt Roth wie ein Expressionist, ohne den schrillen Klängen dieser Stilrichtung einen Platz einzuräumen. Roths Sprache ist von großer Musikalität. Seine »Epik zeichnet sich durch eine Eigentümlichkeit aus, die in Deutschland immer schon Seltenheitswert hatte: Sie ist unterhaltsam. Und sie hat Charme und Anmut. Zugleich ist es eine intelligente und auch weise Prosa«.[133]

Roths Bekenntnis aus dem Jahre 1929 – in einer Polemik mit dem schönen Titel »Lob der Dummheit« – bleibt jenseits der Frage Tradition und Moderne ohnehin gültig: »Daß ein ›Dichter‹ vor allem schreiben muß; daß das Schreiben die primäre Ausdrucksweise des ›Gedichteten‹ überhaupt ist; daß das Schreibenkönnen aber erst die Frucht einer langen, langen geistigen Disziplin ist, der akustische Ausdruck der Vernunft also; daß diese selbst eine wirkliche ›Gnade‹ ist und eine größere als die ahnungslose Unmittelbarkeit; das alles versuche man erst einmal einem Leser klarzumachen.«[134]

Roths Prosatexte – vor allem in seinen späteren Schaffensjahren – enthalten starke Märchen- und Legendenelemente.[135] Sie weisen nicht zuletzt auch auf die literarische Tradition seiner ostjüdischen Heimat hin. Es sind Geschichten über Wunder und Gottesurteile, über Verdammung und Erlösung, über Schuld und Sühne, über das Ringen mit Gott und den Verlust der eigenen Identität. Roth ist ein Jünger der Aufklärung, der das Unerklärliche des Menschenschicksals nie aus den Augen verliert. Das wirkliche Leben, so lassen sich viele seiner Geschichten lesen, ist nur im Märchen zu spiegeln, und »der erhabenste Gegenstand literarischer Behandlung ist der Mensch, der wirkliche, lebendige Mensch«.[136]

Zeitromane veröffentlicht er. Das gilt für die epischen Werke, die zwischen 1924 und 1929 erscheinen und die von verschiedenen Zeitungen als Fortsetzungsgeschichten übernommen werden. Diese Schaffensperiode beginnt mit dem Abdruck seines Erstlings »Das Spinnennetz« in der Wiener »Arbeiter-Zeitung«, und sie endet mit dem Roman »Rechts und Links« (aus dem ein Kapitel im »Prager Tagblatt« abgedruckt wird). Den Hintergrund dieser Bücher bildet die Nachkriegswelt Ost- und Mitteleuropas und der Weimarer Republik, die von Flucht, materieller Not und seelischer Zerstörung, von Bürgerkrieg und politischem Mord geprägt ist. »Sie erzählten von abseitigen Menschen im östlichen Europa, mit Hingebung gezeichnet von einem Mann, der sich mit einem spitzen (winzige Buchstaben langsam malenden) Bleistift in Melancholie, Mitgefühl, Sehnsucht und viel Neugierde über ihr Schicksal beugte, das gar nicht lärmend war, die Welt nicht erschütterte – und weniger der Soziologie gab als dem anteilnehmenden Leser.«[137] In seinen frühen Romanen ist allerdings auch der biographische Hintergrund deutlich erkennbar. »Fast ein Jahrzehnt lang, in der Serie seiner ersten sechs Romane ... wird Roth seinen eigenen Weg von Ost nach West, aus dem jüdisch-polnisch-ukrainischen Menschengemenge in die Mühlen der Assimilation, auf eine andere Ebene übersetzen und als Heimkehr aus dem Krieg erzählen, als Verlust einer unmöglich gewordenen Ordnung, als Fremdheit bis zum Haß gegen alles, was in der Nachkriegszeit schon wieder als Ordnung firmiert.«[138]

Auch das Stichwort »Neue Sachlichkeit« fällt, wenn über Roths frühe Romane gesprochen wird. So weit dieser Begriff sich literaturwissenschaftlich auch immer interpretieren lässt, der Roman als nüchterner Bericht, als schnörkellose Wiedergabe der Wirklichkeit jenseits poetischer Einfälle, das bleibt generell ein gutes Stück Theorie. Selbst die gelungene, den Leser fesselnde Zeitungsreportage verlässt in der Regel den Boden spröder Berichterstattung. Auch ihr Gegenstand unterliegt letztlich der subjektiven Beurteilung des Autors und seines Schreibstils.

Sinnvoll ist dieser literaturtheoretische Begriff allerdings mit Blick auf die schwülstige, von Pathos getragene Sprache, die die Essayistik und beachtliche Teile der Belletristik der Vorkriegsjahrzehnte gekennzeichnet hat. Auch Literatur und Wissenschaft werden hier zum Instrument nationalistischer Ideologien. Die penetrante Heroisierung von Politik, Kunst und Gesellschaft prägt das Schreiben im *Fin de siècle*. Eine dekadente Scheinwelt ist es, in der die europäischen Eliten und viele ihrer Journalisten und Schriftsteller leben.

Verständlich ist also die Tendenz, sich nach den Erschütterungen, die der für alle beteiligten Staaten verlustreiche, vierjährige Krieg ausgelöst hat, als Dichter zurückzuziehen, sich in der Literatur und im Journalismus auf die kühle Darstellung des Ereignisses zu beschränken. Statt Pathos Ironie, statt sprachlichem Schwulst exakte Beschreibung, statt Heldenverehrung Nüchternheit, statt irrationaler Zarathustra-Träume die Welt als realistische Vorstellung. »Nichts ist verblüffender als die einfache Wahrheit«, schreibt Egon Erwin Kisch 1924, »nichts ist exotischer als unsere Umwelt, nichts ist phantasievoller als die Sachlichkeit.«[139] Dieses Zeitphänomen und dieser Versuch eines intellektuellen Neuansatzes – der vom rechtsnationalen, konservativen Part der deutschen Kultur scharf abgelehnt wird – beschreibt auch die frühe Epik Joseph Roths.

Im Januar 1930 veröffentlicht Roth in der »Literarischen Welt« unter dem Titel »Schluss mit der ›Neuen Sachlichkeit‹« erneut einen Artikel, in dem er die eigene Schreibhaltung erläutert. Er entsteht in einem Lebensabschnitt des Autors, in dem die Schatten über seinem Privatleben immer bedrohlicher werden. Roth blickt verbittert auf die literarischen Neuerscheinungen und den Tagesjournalismus. Der Text gerät zu einer Abrechnung mit der überwundenen »Neuen Sachlichkeit«. »Niemals waren Plakate verlogener und suggestiver. Die furchtbare Verwechslung begann, die furchtbarste aller Verwechslungen: des Schattens, den die Gegenstände werfen, mit den Gegenständen. ... Man erfinde eine Geschichte und sage, man sei dabeigewesen: Man glaubt der erfundenen Geschichte. Der Respekt vor der Wirklichkeit ist so groß, daß selbst die *erlogene* Wirklichkeit geglaubt wird. Niemals schrieb man in deutscher Sprache so schlecht wie jetzt.«[140]

Roth lässt in diesem Essay keine Zweifel daran, »daß der künstlerische Berichter an die Wirklichkeit gebunden ist *und daß sie immer sein Material bleibt, wie die Sprache sein Werkzeug*«.[141] Er verurteilt die gespreizte Künstlichkeit der Sachlichkeits-Debatte in den Feuilletons und konstatiert: »In der belletristischen Literatur aller europäischen Länder hat es in den letzten zwei Jahrhunderten (zumindest) immer eine ›Sachlichkeit‹ gegeben. ... Es gab nur ein einziges Land, in dem das Wort von der ›Neuen Sachlichkeit‹ erfunden werden konnte: Deutschland. Bei uns wurde (wie oft im Laufe der Geschichte) ein Ziel, was bei den andern primäre Voraussetzung war. Wir sind das einzige Volk, dem die Sachlichkeit ›neu‹ erscheinen konnte.«[142] Im Juni 1930 lässt er die Redaktion des Jüdischen Lexikons wissen, dass im »Hiob«, seinem kurz vor der Veröffentlichung stehenden Roman, »zum ersten Mal ... meine Melodie eine andere ist, als die der Neuen Sachlichkeit, die mich bekannt gemacht hat.«[143]

Trotz solcher Äußerungen gilt für Roths Beziehung zur Literatur und damit auch zu seinem eigenen Werk, was Soma Morgenstern in seinen Erinnerungen an den Freund festhält: »Roth interessierte sich für Romantheorien sehr wenig. In dieser Hinsicht war er der ›naive‹ Künstler. Er hatte die Beziehung eines Handwerkers zu seinem Handwerk.«[144] Und der Autor selbst bleibt eigentlich immer spöttisch distanziert, wenn er über seinen Beruf, über den Schriftsteller spricht: »Über alles schreibt er. Entweder er lobt es, oder er tadelt es. Niemand fragt ihn und er redet. Er erzählt, was man nicht wissen will. Er ist wie ein Lehrer in der Klasse. Wer von den Schülern will etwas lernen? ... Wenn der Schriftsteller seine Leser prüfen könnte, er würde sehen, daß er vergeblich geschrieben hat.«[145]

Roth schreibt seinen Aufsatz über die »Neue Sachlichkeit«, als er den Gipfel seines Künstlertums erreicht hat. Die Romane »Hiob« und »Radetzkymarsch« erscheinen 1930 bzw. 1932 – Vorabdrucke veröffentlicht die »Frankfurter Zeitung« –, und sie werden heute von der Kritik allgemein als seine bedeutendsten Werke angesehen. Auch die Leser teilen offensichtlich diese Meinung. Beide Romane sind mit jeweils etwa 750.000 verkauften Exemplaren die seit 1948 mit Abstand erfolgreichsten Prosatexte Roths.[146] Er kehrt in diesen Geschichten zurück in die Vorkriegsvergangenheit. Das Ostjudentum und das Ende der k. u. k. Monarchie werden zum zentralen Thema dieses Autors.

Die letzte Schaffensperiode: das Exil. Zeit der Verzweiflung und des persönlichen Zusammenbruchs. Die Vertriebenen und Gestrandeten treffen sich in der Fremde. Roth gehört zu ihnen. Immer noch sitzt er in den Cafés der westeuropäischen Metropolen und schreibt Roman für Roman. Vieles davon meisterlich, manches bleibt Fragment. »Aber nur Ruhe will ich ... und ohne diese Sorgen und Schulden! ... Ich bin vom Schreiben physisch erledigt. Um weiter zu schreiben, muß ich mich aufputschen – und Dies erledigt mich noch mehr.«[147]

Noch einmal ertönt in »Die Kapuzinergruft« der Abgesang auf das Verlorene: »Österreich ist kein Staat, keine Heimat, keine Nation. Es ist eine Religion.«[148] In der Geschichte von »Tarabas« und in dem Roman »Das falsche Gewicht« kehrt er in die Welt Galiziens zurück. An einem Napoleon-Roman – »Die Hundert Tage« – versucht er sich. 1934 geißelt Roth in einem sehr eigenwilligen, von Bitterkeit gekennzeichneten Essay – »Der Antichrist« – den Antisemitismus ebenso wie den blinden Technik- und Fortschrittsglauben seiner Zeit und ihre Gewaltexzesse. »Denn darin wird der Antichrist am deutlichsten erkennbar, daß er gerade das im Wesen Edle in Gemeines verwandelt.«[149] Romane, Erzählungen, Artikel – Roth schreibt, bis die letzte Lebenskraft verbraucht ist. Erstaunlich: Der Alkohol zerstört zwar seinen Körper, aber die geistige Spannkraft bleibt bis zum Ende nahezu ungebrochen. Für Suchtkranke ist das eine keineswegs normale Entwicklung.

Der Legendäre

Welch ein romanhaftes Leben ist hier zu betrachten. »Roth war arm und zugleich verschwenderisch, asketisch und dennoch ausschweifend, ein leichtsinniger und verkommener Mensch, unseriös und unsolide, und ein nüchterner und luzider Schreiber, unbestechlich und unerbittlich. Er war ein Filou und ein Poet dazu, ein Strizzi und fast ein Prophet.«[150] Ein Gaukler und Narr, ein träumender Realist ist er, »dieser ungetaufte Konvertit, der von seinem Judentum nicht los kommt; dieser eingefleischte Reaktionär, der wie ein Jakobiner höhnt; dieser zerlumpte, rücksichtslos boshafte Eremit«.[151] Stefan Zweig drückt es pathetischer aus: »Es war in Joseph Roth ein russischer Mensch – ich möchte fast sagen, ein Karamasowscher Mensch –, ein Mann der großen Leidenschaften, ein Mann, der in allem das Äußerste versuchte; eine russische Inbrunst des Gefühls erfüllte ihn, eine tiefe Frömmigkeit, aber verhängnisvoller Weise auch jener russische Trieb zur Selbstzerstörung.«[152] Roth selbst macht im Oktober 1926 – er ist auf seiner für sein politisches und gesellschaftliches Denken so wichtigen Russlandreise – in einem Brief an Benno Reifenberg deutlich, wie sehr ihm die Widersprüche seiner geistigen Existenz bewusst sind: »... ich bin ein Franzose aus dem Osten, ein Humanist, ein Rationalist mit Religion, ein Katholik mit jüdischem Gehirn, ein wirklicher Revolutionär.«[153] Und im autobiographisch gefärbten Romanfragment »Erdbeeren« von 1929 hält er fest: »Ich bin eine Art Hochstapler. So nennt man in Europa die Menschen, die sich für etwas anderes ausgeben, als sie sind.«[154]

Die erschütterndsten Lebenszeugnisse dieses Schriftstellers finden sich allerdings in seinen Briefen. Als eine umfangreiche Briefedition im Jahre 1970 erscheint, schreibt der große Kenner des literarischen Exils, Hans-Albert Walter: »Joseph Roth an einem Caféhaustisch Briefe schreibend und in einem Meer von giftig bunten Alkoholika versinkend: das ist ein Teil der Wirklichkeit. Den gewichtigeren anderen indes zeigen nur die Briefe selbst, nicht die um sie gesponnenen Legenden: den verworren emotionalen Politiker, den bewundernswerten Moralisten, den donquichottischen Leutnant der Habsburger, schließlich den armen Teufel Joseph Roth.«[155] Unverhüllt – zweifellos vieles im Rausch formuliert – offenbaren sich hier seine Künstlerschaft, sein körperliches Leiden, sein Selbstmitleid, sein häufig irrationaler Zorn, sein Hass und seine Zuneigung. Schonungslos, wie er bettelt und sich selbst erniedrigt. Ein Egozentriker bleibt er, die nicht mehr enden wollende Jagd nach Geld lässt ihn immer wieder Verträge über Manuskripte abschließen, die noch nicht geschrieben sind und die er gelegentlich gleich doppelt anbietet. »Ich bin ihm oft schreibend begegnet an seinem geliebten Kaffeehaustisch und wußte: das Manuskript war schon verkauft, er brauchte Geld, die Verleger drängten ihn.«[156] Jahrzehnte später dichtet der Dramatiker Heiner Müller: »Aber ich muß mein Stück schreiben / Damit ich meine Schulden bezahlen kann und ich muß / Meine Schulden bezahlen damit ich mein Stück schreiben kann / Ein krummer Hund der sich in den Schwanz beißt.«[157] Das gilt auch für den Autor Joseph Roth.

Hochmut ist diesem Zweifler keineswegs fremd. »Lieber Freund«, lässt er seinen freigiebigsten Geldgeber Stefan Zweig wissen, »es ist unerhört, was Sie mir antun. Sie haben die PFLICHT, mich anzuerkennen, als Freund, ob ich Ihnen zehn oder zwanzig 1000 Jahre nicht schreibe; oder ja. Mit Scheißkerlen verkehren Sie viel intimer, als mit mir.«[158] Der Adressat aber nimmt nicht übel, bleibt ihm treu, fordert Entwöhnungskuren, vermittelt Verträge, lobt das Werk – und zahlt.

Erstaunlich, wie sie ihn geliebt haben, die Freunde, die Frauen, die Kollegen. Die meisten jedenfalls. Man lese nur die vielen Erinnerungen, die nach seinem Tod erschienen sind. Häufig Hymnen der Freundschaft oder doch zumindest neidlose Bewunderung. Nur eine kleine Auswahl: »Er war ein genialischer Mensch. Ausgestattet mit allen holden Fertigkeiten eines Poeten, hatte er den Zauber einer Persönlichkeit. Er besaß Märchenzüge« (Hermann Kesten).[159] – »Joseph Roth war der Aristokrat unter meinen Autoren« (Gustav Kiepenheuer).[160] – »Roth gehörte zu den Menschen, die man entweder liebte oder hasste« (Józef Wittlin).[161] – »Da Roth zu der raren Gemeinschaft grundgütiger Menschen gehörte, wurde er nie ärgerlich, wenn ihn ein Akt der Menschlichkeit von seiner Arbeit abrief« (Friderike Zweig).[162] – »Er war ein Kavalier. Das ist ein blödes, verlachtes, ungebräuchliches Wort, aber das war er, ein k. und k. Kavalier« (Lajos von Horváth).[163] – »Er war ein wirklicher Dichter« (Benno Reifenberg).[164] – »Joseph Roth war als Mensch und Dichter eine ganz einmalige, unverwechselbare Erscheinung« (Hans Natonek).[165] – »Im Anfang von Roths Beziehung zu Menschen stand Mit-Leid, Mit-Freude, eine unbändige Lust an der Beobachtung ... viel weniger Kritik, Ironie, Ablehnung ...« (Ludwig Marcuse).[166] – »Roth war ein liebenswerter Mensch, der viele Menschen, Frauen und Männer, schon nach der ersten Bekanntschaft in seinen Bann gezogen hat. Er war großherzig und großzügig ...« (Géza von Cziffra).[167] – »Jeder von uns trauerte aus seiner tiefsten Überzeugung um den unersetzlichen Verlust eines so vieldeutigen Gesinnungsfreundes in solcher Zeit eindeutiger Gesinnungslosigkeit ...« (Walter Mehring).[168]

Es ist nicht zuletzt sein »österreichischer Charme«, seine auffallende Höflichkeit und seine immer wieder aufbrechende Fabulierlust, denen die Menschen – Künstler, Journalisten, Verleger, politische Emigranten – Tribut zollen. »Glasigen Blicks, aber sonst in würdig-zusammengenommener Haltung, hielt er Cercle in den Kaffeehäusern von Paris, Wien, Amsterdam und anderen Metropolen. Wo er sich auch gerade aufhalten mochte, immer wurde sein Tisch zum Zentrum.«[169] Für die Frauen ein Handkuss und ein Blumenbukett, für die Männer spendable Trinkrunden, professionelle Ratschläge, großzügige Darlehen und wundersame Geschichten.

»... er war immer umgeben von einer kleinen Schar Roth-Süchtiger: verschworen diesem Mann, der schon eine Legende war, als wir noch am Tischchen neben ihm saßen, verschworen diesen reinen, lauteren, berückenden Sätzen...«[170]

In den frühen Jahren ist Roth eine wohlgefällige Erscheinung. Nicht groß gewachsen, schlank, blond, blauäugig, gepflegter Schnurrbart. Immer überaus elegant gekleidet: meist grauer Anzug mit Weste, bald auch Gamaschenhosen, wie es der österreichische Offizier zu tragen pflegte, brauner Lodenmantel, blütenweißes Hemd, häufig gekrönt von einer kecken Fliege, teure Lederhandschuhe und Hüte, nie ohne den kleinen, biegsamen Spazierstock, der bald zur unentbehrlichen Stütze schwankender Nachtgänge wird. Immer auch ein wenig stutzerhaft, augenzwinkernd den Habsburger Reserveoffizier spielend. »Roth kam mir vor wie ein Supersnob.«[171]

Später vernachlässigt er sein Äußeres. Das Haar wird schütter, der Schnurrbart nur noch unregelmäßig geschnitten, Flecken auf Jacke und Weste, gewölbter Bauch über den immer dünner wirkenden Beinen und schmerzenden, geschwollenen Füßen. Carl Zuckmayer zeichnet ein ergreifendes Bild aus den letzten Lebensmonaten. Wie er ist auch Roth am 7. Juni 1938 auf dem Pariser Friedhof Saint-Ouen, wo eine große Gemeinde sich am Grab des Dramatikers Ödön von Horváth versammelt hat. »... da wankte Joseph Roth, der verehrte Dichter, total betrunken, wie gewöhnlich in dieser Zeit, mit bekleckertem Anzug, auf zwei jugendliche Bewunderer gestützt.«[172]

Das Verhältnis zu den großen deutsch-österreichischen Schriftstellerkollegen bleibt ambivalent. Er schätzt Kafka, »ein Schriftsteller für Schriftsteller«,[173] und Robert Musil, Autor des Österreich-Romans »Der Mann ohne Eigenschaften«. Fred Grubel, Vetter Roths, schreibt in seinen Erinnerungen, er habe während einer Reise Musils Roman gelesen, »den Roth mir geschenkt hatte mit der Empfehlung, daß dies wirklich ein großes Buch sei«.[174] Im Exil bekennt Roth in einem Zeitungsgespräch mit nostalgischem Zungenschlag: »Ich liebe alle österreichischen Dichter: Hofmannsthal..., den ich mir aber nicht zum Vorbild nahm. Schnitzler und Werfel, der für mich ein österreichischer Schriftsteller ist, d. h. ein guter Europäer, wie alle jene, die dem großen Österreich angehörten, seien es nun Tschechoslowaken oder polnische Juden.«[175]

In den späteren Jahren liest Roth literarische Neuerscheinungen offenbar nur noch sporadisch, und seine Äußerungen über die Kollegen enden häufiger mit herben Beschimpfungen. »Ich habe Thomas Manns über den Wassern schweben nie gemocht. Ein Goethe ist er nicht«, heißt es in einem Brief vom August 1933.[176] Über Ernst Jünger fallen ihm Formulierungen ein wie »... als Schriftsteller, ›Denker‹ oder was sie wollen, ein Wirrkopf«.[177] Stefan George wird mit Hohn überzogen: »Sie halten George für einen großen Dichter. Ich z. B. für einen großen Taschenspieler.«[178] Dem Autor des Palästina-Romans »De Vriendt kehrt heim« gilt die abfällige Bemerkung: »Arnold Zweig ist ein hochbegabter Schwätzer.«[179] Und Alfred Döblin ergeht es nicht besser: »Er war übrigens immer ein Krakeeler und gehört zu den von mir abgründig gehaßten ›aktivistischen Schriftstellern‹, von denen es in Deutschland in den letzten Jahren gewimmelt hat.«[180]

Bittere Äußerungen, geschrieben in den schweren Exiljahren. Es sind häufig ungerechte Urteile, in denen Roth denn auch weniger die Literatur dieser Autoren im Auge hat, als vielmehr ihre Haltung zum Dritten Reich oder zu den ideologischen Auseinandersetzungen in den deutschen Exilkreisen. Sie zeigen, wie ihn vor allem in seinen Briefen häufig die Emotionen hinreißen, ihm heftige verbale Ausbrüche keineswegs fremd sind. In seinen Buchrezensionen – sie nehmen im feuilletonistischen Werk keinen allzu breiten Raum ein – ist er hingegen zurückhaltender und in der Regel ein wohlmeinender Kritiker. Weiß er doch aus eigener Erfahrung, dass »die deutschen Leser, die sich aus spartanischen Gründen so gerne mit dem Lob zurückhalten, wenn ihnen etwas gefällt, nicht mit Papier und Porto (geizen), wenn sie sich ärgern«.[181]

Die Schriftstellerkollegen sind seinem Werk gegenüber in der Regel gerecht und äußern sich vielfach anerkennend. Robert Musil schreibt 1931 dem Verleger Gustav Kiepenheuer, er habe »Roths Begabungen von den ersten Erscheinungen an geschätzt...«.[182] »Roth ist ein Einzelfall in Deutschland«, meint Ludwig Marcuse 1930, »es gibt Schriftsteller, deren Impressionen seine Sehkraft haben; es gibt Schriftsteller, deren Gehirn seine Luzidität und seine prachtvolle Selbständigkeit hat; aber es gibt kaum einen Schriftsteller, welcher dieses beobachtende Denken hat – diese einzigartige Balance zwischen Sinnlichkeit und Reflexion...«[183] Thomas Mann, im Umgang mit den eigenen Schwächen und Trieben bürgerlich diszipliniert, spricht 1933 im Tagebuch nach der Lektüre eines Roth-Artikels über die im Dritten Reich verbliebenen Verleger zwar ärgerlich von »alkoholische(m) Emigrantentum«,[184] aber im Oktober 1934 notiert er: »Abends in Roths Napoleon-Roman, ›Die 100 Tage‹, nicht ohne Bewegung gelesen.«[185] Stefan Zweig bezeichnet Roth einmal als »ein Genie wie Verlaine, wie Villon!«[186] Arnold Zweig ist schon in Palästina, als er von Roths Tod erfährt: »Mit welcher Festigkeit und Klarheit er die Lebenslinien und Profile seiner Menschen zeichnete, das allein schon verriet und bewies sein Künstlertum und seine eingeborene dichterische Gabe.«[187]

Das Leben, ein Albtraum. Schon am Anfang von Verlust und dem Gefühl der Ausgrenzung beherrscht. Der Vater verschwunden, die geliebte Frau nach nur wenigen Ehejahren von Depressionen vernichtet. Der unbesiegbare Sog der Droge Alkohol und der Kampf ums materielle Überleben. Immer heimatlos, immer ein Flüchtling, immer Schuldgefühle. Aus dem Land seiner Sprache und seiner Leser verjagt und seine Bücher, bald auch seine jüdischen Landsleute, verbrannt. »Aber ich habe auch gesehn, daß der Mensch rätselhaft ist, und vor allem: daß man ihm nicht helfen kann«, sagt in Roths Roman »Der stumme Prophet« der gescheiterte Revolutionär Berzejew.[188] »... die Wahrheit ist, daß mir auf Erden nicht zu helfen war.«[189] Das schreibt »Le pauvre Henri Kleist« am Morgen des 21. Novembers 1811, dem Tag seines Selbstmordes, an die Schwester. Roth soll diesen Satz am Ende seines Lebens zitiert haben.[190] Er hätte auch auf einen anderen Ruhelosen und an der Lebenswirklichkeit zerbrechenden Kollegen aus vergangenen Tagen hinweisen können. Im Sommer 1800, als Gestrandeter ins heimatliche Nürtingen zurückgekehrt, dichtet der arme Friedrich Hölderlin: »Denn sie, die uns das himmlische Feuer leihn, die Götter, schenken heiliges Leid uns auch.«[191]

Und doch: Es ist ein künstlerisch erfülltes Leben, wie es nur wenigen Schriftstellern geschenkt wird. Erfolgreich und bewundert. »Wir haben die *Kunst*, damit wir *nicht an der Wahrheit zugrunde gehen.*«[192] Nietzsches Satz gilt bis in sein letztes Lebensjahrzehnt hinein auch für den Dichter Joseph Roth. Seine Kunst ist es, die ihn die Schrecken der Wahrheit seiner Zeit zumindest für einige Jahre überleben lässt. »Das Vaterland des echten Schriftstellers ist seine Sprache. Ihm allein ist die Gnade zuteil geworden, seine Heimat mit sich zu führen. ... Das Vaterland, das ihn verbannt hat, hat sich seiner beraubt; nicht er ist der Heimat beraubt worden.«[193] Retten kann ihn diese stolze Auflehnung eines autonomen Künstlers nicht. Den Menschen dieser bleiernen Zeit – Tätern und Opfern – hat er in seinen Romanen ein Denkmal gesetzt. Denn der Mensch und der Dichter Joseph Roth »haßte den Schein, die Fälschung und das lügnerische Wort. In der Verzweiflung war er tapfer und in der Leidenschaft sah er klar. Er war ein pessimistischer, zuweilen zorniger und oft witziger Moralist.«[194]

Kapitel 2

»Der Wind, der über Galizien weht, ist bereits der Wind der Steppen«
Herkunft und Jugend in Galizien
(1894–1913)

Das Leben in Galizien, die Geschichte Österreichs, die Rolle der Habsburger und die Welt des Ostjudentums – neben dem familiären Umfeld entwickeln sich Joseph Roths Jugendjahre vor diesem geistig-kulturellen Hintergrund. Das Erlebnis des Krieges, der Niedergang der europäischen Demokratien und der Albtraum der Nazi-Diktatur treten später hinzu. Aber wie für uns alle, so gilt auch für Roth, dass es die frühen Jahre sind, die uns besonders prägen. So ist sein Leben, ist sein Denken und ist auch sein Werk nicht zu verstehen ohne das Wissen um seine Herkunft.

In einem Armenhaus Europas wird er aufwachsen. In seinem Geburtsjahr 1894 sind noch drei Millionen der damals etwas mehr als sieben Millionen Einwohner Galiziens Analphabeten.[1] Das Land – in Roths Jugendjahren im Norden und Osten vom zaristischen Russland, im Süden vom mit Habsburg assoziierten Königreich Ungarn, im Nordwesten vom preußischen Schlesien umgrenzt – gehört von der ersten polnischen Teilung 1772 bis zum Ende des Ersten Weltkriegs 1918, also 146 Jahre lang, zum Reich der Habsburger. Galizien ist flächenmäßig das größte unter den Kronländern, über deren Geschicke bis zum Zusammenbruch der Monarchie die Minister in der Wiener Hofburg entscheiden.

Auch nach der im kaiserlichen Österreich nur zögerlich einsetzenden Industrialisierung im letzten Drittel des 19. Jahrhunderts bleibt Galizien das wirtschaftliche Schlusslicht unter den Kronländern. Für das Reich ist es Kornkammer und Rekrutenreservoir. »Wer immer fremd in diese Gegend geriet, mußte allmählich verloren gehn. Keiner war so kräftig wie der Sumpf. Niemand konnte der Grenze standhalten. ... Und in der weltfernen, sumpfigen Öde der Garnison verfiel der und jener Offizier der Verzweiflung, dem Hasardspiel, den Schulden und finsteren Menschen. Die Friedhöfe der Grenzgarnisonen bargen viele junge Leiber schwacher Männer.«[2] Als der Bezirkshauptmann von Trotta sich in Roths Roman »Radetzkymarsch« entschließt, seinen Sohn, der wenige Kilometer von der russisch-österreichischen Grenze entfernt stationiert ist, zu besuchen, hat er »ungewöhnliche Vorstellungen« von der östlichen Grenze der Monarchie: »Zwei seiner Schulkollegen waren wegen peinlicher Verfehlungen im Amt in jenes ferne Kronland versetzt worden ... Bären und Wölfe und noch schlimmere Ungeheuer wie Läuse und Wanzen bedrohten dort den zivilisierten Österreicher. Die ruthenischen Bauern opferten heidnischen Göttern, und grausam wüteten gegen fremdes Hab und Gut die Juden. Herr von Trotta nahm seinen alten Trommelrevolver mit.«[3] In Hofmannsthals Opernlibretto »Arabella« droht der Jägeroffizier Matteo für den Fall, dass seine Liebe zurückgewiesen wird, »sehr finster«: »Dann stünd ich morgen beim Rapport und bäte um Versetzung nach Galizien.«[4]

Galizien – das Armenhaus Europas

Wer aus dem späthabsburgischen Wien kommt und nach fünfzehn-, sechzehnstündiger Eisenbahnfahrt in einem der kleinen, schmutzigen, verwunschenen Provinzbahnhöfe Galiziens aus dem Zug steigt, den beschleicht die beklemmende Ahnung, dass hier mehr als eine Eisenbahnreise ihr Ende gefunden hat. »Alles was mich umgibt, ist häßlicher, als Du denken kannst«, schreibt Hugo von Hofmannsthal im Mai 1896 dem Freund Leopold von Andrian von einem Reiseaufenthalt in Galizien. »Alles ist häßlich, elend und schmutzig, die Menschen, die Pferde, die Hunde, auch die Kinder.«[5] Heinrich Heine, der 74 Jahre vor Hofmannsthal mit der Postkutsche durch Westpolen reist, äußert sich mit ähnlich drastischen Worten: »Das Äußere des polnischen Juden ist schrecklich.« Aber er übersieht nicht, warum das so ist: »Dennoch wurde der Ekel bald verdrängt von Mitleid, nachdem ich den Zustand dieser Menschen näher betrachtete, und die schweinestallartigen Löcher sah, worin sie wohnen, mauscheln, beten, schachern und – elend sind.«[6]

Es sind nicht nur die gewaltigen Entfernungen des Reiches, die den Wienern, Grazern oder Linzern die Provinz Galizien so fern und fremd erscheinen lassen. Hinter Galiziens östlicher Grenze beginnt das riesige Zarenreich. Unberechenbar und unheimlich, gefährlich und aus der Sicht der »aufgeklärten« Hauptstädter »barbarisch«. »Der Wind, der über Galizien weht, ist bereits der Wind der Steppen, bereits der Wind von Sibirien.«[7] Der wirtschaftlich-industrielle Aufbau seines östlichen Kronlandes interessiert Wien zudem herzlich wenig. Um 1900 arbeiteten 77 Prozent der Bevölkerung in der Landwirtschaft. »Es ist schwer zu leben«, wird Roth noch 1924 in einem Reiseartikel über Galizien schreiben. »Die Erde ist reich, die Bewohner sind arm. Sie sind Bauern, Händler, kleine Handwerker, Beamte, Soldaten, Offiziere, Kaufleute, Bankmenschen, Gutsbesitzer. Zu viele Händler, zuviel Beamte, zuviel Soldaten, zuviel Offiziere gibt es. Alle leben eigentlich von der einzigen produktiven Klasse: den *Bauern*.«[8] Trostlos und nicht ohne Verachtung ist auch das Bild, das der Schriftsteller Karl Emil Franzos von einer Eisenbahnreise durch seine Heimat zeichnet: »Öde Heide, spärliches Gefild, zerlumpte Juden, schmutzige Bauern. Oder irgendein verwahrlostes Nest und auf dem Bahnhof ein paar gähnende Lokal-Honoratioren. Einige Juden und einige andere Geschöpfe, denen man kaum noch den Titel Mensch zuwenden kann. Wer auf dieser Bahn bei Tage reist, wird vor Langweile sterben, wenn er nicht vor Hunger stirbt.«[9] Und der ukrainische Nationaldichter Ivan Franko, dessen Denkmal heute in kaum einer Stadt der Westukraine fehlt, spöttelt in seiner »Galizischen Schöpfungsgeschichte«: »Die Bevölkerung wurde in zwei Schichten geteilt: die einen, bei denen das Schnapstrinken obligatorisch war, hießen Bauern oder Vieh, und die anderen, welche im Schnapstrinken der Bauern die Hauptquelle ihres Wohlstandes erblickten, hießen Schlachzizen, zuweilen auch Freiheitshelden, Vaterlandsretter, Märthyrer der nationalen Sache, oder allgemein ›Nation‹.«[10]

Wer Galizien heute auf der Landkarte sucht, findet es im westlichen Teil der seit 1990 von der Sowjetunion unabhängigen Ukraine – hier bildet Lemberg das Zentrum – und in Südpolen mit der Metropole Krakau. Schon in den Habsburger Jahren ist es für die Westeuropäer ein weitgehend unbekanntes Land. Als dann nach dem Zweiten Weltkrieg der Eiserne Vorhang den Kontinent teilt, bleiben die Orte und Landschaften Ost- und Mitteleuropas nicht nur den Lesern der Romane von Joseph Roth eine fremde Welt. Wo dessen Geburtsort Brody genau liegt, wo die Heimat anderer bedeutender Künstler und Wissenschaftler aus dieser Region geographisch zu orten ist, ist vielen verborgen geblieben. Paul Celan, Rose Ausländer und Aharon Appelfeld stammen aus Czernowitz, der Hauptstadt der Bukowina; Martin Bubers Geburtsort ist zwar Wien, aber Lemberg ist die Stadt seiner Kindheits- und Jugendjahre; dort sind auch Leopold von Sacher-Masoch und Stanisław Lem zur Welt gekommen; Manès Sperber verbringt seine ersten Lebensjahre in einem ostgalizischen Dorf, in Zablotow; der galizische Geburtsort des Literaturnobelpreisträgers Samuel Josef Agnon heißt Buczacz; Karl Emil Franzos wächst am Rande der polodischen Steppe auf, im galizischen Dorf Czortkow, Ivan Franko und Bruno Schulz in Drohobycz. Sie schreiben in polnischer, deutscher, ukrainischer oder jiddischer Sprache. »Galizien liegt in weltverlorener Einsamkeit und ist dennoch nicht isoliert«, berichtet Roth 1924 in seiner Reisereportage mit spöttischem Stolz, »es ist verbannt, aber nicht abgeschnitten; es hat mehr Kultur, als seine mangelhafte Kanalisation vermuten läßt ...«[11]

Die politischen Dramen Ost- und Mitteleuropas führen im 20. Jahrhundert zu immer neuen Grenzverläufen. Die Menschen, die in dieser elenden Zeit leben, finden in ihren Pässen unter der Rubrik »Nationalität« ständige Namensänderungen. Joseph Roth wird als Österreicher geboren. Nach dem Ersten Weltkrieg versuchen die Ukrainer kurzzeitig die Gründung eines eigenen Staates (Westukrainische Volksrepublik), was nach kriegerischen Auseinandersetzungen mit Polen misslingt. Roths Heimat wird jetzt von Warschau aus regiert. Im Zweiten Weltkrieg fällt Galizien – Hitler und Stalin haben im August 1939 einen räuberischen Pakt abgeschlossen, mit dem sie sich Osteuropa zur Beute machen – zunächst unter sowjetische Herrschaft. Im Juni 1941 überfällt Deutschland die Sowjetunion, und die Wehrmacht besetzt auch Galizien. Reichskommissar Erich Koch leitet die Vernichtungsaktionen gegen die galizischen Juden. In Jalta und dann nach der Kapitulation Deutschlands in Potsdam lässt Stalin sich nichts abhandeln, die Ukraine und damit auch Ostgalizien gehören erneut zur Sowjetunion. So bleibt es bis 1990. Dann ist Brody eine Kleinstadt im selbstständigen Staat Ukraine. So wirr und gewalttätig sieht es im 20. Jahrhundert fast überall in Ost- und Mitteleuropa aus. Die Völker und Staaten sind Schachfiguren im Machtspiel der Diktatoren, Generale und Wirtschaftsmagnaten.

Erst 90 Jahre nach dem Ende der österreichischen Monarchie und knapp 20 Jahre nach dem Untergang des sowjetischen Imperiums entdeckt Westeuropa die ost- und mitteleuropäische Landkarte allmählich neu. Umgekehrt besinnen sich die über Jahrzehnte nicht nur militärisch, sondern auch ideologisch vergewaltigten Völker dieses Raumes auf ihre eigene kulturelle Vergangenheit. So findet der Besucher vor dem Gymnasium in Brody inzwischen ein Denkmal, auf dem auch der »österreichische Antifaschist« und einstige Schüler Joseph Roth eine späte Ehrung in seiner Heimat erfährt. Bis heute aber wird Galizien immer noch von wirtschaftlichen Krisen und der Gesamtstaat Ukraine von politischen Heimsuchungen geplagt.

Mehrvölkerland im Vielvölkerstaat

Auf eine uneinheitliche, teilweise dramatische Geschichte blickt diese Region schon im Geburtsjahr von Joseph Roth zurück. Jahrhunderte kämpfen Polen, Litauer, Russen und Ungarn um dieses Gebiet, das sich vom Karpaten-Gebirge bis zu den Pripjet-Sümpfen und zur mittleren Weichsel erstreckt. Überfallen, erobert, ausgebeutet von den mächtigen, landgierigen Nachbarn, werden die Menschen Galiziens immer wieder Opfer von Gewalt und Krieg. Sie erleben Hunger und Cholera, Tataren- und Kosakeneinfälle, Pogrome und Aufstände, Armut und Rechtlosigkeit der Unterdrückten. Polnische Könige annektieren das Land. Wichtige Handelswege, die Westeuropa und die Reiche im sich endlos ausdehnenden Osten, aber auch Skandinavien mit Südeuropa verbinden, laufen durch Galizien. Das macht die Reichen des Landes noch reicher. Die große Mehrheit des Volkes hat wenig davon.

Galizien ist ein Mehrvölkerland. Westgalizien bleibt auch unter den Habsburgern von seinen polnischen Einwohnern dominiert. Im Februar 1846 erhebt sich ein großer Teil des polnischen Adels in Westgalizien gegen die Wiener Herrschaft. Doch der Versuch, sich gewaltsam von Habsburg zu lösen, scheitert. Die ukrainischen Bauern – von den polnischen Grundherren unterdrückt und ausgebeutet – bleiben kaisertreu, und in schrecklichen Massakern schlagen sie zahlreiche polnische Adlige tot, brandschatzen Schlösser und Herrenhäuser. Das »Herrengemetzel« von 1846 bleibt im 19. Jahrhundert ein zentrales Thema für die Menschen in Galizien. Keiner vergisst es, nicht die Polen und nicht die Ukrainer. Auch in den Erzählungen und Romanen von Leopold von Sacher-Masoch, Karl Emil Franzos oder der mährischen Dichterin Marie von Ebner-Eschenbach spiegeln sich die Ereignisse dieses Jahres vielfach wider.[12]

In den nordöstlichen Karpaten liegt die waldreiche Bukowina. Ihr kultureller Mittelpunkt ist die später in den modernen Literaturgeschichten so legendär gewordene Hauptstadt Czernowitz. Hier leben vor allem Ukrainer und Rumänen. Die Deutschen bilden eine Minderheit. 1849 wird die Bukowina vom Kronland Galizien abgetrennt. Den Hintergrund dieser Entscheidung bildet die gescheiterte europaweite Revolution von 1848. Wie in Paris, Wien, Mailand, Berlin, Brüssel, Prag oder Budapest unternimmt das liberale Bürgertum auch im galizischen Lemberg den Versuch, sich mittels demokratischer Verfassungen von Adel und Monarchie zu emanzipieren. Doch auch in der österreichischen Monarchie werden die Aufstände rücksichtslos niedergeschlagen. Der Mann, dem Wien das blutige Geschäft der Reaktion in Oberitalien überlässt, heißt Joseph Wenzel Radetzky, Graf von Radetz. Bald wird er bei seinen Landsleuten so volkstümlich sein, dass der Walzerkönig Johann Strauß der Ältere einen seiner berühmtesten Märsche – getragen von einer gehörigen Portion Opportunismus – mit seinem Namen schmückt. 82 Jahre nach dieser 1850 veröffentlichten Komposition schreibt Joseph Roth in seinem bekanntesten Roman, den er »Radetzkymarsch« nennen wird, die nostalgisch-spöttischen Zeilen: »Er liebte sie alle aufrichtig, mit einem kindlich ergebenen Herzen, vor allen andern den Kaiser, der gütig war und groß, erhaben und gerecht, unendlich fern und sehr nahe und den Offizieren der Armee besonders zugetan. Am besten starb man für ihn bei Militärmusik, am leichtesten beim Radetzkymarsch.«[13]

Die Mehrheit der Mitte des 19. Jahrhunderts in Ostgalizien lebenden Menschen sind Ukrainer. Sie stellen etwas mehr als 60 Prozent der Bevölkerung. Unter den Habsburgern werden sie amtlich als Ruthenen geführt. Über 90 Prozent der galizischen Ruthenen arbeiten in der Landwirtschaft. Wirtschaftlich sind sie von den polnischen Großgrundbesitzern abhängig und stehen auf der untersten Stufe der galizischen Gesellschaftsleiter. Nur die jüdische Bevölkerung trifft noch mehr Verachtung und Leid.

Rund 25 Prozent der ostgalizischen Einwohner sind Polen. Sie prägen den galizischen Adel und haben erheblichen Anteil am städtischen Mittelstand. Viele ostgalizische Schriftsteller schreiben ihre Bücher, Zeitungsartikel und Essays in polnischer Sprache. Sie wird um die Jahrhundertwende zur dominierenden Unterrichtssprache.

Seit Jahrhunderten gibt es in den ostgalizischen Städten auch kleinere armenische und griechische Gemeinden. In den Waldkarpaten leben die Huzulen, Hirten und Flößer sind es, geschickte Reiter, erfolgreiche Pferdezüchter und unierte Christen. Ungarn, Rumänen und Slowaken wohnen in den Dörfern und Kleinstädten des östlichen Karpatengebirges.

Etwa 10 Prozent der galizischen Bevölkerung sind Deutsche. Ihre Vorfahren kommen vor allem aus Schwaben, aus der Pfalz und aus dem Rheinland. Die Wiener Regierung lockt sie mit finanziellen Versprechungen, um das menschenleere Gebiet zu bevölkern. Für die alteingesessenen polnischen und ruthenischen Nachbarn sind die Neuankömmlinge rasch die »Schwaben«. In den Städten sind sie als Kaufleute, Handwerker, Anwälte oder Ärzte tätig. In den Dörfern bilden die deutschen Bauern, Handwerker, protestantischen Geistlichen oder Lehrer ihre eigene, abgeschlossene Welt. »Die Dörfer waren das Rückgrat des galizischen Deutschtums, das sich in den Städten viel rascher verwischte und assimilierte. In den abgeschiedenen Dörfern blieb es erhalten. Die deutschen Kolonisten waren ... fleißig, nüchtern und fromm. Das Leben im Dorf, wohlgeordnet und unkompliziert, drehte sich um drei Dinge: Arbeit, Kirche und Wirtshaus. In Ausnahmefällen war die Reihenfolge auch umgekehrt.«[14] Der Grundbesitz der Deutschen ist in der Regel bedeutend größer als der ihrer ruthenischen Nachbarn, was das Zusammenleben nicht einfacher macht. Kultureller Hochmut tritt hinzu. So erklärt die österreichische Regierung in schönstem Amtsdeutsch: »Der Hauptzweck der deutschen Ansiedler in Galizien ist die Emporbringung der Landeskultur, und des Kunstfleißes, Urbarmachung öder unbenutzter Grundstücke, Vermehr- und Verbesserung der Viehzucht, dann Ausbildung des sittlichen Karakters der Nationaluntertanen durch das Beispiel der Ansiedler.«[15]

Viele deutsche Einwanderer fühlen sich allerdings von der Kultur und vom politischen Freiheitsdenken der Polen stark angezogen. Das gilt in erster Linie für Westgalizien. Deutsche Familien werden hier in der zweiten oder dritten Generation nicht selten zu polnischen Patrioten und Förderern der polnischen Kultur – was nicht ohne Widerspruch bleibt. Der auch in Deutschland einst viel gelesene Schriftsteller Franzos beispielsweise lehnt diese Entwicklung scharf ab. Er ist ein Anhänger der »deutschen Mission« in Osteuropa. Was später für seinen Landsmann Joseph Roth trotz eines klaren Bekenntnisses zur deutschen Kultur ganz und gar nicht gilt. Der Idee einer »Germanisierung« Osteuropas steht Roth zeitlebens fremd gegenüber.

In der zweiten Hälfte des 19. Jahrhunderts schwächen verheerende militärische Niederlagen – 1859 gegen Frankreich und Sardinien-Piemont in den Schlachten von Magenta und Solferino, »der Schlacht, die zum ersten Mal den Untergang der kaiser- und königlichen Monarchie angekündigt hatte«,[16] und 1866 gegen Preußen in Königgrätz (Sadowa) – die österreichische Stellung im europäischen Mächtepoker. Der italienische Nationalstaat formt sich und wird 1870 politische Wirklichkeit. Die Habsburger verlieren ihre nord- und mittelitalienischen Gebiete. Preußen entmachtet sie in Deutschland. Otto von Bismarck zwingt seinem König und vielen der widerstrebenden Landesfürsten die kleindeutsche Lösung auf. Wien hat nördlich der Alpen nichts mehr zu sagen. Es beginnt der lange, melancholische Abstieg der Monarchie.

Als Konsequenz aus dem Anwachsen der Nationalbewegungen im Habsburger Vielvölkerstaat und aus der Niederlage von Königgrätz erhält das Reich eine neue Verfassung. 1867 wird aus dem Kaiserreich Österreich die Doppelmonarchie Österreich-Ungarn. Mit dem sogenannten »Ausgleich« erhält Ungarn weitgehende Autonomie. Auch dem Kronland Galizien wird eine Selbstverwaltung zugestanden, die dortige Politik wird weiterhin vom polnischen Adel beherrscht.

Das Jahr 1867, in dem die Reformen verabschiedet werden, ist für die österreichische Monarchie ein wichtiges Datum. Die staatliche Neuordnung wird der – am Ende vergebliche – Versuch der Hofburg sein, der anschwellenden Flut des Nationalismus Einhalt zu gebieten. Polen, Ungarn, Ruthenen, Tschechen, Slowaken, Slowenen, Serben, Kroaten, Rumänen, Albaner – sie alle fordern jetzt kulturelle, sprachliche und politische Eigenständigkeit. Das Zeitalter des nationalen Wahns dämmert herauf.

In Roths Heimat Ostgalizien fordern die von Wien enttäuschten Ukrainer immer heftiger nationale und kulturelle Gleichberechtigung. Nicht wenige blicken nach Osten, sehen ihre Zukunft im Bündnis mit dem Zarenreich. »Kleinrussen« werden sie dort genannt. Schon 1869 gründen einige Intellektuelle in Lemberg eine ukrainischsprachige literarische Zeitschrift, die »Pravda« (»Wahrheit«). Mitte der 1870er-Jahre gibt es in Galizien 62 ukrainischsprachige Periodika. Griechisch-orthodoxe Priester beginnen in der Bauernschaft gegen die römisch-katholische Vorherrschaft der Polen zu agitieren. Der 1856 geborene Schriftsteller Ivan Franko ist Mitbegründer der ersten politischen Partei der Ukrainer. Sie ist antiklerikal und sozialistisch. Mehr Zulauf findet bald die Nationaldemokratische Partei. Priester und Sozialliberale stehen an ihrer Spitze. Über 100.000 ukrainische Bauern und Landarbeiter beteiligen sich kurz nach der Jahrhundertwende an mehreren Agrarstreiks. 1908 erschießt ein ukrainischer Student den galizischen Statthalter Graf Potocki. Als Joseph Roth 1901 in die jüdische Gemeindeschule von Brody eintritt, ist aus den Protesten eine nationale Massenbewegung geworden. Ihr Motor ist die verheerende soziale Lage der ukrainischen Landarbeiter.

Neben dem polnischen Adel bildet die österreichisch-deutsche

Bürokratie gemeinsam mit dem Offizierskorps die politisch führende Gruppe in Ostgalizien. Die Deutschen sind in ihrer großen Mehrheit bis 1918 treue Untertanen der Habsburger. Wien ist nicht nur ihre politische, sondern auch ihre kulturelle Metropole. »In kaum einer Stadt Europas war nun der Drang zum Kulturellen so leidenschaftlich wie in Wien«, wird Stefan Zweig im Rückblick über seine Geburtsstadt schreiben. »Gerade weil die Monarchie, weil Österreich seit Jahrhunderten weder politisch ambitioniert noch in seinen militärischen Aktionen besonders erfolgreich gewesen, hatte sich der heimatliche Stolz am stärksten dem Wunsche einer künstlerischen Vorherrschaft zugewandt. Von dem alten Habsburgerreich, das einmal Europa beherrscht, waren längst wichtigste und wertvollste Provinzen abgefallen, deutsche und italienische, flandrische und wallonische; unversehrt in ihrem alten Glanz war die Hauptstadt geblieben, der Hort des Hofes, die Wahrerin einer tausendjährigen Tradition.«[17]

Wer sich in Wien künstlerisch oder politisch durchsetzt, wird rasch auch in den gebildeten deutschen Kreisen Lembergs, Tarnopols oder Brodys zum Gegenstand leidenschaftlicher Debatten. Wie die ferne Wiener Presse das große Weltgeschehen interpretiert, was ihre scharfzüngigen Kritiker über die neuen Stücke Arthur Schnitzlers oder Hugo von Hofmannsthals zu sagen wissen, wie viele Amtsmonate ihre Klatschkolumnisten dem skandalumwitterten Operndirektor Gustav Mahler noch geben, warum nach Ansicht vieler Kunstpäpste das christliche Abendland mit Blick auf die »pornographischen und dekadenten« Bilder der Sezessionisten um Gustav Klimt unabwendbar dem Untergang geweiht ist, und was da in der Berggasse 19 ein gewisser Dr. Sigmund Freud für unglaubliche, das herkömmliche Bild vom Menschen sprengende Theorien aufzustellen wagt – der Grundakkord der gesellschaftlichen Diskussionen im deutschen Bürgertum Ostgaliziens wird in Wien vorgegeben. Auch für den jungen Joseph Roth wird Wien zum Ort der Sehnsucht. Als 19-Jähriger wird er die Stadt erstmals betreten und sich an der dortigen Universität einschreiben.

Kronland der Gegensätze

In Ostgalizien sind die Polen römisch-katholisch, griechisch-orthodox oder uniert die Ruthenen, mehrheitlich protestantisch die Deutschen. Rund zwölf Prozent beträgt der jüdische Anteil der galizischen Bevölkerung. »In Lemberg gab es vor dem Ersten Weltkrieg je einen römisch-katholischen, griechisch-katholischen und armenisch-katholischen Erzbischof, 19 römisch-katholische, neun unierte, eine armenische und eine evangelische Kirche sowie zwei Synagogen und zahlreiche jüdische Bethäuser.«[18] Ein religiöser und damit auch ein kultureller Schmelztiegel ist dieses Kronland am östlichen Rand des Reiches, ein ethnischer Flickenteppich, wie ihn selbst der Vielvölkerstaat Österreich in dieser Massierung sonst nicht kennt.

Wirtschaftlich ist Galizien ein Agrarland, in dem neben dem Getreideanbau und der Viehzucht bald der Kartoffelanbau eine wichtige Rolle spielt. Die alten historischen Handelsverbindungen sind durch die Teilung Polens teilweise abgebrochen, und die Industrialisierung kommt kaum voran. Eine bemerkenswerte Ausnahme ist die Erdölindustrie. Sie gewinnt in der zweiten Hälfte des 19. Jahrhunderts überregionale Bedeutung. In den ostgalizischen Raffinerien werden um 1900 immerhin fünf Prozent der Weltproduktion erzeugt. Nach den USA und Russland nimmt Ostgalizien damit den dritten Platz unter den Erdöllieferanten ein. Die größten Vorkommen liegen im Gebiet um Stryj und Kolomyja. Hier entstehen Mitte des 19. Jahrhunderts Hunderte kleiner Grubenunternehmen. Unter primitiven und für die Arbeiter gefährlichen Bedingungen wird das galizische Erdöl gewonnen. Enorme Ertragssteigerungen setzen ein, als die Ingenieure dem amerikanischen Beispiel folgen und den wichtigen Rohstoff durch Bohrungen gewinnen. Drohobycz oder Boryslav entwickeln sich zu Goldgräberstädten. Schwindelnder Reichtum der wenigen glücklichen, vielfach jüdischen Besitzer spiegelt sich in den neureichen Villen dieser Erdölstädte wider. Bald allerdings wird die Förderung von ausländischem Kapital beherrscht.

Glanz der Neureichen und Elend der Arbeiter – die Mehrheit der in den galizischen Erdölregionen wohnenden Menschen lebt trotz des Ölbooms weiter in bitterer Armut. Joseph Roth reist 1928 für eine Reportage erneut durch seine galizische Heimat – die damals zu Polen gehört –, und es sieht dort vielfach noch so aus wie ein halbes Jahrhundert zuvor, als Tausende von Bohrtürmen aus dem Boden wuchsen. In seinem in der »Frankfurter Zeitung« veröffentlichten Artikel »Das polnische Kalifornien« berichtet er über einen Besuch in der einstigen Erdölmetropole Boryslav: »Ein paar arme Leute standen am trüben Wasser und schöpften verirrtes Öl mit Kannen. Sie waren die kleinen Kollegen des großen Pariser Dreyfus. Sie haben nicht Aktien, sondern Eimer. Sie verkaufen das gefundene Öl in ganz winzigen Quantitäten und beleuchten damit ihre provisorischen Bretterbuden. Das ist alles, was ihnen die verschwenderische Natur zugedacht hat. Ihre Hütten standen schief, braun und ergeben im goldenen Sonnenglanz. Es schien, daß sie noch mehr zusammenrückten, kleiner wurden und vollkommen verschwinden wollten.«[19]

Ein Land der Gegensätze ist Joseph Roths Heimat, ein Land, das geprägt ist von großer Naturschönheit und harten Witterungseinflüssen. »Die Felder waren gelb, stachlig, hart und taten den Sohlen weh«, schreibt er in seinem autobiographischen Romanfragment »Erdbeeren«. »Die Wälder am Rande blieben tiefgrün – es waren Nadelwälder. Im Herbst hatten sie silberne Kämme auf den Häuptern. Wir brieten Kartoffeln. Es roch nach Feuer, Kohle, verbrannten Schalen, angesengter Erde. Die Sümpfe, an denen die Gegend reich war, trugen eine glänzende leichte Decke aus gläsernem Frost. Sie dufteten feucht wie Fischernetze. ... Im November kam der erste Schnee. Er war dünn, glasig und haltbar. Er zerging nicht mehr. Da hörten wir mit dem Kartoffelbraten auf. Wir blieben in unsern Häusern. Wir hatten schlechte Öfen, Fugen in den Türen und Ritzen in den Dielen. Unsere Fensterrahmen waren aus leichtem, feuchtem Fichtenholz gemacht, sie hatten im Sommer ihre Gestalt verändert und schlossen schlecht. Wir verstopften die Fenster mit Watte. Wir legten Zeitungspapier zwischen Türen und Schwellen. Wir hackten Holz für den Winter. Im März, wenn die Eiszapfen von den Dächern tropften, hörten wir schon den Frühling galoppieren. Schneeglöckchen ließen wir in den Wäldern. Wir warteten bis zum Mai. Erdbeeren gingen wir pflücken. ... Es regnete gründlich und mit

Bedacht. Die Wege wurden weich. Der Sumpf drang in die Wälder vor, die Frösche schwammen im Gehölz. Die Räder der Bauernwagen knirschten nicht mehr. Alle Wagen fuhren wie auf Gummi. Die Hufe der Pferde wurden lautlos. Alle Menschen zogen die Stiefel aus, hängten sie über den Rücken und wateten barfuß.«[20]

Ähnliches ist in zahllosen Erinnerungen von Schriftstellern, Malern oder Schauspielern zu lesen, die ihre Jugend in Galizien, Polen oder Weißrussland verbracht haben und später in Westeuropa zu Ruhm gelangt sind. Der Schauspieler Alexander Granach wächst im Dorf Werbiwizi auf: »Ostgalizische Erde ist verschwenderisch und reich. Sie hat fettes Öl, gelben Tabak, bleischweres Getreide, alte verträumte Wälder und Flüsse und Seen und vor allem schöne, gesunde Menschen: Ukrainer, Polen, Juden. Alle drei sehen sich ähnlich, trotz verschiedener Sitten und Gebräuche. Der ostgalizische Mensch ist schwerfällig, gutmütig, ein bißchen faul und fruchtbar wie seine Erde.«[21] Der Maler Marc Chagall stammt aus Weißrussland, und wie bei Joseph Roth ist auch sein Werk ohne die Eindrücke seiner Jugend, ohne die jüdische Welt des Ostens nicht deutbar: »Die Tatsache, daß ich Kühe, Milchmädchen, Geflügel und russische Provinzarchitektur als Quellform meiner Kunst benutzt habe, erklärt sich daraus, daß sie Teil der Umgebung sind, aus der ich hervorgewachsen bin, und daß sie ohne Zweifel von allen mir bekannten Erfahrungen die tiefsten Eindrücke in meinem visuellen Gedächtnis hinterlassen haben. Jeder Maler ist irgendwo geboren. Mag er auch später dem Einfluß anderer Atmosphären ausgesetzt sein, ein gewisser Extrakt, ein gewisses ›Aroma‹ seines Geburtsortes bleibt in seinem Werk haften.«[22]

Roth hat sie nie vergessen, die Welt seiner Herkunft, die Menschen seiner Jugend, die galizischen Jahreszeiten, die den Lebensrhythmus der Einwohner bestimmen. »Wie schnell fielen die Abende über uns herein, Abende, die mit einem scharfen Wind kamen, mit glänzenden fernen Sternen auf einem Himmel aus blauem Frost, mit kurzen heftigen Dämmerungen in den Stuben, mit heulenden Teufeln in den Öfen, mit Gespenstern aus Nichts. Eine halbe Stunde im Tag war die Sonne zu sehn. Sie war matt und weiß, von einer gefrorenen Fensterscheibe verhüllt. ... Schmale Stege zeichneten sich im tiefen Schnee ab, Fußgänger gingen zwischen weißen hohen Schneedämmen. Es gab nichts Heiteres außer dem Klingeln der Schlittenglocken, sie läuteten fast wie Frühling.«[23] Welche Bedeutung Galizien und die angrenzende russische Region für Joseph Roth auch in den späteren Lebensjahren, die er überwiegend in Deutschland und Frankreich verbringen wird, hat, zeigen die Landschaften, die Städte und vor allem auch die Menschen seiner Romane.[24]

Verklärende Lügengeschichten, augenzwinkernde Eulenspiegeleien, spielerische Prosa – die Welt seiner Herkunft bleibt sein unerschöpfliches Thema: »Ich glaube, daß bei uns zu Hause niemand Papiere hatte. Es gab ein Gericht, ein Gefängnis, Advokaten, Finanzämter – aber nirgends brauchte man sich zu legitimieren. Ob man als der oder jener verhaftet wurde – was machte es aus? Ob man Steuern bezahlte oder nicht – wer ging daran zugrunde, wem half man damit? Hauptsache war, daß die Beamten zu leben hatten. Sie lebten von Bestechungen. Deshalb kam niemand ins Gefängnis. Deshalb zahlte niemand Steuern. Deshalb hatte niemand Papiere. Schwere Verbrechen kamen vor, leichte wurden nicht entdeckt. Brandstiftungen überging man, sie waren nur persönliche Racheakte. Landstreichen, Betteln, Hausieren war eine alte Landessitte. Waldbrände wurden von Förstern gelöscht. Raufereien und Totschläge entschuldigte der Brauch, Alkohol zu trinken. Räuber und Wegelagerer verfolgte man nicht. Man ging von der Ansicht aus, daß sie sich selbst hart genug bestraften, indem sie auf jeden gesellschaftlichen Anschluß, auf Handel und Gespräche verzichteten... Bei uns zu Hause herrschte Frieden. Nur die engsten Nachbarn hielten Feindschaft...«[25]

Geschichte des Ostjudentums

In Osteuropa lag eines der Zentren des europäischen Judentums. »Von den Bewohnern Galiziens und den dort lebenden verschiedenen Rassen sind es vielleicht die Juden, die das größte Interesse beanspruchen«, schreibt Leopold von Sacher-Masoch. »Nirgends gibt es sie in größerer Zahl und in dieser Ursprünglichkeit als gerade in Polen und Galizien. Das polnische Ghetto ist ein kleiner Orient inmitten von Europa. In ihm kann man noch die Trauben von Kanaan reifen und die Rosen von Saron blühen sehen.«[26] Litauen, Polen, Galizien – um 1900 leben hier insgesamt etwa 10 Millionen Juden. Eine untergegangene Welt. Als die deutsche Wehrmacht Polen und die Sowjetunion mit einem Vernichtungskrieg überzieht, und die Diktatoren Hitler und Stalin die baltischen Staaten zum Spielball ihrer Machtambitionen machen, naht das Ende. In einem beispiellosen Akt staatlichen Terrors treiben die deutschen Besatzer die Einwohner der jüdischen Ghettos in die Wälder und bringen sie dort oder in den Gaskammern von Auschwitz und Treblinka um. Die deutschen Mörder finden bei den Polen, Litauern und Ukrainern manch willigen Helfer.

Ostgalizien ist um die Jahrhundertwende die Heimat von rund 620.000 Menschen jüdischer Abstammung. Ihre Vorfahren kommen als jüdische Kaufleute schon im 7. und im 8. Jahrhundert aus dem Westen zu den slawischen Stämmen. Sie treffen dort auf Glaubensgenossen, deren Heimat einst in Byzanz lag. Die große jüdische Einwanderungswelle erfolgt dann in den folgenden Jahrhunderten. In den Tagen der Kreuzzüge beginnt der jüdische Exodus aus Westeuropa. Phasen geduldeter Nachbarschaft wechseln dort mit Gewaltexzessen und Verfolgungen. Sobald die westeuropäischen Juden nicht mehr als Geldverleiher, Zahler von Sonderabgaben oder Händler gebraucht werden, beginnen die Vertreibungen. Sie müssen ihre Heimat in England, Süditalien, Spanien, Portugal, Frankreich, im Heiligen Römischen Reich Deutscher Nation oder im päpstlichen Kirchenstaat verlassen.

Im späten Mittelalter und in der Neuzeit wandern die vertriebenen Juden über Deutschland weiter in den Osten und bilden dort eine starke, aber isoliert lebende Minderheit. Die polnischen Könige haben sie gerufen, in der Hoffnung auf eine Belebung des Handels, der Geldwirtschaft und der Urbanisierung. Es gibt für die Juden in Polen nie ein »goldenes Zeitalter«, aber ihre Lebensbedingungen sind hier im Vergleich zu vielen anderen Ländern lange Zeit günstig. Das schafft ihnen Freiräume, die sie zu beachtlichen wissenschaftlichen und kulturellen Leistungen anspornen. Durch den von ihnen über das ganze Land betriebenen Handel werden die Juden im polnischen Königreich zu wichtigen Mittlern zwischen Stadt und Land.

Im 18. und im 19. Jahrhundert setzt dann zudem eine Ost-West-Fluchtwelle russischer Juden ein. Im Reich der Zaren hat die Judenfeindschaft Tradition. »Auch im alten Rußland waren die Juden eine ›nationale Minderheit‹«, wird Roth 1927 in einem Artikel anmerken, »aber eine mißhandelte. Durch Verachtung, Unterdrückung und Pogrom kennzeichnete man die Juden als eine eigene Nation. Man war nicht etwa bestrebt, sie durch Vergewaltigung zu assimilieren. Man war bestrebt, sie abzugrenzen. Die Mittel, die man gegen sie anwandte, sahen so aus, als wollte man sie vertilgen.«[27]

Vor allem die russisch-orthodoxen Priester schüren diese Ausgrenzung. Die in tiefer Armut lebenden Bauernmassen, abergläubisch und kirchengläubig, werden zu Werkzeugen eines fanatisierten Klerus und religiös-nationaler Politiker. Ob staatliche Fehlentscheidungen, militärische Niederlagen, wirtschaftliche Krisen oder der Ausbruch von Seuchen – der Jude ist an allem schuld. »Aus dem verträumten Blick eines ... Bauern konnte schnell ein feindseliger, verkniffener, hassender Blick werden. Wenn ein Jude vorbei kam, einer, der weder kaufen noch verkaufen wollte, der nur vorbeikam, dann fiel es hinterlistig und zischend über ihn her: ›Jude, noch immer nicht verreckt, he?‹ ›Noch nicht, Panje Bauer‹, sagte der Jude. Lachte verlegen. Machte einen Bogen. Einen großen.«[28]

Die Kosaken lösen immer wieder schreckliche Pogrome in den ostjüdischen Gemeinden aus. So werden während des Aufstandes der Haidamaken – ukrainische Bauern und Kosaken – Ende der 60er-Jahre des 18. Jahrhunderts rund 100.000 Katholiken und Juden umgebracht. Unter Zar Alexander III. kommt es in den 80er-Jahren des 19. Jahrhunderts zu wilden Judenverfolgungen, über zwei Millionen russische Juden wandern nach Amerika aus. Auch während der russischen Aufstände 1905 fallen viele Juden den sich rasch ausbreitenden Pogromen zum Opfer, und im Bürgerkrieg nach der Oktoberrevolution wüten die Weißen Garden und die Nationalisten, nicht selten auch die Roten, in den ukrainischen Judengemeinden. Den Mordorgien fallen bis zu 150.000 Juden zum Opfer.[29] Isaak Babel, Berichterstatter in dem für die Menschen in

Galizien opferreichen russisch-polnischen Krieg von 1920, notiert am 30. Juli 1920 im Tagebuch über seine kurze Einquartierung in Roths Geburtsstadt: »Brody nicht vergessen und diese Jammergestalten, die Friseure, die Juden, die aus dem Jenseits gekommen sind, und die Kosaken auf den Straßen. ... Eine schreckliche Nacht in diesem gepeinigten Brody.«[30] Stärker als in Westeuropa, wo sich Ende des 19. Jahrhunderts der rassistisch begründete Antisemitismus ausbreitet, bleibt in Osteuropa der von den Kirchen gepredigte religiöse Judenhass eine wichtige Wurzel der Pogrome. Für Russland gilt im Besonderen, was Joseph Roth generell anprangert: »Es ist ein historisches Gefühl, genährt durch Erfahrungen, daß die Juden die ersten Opfer aller Blutbäder sind, welche die Weltgeschichte veranstaltet.«[31] Imre Kertész schreibt achtzig Jahre später: »Ich glaube, zwei Juden haben nur ihre Ängste gemeinsam ... zumindest in Ost- und Mitteleuropa.«[32]

Habsburg und das Judentum

Als nach der Teilung Polens 1772 Galizien unter die Herrschaft der Habsburger kommt, wird die Monarchie erstmals mit einer großen Zahl jüdischer Untertanen konfrontiert. In Wien herrscht die strenggläubige Katholikin Maria Theresia. Sie hat sich lange gegen die polnische Teilung gewehrt und gibt erst nach erbitterten Kämpfen mit ihrem Sohn und Mitregenten Joseph II. nach. Aus ihrer christlichen Ideologie heraus und gefestigt durch ihre jesuitischen Berater und Beichtväter ist sie antijüdisch eingestellt. Schon 1753 und 1764 werden in der Hofburg restriktive Judengesetze erlassen. Nach der Vereinnahmung Galiziens erhalten die Juden erstmals zwangsweise Familiennamen. Vergeben werden sie von staatlichen Kommissionen, deren Mitglieder besonders eifrige Judenhasser sind. Entsprechend diskriminierend ist die Namenswahl. Bald aber erlangt Joseph II. für die in der Habsburg-Monarchie lebenden Juden eine überragende Bedeutung. Der Kaiser ist ein Vertreter des aufgeklärten Absolutismus. So wie der preußische Monarch Friedrich II. steht auch Joseph II. den Ideen der französischen Enzyklopädisten nahe, die sich um Voltaire, Rousseau, Diderot, Turgot und d'Alembert gesammelt haben. 1781, Maria Theresia ist ein Jahr zuvor gestorben, erlässt der Kaiser ein Toleranzpatent, das den in Österreich lebenden Protestanten und Griechisch-Orthodoxen Glaubensfreiheit gewährt und den Alleinanspruch der katholischen Kirche zurückdrängt. Für die Juden sind die Reformen des Josephinismus ein wichtiger Schritt auf dem Weg zur Gleichberechtigung. Die Ghettos (»Judenhäuser«) werden aufgelöst, und ihre Bewohner dürfen nun wenigstens offiziell ihren Wohnort frei wählen. Jüdischen Untertanen wird die Gewerbefreiheit, allerdings ohne Bürger- und Meisterrechte, zugestanden. Die »Leibmaut«, eine Kopfsteuer, wird abgeschafft. Die neue territoriale Gliederung nach der polnischen Teilung bringt den Juden zudem nun auch beachtliche wirtschaftliche Vorteile. Der Handel zwischen Österreich und Russland wächst, und die Juden partizipieren an diesem Aufschwung. Brody erhält die gleichen Rechte wie der Seehafen Triest und wird bald zum wichtigsten Umschlagplatz dieses anwachsenden Warenflusses.

So unterschiedlich die überhastet durchgeführten Reformen des Kaisers in den Geschichtsbüchern auch bewertet werden, für die Juden bringen sie zweifellos Fortschritte. Sie erleichtern ihren gesellschaftlichen Alltag, lassen sie von größerer persönlicher Sicherheit und wachsender Anerkennung träumen. Der Prager Rabbi Yehezkel Landau begrüßt das Toleranzpatent als eine große Tat des Kaisers, »der uns das Stigma der Sklaverei genommen hat«.[33] Er steht mit dieser Meinung nicht allein. Und doch: Die Juden bleiben auch nach 1781 in Österreich Bürger zweiter Klasse.

Wichtig für die jüdische Emanzipation in der österreichischen Monarchie sind dann die Jahre 1848 und 1867. Nach der gescheiterten Revolution wird den Juden zumindest formal die bürgerliche Gleichberechtigung zugestanden – was die Behörden nicht davon abhält, viele Schikanen und Diskriminierungen bestehen zu lassen. Veröffentlichungen in hebräischer und jiddischer Sprache bleiben verboten. Erst mit der neuen Staatsverfassung vom Dezember 1867 werden dann fast alle Beschränkungen aufgehoben.

Der Judenhass, bald Antisemitismus genannt, bleibt in Österreich jedoch virulent. In der zweiten Hälfte des 19. Jahrhunderts leidet das Reich unter einer mangelnden Kapitalkonzentration, die in den westeuropäischen Staaten zum wichtigen Motor der Industrialisierung geworden ist. Unter den Habsburgern sind es überwiegend jüdische Kaufleute, die durch ihre Handels- und Geldgeschäfte größere Kapitalvermögen angesammelt haben. Das ermöglicht ihnen jetzt, ihr Geld in Großbanken, Fabriken und Eisenbahnen zu investieren. Auch dieser immer sichtbarer werdende Reichtum einiger weniger jüdischer Familien führt bald zu einem neuerlichen Anschwellen des österreichischen Antisemitismus.

Der Zeitgeist arbeitet im letzten Drittel des 19. Jahrhunderts ohnehin schon wieder gegen die Juden. Ihr Aufstieg bleibt eng verbunden mit dem westeuropäischen Liberalismus, der zwischen 1750 und 1848 seinen Höhepunkt erlebt hat. Auf seinen Fahnen stehen nicht nur das Postulat der Handelsfreiheit, die zur Öffnung der nationalen Märkte führt, sondern auch die Gedankenfreiheit und die Proklamation der allgemeinen Menschenrechte. Spätestens mit dem Beginn der Restaurationsphase 1815, die durch die Niederlage des Bürgertums von 1848 besiegelt wird, verliert der Liberalismus in der Politik der europäischen Staaten seine Zugkraft. Als 1873 die »Große Depression« zu Unternehmensbankrotten und Spekulationsverlusten führt, sind die Schuldigen rasch gefunden: Der »zügellose« Liberalismus und die von ihm profitierenden Juden stehen am Pranger.

Die schwankenden wirtschaftlichen Entwicklungen verunsichern die westeuropäischen Gesellschaften. Die Vergangenheit wird angesichts der angeblich immer grauer werdenden Gegenwart idealisiert, und die Völker grenzen sich wieder zunehmend ab. Mangelndes Selbstwertgefühl, geboren aus Zukunftsängsten, führt bald zu einem Aufschwung der nationalistischen Ideologien. Sie werden das Denken der europäischen Eliten bald beherrschen. Hellsichtig spricht Friedrich Nietzsche schon drei Jahrzehnte vor dem Ersten Weltkrieg vom »Hornviehnationalismus«. Nationalen oder religiösen Minderheiten wird in den omnipotenten Konzepten des europäischen Bürgertums bald nur noch ein Nischenplatz eingeräumt. Natürlich gilt dies auch für die Juden. Aber bis zum praktizierten Rassenwahn des Dritten Reiches werden sie mehrheitlich von der deutsch-(österreichisch-)jüdischen Symbiose träumen und glauben, dass auch in Westeuropa Humanismus und politischer Liberalismus an die Stelle mittelalterlicher Hexenjagd und mörderischer Pogrome getreten sind. Die Wirklichkeit sieht schon in den letzten beiden Jahrzehnten des 19. Jahrhunderts ganz anders aus. »Gegen Juden, Habsburg, Rom bauen wir den deutschen Dom«, grölen die Anhänger Georg von Schönerers, eines radikalen Antisemiten und Propagandisten Großdeutschlands.

Trotz dieser verschärften Situation werden die Habsburger in den letzten Jahrzehnten ihrer Herrschaft für die Mehrheit der galizischen Juden – so jedenfalls der subjektive Befund vieler jüdischer Einwohner – zu Beschützern. Sie danken es mit nachhaltiger Verehrung für das Herrscherhaus. Nicht ganz grundlos. Als beispielsweise die Wiener den Antisemiten Karl Lueger (»Wer Jude ist, bestimme ich«) zu ihrem Bürgermeister wählen, verweigert Kaiser Franz Joseph ihm viermal die Ernennung. Erst als Papst Leo XIII. sich für ihn einsetzt, gibt der Kaiser nach. Bemerkenswert bleibt seine abwehrende Haltung trotzdem. Und das nicht nur, weil Adolf Hitler, der während der letzten Amtsjahre Luegers in den Wiener Männerheimen lebt, ihn später »als den gewaltigsten deutschen Bürgermeister aller Zeiten« bezeichnen wird.[34] In Franz Werfels Romanfragment »Cella oder die Überwinder« lässt der Autor eine seiner jüdischen Figuren sehr selbstbewusst das sagen, was viele österreichisch-habsburgische Juden empfunden haben: »Damals galten die Unseren unbedingt und nicht nur verhältnismäßig als Menschen und Landsleute. Und dann! Habsburg! Jeder Österreicher, der vor 1890 geboren wurde, bewahrt die ritterlich ehrfurchtsgebietene Greisengestalt Franz Josephs in seinem Herzen wie einen getreuen Traumwächter der Kindheit ...«[35]

Joseph Roth wird in seinen späteren Lebensjahren die Habsburgermonarchie auch deshalb verklären, weil er in der Figur des Kaisers den Patriarchen sieht, der allen Untertanen Gerechtigkeit widerfahren lässt und dessen von Gott gegebene Gnade auch die nationalen und religiösen Minderheiten im Reich erfasst. In seinen letzten Lebensmonaten macht Roth diese Haltung noch einmal in einer »Rede über den alten Kaiser« deutlich: »Nun, wenn man auch nicht sagen kann, Kaiser Franz Joseph hätte die Juden geradezu geliebt, ganz gewiß ist es, daß er die Antisemiten verachtete. Und wäre selbst der

Antisemitismus in der alten Monarchie legitim gewesen: In den Augen dieses noblen Monarchen verlor er seine Gültigkeit...«[36] Schon sieben Jahre vorher, im »Radetzkymarsch«, beschreibt Roth eine Begegnung des Kaisers mit jüdischen Gemeindemitgliedern, die sein Bild vom »gerechten Habsburg«, vom besonderen Verhältnis zwischen dem Herrscher und seinen jüdischen Untertanen auf bewegende Weise unterstreicht: »Aus dem Haufen der Juden stieg ein dunkles Gemurmel empor. Noch tiefer beugten sich ihre Rücken. Wolkenlos, unendlich spannte sich der silberblaue Himmel über der Erde. ›Gesegnet bist du!‹ sagte der Jude zum Kaiser. ›Den Untergang der Welt wirst du nicht erleben!‹ Ich weiß es! dachte Franz Joseph... Er trabte nach links über die harten Schollen der herbstlichen Felder, gefolgt von seiner Suite. Der Wind trug ihm die Worte zu, die Rittmeister Kaunitz zu seinem Freund an der Seite sprach: ›Ich hab' keinen Ton von dem Juden verstanden!‹ Der Kaiser wandte sich im Sattel um und sagte: ›Er hat auch nur zu mir gesprochen, lieber Kaunitz!‹ und ritt weiter.«[37]

Ein Denkmal für die Luftmenschen

Die ostjüdischen Menschen leben auch in den Jahren, in denen Joseph Roth in ihrem Kreis aufwächst, überwiegend in kaum vorstellbarer Armut und mit ihrem strengen Glauben. Der Sabbat und die biblisch begründeten Feiertage wie Jom Kippur oder das Thorafest, der Besuch der Bethäuser und Synagogen oder der Talmudschule bestimmen ihren Lebensrhythmus. Die traditionelle schwarze Kleidung mit Hut oder Pelzmütze, Bart und Schläfenlocken prägen das Bild der Ghetto-Gassen. »In schmutzigen Straßen, in verfallenen Häusern leben die Juden«, wird Joseph Roth noch im Jahr 1927 seinen deutschen Zeitungslesern berichten. »Der christliche Nachbar bedroht sie. Der Herr schlägt sie. Der Beamte läßt sie einsperren. Der Offizier schießt auf sie, ohne bestraft zu werden. Der Hund verbellt sie, weil sie mit einer Tracht erscheinen, die Tiere ebenso wie primitive Menschen reizt. In dunklen Chedern (Schule für die jüdischen Kleinkinder – WvS) werden sie erzogen. Die schmerzliche Aussichtslosigkeit des jüdischen Gebets lernen sie im frühesten Kindesalter kennen.«[38]

Die gemeinsame Religion knüpft enge Bande innerhalb der Ghettogesellschaft. Allerdings bildet das Ostjudentum keineswegs eine homogene Gruppe. Die Juden aus Polen, Litauen, Galizien oder Rumänien – die jüdischen Einwohner Ungarns oder Böhmens werden nicht dem Ostjudentum zugerechnet – leben nicht nur in sehr unterschiedlichen Regionen, sondern stammen auch aus unterschiedlichen sozialen Schichten. Es gibt unter ihnen nicht nur die in der Literatur so vielfach beschriebenen bettelarmen Dorf- oder Stadtbewohner, sondern auch reiche Kaufleute und gebildete Gelehrte, orthodoxe Gläubige und aufgeklärte Atheisten. Mit spöttischem Stolz wird Roth festhalten: »Meine Landsleute waren begabt. Viele leben in den Städten der alten und der neuen Welt. Alle sind bedeutend, manche berühmt. Aus meiner Heimat stammt der Pariser Chirurg, der die alten und reichen Menschen verjüngt und Greisinnen in Jungfrauen verwandelt; der Amsterdamer Astronom, der den Kometen Gallias entdeckt hat; der Kardinal P., der seit zwanzig Jahren die Politik des Vatikans bestimmt; der Erzbischof Lord L. in Schottland; der Mailänder Rabbiner K., dessen Muttersprache Koptisch ist; der große Spediteur S., dessen Firma auf allen Bahnhöfen der Welt zu lesen ist und in allen Häfen aller Kontinente.«[39]

In den Städten leben die jüdischen Einwohner überwiegend in eigenen Vierteln, vielfach in ihnen zugewiesenen Ghettos. Auf dem Land sind es die Schtetl, die uns in fast allen ostjüdischen Geschichten und Legenden begegnen. »Die Schtetl waren jüdische Zentren in einer nichtjüdischen, meist bäuerlichen Umgebung. Die reichen Juden in den größeren Städten sahen oft mit Verachtung auf die eng mit den Bauern verbundenen ›Draußigen‹ herab. ... Die Juden im Schtetl lebten bewußt in ihrer Jüdischkeit.«[40]

Wovon diese Menschen eigentlich existieren, bleibt häufig rätselhaft. Kleinhandel, Kleinhandwerk, Kleinstgeldgeschäfte, ärmliche Landwirtschaft, bis zum Behördenverbot Pachtung einer Schenke, Schmuggel. In der jiddischen Literatur tauchen die »Luftmenschen« auf. Das Schicksal und ihre christliche Umwelt lässt sie ins Elend fallen, sie wissen beim Erwachen nicht, wie sie den neuen Tag bestehen sollen, sie handeln mit allem, was in ihre Hände fällt,

Herkunft und Jugend in Galizien (1894–1913)

sie hungern jämmerlich und überleben häufig nur durch die Almosen, die die Gemeinde ihnen zukommen lässt. Der Historiker Heiko Haumann zitiert eine amerikanische Studie, in der es heißt, dass »gegen Ende des 19. Jahrhunderts bis zu 40 % der gesamten jüdischen Bevölkerung aus Familien sogenannter Luftmenschen« kommt.[41]

Was Joseph Roth über die Wiener Juden schreibt, gilt sehr viel stärker noch für die Juden im osteuropäischen Ghetto und im Schtetl. »Wenn ein Ostjude viel Glück und Geld hat, kann er unter Umständen eine ›Konzession‹ erhalten und einen Laden aufmachen. Seine Kunden sind die kleinen, armen Leute des Viertels. ... Es gibt ostjüdische Intellektuelle. Lehrer, Schreiber und so weiter. Es gibt auch Almosenempfänger. Verschmähte Bettler. Straßenbettler. Musikanten. Zeitungsverkäufer. Sogar Stiefelputzer. Und sogenannte ›Lufthändler‹. Händler mit ›Luftware‹. Die Ware liegt noch irgendwo in Ungarn auf einem Bahnhof. Sie liegt aber gar nicht auf dem ungarischen Bahnhof. Sie wird am Franz-Josephs-Kai gehandelt. Es gibt ostjüdische Betrüger. Freilich: Betrüger! Aber es gibt auch westeuropäische Betrüger.«[42] Der jüdische Schriftsteller Alfred Döblin reist 1925 in den Osten. In seinem Bericht »Reise in Polen« schildert er das Leben im Schtetl. Es ist eine fremde Welt für den assimilierten Juden und in Berlin praktizierenden Arzt, den sein vier Jahre später erschienener Roman »Berlin Alexanderplatz« berühmt machen wird: »Ein Grauen ist diese Straße. Sie fordert heraus wie eine einzige schwarze Börse. Wer sie durchgeht, weiß was Lufthandel, unproduktive Arbeit ist und was die feindseligen Worte von Parasiten, Schmarotzern bedeuten. ... Der Anblick dieser schauerlichen Judenstraße muß sich in ihr Gehirn einschneiden. Und die sollten sich an die Brust schlagen, die sie hier hineingejagt haben.«[43]

Auch als Musiker verdienen die Ostjuden ihren Lebensunterhalt. »Gerne blieb ich auch Sonntags vor der Schenke stehen«, erinnert sich Leopold von Sacher-Masoch, »und blickte durch die Fenster oder die offene Thüre in die große Stube, die von dem aufgewirbelten Staub wie ein Schlachtfeld mit Pulverdampf gefüllt war, und sah den tanzenden Bauern zu, die mit ihren schweren Stiefeln den Boden stampften und die Mädchen hin- und herdrehten, daß ihre langen Zöpfe lustig hin- und herflogen, und lauschte den jüdischen Musikanten, welche mit unermüdlichem Feuer die Kolomyka spielten, diesen eigenthümlichen Tanz, in dem sich das ganze Feuer und der kühne Muth unserer Karpathenbewohner urwüchsig ausspricht. Die Juden spielen in Galizien dieselbe Rolle, wie die Zigeuner in Ungarn.«[44]

Armut erzeugt Prostitution. Sie ist bis in die hintersten Dörfer Galiziens weitverbreitet. Nicht zuletzt jüdische Mädchen und Frauen werden zur Handelsware degradiert. Skrupellose Mädchenhändler machen mit ihnen Geschäfte. Für diese Töchter der Ärmsten unter den Elenden endet die Reise ins Unbekannte in den Bordellen von Wien und Berlin, von Buenos Aires und Rio de Janeiro. Opfer einer Männerwelt, die bis heute aus den Armenhäusern Osteuropas schöpft, um Geldgier und Lust zu befriedigen.

Ein kümmerliches und von ihren christlichen Nachbarn permanent bedrohtes Leben führt die große Mehrheit der ostjüdischen Menschen. Joseph Roth aber – und da steht er in der Tradition vieler Schriftsteller und Memoirenschreiber, die aus dem Ostjudentum stammen – setzt ihnen in seinen Romanen und Essays ein wundervolles Denkmal. Er erzählt und berichtet über das Leben von Menschen, die die Loslösung von den Wurzeln ihres Glaubens noch nicht in dem Ausmaß kennen wie die westeuropäischen Juden. »Denn so groß die Not ist, die Zukunft bringt die herrlichste Erlösung. Die scheinbare Feigheit des Juden, der auf den Steinwurf des spielenden Knaben nicht reagiert und den schmähenden Zuruf nicht hören will, ist in Wahrheit der Stolz eines, der weiß, daß er einmal siegen wird und daß ihm nichts geschehen kann, wenn Gott es nicht will, und daß eine Abwehr nicht so wunderbar schützt, wie Gottes Wille es tut.«[45]

Für Roths Haltung zum Ostjudentum gilt Ähnliches wie für seine Urteile über die Habsburg-Monarchie. So wie er die Schwächen des Reiches nicht übersieht, so unterdrückt der wortreiche Beschwörer der ostjüdischen Welt auch deren dunkle Seiten nicht, verdrängt nicht die menschlichen Schwächen der Schtetl-Bewohner oder den Kampf der Glaubensideologen, der ihre Gemeinschaft zu zerstören droht. Zahlreiche seiner jüdischen Romanfiguren werden zu Tätern, nicht weniger getrieben von Habgier, Lust und Dummheit als ihre christlichen Nachbarn. Vor allem sind da aber die alltäglichen Gefährdungen, mit denen diese Minderheit konfrontiert wird, von denen auch die Historiker zu berichten wissen: »Die Juden als Mittler zwischen Stadt und Land, zwischen Gutsbesitzern und Bauern gerieten nicht nur in zunehmende soziale und ökonomische Konflikte hinein, sondern standen auch bei den sich zuspitzenden nationalen und religiösen Gegensätzen von Polen, Ruthenen und Deutschösterreichern, von Katholiken, Russisch-Orthodoxen und Unierten zwischen allen Fronten.«[46]

Ost- und Westjuden, Chassidismus und Zionismus

»Und plötzlich wächst unter polnischen und kleinrussischen Dorfjuden eine Bewegung empor, in der der Mythos sich reinigt und erhebt: der Chassidismus.«[47] Das Wort »Chassidim« (»Fromme«) stammt aus dem Hebräischen und meint eine in der ersten Hälfte des 18. Jahrhunderts entstandene jüdische Erweckungs- und Massenbewegung, die besonders in Osteuropa eine große Anhängerschaft verzeichnet. Gott findet der Mensch vorrangig im leidenschaftlichen Gebet – »Tanz, Singen und Feiern gehören dazu« – und nicht in der gelehrten Talmudauslegung. Anfang des 20. Jahrhunderts erfährt die chassidische Tradition vor allem durch den jüdischen Religionsphilosophen Martin Buber eine Neuerweckung. »Wenn ein Mensch die ganze Lehre und alle Gebote erfüllt hat, aber die Wonne und das Entbrennen hat er nicht gehabt: wenn der stirbt und hinübergeht, öffnet man ihm das Paradies, aber weil er in der Welt die Wonne nicht gefühlt hat, fühlt er auch die Wonne des Paradieses nicht.«[48] Es ist auch diese lebensbejahende Diesseitigkeit, die für den Schriftsteller Joseph Roth eine nie versiegende Quelle der sinnlichen Welterkenntnis darstellt. Sich selbst finden und sich in Übereinstimmung zu sehen mit Gott und der Welt, in der man lebt – Roths Figuren sind allesamt Sucher und Deuter. Das Unglück ist nicht weniger ihr Wegbegleiter als eine vom Wunderglauben gespeiste Frömmigkeit. Roths spätere Hinwendung zum Katholizismus ist nicht nur aus seinem häufig irrationalen Bekenntnis zum katholisch geprägten Reich der Habsburger zu erklären, sondern wohl auch eine Frucht seiner nie verlorenen »chassidischen« Mystifizierung des Erdenlebens. Die Ostjuden »sind bei Gott nicht seltene Gäste, sondern zu Hause. Sie statten ihm nicht einen Staatsbesuch ab, sondern versammeln sich täglich dreimal an seinen reichen, armen, heiligen Tischen«.[49]

Roths Idealismus mit Blick auf das Ostjudentum weist auch auf einen seiner vielen Fluchtmomente hin. Traumbilder entwirft er dann, weil die Welt der Nachkriegszeit ihm immer unerträglicher erscheint. Seine Jugend, seine späteren Reisen durch Galizien und Polen haben ihm durch eigene Anschauung verdeutlicht, wie der alltägliche Existenzkampf die ostjüdische Wirklichkeit prägt. Und doch meint er zu erkennen, dass es der durch nichts zu erschütternde Glaube ist, der den jüdischen Menschen Mühsal, Armut und Bedrohung voller Demut ertragen lässt. Er steht mit dieser Einschätzung nicht allein. So schreibt der in einem ostgalizischen Schtetl aufgewachsene Manès Sperber in seinen Erinnerungen: »Ja, es war eine bis zur Absurdität maßlose, groteske Armut, jedoch keine *Armseligkeit*, weil die Zablotower nicht nur etwa glaubten, sondern *wußten*, daß der Zustand nur provisorisch war und sich bald alles ändern würde, auch wenn die Not schon Jahrzehnte, wenn nicht gar Jahrhunderte dauerte. ... Gott, *ihr* Gott natürlich, griff stets ein. Spät, sehr spät, aber nie zu spät. Darüber hinaus konnte man jeden Augenblick mit der Ankunft des Messias, also mit der endgültigen Erlösung rechnen.«[50]

Der Streit zwischen den orthodoxen Anhängern des Chassidismus und der wachsenden Zahl der Befürworter der jüdischen Aufklärung (Haskala) spaltet auch im Schtetl die Familien und die Gemeinden. »Sehr deutlich ist die Trennung zwischen sogenannten aufgeklärten Juden und den Kabbalagläubigen, den Anhängern der einzelnen Wunderrabbis, von denen jeder seine bestimmte Chassidimgruppe hat. Die aufgeklärten Juden sind nicht etwa ungläubige Juden. Sie verwerfen nur jeden Mystizismus, und ihr fester Glaube an die Wunder, die in der Bibel erzählt werden, kann nicht erschüttert werden durch die Ungläubigkeit, mit der sie den Wundern der gegenwärtigen Rabbis gegenüberstehn.«[51]

Im 19. Jahrhundert allerdings wächst die Zahl der jüngeren Gemeindemitglieder, die sich auflehnen gegen die Glaubenswelt der Väter. Die Jugend sucht zudem, der Armut, den judenfeindlichen polnisch-russischen Gewaltausbrüchen oder der militärischen Zwangsrekrutierung durch die Flucht aus dem Schtetl zu entkommen. Ihr sehnsuchtsvoller Blick richtet sich immer stärker nach Westen. Wien, Berlin und dann Amerika, der ferne Kontinent, der Wohlstand, Gleichheit und Menschenrechte verspricht, sind ihre Ziele. »Amerika ist die Ferne. Amerika heißt die Freiheit. In Amerika lebt immer irgendein Verwandter«,[52] schreibt Roth 1927. In dem Essay »Juden auf Wanderschaft« ruft er ein hunderttausendfaches jüdisches Erlebnis in Erinnerung: »Dann endlich fährt man vierter Klasse Personenzug sechs Tage nach Hamburg. Man wartet weitere zwei Wochen auf das Schiff. Schließlich besteigt man es. Und während alle Passagiere mit Schnupftüchern winken und dem Weinen nahe sind, ist der jüdische Emigrant zum ersten Mal in seinem Leben froh. Er hat Angst, aber auch Gottvertrauen. Er fährt in ein Land, das alle Ankommenden mit einer riesengroßen Freiheitsstatue grüßt.«[53] Genau diesen Moment schildert der Westjude Franz Kafka in seinem – unvollendet gebliebenen – Amerika-Roman »Der Verschollene«: »Als der sechzehnjährige Karl Roßmann, der von seinen armen Eltern nach Amerika geschickt worden war, weil ihn ein Dienstmädchen verführt und ein Kind von ihm bekommen hatte, in dem schon langsam gewordenen Schiff in den Hafen von Newyork einfuhr, erblickte er die schon längst beobachtete Statue der Freiheitsgöttin wie in einem plötzlich stärker gewordenen Sonnenlicht. Ihr Arm mit dem Schwert ragte wie neuerdings empor und um ihre Gestalt wehten die freien Lüfte.«[54]

Roth hat später ein überaus ambivalentes Verhältnis zu Amerika, das er selbst nie bereist hat. In »Juden auf Wanderschaft« konstatiert er: »Dem Ostjuden bedeutet der Westen Freiheit, die Möglichkeit, zu arbeiten und seine Talente zu entfalten, Gerechtigkeit und autonome Herrschaft des Geistes.«[55] Aber er verkennt nicht die Schattenseiten des Lebens, das seine jüdischen Landsleute im Westen erwartet: »Der Ostjude sieht mit einer Sehnsucht nach dem Westen, die dieser keinesfalls verdient.«[56] Denn dort herrsche soziale Ungerechtigkeit, Vorurteil und Hass. »Dagegen sieht der Ostjude nicht die Vorzüge seiner Heimat; nicht die grenzenlose Weite des Horizonts; nichts von der Qualität dieses Menschenmaterials...«[57] In Roths Roman »Hiob« verlässt der alte Mendel Singer seine östliche Heimat und reist nach Amerika, um die »sündige« Tochter von den russischen Soldaten fernzuhalten. »Da sah er zum ersten Mal die Nacht von Amerika aus der Nähe, den geröteten Himmel, die flammenden, sprühenden, tropfenden, glühenden, roten, blauen, grünen, silbernen, goldenen Buchstaben, Bilder und Zeichen. Er hörte den lärmenden Gesang Amerikas, das Hupen, das Tuten, das Dröhnen, das Klingeln, das Kreischen, das Knarren, das Pfeifen und das Heulen.«[58] Auch wenn Mendel Singer schließlich ausruht »von der Schwere des Glücks und der Größe der Wunder«,[59] die ihm sein Gott geschenkt hat, gilt sein letzter Gedanke dem Leben im heimatlichen Zuchnow.

Der Zionismus, der Ruf nach einem eigenen jüdischen Nationalstaat in Palästina, erlebt seinen politischen Durchbruch zwar in Wien, wo der Journalist Theodor Herzl 1896 sein berühmtes Buch über den »Judenstaat« – »Wenn ihr wollt, ist es kein Märchen« – veröffentlicht, und in Basel 1897 beim ersten Zionistenkongress. Die meisten Anhänger findet er aber unter der Jugend in den jüdischen Gemeinden Osteuropas. Die erste Führungsgeneration des 1948 gegründeten Staates Israel – die Ministerpräsidenten Ben Gurion, Levi Eschkol, Golda Meir, Menachem Begin und Jitzchak Schamir – stammt aus Polen, aus der Ukraine, aus Weißrussland und aus Russland. Ihr Sozialismus prägt die ersten Jahrzehnte Israels ebenso wie die europäische Kultur, in deren Einflusssphäre zahlreiche Einwanderer aufgewachsen sind. Die Zionisten bleiben jedoch unter den in Osteuropa lebenden Juden eine Minderheit. Das ändert sich erst in den 30er-Jahren, als der Nationalsozialismus das Leben von Millionen europäischer Juden bedroht und sie zur Flucht aus ihrer Heimat und ihrer Kultur zwingt.

Roth steht dem Zionismus – wie die meisten assimilierten Juden – weitgehend mit Unverständnis, zeitweise scharfer Ablehnung gegenüber. Sein persönliches Ziel bleibt seit frühen Jugendtagen die Assimilierung im deutsch-österreichischen Kulturraum. Es ist für ihn der Weg zum gesellschaftlich-beruflichen Aufstieg und zur Überwindung der als eng empfundenen Welt seiner Herkunft. »Ich bin Assimilant ... Aber nicht hier (im Geburtsort Brody – WvS). Ich bin kein polnischer Assimilant, sondern ein österreichischer.«[60] 1935 – es ist das Jahr der Nürnberger Rassengesetze – wird er an Stefan Zweig den angesichts der Lage der deutschen Juden völlig haltlosen Satz schreiben: »Ein Zionist ist ein Nationalsozialist, ein Nazi ist ein Zionist.«[61] Auch Lion Feuchtwanger spricht noch 1933 in einem Essay von den »Anhängern dieses sinnlosen Nationalismus« und schlussfolgert daraus, dass »es ... eine Art jüdischer Hitlerei (gibt)«.[62]

Joseph Roth, es ist davon schon gesprochen worden, wird seine Position gegenüber dem Zionismus häufig neu bestimmen. 1937 wird schließlich selbst er, der Skeptiker, festhalten: »Der Zionismus ist vielleicht eine wirtschaftliche, eine politische, ja eine, im irdischen Sinne, moralische Notwendigkeit.«[63] Hellsichtig sieht er allerdings den Konflikt voraus, der zwischen Juden und Arabern im Nahen Osten entbrennen wird. Die jüdischen Einwanderer bringen »den Arabern Elektrizität, Füllfedern, Ingenieure, Maschinengewehre, flache Philosophien und den ganzen Kram, den England liefert«, und die damit Beglückten müssten sich »über neue, schöne Straßen freuen«.[64] Es bleibt jedoch – bis heute – ein Abgrund zwischen Juden und Arabern: »Der Jude hat ein Recht auf Palästina ... daß der Araber um seine Freiheit fürchtet, ist aber ebenso verständlich...«[65] Die Einwanderung junger Juden, schreibt Roth schon 1927, wenige Jahre vor den ersten großen arabischen Aufständen in Palästina, werde »immer an eine Art jüdischen Kreuzzugs erinnern...«.[66]

Das bis zu Beginn des 20. Jahrhunderts in Westeuropa kaum beachtete Ostjudentum findet in Wien oder Berlin dann durch die Schriften Martin Bubers ein breiteres Echo.[67] Bubers Bücher werden auch in den gebildeten christlichen Kreisen gelesen. 1916 gründet er die Zeitschrift »Der Jude«. In dem »unabhängigen Organ für die Erkenntnis und Förderung eines lebendigen Judentums« wird in den folgenden Jahren eine Fülle von Artikeln erscheinen, die sich mit dem Ostjudentum beschäftigen. Auch die Romane und Novellen von Karl Emil Franzos tragen zum Bild bei, das sich die Westeuropäer – Christen und Juden – von den Menschen in den Ghettos Galiziens machen.[68]

Für viele westjüdische Autoren wird die erste Begegnung mit dem Ostjudentum – häufig in ihrer Soldatenzeit an der Ostfront des Ersten Weltkriegs – zu einem Schlüsselerlebnis. Der in Niederschlesien geborene Arnold Zweig ist als Soldat ab Frühjahr 1917 östlich der Weichsel stationiert. In den Städten Kowno und Bialystok – Zentren des Ostjudentums – ist er der Presseabteilung des Oberkommandos Heer-Ost zugeordnet. Anfang der 20er-Jahre veröffentlicht er seinen Essay »Das ostjüdische Antlitz«. Es ist eine Hymne auf »... dies schöne menschlich herbstlich daseiende Ostjudentum ... (es) ist die rosen- und veilchenfarbene, goldgeränderte Abendröte des jüdischen Volkes.«[69] Franz Kafkas Tagebuch zeigt auf vielen Seiten, wie stark ihn seine Begegnungen mit ostjüdischen Theatertruppen, die im Prager Café Savoy gastieren, beeindrucken. »Auch der Wunsch, die jiddische Litteratur zu kennen ...«.[70] Den Einführungsvortrag zu einem Rezensionsabend des von ihm bewunderten jüdischen Schauspielers Jizchak Löwy im Februar 1912 nutzt Kafka zu einem leidenschaftlichen Plädoyer für diese Sprache.

Jiddisch – eine spezielle Form des Mittelhochdeutschen, das einst die jüdischen Einwanderer aus den westlichen Ghettos in den Osten mitgebracht haben – ist die Sprache der jüdischen Bevölkerung in Polen, Litauen und Galizien. 1897 geben 84 Prozent aller Warschauer Juden an, jiddisch zu sprechen. Immerhin ist das zu dieser Zeit fast ein Drittel der Einwohner der Stadt. Auch Joseph Roth hat in seinen frühen Jahren die weitverbreiteten, auf Jiddisch geschriebenen Volksgeschichten von Scholem Alejchem, Jizschok-Lejb Perez oder Scholem Asch gelesen.[71] Einer der großen polnisch-jüdischen Autoren des 20. Jahrhunderts, der in Warschau aufgewachsene und 1935 in die Vereinigten Staaten ausgewanderte Isaac Bashevis Singer, schreibt seine Geschichten und Romane in Jiddisch. Die Welt ehrt ihn 1978 mit dem Literaturnobelpreis.

Zwiespältig ist die Haltung der westeuropäischen Juden gegenüber ihren östlichen Verwandten. Wenn jüdische Intellektuelle wie Arnold Zweig, Franz Kafka oder auch Joseph Roth das Ostjudentum preisen, dann stehen dahinter keine religiösen oder nationaljüdischen Motive. Sie wollen in erster Linie ein positives Gegenbild zu der von ihnen kritisierten modernen Kultur Mittel- und Westeuropas entwerfen. So stellt Roth in beschwörenden Sätzen der »gezähmte(n) Bestialität des Westeuropäers« die »Menschlichkeit und Göttlichkeit« der noch »echten und unberührten« Ostjuden gegenüber.[72]

Aber Roth vertritt hier die Haltung einer Minderheit unter den im Westen lebenden Juden. Die meisten von ihnen lehnen die jüdischen Neueinwanderer ab. Nicht nur der Hochmut einer säkularisierten westjüdischen Bürgergesellschaft spielt dabei eine Rolle. Es ist auch eine Reaktion auf den sich wieder verstärkt bemerkbar machenden Antisemitismus. In der Wiener Leopoldstadt oder im Berliner Scheunenviertel leben viele ostjüdische Einwanderer noch in der orthodoxen Tradition. Ihr Aussehen – gekennzeichnet durch den langen Kaftan, die schwarzen Hüte, die Barttracht und geprägt von der Armut der Neuankömmlinge – entspricht dem Bild, das sich die Antisemiten von »den« Juden machen. »Für die Westjuden verkörperten die Ostjuden ein zweifelhaftes, unangenehmes Relikt der Vergangenheit, wovon man sich entfernen und woran man nicht mehr erinnert werden wollte. Das Ärgste war ihnen, daß sich die nichtjüdische Umwelt wieder an ihre – der deutschen Juden – jüdische ›Vergangenheit‹, kurz, an ihr ›Anderssein‹ erinnerte.«[73] »Ich wußte, daß wir Juden waren«, schreibt die in Galizien geborene und später in Wien, Berlin und in den Vereinigten Staaten lebende Salka Viertel, Ehefrau des Dichters, Drehbuchautors und Regisseurs Berthold Viertel, in ihren Erinnerungen, »doch identifizierte ich mich nie mit den Juden, die um uns lebten. Zweifellos hatten wir nichts mit diesen Männern im schwarzen Kaftan, mit Bart und Schläfenlocken, nichts mit diesen Frauen mit Perücke und lauter Stimme zu tun. Wir sprachen nicht ihre Sprache, ja, wir verstanden sie nicht einmal.«[74]

Joseph Roth weist 1927 mit harschem Spott auf diese Vorurteile und die generelle Unkenntnis hin, die der Westen vom Osten und der Osten vom Westen hat: »Man leugnet im Westen auch den jüdischen Handwerker. Im Osten gibt es jüdische Klempner, Tischler, Schuster, Schneider, Kürschner, Faßbinder, Glaser und Dachdecker. Der Begriff von Ländern im Osten, in denen alle Juden Wunderrabbis sind oder Handel treiben, die ganze christliche Bevölkerung aus Bauern besteht, die mit den Schweinen zusammenwohnen, und aus

Herren, die unaufhörlich auf die Jagd gehen und trinken, diese kindischen Vorstellungen sind ebenso lächerlich wie der Traum des Ostjuden von einer westeuropäischen Humanität. Dichter und Denker sind unter den Menschen im Osten häufiger als Wunderrabbis und Händler.«[75] Und in einer kritischen Rezension über den Bericht von Alfred Döblin über eine »Reise in Polen« merkt Roth lapidar an: »Dem Westeuropäer ist die ostjüdische Welt noch weniger zugänglich als etwa Indien.«[76]

Roth wird die zwiespältige Haltung der assimilierten Westjuden gegenüber den ostjüdischen Neueinwanderern schon in seinem Erstlings-Roman »Das Spinnennetz« kritisch thematisieren. Dort unterstützen der reiche, selbstbewusste jüdische Bankier Efrussi und der Jude Doktor Trebitsch, Chef einer völkischen Geheimorganisation, die Antisemiten. Allerdings stellt auch der Ostjude Benjamin Lenz, Gegenfigur zum Aufsteiger Theodor Lohse, den Judenverfolgern seine Spitzeldienste zur Verfügung.

Brody – eine jüdische Stadt

»Das Jägerbataillon Carl Josephs lag in einem Ort von zehntausend Einwohnern. Er hatte einen geräumigen Ringplatz, in dessen Mittelpunkt sich seine zwei großen Straßen kreuzten. Die eine führte von Osten nach Westen, die andere von Norden nach Süden. Die eine führte vom Bahnhof zum Friedhof. Die andere von der Schloßruine zur Dampfmühle. ... Die Kaserne lag hinter dem Stadtpark. Links neben der Kaserne war das Bezirksgericht, ihr gegenüber die Bezirkshauptmannschaft, hinter deren festlichem und baufälligem Gemäuer lagen zwei Kirchen, eine römische, eine griechische, und rechts ab von der Kaserne erhob sich das Gymnasium. Die Stadt war so winzig, daß man sie in zwanzig Minuten durchmessen konnte. Ihre wichtigen Gebäude drängten sich aneinander in lästiger Nachbarschaft. Wie Gefangene in einem Kerkerhof kreisten die Spaziergänger am Abend um das regelmäßige Rund des Parkes. Eine gute halbe Stunde Marsch brauchte man bis zum Bahnhof. ... Es war der letzte aller Bahnhöfe der Monarchie, aber immerhin:

Auch dieser Bahnhof zeigte zwei Paar glitzernder Schienenbänder, die sich ununterbrochen bis in das Innere des Reiches erstreckten. Auch dieser Bahnhof hatte helle, gläserne und fröhliche Signale, in denen ein zartes Echo von heimatlichen Rufen klirrte, und einen unaufhörlich tickenden Morseapparat, auf dem die schönen, verworrenen Stimmen einer weiten, verlorenen Welt fleißig abgehämmert wurden, gesteppt wie von einer emsigen Nähmaschine. Auch dieser Bahnhof hatte einen Portier, und dieser Portier schwang eine dröhnende Glocke, und die Glocke bedeutete Abfahrt, Einsteigen! Einmal täglich, just um die Mittagszeit, schwang der Portier seine Glocke zu dem Zug, der in die westliche Richtung abging, nach Krakau, Oderberg, Wien. ... In dem einzigen Hotel des Städtchens, in dem die meisten Jägeroffiziere als Dauermieter wohnten, stiegen nur zweimal im Jahr die reichen Hopfenhändler ab, aus Nürnberg und Prag und Saaz. Wenn ihre unbegreiflichen Geschäfte gelungen waren, ließen sie Musik kommen und spielten Karten im einzigen Kaffeehaus, das zum Hotel gehörte.«[77]

In diesen Grenzort wird der Leutnant Carl Joseph von Trotta, Held des Romans »Radetzkymarsch«, kurz vor dem Ausbruch des Ersten Weltkrieges versetzt. Das kleinstädtische Panorama, das der Autor vor seinen Lesern entwirft, hat unverkennbar sein Vorbild in der galizischen Provinzstadt Brody, in der Moses Joseph Roth am 2. September 1894 geboren wird. Nicht nur im »Radetzkymarsch« bildet sein Geburtsort den lokalen Hintergrund der Ereignisse. Fast überall, wo Roth in seinen Prosatexten das Geschehen im östlichen Europa ansiedelt, ist Brody. Nicht deckungsgleich. Aber wer die alten Photographien betrachtet, die die Straßen und Häuser der Stadt so festgehalten haben, wie sie sich bis 1918 den Einwohnern und Reisenden darboten, der wird doch vieles von dem wiedererkennen, was in Roths Romanen eindringlich beschrieben worden ist.

»Im Norden der Stadt lag die Kaserne. Sie schloß die breite und wohlgepflegte Landstraße ab, die hinter dem roten Ziegelbau ein neues Leben begann und weit ins blaue Land hineinführte. Es schien, als wäre die Kaserne als ein Zeichen der habsburgischen Macht von der kaiser- und königlichen Armee in die slawische Provinz hineingestellt worden. ... Zweimal in der Woche fanden die militärischen Übungen im südlichen Gelände statt. Zweimal in der

Woche ritt das Regiment durch die Straßen der kleinen Stadt. Der helle und schmetternde Ton der Trompeten unterbrach in regelmäßigen Abständen das regelmäßige Klappern der Pferdehufe, und die roten Hosen der berittenen Männer auf den glänzenden, braunen Leibern der Rösser erfüllten das Städtchen mit blutiger Pracht. An den Straßenrändern blieben die Bürger stehn. Die Kaufleute verließen ihre Läden, die müßigen Besucher der Kaffeehäuser ihre Tische, die städtischen Polizisten ihre gewohnten Posten und die Bauern, die mit frischem Gemüse aus den Dörfern auf den Marktplatz gekommen waren, ihre Pferde und Wagen.«[78]

Die Zeit mit ihren Kriegen, ihrem Besatzungsterror und ihren wirtschaftlichen Schwankungen hat natürlich auch Brody gezeichnet. Aber der heutige Besucher begegnet beim Gang durch die Goldgasse, über den Ringplatz oder durch den kleinen Stadtpark immer noch der Welt der Habsburger. »Seit undenklichen Zeiten gab es bei uns einen kleinen Park, in dem Kastanienbäume blühten, sehr alte ehrwürdige, dicke Bäume, deren Kronen der Magistrat manchmal schneiden ließ und in deren Schatten an heißen Sommertagen die Menschen schlafen. Der Park war rund, ein Kreis ohne Feld, mit dem Zirkel ausgemessen, von einem hölzernen, graugestrichenen Zaun umgeben, auf den man überhaupt hätte verzichten können – so wenig war es ein Zaun. Er war eher ein hölzerner Ring, an manchen Stellen weich, zersplittert, verfault, an andern zerbrochen, aber im Ganzen immer noch vorhanden, ein lockerer Gürtel an den Hüften des Parks.«[79]

Zerfallener ist die Stadt nach den Jahrzehnten sowjetischer Planwirtschaft, ihre bescheidene Pracht aus den Tagen der österreichischen Monarchie ist dahin. Aber die Hauptstraße Brodys säumen noch immer die mit kleinen, keck in der Luft ragenden Balkonen verzierten zweistöckigen Häuser, die schon Ende des 18. und im 19. Jahrhundert dort standen. Die Filiale der Prager Bank, das Kreishauptmannschafts-Amt, das Hotel Bristol – auch diese vom habsburgischen Historismus geprägten Gebäude haben die Zeiten überlebt. Die Kavallerie-Kaserne ist verschwunden. Das breit gelagerte, dreistöckige Gymnasium dagegen steht noch und zeugt in seinem Baustil vom bürgerlichen Bildungsstolz des 19. Jahrhunderts. Der Bahnhof hat sein galizisch-habsburgisches Flair verloren und präsentiert sich dem heutigen Betrachter im bombastischen stalinistischen Klassizismus. Zerstört ist die im 18. Jahrhundert errichtete Synagoge, die »Alte Schul«. Nur das mächtige Fragment des äußeren Mauerwerks mit seinen hohen gotischen Fensterbögen gibt noch Kunde vom strengen Glauben seiner einstigen Besucher. Zu Roths Zeiten gab es in Brody noch eine zweite Synagoge und 84 Bethäuser. Eine jüdische Stadt.

Heute stößt der Reisende vor den Toren von Brody auf ein weites Feld. Wiesenblumen und das schon gelbe Gras wiegen sich im Wind. Sommerstille, menschenleerer Horizont. Etwa die Hälfte des Feldes ist mit hohen, teilweise in die Erde gesackten Grabsteinen gefüllt. Davidsterne, hebräische Grabschriften, jüdische Namen: Rebekka Fingerhut, Amelia Roth, geb. Weizentraub. Es ist der um 1850 gegründete Friedhof der Juden von Brody. Viel Platz ist noch zum Waldsaum hin. Dort sollten die Söhne, Töchter und Enkel ihren Grabplatz finden. Ihre Mörder lassen es nicht zu. Am Waldrand zeugt ein kleines Denkmal vom Verbrechen an den Juden Brodys. Es erinnert an den Tag, an dem die Schergen Hitlers die jüdischen Einwohner aus der Stadt getrieben haben. Maschinengewehrsalven mähten sie nieder. Greise, Frauen, Kinder. Die jüdische Gemeinde Brody gibt es nicht mehr.

Als Joseph Roth in dieser östlichen Grenzstadt des Reiches aufwächst, hat sie ihre wirtschaftliche Blütezeit schon hinter sich. Die beginnt 1779, als Wien Brody mit dem Freihandelsprivileg ausstattet. Die Handelsströme vom Balkan über das flache Land nach Weißrussland, Litauen oder zu den Häfen der Ostsee und in die großen Messestädte im Süden – nach Prag oder Nürnberg – machen die Kaufleute und Handelsherren der Stadt wohlhabend. Getreide und Salz, Wolle und Pelze, Petroleum und Holz sind die Schätze Galiziens. Auch nach dem Niedergang bleibt Brody eine jüdische Stadt. Aber in den Jahren, in denen der junge Roth durch ihre Straßen streift, hat sich die Lage der jüdischen Kaufleute beträchtlich verändert. »Die Händler jener Gegend leben viel eher von Zufällen als von Aussichten, viel mehr von der unberechenbaren Vorsehung als von geschäftlichen Überlegungen, und jeder Händler war jederzeit bereit, die Ware zu ergreifen, die ihm das Schicksal jeweilig auslieferte, und auch eine Ware zu erfinden, wenn ihm Gott keine beschert hatte.«[80]

Ein »Illustrierter Führer durch Galizien« aus dem Jahre 1914 notiert für den Besucher die Daten: »Brody hat 18.000 Einwohner (85% Juden), Bezirkshauptmannschaft, Handels- und Gewerbekammer, Obergymnasium. Nach Aufhebung der Privilegien einer freien Handelsstadt 1880 verfiel die Stadt; besitzt aber noch immer ausgedehnten Handel und Industrie. ... Über Verfügung der Regierung wurden im Jahre 1809 die Mauern und Wälle geschleift, die Gräben zugeschüttet, Tor und Turm in die Luft gesprengt. – Von neueren Gebäuden das Sokól-Haus das schönste.«

Der Reisende kann auch nachlesen, dass es in Brody zwei Hotels – »Bristol« und »Europa« – zum Zimmerpreis von 3 bis 6 Kronen gibt. Der Hinweis auf ein Bahnhofsrestaurant und die Konditorei Majeranowski wird mancher von langer Bahnfahrt hungrig gewordene Gast dankbar zur Kenntnis nehmen. »Zur russischen Grenze 4 km; zu dem Städtchen Podkamien, im Südosten 23 km; Wagen 10 K; mit dem Postwagen ab Bahnhof Brody um 5 Uhr früh 1 K.«[81] Sehr bald allerdings werden die Postwagen eine martialischere Verwendung finden. Unmittelbar nach Ausbruch des Krieges im August 1914 überfluten die zaristischen Armeen Galizien. Auch Brody wird besetzt und geplündert. Joseph Roth lebt da schon in Wien.

Nicht mit nüchternen Zahlen, sondern mit dichterischer Phantasie und ironisch-liebevoller Distanz beschreibt Roth seine Geburtsstadt in dem Fragment »Erdbeeren«: »Die Stadt, in der ich geboren wurde, lag im Osten Europas, in einer großen Ebene, die spärlich bewohnt war. Nach Osten hin war sie endlos. Im Westen wurde sie von einer blauen, nur an klaren Sommertagen sichtbaren Hügelkette begrenzt. In meiner Heimatstadt lebten etwa zehntausend Menschen. Dreitausend unter ihnen waren verrückt, wenn auch nicht gemeingefährlich. Ein linder Wahnsinn umgab sie wie eine goldene Wolke. Sie gingen ihren Geschäften nach und verdienten Geld. Sie heirateten und zeugten Kinder. Sie lasen Bücher und Zeitungen. Sie kümmerten sich um die Dinge der Welt. Sie unterhielten sich in allen Sprachen, in denen sich die sehr gemischte Bevölkerung unseres Landstriches verständigte.«[82]

Der Stadtname leitet sich von dem Begriff »Brod« her, dem slawischen Wort für Furt, und er weist auf die Lage zwischen Waldgebiet und weiter Sumpflandschaft hin, die den Ort umgibt. Um die Jahrhundertwende sind in den Kasernen von Brody ein Feldjägerbataillon und ein Ulanenregiment stationiert. Die Bezirkshauptmannschaft bildet das administrative Zentrum, nach Lemberg, der Hauptstadt Ostgaliziens, sind es 85 Kilometer.

Roth wächst in einem jüdischen Milieu auf. Die Stadt, die Familie, der Lebensrhythmus – das Judentum prägt die Welt des Kindes und des Heranwachsenden. Allerdings wissen wir nur wenig über diese Jugendjahre. Die Romane und Erzählungen können nur mit äußerster Zurückhaltung autobiographisch gedeutet werden. Allenfalls das Atmosphärische lässt uns etwas von der frühen Welt des Autors ahnen. Neben seinen Briefen und Artikeln, in denen er gelegentlich das eine oder andere über sein Leben preisgibt – und das zumeist in Form von Legenden –, neben den autobiographischen Romanfragmenten »Erdbeeren« und »Jugend«, neben einem schmalen Notizbuch, in das er 1919 hineinschreibt, sind es vor allem die Erinnerungen von Menschen, die Roth begegneten, die uns etwas über seine frühen Jahre wissen lassen.

Der amerikanisch-jüdische Germanist David Bronsen hat in den 60er- und frühen 70er-Jahren nach eigenen Angaben 160 Interviews mit Zeitzeugen Roths geführt: Schriftsteller und Redaktionskollegen, Freunde, Verwandte und Geliebte haben sich geäußert. Doch mit Zeitgenossen verhält es sich wie mit Gerichtszeugen. Die Erinnerung, zumal an Jahrzehnte zurückliegende Ereignisse, trügt häufig. Viel Subjektives fließt hinein, verschleiert nicht selten die Wirklichkeit. So findet sich auch manch Widersprüchliches, um nicht zu sagen Falsches, in den Äußerungen von Bronsens Gesprächspartnern.

Generell gilt: Viel wird – wie schon auf den vorhergehenden Seiten – in den folgenden Kapiteln neben den Äußerungen der Zeitzeugen auch aus Roths Romanen und Erzählungen, aus seinen journalistischen Arbeiten, Briefen und Notizen zitiert, um mögliche biographische Zusammenhänge aufzuzeigen. Absolute Wahrheiten sind das nicht, sondern nur Angebote und Deutungsversuche. Der Leser wird gebeten, das nicht zu vergessen.

Herkunft und Familie

Die Familie der Mutter lebt seit Generationen in Brody. Der Urgroßvater ist dort Steinmetz, er heißt Moische Jossif Gräber. Der Name lässt sich wohl auf seinen Beruf – Steingräber – zurückführen. Von diesem mütterlichen Vorfahren stammen die Vornamen des Schriftstellers – Moses Joseph. Den Vornamen Moses unterschlägt der Enkel, als er seine ersten namentlich gezeichneten journalistischen Arbeiten veröffentlicht. Nach 1916 erwähnt er ihn auch bei amtlichen Auskünften oder biographischen Hinweisen gegenüber Zeitungsredaktionen und Verlagen nicht mehr. Allerdings immatrikuliert er sich 1913 an der Wiener Universität noch als »Moses Joseph Roth«. Nach dem Ersten Weltkrieg wird er auch seinen Geburtsort neu erfinden: Nicht Brody, sondern das an die deutschen Einwanderer erinnernde Szwaby oder »Schwaby« nennt er jetzt. Nicht mehr als ein kleiner, mit wenigen Gebäuden bestückter Holz- und Hofplatz vor den Toren seiner Geburtsstadt ist das. Gelegentlich dient Szwaby als Quartier für einen der in Brody stationierten Offiziere. Wie so manches mit Blick auf seine Herkunft werden auch der Name und der Geburtsort ein Teil des lebenslangen Versteckspiels. In diesem Fall geht es möglicherweise darum, den direkten Hinweis auf seine ostjüdische Abstammung zu verschleiern. Immerhin, Roth lebt ab seinem 19. Lebensjahr in Wien, bald in Westeuropa. Auch wenn er sein Judentum keineswegs verleugnet, gilt es, sich in einer antisemitischen Umwelt eine berufliche Karriere als Journalist und Schriftsteller aufzubauen.

Die Mutter wird ihn »Muniu« rufen, und so heißt er denn auch bald im Familienkreis. Seine frühen Briefe an die Cousinen und Vettern unterzeichnet er stets mit diesem Kosenamen. Er leitet sich von Moses her und hat nichts mit dem Namen des weisen Königs Salomon zu tun, wie der auf seine zweifellos vorhandene Intelligenz nicht ohne Eitelkeit hinweisende Schriftsteller später behauptet haben soll.

Schon der Großvater Jechiel, geboren 1847, nennt sich nicht mehr Gräber, sondern Grübel. Er ist einer der vielen Einwohner Brodys, die vom Handel leben. Er ist Tuchhändler, kauft seine Ware im Mutterland der Tuchproduktion, in England, und beliefert den Einzelhandel und das Schneiderhandwerk in Galizien, findet seine Kundschaft aber auch im benachbarten Russland. Das klingt großartiger, als es ist. Denn Jechiel Grübel scheint kein allzu erfolgreicher Geschäftsmann gewesen zu sein. Im Alter, so berichtet Roths Vetter Fred Grubel sechzig Jahre nach dem Tod des Großvaters, »hatte (er) ein karges Auskommen als Kommis in einem Tee-Importgeschäft, war jedoch in der Hauptsache ein altjüdischer Gelehrter. Er gehörte zu den Schülern des berühmten, stockkonservativen Maggid Salomon Kluger aus Brody, dessen Sohn sein bester Freund war.«[83]

Die Altersbilder, die von ihm überliefert sind, zeugen in Kleidung und Barttracht von seiner Verwurzelung im orthodoxen Judentum. Fred Grubel beschreibt den alten, ernsten Mann in seinen Erinnerungen: »Sein Porträt: ernste Augen, weißer Bart, obwohl er auf dem Bild noch nicht einmal 30 Jahre alt war, hohes schwarzes Samtkäppchen, so schaute er aus dem Gemälde, das über Papas Schreibtisch hing.«[84] Fünf Söhne und zwei Töchter zeugt Jechiel Grübel. Maria (polnisch: Mania, jüdisch: Miriam), die Mutter von Joseph Roth, ist die Zweitgeborene. Zusammen mit ihrer älteren Schwester Rebekka wird sie nach dem frühen Tod der Mutter, die nach der Geburt ihres siebten Kindes stirbt, den Haushalt der Grübels führen. »Auf dem alten, heute noch erhaltenen Judenfriedhof von Brody ... fand sich ein ungewöhnlicher Grabstein. Er zeigte ein gebrochenes Bäumchen, auf dessen Ast sieben kleine Vögelchen traurig hockten. Das war der Grabstein von Rachel Grübel geb. Czecher ...«[85]

Die fünf Söhne, zu denen Joseph Roth auch in den späteren Lebensjahren Kontakt hat, werden sich verstreuen, als Kauf- und Handelsleute in Lemberg, Wien, Leipzig und Nürnberg mehr oder weniger erfolgreich tätig sein. Über seinen Vater schreibt Fred Grubel, »er (wurde) selbständiger Hopfeneinkäufer für bedeutende Firmen in Nürnberg, wo das Zentrum des Hopfenhandels in Deutschland, wenn nicht in der ganzen Welt, war. Seine Einkaufsreisen brachten ihn nach Belgien, nach Böhmen, in die Südsteiermark ... und nach Russisch-Polen.«[86] Assimilierte Juden werden die Grübel-Söhne. Sie lieben Deutschland, besuchen Theater, Konzerte und Opern, sind teilweise glühende Verehrer der Musik Richard Wagners. Im

Ersten Weltkrieg melden sich zwei von ihnen sofort freiwillig an die Front. Die Enkel treibt dann der Terror der Nazis in noch fernere Weltgegenden. Roths Vettern Michael (Miguel) und Fritz (Fred) Grübel (Grubel) leben schließlich in Mexiko City bzw. in New York. Jüdische Schicksale im 20. Jahrhundert.

Wie fast alle jüdischen (und christlichen) Mädchen ihrer Zeit darf Maria nur wenige Schulklassen besuchen, ihre Bildung bleibt bescheiden. Eine untersetzte und offenbar energische Frau ist da auf den alten Fotos zu erkennen. Die Kleidung, die Mutter und Sohn für den Gang ins Fotoatelier anlegen, entspricht dem bürgerlichen Geschmack der Zeit. Der Betrachter ahnt den kleinbürgerlichen Hintergrund. Der Sohn wird das später, wie so manches aus seiner frühen Biographie, verklären. Viel Dichtung und auch ein Stück Wahrheit: »Meine Mutter war eine Jüdin von kräftiger, erdnaher, slawischer Struktur, sie sang oft ukrainische Lieder, denn sie war sehr unglücklich ... Sie hatte kein Geld und keinen Mann ... Die Zeit, die ich bei meiner Mutter verbrachte, war meine glücklichste Zeit.«[87]

Maria Grübel heiratet 1892 den Kaufmann Nachum Roth. Von ihm wissen wir nur wenig. Die vielen Legenden, die der Sohn später ausstreut, sagen über den unbekannten Vater nahezu nichts aus. Er soll aus Westgalizien stammen und nach den Erinnerungen der Brüder Marias die Familie in Lemberg kennengelernt haben. Eine Geschäftsreise hat den für eine Hamburger Exportfirma als Getreideeinkäufer tätigen Mann in die ostgalizische Hauptstadt geführt. Die 25-jährige Maria dürfte dem Heiratsplan ihrer Familie kaum widersprochen haben, denn Nachum Roth ist, nach Berichten der Familie Grübel, ein blendend aussehender Mann. Die Trauung wird in der Synagoge von Brody vollzogen. Vielleicht eine beiderseitige Liebesheirat, auch wenn Nachum die wohl ordentliche Mitgift kaum aus den Augen verloren haben dürfte. Wie bei den Christen ist im ausgehenden 19. Jahrhundert auch im jüdischen Bürgertum der »Kaufpreis«, der dem künftigen Gatten zusammen mit der Erwählten angeboten wird, eine überaus wichtige Verhandlungskomponente.

Die Ehe der jungen Roths endet schon bald auf schicksalhafte Weise. 18 Monate nach der Hochzeit wird Nachum Roth um die

Warenbestände betrogen, die für seinen Hamburger Arbeitgeber in Oberschlesien lagern. Sofort reist er – es ist der Herbst 1893 – mit Maria nach Kattowitz, um die veruntreute Ware zu retten. Was offensichtlich nicht gelingt. In Hamburg verhandelt er mit seinen Arbeitgebern. Auf der Rückfahrt kommt es auf der Eisenbahnstrecke zwischen der Hansestadt und Berlin zu einem geistig-nervlichen Zusammenbruch. Der sich immer seltsamer gebärdende Reisende wird in Deutschland vorübergehend in eine – wie es damals hieß – Irrenanstalt eingewiesen. Seine Familie bringt ihn dann zu einem westgalizischen Wunderrabbi, in dessen »Hofstaat« er bis zu seinem Tod im Jahre 1910 lebt. Sein Schwager Salomon Grübel sieht ihn dort Jahre später. Grübels Sohn Fred schildert diese Begegnung in seinen Erinnerungen: »Papa unternahm es den wahnsinnigen Schwager beim Wunderrabbi aufzusuchen und von ihm die Unterschrift für den Get (den Scheidungsbrief) zu bekommen, der Mania erlaubt hätte, sich wieder zu verheiraten. Aber – wie Papa mir beschrieb – Nathan Roth erschien, ein sehr gut aussehender Mann mit blauen Augen, der den Besucher nur anlachte, nichts sagte, nichts verstand und nichts tat. Papa mußte also unverrichteter Dinge wieder abziehen. Mania blieb ihr ganzes Leben allein.«[88]

Maria hat vergeblich in Kattowitz gewartet. Nachum Roth ist für immer aus ihrem Leben verschwunden. Nie wird sie den Ehemann wiedersehen, der eines Morgens nach Hamburg aufgebrochen war, um doch nach wenigen Tagen wieder bei der schwangeren Ehefrau zu sein. Der Sohn wird 1930 in einem Brief an seinen Verleger Gustav Kiepenheuer schreiben: »Ich habe ihn nie gesehen. Doch erinnere ich mich, daß ich als Knabe von vier, fünf Jahren einmal von einem Mann geträumt habe, der meinen Vater darstellte. Zehn oder zwölf Jahre später sah ich zum erstenmal eine Photographie meines Vaters. Ich kannte sie bereits. Es war der Herr aus meinem Traum.«[89]

Die Rückkehr nach Brody wird für Maria zum Beginn eines innerlich einsamen Lebens. Nichts ist darüber bekannt, dass sie noch einmal eine Beziehung zu einem Mann aufgenommen hat. Sie wird alleinerziehende Mutter in einer Umgebung, in der gesellschaftliche Akzeptanz weitgehend auch vom jüdisch-bürgerlichen Familienideal – die Vaterrolle besitzt hier ein besonderes

Gewicht – abhängt. In Brody heißt es bald, der Ehemann Marias habe sich erhängt. Sie widerspricht nicht. Zu Recht weisen alle Biographen Roths darauf hin, dass ein Selbstmörder in der jüdischen Gesellschaft immer noch geachteter ist als ein Geisteskranker. Denn ein »Meschuggener« gilt hier allgemein als ein von Gott besonders hart bestrafter Mensch.

Mutter und Sohn

Muniu bildet den Mittelpunkt in Marias isoliertem Leben. Sie wendet sich zunehmend von der Außenwelt ab. Einen geplanten Besuch bei den Lemberger Verwandten sagt der 17-jährige Sohn einmal mit der Begründung ab: »Außerdem werde ich die liebe Mama schwerlich überreden können hinzufahren, denn sie will sich aus dem Hause nicht fortrühren. Sie sucht dafür verschiedene Ausreden und da das Dienstmädchen gestern heimlichst ›verabschiedet wurde‹ und wenig Aussicht vorhanden ist, eine würdige Vertreterin zu finden, so ist mein Besuch bei Euch in weite Ferne gerückt.«[90] Bis 1907, dem Jahr, in dem Jechiel Grübel stirbt, leben Mutter und Sohn mit dem Großvater zusammen. Für den Rest ihres Lebens bleiben Maria und bis zu den Studienjahren in Wien auch ihr Sohn materiell von den Mitgliedern der Familie Grübel abhängig.

Diese schwierige, später von Joseph Roth als Demütigung empfundene persönliche Situation von Mutter und Sohn hat zweifellos dazu beigetragen, dass der erfolgreiche Journalist und Schriftsteller immer wieder und mit viel Larmoyanz auf die Armut seiner Jugend hinweisen wird. In Interviews, Briefen und privaten Gesprächen thematisiert er diesen Aspekt seiner Jugend in vielerlei Variationen. Wieder wird er zum Legendenerzähler: Er habe die abgetragenen Kleider seiner Vettern tragen müssen, berichtet er; seine französische Übersetzerin erfährt, dass er sehr arm aufgewachsen sei und den Söhnen der Reichen Nachhilfestunden gegeben habe.[91] Es sei kein Geld da gewesen, um eine Wiege zu kaufen, erzählt er in den Exiljahren den Lebensgefährtinnen Andrea Manga Bell und Irmgard Keun. Eines Tages habe man ihn auf die Fensterbank gelegt und dort vergessen. Blau gefroren sei er gefunden worden, nur knapp dem Erfrierungstod entronnen.

Der gutgläubige Stefan Zweig wird diese Geschichten von der armen Kinderzeit übernehmen: »Ungern hat Roth von diesen Jahren beschämender Entbehrung in späterer Zeit erzählt. Aber wir wußten, daß er bis zum einundzwanzigsten Jahre nie einen Anzug getragen, der für ihn selber geschneidert worden war, immer nur die abgetragenen, abgelegten von anderen, daß er an Freitischen gesessen, wie oft vielleicht gedemütigt und in seiner wunderbaren Empfindsamkeit verletzt, – wir wußten, daß er nur mühsam durch rastloses Stundengeben und Hauslehrerei das akademische Studium fortsetzen konnte.«[92] Zweig, der reiche Fabrikantensohn und später materiell so überaus erfolgreiche Schriftsteller, hat gegenüber den im Exil Not leidenden Kollegen stets ein schlechtes Gewissen gehabt. Vor allem gilt dies für sein Verhältnis zu Joseph Roth. Mag sein, dass er daher für dessen Armutsbeteuerungen ein besonders offenes Ohr hatte. Sehr viel ironischer als im wirklichen Leben wird Roth in einem seiner Romane über die Armut und die von ihr Heimgesuchten erzählen. »Er war sehr lange arm gewesen«, heißt es über eine der Figuren im Romanfragment »Perlefter«, »und die Armut, die so viele Nachteile hat, entschädigt ihre Lieblinge durch einen Ernst, den sie ihnen verleiht, auch wenn sie ihn nicht verdienen. Es sehen manche Menschen nur deshalb bedeutend aus, weil sie arm sind, und man ist geneigt, einem Hungerleider ein Genie zuzubilligen, das in Wirklichkeit nur Elend ist.«[93]

Von Elend kann im Zusammenhang mit der materiellen Lage der beiden Roths nicht die Rede sein. Mutter und Sohn werden vom Großvater Jechiel aufgenommen. Nach dessen Tod unterstützt sie Marias Bruder Siegmund. Er lebt als erfolgreicher Kaufmann und Hopfenhändler in Lemberg und hat die Vormundschaft über den Sohn seiner Schwester übernommen. Mit Sicherheit wird er die Verwandten in Brody ausreichend unterstützt haben, wenn schon nicht aus moralischen Motiven, dann doch der jüdischen Tradition folgend. Maria und ihr Sohn leben nicht in Reichtum, aber immerhin gibt es in ihrem Haushalt zeitweise ein Dienstmädchen, Muniu nimmt Violinunterricht und kann später das Gymnasium besuchen. Der Vormund zahlt für ihn das Schulgeld in Höhe von 15 Gulden. Roths spätere Behauptung, er sei dank seiner Armut Stipendiat gewesen, ist mit Blick auf das Einkommen von Siegmund Grübel sehr unwahrscheinlich. Nach dem Abitur ist der Onkel bereit, seinem Mündel ein Studium in Lemberg, dann in Wien zu finanzieren. Von bitterer Armut zeugt dies alles nicht. Auch die überlieferten Bilder von Mutter und Kind weisen weder in Kleidung noch in Ausdruck und Haltung auf ein Leben voller materieller Sorgen oder gar Elend hin. In Roths frühen Briefen an die Cousinen – von denen nur wenige überliefert sind – findet sich kein Wort darüber, dass er in dürftigsten Verhältnissen zu leben gezwungen ist. »Roth lebte mit seiner Mutter bestimmt in bescheidenen Verhältnissen«, wird ein Vetter später erzählen, »aber die Unterstützung von Seiten seines Vormundes war zweifellos so weit hinreichend, daß er nicht in Armut und Not lebte.«[94]

Es mag stimmen, dass Siegmund Grübel auf nicht besonders sensible Art hat durchblicken lassen, dass er der Ernährer der beiden Roth-Verwandten ist. Und die später verschiedentlich angeführte Klage des Neffen, der Onkel habe nicht mit allzu deutlicher Großmut den ihm zugesagten Unterhalt ausgezahlt, sie entspricht sicher der Wahrheit. Aber Sparsamkeit bei mittelständischen Patriarchen ist damals nicht nur ein Kennzeichen des preußisch-christlichen Bürgertums gewesen. Es ist wohl in erster Linie die von Roth als demütigend empfundene Abhängigkeit, die den vaterlosen Knaben und Jüngling später selbstmitleidig und bitter auf diese Jahre zurückblicken lässt.

Die Beziehung zwischen Mutter und Sohn ist in den frühen Jahren eng. Ein Schulfreund berichtet: »Roths Mutter war auffallend stolz auf ihren Sohn und sah ihren Lebenszweck darin, für ihn in der bestmöglichen Weise zu sorgen. Aber Roths Verhältnis zu ihr war gespannt. Mir sagte er, sie tue alles für ihn, nur um sich in seinem Ruhm zu sonnen, mit wirklicher Liebe habe das nichts zu tun.«[95] Ein »Muttersöhnchen« ist er wohl gewesen, doch die erdrückende, besitzergreifende Liebe Marias erträgt er nur schwer. Wer Kinder kennt, weiß, wie peinvoll es ihnen ist, wenn die Mutter (oder der Vater) es täglich an die Hand nimmt und sich im Anblick aller Mitschüler erst vor der Schulpforte von ihm verabschieden. Muniu muss dieses Schicksal über einige Jahre ertragen.

Spannungen sind also da, die Abwehrgefühle des sich eingeengt fühlenden Sohnes lassen die Distanz zur Mutter wachsen. In einem Feuilleton aus dem Jahr 1931 weist Roth auf eine seiner frühesten Erinnerungen hin, in der die Mutter und seine – offenbar doch vorhandene – Wiege eine zentrale Rolle spielen: »Es war ein trauriges Erlebnis, jedenfalls eines, das mich traurig gemacht hatte, zum erstenmal im Leben traurig... Es war ein klarer Wintertag. Ich sehe noch in dem kleinen Zimmer, in dem ich damals lebte, den unbestimmt blauen Abglanz des klaren Himmels, eine kristallene, dicke Schicht von Schnee am Fensterbrett und ein paar merkwürdige Eisblumenformen an einer (der rechten) Seite des doppelflügeligen Fensters. Eine alte Frau in einem braungrauen, filzigen, ziemlich langen Tuch, das ihr Kopf und Rücken bedeckt, tritt ins Zimmer. Meine Mutter holt, Stück für Stück, das Bettzeug aus meiner Wiege und legt es auf einen rostbraunen, gepolsterten, breiten Lehnstuhl. Dann tritt die halbvermummte, ziemlich kleine Frau an meine Wiege, spricht etwas, hebt mit einer erstaunlichen Geschwindigkeit die Wiege hoch, hält sie, als wäre sie ein ganz geringfügiger Gegenstand ohne bemerkenswerte Dimensionen, an der Brust, spricht sehr lange, lächelt, zeigt dabei große gelbe Zähne, geht zur Tür und verläßt das Haus. Ich bin traurig, unsagbar traurig und ohnmächtig. Ich ›weiß‹: daß ich etwas Unwiederbringliches verloren habe. Ich bin gewissermaßen ›beraubt‹ worden. Ich beginne zu weinen; man bringt mich in ein großes weißes Bett, das meiner Mutter. Ich schlafe ein. ... Später zeigte sich, daß meine Mutter diesen Tag vergessen hatte. Sie wußte nicht mehr, etwa zehn Jahre später, wann und wem sie meine Wiege gegeben hatte. Ich wunderte mich nicht wenig darüber und nahm es ihr übel. Sie hatte meine erste Trauer nicht gesehen.«[96] Verlustängste werden da sichtbar, aber auch Schuldgefühle, denn das schwere Schicksal der Mutter bleibt in den Erwachsenenjahren des Sohnes traumatisch besetzt.

In der Literaturzeitschrift »Die Neue Rundschau« erscheint Anfang 1913 eine Geschichte des Schriftstellers Arthur Schnitzler – »Frau Beate und ihr Sohn«, –, die von einer komplizierten, schließlich mit einem doppelten Selbstmord endenden Mutter-Sohn-Beziehung erzählt. Frau Beate hat vor fünf Jahren ihren Mann, einen berühmten Schauspieler verloren – »... gesund und wohlgemut war Ferdinand eines Tages vom Hause zu irgendeinem Gastspiel weggefahren, und in der Stunde drauf, von dem Bahnhof, in dessen Halle ihn der Schlag gerührt, hatte man ihn als toten Mann wieder heimgebracht.«[97] Die vereinsamte Witwe idealisiert ihre Ehe und muss schließlich erfahren, dass »der einzige Mann, den sie je geliebt, ihr Ferdinand, ... ein Lügner gewesen«[98] ist, denn er hat sie während der Ehejahre vielfach betrogen. Ihre unerfüllte Liebessehnsucht aber überträgt Beate auf den Sohn Hugo. Er tritt an die Stelle des verschwundenen Mannes. Kurz bevor Beate sich und ihren Sohn in den See stürzt, überwältigen sie inzestuöse Visionen: »Beate zog den Geliebten, den Sohn, den Todgeweihten, an ihre Brust.«[99] Der 17-jährige Hugo wiederum empfindet das Übermaß an Liebe, das die Mutter ihm entgegenbringt, als Bedrohung. Er sucht in den Wochen vor seinem Tod Distanz und Befreiung in einem Liebesverhältnis mit einer älteren Frau.

Keine deckungsgleiche Geschichte zum eigenen Erleben kann der 19 Jahre alte Joseph Roth da in der »Neuen Rundschau« lesen. In seinem Fall endet die schwierige Mutter-Sohn-Beziehung nicht mit einer Tragödie. Zudem stirbt der Schauspieler Ferdinand, als Hugo immerhin bereits zwölf Jahre alt ist. Roth hat seinen Vater dagegen nie gekannt. Aber die erdrückende Mutterliebe einer »Verlassenen« oder die »Flucht« des Sohnes zu einer älteren Geliebten – da sind zweifellos Parallelen zu erkennen. Es ist vielleicht kein Zufall, dass Roths weibliche Vertraute später häufig »mütterliche« Frauen sein werden. Von ihnen fühlt er sich verstanden, um ihre Zuneigung und Hilfe zu gewinnen, setzt er seinen ganzen Charme ein. In seinen Briefen an diese Frauen ist er unaggressiv und offen, spielt er nur selten den Hochmütigen. Wärme, Verständnis und uneigennützige Liebe sucht er bei ihnen.

Der Psychologe Arthur Schnitzler weiß, welche Fesseln eine die eigene Entwicklung überschattende Mutterliebe knüpfen, welche lebenslangen Schuldgefühle die verzweifelten Loslösungsversuche verursachen können. Richard Wagners Siegfried ruft beim Anblick der begehrten Brünnhilde »Mutter! Mutter! Gedenke mein!«.[100] Unüberhörbar der Hinweis des dichtenden Komponisten auf Inzestphantasien seines hehren Helden.

Eine nicht unähnliche Schilderung findet sich in Roths »Radetzkymarsch«. »Ihre Worte waren zärtlich«, erinnert sich der junge Trotta, als er vom Tod der Frau des Wachtmeisters Slama erfährt, seiner wesentlich älteren Geliebten, »sie war eine Mutter, sie hat mich geliebt, sie ist gestorben! Es war klar, daß er Schuld an ihrem Tode trug.«[101] Theodor Lohse, traurig-schurkischer Protagonist in »Das Spinnennetz«, wandert mit dem Geld seiner völkischen Auftraggeber in der Tasche durch die Straßen Berlins – »die Mädchen trugen leichte Kleider und lebendige Brüste ... (und) die Welt verjüngte sich ohne Zweifel« –, und da weiß er, dass »er (es) liebte, Zuflucht und Heimat zu finden im Weibe. Er will nach vollendeter Liebe Mütterlichkeit, weite, breite, gütige«.[102] Wagners Siegfried – dessen Mutter bei der Geburt stirbt –, Roths Kadett Trotta oder der verlorene Aufsteiger Lohse: Das freudianische Zeitalter hebt an und öffnet den Blick für das archaische Feld unserer seelischen Befindlichkeit.

Als der Abiturient Roth Brody verlässt, trennt er sich emotionslos von der Mutter. Er wird sie in den nächsten Jahren kaum sehen, auch nicht, wenn sie während des Weltkrieges zeitweise beide in einer gemeinsamen Wiener Wohnung leben. Die Fremdheit bleibt. »Ich dachte zeitweilig daran, meine Mutter zu meiner Vertrauten zu machen«, heißt es in dem Roman »Die Kapuzinergruft«. »Aber ich hielt sie damals, als ich noch jung war und weil ich so jung war, für unfähig, meine Sorgen zu verstehen. Die Beziehung, die ich zu meiner Mutter unterhielt, war nämlich ebenfalls keine echte und ursprüngliche, sondern der kümmerliche Versuch, das Verhältnis nachzuahmen, das die jungen Männer zu ihren Müttern hatten.«[103]

Für Maria aber bleibt der Sohn Lebensmittelpunkt. Unbeholfen, aber voller Liebe schreibt sie – vermutlich im Herbst 1913 – an den dann schon in Lemberg studierenden »Munio«: »Mein herziges Kind! Warum plagst Du mich seit Wochen, Brief folgt, es ist für mich direkt eine Folter wie möchte ich schon den ausführlichen Brief sehen; Von Seiten höre ich sehr großen Glücken, aber von meinem lieben Kinde höre ich gar nichts. Der liebe Onkel Siegmund schreibt dass Du wie ein Fürstensohn lebst u. Du siehst prachtvoll aus, und ich warte auf einen Tag zum zweiten auf den ausführlichen Brief von Dir ob Du wirklich so glücklich bist, so willst Du mir nicht diese Freude verschaffen. ... Es küsse Dich innigst mein teueres Kind Deine Dich sehnsuchtsvolle Mutter.«[104] 1922 wird Roth an das Totenbett der Mutter nach Lemberg eilen. Sie ist kurz nach einer Krebsoperation gestorben. Von besonderer Trauer ist nichts überliefert.

Der verschwundene Vater und Ehemann: er bleibt die Wunde im kleinbürgerlichen Familienleben der beiden Roths. »In Gegenwart der Mutter war es sehr verpönt, über Roths Vater zu sprechen, und auch Roth mied das Thema. Nur einmal deutete er an, sein Vater befinde sich in Brody, und obwohl es von der Mutter verboten sei, habe er ihn im Geheimen besucht.«[105] Tabus führen zu Verdrängungen, Phantasien und Idealisierungen müssen die fehlende Möglichkeit einer Identifizierung mit dem Vater ersetzen. Roth wird in den kommenden Jahrzehnten 13 verschiedene Versionen über Herkunft, Leben und die gesellschaftliche Rolle des nie gekannten Vaters verbreiten. »Du weißt nicht, wie es ist, ohne Vater aufzuwachsen«, vertraut er später dem Freund Soma Morgenstern an.[106]

Für die Mutter ist es ein Leben in Einsamkeit. Maria »blieb ihr ganzes Leben allein, sorgte sich um den Sohn, der sich überhaupt nicht um sie sorgte, und hatte nicht einmal die Freude zu erleben, daß er als einer der großen deutschen Schriftsteller anerkannt wurde.«[107]

Grundschuljahre

Das Haus, in dem die Roths und Großvater Grübel leben, liegt in der Goldgasse. Besitzer ist ein Verwandter, der Schneider Kalman Ballon. Ein fleißiger Geschäftsmann, bieder, kleinbürgerlich, wohlhabend. Seine Arbeitsstätte – sie firmiert unter dem Namen »Ballon und Krammtisch« – ist im Wohnhaus untergebracht. Einen wichtigen Teil seiner Kundschaft findet Ballon unter den in Brody stationierten Offizieren. Mag sein, dass der kleine Muniu häufig dabei gewesen ist, wenn die schneidigen Herren Leutnants sich von Kalman Ballon Maß nehmen lassen und vor dem Spiegel bald die elegante Uniform begutachten, mit der sie – junge Schnösel, die sich in der Provinz zu Tode langweilen – den Bürgern von Brody zu imponieren hoffen. Vor allem natürlich ihren Töchtern. Unvergessen werden diese frühen Eindrücke bleiben, sich später widerspiegeln in seinen Habsburg-Romanen, in seinen Briefen und biographischen Legenden. Roths Kindheitsblicke in die Werkstatt des Schneidermeisters Kalman Ballon, vielleicht bilden sie auch den Ursprung für seinen späteren Hang, sich betont elegant und nach dem Geschmack des alten Österreich zu kleiden.

Der kleine Moses Joseph tritt nicht – wie bei den orthodoxen Juden üblich – in die traditionelle Elementarschule der Ostjuden, den »Cheder«, ein. Er wird von seinen ausschließlich männlichen Schülern schon ab dem vierten Lebensjahr besucht. Bibellehre, Talmudkommentare, Gebete – der Cheder-Unterricht bietet den jungen Juden seit Jahrhunderten die Grundlagen ihres Bibel- und Religionswissens und damit ihrer auch in der Diaspora nicht verlorenen Kultur. Auf das praktische Leben ist der Unterricht nicht ausgerichtet.

1873 stiftet der steinreiche jüdische Finanzmagnat Moritz Hirsch, der sein Vermögen mit Eisenbahngeschäften auf dem Balkan und in der Türkei erwirbt und später in den Freiherrenstand erhoben wird, eine Million Franc für die »Alliance Israélite Universelle«, um den Bau von jüdischen Schulen in Osteuropa zu unterstützen. Auf seinen Reisen hat Hirsch, der zeitweise auch mit Bismarcks Bankier Gerson von Bleichröder enge geschäftliche Beziehungen unterhält, die große Armut der in dieser Zeit ständig von Pogromen bedrohten Juden erlebt. 1891 gründet der Magnat den »Hirschen Schulfonds in Galizien«, für den er 25 Millionen Francs bereitstellt. 35 Baron-Hirsch-Volksschulen werden errichtet, eine davon auch in der Pfarrgasse in Brody. Das Kollegium setzt sich hauptsächlich aus jüdischen Pädagogen zusammen, und die Unterrichtssprache ist deutsch. 1901 wird der siebenjährige Moses Joseph Schüler dieser Anstalt.

An den Vormittagen, die er hier in den nächsten vier Jahren verbringt, lernt er nicht nur Schreiben, Lesen und Rechnen. Die Schulstunden führen ihn auch ein in die Welt des Judentums, in sein Denken, in seine Gesetze und in ihre so vielfältigen und komplizierten Auslegungen. Er lernt Hebräisch, die Schüler übersetzen

Teile des Alten Testamentes ins Deutsche. Wenn Roth später so wissend über die Bibel und das Judentum schreibt, dann werden die ersten Grundlagen dafür schon in seinen Volksschuljahren gelegt.

Der Rückblick auf die Grundschuljahre ist jedoch bitter. In der österreichischen Zeitung »Der Neue Tag« wird Roth 1920 einen Artikel über »Otto Glöckels Schulreform« veröffentlichen, der auch von eigenen Erinnerungen berichtet: »Von acht bis neun Rechnen, von neun bis zehn Deutsch, von zehn bis elf – wie wurde unsere Kindheit in die Fachschublade eines Stundenplanes gezwängt, unser Leben abgeteilt, unsere unschuldige Freude auf zehn Minuten Pause zwischen zwei Folterstunden rationiert! Draußen konnte es Schusterbuben regnen, gewittern, Erdbeben mochten sein, Revolution, Königsmorde – in der Schulstube änderte sich nichts: von acht bis neun Rechnen, von neun bis zehn Deutsch – So wurde die Schule zum Marterort, jede Freiheitsregung zum Vergehen, Lüge und Heuchelei mit Einsern in ›Sitten‹ belohnt, Tartüfferie und Scheinheiligkeit großgezogen.«[108] Kein Wunder, dass Roth die österreichischen Schulreformen begrüßt, die nach dem Ersten Weltkrieg versuchsweise eingeführt werden. »… neu werden die Menschen sein, die aus diesen Schulen herauskommen«, schreibt er enthusiastisch und irrt sich doch leider beträchtlich.[109] Der »neue Mensch« bleibt auch im 20. Jahrhundert eine Utopie.

Die Roths sind gläubige Juden. Sie gehen am Sabbat und an den jüdischen Feiertagen in die Synagoge, fasten am Versöhnungstag (Jom Kippur). Die Mutter kocht koscher und neigt – wie der Großvater – dem orthodoxen Judentum zu. »Und der Großvater lehrt mich beten / Recht vom Herzen, fromm und schön / Und ich betete so brünstig, / Heiß und ernst vorm Schlafengeh'n.«[110] Am ersten Sabbat nach seinem 13. Geburtstag wird Moses Joseph konfirmiert. Bemerkenswerterweise unterwirft er sich nicht der Bar Mizwa, der traditionellen Feier des orthodoxen Judentums, mit der die jüdischen Knaben ihre religiöse Volljährigkeit erreichen und künftig alle Gebote der Thora befolgen müssen. Die Konfirmation wird von den reformierten Juden bevorzugt. Da der Großvater kurz zuvor gestorben ist, dürfte dies ein Zeichen dafür sein, dass sich der Enkel nun sehr rasch von den religiösen Regeln der jüdischen Orthodoxie zu lösen beginnt. 1919 wird er über seine Jugendjahre notieren:

»Ich haßte den Teufel. Aber an Gott glaubte ich nur schüchtern und während ich genau wußte, daß er nicht existierte, betete ich dennoch zu ihm. Zwei Jahre lang, von meinem vierzehnten bis zum sechzehnten Lebensjahr, war ich Atheist. Ich sah zum Himmel empor und wußte, daß er aus blauer Luft bestand. Ich hatte aber gar nicht bemerkt, daß Gott nicht verschwunden, sondern gleichsam nur übergesiedelt war, aus dem Himmel irgendwohin anders, ich wußte nicht wohin, wahrscheinlich aber in meine Nähe. Daß niemand die Welt regierte, war mir offenbar. Daß aber Jemand meine eigenen Wege überwachte, fühlte ich. Ich betete oft und meine Gebete waren sehr kurz.«[111]

Roth bleibt bis zu seinem Tod ein gläubiger Mensch. Das Religiöse – Schuld, Sühne, Gotteskampf und Gottesgericht – spielt in vielen seiner Romane eine zentrale Rolle. Auch seine spätere Hinwendung zum Katholizismus, wie spielerisch und dialektisch sie auch immer zu bewerten ist, zeugt davon.

Aber Brody ist im 19. Jahrhundert nicht nur eine Stadt, in der der Chassidismus zahlreiche Anhänger gefunden hat. Brody ist auch ein Zentrum der Haskala, der jüdischen Aufklärung. Beides prägt Roth existenziell: Er wird seinen Hang zum mystischen Deuten der Welt und des Lebens nie verlieren, aber ebenso wenig verleugnet er den skeptischen Aufklärer, zu dem er in seinen Gymnasialjahren wird. Die Bibel und das Judentum, Schiller und die Französische Revolution – das bleiben Eckpunkte seiner Welterfahrung. Der doppelbödigen Haltung entspricht auch, dass dieser Rationalist zeitlebens ein abergläubischer Mensch bleibt. »Roth war abergläubisch wie eine Bergbäuerin. Freitag der dreizehnte, schwarze Katze über den Weg, weißes Pferd, Kacke von fliegendem Vogel auf dem Hut – waren für ihn Glücks- oder Unglückszeichen. Wenn man ihn deshalb neckte, hatte er metaphysische Ausreden. Er berief sich auf die chassidische Wundergläubigkeit der orthodoxen Juden seiner Heimat, die den Verstand in Glaubensfragen als schädlich abtaten.«[112]

Nach dem Tod des Großvaters mieten die beiden Roths eine eigene Wohnung. Ein Musiker wird im neuen Quartier als Untermieter aufgenommen, um die Mietkosten zu senken. Ein zeitweiliger Mitbewohner und Schulkamerad erzählt Jahrzehnte später: »Das

Haus lag in der Bahngasse, eine Seitengasse der Hauptstraße Brodys – der Goldgasse – und war das zweite Haus von der Ecke. Es war ein kleines, ebenerdiges Zweifamilien-Holzhaus mit Verputz und Giebeldach. Ein Apfelbaum stand vor dem Haus und im Garten ein Tisch, an dem wir manchmal im Sommer aßen. ... Roths Zimmer lag vis-à-vis von dem meinen ... und er kam fast täglich zu mir rein; oft half er mir auch mit meinen Deutschaufgaben. ... Die Wohnung von Roth und seiner Mutter war schlicht-bürgerlich eingerichtet, aber Roth selbst ging immer adrett angezogen.«[113]

Der Gymnasiast »Munio Faktisch«

Seit 1905 besucht der Sohn das k. u. k. Kronprinz Rudolf-Gymnasium von Brody. Stolz wird er in den kommenden Jahren die Schuluniform tragen, die für alle Schüler dieser Anstalt obligatorisch ist. 20 Schüler sitzen in seiner Abiturklasse: 8 griechisch-orthodoxe, 5 römisch-katholische und 7 jüdische. Neben dem Lemberger Gymnasium ist es die einzige Oberschule Galiziens, an der die Unterrichtssprache Deutsch ist. Für Roth soll diese Tatsache wegweisend werden. Die neun Gymnasialjahre lassen ihn zu einem leidenschaftlichen Bekenner der deutsch-österreichischen Kultur werden. Sprach der Großvater im Alltag noch jiddisch, wechselten dessen Söhne schon zum Polnischen bzw. Deutschen über. Dem jungen Roth ist Jiddisch relativ geläufig, Polnisch spricht er nur schlecht, aber immerhin, er kann es verstehen. »Meine polnische Sprache reicht nur von hier bis Krakau.«[114] Soma Morgenstern bestätigt dies in seinen Erinnerungen: »Roth sprach ein sehr mangelhaftes Polnisch und ein noch mangelhafteres Ukrainisch.«[115] Andere Zeitzeugen glauben sich zu erinnern, dass Roths Polnischkenntnisse erheblich besser waren, als Morgenstern es berichtet.

Wie auch immer: Deutsch wird ihn zu einem Schriftsteller werden lassen, dessen Sprachpurismus und elegant-schnoddrigen Texte seine Leser bald zu schätzen beginnen. Im Gymnasium begegnet der junge Roth der (deutschen) Klassik. »Ich schätzte den Faust und Wilhelm Tell, Shakespeare lernte ich auswendig und

Hölderlin und obwohl ich Widersprüche entdeckte, lag doch das Verschiedene, das die großen Männer trennt, unter einer einzigen einigenden Schicht von Erhabenheit, Anmut und Adel. Nie hätte ich so gehandelt wie ihre Helden. Aber ich glaubte doch, daß die Dichter und ihre Helden objektiv recht hatten.«[116] Heinrich Heine, den er in seinen Gymnasialjahren begeistert liest, bleibt ihm nicht nur als Dichter bis zum Tod der große Seelenverwandte. »Lesen Sie ... Heines Prosa noch einmal«, rät er 1926 dem Journalistenkollegen Bernard von Brentano, als dieser sich über Streichungen der Redaktionen in seinen Artikeln beschwert.

Zu den erstaunlichen Phänomenen des assimilierten Judentums in Österreich und Deutschland gehört, dass es einerseits seine große, nie gebrochene Liebe zur deutschen Klassik behält, andererseits aber viele jüdische Intellektuelle nach der Jahrhundertwende zu den Protagonisten der künstlerischen Moderne Westeuropas zählen. Als Naturalismus und Expressionismus, Dadaismus und Neue Sachlichkeit die Dichter und Denker bereits heftig umtreiben und die Zwölfton-Musik Schönbergs und Kurt Weills »Aufstieg und Fall der Stadt Mahagonny« die Avantgarde in den Konzertsälen und Opernhäusern fasziniert, bleiben Lessing, Schiller, Goethe, Kleist oder Hölderlin, Schubert, Schumann oder Wagner dennoch die bewunderten Dichter und Komponisten in den bürgerlich-jüdischen Bildungshaushalten. Alfred Pringsheim, der reiche, hochkultivierte jüdische Schwiegervater von Thomas Mann, ist nicht nur ein Bewunderer Goethes, sondern auch ein leidenschaftlicher Anhänger und großzügiger Mäzen des Komponisten Richard Wagner. Eine lebenslange Liebe bleibt das, der auch Wagners verleumderische Schrift über »Das Judentum in der Musik« nichts anhaben kann. Die Nationalsozialisten werden dem alten Mann als Dank für seinen Kulturpatriotismus Haus und Vermögen rauben und ihn ins Schweizer Exil zwingen. Siegmund Feuchtwanger, wohlhabender Margarinefabrikant, fördert das Germanistikstudium seines später so berühmten Sohnes Lion aus Begeisterung für die deutsche Klassik und den von Christoph Martin Wieland wiederentdeckten Shakespeare. Und Stefan Zweig weist in seiner Rede auf den toten Joseph Roth auf Zusammenhänge hin, die auch im Leben des gerade zu Grabe getragenen Schriftstellers eine so wichtige Rolle gespielt haben. Es sei eine der gemeinen Lügen der Nationalsozialisten, meint Zweig, »daß die Juden in Deutschland jemals Haß oder Feindseligkeit geäußert hätten wider die deutsche Kultur. Im Gegenteil, gerade in Österreich konnte man unwidersprechlich gewahren, daß in all jenen Randgebieten, wo der Bestand der deutschen Sprache bedroht war, die Pflege der deutschen Kultur einzig und allein von Juden aufrechterhalten wurde.«[117] Ernst Toller, der seine Jugend in Westpreußen verbringt, hält in seinen Erinnerungen fest: »Die Juden fühlten sich als Pioniere deutscher Kultur. In den kleinen Städten bildeten jüdische bürgerliche Häuser die geistigen Zentren, deutsche Literatur, Philosophie und Kunst wurden hier mit einem Stolz, der ans Lächerliche grenzt, ›gehütet und gepflegt‹.«[118] Auch Joseph Roth wird 1927 nachdrücklich auf dieses Phänomen hinweisen: »Dem Ostjuden ist Deutschland ... immer noch das Land Goethes und Schillers, der deutschen Dichter, die jeder lernbegierige jüdische Jüngling besser kennt als unser hakenkreuzlerischer Gymnasiast.«[119]

Galizien erlebt in Roths Jugendjahren einen immer heftiger werdenden Sprachenstreit. Seine Klasse wird die letzte am Kronprinz Rudolf-Gymnasium sein, deren Unterrichtssprache Deutsch ist. Bereits dem nächsten Jahrgang werden die Schulstunden in polnischer Sprache erteilt. Roths sehr klare Hinwendung zur deutschen Kultur ist wohl auch eine Reaktion auf diese kulturellen Auseinandersetzungen. Im benachbarten Städtchen Drohobycz wächst der nur zwei Jahre jüngere Bruno Schulz auf. Der Sohn eines jüdischen Händlers besucht dort das Kaiser Franz Joseph-Gymnasium. Die Unterrichtssprache ist hier polnisch. Der Schriftsteller, Maler und Zeichner Schulz, der auch ein ausgezeichnetes Deutsch spricht, wird später seine wundersamen Erzählungen in Polnisch schreiben. Galiziens mehrsprachige Dichter wählen ihre Sprache als Künstler häufig aufgrund ihrer Schulerfahrung.

Sieht man von den Leistungen in Mathematik ab, ist Moses Joseph ein glänzender Schüler. Kein dramatisches Schülerschicksal durchleidet er, wie es etwa auf Hermann Hesses Romanfigur Hans Giebenrath oder Thomas Manns Hanno Buddenbrook wartet. Nach eigenen Aussagen lernt Roth leicht. »Ich war ein ausgezeichneter Schüler, nicht durch Fleiß, sondern durch Überlegenheit. Es wäre mir unwürdig erschienen, vom Lehrer bei einer verbotenen Lektüre, beim Zigarettenrauchen oder beim Abschreiben einer Schularbeit erwischt zu werden, zu stottern oder mir einsagen zu lassen. Ich fügte mich den unüberwindlichen Mächten und weil sie mir nichts anhaben konnten, fühlte ich mich frei.«[120] Mit Recht ist die Mutter stolz auf ihren Sohn.

Seine Deutschaufsätze finden bei dem dafür zuständigen Lehrer Max Landau, einem polnischen Juden, höchstes Lob, werden vor der Klasse nicht selten vorgelesen. Landau wird für den Knaben ein wichtiger geistiger Erzieher. Die Liebe zur Literatur, der immer stärker wachsende Wunsch, »Dichter« zu werden, sie finden ihre Wurzeln in Landaus Zuwendungen und im Willen des begabten Knaben, sich seinen Platz in der gebildeten deutsch-österreichischen Gesellschaft zu erobern. »Um diese Zeit begann ich Dichter zu lieben, Dramen und Gedichte. Ich hielt alles im Gedächtnis, ohne eigentlich auswendig zu lernen. Ich schätzte ihre Schönheiten, die Sprache, das Bild und den Klang und ließ mich verführen, auch den Inhalt zu lieben, mehr als mir zustand.«[121]

Der Schulerfolg kompensiert die subjektiv gefühlte Außenseiterrolle. Gegenüber den Lemberger Verwandten stellt er einmal einen Besuchstermin mit der altklugen Begründung infrage, weil er »letztens eine Privatlektüre aufgegeben bekommen habe. Das kommt Alles daher, daß ich ein Vorzugsschüler bin, der mehr Verpflichtungen hat«.[122] Nicht ohne Hochmut diskutiert er, lässt Mutter, Cousinen, Vettern und Klassenkameraden spüren, wie sehr er sich ihnen geistig überlegen fühlt. In der Familie wird er bald ein wenig spöttisch »Muniu Faktisch« genannt, weil er viele Behauptungen mit der Formulierung »das ist faktisch« beendet. Noch Jahre später hält er mit unnachahmlicher Arroganz eine Erinnerung aus der Schülerzeit fest: »Über ein Aufsatzthema: Was Du ererbt von Deinen Vätern hast, erwirb es, um es zu besitzen, schrieb ich zustimmend, klug und beweisend. Dabei wußte ich ganz genau, daß ich, hatte ich etwas ererbt, es nicht erst hätte erwerben müssen und daß der Besitz nicht abhängig gewesen wäre von seinem Erwerb. Aber ich war eben eine Ausnahme.« Sein Fazit passt in dieses Bild selbstbiographischer Reflexion: »In meinem Haus war ich sicher der Klügste. Ich wußte es auch.«[123]

Aber das so deutlich demonstrierte Selbstbewusstsein täuscht. 1930 schreibt Roth in einem Artikel für »Die Literarische Welt« im Rückblick auf diese Jahre: »(Es) scheint mir, daß der Hang, seine Minderwertigkeit als Überlegenheit zu demonstrieren, eine charakteristische, sehr natürliche, naturnotwendige Eigenschaft des mitteleuropäischen Menschen ist.«[124] Und über die Schulzeit urteilt er rückblickend: »Obwohl ich meinen Haß gegen die Schule niemals merken ließ, ihn sogar zu unterdrücken versuchte, gab es doch einige Lehrer, die meinen schlummernden Ungehorsam, mein unmerkliches Rebellentum fühlen mochten.«[125]

Melancholie und Aufbruch

Der heranwachsende Knabe lebt zurückgezogen, von engen Jugendfreundschaften ist nichts bekannt. Seine Beziehungen zu Gleichaltrigen bleiben auf seine jüdische Umwelt beschränkt. Dies ist unter jüdischen Heranwachsenden allerdings eine verbreitete Haltung. Sein sehr viel jüngerer Vetter Fred Grubel, der in Leipzig aufwächst, schreibt im Rückblick auf seine Jugend: »Gesellschaftlicher Verkehr mit nichtjüdischen Familien existierte nicht, abgesehen von einigen christlichen Schulkameraden. Aber selbst in der Schule, wo wir jüdischen Kinder allerhöchstens fünf Prozent der Schülerschaft ausmachten und offener Antisemitismus nicht oft zutage trat, hielten wir jüdischen Kinder fest zusammen. Freundschaften mit Nichtjuden waren ziemlich selten.«[126]

Ein ehemaliger Schulkamerad Roths, der zu den wenigen Bekannten zählt, mit denen dieser Ausflüge in die Umgebung macht, zeichnet ein Bild seines Mitschülers, das sicher ein wenig stilisiert ist, aber doch eine eindrucksvolle Momentaufnahme des Familienalltags der Roths darstellt: »Im Gymnasium hatte Roth so gut wie keinen Anschluß, weder bei den katholischen noch bei den jüdischen Schülern. Auch ich habe wenig Kontakt mit ihm gehabt, aber ich war vielleicht der Einzige, der hin und wieder ein paar Worte mit ihm wechselte. So kam es, daß er mich einmal zu sich einlud. Er war damals in der 5. Klasse, also 16 Jahre alt. Diesen Besuch habe ich nie vergessen. Roth empfing mich in einem großen Zimmer, in dem ich mich zuerst an das Dämmerlicht gewöhnen mußte, denn draußen war hellichter Tag. Roths Mutter, eine gut aussehende, imposante Erscheinung, ging im Zimmer auf und ab, beachtete mich kaum, und begrüßte mich nicht einmal, was einen unheimlichen Eindruck auf mich machte. ... Roth selber wirkte ernst und einsam, aber er freute sich offensichtlich über meinen Besuch. Seine ersten Worte waren: ›Zu uns kommt niemand. Meine Mutter will das nicht‹.«[127] Ähnlich klingt eine andere Beobachtung aus diesen Jahren: »Roth war nicht übermütig wie Kinder in seinem Alter – er war immer ernst. Es war kaum einer unter den Gymnasiasten, der nicht ab und zu in Mädchengesellschaft zu sehen war. Roth allein fiel als Einzelgänger auf. ... Er war kein geselliger Mensch.«[128]

Solche, Jahrzehnte später gemachte Äußerungen sind zweifellos interessant, aber auch mit Zurückhaltung zu bewerten. Menschen aus seiner Jugendzeit, die sich nach dem Zweiten Weltkrieg über ihre frühen Begegnungen mit Roth äußern, tun dies schon mit dem Wissen, dass sie über einen inzwischen berühmt gewordenen Schriftsteller urteilen. Da mag denn doch unbewusst manches bürgerliche Klischee über den einsamen, genialen Künstler mitschwingen, dessen Ausnahmestellung in der Gesellschaft schon früh erkennbar ist.

Es gibt auch ganz andere Berichte. Sie nehmen den später so lebendigen, »geselligen«, den Frauen zugeneigten und die Unterhaltung mit anderen Menschen suchenden Roth vorweg. Oder erzählen vom literaturbegeisterten Schüler, der in seiner Klasse kräftig mitdiskutiert, wenn es um »seine« Themen geht. Ohne engere Kontakte zu seinen Klassenkameraden ist es wohl nicht möglich gewesen, dass er für sie Schulaufsätze verfertigt. Die wenigen Briefe, die aus seinen Jahren in Brody überliefert sind, zeugen nicht eben davon, dass hier ständig ein allzu ernster und grübelnder, gar am Leben verzweifelnder Jüngling zur Feder gegriffen hat. »Dem Kristiampoller habe ich Deine Grüße übergeben«, erfährt beispielsweise die Lemberger Cousine Resia Grübel von dem 17-Jährigen, »er wäre in den achten Himmel gesprungen, wenn es einen gäbe. Da es aber bekanntlich nur sieben Himmel gibt, so begnügte er sich mit dem siebenten, wo er tausend Lichtlein vor seinen Augen schimmern sah, und den Gesang der Seraphim und Cherubim hörte, wie im Prologe zu Goethes ›Faust‹, den Du doch leider nicht kennst.«[129]

Der Schriftsteller Soma Morgenstern, der Roth um 1910 bei einem Besuch in Lemberg kennengelernt hat, zeichnet ein recht helles Bild aus den Jugendtagen des Freundes. »Roth war damals fünfzehn Jahre alt. Er hatte hellblondes Haar, blaue, verschmitzte Augen, starke Backenknochen, ein kurzes Näschen, und fast gar kein Kinn. Er war klein, zartknochig, mit schmalen Schultern, und auffallend leichtfüßig. Er gefiel mir gut.«[130] In Morgensterns Erinnerungen begegnen wir einem neugierigen, schlagfertigen und witzigen Schüler Joseph Roth.

Angesichts der vielen und häufig unterschiedlichen Urteile über Roths Charakter und seine psychische Befindlichkeit gilt es mit besonderem Nachdruck darauf hinzuweisen, dass seine schillernde Persönlichkeit sicher nicht mit psychoanalytischen Theorien allein zu erfassen ist. Allen forschen, redseligen, intelligenten und humorvollen Auftritten Roths zum Trotz ist jedoch nicht zu übersehen, dass sein Leben von Jugend an von starken Gefühlsschwankungen und teilweise schweren depressiven Einbrüchen begleitet wird. »Gegen meine Traurigkeit ist, glaube ich, nichts zu machen«, schreibt er im Zusammenhang mit der Krankheit seiner Frau 1930 an die Schwiegermutter.[131] Ein Satz, der für viele Phasen seines schwierigen Lebens Gültigkeit besitzt.

»Ich werde immer einsamer, lieber Freund«, heißt es 1925 in einem Brief an Bernard von Brentano. »In den tausend Kleinigkeiten des Lebens, in Geschmacksfragen, Essen, Kleidung, Restaurant und Vergnügungen noch einsamer als in den prinzipiellen, weltanschaulichen.«[132] Das ist keine Momentaufnahme, sondern ein ihn von früh an begleitendes Lebensgefühl. »... die Frage, weshalb Schriftsteller tendenziell Einzelgänger sind, bleibt unbeantwortet, aber ein möglicher Umstand ist eindeutig die chronische Depression, zumal Depressive zu sozialer Isolation neigen.«[133]

Rasch wächst Roths Gewissheit, anders zu sein als die Mitschüler und die familiären Bezugspersonen. Zudem träumt er sich schon bald in ein künftiges Dichterleben hinein. Das ist zwar in der bildungsbürgerlichen Jugend dieser Zeit nicht selten gewesen, aber für den labilen und viel lesenden Moses Joseph sind solche Zukunftswünsche frühe Zeichen des »Besonderen« und der Abgrenzung. Er geht nicht auf einen »Ball«, den seine Mitschüler veranstalten, »da es nicht meine Gesellschaft ist«.[134] Dieser Abstand bleibt. Nach einem Fest, das der Verleger der »Frankfurter Zeitung«, Heinrich Simon, in den 20er-Jahren in Frankfurt veranstaltet, lässt Roth in einem Brief an seinen Kollegen Brentano erkennen, wie ablehnend er größeren und mehr oder weniger offiziellen gesellschaftlichen Veranstaltungen gegenübersteht. Hochmut verdeckt auch dann noch die innere Unsicherheit: »Zum ersten Mal war ich in der Nähe der Frankfurter Haute volée. 7 Grafen waren anwesend, Unruh trank Champagner in einem exklusiven Kreis. Bankjuden und Christen benahmen sich schändlich. Ihre Frauen gehemmte Huren, furchtbare Formlosigkeit bei aller vehementen Bestrebung, auch im Kostüm unter sich zu bleiben. Ein Kostümfest, bei dem alle taten, als kannten sie sich nicht und bei dem sich alle, die wollten, kannten. Ein paar wollten nicht, sollten nicht – und blieben angesäuselte lächerliche Außenseiter. Ich war der einzige, der noch stolzer war, als Grafen und Bankiers. Ich saß stumm da... Es stank nach den lebenden Leichen der Bourgeoisie... Nein, lieber Brentano, in dieser Gesellschaft möchte ich nicht bekannt und nicht gelesen sein.«[135]

Früh allerdings wird der starke Wille des jungen Joseph Roth sichtbar, dem als unangenehm empfundenen Milieu seiner Herkunft und der durch die Geburt und die familiären Umstände bedingten Außenseiterrolle zu entfliehen. Es trifft auf ihn zu, was Elias Canetti einmal ganz allgemein formuliert hat. Auf der einen Seite gebe es den Trieb zu Individualität und Verschiedenheit. Andererseits aber auch den tiefen Wunsch des Menschen, mit der Masse zu verschmelzen und damit sich selbst in ihr zu verlieren.[136] Roth stilisiert sich seiner Umwelt gegenüber als Individualist und Einzelgänger und zieht sich von den Vergnügungen seiner Altersgenossen häufig zurück. Ist es aber wirklich nur die Mutter, die ihn besitzergreifend von der Außenwelt fernhält, wie er es später verschiedentlich darstellt? Oder will er damit nicht vielmehr vor allem seine »Verschiedenheit« demonstrieren? Andererseits passt er sich unübersehbar den bürgerlichen Idealen seiner Zeit an. Er erlernt ein Musikinstrument, liest die Werke der Klassik, strebt als Schüler höheren Ehren entgegen, bekennt sich ausdrücklich zur deutschösterreichischen Kultur und lehnt die jüdische Orthodoxie ab. »Dagegen wollte ich sehr vielen gefallen. Es war mein Ehrgeiz, vollendete Anzüge und Manieren zu besitzen, weitgereist, erfahren und elegant zu sein, ein Weltmann.«[137] Da will einer aufsteigen, sich seinen Platz in einer Gesellschaft suchen, deren Antisemitismus und Klassenhochmut ihm schon früh als Hindernis bewusst geworden ist. »... ich war auch ehrgeizig, gewiß. Ich war entschlossen, den Durchschnitt der Menschen zu überragen, mit welchen Mitteln – wußte ich nicht. Ich war entschlossen, mich durch nichts hindern zu lassen.«[138]

Im Mai 1913 macht er sein Abitur, die Matura. Auch hier glänzt er: »sub auspiciis imperatoris« (»unter Aufsicht des Kaisers«) steht im Reifezeugnis. Das ist eine bis 1918 für besonders herausragende Abitur- oder Promotionsleistungen an Österreichs Schulen und Universitäten vergebene Anerkennung. Amüsant erzählt sich die Geschichte über diese Ehrung, von der einige Mitschüler später zu berichten wissen. Roths stärkster Konkurrent bei der Maturaprüfung ist David Schapiro, der Sohn eines reichen Juden aus Brody. Zwei Juden zu ehren, das geht den Antisemiten im Lehrerkollegium des Kronprinz Rudolf-Gymnasiums entschieden zu weit. Am Ende entscheidet der Direktor zugunsten von Roth. Schapiro, so argumentiert er, werde künftig als Zeitungsleser im Kaffeehaus sitzen. Wenn er dann die »Neue Freie Presse«, das erste Wiener Blatt, aufschlage, würden ihm jene Artikel am besten gefallen, die aus der Feder eines gewissen Moses Joseph Roth stammen. Vielleicht eine wahre, ganz sicher aber eine wunderhübsche Anekdote.[139]

»Nun ist *bald* schnell das ganze Jahr herum und die Matura und alle Mühen und Unannehmlichkeiten der Schulbank und ich gehe in die große, in die größte aller Schulen ins Leben. Hoffentlich werde ich auch diese Anstalt mit sehr gutem Erfolg besuchen.«[140] Frohe Sätze eines Jünglings, der weiß, dass sich ihm nun bald die Welt öffnet. Brody, das enge Zusammenleben mit der Mutter, es wird ein Ende haben. »Gottlob, daß ich schon in diesem Jahre, Ende Mai – Matura ablege...«, schreibt er Anfang 1913.[141] Und den

Lemberger Cousinen klagt er: »Im übrigen ist es hier sehr langweilig.«[142]

Der 19-Jährige geht nach Lemberg, wird Student an der dortigen Universität. Erst später erkennt er – dann mit der ihm eigenen Ironie –, dass dem Leben auch als Erwachsener nicht zu entfliehen ist: »Meiner törichten Hoffnung, die mich von der ersten Schulstunde meines Lebens bis hart vor die des Abiturs begleitet hat, daß ich mit dem Reifezeugnis in der Hand endgültig den großen und kleinen, beschämenden und degradierenden Schikanen der Schule entronnen sein würde, widersprach die Wirklichkeit leider in einem niederschmetternden Ausmaß. ... Was mich betrifft, so scheint es, daß ich nun endgültig dazu verurteilt bin, ein Schüler zu bleiben. Viele Leute belehren mich, manche prüfen mich, die meisten geben mir schlechte Noten.«[143]

Kapitel 3

»Ich fühle es, ich habe Talent«

Studien- und Soldatenjahre
in Lemberg und Wien
(1913–1918)

»Lemberg macht den Eindruck einer modernen Stadt und verrät nach außenhin in keiner Weise seine mehrere Jahrhunderte alte Vergangenheit, weist jedoch eine beträchtliche Anzahl auserlesener Geschichtsdenkmäler auf.«[1] So nüchtern beschreibt der »Führer durch Galizien« aus dem Jahr 1914 die galizische Hauptstadt. 210.000 Einwohner hat Lemberg zu dieser Zeit, 86 Prozent sind Polen, ein Drittel davon Juden. Die Ruthenen (8 Prozent), die Deutschen (3 Prozent) und eine kleine armenische Kolonie bilden die städtischen Minderheiten. Elektrische Straßenbahnen und Autotaxameter warten auf den Reisenden, die Hotels »George« und »Imperial« sind den Wohlhabenden vorbehalten. Ein eigenes, 1900 erbautes Stadttheater – »für 1200 Zuschauer, Oper nur im Winter, Drama das ganze Jahr hindurch« – ist der Stolz des Bildungsbürgertums, und im Zentrum der Stadt finden Dienstboten, Arbeiter und Studenten »viele erstklassige Kinomategraphen«.[2] Im Frühjahr und Herbst herrscht Wettfieber, denn auf der Cetner'schen Rennbahn gibt es Pferderennen. Lemberg hat drei Bischöfe und ist Sitz der Landesbehörden. Universität, Polytechnikum und eine tierärztliche Hochschule zeugen vom Aufstiegswillen einer auch in Galizien aufstrebenden städtischen Mittelschicht. Neben Krakau und der Festung Przemysl ist in Lemberg die größte Garnison der österreichisch-ungarischen Armee im Osten der Monarchie stationiert. »Eine besondere Zierde der Stadt bilden die durch Umfang, Lage und Schönheit hervorragenden Parkanlagen.«[3] Herrlich ist der Blick vom alten Schlossberg über die Stadt. »Was für den Christen der Himmel ist, das bedeutete für jeden von uns das Hohe Schloß«, hält noch der 1921 in Lemberg geborene polnische Autor Stanisław Lem in seinen Jugenderinnerungen fest.[4]

Renaissance, Barock, Rokoko, Historismus – der Glanz der Habsburg-Monarchie, aber auch die aus früheren architektonischen Vermächtnissen stammenden Bauwerke spiegeln sich noch heute in den Kirchen und Amtsgebäuden, in den von prächtigen Stadthäusern und Adelspalästen gesäumten Straßen und in den frühindustriellen Versicherungs- und Bankgebäuden der Altstadt von Lwiw (so der heutige ukrainische Name Lembergs) wider. Vieles ist nur noch durch energisches Eingreifen der Behörden vor dem baulichen Verfall und der Gier der neuen kapitalistischen Eliten zu retten. Es würde sich lohnen. Lwiw gehört zu den Perlen osteuropäischer Stadtarchitektur.

Zwischenstation Lemberg

Als der junge Joseph Roth aus Brody sich 1913 an der Universität einschreibt, ist Lemberg ein Zentrum des polnischen, aber auch des ukrainischen Nationalismus. Die Patrioten beider Seiten liefern sich an der Hochschule erbitterte Auseinandersetzungen. Es geht ihnen um die kulturelle Hoheit, die beide Ethnien in Galizien für sich reklamieren. Die jüdischen Studenten – sie stellen etwa ein Viertel der Hörer an der Lemberger Universität – versuchen sich weitgehend aus diesen nationalistischen Auseinandersetzungen herauszuhalten. Was ihnen keine Seite dankt. Roth begegnet in Lemberg und bald in Wien einem sich immer stärker ausbreitenden Antisemitismus. Noch mit Blick auf die 70er- und 80er-Jahre des 19. Jahrhunderts konnte Arthur Schnitzler in seinen Jugenderinnerungen gelassen notieren: »Damals, es war in der Spätblütezeit des Liberalismus, existierte der Antisemitismus zwar, wie seit jeher, als Gefühlsregung in zahlreichen, dazu disponierten Seelen und als höchst entwicklungsfähige Idee; aber weder als politischer noch als sozialer Faktor spielte er eine bedeutende Rolle. Nicht einmal das

Wort war geprägt, und man begnügte sich damit, Leute, die den Juden besonders übel gesinnt waren, fast abschätzig als ›Judenfresser‹ zu bezeichnen.«[5]

Was beinahe harmlos mit Wortgefechten beginnt, löst an den Hochschulen schon bald gewalttätige Auseinandersetzungen zwischen christlichen und jüdischen Kommilitonen aus. Im Zusammenhang mit antisemitischen Pöbeleien in einem medizinischen Unterstützungsverein – hier wurde über Stipendien und Mensagutscheine für bedürftige Studenten entschieden – berichtet Schnitzler über solche Szenen in der Wiener Universität: »Bei späteren Versammlungen kam es zu Prügeleien, und als einmal oder öfters antisemitische Studenten mit Knüppeln und Stöcken über jüdische Mitglieder herfielen, die nach Abhaltung einer Besprechung den Hörsaal verließen, wurde der Verein behördlich aufgelöst.«[6] Die deutschnationalen Studentenvereinigungen plädieren dafür, den jüdischen Kommilitonen jegliche Unterstützung zu verweigern.

1891 verabschieden die schlagenden Verbindungen an den österreichischen Universitäten die antisemitischen Waidhofener Beschlüsse. Es heißt dort: »… in Anbetracht der vielen Beweise, die auch der jüdische Student von seiner Ehrlosigkeit und Charakterlosigkeit gegeben, und da er überhaupt der Ehre nach unseren deutschen Begriffen völlig bar ist, faßt die heutige Versammlung deutscher wehrhafter Studentenverbindungen den Beschluß: Dem Juden auf keine Waffe mehr Genugtuung zu geben, da er unwürdig ist.«[7] Eine infame, aber angesichts der Stimmung an den Hochschulen nicht einmal außergewöhnliche Beleidigung für alle jüdischen Studenten, ganz gleichgültig, ob sie sich zu einer schlagenden Verbindung hingezogen fühlen oder nicht. Dass auch viele christliche Kommilitonen eine solche Ausgrenzung kritisieren, ändert wenig. Nach dem Ersten Weltkrieg heißt es auch an deutschen Universitäten: »Juden sind bar jeder Ehre; ihnen ist auf keine Waffe Satisfaktion zu geben.« Das ist der unheilvolle Geist, der Hitler dann schon in den 20er-Jahren die deutschen Studenten in Scharen zugetrieben hat. Die Hauptfigur in Roths Romanfragment »Der stumme Prophet«, Friedrich Kargan, wird die Situation der jüdischen Studenten an der Wiener Universität im Gegensatz zum Ich-Erzähler noch ein gut Stück verdrängen: »Die schön geschwungene Rampe der Universität erschien ihm immer noch nicht – wie mir – als die Festungsmauer der nationalen Burschenschafter, von der alle paar Wochen einmal Juden oder Tschechen hinuntergeworfen wurden, sondern als eine Art Aufgang zu ›Wissen und Macht‹.«[8]

Lemberg ist im Gegensatz zu Brody nicht »ein Jerusalem Galiziens«. Die Stadt besitzt zwar ein großes Judenviertel, aber es sind die Polen, die Ruthenen, die örtlichen Klerikalen und die österreichische Beamten- und Offizierskaste, die hier den Lebensrhythmus bestimmen. Roth wird in seinen Lemberger und Wiener Studententagen erstmals persönlich mit dem Antisemitismus konfrontiert. »In jener Zeit«, schreibt sein damaliger Kommilitone Soma Morgenstern, und bestätigt damit Schnitzlers schon 30 Jahre vorher gemachten Beobachtungen, »begannen an der Universität wochenlang andauernde Raufereien zwischen den Vorgängern der Nazis, den antisemitischen deutschnationalen, und den jüdischen Studenten. ... Die Raufereien arteten in stundenlange Kämpfe aus, die sich hauptsächlich in der Aula abspielten, wo die Polizei nach österreichischem Gesetz keinen Zutritt hatte, aber auch draußen auf der Rampe, vor dem Eingang zur Aula.«[9] Nach Morgensterns Schilderungen beteiligt sich Roth nicht an diesen Auseinandersetzungen. Er zitiert den Freund in diesem Zusammenhang mit den Worten: »Die Roths sind keine Kämpfer ... Wir Roths sind Schwächlinge und müssen dem Krieg fernbleiben. Ich gehe in die Bibliothek. Dort prügelt man sich noch nicht.«[10]

Sicher ist das kaum mehr als eine hübsche Pointe. Aber im Kern trifft diese Jahrzehnte später formulierte Erinnerung zweifellos die Haltung des 19-jährigen Kleinstädters, der noch kaum Zweifel an der österreichisch-(deutsch-)jüdischen Symbiose hegt und der in seinem jugendlichen Optimismus an die Möglichkeit der Assimilation glaubt. Gesellschaftlicher Aufstieg, Anerkennung im deutschösterreichischen Bildungsbürgertum, Distanz zur besonders im Westen diffamierten ostjüdischen Herkunft – das sind Ziele eines jungen Mannes, der die persönlichen, familiären Verhältnisse in quälender Erinnerung behalten hat. Es ist daher nicht unwahrscheinlich, dass Roth zunächst mit gespielter Lässigkeit, aber doch sehr bewusst, Abstand zu den alltäglichen Konflikten hält, mit denen sich die jüdischen Studenten an den Hochschulen konfrontiert sehen.

In Wirklichkeit registriert er schon bald sehr genau, was sich da abspielt. In Lemberg und vor allem dann in Wien beginnt sein lebenslanges Ringen um die Frage der jüdischen Assimilation. Auch dafür findet sich bei Morgenstern ein Hinweis. Eines Tages – Roth studiert bereits in Wien – sei er zu einer Gruppe von Studenten gekommen und habe sie aufgeregt auf einen Artikel in der »Neuen Freien Presse« hingewiesen, der sich in scharfen Worten gegen die antisemitischen Schlägereien an der Universität wendet. Der Verfasser ist der Hof- und Gerichtsadvokat Emil von Hofmannsthal, ein assimilierter Jude und Vetter des berühmten Dichters Hugo von Hofmannsthal. Was Roth so fasziniert, ist die Tatsache, dass ein nicht »gerade als Verteidiger jüdischer Interessen« bekannter Wiener Jude sich in einem Zeitungsartikel offen zu seinem Judentum bekennt. Diese »Teilnahme des Assimilierten an dem Kampf der jüdischen Studenten«[11] macht ihn nachdenklich. Er spürt schon in diesen frühen Jahren, was Arthur Schnitzler allgemein über die Lage seiner jüdischen Mitbürger in der Zeit vor dem Ersten Weltkrieg schreibt: »Es war nicht möglich, insbesondere für einen Juden, der in der Öffentlichkeit stand, davon abzusehen, daß er Jude war, da die andern es nicht taten, die Christen nicht und die Juden noch weniger.«[12]

In Lemberg nimmt der junge Roth Quartier im Haus seines Vormundes und Onkels Siegmund Grübel. Es ist nicht seine erste Begegnung mit der galizischen Hauptstadt. In den Schulferien hat er schon häufig mit der Mutter die dortige Verwandtschaft besucht. Die Briefe des Schülers an die wohlhabenden Tanten und Onkel, die ihn und seine Mutter unterstützen, sind nicht ohne devoten Unterton, aber das Verhältnis zu den Lemberger Cousinen und Vettern ist herzlich. Man schreibt sich wohl regelmäßig, der Ton ist vertraut und scherzhaft. »Ich sehe, Du wünschst einen Vers oder zwei von mir«, behauptet der jugendliche Lyriker im September 1912 in einem Brief an die »liebe Resia« und schickt ihr gleich ein ganzes Gedicht.

Blumen streu' ich, duft'ge Rosen,
Gebet acht und fangt sie auf! –
– Wenn die weichen Lüfte kosen,
Wenn auch Winterstürme tosen,
Streu' ich sie in reichem Lauf. –

Nimmer werden sie sich leeren,
Denn es wächst bei mir so viel! -
Immer werden neue kehren,
Nimmer will der Quell sich leeren,
Wunderschön ist dieses Spiel. –

Denn je mehr ich Blumen streue,
Blümelein der Poesie,
Immer wieder wachsen neue,
Und ich schütte und ich streue,
Gebt nur acht, dann fangt ihr sie! –[13]

Der »arme Vetter« aus Brody leidet in den Lemberger Monaten unter dem Vormund. Geizig sei er gewesen, und den abhängigen Verwandten gegenüber habe er sich häufig als kleinlicher Erzieher aufgespielt, so berichtet er später häufig und mit bitterem Unterton. Dazu passt eine scherzhafte und – obgleich unwahre – die Stimmung zwischen Onkel und Neffen doch treffend beschreibende Geschichte, von der sechzig Jahre später ein Vetter erzählt. Der erwachsene und schon viel gelesene Journalist und Autor Roth habe den Onkel in Paris nach vielen Jahren der Trennung zufällig auf der Straße getroffen, und inmitten einer Menschenmenge habe Grübel ihm aus alter Gewohnheit automatisch zugerufen: »Munio, was ist das nur für ein Benehmen.«[14]

Die Lehrveranstaltungen an der Lemberger Universität werden in polnischer Sprache gehalten. Im Wintersemester 1912/13 sind 5500 Hörer eingeschrieben. Roth belegt Vorlesungen und Seminare, natürlich bei den Literaturwissenschaftlern. Es ist allerdings nicht sicher, ob er in seinem Lemberger Semester jemals einen Hörsaal betreten hat. Schon wenige Wochen nach seiner Ankunft zieht es ihn nach Wien. Die Nähe zum Onkel behagt ihm nicht, die polnische Sprache beherrscht er nur ungenügend, er fühlt sich als Deutsch-Österreicher, und in Wien sind die bedeutenden Zeitungen und die großen Verlage, von denen der künftige Dichter sich so vieles erhofft.

In die wenigen Lemberger Studentenwochen fällt jedoch eine wichtige persönliche Begegnung. Im Haus des Onkels – Ulica Hofmana 7 – wohnt die geschiedene Frau eines zunächst an der Lemberger, dann an der Krakauer Universität lehrenden Professors, Helene von Szajnocha-Schenk. Ihr Vater war Präsident des Oberlandesgerichts in Czernowitz und ihr Bruder, Josef Freiherr von Schenk, in den Spätjahren der Monarchie Justizminister im Wiener Kabinett. Als Roth ihr erstmals begegnet, ist sie 49 Jahre alt, nicht schön, aber unterhaltsam, gebildet und am Leben und Fortkommen ihrer vielen literatur- und musikbegeisterten Besucher offenbar überaus interessiert. Aus Gesundheitsgründen verlässt sie ihre Wohnung nur selten, liegt – so berichten die Zeitzeugen – rauchend auf ihrem Diwan und unterhält sich mit ihren Gästen oder gibt Französischunterricht. Es ist eine Beziehung, die ihr Ende erst bei Roths letztem Besuch in Lemberg im Jahre 1937 findet. Was hat ihn an dieser Frau so fasziniert? Helene von Szajnocha-Schenk stammt aus den »höheren Kreisen« der Monarchie. Roths so urösterreichische, lebenslange Bewunderung für den Adel hat zweifellos in dieser Beziehung eine Rolle gespielt. Die Geliebte in den Exiljahren, Irmgard Keun, berichtet später, Roth habe ihr vor einer gemeinsamen Reise nach Galizien begeistert erzählt: »Frau Szajnocha mußt du kennenlernen. Echte Damen ihrer Art habe ich im Leben selten gekannt.«[15] Der Kleinbürgersohn bestaunt die gesellschaftliche Haltung der mütterlichen Freundin und die kulturelle Atmosphäre, die er in ihrer Gegenwart sofort spürt. Er entdeckt in ihr eine Gesprächspartnerin, wie er sie im familiären oder schulischen Umfeld seiner Jahre in Brody nie gefunden hat. Mit ihr kann er über die geliebte Literatur reden und über seine eigenen Dichterpläne. Mag sein, dass er sich hier zum ersten Mal wirklich verstanden gefühlt hat. Es ist eine Beziehung, die ihm schmeichelt, von der er sich wohl auch einiges für sein Fortkommen verspricht.

Umgekehrt sieht die Dame Helene in ihm nicht den kleinen, armen Verwandten Munio, sondern einen sich bildenden, ehrgeizigen und begabten jungen Mann, der sich auch rasch für ihre Liebe zu Frankreich erwärmt. Seinen literarischen Werdegang wird sie mit großem Interesse verfolgen, seine spätere Frau in diese Freundschaft einbeziehen, die in den frühen Jahren aus der Sicht des jugendlichen Roth möglicherweise auch erotisch angehaucht war. Er verdankt ihr viel. Bei ihr durchlebt er seine gesellschaftliche Lehrzeit. In seinen Begegnungen mit Helene Szajnocha absolviert er Schnellkurse in Sachen großbürgerliche Erziehung. Roths späterer Snobismus, seine gelegentlich etwas undifferenzierte Berufung auf das alt-österreichische Benimm-, Kleidungs- oder Sittenideal, in der Lemberger Ulica Hofmana 7 sind da frühe Wurzeln zu entdecken. Das Leben in Wien wird diese »österreichische« Erziehung dann bald vollenden. Józef Wittlin, der ebenfalls im Salon von Helene Szajnocha verkehrt hat, formuliert später: »Roth besuchte sie öfter in Lemberg, bald von Deutschland aus oder von Frankreich. Manch eine wichtige Entscheidung für sein Leben und für sein literarisches Schaffen faßte er am Krankenbett dieser Greisin, deren Geist jung und frisch war wie der Esprit der französischen Damen im Zeitalter der Aufklärung.«[16]

Roth hat später immer eine besonders freundschaftliche und vertraute Beziehung zu einigen älteren Frauen gepflegt. Die polnische Schwiegermutter von Benno Reifenberg, seinem »Chef« bei der »Frankfurter Zeitung«, hat er nicht weniger verehrt als Friderike Zweig, die langjährige Ehefrau des Dichters Stefan Zweig, oder Noa Kiepenheuer, die Frau seines späteren Verlegers Gustav Kiepenheuer. Hier sucht und findet er die offenbar doch so vermisste »mütterliche« Liebe. Sein Charme, seine so sympathische Fähigkeit zuzuhören, auch seine nur schwer zu verbergende innere Zartheit, seine Verletzbarkeit und sein Alkoholismus wecken umgekehrt bei diesen Frauen Zuneigung und Beschützergefühle. »Lieber Joseph Roth«, schreibt Friderike Zweig am 28. März 1934 aus London, »Stefan sagt mir, daß Sie mit Ihrer Arbeit fertig sind und zufrieden. Ich freue mich innigst darüber. Jetzt müssen Sie sich belohnen und auf Ihre Gesundheit achten. Jetzt haben Sie vor sich selbst keine Ausrede mehr, wenn Sie mit Ihrer Arbeit zufrieden sind. ... Es gäbe so viel zu sprechen: ich glaube Sie verstünden, wie ich über die Lage denke...«[17]

Gemeinsam ist allen diesen Beziehungen – mit Ausnahme der Lembergerin Szajnocha –, dass es sich um die Ehefrauen von Männern handelt, die für Roths Fortkommen von Bedeutung sind. Ohne Reifenberg wäre es schon viel früher zur Trennung der »Frankfurter Zeitung« von ihrem schwierigen Mitarbeiter gekommen. Kiepenheuer ist bis 1933 der wichtigste Ansprechpartner und Helfer für Roths Romanveröffentlichungen. Stefan Zweig bleibt bis zum Ende Roths freigiebigster Geldgeber. Zuneigung ist da zweifellos im Spiel, aber Roth weiß darüber hinaus, warum er bei diesen, ihn bewundernden und ihn gelegentlich auch durchschauenden Damen seinen österreichischen Charme spielen lässt.

Eine Tagung in Wien

Lemberg ist nur eine kurze Zwischenstation. Schon im Spätsommer 1913 finden wir den Studenten Roth in der Habsburg-Metropole Wien. Er besucht dort den XI. Zionistenkongress, der vom 2. bis zum 9. September stattfindet. Ein Hinweis darauf, wie früh er sich mit den zeitgenössischen internen jüdischen Debatten zu beschäftigen beginnt. Der XI. Zionistenkongress wird der letzte vor dem Ersten Weltkrieg sein. »Eine Monstre-Veranstaltung: alle großen Säle der Stadt Wien belegt, die Meetings überfüllt. Fast 10.000 Juden waren gekommen.«[18] Juden aus allen Ecken der europäischen Welt, aus Kanada, Südafrika, Palästina treffen sich in den Versammlungsräumen. Seit Theodor Herzls Tod im Jahre 1904 sind die innerjüdischen Auseinandersetzungen über die Zukunftsaufgaben des organisierten Zionismus weiter eskaliert. Die polnischen und russischen Juden werden durch die Pogrome in ihren Ländern, die in den ersten Jahren des 20. Jahrhunderts erneut deutlich zugenommen haben, immer entschlossener. Sie wollen nicht mehr auf die Entscheidungen der Zionistenführungen in Berlin, Wien, Paris oder London warten, die durch langwierige Debatten immer wieder vertagt werden. Sie fordern rasche Lösungen für eine Ansiedlung ihrer verfolgten und vertriebenen Familien in Palästina.

So geht es in Wien erneut um die scharfe Kritik der »politischen«

Opposition gegen eine mehr auf »pragmatische« Alltagslösungen ausgerichtete Führungsriege. Die »Politischen« setzen sich durch. Der Kongress beschließt, sich verstärkt um Ansiedlungen zu bemühen, in Jerusalem eine hebräische Universität zu gründen und den Hebräischunterricht in den jüdischen Schulen der Diaspora zu integrieren. Hebräisch – auch das ist bei diesem Treffen ein heftiges Streitthema. Die Kongresssprache ist Deutsch, viele Delegierte aber verwenden bei ihren Diskussionsbeiträgen das Hebräische. Einige Delegierte aus Osteuropa debattieren auf Jiddisch. Babylonische Sprachverwirrung, die manchen Antrag unverständlich werden lässt. Drohungen, Proteste, Gegenanträge – so geht es nun einmal zu bei Veranstaltungen von Großorganisationen. Da sind die Zionisten keine Ausnahme.

Am 8. September, dem sechsten Kongresstag, betritt ein 30-jähriger Jude aus Prag das Musikvereinsgebäude am Karlsplatz, dem zentralen Tagungsort. Am Revers trägt er einen Anstecker, der den Transport eines Verwundeten zeigt. Es ist das Abzeichen der Delegierten einer weiteren, zeitgleich in Wien stattfindenden Tagung: der »II. Internationale Kongress für Rettungswesen und Unfallverhütung«. Der schmalgliedrige Mann mit dem dunklen Teint und den auffällig schwarzen Augen ist seit Juli 1908 Beamter der Prager »Arbeiter-Unfall-Versicherungs-Anstalt«. Sein Name ist Franz Kafka. Die Wienreise erweist sich als eine seiner vielen Fluchten vor dem »Leben«, diesmal vor einer Entscheidung im Verhältnis zur Verlobten Felice Bauer, die er sechs Monate vorher kennengelernt hat. Zum Zionistenkongress kommt Kafka nicht als Delegierter. Es ist ein spontaner und privater Besuch. Skeptisch wie Roth steht er dem Zionismus gegenüber, überhaupt ist das Verhältnis zu seinem Judentum in dieser Zeit ambivalent. »Was habe ich mit Juden gemeinsam? Ich habe kaum etwas mit mir gemeinsam und sollte mich ganz still, zufrieden damit daß ich atmen kann in einen Winkel stellen«, wird Kafka drei Monate nach seinem Wienbesuch im Tagebuch notieren.[19]

Der Kongress ist am 8. September bereits müde. Die tagelangen Debatten haben die Teilnehmer erschöpft. Szenenbeschreibung Kafkas: »Zionistischer Kongreß. Der Typus kleiner runder Köpfe, fester Wangen. Der Arbeiterdelegierte aus Palästina, ewiges Geschrei. Tochter Herzls. Der frühere Gymnasialdirektor von Jaffa. Aufrecht auf einer Treppenstufe, verwischter Bart, bewegter Rock. Ergebnislose deutsche Reden, viel hebräisch, Hauptarbeit in den kleinen Sitzungen. Lise W.(eltsch, eine Bekannte Kafkas – WvS) lässt sich vom Ganzen nur mitschleppen, ohne dabei zu sein, wirft Papierkügelchen in den Saal, trostlos.«[20] Eine solche Kongress-Skizze, wie sie Kafka am 13. September 1913 für Felice Bauer notiert, hat der Besucher Joseph Roth der Welt nicht hinterlassen.

Für das Sommersemester 1914 schreibt sich Roth an der Wiener Universität als Hörer in der germanistischen Fakultät ein. Zunächst mietet er ein kleines Zimmer in der Rembrandtstraße 35. Sie liegt im jüdischen Viertel Wiens, in der Leopoldstadt. »Die Ostjuden, die nach Wien kommen«, schreibt er später, »siedeln sich in der Leopoldstadt an, dem zweiten der zwanzig Bezirke. ... Die Leopoldstadt ist ein freiwilliges Ghetto. Viel Brücken verbinden sie mit den anderen Bezirken der Stadt. Über diese Brücken gehen tagsüber die Händler, Hausierer, Börsenmakler, Geschäftemacher, also alle unproduktiven Elemente des eingewanderten Ostjudentums. Aber über dieselben Brücken gehen in den Morgenstunden auch die Nachkommen derselben unproduktiven Elemente, die Söhne und Töchter der Händler, die in den Fabriken, Büros, Banken, Redaktionen und Werkstätten arbeiten. Die Söhne und Töchter der Ostjuden sind produktiv. Mögen die Eltern schachern und hausieren. Die Jungen sind die begabtesten Anwälte, Mediziner, Bankbeamten, Journalisten, Schauspieler. Die Leopoldstadt ist ein armer Bezirk. Es gibt kleine Wohnungen, in denen sechsköpfige Familien wohnen. Es gibt kleine Herbergen, in denen fünfzig, sechzig Leute auf dem Fußboden übernachten.«[21]

Das jüdische Wien ist sozial von großer Ungleichheit gekennzeichnet, worauf auch Friderike Zweig in ihren Erinnerungen hinweist: »Im Wiener Zweiten Bezirk war ein Ghetto entstanden. Nahe dem herrschaftlichen Prater, dem Wiener Bois de Boulogne, waren unter den Equipageninsassen wohlhabende Juden, die kaum etwas von diesem nahen Ghetto wußten, in dem sich Menschen absperrten, die als eine andere Menschenart betrachtet wurden.«[22]

Bald zieht Roth in die Wallensteinstraße. Sein neues Quartier gehört zum Stadtteil Brigittenau. 1900 wird dieser Bezirk von der Leopoldstadt getrennt. Ein Arbeiterviertel ist es. Die dunklen Mietwohnungen, die schmutzigen Straßen, die ärmlichen Geschäfte – sie spiegeln das soziale Elend wider, das im Zeitalter der Industrialisierung in allen europäischen Metropolen zu finden ist. Etwa 20 Prozent der Bewohner dieses Stadtteils sind Juden. Wenige Wochen, bevor Roth nach Wien zieht, wird in Brigittenau der sozialdemokratische Reichsratsabgeordnete Franz Schuhmeier von einem konservativen Fanatiker ermordet.

Der Mythos Wien

Wien verklärt sich später in den Erinnerungen der österreichischen Intellektuellen zum großen Mythos. Wien ist in den Jahrzehnten vor dem Ersten Weltkrieg in der Tat Residenz, Hauptstadt und geistiger Mittelpunkt der österreichischen Reichshälfte. Wien ist das Zentrum des Handels und der kleingewerblichen Produktion. Um die Jahrhundertwende entwickelt sich die Habsburg-Metropole auch zum wichtigsten Standort der modernen österreichischen Industrie.

Kulturell strahlt Wien weit über die Grenzen der Doppelmonarchie hinaus. »Hier wurde ... die ›Lustige Witwe‹, die Psychoanalyse, die atonale Musik und die moderne Malerei (geboren).«[23] Im Wien dieser Jahrzehnte des politischen Niedergangs entsteht eine Literatur, die prägend für die literarische Moderne in der westlichen Welt sein wird. Nach Grillparzers Tod 1872 heißen die Sterne am Wiener Literaturhimmel Hermann Bahr, Hugo von Hofmannsthal, Arthur Schnitzler und Richard Beer-Hofmann. Bald folgen Stefan Zweig, Hermann Broch und Robert Musil. Auch Roth wird später seinen Platz in dieser Ehrengalerie finden. Das Wiener Dreigestirn Peter Altenberg, Alfred Polgar und Karl Kraus veröffentlicht Feuilletons, die von den nachfolgenden Journalistengenerationen bewundert und kopiert werden. Kurz vor der Jahrhundertwende baut der Wiener Architekt Joseph Maria Olbrich das Ausstellungsgebäude der Wiener Sezessionisten. Es finden sich dort Gustav Klimt und der Jugendstil, Oskar Kokoschka und der heraufziehende Expressionismus und Egon Schiele, der »Verbreiter unsittlicher Zeichnungen«. In Wien entwickelt sich die Musik des 20. Jahrhunderts. Gustav Mahlers Symphonien ziehen noch einmal Bilanz, fordern riesenhafte Orchesterbesetzungen und hundertstimmige Chöre. Der letzte Titan unter den Musikern des 19. Jahrhunderts öffnet das Tor zu neuen Klangwelten, die dann in den Kompositionen der Wiener Arnold Schönberg, Alban Berg oder Anton von Webern den Weg zum Atonalen öffnen. Sigmund Freud lebt, lernt, lehrt und praktiziert in Wien. Er revolutioniert das Bild vom Menschen, löst eine der großen narzisstischen Kränkungen aus, die das konservative Europa bis heute in Wallungen geraten lässt. An der prächtigen Ringstraße gegenüber vom Rathaus liegt das 1888 von den Architekten Gottfried Semper und Carl von Hasenauer gebaute Burgtheater. »Der erste Blick eines Wiener Durchschnittsbürgers in die Zeitung galt allmorgendlich nicht den Diskussionen im Parlament oder den Weltgeschehnissen, sondern dem Repertoire des Theaters...«[24]

Der hohe Anteil jüdischer Intellektueller in der deutschsprachigen Literatur, in den Theatern, in der Musik und in besonderem Maße in den Zeitungsredaktionen ist nicht nur für die österreichischen Antisemiten willkommener Anlass, ihre polemischen Attacken zu verschärfen. Seit Richard Wagners Schmähschrift »Das Judentum in der Musik« gilt für sie, dass Juden ohne kreative Schöpferkraft wirken, dass ihre Werke nur »Literatur« und nicht »Dichtung« sind. Als »fremde Gäste« werden die jüdischen Künstler und Journalisten bezeichnet, als »mauschelnde«, »grundsatzlose Zivilisationsliteraten«, die ein »falsches Deutsch« schreiben. Autoren wie Arthur Schnitzler, Lion Feuchtwanger, Arnold Zweig oder Ernst Toller werden in den Rezensionen der konservativen, aber auch der radikal linken Zeitungen offen oder unterschwellig mit antisemitischen Pauschalurteilen bewertet. Das wird auch in vielen Buchkritiken der Fall sein, die sich mit den Romanen und Erzählungen von Joseph Roth beschäftigen. »*Einen literarischen Antisemitismus gibt es in Deutschland seit 1900*«, schreibt Roth rückblickend 1933. Er bekämpfe, »oft mit persönlichem Haß, das literarische Werk der jüdischen Schriftsteller«.[25] Jüdischen Komponisten geht es nicht anders. Schönberg, Alexander Zemlinsky oder Franz Schreker sehen sich rasch mit dem Vorwurf konfrontiert, »entartete Musik« zu schreiben. Die Antisemiten, von Konkurrenz- und Neidgefühlen angetrieben, machen die große Zahl jüdischer Intellektueller für die angebliche Kulturkrise verantwortlich, die den Untergang des Abendlandes heraufbeschwöre.

Aber auch jenseits dieser infamen antisemitischen Kritik bleibt doch, dass die Kunstmetropole Wien, wie sie sich im späten 19. Jahrhundert präsentiert, nicht nur verklärend gedeutet werden darf. Arthur Schnitzler schreibt im November 1892 in einem Brief an Theodor Herzl, damals Pariser Korrespondent der »Neuen Freien Presse«, die spöttischen Sätze: »Von Wiener Kunst soll ich Ihnen was berichten? – Nun, die literarische Bewegung äußert sich darin, daß im Wiedner Theater oder Carltheater Couplets gegen den Naturalismus gesungen werden (›brutal-!‹ ›Skandal!‹), daß es keine Verleger, keine neuen Stücke, dagegen sehr viele Kaffeehäuser gibt, in denen alle Literaten, denen Vormittags nichts eingefallen ist, Nachmittags ihre Gedanken austauschen. Sitzen zwei zusammen, so nennt man sie eine Clique – und sitzen gar drei zusammen, – so sind sie es wirklich. Man glaubt weder an sich, noch an die andern – und hat großenteils Recht.«[26]

Belle Époque wird diese nur wenige Jahrzehnte dauernde Zeitspanne in den Geschichtsbüchern genannt. Die Folgen dieser Entwicklungen verändern die Welt. Besonders gilt dies für die Fortschritte der Industriellen Revolution – das sind jetzt vor allem die Entwicklungen in der Elektro-, Chemie- und Stahlindustrie. Die Städte wachsen ins Gigantische und sind dank der neuen Straßenbeleuchtung fortan auch in den Nächten hell. Die Menschen ziehen in gewaltigen Wanderungsbewegungen dorthin, wo die moderne Industrie Arbeitsplätze geschaffen hat. Wien ist 1850 noch eine gemütliche Residenzstadt. Erst 1857 werden die alten Befestigungswälle geschleift, und der Bau der Ringstraße mit seinen vielen repräsentativen klassizistischen Gebäuden verändert allmählich das Gesicht der Stadt. Roth spricht später von den »stolzen Häuser(n) am Ring«.[27] Eine Millionen-Metropole wächst heran. Im Oktober 1911 schreibt Stefan Zweig an den in Hamburg lebenden Schriftsteller Richard Dehmel: »Wien ist die verlockendste, zerstreuendste aller Städte!«[28]

Der Habsburg-Mythos, der nach 1918 aufblüht, ist jedoch auch immer Verdrängung gewesen. Die Abwendung des Bürgertums von der sozialen Verelendung, die in ihrer unmittelbaren Umgebung wächst, prägt das Wien vor dem Ersten Weltkrieg nicht weniger als das politische Versagen von Kaiserhaus und Adel. Die Arbeiter – 1910 stellen sie 52 Prozent der berufstätigen Bevölkerung Wiens – können trotz überlanger Arbeitstage ihre Familien nicht ernähren. In den Fabriken gilt der »Herr im Haus«-Standpunkt der Unternehmer. Wer krank wird, wer sich auflehnt gegen die schlechten Arbeitsbedingungen oder die Elendslöhne, auf den warten Arbeitslosigkeit und Armut. Die »süßen Mädels« aus der Vorstadt, die uns nicht nur in Schnitzlers Erzählungen und Dramen begegnen, sind von ihrer Herrschaft materiell und auch sexuell ausgebeutete Dienstmädchen oder schlecht bezahlte Verkäuferinnen. Häufig ist es nur die Prostitution, die sie vor dem Verhungern bewahrt. Die Herren Leutnants bleiben ziemlich jämmerliche Gestalten, die zwar ständig über ihre Ehre schwadronieren, aber in der Regel keine Ahnung davon haben, was menschlicher Anstand ist. Das Duell wird für sie und ihre bürgerlichen Bewunderer zum sozialen Ehrenkodex, und so birgt »die wohlzivilisierte Gesellschaft der Habsburgermonarchie in Wirklichkeit rechtsfreie Räume…, in denen das Verbrechen toleriert wurde«.[29]

Jenseits der bürgerlich-konservativen Kaiser-Verehrung gibt es auch andere Stimmen. Der Schriftsteller Leo Lania, später Mitglied der Kommunistischen Partei, schreibt in seiner »Biographie einer Generation«: »… wir waren gefühlsmäßig Antihabsburger. Unser Verhältnis zum Kaiser war sehr zwiespältig. Man konnte es am ehesten als ›Haßliebe‹ bezeichnen. Einerseits verehrten wir ihn wegen seines Alters, seines Pflichtgefühls und seines Arbeitsfanatismus, über den uns auf der Schule Wunderdinge erzählt wurden, er erschien uns wegen der tragischen Schicksalsschläge, die er in seinem langen Leben erduldet hatte – Elisabeths Ermordung, des Kronprinzen Selbstmord, des Bruders Maximilian Erschießung –, des Mitleids würdig, anderseits aber hatten wir kein warmes, kein wahrhaft menschliches Gefühl für ihn. … Franz Joseph … war ein bedrückendes Symbol der Kulturautorität und der unpersönlichen Macht.«[30]

Roth und sein Kaiser

Kaiser Franz Joseph I., auf dessen Gestalt der spätere Habsburg-Mythos sich so gerne beruft, bleibt während seiner gesamten Regierungszeit ein belangloser Herrscher. In den sieben Jahrzehnten, die er als Monarch amtiert, verliert Österreich seine machtpolitische Bedeutung im europäischen Kräfteparallelogramm. Auf dem Herrschaftsweg dieses Monarchen liegen die verlorenen Schlachten von Solferino und Königgrätz. Unter Franz Joseph büßt Österreich Italien und seine Vormachtposition im Deutschen Bund ein. Auf dem Balkan können er und die von ihm eingesetzten Regierungen das drohende Inferno nicht aufhalten. Er führt sein Volk schließlich in einen Krieg, der nicht zu gewinnen ist und der Millionen Opfer fordert. Franz Joseph I. ist in allen seinen Herrscherjahren ein Mann von gestern. Den großen politischen, gesellschaftlichen und wirtschaftlichen Herausforderungen der Moderne steht er hilflos gegenüber.

Auch Roths im Roman »Radetzkymarsch« gelegentlich mit pathetischer Wehmut – und ganz im Stil des Habsburg-Mythos – gezeichnetes Bild des Kaisers kann über dessen politische Bedeutungslosigkeit nicht hinwegtäuschen: »Der Kaiser war ein alter Mann. Er war der älteste Kaiser der Welt. Rings um ihn wandelte der Tod im Kreis, im Kreis und mähte und mähte. Schon war das ganze Feld leer, und nur der Kaiser, wie ein vergessener silberner Halm, stand noch da und wartete. Seine hellen und harten Augen sahen seit vielen Jahren verloren in eine verlorene Ferne.«[31] Das ist wunderbare Literatur, aber es hat mit der historischen Wirklichkeit kaum etwas zu tun, und Roth weiß das. Denn es gibt keinen Grund, diesen biederen, sich seinen zivilen Untertanen und seinen Soldaten in schlichten Uniformen präsentierenden Monarchen zu mystifizieren. Eine scheinbar nie endende Regierungszeit, eine kauzig-harmlose Anmerkung nach dem von ihm geliebten Heeresmanöver oder ein großväterlicher weißer Backenbart machen noch nicht automatisch einen bedeutenden Herrscher. Insofern bleibt auch Roths Darstellung des Kaisers bei einem Fronleichnamszug nur ein schönes Bild und die Erinnerung an eine verlorene Zeit: »Der Kaiser trug den schneeweißen Rock, den man von allen Bildern der Monarchie kannte, und einen mächtigen grünen Papageienfederstrauß über dem Hut. Sachte im Wind wehten die Federn. Der Kaiser lächelte nach allen Seiten. Auf seinem alten Angesicht lag das Lächeln wie eine kleine Sonne, die er selbst geschaffen hatte. Vom Stephansdom dröhnten die Glocken, die Grüße der römischen Kirche, entboten dem Römischen Kaiser Deutscher Nation. Der alte Kaiser stieg vom Wagen mit jenem elastischen Schritt, den alle Zeitungen rühmten, und ging in die Kirche wie ein einfacher Mann; zu Fuß ging er in die Kirche, der Römische Kaiser Deutscher Nation, umdröhnt von den Glocken.«[32]

Die Sonne – Roth wird ihr Leuchten häufig beschwören, wenn es um das alte Österreich und seinen Kaiser geht. Wobei in seinem Fall gilt: Dieser Autor äußert sich in Sachen Habsburg und Franz Joseph überaus differenziert. Aus seinen Habsburg-Romanen nur Nostalgie herauslesen zu wollen, wird ihnen nicht gerecht. »Es war einmal ein Kaiser. Ein großer Teil meiner Kindheit und meiner Jugend vollzog sich in dem oft unbarmherzigen Glanz seiner Majestät, von der ich heute zu erzählen das Recht habe, weil ich mich damals gegen sie so heftig empörte. Von uns beiden, dem Kaiser und mir, habe ich recht behalten – was noch nicht heißen soll, daß ich recht hatte. Er liegt begraben in der Kapuzinergruft und unter den Ruinen seiner Krone, und ich irre lebendig unter ihnen herum.«[33]

Franz Joseph ist nicht der Alleinverantwortliche für den Abschied von der »Welt von Gestern«. Kriegslust herrscht schon vor dem August 1914 in allen europäischen Staaten. Nietzsches Übermensch betritt die Bühne, und er ist ein Massenmörder. Franz Joseph I. hat die Schriften des deutschen Philosophen sicher nicht gelesen und auch wohl manches nicht mehr erkannt, was da auf der Welt geschieht. Sein Interesse endet beim Studium des Militärreglements. Aber das alles spricht ihn nicht frei von der Mitverantwortung. »In der Nacht«, heißt es im »Radetzkymarsch«, »er konnte nicht schlafen, rings um ihn aber schlief alles, was ihn zu bewachen hatte, stieg der Kaiser im langen, gefalteten Nachthemd aus dem Bett und sachte, sachte, um keinen zu wecken, klinkte er die hohen, schmalen Fensterflügel auf. Er blieb eine Weile stehen, den kühlen Atem der herbstlichen Nacht atmete er, und die Sterne sah er am tiefblauen Himmel und die rötlichen Lagerfeuer der Soldaten.«[34] Der Kaiser im Nachthemd am Fenster – da wird der Mythos zum skurrilen Genrebild. Roth ist sich im Klaren darüber, dass die Welt um 1914 leider keine Idylle war.

Erst in seinen letzten Lebensjahren wird er dem Habsburg-Mythos in einer Weise erliegen wie kaum ein anderer seiner Mitexilanten. Aber auch ein Skeptiker und Kritiker der späthabsburgischen Gesellschaft wie Arthur Schnitzler notiert am letzten Tag des Jahres 1918 in seinem Tagebuch: »Mit O(lga) um den Park herum; Erinnerung an das Paradies vor dem Krieg.«[35] Die »gute, alte Zeit« bleibt nicht nur in Österreich für unzählige Überlebende des Weltkrieges und der ihm folgenden gesellschaftlichen Umwälzungen unvergessen.

Schwierige Ankunft in der Metropole

Vom Antisemitismus an den Hochschulen ist schon gesprochen worden. In Wien ist er aber auch jenseits der Universität besonders virulent. Die Habsburg-Metropole, in der Anfang des 20. Jahrhunderts die größte jüdische Gemeinde Mittel- und Westeuropas angesiedelt ist, wird zur wichtigen Station der Ostjuden, die den Pogromen und der hoffnungslosen Armut in ihrer Heimat zu entfliehen versuchen. Als Joseph Roth 1914 in Wien studiert – er zog wahrscheinlich schon während seines Lemberger Semesters in die Hauptstadt an der Donau –, leben dort knapp 187.000 jüdische Einwohner. Das sind 9 Prozent der Wiener Bevölkerung. Im Ersten Weltkrieg wird der Strom ostjüdischer Einwanderer erheblich breiter. Sie fliehen vor den zaristischen Truppen, die in den ersten Kriegsmonaten Polen, die Bukowina und Galizien überrennen. Unter den rund 100.000 jüdischen Kriegsflüchtlingen, die nach Wien kommen, sind auch Joseph Roths Mutter und ihr Bruder Siegmund. Fremdenfeindlichkeit und Antisemitismus erwarten sie. Auch die schon seit ein oder zwei Generationen in Wien lebenden assimilierten Juden haben kein freundliches Willkommen für ihre Brüder aus dem Osten übrig. Im Gegenteil: Verachtung und Misstrauen schlägt ihnen in diesem Kreis entgegen. In seinen Jugenderinnerungen zitiert Arthur Schnitzler ein Wiener Bonmot, das diese Haltung mit viel jüdischer Selbstironie beschreibt: »Der Antisemitismus ist erst dann zu Ansehen und Erfolg gediehen, als die Juden sich seiner angenommen.«[36]

Für Roth bleiben solche Beobachtungen unvergessen. »Es ist furchtbar schwer, ein Ostjude zu sein; es gibt kein schwereres Los als das eines fremden Ostjuden in Wien.«[37] Roths Wiener Jahre sind gekennzeichnet von dem Versuch, sich mit doppeltem Eifer im deutsch-österreichischen Kulturraum zu assimilieren. Aber gerade das Verhalten der alteingesessenen Wiener Juden gegenüber den Neuankömmlingen aus dem Osten bewirkt bei ihm allmählich ein Umdenken. Er bleibt in dieser Frage gespalten.

Am Ende seines Lebens schließlich bekennt Roth, dass sein Versuch, sich aus dem »gettohaft anmutenden Leben Brodys« herauszulösen, zum Scheitern verurteilt war. Der Weg in die Assimilation habe ihn nicht mehr heimisch werden lassen in seiner Haut.[38] »Jede noch so äußerliche Assimilation«, hält er 1927 fest, »ist eine Flucht oder der Versuch einer Flucht aus der traurigen Gemeinschaft der Verfolgten; ist ein Versuch, Gegensätze auszugleichen, die trotzdem vorhanden sind.«[39] Auch Heinrich Heine und Roths Zeitgenosse Kurt Tucholsky müssen nach ihrem formalen Austritt aus der jüdischen Gemeinschaft – den Roth nicht vollzogen hat – erkennen, dass dieser Schritt sie weder vor den Antisemiten schützte noch ihre Identitätssuche erleichterte.

Die rund sechs Wiener Jahre von 1914 bis 1920 – unterbrochen vom Kriegseinsatz und einigen Reisen – haben den Menschen und den Schriftsteller Joseph Roth mitgeformt. Das gilt nicht nur für sein Judentum. Nie mehr wird ihn diese Stadt, ihre Kultur, ihre gesellschaftliche Atmosphäre loslassen. »Sie fuhren im Zweispänner auf Gummirädern. Festlicher als je erschienen die Straßen Carl Joseph. Das breite, sommerliche Gold des Nachmittags floß über Häuser und Bäume, Straßenbahnen, Passanten, Polizisten, grüne Bänke, Monumente und Gärten. Man hörte den hurtigen, schnalzenden Aufschlag der Hufe auf das Pflaster. Junge Frauen glitten wie helle, zärtliche Lichter vorbei. Soldaten salutierten. Schaufenster schimmerten. Der Sommer wehte milde durch die große Stadt.«[40]

In Wien erlebt der in der Provinz aufgewachsene junge Mann erstmals den Rausch der Großstadt. Und da lebt in Schloss Schönbrunn, nun in unmittelbarer Nachbarschaft, der greise Kaiser, von dessen Glanz auch der kleine Moses Joseph Roth im fernen Brody geblendet worden war. Die Metropole schüchtert auch ein. Protziger Reichtum und soziales Elend begegnen ihm hier auf engstem Raum. »Wie ich zum ersten Mal nach Wien gekommen bin ..., war ich von der großen Stadt so überwältigt, daß ich mir nicht vorstellen konnte, mich je hier zurechtzufinden. Nach vielen Monaten konnte ich mich nur in der Inneren Stadt orientieren.«[41]

Roths nie versiegende Liebe zu Wien ist auch deshalb bemerkenswert, weil er in dieser Stadt als Student zunächst eine schwierige Zeit erlebt. Wenn die später immer wieder in vielen Variationen dargebotene Armutsklage einen realen Hintergrund hat, dann gilt das sicher für seine ersten Wiener Jahre. Gelegentliche Unterstützung durch den Onkel, schmale Verdienste durch Nachhilfestunden und nach Kriegsausbruch Geld von der Flüchtlingshilfe – das reicht gerade zum Überleben. »Du wohnst leider zu weit«, heißt es mit grimmigem Humor in einem Brief aus diesen Jahren an die Cousine Paula. »Ich habe knappes Schuhmaterial und die Schuster lassen sich viel bezahlen. So ein Schusterherz ist härter, als eine Schuhsohle.« Im gleichen Brief zeigt sich jedoch schon früh auch Roths überaus ambivalentes Verhältnis zum Geld: »Wenn ich Geld hätte, würde ich es zum Fenster hinauswerfen.«[42]

Er gibt Nachhilfestunden, ist aber höchstwahrscheinlich nicht – wie seine Biographen berichten und Roth selbst gelegentlich erzählt – Hauslehrer der beiden Söhne der Familie der Gräfin Trautmannsdorff gewesen.[43] Die aristokratische Welt, die den mittellosen Studenten beeindruckt, bleibt ihm verschlossen. Und doch: Elegante Kleidung, Monokel, Spazierstock, Handkuss und gelbe Rosen für die Damen – in Wien beginnt Roths Stilisierung zum Elegant. Eine Rolle, die er später, wenn die Honorare steigen, auslebt. Dann wird er für seine Bahnreisen natürlich nur noch 1.-Klasse-Tickets lösen. In einem postum veröffentlichten Text – »Der Hauslehrer« – schreibt Roth mit unüberhörbarem Snobismus: »Ich war arm und hätte eigentlich dritter Klasse fahren müssen. ... Ich hasse die Enge der dritten Klasse, das nackte, glattgescheuerte Holz, den schmalen Gang in der Mitte, die Reisenden, die niemals zum Vergnügen fahren, sondern weil sie müssen, und das Essen, das sie auspacken. ... Dagegen liebe ich das kühle Leder oder den warmen Plüsch der teuren Fahrklassen, die grünen Karten, die wie die Fremde leuchten, ferienhaft und sommerlich, die sehr eleganten Damen, ihre Art, gefallen und gleichzeitig verbieten zu wollen, ihre Erlebnisse, die der Puder bestäubt, ihre Lippen, die mit Wollust den Schminkstift schmecken, ihre Toilettengegenstände aus Leder, Glas und Stahl, ihre Kämme, die nach Haar duften, ihre kleinen Taschentücher, die wie weiße Grüße sind.«[44]

Der Kleinbürger als österreichischer Aristokrat – das wäre ausschließlich komisch, hätte Roth diese Figur nicht immer wieder selbstironisch und intelligent in Szene zu setzen gewusst. Doch seine Attitüde ist keineswegs bloße Eulenspiegelei. Roth bewundert die Selbstsicherheit, mit der Österreichs Adel sich in der Öffentlichkeit zeigt, das Traditionsbewusstsein seiner Mitglieder, die scheinbar unzerstörbare Gesellschaftshierarchie, die das Reich der Habsburger seit Jahrhunderten prägt, und die dem Adel darin zugedachte Führungsrolle. Auch als diese Welt in Trümmern liegt, kann Roth nicht vergessen, was einmal gewesen ist. Noch 1937, in einem Gedenkartikel für den österreichischen Schriftsteller und Trinkgenossen Karl Tschuppik, schreibt der Emigrant Roth: »Ein wirklicher Österreicher ist – besonders in dieser Welt der nationalen Barbarei, der Schollen-Anbetung, des provinzialistischen Kretinismus – in dieser Welt *ein Phänomen der Gnade* inmitten klotziger Simplizitäten; ein verfeinertes Instrument von jener inneren Kompliziertheit und edlen Schlichtheit, die das Aristokratische kennzeichnet ...«[45]

Dem Schriftsteller Józef Wittlin verdanken wir ein eindringliches Porträt aus diesen frühen Wiener Tagen Roths: »Roth fiel mir auf. Er war sehr dünn, gepflegt, gut gekleidet. Sein blondes Haar trug er in der Mitte gescheitelt, es war immer mit Pomade glatt gekämmt. Er kam mir wie der klassische Typ eines Wiener Dandy aus Beamtenkreisen vor, ein sogenannter ›Gigerl‹. In seinen schönen blauen Augen, die oft ironisch blickten, trug er ein Monokel.«[46] Fast deckungsgleich ist das Bild, das Soma Morgenstern vom Studenten Roth hinterlassen hat: »Er war damals sehr elegant gekleidet, fast stutzerhaft. Sein blondes Haar war in der Mitte gescheitelt, und er trug zum Erstaunen der kleinen Gruppe ein Monokel.«[47]

Solche Berichte der Freunde weisen auf Roths frühe Schauspiel- und Kostümierungslust hin. »... ich (wollte) sehr vielen gerne gefallen. Es war mein Ehrgeiz vollendete Anzüge und Manieren zu besitzen, weitgereist, erfahren und elegant zu sein, ein Weltmann. Es fehlte mir das Geld für Reisen, großartige Abenteuer, wirkliche Eleganz und Erfahrungen. Ich mußte alles vortäuschen ...«[48] Aber auch wenn der Regisseur dieser öffentlichen Auftritte und Selbstdarstellungen es anders will, hinter den Kulissen spielt sich keine Komödie ab. Im Gegenteil. »Weggeblendet, weginszeniert sind die achthundert Kilometer Entfernung zwischen dem nordöstlichen Galizien und der Reichshauptstadt Wien, überspielt ist die jüdische, provinzielle, fast uneheliche, kleinbürgerlich enge Herkunft.«[49] Seit den Wiener Tagen ist Roth bemüht, zu verbergen und vielleicht sogar selbst zu vergessen, woher er kommt. Darüber kann nur der lächeln, der nie die tatsächlichen oder eingebildeten Demütigungen einer Umwelt erfahren hat, die allzu gerne herunterschaut auf die »Emporkömmlinge«.

Der junge, hochbegabte Roth ist ehrgeizig, er will aufsteigen und er zahlt seinen Preis dafür. Die Beharrungskräfte einer konservativen Gesellschaft, der Hochmut der assimilierten Juden, die fast tägliche Begegnung mit dem österreichischen Antisemitismus, die Rolle des in die Großstadt kommenden Provinzlers, die ständigen Geldsorgen – Wien stärkt sein ohnehin schwaches Selbstbewusstsein zunächst nicht. Ein Vetter wird ihn später mit dem Satz zitieren: »Dem Wiener fehlt ein Teil des Gehirns, und zwar gerade jener Teil, wo die Intelligenz ihren Sitz hat.«[50]

Viel wissen wir über Roths Alltagsleben als Wiener Student nicht. Es sind nur wenige Briefe aus diesen Jahren überliefert. »Alles in allem geht es mir ziemlich«, erfährt Cousine Paula, die der Vetter stets mit launigen Briefen erfreut. »*Ich selbst* gehe freilich ziemlich *besser*. Mein Herz ist schwer und meine Tasche leicht. Aber wenn meine Tasche so schwer wäre, wie mein Herz, so wäre mein Herz so leicht wie meine Tasche.«[51] Das Leben in der lauten Metropole lässt gelegentlich wehmütige Erinnerungen an die galizische Provinz wach werden. »Wir haben einen frischen Kuchen. Jetzt liegt er ruhig in einem Winkel. Er verbreitet einen prächtigen Duft. Fast sieht er aus wie in Brody, am Freitag. Kannst Du Dir etwas Verwandteres denken als die Begriffe: Heimat und Kuchengeruch?«[52]

Der Student lebt zurückgezogen. »Ich habe ein hübsches Sofa, rot mit gelben Verzierungen, darauf werde ich mich bald schlafen legen. Es ist jetzt 3h und ich liege bis fünf. Dann wasche ich mich und gehe spazieren.«[53] Universität, Kaffeehausbesuche, gelegentlich Prater-Bummel mit Bekannten. »Er ging damals auch sehr selten ins Theater und besuchte nie ein Konzert«, schreibt Soma Morgenstern. »Ich kann mich nicht erinnern, mit ihm damals über Politik geredet zu haben.«[54] Ein wenig täuscht den Freund da die Erinnerung. Zumindest in seinem Notizbuch hält Roth 1919 mit Blick auf die Universitätsjahre fest: »Für Paraden hatte ich einen lebhaften Sinn, ich fühlte kalte Schauer bei andauerndem Rasseln der Trommeln, ich ging zu offiziellen katholischen Feierlichkeiten und hätte mich jüdisches Blut, das durch meine Adern fließt … nicht gehindert, ich wäre ein Anhänger der scharf nationalen Bewegungen geworden.«[55] Roth ist also schon früh ein von der Politik und ihrer Selbstdarstellung nicht unberührter Zeitgenosse, wenn er auch in den häufig lauten und leidenschaftlichen, immer wieder nationalistisch gefärbten Diskussionen selbst zurückhaltend bleibt. Und im Widerspruch zu Morgensterns Hinweis hat auch das weltberühmte Burgtheater den Literaturstudenten zweifellos häufig als Besucher gesehen. »Morgen wird Faust gegeben im Burgtheater – das Drama, nicht die scheußliche Oper! – mit Ludwig Wüllner als Gast«, teilt er beispielsweise 1916 der Cousine Paula mit. »Und ich werde hoch oben stehen, 4. Galerie – und werde hundsmüde sein und werde mir einbilden, Faust gesehen zu haben.«[56]

Am Kaffeehausleben, dem Wiens Intellektuelle und Künstler ausgiebig huldigen, kann der Student Joseph Roth dagegen schon aus finanziellen Gründen noch nicht allzu intensiv teilnehmen. Einer der Sammelpunkte für Wiens Künstlerwelt ist das Café Central. Roth wird es gelegentlich besuchen, ist noch der unbekannte Neuankömmling, der möglicherweise bewundernd lauscht, wenn sich Peter Altenberg oder Karl Kraus am Nebentisch über Gott und die Welt streiten. »Im vordern Saal tranken die Bürger Kaffee, im rückwärtigen saßen Maler und Dichter, Politiker und Bohemiens in Zeitungen vergraben. Sie saßen stundenlang bei einer Tasse Kaffee und einem Glas Wasser, die Kellner servierten immer neue Zeitungen und alle paar Minuten frisches Wasser.«[57]

Roth ist in diesen Monaten arm, aber er fühlt sich vor allem einsam inmitten der Großstadt: »Ich bemitleidete mich, weil ich von dem Recht der Jugend auf Romantik keinen Gebrauch zu machen verstand, und war mit mir unzufrieden. Sah ich die Umzüge, Feste, Uniformen der andern, so kam ich mir fremd in dieser Welt vor, ausgestoßen, beinahe geächtet. ... So einsam, wie einmal mein Tod werden sollte, war heute schon mein Leben.«[58] Auch wenn das ein wenig nach Literatur klingt, Roths Notizen lassen manches von dem ahnen, was er als Student empfunden und gefühlt hat.

Lebensfreundschaften

Bei aller Einsamkeit, in Wien wird Roth Bekanntschaften machen, die zu Lebensfreundschaften werden. Es sind Menschen, deren Herkunft, deren Vorlieben und deren intellektuellen Interessen den eigenen ähneln. Soma (eigentlich Salomo) Morgenstern, dem wir das wohl beste Erinnerungsbuch an Joseph Roth verdanken, wird 1890 in einem Dorf nahe der ostgalizischen Stadt Tarnopol geboren. Aufgewachsen in einer orthodox-jüdischen Umgebung beginnt er 1912 ein Jurastudium in Wien. Im Gegensatz zu Roth wird er nach dem Krieg sein Studium – mit einem Doktortitel – beenden. In der Weimarer Republik arbeitet er als Journalist und wird Wiener Kulturkorrespondent und Kritiker der »Frankfurter Zeitung«. In dieser Zeit entstehen freundschaftliche Beziehungen zu Alban Berg, Walter Benjamin und Theodor Wiesengrund-Adorno. 1934 verlässt Morgenstern Deutschland und geht in den Tagen des Einmarsches der deutschen Wehrmacht in Österreich ins Exil nach Frankreich. Als der Krieg ausbricht, wird er mehrfach interniert und erreicht schließlich nach einer abenteuerlichen Flucht New York. Er hat neben seinen Feuilletons, Essays und Erinnerungen mehrere Dramen und Romane – darunter die Trilogie »Funken im

Abgrund« – geschrieben. »Als in New York 1976 Soma Morgenstern im 86. Lebensjahr gestorben war, wurde beiderseits des Atlantik sein Tod gerade noch gemeldet, Nachrufe gab es so gut wie keine. Er war ein nahezu vergessener Autor...«[59]

Er begegnet Joseph Roth zum ersten Mal »1909 oder 1910« in Lemberg. »Ich war einer von den Delegierten zu einer Landeskonferenz der zionistischen Mittelschüler Galiziens. Ich war einer von den fünf jüngeren Delegierten, von denen einer, der jüngste von uns, Roth hieß. Leon Roth. Diesem Umstand habe ich zu verdanken, daß ich damals Joseph Roth kennengelernt habe. Nach einer der Sitzungen trat ein Junge an unsere Gruppe heran und fragte mich: ›Heißt du Roth?‹ Ich zeigte ihm meinen kleinen Freund Leon, mit dem ich seit Jahren zusammen hauste, der sogleich in all seiner Freundlichkeit dem Fragenden die Hand reichte und sich vorstellte: ›Ich heiße Roth.‹ Der fremde Junge sprach ein so schlechtes Polnisch, daß Leon Roth ihn aufforderte lieber jiddisch zu sprechen.«[60]

Morgenstern wird Roth an der Wiener Universität wiedertreffen. Die gemeinsame Heimat Galizien, ihre Erfahrungen mit dem Antisemitismus, der Ärger, den beide in den Jahren ihrer journalistischen Arbeit immer wieder mit der Redaktion der »Frankfurter Zeitung« haben, und nicht zuletzt das Emigrantenschicksal verbindet sie. Und doch ist es auch eine schwierige Freundschaft. Verstimmung und gegenseitige Kränkungen sind ihr nicht fremd. »Im Laufe der Jahre wurde der Umgang mit Roth durch seinen wachsenden Alkoholkonsum immer belastender.«[61] In Paris wird Morgenstern bis zu Roths letzten Lebenstagen dessen treuer Begleiter und Trinkgenosse bleiben. Über die Wiener Zeit schreibt Morgenstern: »Wir sprachen ... meistens über Literatur und tauschten Erinnerungen aus unserer Gymnasiastenzeit in der Heimat aus.«[62] Die jüdischen Selbstzweifel Roths kennt Morgenstern nicht. Er streitet mit dem Freund über jüdische Identität oder den Zionismus, begegnet der katholischen Schwärmerei Roths mit Skepsis und weiß sich einig mit ihm in der Verdammung des Dritten Reiches.

Eine weitere Lebensfreundschaft entwickelt sich in Wien zu dem Studenten und späteren Schriftsteller Józef Wittlin. Geboren wird Wittlin 1896 im galizischen Podolien. Sein Geburtsort liegt nur

40 Kilometer von Brody entfernt. Er ist der Sohn eines jüdischen Gutspächters und verlebt seine Jugendjahre in Lemberg. Dort besucht er ab 1906 das altsprachliche Gymnasium. Als Sechzehnjähriger korrespondiert er mit Richard Dehmel, übersetzt bald dessen Gedichte ins Polnische. Auch Werke von Rainer Maria Rilke und Hermann Hesse macht er später den polnischen Lesern bekannt. In Wien studiert Wittlin Germanistik, Romanistik und Kunstgeschichte. Nach dem Krieg, an dem er ab 1916 als Soldat teilnimmt, kehrt Wittlin nach Lemberg zurück und erlebt dort den Bürgerkrieg zwischen Polen und Ukrainern. Bis zum Zweiten Weltkrieg wird er in Warschau leben. Nach dem Überfall der deutschen Wehrmacht auf Polen flieht er in die USA, wo er 1976 stirbt.

Wittlin bekennt sich – im Gegensatz zu Roth – nach 1918 zu Polen und veröffentlicht sein Werk in polnischer Sprache. Er schreibt expressionistische Gedichte, und 1935 erscheint sein bekanntester Roman, »Das Salz der Erde«, der erste Teil einer unvollendet gebliebenen Trilogie (»Die Geschichte vom geduldigen Infantristen«). Hermann Kesten, Wegbegleiter der Exilanten Roth und Wittlin, schreibt 1969: Wittlin »ist einer der geistreichsten, witzigsten und charmantesten Menschen, denen ich begegnet bin. Wenn ich mir einen Poeten vorstelle, denke ich an ihn, obgleich er weder in Frisur noch Tracht oder Manier den Dichter markiert. ... Er ist ein Bruder der einfachen Menschen, er selber ist keineswegs ein einfacher Mensch.«[63]

Wittlin und Roth begegnen sich 1915 in der Wiener Universität. Der zwei Jahre ältere Student der philosophischen Fakultät fällt Wittlin durch seine extravagante Kleidung und das Monokel auf, mit dem er sich »fixiert« fühlt. Er hält das nach dem Tod Roths in einer Szene aus der »guten, alten Zeit« fest: »Dieser Deutsche mit dem Monokel fordert mich heraus – dachte ich. Vielleicht reizte ihn die polnische Sprache, in der ich mich mit meinen polnischen Kommilitonen zu unterhalten pflegte. ... Auf die Herausforderung durch das ›Fixieren‹ beschloss ich so zu reagieren, wie im früheren Österreich, und besonders in Wien, die Studenten des ersten Semesters zu reagieren pflegten. Ich hatte frisch gedruckte Visitenkarten. Unter dem Vornamen und dem Familiennamen standen die Abkürzungen: stud.phil. Es ist bekannt, wozu solche

Karten in der damaligen idiotischen Welt dienten. ... Ich war entschlossen dem Arroganten mit dem Monokel meine Visitenkarte einzuwerfen, falls er mit dem ›Fixieren‹ nicht aufhören würde. Sogar recht lieblich lächelte mir der Tod im Duell zu. Ich zweifelte nämlich nicht daran, daß dieser ›blonde Germane‹ mit der Waffe besser umzugehen wußte als ich, sowohl mit dem Säbel als auch mit der Pistole.« Bald aber stellt sich heraus, dass der Monokel bewaffnete »blonde Germane« ein jüdischer Lyriker aus Brody ist. »Das Duell fand nicht statt. Es begann eine fünfundzwanzigjährige Freundschaft.«[64]

Auch in dieser Beziehung sind es die gemeinsamen jüdisch-galizischen Wurzeln und die gleichgerichteten intellektuellen Interessen, die Roth und Wittlin zusammenführen. Die Freunde verbindet in ihrer frühen Studentenzeit noch etwas: Beide sind in dieser martialischen Zeit Pazifisten. Sie lehnen die Kriegspropaganda und das Kriegsgeschrei in den Regierungen und Zeitungen ab. In ihrem Romanwerk und ihrer Publizistik thematisieren sie – wenn auch mit unterschiedlichen Akzenten – immer wieder die Folgen und die Schrecken des Krieges. Wittlin widmet seinen Roman »Das Salz der Erde« dem unbekannten Soldaten des Ersten Weltkriegs. Die Hauptfigur trägt den Namen Niewiadomski – Niemand.

Das untergegangene Habsburg-Reich, Galizien, Polen – die Landschaft und die Städte ihrer Jugend spiegeln sich im Werk beider Autoren. Denn auch in einigen Romanen und Erzählungen von Joseph Roth sind die Helden Polen, auch bei ihm spielt die Handlung teilweise in polnischen Regionen.[65] Andererseits trennt sie doch manches. »Wittlin orientiert sich zwar auch an Kakanien und an seiner Heimat, die für ihn geschichtlich erstarrte, doch er tut es als Bürger eines anderen Staates und als Intimus von zwei Kulturen.«[66] So setzt sich Wittlin nach dem Ersten Weltkrieg für ein unabhängiges Polen ein. »Friedrich der Große! Maria Theresia! Kaiserin Katharina! Gebt den Polen die Seele zurück! Ihr habt ihr das weggenommen, was an ihr das schönste gewesen ist…! Ihr seid schuld daran, daß schwache Buben und kränkliche Jünglinge in den ehrenhaften Kampf zogen. Ihr habt ihnen beigebracht, unschuldige Leute zu hassen: die Russen, die Deutschen, die Österreicher, und mit diesem Haß bis auf den heutigen Tag zu leben.«[67]

Jenseits kleiner Meinungsunterschiede schätzt und mag man sich. »Ich hatte viele Freunde im Leben, aber nur Joseph Roth nannte mich Freund seiner Seele. Lange hindurch schlossen wir unsere Briefe mit dem Satz aus einem seiner Jugendgedichte: ›Hoch die Geige!‹«[68] Roth kündet in einem Brief aus dem Jahr 1916 der Cousine Paula an: »Wenn ich Geld habe, bringe ich auch den Wittlin mit, damit Du siehst, daß es auch andre junge Leute gibt, als Badener Juristen.«[69] In den 30er-Jahren wird Wittlin fünf Roth-Romane ins Polnische übersetzen.[70] Roth äußert sich allerdings nur einmal öffentlich über das Werk des Freundes. Im Vorwort zur deutschen Exilausgabe von »Das Salz der Erde« schreibt er 1937: »Joseph Wittlin ist ohne Zweifel einer der repräsentativsten polnischen Autoren der Nachkriegszeit... Der Leser wird in Wittlin den slawischen Autor *par exellence* finden: den ohne Rührseligkeit Ergreifenden, den ohne falschen Lyrismus ständig dichterisch beschwingten, den immer zum Ausbruch aus dem ›Epischen‹ bereiten Schriftsteller...«[71]

Roths Vetter Miguel Grübel berichtet mehr als zwanzig Jahre nach dem Tod des Schriftstellers von einer weiteren etwas engeren Beziehung, die der Literaturstudent in Wien geknüpft hat.[72] Es ist sein Großonkel Joseph Czecher, ein Bruder seiner Großmutter. Der junge Roth schätzt ihn, und sie verbringen offenbar manch lange gemeinsame Nacht in den Kaffeehäusern und Kneipen Wiens. Czecher ist zeitlebens eine skurrile Figur. Sie könnte einem der Romane seines jüngeren Zechbruders entsprungen sein. In Wien beginnt er ein Jurastudium, das die Verwandten finanzieren und das er nie abschließt. Er bleibt Dauerstudent und Bohemien. Trinken und Kartenspiel füllen seine Tage aus. Vielleicht sind die vielen Stunden mit dem Lieblingsonkel der erste Schritt Roths auf seinem langen, tragischen Weg zum Alkohol. Überliefert ist darüber allerdings nichts. Bei seinem letzten Wien-Besuch im Jahr 1938 hat Roth, nach Miguel Grübels Erinnerung, nur diesen Onkel aufgesucht. Czecher ist dann schon 80 Jahre alt, und auch das letzte Zusammensein verbringen die beiden beim Kartenspiel im Kaffeehaus.

»Ich liebte sie alle aufrichtig«

Anders als bei den in Wien geschlossenen Männerfreundschaften, die zum Teil ein Leben lang hielten, ist über Roths Frauenbekanntschaften in diesen Jahren wenig bekannt. Es hat sie zweifellos gegeben, denn Frauen spielen auch später in seinem Leben eine bedeutende Rolle. In seinen Briefen und Notizen inszeniert sich Roth einerseits als Frauenheld und Draufgänger, andererseits gibt er sich distanziert – alles jedoch im Rückblick. So erfindet er noch 1930 in einem Brief an seinen Verleger Gustav Kiepenheuer ein wildes Liebesabenteuer während seiner Studentenzeit: »Die ersten edlen Regungen weckte ein Mädchen in mir, ich war bereits im zweiten Semester der Germanistik.«[73] Es folgt eine romanhafte Darstellung dieser Begegnung, in der der Briefschreiber von Duellen und Bordellen erzählt. »Sie schrieb mir einen schönen Abschiedsbrief, aus dem hervorging, daß ich nichts für sie sei. ... Ich begann von nun an im Stadtpark, im Volksgarten, im Wienerwald Frauen zu suchen und durch Bescheidenheit und gespielte Furchtsamkeit das Mitleid, später die Liebe der Mütter meiner Schüler zu gewinnen. Die Frauen der Rechtsanwälte bevorzugten mich, weil ihre Männer so wenig Zeit hatten. Sie schenkten mir Hemden, Unterhosen, Krawatten, nahmen mich in die Logen der Opern, in Fiaker und verreisten mit mir nach Klagenfurt, Innsbruck, Graz. Sie waren meine Mütter. Ich liebte sie alle aufrichtig.«[74]

Im April 1928 veröffentlicht Roth in der »Frankfurter Zeitung« ein melancholisch-ironisches Feuilleton – »Im Volksgarten« –, in dem er seine Wiener Studententage wieder aufleben lässt und über die Liebesträume eines jungen Mannes plaudert: »Das Konzert im Volksgarten begann um fünf Uhr nachmittags. Es war Frühling, die Amseln flöteten noch in den Sträuchern und auf den Beeten. ... Und von den vielen jungen Mädchen in der Allee kam ein Glanz, ein Geflüster und besonders ein Lachen, das noch näher war als die Mädchen selbst und vertrauter als sie. ... Es galt nicht für angemessen, draußen am Gitter zu lehnen und die Mädchen merken zu lassen, daß man leider nicht in der Lage war, drinnen einen Kaffee zu trinken. Deshalb ging ich auf und ab in der Allee, verliebte mich, verzweifelte, vergaß, verschmerzte, trauerte nach und verliebte mich wieder – und alles innerhalb einer Minute.«[75]

Die schnoddrige Arroganz, mit der Roth als Student über seine Kommilitoninnen urteilt, zeigt allerdings früh, dass er auch in seinem Verhalten gegenüber dem weiblichen Geschlecht gerne in die Maske des Hochmütigen und Gelangweilten schlüpft: »Nun werden bald die Studentinnen kommen. Mit furchtbar wichtigen Mienen und zerrauftem Haar. Mit sorgenvollen Gesichtern, wie drei Tage Regenwetter. Pfui Teufel, wie ich diese Weiber nicht leiden kann. Studentinnen und Straßendirnen sind keine Frauen.«[76] Ähnlich verklemmt klingt das noch vier Jahre später: »Ich konnte nicht tanzen. Ich besuchte hie und da einen Ball, stand in der Ecke, sah unbedeutend aus und fühlte, daß ich dank diesem unbedeutenden Gesicht gar nicht die Berechtigung hatte, nicht zu tun, wie die anderen. Ich fühlte, daß man mir mein Recht, eine Ausnahme zu sein, nicht zugestehen würde und meine auffallende Einsamkeit als Arroganz verstehen müsse. Es blieb mir also nichts übrig, als die Not meiner Arroganz noch zu verstärken und abweisender zu werden, als ich es schon von Natur war. Vielen Frauen gefiel diese Haltung und ich hatte wo ich mich zeigte, mehr Glück, als die Tänzer. Allein, die Frauen begannen mich schon früh zu langweilen. So sehr ich auch in ihnen forschte, ich konnte nichts von dem Außergewöhnlichen entdecken, das Bücher aller Zeiten und Völker den Frauen zuschrieben.«[77]

Im hinterlassenen Notizbuch finden sich einige weitere Bemerkungen über seine Beziehungen zu Frauen, die sich als distanzierte, betont kühle Selbstbeobachtung und Selbstdarstellung des Autors entpuppen. Literarische Probeläufe eines künftigen Romanciers: »Eines Tages ließ ich ihr eine Visitenkarte zurück, mit einem Datum, mit einer Stunde und meiner Adresse. Sie kam. Sie ging nach einer Stunde, in der wir nur von deutscher Litteratur gesprochen hatten. Sie saß auf meinem Sopha, jeden Augenblick bereit von mir geküßt, vielleicht sogar überfallen zu werden. Ich aber folgte den Geboten meiner Natur, die keineswegs die eines Eroberers oder Abenteurers war… Ich konnte Frauen nicht in einem glanzvollen Sturm überwältigen. Ich konnte sie nur lange umkreisen, bis sie wehrlos waren, wie eingeschnürt von den unsichtbaren Fesseln, die ich durch meine Umkreisungen um sie schlang. Ich brauchte viel Zeit zu einer Tat, für die andere eine halbe Stunde brauchten. ... Eines Tages ergab es sich endlich, daß ich mit ihr schlief und ich tat es immer häufiger. Dadurch geriet ich in eine schwierige Lage meiner alten Freundin gegenüber. Ich erzählte ihr alles und sie verstand mich. Sie weinte ein wenig, aber es war kein Schmerz in ihren Tränen und sie weinte auch nicht um mich, sondern zur Befriedigung ihres Kummers, den sie empfand und den sie liebte.«[78]

Dichtung und selbstbiographische Rückblicke mischen sich hier, und der, der das notiert, hat wohl auch mit Blick auf sein Verhältnis zu den Frauen offenbar heftige Identitätsprobleme. Darauf deutet auch seine Eifersucht hin, von der alle Frauen seines Lebens zu berichten wissen. Im dichterischen Werk bleiben Roths weibliche Figuren zudem seltsam blass. Sie sind Objekt – da steht dieser Autor ganz in der Nachfolge der Jung-Wiener-Schule – männlicher Leidenschaft und Begierde. Verführerinnen und Verführte oder Mütter – in der Phantasie des Schriftstellers Roth erschöpft sich darin weitgehend die Rolle seiner weiblichen Protagonistinnen. Ihre Individualität wird in seinen Geschichten nur in wenigen Fällen glaubhaft herausgearbeitet. Géza von Cziffra sieht das sehr genau, wenn er von dem späten Roth erzählt: »Der Patriarch Roth betrachtete die Frauen als Frauen, im alttestamentarischen Sinne des Wortes, in geistiger Hinsicht erwartete er von ihnen nicht mehr als ein wenig Witz und eine große Portion Adoration.«[79] Anbetung oder doch zumindest Verehrung sucht der Unsichere bei seinen Begleiterinnen. Auf der anderen Seite aber sprechen die Freundinnen und Geliebten nach dem Tod des Schriftstellers doch voller Zuneigung und Hochachtung über ihn und die gemeinsamen Jahre. Sie erzählen, wie sehr Roth um ihre Gunst gerungen hat, wie großzügig er auch in für ihn schwierigen Zeiten immer gewesen ist, wie gut er ihnen zuhören konnte. Auch hier, mit Blick auf die Frauen, bleibt Joseph Roth janusköpfig. »Ich bin dem bösen Dämon Roth erlegen«, schreibt die Schriftstellerin Irmgard Keun 1936 im Exil. »Er ist ... unendlich klug, unheimlich genial, zuweilen bösartig boshaft. Dunkel und tragisch.«[80] Nach seinem schrecklichen Ende aber dichtet sie »Für Joseph Roth: Man kann nur dankbar sein für jede Stunde Zeit, die Gott noch gibt, um liebend zu gedenken.«[81]

Dieser komplizierte Intellektuelle und schwierige Einsame wusste trotz allem zu lieben und wurde geliebt.

Sinnlichkeit und Sexualität spielen auch in nahezu allen Romanen des Autors Joseph Roth eine zentrale Rolle. Der Mann als Opfer seiner Begierden und die Frau als Objekt der Lust – Roth schreibt im Zeitalter der Tabubrüche und der psychoanalytischen Entdeckung unserer Triebwelt. Wie es um ihn selbst in seinen intimen Beziehungen bestellt ist, lässt sich nur ahnen.

Die wenigen Blätter seines Notizbuches von 1919, in dem der 25-Jährige zurückblickt, sind gefüllt mit privaten Aufzeichnungen, die zumindest etwas Licht werfen auf die frühen Jahre. Aber sie sind sicher auch feuilletonistische Versuche eines Unsicheren, der sich hinter einer Maske verbirgt. Schüchternheit und das Gefühl des Außenseitertums werden durch Hochmut und Ironie verdrängt. »Ich log sehr viel, erzählte geschickt von fremden Ländern, sprach weise von den Frauen und lernte in jener Zeit erst das eigentliche Handwerk des Schriftstellers und Hochstaplers: Die Formulierung. Ich erfuhr oft, daß man mir viel zutraute, man hielt mich für klüger, als ich war und oft dachte ich mit Schauern daran, daß man mich eines Tages auf eine harte Probe stellen könnte, der ich nicht gewachsen wäre.«[82]

Germanistik statt Dichtung

Im Zentrum von Roths Wiener Leben steht in den zwei Jahren bis 1916 allerdings das Studium. Er betreibt es offenbar sehr ernsthaft. Obwohl er in der Lemberger Universität durch Abwesenheit geglänzt hat, wird ihm das dortige Semester anerkannt. In Wien belegt er Vorlesungen und Seminare bei den Germanisten. Im Einschreibungsformular sind sie im Einzelnen aufgeführt. Er hört bei Walther Brecht die »Geschichte der deutschen Litteratur von Goethes Tod bis in die Gegenwart« – wöchentlich fünf Stunden –, bei Eduard Castle »Goethes Seelendramen« oder besucht ein »Proseminar für deutsche Philologie ›Alt- und mittelhochdeutsche Übungen‹«.[83] Er ist fleißig, wird aber später klagen, dass er nach

Wien gekommen sei, um Dichtung kennenzulernen, aber doch nur Germanistik vorgefunden habe. In »Der stumme Prophet« lässt Roth seinen Helden Friedrich Kargan ähnlich argumentieren: »Die Wissenschaften lagen über den wichtigen Dingen wie die Erdschichten um den geheimen, ewig brennenden, nie geschauten und bis ans Ende der Welt nicht zu enthüllenden Erdkern. Man lernte Beine zu amputieren, die gotische Grammatik, das Kirchenrecht. Man hätte ebensogut Möbel packen, Holzbeine drechseln und Zähne ziehn lernen können. Und selbst die Philosophie log sich selbst Antworten vor und legte den Sinn der Frage nach der Antwort aus, die ihr gelang.«[84] Im Notizbuch finden wir die nicht weniger enttäuschten Sätze: »Die Professoren wandten dieselbe höhnische Art zu korrigieren an, die ich schon vom Gymnasium her kannte. Es scheint die Methode aller Menschen zu sein, die irgendein Fach verstehen. Ich aber hatte gedacht, Universitätsprofessoren wären weit entfernt von dieser billigen Spottsucht.«[85]

Mit solchen Enttäuschungen dürfte Roth nicht alleingestanden haben. Trotzdem, er nimmt das Studium ernst: »Seit dem 1. Oktober ist die Bibliothek den ganzen Tag offen. Bald beginnen die Vorträge. Brecht liest heuer über das klassische Drama. Es wird leider nicht mehr so interessant sein.«[86] Roth wird während des Semesters nahezu täglich die breite Treppe hinaufsteigen, die in das Universitätsgebäude führt. Und doch wird er später ostjüdischen Studenten raten, »die Wiener Universität, auf der außer dem Numerus clausus auch noch die Borniertheit herrscht«[87], zu verlassen.

»Es lag mir daran, bei den Prüfungen nicht in Verlegenheit zu kommen und dem Professor so gewachsen zu sein, wie ich es früher meinen Lehrern gewesen war. Infolgedessen bereitete ich mich sehr sorgfältig vor, besuchte die Prüfungen anderer, behorchte die Eigenheiten der Professoren und führte Buch über sie. Ich notierte die Art zu fragen, die Art, zu höhnen, die ständigen Phrasen, die jeder gebrauchte, ich bereitete mich für den Professor vor, mehr als auf den Gegenstand, ich malte mir den Hergang der Prüfung aus, konstruierte mir wahrscheinliche Dialoge, Fragen und Antworten. Ich fürchtete nicht etwa einen Durchfall, sondern eine Verlegenheit. Meine Prüfungen wurden dank diesen Vorbereitungen glänzende Duelle. Ich focht gegen den Prüfenden. Ich empfand ihn als einen Feind, den es zu vernichten, zumindest abzuwehren galt. Ich haßte ihn, während er mich prüfte. Eine halbe Stunde später verachtete ich ihn.«[88] Solche Szenarien finden sich bald auch in den Erzählungen und Romanen Roths. Seine frühen Notizen sind somit immer auch als literarische Versuche zu sehen, »in denen sich Roth in den Rollen eines unschlagbaren Primus und Lebemanns, eines Helden der impassibilité zeigt und verbirgt...«.[89] In seinem wirklichen Studentenleben ging es wohl erheblich unauffälliger zu.

Eine für Roth wichtige Lehrer-Schüler-Beziehung entwickelt sich zu dem schon erwähnten Literaturwissenschaftler Walther Brecht. Der Germanist ist 38 Jahre alt, als er, wie sein Student Roth, 1914 an die Wiener Universität kommt. Er ist dort ordentlicher Professor für deutsche Sprache und Literatur. Der Ruf erreichte ihn in Posen, wo Brecht seit 1910 einen Lehrstuhl innehatte. 1926 geht er an die Universität Breslau, dann folgt München. Brecht ist ein bedeutender Literaturwissenschaftler seiner Zeit gewesen. Veröffentlichungen über die Wiener Literatur, die italienische Renaissance oder den Schweizer Dichter Conrad Ferdinand Meyer zieren das umfangreiche Werkverzeichnis. Besonders schätzt er die Dramen, Erzählungen und Essays des Österreichers Hugo von Hofmannsthal. Ab 1917 entwickelt sich eine bis zum Tode des »Jedermann«-Autors währende persönliche Beziehung. Obwohl Hofmannsthal literaturwissenschaftlichen Interpretationen seines Werkes mit Skepsis begegnet, schreibt er 1919: »Lieber Professor Brecht, für Ihren beharrlichen u. eindringlichen Antheil an meiner Arbeit bin ich Ihnen ... wirklich herzlich dankbar.«[90] Den Weggang Brechts aus Wien 1926 kommentiert der Dichter mit den Sätzen: »Die Universität besitzt viele Gelehrte von Rang: in Brecht verliert sie, was schlechthin niemals ersetzbar ist: eine Lehrerpersönlichkeit.«[91] Nach dem Tod Hofmannsthals wird Brecht dessen Nachlassverwalter.

Das akademische Ende kommt für den hochgeachteten Wissenschaftler 1937. Der Hitler-Staat versetzt ihn unter Berufung auf das »Gesetz zur Wiederherstellung des Berufsbeamtentums« zwangsweise in den Ruhestand. Der Grund: Brechts Frau ist Jüdin. Nach Brechts Tod im Jahre 1950 schreibt sein Kollege Carl von Kraus in einem Nachruf: »So kam in späteren Jahren der Reichtum und die

Vielfalt seines Wissens, sein sicheres Urteil und sein ästhetisches Empfinden denen zu gute, die als Schüler zu seinen Füßen saßen oder in näherem persönlichen Umgang mit ihm verkehrten; daß darunter neben gelehrten Kollegen auch Dichter wie Hofmannsthal und R. A. Schröder sind, zeigt, welch reiche Begabung mit ihm dahingegangen ist.«[92]

Brecht wiederum erkennt rasch die Begabung des »zu seinen Füßen sitzenden« Studenten Roth. Józef Wittlin berichtet später, Roth sei »Lieblingsschüler von Professor Brecht«[93] gewesen. Der privaten Fragen gegenüber so zurückhaltende Roth wird seinem Lieblingslehrer von dem Wunsch berichten, später eine Universitätslaufbahn einzuschlagen. Wie sehr er Brecht geschätzt hat, zeigt ein Brief, den Roth zehn Jahre nach seinem Studium an Benno Reifenberg schreibt. Die euphorische Wortwahl weist zweifellos auch auf Wunden aus der damaligen Zeit hin. Der Leser dieser Zeilen ahnt, wie sehr Roth nicht nur als Student, sondern auch noch als renommierter Journalist und Schriftsteller um menschliche und künstlerische Anerkennung gerungen haben muss: »Ich habe etwas UNERHÖRTES erlebt. Hören Sie: Mein lieber Professor der Germanistik Dr Brecht, der jetzt nach Breslau geht, hat mir schon 6 Jahre nicht geschrieben. Als ich noch sein Schüler war, war ich deutschnational, wie er. Ich glaube natürlich, daß er infolge meiner Publikationen mich aus seinem Herzen gewischt hat. Ich lese aber im Kaukasus in einer alten Zeitung, daß er 50 Jahre alt geworden ist. Gratuliere ihm. Und heute schickt mir die F.(rankfurter) Z.(eitung) seinen Brief: Er schickt mir seine Photographie. 1912/13 war ich sein Schüler. Er sieht genausoaus, wie damals. Und er hat mich soeben einer *Preisstiftung für junge Autoren* eingereicht. Er hat alles von mir gelesen. Er ist eben beim Aufräumen und packt – meine ersten Arbeiten, die ich noch im germanistischen Seminar geschrieben habe. ER PACKT SIE EIN! Er nimmt sie mit nach Breslau! Er hat mich damals für Stipendien eingegeben und heute für Preise. Ein deutschnationaler Mann! Sohn eines Professors, Schwiegersohn eines Professors... *Das ist ein deutscher Professor.* Was sagen Sie dazu?«[94]

Etwas nähere Beziehungen ergeben sich für Roth zu Brechts damaligem Assistenten Heinz Kindermann. Wie an Universitäten bis heute üblich, kümmern sich die Lehrstuhlinhaber nicht allzu intensiv um ihre Studenten, sondern überlassen das in der Regel lieber ihren Hilfskräften. Zuerst ist es der Doktorand Kindermann, mit dem die Studenten Brechts ihre fachlichen Fragen und ihre Seminararbeiten erörtern. Wir verdanken Kindermanns späteren Schilderungen einige Details aus Roths Studentenleben. Beim gelegentlich gemeinsamen Nachhauseweg kommt es zu Diskussionen über literarische, möglicherweise auch politische Themen. Der Assistent berichtet später von einem Streit über Gerhart Hauptmanns damals leidenschaftlich diskutierte naturalistische Dramen, die der Hauptmann-Bewunderer Brecht seinen Studenten vorgestellt hat. Roth dagegen kritisiert Hauptmann, und Kindermann widerspricht nachdrücklich. »Unser Deutsch hatte einen wienerischen Klang«, erzählt Kindermann, »Roth dagegen sprach ein betontes Hochdeutsch. Man spürte förmlich, wie er sich bemühte, ein sehr korrektes Deutsch zu sprechen.«[95]

Kindermann überliefert ein Bild des Studenten Roth, das manches Klischee des Wieners über die ostjüdischen Einwanderer enthält. »Unterernährt«, »blutarm« habe Roth gewirkt, erinnert sich der einstige Hochschulassistent. In den kalten Wintern habe sein Begleiter auf dem Nachhauseweg nur einen dünnen Überzieher getragen und sich bemüht, »seinen einzigen blauen Anzug, der gewendet war und an allen Ecken und Enden spiegelte, sauber zu halten«.[96] Vielleicht stimmt diese Darstellung. Aber sie weicht doch von den meisten Schilderungen ab, die uns Verwandte und Freunde des jungen Roth überliefert haben. »... Heinz Kindermann konnte Roth nicht leiden, ebenso auch uns nicht als Nicht-Germanen. Kaum, daß er sich herabließ, unsere Fragen zu beantworten«,[97] erinnert sich Józef Wittlin. Glaubt man Kindermanns Erinnerungen, so hat er immerhin als Schriftführer des philosophischen Unterstützungsvereins dem bedürftigen Studenten aus Brody die kostenlose Nutzung der Mensa ermöglicht.

Bemerkenswert im Zusammenhang mit Roth ist, dass der später so bekannte Theaterwissenschaftler und Hochschullehrer Heinz Kindermann schon früh der nationalistischen Ideologie der Alldeutschen anhing – womit er keineswegs eine Ausnahmeerscheinung unter den deutsch-österreichischen Akademikern war. In seinem Roman »Das Spinnennetz« und in einigen seiner Zeitungsartikel wird Roth nach dem Ersten Weltkrieg den grassierenden Antisemitismus im deutschen Bildungsbürgertum thematisieren. »Kluge Köpfe ... behaupteten und bewiesen die Schädlichkeit der jüdischen Rasse...«[98], Roth dürfte dabei auch an den einstigen Hochschulassistenten gedacht haben.

Nach seiner Habilitation über den romantischen Dichter Jakob Michael Lenz wird Kindermann 1926 Hochschullehrer in Danzig. Schon bald bekennt er sich zum Nationalsozialismus. 1936 erhält er gegen den Willen der philosophischen Fakultät und auf Druck der Machthaber eine Professur in Münster. Den Anschluss Österreichs an das »Großdeutsche Reich« begrüßt er und raunt dabei von »Schicksalswende«. 1939 erscheint sein Buch über das Wiener Burgtheater. Wie in fast allen seinen Schriften aus dieser Zeit, übernimmt Kindermann auch darin das »rassistische« Vokabular des Dritten Reiches. »Der alles Große entheiligende Einbruch des Materialismus und der vom Judentum geförderten Zerfallserscheinungen hat die Wirkungsmöglichkeiten des Burgtheaters zeitweise gefährdet...«, heißt es dort beispielsweise.[99] Von der »verhängnisvolle(n) Rolle des Judentums im Wiener Geistesleben«[100] berichtet Kindermann seinen Lesern, und auch für die bedeutenden jüdischen Dramatiker, deren Werke zwischen 1890 und 1938 zum Ruhm des Burgtheaters beigetragen haben – Arthur Schnitzler, Stefan Zweig oder Franz Werfel gehören dazu –, hat der Apologet Großdeutschlands nur Verachtung übrig. Triumphierend spricht er 1939 von den nun auch am Burgtheater geltenden »Grundwerten: Rasse, Volk, Reich«.[101]

Schon 1954 wird Kindermann wieder auf seinen Wiener Lehrstuhl zurückgerufen, mit dem ihn die Nationalsozialisten 1943 betraut hatten. »Entlastet« und gewürdigt lehrt er dort bis 1966. Ein karrierebewusster, aber auch überzeugter Mitläufer ist er gewesen. Kindermann wird einer von den Opportunisten sein, deren Haltung Roth in seinen Artikeln während des Exils mit tiefster Verachtung geißelt. »Wenn wir nicht hier wären, hätten sie uns erschlagen.«[102]

Der empfindliche Roth hat in seinen Wiener Studententagen nicht ohne Neid registriert, dass er in einem Abhängigkeitsverhältnis zum gleichaltrigen Kindermann steht und dieser ihm auf der

Karriereleiter ein gutes Stück voraus ist. Ob ihn schon damals die antisemitische Haltung des Assistenten verstört hat? Es ist nicht schwer, sich in der angespannten nationalistischen und judenfeindlichen Atmosphäre an der Wiener Universität das Auftreten Kindermanns vorzustellen. Aber wie in seinen Jugendjahren in Brody geht Roth auch als Student in Wien zunächst auf Anpassungskurs. Er will sich seinen Platz im intellektuellen Wien erobern. Die Rolle des jüdischen Studenten aus der osteuropäischen Provinz passt da nicht ins Bild. So lässt sich Roth sogar gelegentlich auf die nationalistischen Argumente ein, die im Österreich der Vorkriegsjahre so viele Anhänger finden. Aber das ist nur ein kurzes Versteckspiel. Das Kriegserlebnis und die ersten kleinen Veröffentlichungen lassen sein Selbstbewusstsein wachsen, und der »deutschnationale« Ausflug – wie ernst er immer gemeint gewesen ist – gehört rasch der Vergangenheit an. Kindermann aber wird zur literarischen Figur. In der Erzählung »Der Vorzugsschüler«, die Roth 1916 veröffentlicht, ist er das Vorbild für den Streber Anton Wanzl, der seinen Professoren gegenüber »keinen Widerspruch (kannte)«.[103] Im Roman »Radetzkymarsch« wählt der Autor für einen als besonders profillos geschilderten »rosigen Leutnant ... reichsdeutscher Herkunft« direkt den Namen Kindermann. »Ein heiteres Nichts, saß er am Tischchen.«[104]

Roth in Wien, das ist zunächst weniger Widerspruch als Anpassung. Der Wille zum Aufstieg verführt zu Rollenspielen, die gelegentlich peinlich wirken. Frauenverächter und Adelsverehrer, arroganter Einzelgänger und ein sich hochmütig gebender Besserwisser, der sehr bewusst Hochdeutsch spricht und seine jüdischen Wurzeln in der Öffentlichkeit häufig verdrängt – da verbirgt einer sein wahres Ich, um sich seine Schriftstellerträume in einer antisemitischen und nationalistisch gesinnten Welt zu erfüllen. Seine Briefe und die rückblickenden Notizen zeugen von einer außergewöhnlich ausgeprägten Selbststilisierung. Später wird der Erfolg diesen Wesenszug abschwächen. Verschwinden wird er nicht.

Der Große Krieg

Joseph Roth beginnt sein Wiener Studium im letzten Friedensjahr. 1914 glauben noch viele Menschen an den ewigen Frieden. Österreichs letzter Krieg liegt 48 Jahre zurück. Nach der Niederlage von Königgrätz 1866 scheint die Welt der Donaumonarchie geordnet. Die Folgen der Industrialisierung und die Börsenkurse, der neueste Klatsch über den Hochadel und die letzte Burgtheaterpremiere diskutiert das gebildete Bürgertum in den Kaffeehäusern und Salons der Habsburg-Metropole. Kriege, so sind sich die Leser der Wiener »Neuen Freien Presse« und die führenden Vertreter der Arbeiterparteien und Gewerkschaften einig, gehören einer barbarischen Vergangenheit an. Auch der 17-jährige Joseph Roth schreibt 1911 naiv an Resia Grübel: »Ich begreife nicht, warum Du den Krieg so fürchtest.«[105] 1929 wird der Journalist Roth in der »Frankfurter Zeitung« die Stimmung von damals noch einmal heraufbeschwören: »Es bestand nur – unsichtbar noch – die Gefahr jener großen Friedensstörung, die einige Jahre später ein Weltkrieg wurde. Aber indessen war Frieden. So satt und so tief, wie nur der Friede aus dem Anfang des zwanzigsten Jahrhunderts sein konnte, der friedlichste aller Frieden der menschlichen Geschichte.«[106]

Anders sieht es in den europäischen Regierungen und in den diversen vaterländischen Verbänden aus. Gerade weil der letzte Krieg so lange zurückliegt, scheinen die Schreckensbilder von den Schlachtfeldern des österreichisch-italienischen oder des deutsch-französischen Krieges in Vergessenheit geraten zu sein. Die offizielle Politik der europäischen Staaten wird immer aggressiver: Marokko-Krise, Balkan-Kriege, Flottenpolitik, Nationalitätenstreit, Konkurrenzkämpfe auf dem Weltmarkt, Arbeiterunruhen – in den gesellschaftlichen Eliten Europas setzt sich immer mehr der Glaube durch, nur ein Krieg könne all diese, die Politik überfordernden Probleme mit einem Schlag lösen. Der Vielvölkerstaat Österreich wird im Besonderen vom Nationalismus der Serben, Tschechen, Slowaken, Ungarn, Polen oder Ruthenen herausgefordert. Der Streit mit dem riesigen Zarenreich um die Vorherrschaft auf dem Balkan manövriert die hilflose Wiener Außenpolitik zudem in eine aussichtslos erscheinende Lage.

Die politischen Debatten finden in den Zeitungen ein leidenschaftliches Echo. Nicht nur in Österreich, sondern auch in Deutschland, Frankreich, England oder Russland macht sich, verschärft durch Pressekampagnen und die herausfordernde Politik der Großmächte, allmählich Kriegsstimmung breit. Als der serbische Student Gavrilo Princip am 28. Juni 1914 in Sarajevo die tödlichen Schüsse auf den österreichischen Thronfolger Erzherzog Franz Ferdinand und seine Frau abgibt, glauben die europäischen Völker noch für einen kurzen Augenblick, es gehe hier – wie schon so häufig in den letzten Jahren – um einen lokalen Konflikt, der bald beigelegt sei. Vier Wochen später sind alle Friedensillusionen verflogen. Wien und im Hintergrund das offensive Berlin wollen in unheilvoller Waffenbrüderschaft auf Biegen und Brechen die militärische Auseinandersetzung. Petersburg glaubt, nun sei der Zeitpunkt gekommen, den Kampf um die Vorherrschaft auf dem Balkan endgültig für sich entscheiden zu können und die unruhige Intelligenz im eigenen Land durch einen aufgeputschten Patriotismus von ihren Revolutionsgedanken abzulenken. Für Paris ist es die lang ersehnte Stunde der Revanche für das geraubte Elsass-Lothringen. London will den Krieg nur halbherzig verhindern. Die politischen Strategen in der Downing Street 10 denken an die Flottenpolitik der Deutschen und an das bedrohte europäische Gleichgewicht.

So lösen die europäischen Regierungen am 1. August 1914 eine Mobilmachungslawine aus. Die verführten und belogenen Massen jubeln. »In den Kasernen bliesen die Trompeten Alarm. An allen Straßenecken der großen und der kleinen Städte klebten große Plakate. Die Züge rollten grün bekränzt aus den Bahnhöfen, und die Männer haben bunte Röcke und Mützen und Gewehre. Alle Frauen weinen.«[107] Vergessen ist der Satz »Arbeiter schießen nicht auf Arbeiter«, den die Sozialistische Internationale noch kurz vor Kriegsausbruch so selbstgewiss formuliert hat. Es herrscht eine Stimmung, als ob die singenden und blumengeschmückten jungen Männer auf ein Volksfest ziehen würden. Trauer und Entsetzen gibt es auch, es wird jedoch vom nationalistischen Jubel übertönt. Jetzt schlägt die Stunde der chauvinistischen Presse, der die jungen Soldaten ihrer Armeen sinnlos opfernden Generale und der die Siegesprämien immer höher schraubenden Politiker. Erst als die Todesanzeigen in den Zeitungen ständig mehr Platz fordern und der Hunger Einzug hält in den Häusern der Menschen, erst da beginnen die Völker allmählich zu ahnen, welchen schrecklichen Preis sie für ihre Gutgläubigkeit zu zahlen haben. Die Deutschen glauben noch bis zum Sommer 1918 an den Sieg.

Kaiser Wilhelm II. kennt am 1. August 1914 plötzlich keine Parteien mehr, sondern nur noch Deutsche, und ruft seine Untertanen zu einer angeblich bereits zum Weihnachtsfest beendeten fröhlichen Jagd auf den perfiden Feind auf. Die österreichische Generalität schwadroniert von einer »Strafaktion« gegen Serbien, und der greise Franz Joseph erlässt in Wien eine die Wahrheit entstellende, pathetische Proklamation: »Es war Mein sehnlichster Wunsch, die Jahre, die Mir durch Gottes Gnade noch beschieden sind, Werken des Friedens zu weihen und Meine Völker vor den schweren Opfern und Lasten des Krieges zu bewahren. Im Rate der Vorsehung ward es anders beschlossen. Die Umtriebe eines haßerfüllten Gegners zwingen mich, zur Wahrung der Ehre Meiner Monarchie, zum Schutze ihres Ansehens und ihrer Machtstellung, zur Sicherung ihres Besitzstandes nach langen Jahren des Friedens zum Schwerte zu greifen.«[108]

Es ist allerdings nicht die Vorsehung, die in den kommenden vier Jahren das große Völkermorden heraufbeschwört, sondern die Politik der Großmächte und nicht zuletzt der Wunsch des österreichischen Generalstabs. Umso erstaunlicher, was Joseph Roth noch zwanzig Jahre später über diese kaiserliche Manifestation sagen wird: »Nur ein Kaiser kann ein solches Manifest von sich geben. Dieser Text, den ich am liebsten selber geschrieben hätte, war ein literarischer Einfall!«[109] 1914 aber, als die Truppen in Marsch gesetzt werden, sind noch ganz andere Töne zu hören. Europas Intellektuelle – Hochschullehrer, Schriftsteller, Naturwissenschaftler – erleben ihre selbst gewählte tiefste Erniedrigung. In Artikeln, Aufrufen, Gedichten und Erzählungen preisen sie den Krieg, fallen sie mit unbeschreiblicher Verleugnung des Geistes über die Kultur der Feindesländer her. Nur ganz wenige unter ihnen schweigen oder formulieren ihre Ratlosigkeit und ihr Entsetzen vor der ausbrechenden Barbarei, weil sie ahnen, was auf die Völker Europas in den nächsten Jahren zukommen wird. Arthur Schnitzler schreibt in einem Brief vom 23. September 1914: »Nun findet man sich in diese phantastisch-grauenhaft gewordene Welt so gut es eben geht; daß jedermann durch ganz persönlichen Anteil oder durch eine noch so bescheidene Tätigkeit irgendwie in diese wirbelnde Bewegung mit oder ohne Nutzen für das Ganze hineingezogen wird, ist selbstverständlich; völlig verstehen werden diese Zeit doch erst unsere Nachfahren, denen der Jammer der Schlachtfelder nicht mehr ins Ohr klingen wird und für die sich nicht nur aufflammendes Rechtsgefühl, wie es sich in Deutschland und Österreich diesmal besonders schön gezeigt, und die tausend Beispiele von Helden- und Opfermut, die wir auch bei unseren Gegnern bewundern müssen, – sondern auch alle Gräuel und Verlogenheiten der Politik nach dem Gesetz der Zeit in Weltgeschichte werden gewandelt haben.«[110]

Vom Pazifisten zum Freiwilligen

»Der Weltkrieg begann in *Sarajevo*, an einem heißen Sommertag 1914. Es war Sonntag, ich war Student. Am Nachmittag kam ein Mädchen, man trug damals Zöpfe. Sie hielt einen großen gelben Strohhut in der Hand, er war wie ein Sommer, erinnerte an Heu, Grillen und Mohn. Im Strohhut lag ein Telegramm, die erste Extra-Ausgabe, die ich je gesehen hatte, zerknüllt, furchtbar, ein Blitz in Papier. ›Weißt‹, sagte das Mädchen, ›sie haben den Thronfolger erschossen. Mein Vater ist aus'm Kaffeehaus hamkumma. Gelt, mir bleibn net hier?‹«[111]

Solche Stimmungsbilder, wie dieses von Joseph Roth dreizehn Jahre später gezeichnete, sind in vielen Erinnerungen überliefert. Sie berichten von dem Augenblick, in dem die Menschen vom Attentat in Sarajevo erfuhren. Sie zeugen auf eindringliche Weise von der Ahnungslosigkeit und Naivität, mit der diese Nachricht zunächst aufgenommen und empfunden wird. Doch das Erwachen kommt bald. »Anderthalb Jahre später«, schreibt Roth 1927 im selben Artikel, »stand sie schon, auch sie mitten in der Rauchwolke, am Güterbahnhof römisch zwei, unaufhörlich schmetterte die Musik, Waggons kreischten, Lokomotiven pfiffen, kleine, fröstelnde Frauen hingen wie welke Kränze an den grünen Männern, die neuen Uniformen rochen nach der Appretur, wir waren eine Marschkompanie, Reiseziel dunkel, mit Ahnung: Serbien. Wahrscheinlich dachten wir beide an den Sonntag, das Telegramm, Sarajevo. Ihr Vater ging nie mehr ins Kaffeehaus, er lag schon in einem Massengrab.«[112]

Der zwanzigjährige Roth meldet sich zunächst nicht freiwillig an die Front, sondern besucht weiterhin Vorlesungen und Seminare an der Universität. »Schon im ersten Kriegsjahr waren wir beide Pazifisten und ein wenig anarchistisch angehaucht«, behauptet Józef Wittlin. »Unser Leitstern war der berühmte Karl Kraus. Den Krieg betrachteten wir als ein den Menschen, diesen unschuldigen Lämmern, gegen ihre wahren Neigungen aufgezwungenes Verbrechen; und zwar war es ihnen von den Kaisern, Ministern und Generälen oktroyiert worden...«[113] Anders fällt das Urteil des österreichischen Schriftstellers Robert Neumann aus. In seinen Erinnerungen beschönigt er zweifellos die Stimmung der Österreicher im Herbst 1914, sieht Roth aber keineswegs in der Rolle des Pazifisten: »Nun war es so, daß ›man‹ in Wien defaitistisch war, von Anfang an, was diesen Krieg und die Monarchie betraf. Karl Kraus' Klarsicht war nicht die Ausnahme, sondern die Regel. Bis auf die schlichten Menschen vom flachen Land (nein, aus den Bergtälern in diesem Fall), bis auf die Berufsoffiziere, bis auf sich überpurzelnde Ausnahmeerscheinungen wie Joseph Roth, war man schon seit Durchschauung der ersten Kriegsberichte (›Großer Sieg an der Ostfront – Lemberg noch in unserem Besitz‹) pessimistisch-pazifistisch und drückte sich.«[114]

Auch Wittlin weist darauf hin, dass sich die Haltung der beiden Studenten aus Galizien nach den ersten Kriegsmonaten ändert. »Je länger der Krieg dauerte und je mehr Freunde an den Fronten fielen, desto überdrüssiger wurden wir des sinnlosen Geredes gegen den Krieg in den Kaffeehäusern. Voller Verachtung sahen wir auf die verschiedenen Kindermann-Typen herab, die, gesund wie die Bullen, vom Kriege unberührt, in ihrer Laufbahn blieben, während bei Isonzo und Piave unsere hauptsächlich aus Galizien, aus der Bukowina, aus Kroatien, Dalmatien und Böhmen stammenden Kommilitonen ihr Leben ließen.«[115]

Der Widerspruch – hier pazifistische und intellektuelle Koketterie, dort der Wunsch, nicht zu den verachteten »Kindermann-Typen« zu gehören – löst sich im Mai 1916 auf. Roth und Wittlin melden sich »freiwillig« zum Militärdienst. Bei zwei vorausgegangenen Musterungen, zu denen sie im Oktober 1914 und im Mai 1915 aufgefordert werden, hatten die Ärzte die beiden künftigen Schriftsteller vom Militärdienst zurückgestellt. Noch gab es genug junge, körperlich »kriegstaugliche« Österreicher, die als Schlachtopfer an die Fronten geschickt werden können. 1916, nach den verlustreichen Niederlagen der beiden ersten Kriegsjahre, sah das anders aus. Soma Morgenstern, der schon im November 1914 nach »erfolgreicher« eigener Musterung bei Roth einen Anflug von Neid wahrgenommen hatte, konstatiert über die damalige Situation: »... im Jahre 1916 waren die Assentierungskommissionen nicht mehr zu wählerisch, und man steckte alles, was noch gerade marschieren konnte, in Uniformen.«[116]

In seinen persönlichen Notizen wird Roth ein Jahr nach dem Krieg auch seine folgenschwere Entscheidung, sich an die Front zu melden, literarisch ausschmücken: »Nun hatte ich also einen starken Ehrgeiz ohne Ziel, ich war ein Wanderer ohne Weg. Ich mußte Geld haben. Ich überlegte die Möglichkeit einer reichen Heirat. ... Ich wollte sofort Geld haben, nicht erst nach der Beendigung meiner Studien und ohne Verpflichtung, einen bürgerlichen Beruf zu ergreifen. Es gab also nur noch einen Ausweg: das Militär. Ich meldete mich, man wies mich zurück, weil ich zu schwach war. Nun beschloß ich auszuwandern, in einen fremden Erdteil, zur Fremdenlegion zu gehn, ein neues Leben zu beginnen. Es tat mir leid um mich. ... Da brach eines Tages der Krieg aus. ... Ich meldete mich sofort. Diesmal nahm man mich.«[117]

Die Entscheidung Soldat zu werden, beruht in der biographischen Realität wohl nicht zuletzt auf Roths Wunsch, auch in der Frage von Krieg und Frieden nicht als Außenseiter zu gelten. Er will den Verdacht abwenden, kein österreichischer Patriot zu sein. Wie häufig bei ihm, wird dieser Haltungswechsel offenbar mit großer Energie und zusammen mit Freund Wittlin durchgeführt. »Der Arzt des 80. Infanterieregiments hielt uns beide für verrückt. Er konnte nicht begreifen, warum wir uns aus eigenem Willen in den Krieg drängten. Väterlich versuchte er, uns diesen Wahnsinn auszureden, da wir entschieden zu schwächlich und den Strapazen des Krieges nicht gewachsen seien.«[118] Soma Morgenstern berichtet von einer Begegnung im Jahr 1916 und registriert einen ähnlichen Wandel in Roths Haltung: »Er war damals sehr patriotisch und kriegerisch.«[119]

Ein Grund für das »verrückte« Verhalten der beiden Freunde mag die Tatsache gewesen sein, dass die antisemitische Presse im Verlauf des Krieges zunehmend gegen die angebliche »Drückebergerei« der jüdischen Bürger polemisierte. Wie im Deutschen Reich ist das auch in Österreich völlig aus der Luft gegriffen. Der Erste Weltkrieg fordert von den jüdischen Kriegsteilnehmern an allen Fronten einen hohen Blutzoll. Der junge Roth wird solche Angriffe nicht überhört haben. Hinzu kommen die Nachrichten vom Fall der als uneinnehmbar geltenden galizischen Festung Przemysk und die zeitweise Eroberung Lembergs, ja ganz Galiziens, durch die russischen Armeen. Roth trifft das schmerzlich. Wittlin nennt im Übrigen noch eine andere, vielleicht im Nachhinein ein wenig romantische Begründung für den Gesinnungswandel der beiden Studenten: »Wir waren der Ansicht, daß der einzige und geeignete Platz für Dichter im Kriege der Dienst in der ›vordersten Linie‹ sei.«[120]

Roth selbst interpretiert seinen Schritt mit literarischen Umschreibungen, die seine geradlinige österreichische Gesinnung unterstreichen sollen: »Außerdem ging ich noch aus einem ganz andern Grund freiwillig ins Feld. Nach all dem, was ich von mir erzählt habe, wird es niemanden wundern, daß ich sehr schnell Offizier werden wollte. Meine vorgesetzten Unteroffiziere konnte ich nicht leiden, ebenso wenig wie früher meine Lehrer, später meine Professoren.«[121] Realistischer in seinem Verhalten ist ein allgemeiner Wesenszug im Menschen, den eine seiner Romanfiguren formuliert: »Wie rätselhaft, ... daß die einzelnen, aus denen doch die Masse gebildet ist, ihre Eigenschaften aufgeben, selbst ihre primären Instinkte verlieren. Der einzelne liebt sein Leben und fürchtet den Tod. Zusammen werfen sie das Leben weg und verachten den Tod. Der einzelne will nicht zum Militär gehn und Steuern zahlen. Zusammen rücken sie freiwillig ein und leeren ihre Taschen aus. Und das eine ist so echt wie das andere.«[122]

Studien- und Soldatenjahre (1913–1918)

Auch hinsichtlich seines Kriegsdienstes hat Roth also späterhin ein wahres Netz an Legenden geknüpft. Er sei Angehöriger des berühmten Wiener »Hoch- und Deutschmeister«-Regiments gewesen, behauptet er dann. Als Leutnant habe er den Krieg beendet. Einen offenen Brief an den Nazi-Statthalter Österreichs, Seyß-Inquart, unterzeichnet er 1938 gar mit: »Joseph Roth, ehemals kaiser-königlicher Leutnant«.[123] Auch von einer russischen Gefangenschaft weiß er zu berichten. Erst nach monatelanger Flucht sei er wieder nach Wien gelangt. Das klingt dann so: »Ich habe mich freiwillig ins Feld 1916 gemeldet und war 1917-18 an der Ostfront. Ich bin Fähnrich geworden und ausgezeichnet mit der großen Silbernen, dem Verdienstkreuz, dem Karl-Truppenkreuz. ... Ich war 6 Monate in russischer Gefangenschaft, entfloh und kämpfte zwei Monate in der roten Armee, dann zwei Monate Flucht und Heimkehr.«[124] Seinem Verleger Gustav Kiepenheuer teilt er 1930 mit: »Ich war bis zum Ende des Krieges an der Front, im Osten. Ich war tapfer, streng und ehrgeizig. Ich beschloß, beim Militär zu bleiben. Da kam der Umsturz. Ich haßte Revolutionen, mußte mich ihnen aber fügen und, da der letzte Zug von Shmerinka abgegangen war, zu Fuß nach Hause marschieren. Drei Wochen marschierte ich.« Mit snobistischem Maskenspiel weiß er in diesem Brief noch anzumerken: »Ich wollte nicht dritter Klasse fahren, ewig salutieren, ... da meldete ich mich in die Offiziersschule, ich wollte Offizier werden.«[125]

Münchhausengeschichten sind das. Die Wirklichkeit sieht erheblich prosaischer aus. Offizier kann ein Jude normalerweise in der k. und k. Armee nicht werden, und Roths Dienstzeit ist zudem zu kurz für eine solche Offizierskarriere. Er kommt auch nicht zu den prestigeträchtigen »Hoch- und Deutschmeistern«, sondern zunächst zum 21. Feldjägerbataillon. Seine soldatische Ausbildung absolviert er vom 28. August 1916 bis Anfang 1917 in der Wiener Rennwegskaserne. Seine Hauptzeit als Armeeangehöriger verbringt er in Wien, dann ab Frühjahr 1917 in Galizien. Nicht im Schützengraben, sondern im Pressedienst. Es gibt keinerlei Hinweise darauf, dass Roth das Kriegsende in russischer Gefangenschaft erlebt hat.

Lange hält die patriotische Phase des Soldaten Joseph Roth zudem nicht an. »Nach einer Woche beschwerlichen Rekrutendienstes im Bataillon hatten wir bereits genug vom Krieg und vom Militär«, berichtet Wittlin. »Wir erlebten dort viele Demütigungen, sowohl von seiten der Vorgesetzten, besonders der unteren Grade, wie auch von den Kameraden vom Typ Kindermann ... Die Atmosphäre in der Einjährigen-Schule des 21. Elite-Feldjäger-Bataillons war für uns unerträglich. ... Herzlosigkeit und Stumpfsinn blühten, Gemeinheit war gesellschaftliche Pflicht.«[126]

In Roths Ausbildungsmonate fällt ein für Österreich epochales Ereignis. Am 21. November 1916 stirbt Kaiser Franz Joseph im Alter von 86 Jahren. Neun Tage später, an einem nebligen, nassen Wintertag, wird der Sarg in einem von Pferden gezogenen Katafalk durch die Straßen Wiens zur Kapuzinergruft gefahren. Zum letzten Mal zeigt sich der zeremonielle Glanz der Habsburg-Monarchie. Die Zuschauer am Straßenrand, die von den Verlusten der ersten beiden Kriegsjahre erschüttert sind, mit Trauer und Leid kämpfen, und denen der Hungerwinter 1916 noch bevorsteht, sie ahnen, dass mit dem Tod dieses Monarchen ein Zeitalter zu Ende gegangen ist. 12 Jahre später können die Leser der »Frankfurter Zeitung« einen bewegenden Bericht über das Kaiser-Begräbnis lesen. Der Autor Joseph Roth erweckt in diesem Artikel den Eindruck, er sei am 30. November dabei gewesen: »Als er begraben wurde, stand ich, einer seiner vielen Soldaten der Wiener Garnison, in der neuen feldgrauen Uniform, in der wir ein paar Wochen später ins Feld gehen sollten, ein Glied in der langen Kette, welche die Straßen säumte. Der Erschütterung, die aus der Erkenntnis kam, daß ein historischer Tag eben verging, begegnete die zwiespältige Trauer über den Untergang eines Vaterlandes, das selbst zur Opposition seine Söhne erzogen hatte. Und während ich es noch verurteilte, begann ich schon, es zu beklagen. ... Und weil der Tod des Kaisers meiner Kindheit genauso wie dem Vaterland ein Ende gemacht hatte, betrauerte ich den Kaiser und das Vaterland wie meine Kindheit.«[127] In den Romanen »Radetzkymarsch« und »Die Kapuzinergruft«, aber auch in verschiedenen Zeitungsartikeln wird Roth diesen Tag wortreich schildern – auch ein Zeichen dafür, welche Bedeutung der Tod des 68 Jahre regierenden Monarchen für ihn hat. Es ist für Roth nicht weniger als ein Weltuntergang.

Kriegsdienst

»Nach Auswertung der vorgelegten Unterlage gibt das Kriegsarchiv Wien bekannt, daß Joseph Roth im Jahre 1917 als Einjährig-Freiwilliger im Bereich der 32. Infanterietruppendivision im Pressdienst Verwendung fand. Die 32. ITD. unterstand zu dieser Zeit der Heeresgruppe Böhm Ermolli im Raume Lemberg.«[128] Diese Mitteilung des Österreichischen Kriegsarchivs aus dem Jahr 1962 gehört zu den wenigen gesicherten Hinweisen, die wir über Roths Kriegseinsatz besitzen. Generaloberst Eduard Freiherr von Böhm-Ermolli führt seit Beginn des Krieges die 2. Armee. Stationiert sind seine Einheiten überwiegend in Galizien. »Auch ich schwebe nicht über der Welt, ... höchstens schwimme ich und zwar in galizischen Sümpfen.«[129]

Das öde Leben in der Etappe, die Not der Zivilbevölkerung, die entsetzlichen Bilder der Verwundeten und Verkrüppelten, denen er wenige Kilometer hinter der kämpfenden Front begegnet – der Krieg wird auch für Joseph Roth zum Schreckensszenario. »Wir haben die Massengräber gesehen, verschimmelte Hände, ragend aus zugeschütteten Gruben, Oberschenkel an Drahtverhauen und abgetrennte Schädeldecken neben Latrinen.«[130] In einem Feldpostbrief vom August 1917 heißt es: »Ich befinde mich gegenwärtig in einem ostgalizischen Augiasstall, einem ganz kleinen Städtchen. Im grauen Dreck sieht man bloß ein paar Judengeschäfte. Alles schwimmt, wenn es regnet, alles stinkt, wenn die Sonne scheint.« Realistisch und im Vergleich zu den späteren Legenden sehr unpathetisch fügt er den Satz an: »Doch hat der Aufenthalt hier einen großen Vorzug: man ist 10 Kilometer vom Schuß entfernt. Reservestellung.«[131]

Allerdings, Roth hat den Krieg dennoch aus nächster Anschauung miterlebt. Galizien gehört zu den Kriegsschauplätzen, die besonders hohe Opfer auch unter der Zivilbevölkerung fordern, und es ist für Roth im Rückblick »das große Schlachtfeld des großen Krieges«.[132] Im Herbst 1914 überrennen die russischen Armeen die östlichste Provinz der Habsburger und lösen einen ersten Flüchtlingsstrom aus. 1924 erinnert sich Roth während seiner Reise durch Galizien an diese Zeit: »Viele Trainkolonnen sind über diese Straßen gezogen, schwere Geschütze haben tiefe Spuren hinterlassen, die Pferde sanken bis zum Sattel unter – ich weiß es noch, ich weiß es noch. Einmal zog ich diese und andere Straßen dahin, ein Lastmensch unter Lasttieren, und uns fraß der unsterbliche Schlamm...«[133] Stefan Zweig schreibt im Oktober 1914 an seinen Verleger Anton Kippenberg: »Der Kampf in Frankreich ist Wollust gegen dieses Ringen in einer wüsten Natur, in Morast und Steppe. Manche Regimenter mußten mehrere Tage ohne einen Bissen im Feuer bleiben, weil der Train bis über die Räder im Morast einsank, ein lieber Bekannter von mir ist vor den Augen seiner Leute, die ihm nicht helfen konnten, mit seinem Pferd im Sumpf versunken.«[134]

Die russischen Eroberer gehen mit Härte auch gegen die ukrainischen Nationalisten vor. Für sie ist Galizien »altes russisches Land«. »Ich werde hier die russische Sprache, die russischen Gesetze und Institutionen einführen«, erklärt der zaristische Generalgouverneur Graf Borinskij.[135] Die österreichischen Behörden wiederum wittern allerorts Verrat und lassen zahlreiche Ukrainer als Spione verhaften. Schrecklich ist das Schicksal derjenigen galizischen Juden, die nicht rechtzeitig fliehen können und die von den russischen Truppen mit besonderer Brutalität behandelt werden. Es kommt zu Pogromen und Plünderungen. »Ich weiß zu gut, wie tragisch die Situation der Juden ist... Und vor allem..., daß man bei uns aus dem entsetzlichen Leiden der Galizianer für Österreich – Argumente für Antisemitismus findet. Ich bin fest überzeugt, daß die Erbitterung, die jetzt schon latent ist, nach dem Kriege sich nicht gegen die Kriegshetzer, die Reichspost-Partei, sondern gegen die Juden entladen wird.«[136] Stefan Zweig sollte sich in dieser Frage als Prophet erweisen.

Im Mai 1915 müssen die Russen große Teile Galiziens wieder räumen. Die Zivilbevölkerung leidet unter der zurückgekehrten österreichischen Militärherrschaft aber kaum weniger als unter den Soldaten des Zaren, die bereits 1916 wieder in Galizien einbrechen. Im wechselnden Kriegsglück der kämpfenden Truppen werden zahlreiche Städte und Dörfer – besonders auch Lemberg – verwüstet und zerstört. In mehreren Wellen setzt dies einen riesigen Flüchtlingsstrom in Bewegung. Das Ziel ist der Westen, Prag und vor allem Wien. Briefhinweise unterstreichen, dass Roth die Tragödie Galiziens als unmittelbarer Beobachter miterlebt hat. In diesen Monaten schreibt er ein Gedicht, dem er den Titel »Soldaten« gibt und das am 10. Februar 1918 im »Prager Tagblatt« veröffentlicht wird:

Alle haben diesen müden
seltsamen Zug in den bleichen Gesichtern:
In ihren Augen zittert ein schüchtern
taumelndes Ahnen von Heimat und Frieden ...

Alle tragen sie an den müden
Füßen den Staub von zerwanderten Jahren:
Durch viele Länder sind sie gefahren
und haben noch nicht nach Hause gefunden ...

Manchmal nur röten sich ihre Wangen,
wenn sie frohe Kunde erlauschen,
und sie sitzen zusammen und tauschen
flüsternde Reden von süßem Verlangen ...

Ihre harten, zerrissenen Hände
faltet die Demut, und kindheitsverwehte
Worte fassen sie still im Gebete:
Herr, mach ein Ende! – O Herr, gib ein Ende! ...[137]

Die Monate als Soldat werden auch für Joseph Roth zum existenziellen Wendepunkt. »Ich habe furchtbare Momente erlebt und Momente voll grausiger Schönheit.«[138] Nie wird er diese zwei Jahre vergessen können. »Ich rebellierte nur gegen die vorläufige, gegenwärtige Autorität«, heißt es in »Der stumme Prophet«. »Denn sie ruht nicht auf legaler Voraussetzung. Ebensowenig wie dieser Buchhalter, der jetzt singend in den Krieg zieht, ein Held ist, sowenig ist der Polizist ein Polizist, der Minister ein Minister, der Kaiser ein Kaiser. In friedlichen Zeiten sieht man es nicht. Aber jetzt enthüllen die hunderttausend Advokaten und Oberlehrer, die sich plötzlich in Offiziere verwandelt haben, die Ungesetzlichkeit auch der Berufsoffiziere. Es ist kein Zweifel, die Gesellschaft gibt sich zu erkennen, obwohl sie sich verkleidete.«[139] Immer wieder begegnen dem Leser nach 1918 Bilder und Geschichten, die sich Roth in den Kriegsmonaten eingebrannt haben. Die amerikanische Schriftstellerin Gertrude Stein hat in den 20er-Jahren des vorigen Jahrhunderts mit Blick auf ihre zeitweise in Paris lebenden Kollegen und Kriegsteilnehmer Ernest Hemingway und F. Scott Fitzgerald den Begriff von der »Lost Generation«, der »Verlorenen Generation«, geprägt. Erich Maria Remarque, Autor des weltberühmten Romans »Im Westen nichts Neues«, erklärt in einer Vorbemerkung, er habe mit seinem Buch den Versuch unternommen, »über eine Generation zu berichten, die vom Kriege zerstört wurde – auch wenn sie seinen Granaten entkam«.[140] Arnold Zweig erlebt den Krieg als Soldat in den Schützengräben vor Verdun. In einem 1927 veröffentlichten Buch über den Antisemitismus hält er mit Blick auf seine Generation fest: »Niemals ist das Feuer und die selbstpreisgebende Leidenschaft der Jugend dieser irdischen Westwelt furchtbarer gemißbraucht worden; niemals haben Greise – die Väter – ihre Söhne vergeblicher geschlachtet und, selbst belogene Lügner, furchtbarer belogen.«[141] Soma Morgenstern spricht von jener »unglücklichen Generation..., die in einer Flut von Weltgeschichte verunglückte, aus der nur einige ihr Leben gerettet haben, aber keinesfalls ohne Schaden davon gekommen sind.«[142]

Auch Joseph Roth ist ein Angehöriger dieser Generation, die in den Schützengräben und Granattrichtern erwachsen wurden. »Wir erkennen einander. Der Krieg hat uns imprägniert. Wir mögen sonst verschiedenen Welten, verschiedenen Parteien, verschiedenen Berufen angehören. Es leuchtet aus jedem von uns eine selbstverständliche Bereitschaft zur Solidarität, geboren damals, vor zehn oder zwölf Jahren, als der ganze Zug an einer einzigen Zigarette rauchte. ... Es ist, als könnten zwei, die im Krieg waren, sobald sie sich treffen, ohne einander näher zu prüfen, gemeinsam etwa auf die Walz gehen – oder ins Gefängnis – oder in die Kaserne – oder in eine Gefahr – oder sonst überall hin, wo man solidarisch sein darf.«[143] In diesen Sätzen Roths spiegeln sich die Gefühle einer Generation wider, die auf den Schlachtfeldern des Krieges erzogen wird und für den Frieden verloren ist. Das Pathos der Geschundenen und Desillusionierten birgt jedoch Gefahren. Orientierungslos und unfähig, das gelernte Handwerk des Tötens zu vergessen, werden viele von ihnen bald nach dem Krieg das große Heer der rechtsradikalen Völkischen und der mörderischen Freikorps stellen.

Roth arbeitet im Frühjahr und Sommer 1917 als Angehöriger der k. u. k. 32. Infanterie-Truppendivision in der Presseredaktion. Sie gibt die zweisprachig – deutsch und ungarisch – erscheinende »Illustrierte Kriegszeitung« heraus. In dieser den Krieg heroisierenden und der Unterhaltung der Soldaten dienenden Zeitung veröffentlicht er das Gedicht »Der sterbende Gaul«: »Vor Tag im feuchten Graben / Liegt ein verendendes Pferd. / Die Kanoniere haben / Es von der Straße gezerrt...«[144] Die Verse sind mit »Kriegsfr. Gefr. Roth« unterzeichnet.[145] Andere Texte des Kriegsberichterstatters Roth sind nicht nachzuweisen, aber sicher erschien mehr als nur das eine Gedicht. Als Mitglied des Pressedienstes des Stabes ist er zeitweise auch als Zensor tätig. Mit kritischem Auge wachen die Behörden, vor allem die Militärs, über Feldpostbriefe, Kriegsgefangenenkorrespondenz, Zeitungs- und Buchveröffentlichungen. Es gilt, defätistische Ansichten über den Kriegsverlauf und die Politik des Kriegskabinetts schon im Keim zu ersticken. Die Lüge ist seit Urzeiten ein ständiger Begleiter des Krieges.

Viele österreichische Schriftsteller überleben den Krieg in den Presseabteilungen des Generalstabs oder in Redaktionen diverser Truppenzeitungen. Wie für Roth gilt das für Hugo von Hofmannsthal, Stefan Zweig, Rainer Maria Rilke, Robert Musil, Leo Perutz oder Egon Erwin Kisch. In seinem 1929 geschriebenen Romanfragment »Der stumme Prophet« schildert Roth nicht ohne liebevolle Ironie, wie es damals im Pressequartier zuging: »Man war nicht hinreichend auf die Teilnahme der Künstler am Krieg vorbereitet gewesen. Das Kriegspressequartier konnte so viele Maler und Schriftsteller, Historiker und Journalisten, Theaterkritiker und Dramaturgen nicht fassen. Die Journalisten trugen Ledergamaschen und Revolver und eine Armbinde, auf der in goldenen Lettern das Wort ›Presse‹ eingestickt war. Die Theaterkritiker kamen ins Kriegsarchiv und durften Zivilkleider tragen, um nicht als Unteroffiziere auftreten zu müssen. Die Maler waren ihrer eigenen Phantasie überlassen. Sie fertigten die Porträts der Armeeführer an, malten Lazarettwände freundlich und heiter aus und schrieben Tagebücher oder Briefe, die sie dann als Gäste der Literatur veröffentlichen. Auch sie kamen zu ärztlichen Untersuchungen, hatten aber gewöhnlich verschiedene Krankheiten, die sie am Schießen verhinderten. Einige Dramaturgen begannen, Regimentsgeschichten zu schreiben.«[146]

Auch in seiner Haltung gegenüber dem Militärischen bleibt Roths Denken voller Widersprüche. Während der Kriegsjahre überwiegt das Grauen vor den Bildern, denen er in den zerstörten Städten und Dörfern begegnet. »Es war schön, als wir frei und sorgenlos waren«, teilt er der Cousine Resia Grübel im August 1917 mit. »Was wußten wir vom Leben? Dieser grausame Krieg hat unsre Jugend still gemacht.«[147] In seinem Roman »Zipper und sein Vater«, den er zehn Jahre später schreibt, heißt es einmal: »Ich glaube, der Krieg hat uns verdorben. Gestehen wir, daß wir zu Unrecht zurückgekommen sind. Wir wissen soviel wie die Toten, wir müssen uns aber dumm stellen, weil wir zufällig am Leben geblieben sind. ... Wir können vielleicht nur noch zwei Sachen, die uns beweisen, daß wir lebendig sind. Wir können gehorchen und befehlen. ... Heute denke ich, daß diese Welt, diese militärische Welt, die allerdings nur für Todgeweihte gut ist, eine sauber eingerichtete, bequeme Welt war.«[148] Roth liebt zeitlebens das intellektuelle, sich häufig nicht festlegende, durchaus widersprüchliche Gedankenspiel – roter Joseph und Legitimist, assimilierter Jude und scharfer Kritiker des sich anpassenden Westjudentums, und eben auch Pazifist und Einjährig-Freiwilliger. »Ich freute mich über den Gleichklang marschierender Schritte und die meinen hörte ich zuerst. Ich war ein guter Soldat. Ich liebte das Exerzieren.«[149] Ein Zerrissener bleibt dieser Schriftsteller. »Sie kennen mich lange genug, um zu wissen, daß ich eine Schwäche für das Militär habe. Ich gestehe Ihnen gerne, daß ich mich an der musikalischen Exaktheit der Gewehrgriffe freue und an jener gewissen Präzision der Sorglosigkeit, mit der ein Soldat sich seinem disziplinierten Schicksal überläßt.«[150]

Auch solche Sätze dokumentieren Roths Wunsch, endlich einmal auf der Seite der Macht zu stehen. Und sind wir in der Uniform nicht alle gleich? Photographien, auf denen Roth als Soldat zu sehen ist, zeigen einen recht selbstbewussten Angehörigen der k. und k. Armee. Nicht ohne Eitelkeit präsentiert er sich beispielsweise auf einem Gruppenbild des 21. Feldjägerbataillons: den Arm energisch in die Seite gestützt und ein kleines Heldenlächeln um den Mund. Da ist einer im Moment offenbar mit sich zufrieden.

Während er in Galizien ist, reist Roth häufig nach Lemberg. »In dieser großen Zeit stehen selbst die Uhren am Lemberger Bahnhof still. Nur die Kriegsberichterstatter, die hier durchreisen, können nicht schweigen.«[151] Im Juli 1917 wird die »Illustrierte Kriegszeitung« eingestellt. »Materiell geht es mir nicht mehr so, wie früher«, klagt er daraufhin in einem Brief an die Cousine Paula. »Die Zeitung geht nämlich ein und nun die Aureole des Redakteurs entschwunden ist, bin ich nichts mehr, als ein Einjährig-Freiwilliger. Dementsprechend die Behandlung.«[152] Seit Anfang 1918 ist er viele Monate in Wien stationiert. Verwandtenbesuche, intensives Lesen und erste schriftstellerische und journalistische Versuche lenken ihn vom Krieg und dem öden Dienst in der Presseabteilung ab. Er besucht Konzerte und Theateraufführungen und spottet über die Wiener Gesellschaft: »Ich fand zu Hause eine Einladung in die ›Scholle‹ vor. Am Samstagabend ging ich hin. Ein paar Dilettanten lasen erbärmliche Gedichte vor. Auch eine junge Dame ließ sich herbei, ihr Zeug vorzulesen. Ihre Mutter, eine Jüdin aus der Leopoldstadt, stand auf und sprach: Das ist meine Tochter. Diese vier Wörter machten die Mutter unsterblich. Was ihre Tochter mit ihren Novellen nie erreichen wird.«[153] Das Kriegsende erlebt Roth in Galizien. Im Dezember 1918 wird er dann in Wien aus dem Militärdienst entlassen.

Schreibanfänge

Schon in seinen Studentenjahren beginnt Roth ernsthaft zu schreiben. Es entstehen zunächst vor allem Gedichte, auch wenn er damit später Versteck spielen wird. 1925 teilt er seinen Lesern mit: »Ich gehörte nicht der Generation der Leute an, die ihre Pubertät mit Versen eröffnen und abschließen.«[154] Und Soma Morgenstern zitiert eine entsprechende Äußerung aus Roths letzten Lebensjahren: »Ich habe nie Gedichte geschrieben. Flaubert hat keine Gedichte geschrieben, und Tolstoi auch nicht.«[155] Ein erfolgreiches Täuschungsmanöver. Der seit 1939 im Pariser Exil lebende, dann in die USA geflohene deutsch-tschechische Journalist und Schriftsteller Hans Natonek schreibt ein Jahr nach Roths Tod in einem unveröffentlichten Artikel: »Die besten Kenner Joseph Roths ... glaubten, er habe nie einen Vers geschrieben. Im Gegenteil, er liebte unter dem Anschein einer rauhen, sogar zynischen Härte, seine außerordentliche Zartheit und Schmerzempfindlichkeit zu verbergen. ›Bin ich ein Lyriker?‹, knurrte er einmal abwehrend einen Freund an, der den in seiner Kaffeehausecke verkrochenen, kranken Dichter in die Frühlingssonne setzen wollte.«[156]

Die Wahrheit sieht anders aus: Roth verfasst als Gymnasiast, als Student und Mitte der 20er-Jahre als Journalist Gedichte in Hülle und Fülle. »Ich ordne jetzt Roths Gedichte – die meiner Ansicht nach wunderschön sind und interessant, weil sie genau den Seelenzustand und Gedanken des 20-jährigen Dichters Roth enthalten«, schreibt Paula Grübel drei Wochen nach Roths Tod am 15. Juni 1939 an Hermann Kesten. »... ich glaube, es werden 150 Gedichte oder auch mehr sein.«[157] Wenig später erreicht Hans Natonek eine Postkarte Paulas, auf der sie auch ihm gegenüber betont, dass sie »seit vielen Jahren Roths Jugend- und Kriegsgedichte gesammelt und aufbewahrt« habe.[158]

Ob Verszeilen wie »Kind, er wird nicht ewig währen / Unser liebberauschter Mai / Und wir werden wiederkehren / In das Alltagseinerlei«[159] tatsächlich »wunderschön« sind, ist sicher eine sehr individuelle Bewertungsfrage. Es ist doch wohl mehr die redlich bemühte Lyrik eines suchenden und schwärmenden, zweifellos sprachbegabten Jünglings, der wir in den überlieferten Gedichten Roths begegnen. Mancher Reim ist voller Poesie und Zartheit, aber alles in allem gilt es da nicht, einen von Kritik und Lesern einst zu Unrecht übersehenen Lyriker zu entdecken. Immer wieder Verse über den Frühling und den Herbst, über »Hoffnung« und »Nachtstimmen«, über die Liebe und die Einsamkeit, später über »Marschkompanie« und den »Soldatensonntag«. Manches reimt er allerdings schon in der feuilletonistischen Tonlage, die er später so meisterhaft beherrscht:

Mildes Herbstsonnengold
Über allen Weiten –
Ruhen Wald und Feld so hold
Wie in Frühlingszeiten.

Denkt ein dummes Vöglein heut'
Frühling sei es wieder
Zwitschert voller Lenzesfreud!
Seine hellsten Lieder.

Herzerquickend, wonniglich,
Seine Sänge klingen –
Wär' ein dummes Vöglein ich
Würd' ich auch so singen ...!

Überliefert sind 133 Gedichte Roths. 89 davon bleiben unveröffentlicht, 16 werden in seiner Frühzeit und 28 Mitte der 20er-Jahre in einigen linken Zeitungen abgedruckt. Neuromantik, eine Prise des geliebten Heinrich Heine und Allerweltsphilosophie, jugendlicher Schmerz und Ironie eines noch Unfertigen prägen die frühen Verse. »Sie sind von melancholischer Grundstimmung getragen, das Rätselhafte des Lebens scheint Thema. Gedichte solchen Inhalts und solcher Machart entstanden um diese Zeit verschiedenen Orts häufig: eine preziös melodische Vers- und Reimkunst verbindet sich oft überraschend mit umgangssprachlichen Redewendungen.«[160] In der »Silvesternacht 1913/14 um 12h nachts« – so die eigenhändige Datierung unter dem Gedicht – schreibt er drei Strophen, die typisch für seine lyrischen Erzeugnisse in diesen jugendlichen Jahren sind.

Silvesternacht

Heut' jauchzt die Welt. Heut' tollt und lacht
Der Menschheit freudetrunk'ner Schwarm.
Im Wonnemeere dieser Nacht
Wäscht er sich rein von Gram und Harm.

Nun schäumt und sprudelt, perlt und blinkt
In tausend Bechern heut' der Wein.
Man trinkt und trinkt. Die Sünde winkt,
Und alle jubeln: wir sind dein...

So stirbt das Jahr. – So macht's im Tod noch reich
Der trunk'nen Menschheit undankbaren Schwarm. –
Sie sehn es nicht: der Morgen dämmert bleich...
Sie merken's nicht: er bringt nur Gram und Harm.

Knapp zwei Jahre später – er lebt bereits in Wien – ist es dann soweit. Joseph Roth kann sich über die erste Veröffentlichung freuen. Bemerkenswert ist der Brief, den der Debütant der Redaktion von »Österreichs Illustrierter Zeitung« zusammen mit einigen Gedichten zuschickt. »Sehr geehrter Herr Redakteur! Es ist das Schicksal der Armen, daß sie Allem, was sie beginnen, eine Entschuldigung voraus schicken müssen. Ich gehöre leider zu dieser Gattung und deshalb bitte ich Sie um Verzeihung. Wofür? – Nun, daß ich es wage, Sie zu stören. Daß ich es unternehme, Sie mit meiner unbedeutenden Persönlichkeit zu langweilen und Ihnen Ihre gewiß sehr kostbare Zeit zu rauben. Aber, bitte, verlieren Sie nicht die Geduld. Und hören Sie mich einige Minuten an.«

Diesem außergewöhnlichen Prolog folgen nicht weniger kuriose Zeilen: »Ich bin einer von denjenigen, die man Lyriker nennt, oder Narren, oder Bettler, oder Alles zugleich. ... Es ist nicht die Sehnsucht nach Druckerschwärze, die mich Ihnen schreiben heißt, sondern die Not. Sie lehrt heutzutage nicht mehr beten. Denn das Beten haben wir vergessen, als wir sahen, daß es umsonst sei. Die Not lehrt heute *bitten*. Aber die Bitte wird zum Gebet, und der Mensch, an den man sie richtet, wird zum Herrgott.

Für mich sind Sie es jetzt, Herr Redakteur! Hoffentlich erhören Sie mich.

Wenn Sie es nicht wissen, so ahnen Sie es doch gewiß, was das heißt: arm zu sein. ... Wenn Sie das Alles wissen, Herr Redakteur, werden Sie diese Sendung nicht in den Papierkorb werfen. Es wäre weniger schade um meine Gedichte, als um das schöne, weiße Papier...

Warum ich mich aber an Sie persönlich wende, Herr Redakteur, das hat seinen guten Grund: Manuskripte laufen in Ihre Redaktion in Masse ein. Ein unbekannter Name erweckt Vorurteile. Die Sachen werden zurückgeschickt oder weggeschafft...

So erlaube ich mir denn, Ihnen einige Proben meiner Mühe zu bringen und Ihnen meine Dienste anzubieten. Vielleicht können Sie mich brauchen. Vielleicht verwenden Sie Einiges in der Sonntagsbeilage.«[161]

In diesem Schreiben des 21-Jährigen zeigen sich bereits all jene Schnörkel, mit denen Joseph Roth später seine Korrespondenz so wortreich auszuschmücken versteht: devot und amüsant, verspielt und geschickt um Aufmerksamkeit werbend. Der zuständige »Herr Redakteur« von »Österreichs Illustrierter Zeitung« jedenfalls ist hinreichend beeindruckt. Am 17. Oktober 1915 erscheint Roths Gedicht »Welträtsel«.

> Sterne gibt's, die ewig scheinen wollten
> Und doch verglühn...
> Wolken gibt's, die eben weinen sollten
> Und weiterziehn...
> Steine gibt's, die viel zu fragen wüßten,
> Doch keiner spricht...
> Menschen gibt's, die sich was sagen müßten
> Und sagen's nicht...[162]

Eine Woche später folgt mit »Herbst« der zweite Abdruck eines Roth-Gedichtes. Keine Triumphe, aber doch ein ermutigender Anfang, zumal »Österreichs Illustrierte Zeitung«, ein wöchentlich erscheinendes, betont konservatives »Modernes Familienblatt – Mit Kunstrevue«, ihren Verlagssitz immerhin in der Kulturmetropole Wien hat. Diese ersten Veröffentlichungen haben sein Selbstwertgefühl zweifellos gestärkt. »Meine Gedichte dürften in ›Österreichs Illustrierter Zeitung‹ erscheinen oder *schon* erschienen sein«, teilt er der Cousine stolz mit. »Honorar kriege ich nicht. Aber einige Novellen, die ich ihm eingeschickt habe, dürfte er gut honorieren.«[163] Auch wenn diese Hoffnung sich wohl nicht erfüllt hat, 1916, 1917 und 1918 erscheinen einige Gedichte in der »Arbeiter-Zeitung«, dem von Viktor Adler gegründeten Zentralorgan der österreichischen Sozialisten, und im bürgerlichen »Prager Tagblatt«. Schon in den Jahren zuvor ist Roth stolz auf seine noch in Brody entstehenden dichterischen Äußerungen. Als er einem Onkel eines seiner Gedichte schickt, fügt er die Bemerkung an: »Nicht wahr ein schönes Gedicht? Ich fühl es, ich habe Talent.«[164] Der Lemberger Cousine schreibt er an seinem achtzehnten Geburtstag in hohen Sätzen: »Ich sehe, daß Du Anteil nimmst an den Fortschritten auf dem Gebiete meiner Dichtkunst, wofür ich Dir ganz besonders danke.«[165]

Józef Wittlin meint in seinen Erinnerungen, Roth habe sich in den späteren Jahren »seiner lyrischen Jugendwerke (geschämt) und ließ sie aus diesem Grunde nicht veröffentlichen«. Und Wittlin findet begeisterte Worte für die Gedichte des Freundes: »Das ist sehr bedauerlich, denn wir finden in ihnen den ganzen späteren Roth, den Meister der Einfachheit und Klarheit. Roths Gedichte erinnern zuweilen an Mörike, den er sehr verehrte.«[166] In Wittlins Wohnung sollen bei der Bombardierung Warschaus 1943 zahlreiche Gedicht-Manuskripte verbrannt sein, die Roth ihm zur Aufbewahrung gegeben hatte. Vielleicht sind darunter die poetischen Schätze gewesen, die Wittlin zu seinem euphorischen Urteil hingerissen haben.

Das Gedicht, das vom immer noch völlig unbekannten Lyriker Roth in der patriotischen Anthologie »Weltbrand 1917« erscheint, ist jedenfalls noch ganz im bemühten expressionistischen »Oh Mensch«-Pathos der Zeit verfasst. Die vielen Pünktchen und Striche sollen den Leser Bedeutungsvolles ahnen lassen. Angesichts des Mordens auf den Schlachtfeldern zeugt es jedoch bereits von beachtlicher kritischer Distanz zum ansonsten in den patriotischen Medien aufgeführten Heldentheater.

Mütter

Starr lag die Nacht und keine Glocke schlug –
da wandelte vorbei der Mütter Zug ...
– – – – – – – – ˙ – – – – – – – – – – – – – – – – –
... Und manche waren, deren blasse Lippen
Gebete murmelten und leise klagten
und zag und scheu an ihrem Schmerze nagten,
an Gott noch glaubten und nicht grollten
und auf den Feldern suchten nach Gerippen
der toten Söhne, die sie küssen wollten ...
Doch manche kamen mit flatternden Haaren
und gramversengtem Angesicht
Wir sind die furchtbar rächenden Scharen
vom jüngsten Gericht! ...
Ich hab' ihn aus meinem Schoße geboren,
ich hab' ihn an meinen Brüsten genährt,
ich hab' ihn sein erstes Lallen gelehrt ...
Ich weiß, wie er rüttelnd stand an den Toren
des jungen Lebens und wie der Wind
zehntausend Blüten Treue geschworen
und alle küsste, die er sich erkoren – –
Ich hab' ihn verloren ... verloren ... verloren ...
    Mein Sohn! ...
    Mein Kind! ...
... Und andere wieder warten still ...
In ihren Augen schwieg ein starres Warten
und ihre sehnsuchtsmüden Arme harrten
wie auf ein Glück, das niemals kommen will ...
Wie in der Lotusblüten weißen Garten,
So schritten sie in ihren süßen Traum – –
Dort stehn sie still – sie glauben's selber kaum –
und dennoch warten sie – und warten ... warten ...

Starr lag die Nacht und keine Glocke schlug –
Da wandelte vorbei der Mütter Zug ...[167]

Roth passt sich dem allgemeinen bürgerlichen Geschmack an, der in diesen Jahren durch Dichter wie Richard Dehmel, Hermann Hesse oder Leonhard Frank geformt wird: »Sieh, Bruder Mensch: Durch Nebel wuchtet schon der Tag!«[168] Mehrere Gedichte – beispielsweise die im »Prager Tagblatt« im Februar 1917 veröffentlichten Verse »Christus«[169] – haben einen religiösen Hintergrund. Auch sie spiegeln die Erschütterung wider, die das Kriegserlebnis bei Roth ausgelöst hat. Die mangelnde Originalität ist jedoch nicht zu übersehen. Der ehrgeizige junge Lyriker – und das ist keineswegs zu tadeln – dichtet auch mit Blick auf eine mögliche Veröffentlichung. Er braucht Geld, er will und muss sich durchsetzen. Der Weg in die Spalten der bedeutenden österreichischen und deutschen Zeitungen ist dornig und fordert Kompromisse.

Der Schüler und Student Joseph Roth schreibt bald auch seine ersten kleinen Geschichten. Romantische Märchen sind darunter, die von pubertären Zukunftsträumen, von kühnen Männern und einsamen Verlassenen berichten. In einem dieser Prosatexte erzählt er »Die Geschichte vom jungen Musikanten und der schönen Prinzessin«. Er nimmt darin das uralte Märchenmotiv vom Kampf des Mannes um die Liebe der Frau auf. »Und in einem fernen, fernen Reiche lebte eine wunderschöne Prinzessin.« Zum Gatten nehmen und damit zum König machen wolle sie den Mann, »der sie mit seiner Kunst bis ins tiefste bewegen könnte. ... Die schöne Prinzessin hieß jeden neuangekommenen Werber drei Tage warten und bewirtete ihn köstlich und versprach, ihn zu heiraten, wenn sich im Laufe dieser Frist kein neuer Künstler zeigen würde, der alle früheren noch überträfe und dem letzten den Rang streitig machte«. Ein junger Geiger – Roth selbst ist in seinen Jugendjahren ein guter Violinspieler! – erobert mit seinem Spiel das Herz der Prinzessin, bis »plötzlich ein schmucker, schlanker Ritter erschien und Einlaß begehrte«. Er tanzte so wunderbar, dass dem Geiger nur noch blieb, zum Brauttanz von Ritter und Prinzessin aufzuspielen. »Da fiel plötzlich die Geige zu Boden und zerschellte klirrend. ... Sein Gesicht wurde bleich. ... Er tat noch einen tiefen Atemzug und war tot. – Da stockte der Tanz. Auch der Ritter hielt ein und tanzte nicht mehr. Die Prinzessin aber beugte sich über den toten Geiger, küßte ihn und weinte.«[170] Als begeisterter Schiller-Leser kennt der junge

Autor dieser Liebestragödie mit Sicherheit die vom Weimarer Klassiker verfasste Bühnenbearbeitung des tragikomischen Märchens »Turandot. Prinzessin von China«, das der Italiener Carlo Gozzi 1762 verfasst hat. Und auch der schon damals vielgelesene Märchenerzähler Oscar Wilde dürfte ihm nicht fremd geblieben sein. An Paula Grübel schreibt er im Februar 1918 nach einem Konzertbesuch aus Wien: »Am Dienstag war ich bei Hubermann. Er spielte eine Bachsche Etüde mit viel Geschick, Kälte und körperlicher Anstrengung. ... Er hat während des Spiels eine herrische Miene, wenn der Bogen sinkt, ist er aller Herrlichkeit bar, ein armseliger Mensch, fast schüchtern. Ich mußte an mein Märchen vom Geiger denken.«[171]

Nicht nur die Geschichte des unglücklichen Musikers wird – im August 1916 – in »Österreichs Illustrierter Zeitung« abgedruckt, sondern zuvor schon im Dezember 1915 der kleine Prosatext »Herbstwindes Kriegsgeschichten«, der »die leidvollen Konsequenzen des Krieges ... zeigen«[172] soll. Episodische Splitter, vom romantisch-heroischen Zeitgeist beflügelt: »In einer kleinen deutschen Stadt war ich. Wo es lauschige Winkel gibt und murmelnde Brunnen. Wo der Mond in schmale Gäßchen über winklige Giebel schielt. Wo es niedliche Balkons gibt mit lang herabhängenden Bärten aus wildem Weinlaub. Wo aus jeder Nische Lavendel duftete und Nachtwächterhornton zitterte... Durchs Fenster blickte ich in eine reine deutsche Stube. Da saß der Vater. Seine Brust schmückte das Eiserne Kreuz. Den Arm trug er in der Binde. Er erzählte. Großmutter lauschte und die junge Mutter. Ein Töchterlein saß auf seinem Knie und betrachtete ihn ehrfürchtig. Nur einer sah sich nicht auf ihn um: sein kleiner Junge. Der rasselte mit dem schweren Säbel des Vaters, patschte in die dicken Händchen und rief: Ich bin Soldat! Ich bin Soldat!«[173]

Dann im Februar 1916 eine »Plauderei« über die Satire: »Es geht den edelsten und feinsten Dichtungsgattungen wie den feinsten und edelsten Menschen: Sie werden verkannt. Verkannt wird das lyrische Gedicht, verkannt wird die Satire.«[174] Da meldet sich erstmals öffentlich der Feuilletonist Joseph Roth zu Wort.

In der Redaktion von »Österreichs Illustrierter Zeitung« schätzt man offenbar die Texte des jungen Mannes. Aber er ist kein Frühvollendeter wie der Dramatiker Georg Büchner oder der Lyriker Georg Heym. Erste Schreibübungen sind es, die ein Gymnasiast, die ein Student vorlegt, der den Weg ins Freie ersehnt, im Dichten sich selbst zu finden sucht. Mit der Erzählung »Der Vorzugsschüler« wird dann allerdings 1916 Joseph Roth seine literarische Gesellenprüfung ablegen.

Frühe Erzählungen

»Des Briefträgers Andreas Wanzls Söhnchen, Anton, hatte das merkwürdigste Kindergesicht von der Welt.«[175] Wenn auch ein wenig pathetisch formuliert, lässt sich doch sagen: Mit diesem Satz beginnt die Schriftstellerkarriere des Joseph Roth. Die kleine Erzählung über Leben und Tod von Anton Wanzl ist so etwas wie die literarische Ouvertüre dieses Autors. Schon finden sich viele Elemente, die wiederkehren werden: realistischer Erzählstil und Zeitkritik, Ironie und Feuilleton, Jung-Wien und Psychologie, Distanz des Erzählers und sein Mitleid mit den Verlierern und Verdammten.

Roth erzählt die Geschichte eines Aufsteigers, eines Mannes, der von Kindheit an nur ein Ziel kennt: gesellschaftliche Anerkennung. Damit greift der Autor früh ein Thema auf, das ihn selbst auf seinem Weg von Brody nach Wien, Berlin und Paris intensiv beschäftigt und das er bis zu seinem Tod nie ganz überwinden wird. Auch im Mittelpunkt seiner ersten Romane, die ab 1923 in regelmäßiger Folge erscheinen, stehen vielfach Männer, die vom Aufstieg, von Macht und Erfolg träumen. Ein Blick in das Notizbuch von 1919, in dem Roth eine Mischung aus zynischer Selbststilisierung und biographischer Aufarbeitung betreibt, zeigt, dass der sensible, die eigenen Wünsche und Identitätskrisen kritisch beobachtende Autor in seinem »Vorzugsschüler« auch einen fernen Seelenverwandten in Literatur verwandelt.

Wanzl, der Sohn aus kleinbürgerlichem Milieu, ist ein Vorzugsschüler, ein Primus, ein Musterknabe. »Anton Wanzl war stets nett und reinlich gekleidet. Kein Stäubchen auf seinem Rock, kein winziges Loch im Strumpf, keine Narbe, kein Ritz auf dem glatten, blassen Gesichtchen. Anton Wanzl spielte selten, raufte nie mit den Buben und stahl keine roten Äpfel aus Nachbars Garten. Anton Wanzl *lernte* nur.«[176] Die Eltern träumen vom Aufstieg des Sohnes: »Aber was mein Anton noch alles werden kann! Bürgermeister, Gymnasialdirektor, Bezirkshauptmann und – hier machte Herr Wanzl einen großen Sprung – vielleicht gar Minister?«[177] In der Schule still und immer bestrebt, den Lehrern zu gefallen, ist es Antons Ziel, selbst »Aufseher« in der Klasse zu werden. »Und so faßte er sich eines Tages ein Herz und schwärzte den ›Aufseher‹ an.«[178]

Anton zahlt für seinen Aufstiegswillen einen hohen Preis: »Anton Wanzl war kein glückliches Kind.«[179] Er »war nicht gut. Er hatte keine Liebe, er fühlte kein Herz. Er tat nur, was er für klug und praktisch fand. Er gab keine Liebe und verlangte keine. Nie hatte er das Bedürfnis nach einer Zärtlichkeit, einer Liebkosung, er war nicht wehleidig, er weinte nie. Anton Wanzl hatte auch keine Tränen. Denn ein braver Junge *durfte* nicht weinen«.[180]

Ein Musterknabe bleibt er auch als Student. »... was den Professoren aber am meisten behagte, war eine wahrhaft köstliche Naturgabe. Er konnte nämlich stundenlang mit dem Kopf nicken, ohne zu ermüden.«[181] In seiner Beziehung zur Miederverkäuferin Mizzi Schinagl – ein Name, der im »Radetzkymarsch« und in »Die Geschichte von der 1002. Nacht« wieder auftaucht – leitet ihn nicht Liebe, sondern Konvention, der Wunsch, sich Jungmänner-Gepflogenheiten anzupassen. »Sie erzählte das und jenes, es wurde Abend, der Flieder duftete, die Amsel schlug, der Mai kicherte aus dem Gebüsch, da vergaß sich Mizzi Schinagl und sagte etwas unvermittelt: ›Du, Anton, ich liebe dich.‹ Herr Anton Wanzl erschrak ein wenig.«[182] Er lässt das Mädchen bald sitzen, um die eigene bürgerliche Karriere durch die Heirat mit der wenig attraktiven Tochter eines einflussreichen Hofrats zu fördern. Seinen Rivalen, den Künstler Hans Pauli, schlägt er mit kühlem Blick für sein Ziel aus dem Rennen. Mizzi – das gemeinsame Kind wird tot geboren – will in die Donau gehen. Der menschlichen Tragödie stellt Roth – das wiederholt sich immer wieder in seinem Prosawerk – unmittelbar die Gleichmut und Unschuld der Natur gegenüber: »Draußen rauschten die Wellen der Donau ihr uraltes Lied von Werden und Vergehen. Sie trugen die Sterne mit und die weißen Wölklein, den blauen

Himmel und den Mond. In heißduftenden Jasminbüschen lag die Nacht und hielt den Wind in ihren weichen Armen, daß nicht der leiseste Hauch durch die schwüle Welt ging.«[183] Ein paar betrunkene Studenten betreten die Szene, und das Mädchen lässt sich ins Leben zurückziehen, geht mit einem der jungen Herren auf dessen »Bude«. Das Leben als Prostituierte ist vorgezeichnet.

Wanzl aber wird Gymnasiallehrer, bald stellvertretender Direktor der Bildungsanstalt, auf der er einst als Schüler geglänzt hat. Seinen Chef drängt er rasch aus dem Amt. Mit kleinen Intrigen erwirkt er die Versetzung des Direktors in den Ruhestand. Die Nachricht erreicht den Greis bei einem gemeinsamen Spaziergang mit Wanzl, und »er machte eine Bewegung, als wollte er nach seinem Herz greifen, schwankte und fiel. Nach einigen Sekunden war er in den Armen seines Sekretärs gestorben«.[184]

Nach diesem »Mord auf dem Amtsweg«[185] führt Anton Wanzl das zufriedene Leben des Spießbürgers. »Nur nach Wien kam er seit einigen Jahren nicht mehr. Dort war ihm einmal was höchst Fatales passiert. Als er einmal in der Nacht mit seiner Frau aus der Oper heimkehrte, begegnete ihm an der Ecke ein aufgeputztes Frauenzimmer, warf einen Blick auf Frau Lavinia an seiner Seite und lachte schrill auf. Lange klang dieses wilde Lachen Herrn Anton Wanzl in den Ohren.«[186]

»Direktor Wanzl lebte noch lange und glücklich an der Seite seiner Frau«, bis ihn eine Lungenentzündung dahinraffte. »Reden wurden gehalten, Abschiedsworte nachgerufen. Herr Anton Wanzl aber lag tief drinnen im schwarzen Metallsarg und lachte. Anton Wanzl lachte zum ersten Male. Er lachte über die Leichtgläubigkeit der Menschen, über die Dummheit der Welt. Hier durfte er lachen. Die Wände seines schwarzen Kastens konnten ihn nicht verraten. Und Anton Wanzl lachte. Lachte stark und herzlich.«[187] Seine Schüler – Roth erweist sich schon in dieser frühen Erzählung als beachtlicher Satiriker – lassen für den geachteten Direktor einen Grabstein mit der Inschrift setzen: »Üb immer Treu und Redlichkeit / Bis an dein kühles Grab!«[188]

Eine konventionelle Erzählung hat der 21-Jährige geschrieben. Der Einfluss Arthur Schnitzlers und der Jung-Wiener ist nicht zu übersehen. Und doch hat Roth hier auch schon seine ganz eigene

Dramaturgie gefunden. Die Welt ist Schein, und der Emporkömmling wird der Held des 20. Jahrhunderts sein. Er geht im wahrsten Sinne des Wortes über Leichen, um seine Ziele zu erreichen. Die liebende Mizzi Schinagl, der ausgestochene Künstler Hans Pauli – er »starb schließlich vor Hunger auf der Straße«[189] –, der gutmütige Direktor Kreitmeyr, sie sind die Naiven und die Gutgläubigen, die zu Opfern in einer Gesellschaft werden, die Anpassung und Gefühlshärte fordert.

Aber Anton Wanzl ist nicht nur Täter. Wie Richard Wagners Alberich der Minne entsagt, um in den Besitz des Ringes zu gelangen, der ihm die Macht über die Welt verspricht, so verneint auch Wanzl die Liebe, um Macht und Ansehen zu gewinnen. Er muss ein Doppelleben führen, um den gesellschaftlichen Konventionen zu entsprechen. Frei ist er erst im Tod, als er die Maske des Spießbürgers ablegen und »stark und herzlich« lachen kann über eine törichte Welt. Roth entzaubert mit den Mitteln der Groteske und der Satire das Pathos bürgerlicher »Üb immer Treu und Redlichkeit«-Ideale.

Veröffentlicht wird die Geschichte vom »Vorzugsschüler« am 15. September 1916 in »Österreichs Illustrierter Zeitung«. Eine erweiterte Fassung erscheint erst 35 Jahre nach seinem Tod.[190] Bei der Niederschrift des Manuskriptes ist Roth noch Student. Als die Erzählung erscheint, übt er schon Gewehrgriffe in der Wiener Renner-Kaserne.

Vor dem Kriegsende – im April 1918 – veröffentlicht das Wiener Wochenblatt noch eine weitere Geschichte Roths. Auch in »Barbara« wird dem Leser auf nur wenigen Seiten ein ganzes Leben präsentiert. Es ist die Geschichte einer Mutter, die ihr Leben dem Sohn aufopfert. Von Kindheit an ungeliebt, glaubt Barbara in Philipp ihre Träume verwirklichen zu können. »Sie wurde Wäscherin. In der Früh ging sie aus, und in der Mittagsstunde schleppte sie einen schweren Pack schmutziger Wäsche heim. ... Die Arbeit lastete auf ihrem Rücken. Aber um den bittern Mund spielte ein Lächeln, sooft sie ihren Sohn ansah.«[191] Aus Liebe zu ihrem Kind verzichtet sie nach dem Tod ihres Mannes auf ein neues Glück. Philipp besucht das Gymnasium und entschließt sich – »da er keine besondere Vorliebe für einen Beruf (hatte), er hatte überhaupt keine Liebe«[192] – Theologie zu studieren. »Seine Briefe waren selten und trocken wie

Hobelspäne.«[193] Am Sterbebett Barbaras sitzt der angehende Priester schließlich ohne zu verstehen. »Kein Schmerz lag in seiner Stimme, nur eine Art Wohlgefallen an sich selbst und die Freude darüber, daß er am Lager seiner todkranken Mutter zeigen konnte, was er gelernt hatte.«[194] Als Barbara ihm von ihrem aufopfernden Leben erzählt, schweigt Philipp, »so etwas begriff er nicht. Es rührte ihn nicht«.[195]

»Barbara« ist literarisch sicher keine starke Erzählung. Möglicherweise verarbeitet Roth darin auch das eigene Mutter-Sohn-Verhältnis. Mit Philipp zeichnet er erneut einen gefühlskalten und liebesunfähigen Charakter. Ähnlich wie über Anton Wanzl heißt es über Philipp: »Er weinte selten.« Immerhin klingt in der Geschichte der Wäscherin Barbara schon ein Thema an, das Roth in den ersten Nachkriegsjahren in vielen seiner Feuilletons und Berichte aufgreifen wird: Arbeit und Mühsal der unteren Klassen. »Sie hieß Barbara. Klang ihr Name nicht wie Arbeit? Sie hatte eines jener Frauengesichter, die so aussehen, als wären sie nie jung gewesen.«[196] Noch ist das nicht besonders zeitkritisch angelegt. Bald aber wird das Elend der Nachkriegszeit seinen Blick schärfen.

Kapitel 4

»Ist die Welt nicht ein Tollhaus?«
Journalistische Anfänge in Wien
(1918–1920)

Im November 1918 geht eine Welt unter. Jahrhunderte der Adelsherrschaft enden auf den Schlachtfeldern eines Krieges, der ganz Europa erschüttert und seine Gesellschaftssysteme fundamental verändert. Vier Monarchien – sie waren für die politischen und wirtschaftlichen Entwicklungen des Kontinents seit den Tagen des Mittelalters maßgeblich verantwortlich – sind über Nacht aus der Geschichte verschwunden: Die österreichischen Habsburger, die deutschen Hohenzollern, die russischen Romanows und etwas später das ebenfalls zu den Besiegten zählende Sultanat des osmanischen Reiches haben Thron und Macht verloren. Ihre letzten Vertreter werden des Landes verwiesen, teilweise enteignet oder wie die Romanows ermordet. Dieses Schicksal des Machtverlustes wartet auf den gesamten ost- und mitteleuropäischen Hochadel. Könige, Fürsten, Herzöge und Grafen verlieren ihre Territorien, in denen ihre Geschlechter teilweise seit Jahrhunderten vielfach willkürlich und selten klug regiert haben. Das lange 19. Jahrhundert, das mit der Französischen Revolution von 1789 beginnt, endet im November 1918.

Für die Besiegten, die vier Jahre zuvor so leichtfertig ihren verantwortungslosen Herren in den Krieg gefolgt sind, beginnt eine Zeit des Hungers, der Vermögensvernichtung und der nationalen Demütigung. Österreich verliert in den Friedensverträgen von Paris (St. Germain) zwei Drittel seines Territoriums. Der Vielvölkerstaat der Habsburger liegt in Trümmern. Aus ihnen wachsen eigenständige nationale Herrschaftsgebiete: die Tschechoslowakei, Ungarn, Jugoslawien, Rumänien und Polen.

Was unter dem Namen »Republik Österreich« übrig bleibt, erscheint den meisten ihrer Bewohner kaum überlebensfähig. »Das neue Österreich wird eine schwere Geburt sein«, schreibt Stefan Zweig schon im Oktober 1918 an einen Freund.[1] Es entsteht ein »Staat, den keiner wollte«. In der Habsburger Zeit gab es wirtschaftlich ein zumindest einigermaßen ausgewogenes Verhältnis zwischen böhmischen Industriezonen und ungarischen Agrargebieten. Böhmen aber ist für Österreich ebenso verloren wie Ungarn. Der neue Staat, der sich im deutschsprachigen Teil des alten Reiches gründet und vor schweren wirtschaftlichen Problemen steht, hat daher nur ein Ziel: die Vereinigung mit dem ebenfalls geschlagenen Deutschland. Das wollen nicht nur die Großdeutschen und Christsozialen, sondern auch die österreichischen Sozialdemokraten. Die Pariser Friedensverträge aber verbieten einen Zusammenschluss.

Obwohl die Grenzen des neuen Staates noch nicht festliegen – bald wird Südtirol an Italien und der deutschsprachige Rand Böhmens an die Tschechoslowakei fallen, wird es im Burgenland und in Kärnten Volksabstimmungen über die nationale Zugehörigkeit geben –, wählen die Österreicher im Februar 1919. Erstmals dürfen auch die Frauen des Landes ihre Stimme abgeben. 72 Sozialdemokraten, 69 Christsoziale und 26 Großdeutsche ziehen in das erste republikanische Wiener Parlament ein. Wie beim Nachbarn Deutschland droht in den ersten Nachkriegsmonaten ein bolschewistischer Aufstand. Als in der neuen Volksvertretung die Republik ausgerufen wird, versuchen die Roten Garden das Gebäude zu stürmen. Es kommt zu Schießereien, die rot-weiße Fahne wird heruntergerissen und durch das rote Banner ersetzt. Doch die von der radikalen Linken geforderte Räterepublik bleibt politische Utopie, denn auch ein Putschversuch der Kommunisten im Juni 1919 wird niedergeschlagen. Die Sozialdemokraten haben einige sozialpolitische Reformen durchsetzen können – Achtstundentag, Arbeitslosenversicherung, Etablierung der Gewerkschaften –, scheiden aber bald aus der Regierung aus. Die Republik wird in den kommenden Jahren von einer Koalition aus Christsozialen und Großdeutschen unter dem katholischen Prälaten Ignaz Seipel regiert.

Die Hauptstadt indessen bleibt rot. In Wien kann die SPÖ teilweise eine beispielhafte Sozial- und Wohnungsbaupolitik durchsetzen. Große Arbeiterfeste – vor allem der 1. Mai – werden regelmäßig zelebriert. Die Sozialdemokraten versuchen der einst so viel gepriesenen bürgerlichen Hochkultur der Hauptstadt ein Bildungsprogramm – Volkshochschule, Stadtbibliotheken – für die Arbeiterschaft entgegenzusetzen. Der Austro-Marxismus des linken SPÖ-Parteiflügels unter seinen Wortführern Otto Bauer und Friedrich Adler lehnt den radikalen Bolschewismus ab.

Schwere Jahre. Das Auseinanderfallen des in Jahrhunderten gewachsenen Wirtschaftsraumes und die vom Krieg zerrüttete Wirtschaft führen zu Versorgungskrisen. Zwei Hungerwinter erwarten die Bevölkerung Österreichs. »Ein schauerlicher Anblick war Attnang«, berichtet Stefan Zweig im März 1919, »wo die Leute brüllend wie eine Stierherde in die Restauration stürmten und sich buchstäblich prügelten, um ein paar Fetzen schwarze Blutwurst. Ein schauerlicher Anblick ...«[2] In der Hauptstadt lebt eine für das nun klein gewordene Land viel zu große Beamtenschaft – eine erhebliche finanzielle Belastung für den verarmten Staat. Österreich wird, wie etwas später Deutschland, schon bald von einer gewaltigen Inflationsrate gebeutelt. »Konnte man den Lebensbedarf einer Familie für vier Wochen 1919 noch um 2500 Kronen bestreiten, benötigte man dafür drei Jahre später schon an die 300.000 Kronen!«[3] In seinem Roman »Zipper und sein Vater« schildert Roth realistisch und eindringlich das Wien der unmittelbaren Nachkriegsmonate: »Es war ein häßlicher Winter im Jahr 1919. Er war feucht, der Schnee hielt kaum einen Tag. Der Wind galoppierte durch die Stadt wie ein nasser Mörder. Die Straßen waren finster. ... Aus Amerika kamen: Cornedbeef, Pastoren mit Weihnachtsbäumen für arme Kinder und die befreiten Zivilgefangenen. Aus Rußland und Italien kamen die Heimkehrer. Viele, die sie erwartet hatten, starben und machten ihnen Platz. Die Börse war lebhaft, und das Geld wertlos. Eine Million junger Männer ging herum und suchte Arbeit.«[4]

Wie in Deutschland bleibt die österreichische Gesellschaft in den Jahren der Ersten Republik tief gespalten. Adel, Kirche und konservativ-katholisches Bürgertum stehen einer starken Arbeiterbewegung und den linksintellektuellen Liberalen gegenüber. Die SPÖ ist die einzige Partei in Österreich, in deren Parteiprogramm keine antisemitischen Thesen zu finden sind. Nach einer längeren Zeit der politischen Normalität äußert sich die gesellschaftliche Spaltung dann Anfang der 30er-Jahre in immer massiveren Gewaltakten.

Nachkriegswirren

Die Niederlage an den Fronten ist für die Österreicher ein Schock. Wie ihre deutschen Nachbarn haben sie bis in die letzten Kriegsmonate hinein der Siegpropaganda ihrer Politiker und Diplomaten geglaubt. Jetzt kehren die Soldaten heim, schreibt »Josephus« Roth im Juni 1919, »in ein Land, das nicht weiß, was anzufangen, weil es überall aufhört«. Sie kommen zu Menschen, »die ›Genosse‹ einander sagen und den Revolver in der Hosentasche tragen. Wozu sind (sie) heimgekehrt? Sie wissen es ebenso wenig wie den Grund, warum sie ausgezogen sind«.[5] Hunger, Elend und eine völlige Desillusionierung begegnen ihnen. Friderike Zweig reist in den ersten Tagen nach dem Waffenstillstand von der Schweiz, wo Stefan Zweig im letzten Kriegsjahr gelebt hat, in das gemeinsame Salzburger Haus zurück: »Die Rückreise nach Österreich in dem schmutzigen Eisenbahnzug, mit den scheibenlosen Fenstern, deren Riemenzeug abgeschnitten worden war, um damit Schuhe zu flicken, war der Auftakt zu dem veränderten Heimatland. Unheimlich waren uns, die wir in der Schweiz nur tadellos uniformierte Soldaten gesehen hatten, die verlotterten Gestalten, die unser geschlagenes Heer darstellten, und die nun unseren Zug überfüllten, wild bebärtet, wie Waldmenschen. ... Wir erlebten, in Salzburg angekommen, die Zerrüttung der Ordnung und der Menschen.«[6]

Der 24-jährige Ex-Student Joseph Roth steht nach seiner Entlassung aus der Armee vor dem Nichts. Das Studium ist nicht beendet. Die Mutter und der Vormund Siegmund Grübel sind nach Galizien zurückgekehrt, obwohl nur wenige Juden diesen Weg wählen. Tausende Ostjuden waren nach dem Einmarsch der russischen Armeen 1914 in Richtung Westen geflohen. Sie bleiben dort, sehr viele von ihnen ziehen weiter ins gelobte Land, nach Amerika. »Im ganzen sind 50.000 Menschen aus dem Osten nach dem Kriege nach

Deutschland gekommen«, beschreibt Roth 1920 die Lage. »Es sieht freilich aus, als wären es Millionen. Denn das Elend sieht man doppelt, dreifach, zehnfach. So groß ist es.«[7]

Galizien ist seit der russischen Revolution von 1917 in Chaos und Anarchie versunken. Rote und weiße Garden machen es im russischen Bürgerkrieg zum Schlachtfeld. Im Frieden von Brest-Litowsk zwingt Berlin die bolschewistische Regierung – ihr Verhandlungsführer heißt Leo Trotzki –, die Unabhängigkeit der Ukraine anzuerkennen. Das Land soll zum Getreidelieferanten für das unter schweren Versorgungsnöten leidende deutsche Kaiserreich werden. Nach dem Waffenstillstand gründen einheimische Patrioten und Nationalisten am 14. November 1918 die Ukrainische Volksrepublik. Im Januar 1919 vereinigen sich die beiden über Jahrhunderte getrennten Landesteile, die Westukrainische Volksrepublik und die Große Dnjepr-Ukraine. Ein Traum der Ukrainer scheint sich zu erfüllen. Er währt jedoch nur kurz. Die Nachbarn – Russen, Polen, Tschechen und Rumänen – und ihre Helfer im Land selbst stürzen es in einen Bürgerkrieg. Es wird von 1918 bis 1920 immer wieder von ausländischen Truppen besetzt. Bolschewiken und antirevolutionäre weiße Truppen, polnische Einheiten und ukrainische Bauern unter der Führung von Kosaken-Atamanen liefern sich blutige Kämpfe. Am Ende fällt Galizien an Polen, Rumänien nimmt sich die nördliche Bukowina und Bessarabien, die Tschechoslowakei die Karpaten-Ukraine. Der Zusammenbruch der staatlichen Ordnung löst Pogrome aus, denen rund 30.000 Juden zum Opfer fallen.

Kampf um die österreichische Staatsbürgerschaft

Joseph Roth wird mit diesen unruhigen und kriegerischen Vorgängen unmittelbar konfrontiert. Wie für zahllose Ostjuden stellt sich auch für ihn das Problem seiner Staatszugehörigkeit. Er will Österreicher bleiben und sieht seine Zukunft nicht in Galizien, sondern in Wien. Brody gehört aber nicht mehr zu Österreich, sondern wird von Polen und Ukrainern beansprucht. Für die Staatsangehörigkeit ist nach dem Willen der neuen österreichischen Regierung jedoch der Herkunfts- bzw. Geburtsort ausschlaggebend. Danach wäre Roth nun Ukrainer bzw. Pole. Roth reist im Dezember 1918 nach Lemberg, um dort Mutter und Vormund zu treffen, und vor allem, um seine Papiere zu ordnen. Es geht um den Nachweis, dass er zur deutschen Mehrheit der Bevölkerung der neuen österreichischen Republik gehört.

Doch Lemberg ist in diesen Wochen umkämpft und von polnischen Einheiten belagert. Roth reist weiter nach Brody, wo sich inzwischen die Mutter aufhält. Die Grenzstadt ist in der Hand der ukrainischen Truppen. Da der Ankömmling aus der Sicht der Behörden Ukrainer ist, droht ihm ein Gestellungsbefehl, der ihn als Soldat für die Sache der ukrainischen Freiheit reklamiert. Roth entzieht sich dem Zugriff der Militärs. Wochen dauert die Rückreise nach Wien. In den Karpaten muss er die Fronten zwischen den tschechischen und den neu formierten westukrainischen Armeen durchqueren und gelangt nach Ungarn. Drei Monate nach seiner Abreise ist er wieder in Wien.

Genaues über diese Zeit in Roths Leben wissen wir nicht. Die Kämpfe an den verschiedenen Frontabschnitten haben ihm jedenfalls durch eigene Anschauung deutlich gemacht, welch schweres Schicksal die osteuropäischen Völker nach dem Zusammenbruch des Habsburg-Imperiums erwartet. Doch sein Blick ist unabhängig von den politisch-militärischen Ereignissen in Galizien nach Westen gerichtet. Er will die Vergangenheit abschütteln, sich im österreichisch-deutschen Kulturraum etablieren, Karriere machen, Geld verdienen.

Für Roth wird die österreichische Staatsangehörigkeit zu einer existenziellen Frage. Das zeigt nicht zuletzt eine Verfügung des Wiener Innenministers vom Herbst 1921: »Da die Juden der Rasse nach ohne Frage von der Mehrheit der Bevölkerung verschieden sind, habe ich die Verfügung getroffen, daß keinem einzigen Optionsgesuch eines Juden stattgegeben werden darf.«[8] Das zielt in erster Linie auf die ehemaligen ostjüdischen Staatsbürger der Monarchie, die nach dem Krieg in Österreich eine neue Heimat finden wollen. Wieder sind es also vor allem die Juden, die in diesen chaotischen Zeiten zwischen alle Stühle zu geraten drohen.

Roths Staatsbürgerschaft ist auch noch nicht entschieden, als er 1920 nach Berlin geht. Offenbar ist er nicht im Besitz einer Geburtsurkunde gewesen. Möglicherweise haben die ukrainischen Behörden sie einbehalten, um ihn zum Militärdienst zu zwingen. Vielleicht ist die Auseinandersetzung mit der zunehmend antisemitisch reagierenden Bürokratie ein Grund dafür, dass Roth seinen Lebenslauf nun verstärkt manipuliert. So heißt es in seinem Schreiben an das Innenministerium: »Ich bin als der Sohn einer Galizierin und eines Deutschen ... in der Heimat meiner Mutter Szwaby (Schwabendorf) bei Brody (eine ehemals deutsche Kolonie, die nach allmählicher Polonisierung mit dem Stadtbezirk Brody verschmolz) geboren, ohne in irgendwelcher Konfession getauft und also registriert worden zu sein, bei den Verwandten meines Vaters, die in Posen gelebt haben, erzogen und habe meine Mittelschulstudien zum Teil privat in Wien, zum Teil am deutschen Rudolf-Gymnasium in Brody absolviert ... Ich stand fünfeinhalb Monate im Feld (Jäger 21 und Schützen 24) und erreichte die Fähnrichscharge. Ich bin von Beruf deutscher Schriftsteller und Journalist, von meiner Berufstätigkeit in Österreich und in Berlin bekannt und in Litteraturkreisen als deutscher Schriftsteller geschätzt.«[9] »Sohn eines Deutschen«? »Schwabendorf«? »Ohne irgendwelche Konfession«? »Mittelschulstudien in Wien«? »Fähnrichscharge«? Roths biographische Unwahrheiten sollen ihn als von Geburt, Erziehung und Militärdienst der deutsch-österreichischen Kultur zugehörigen Patrioten ausweisen. In diesem Fall sind seine Legenden kein Spiel, sondern lebensnotwendige Klugheit, um die Antisemiten in den Wiener Amtsstuben zu überlisten.

Roths Antrag – er kommt aus Berlin und ist mit »Joseph Roth, Redaktion der ›Neuen Berliner Zeitung‹ Zimmerstraße 7« unterzeichnet – macht deutlich, wie er die Frage der Staatsbürgerschaft für seine Zukunft einschätzt: »Meine ganze Existenz beruht auf der durch die deutschösterreichische Staatszugehörigkeit bedingten persönlichen Freiheit, innerhalb meines Kulturkreises zu wirken und wäre durch eine Verurteilung zur Heimatlosigkeit erschüttert. Ich bitte daher um die formale Zuerkennung jener Staatsbürgerschaft, die ich mir geistig durch mein Wesen und Wirken längst erworben zu haben glaube.«[10]

Befördert wird Roths Anliegen durch einen Trinkkumpanen, der als Presseattaché in der österreichischen Gesandtschaft in Berlin tätig ist. »Ich kann bestätigen«, schreibt der Sozialdemokrat Hugo Schulze am 14. Januar 1921, »daß Herr Redakteur Josef (sic!) Roth, der mir aus Wien bekannt ist, während des Krieges als Einjährig-Freiwilliger und dann als Fähnrich in der k. u. k. Armee gedient hat.«[11] Ein weiteres Schreiben der österreichischen Gesandtschaft befürwortet den Antrag auf beredte Weise: »Der Optant macht einen vollkommen deutschen Eindruck...«[12]

Am 8. Juni 1921 erhält Roth schließlich den ersehnten Bescheid, formuliert im trockenen Amtsdeutsch des Wiener Innenministeriums: »Im Sinne des § 8 der Vollzugsanweisung der Staatsregierung vom 20. August 1920 ... wird ausgesprochen: Der von Herrn Josef (sic!) Roth ... für sich nach Artikel 80 des Staatsvertrages von St. Germain en Laye vom 10. September 1919 (St.G.Bl.Nr. 303 vom Jahre 1920) angemeldete Anspruch auf Anerkennung der österreichischen Staatsangehörigkeit besteht zu Recht. Auf Grund dieses Anspruches steht dem Obgenannten die österreichische Staatsbürgerschaft zu.«[13] Vor der Angabe des Geburtsortes »Szwaby« ist in dem Dokument handschriftlich hinzugefügt »angeblich«.

Der Kampf mit den Passbehörden ist damit jedoch keineswegs beendet. Soma Morgenstern berichtet in seinen Erinnerungen, Roth sei 1928 für längere Zeit nach Wien zurückgekehrt, um »sich um die Staatsbürgerschaft im neuen Österreich zu bewerben«.[14] Nach dieser Quelle hat der damals schon bekannte Journalist auch noch in den späten 20er-Jahren große Schwierigkeiten, einen österreichischen Pass zu bekommen, da er seit Jahren im Ausland lebt. »Roth blieb ... wochenlang in Wien und hatte viel in oberen und niederen Ämtern zu tun.«[15] An Benno Reifenberg schreibt er Zeilen, die von seinem mühevollen Ringen mit der Bürokratie Zeugnis ablegen: »Meine Dokumentenangelegenheit ist verworren und schwierig. Sie wissen, unter welchen Umständen ich aus einem Russen ein Österreicher geworden bin – und jetzt muß ich nachweisen, daß ich ein Österreicher war. Die abenteuerlichen Mittel, mit denen ich mir Namen, Daten, Schulen, Militär verschafft habe, sollen auf ihre Grundlagen geprüft werden – und ich arbeite seit zwei Wochen daran, meine schriftstellerische und journalistische

Existenz vor Behörden, die nicht wissen, wer ich bin, als die einzig maßgebende zu beweisen. ... Ohne Paß bin ich geliefert. In diesem Monat August muß ich endlich zu einem Dokument gelangen, das meiner jetzigen Identität entspricht. Seit 25 Jahren lebe ich als eine phantastische Erfindung. Sie können sich vorstellen, wie mir zu Mute ist. Jeden Tag ein Amt besuchen. Kampf gegen die böse Borniertheit der unteren Beamten und Schlauheit gegen die hohen. ... Wenn das noch 2 Wochen fortgeht, bin ich halbtot.«[16]

Erst durch Vermittlung eines hohen Beamten im Wiener Presseamt, so berichtet Morgenstern, ist sein Ersuchen von Erfolg gekrönt worden. Bis dahin hat Roth einen polnischen Pass besessen, der es ihm ermöglicht, für die »Frankfurter Zeitung« als Auslandskorrespondent und Reisereporter die notwendigen Visa zu erhalten. Morgenstern weist noch auf einen weiteren Punkt hin, der Roth Sorgen bereitet hat: »Im Jahre 1928 waren die Naziborden schon in Deutschland sichtbar geworden, und es wird ihm begreiflicherweise nicht angenehm gewesen sein, in München zum Beispiel in einem Hotel abzusteigen und dort einen polnischen Paß vorzuweisen.«[17]

Der Besitz von amtlichen Papieren wird in den 20er- und 30er-Jahren für Millionen Menschen zu einer Frage des Überlebens. Ein sich allerorts ausbreitender, engstirniger Nationalismus und die durch die Pariser Friedensverträge erfolgten, teilweise willkürlichen Grenzziehungen zwingen viele zur Flucht. Je größer die Flüchtlingsströme werden, umso verzweifelter ist die Lage der Betroffenen. »Alle Menschen waren – wie man weiß – die Schatten ihrer Dokumente geworden.«[18] Roth behandelt dieses Thema schon sehr früh in seinen journalistischen und essayistischen Arbeiten. Den Schwierigkeiten der Juden, sich die notwendigen Papiere zu besorgen, gilt sein besonderes Augenmerk. »Er (der Pass – WvS) verrät nicht einmal meine Heimat. Er konstatiert nur jene Sorte von Heimat, die durch Polizei, Bezirkshauptmannschaft, Magistrat repräsentiert wird und keine Heimat ist, sondern ein papierener, stempelbesäter Begriff: Staatsbürgerschaft. Der Paß beweist nicht, daß ich – ich bin. Er beweist, daß ich irgendein Ich bin. Daß ich Staatsbürger bin.«[19]

Benno Karpeles und »Der Neue Tag«

17 Monate wird Roth nach seiner Rückkehr aus Galizien in Wien leben, bis er dann im Juni 1920 nach Berlin geht. Es ist ein für seine Zukunft entscheidender Lebensabschnitt. Beruflich stellt er nun die Weichen, bricht sein Studium ab und wird Journalist. Privat kommt es im Herbst 1919 zur vielleicht wichtigsten menschlichen Begegnung seines Lebens: Im Café Herrenhof lernt er die 19-jährige Friederike Reichler kennen. Die journalistische Karriere bringt Geld und bald einen beachtlichen Aufstieg in der Weimarer Medienwelt. Sie bildet die materielle und nicht zuletzt auch handwerkliche Grundlage für sein schriftstellerisches Schaffen. Die Begegnung mit Friederike dagegen endet in einer Tragödie. In Europa setzt der Siegeszug des Faschismus und des Nationalsozialismus ein, und Roth verliert ab 1933 seine deutschen Zeitungsredaktionen, Verlage und Leser. Friederike aber wird von ihrer Schizophrenie überwältigt und verdämmert bis zu ihrer Ermordung durch die Nazis in österreichischen »Irrenanstalten«. Roths Leben wird zu einem düsteren Roman, wie ihn wohl auch dieser monomanische Pessimist in seinen vielen autobiographischen Phantasien nicht vorausgesehen hat.

Die Rückkehr zur Universität kommt für Roth Anfang 1919 nicht mehr infrage. Er muss dringend Geld verdienen, um vom nun wieder in Lemberg lebenden Onkel unabhängig zu werden, der in diesen auch wirtschaftlich unruhigen Zeiten sicher nicht freigiebiger geworden ist. Wie vielen seiner Altersgenossen erscheint es dem Kriegsteilnehmer zudem nicht möglich, nach den Erlebnissen als Soldat wieder die »Schulbank« zu drücken. Hinzu kommt, dass Roth mit seinen ersten Veröffentlichungen einige Kontakte zu Wiener Zeitungen aufnehmen kann. Und er hat Glück. Im März 1919 gründet Benno Karpeles in Wien eine Tageszeitung mit dem Titel »Der Neue Tag«. Der Blattmacher bietet Roth eine Festanstellung als Redakteur an, und dieser greift sofort zu. Bald veröffentlicht er im »Neuen Tag« regelmäßig Berichte und Glossen. Als die Zeitung nach einem Jahr aufgeben muss, werden rund 140 Artikel Roths erschienen sein.[20] Bis zu seinem Redaktionseintritt hat er nach seiner Rückkehr aus Galizien bereits als freier Journalist einige Glossen für »Die Filmwelt«, die Wiener »Arbeiter-Zeitung« und für das »Prager Tagblatt« verfasst.[21]

Der Mann, der am Anfang von Roths journalistischer Karriere steht, ist Mitglied der SPÖ und einer der vielbeachteten Macher in der Wiener Medienwelt. 1868 in Wien geboren, studiert Benno Karpeles Rechtswissenschaften in Wien und Berlin und geht nach London, wo er Kontakt zu führenden Köpfen der britischen Arbeiterbewegung findet und bald als Korrespondent für die »Arbeiter-Zeitung« tätig ist. Nach einem längeren Aufenthalt in der Schweiz kehrt er nach Wien zurück, engagiert sich für die österreichischen Gewerkschaften und ist Redakteur der »Arbeiter-Zeitung«.

Als Kriegsgegner gründet Karpeles Anfang 1918 die kurzlebige Zeitung »Der Friede. Wochenschrift für Politik, Volkswirtschaft und Literatur«. Ihr Programm ist gegen den katholischen Konservatismus gerichtet, dessen Hausblatt »Reichspost« – es wird vom katholischen Klerus kontrolliert – keinerlei Lehren aus der Kriegsniederlage zu ziehen bereit ist. In der ersten Ausgabe von Karpeles' Neugründung heißt es: »Nachdem die kriegerischen Versuche, Europa deutsch und österreichisch zu machen, gescheitert sind, wollen wir nun versuchen, Deutschland und Österreich europäisch zu machen.«[22] In der dritten Nummer betont die Redaktion ihre Unabhängigkeit: »›Der Friede‹ vertritt keine Partei, keine Gruppe. Er will helfen über die wichtigen Fragen unseres öffentlichen Lebens Klarheit zu verbreiten.«[23] Der Herausgeber und Chefredakteur schart einen Kreis bedeutender Autoren um sich – u. a. Egon Erwin Kisch, Robert Musil, Rudolf Leonhard, Franz Werfel und Alfred Polgar. Zu den Redaktionsmitgliedern zählen auch Karl Tschuppik und Richard A. Bermann. Letzterer wird unter dem Pseudonym Arnold Höllriegel in den Weimarer Jahren ein berühmter Reisereporter, Tschuppik zählt bis zu seinem Tod im Jahr 1937 zu Roths treuesten Weggefährten.

Die Mitarbeiter dieser Wochenschrift »Der Friede« gehören zur Elite der deutschen und österreichischen Intellektuellen. Gegen den Krieg sind sie alle, aber die politischen Gräben bleiben auch in diesem Kreis unübersehbar. »Obwohl der Herausgeber dieser Zeitschrift ... ein ehemaliger Sozialist war und die Werke von Friedrich

Engels mit dessen eigenhändiger Widmung besaß«, wird der Anhänger der russischen Revolution, Egon Erwin Kisch, später anmerken, »stand er und mit ihm seine Mitarbeiterschaft den revolutionären Strömungen in der Arbeiterschaft und den Ereignissen in Rußland kühl, um nicht zu sagen feindlich gegenüber ... Gelegentlich spielte ich auch in diesem Orchester mit, und zwar saß ich links und schlug die Pauke.«[24] Aber auch der aktive Kommunist Kisch wird den Mut der Redaktion würdigen: »Meine Freunde machten dieses Blatt, das den Krieg bekämpfte«, so »radikal – wie keine andere Zeitschrift.«[25]

Der Journalist und spätere Rechtsanwalt Rudolf Olden – er wird Anfang der 30er-Jahre den Chefredakteur der »Weltbühne«, Carl von Ossietzky, in mehreren politischen Prozessen verteidigen – vermittelt in seinem 1939 veröffentlichten Nachruf auf Joseph Roth den Eindruck, dass auch der Verstorbene einst zum Autorenkreis der Wochenschrift gezählt habe. Olden berichtet vom »... abgerüstete(n) junge(n) Offizier (!), der, ebenso stolz wie sichtbar arm, manchmal abends erschien, von Tschuppik, dem Chef vom Dienst, mit großem Respekt empfangen, und kleine Artikel, prägnante kurze Schilderungen des Wiener Alltags brachte«.[26] In der Werkausgabe von 1989 sind fünf kleine Texte aus dem »Frieden« aufgenommen worden, die Roth zugeschrieben werden.[27] Unter der Rubrik »Anmerkung« sind sie – bis auf einen Text – tatsächlich in der Wochenschrift zu finden. Allerdings ist nicht belegt, dass diese Arbeiten tatsächlich von Roth stammen. Sie sind lediglich mit »h« unterzeichnet, und ihr Stil lässt kaum vermuten, dass es sich um Glossen aus Roths Feder handelt. Auch, dass ihn Karpeles dann in die Redaktion des »Neuen Tag« holt, muss kein Indiz für seine vorherige Mitarbeit für den »Frieden« sein. Roth hat sich häufig im Café Central oder im Café Herrenhof – beide liegen in der Herrengasse – aufgehalten, in denen das intellektuelle Wien verkehrt. Auch Benno Karpeles und Karl Tschuppik sind dort Stammgäste.

»Wiener Symptome«

Mit Karpeles wird Roth von einem bekennenden Sozialdemokraten – »ich (durfte) durch fünfundzwanzig Jahre neben Viktor Adler stehen«[28] – und nicht weniger engagierten Zeitungsmann in den Journalismus eingeführt. Die Gründung der Tageszeitung »Der Neue Tag« ist selbst für Karpeles ein gewagtes Unternehmen. Unmittelbar nach dem Krieg ist der Wunsch der Menschen nach unabhängigen, nicht von der Kriegspropaganda beherrschten Nachrichten zwar auch in Österreich stark, und es gibt in der neuen Republik mehrere Zeitungsneugründungen. Aber die unsicheren politischen Verhältnisse, die allmählich immer kräftiger einsetzende Inflation und der Wettbewerb auf dem Wiener Zeitungsmarkt bilden für jede neue Tageszeitung hohe Hürden. Die Auflage liegt bei rund 35.000 Exemplaren. Das reicht wirtschaftlich weder zum Leben noch zum Sterben. Der direkte Konkurrent bei der linken Leserschaft, die »Arbeiter-Zeitung«, verkauft 1920 täglich 105.000 Exemplare, der »Abend« etwa 100.000 und die traditionsreiche, bürgerlich-liberale »Neue Freie Presse« immerhin noch 72.000. So wird »Der Neue Tag«, dessen erste Ausgabe am 23. März 1919 erscheint, nur 13 Monate existieren. Am 30. April 1920 kommt die letzte Nummer auf den Markt.

Das journalistische Niveau der Zeitung ist hoch und der Kurs linksliberal. Man wolle, schreibt Karpeles, »im Dienste der Republik, der Demokratie, der sozialen Reform, der Erneuerung unseres öffentlichen Lebens den Kampf führen«.[29] Der Blattgründer will »Mittlerdienste leisten zwischen dem Proletariat ... und jenem Teil des Bürgertums, das erkennt und begreift, daß ein neuer Tag anbrechen will ...«.[30] Den Literaturteil leitet der große Stilist Alfred Polgar, Karl Tschuppik wird Chef vom Dienst.

Die linke und doch tolerante Haltung des Blattes wird den Journalisten Roth formen. Seine Kritik an den sozialen Verhältnissen in Österreich und in Deutschland wird nie radikal im parteipolitischen Sinn. Roth ist zeitlebens ein Rebell, aber nie ein Revolutionär. Auch da ist er ein treuer Schüler seines ersten Chefredakteurs. »Roths politischer Standort zu dieser Zeit kann in der Nähe des linken Flügels der ›Sozialistischen Partei Österreichs‹ vermutet werden.«[31]

Wichtiger als diese zutreffende politische Standortbestimmung ist jedoch, dass seine Hochachtung für Karpeles nicht zuletzt auf dessen humanistischer Grundhaltung beruht, die auch dann greift, wenn es gilt, »linke« Fehlentwicklungen an den Pranger zu stellen. »... ich habe weder einen roten Schlips noch eine rote Nelke und meine proletarische Gesinnung steckt leider nicht im Knopfloch«, spöttelt Roth im Juni 1919 in der Glosse »Die Kommunistenburg«.[32]

Wie sein junger Kollege aus den gemeinsamen Zeitungstagen in Wien wird Karpeles später zum Monarchisten werden. »Lieber Freund Olden«, schreibt Roth im Oktober 1937, wenige Tage nach dem Tod seines ersten journalistischen Mentors, »herzlichen Dank für den Nachruf auf Karpeles. Es ist ein Nachruf auf uns alle: die letzten Zehn vom vierten Regiment.«[33] Roth spielt mit diesen Zeilen aus einem alten österreichischen Soldatenlied darauf an, dass Karpeles sich in den 30er-Jahren ebenfalls vom Kritiker des alten Kaiserreiches zum Monarchisten gewandelt hat.

Roths erster Artikel im »Neuen Tag« erscheint am 20. April 1919 – »Die Insel der Unseligen«. Biographisch gesehen ein geradezu unheimlich anmutender Einstieg. Denn Roth berichtet über den »Steinhof«, »die Gartenstadt der Irrsinnigen, Zufluchtsort an dem Wahnsinn der Welt Gescheiterter, Heimstätte der Narren und Propheten«.[34] Im »Steinhof«, der Wiener »Irrenanstalt«, wird 10 Jahre später Roths Ehefrau Friedl zeitweise als Patientin leben, heimgesucht von Verfolgungsängsten und immer stärkeren schizophrenen Schüben. Im April 1919 aber ist Roth Friedl noch gar nicht begegnet, und der Reporter ahnt noch nichts von dieser privaten Tragödie. Er beendet seinen Bericht mit leichter Hand: »Ist die Welt nicht ein Tollhaus? Und ist es nicht praktisch, sich rechtzeitig ein warmes Plätzchen im ›Steinhof‹ zu sichern? Ich werde es vielleicht doch tun. Und – eine Zeitung gründen. Ich suche auf diesem Wege Mitarbeiter...«[35]

Roth gehört zu den jüngeren Redaktionsmitgliedern, er ist in seinem Beruf ein Anfänger, also wirft ihn der Chefredakteur ins kalte Wasser – Lokaljournalismus. »Wiener Symptome« heißt die Rubrik, in der neben Richard A. Bermann als »Arnold Höllriegel« und Rudolf Olden als »Renatus Oltschi« auch »Josephus« nun viele seiner Artikel veröffentlicht. Er schreibt über alles, was der Redaktion berichtenswert erscheint: über das Nachkriegselend und über das Geschehen in den Wechselstuben, über das Jubiläum der Wiener Sicherheitswache und die Knochenfunde bei Bauarbeiten auf dem Stephansplatz, über den Besuch einer Briefmarkenbörse und die Nachtbeleuchtung in den Wiener Cafés, über Filme und Bücher. Es sind ordentliche Berichte und brillante Feuilletons.

Natürlich schreibt Roth auch mehrere Artikel über die aufregenden politischen Entwicklungen, die das Wien dieser Monate erschüttern. Kommunistische Aufstände, sozialdemokratischer Pragmatismus und konservativ-katholische Reaktion – es ist die Phase der Unruhe und Putschversuche zwischen der militärischen Niederlage und dem Friedensvertrag von St. Germain. Im Bürgertum wächst die Angst vor einer Räterepublik und im Lager der Linksradikalen die Illusion, das Land sei reif für einen österreichischen »Sturm auf das Winterpalais«. Am 15. Juni 1919 erlebt Wien seinen »blutigen Sonntag«, ein neuerlicher kommunistischer Putschversuch wird niedergeschlagen. Und der Reporter Joseph Roth ist dabei: »Der Tag begann mit Sonnenschein und Sonntagsausflugsstimmung und gemahnte in keiner Beziehung an Blut und Mord. Von einer nervösen Stimmung im Innern der Stadt konnte gar keine Rede sein. Ein paar Neugierige sammelten sich vor dem Burgtheater an. Einige Volkswehrpatrouillen marschierten über den Schottenring. ... Gegen halb 10 Uhr begann die Menge vor dem Rathaus anzuschwellen. Die kommunistischen Organisationen aus den einzelnen Bezirken kamen der Reihe nach vom Ring her in geschlossenen Zügen, unter Vorantragung von roten Fahnen und Aufschriften auf blutroten Tafeln: ›Es lebe die Weltrevolution!‹ ›Hoch das internationale Proletariat!‹ ›Wer nicht arbeitet, soll nicht essen!‹ ... Die Räteregierung ist nicht gekommen, aber Blut ist geflossen. Blut klebt an den Trottoirs der Hörlgasse. Gleich die Mitteilungen der ersten Redner vor dem Rathause, daß in der Nacht sämtliche Kommunistenführer verhaftet und im Landesgericht untergebracht worden seien, erweckten die Wut der Agitatoren und den Wunsch, vor das Landesgericht zu ziehen. ... So blieben (die Demonstranten), von Polizei umzingelt, in dem engen Raum der Hörlgasse eingeschlossen. Plötzlich fiel ein Schuß. Woher er kam, war nicht zu erkennen. Darauf krachten einige Salven hintereinander. Die Leute warfen sich zu Boden, Menschenleiber häuften sich, Blut rann. ... Es war ein blutroter Sonntag. Es war die Bestie im Menschen, die da brüllte und wütete, nachdem sie fünf Jahre lang gefüttert worden ist. Ich weiß nicht, was die Schuld trägt. Aber ich weiß, daß *eines* helfen könnte: wenn die Schüsse aus der Hörlgasse in St. Germain-en-Laye gehört würden.«[36]

Roth bleibt in seinen frühen Journalistenjahren ein unabhängiger, in der Regel kluger Beobachter der politischen Entwicklungen. »*Jeder* Klerikalismus ist reaktionär«, schreibt er im Februar 1920,[37] und rechnet im selben Artikel auch mit der »göttlichen Sendung der Deutschen« in den Kriegsjahren ab: »Chamberlain (gemeint ist der antisemitische Bestsellerautor und Richard-Wagner-Schwiegersohn – WvS) schrieb, Wilhelm der Zweite redete, die Presse leitorakelte, und der Weihrauch des ›Vorgesetztentums‹ benebelte den Schädel. ... Und als man schließlich merkte, daß etwas faul war im Staate, gab man die Schuld den Pazifisten, der ›roten Internationale‹, den Juden, mit denen man abrechnen wollte, sobald man zurückgekehrt wäre.«[38] Im »Jubiläumsartikel« zum Ende der Monarchie konstatiert Roth im November 1919: »Der ›Umsturz‹ hatte sich so vollzogen, als ob er durch einen Erlaß des Chefs für Ersatzwesen fürsorglich vorgeregelt worden wäre. Es stürzte eigentlich gar nichts: Der Thron verfiel wie eine morsche Sitzbank in einem vernachlässigten Park; die Monarchie löste sich auf wie ein Zuckerwürfel im Wasserglase. Als kein Kaiser da war, entdeckte man die Republik. Da man nicht mehr loyal sein konnte, wurde man revolutionär. Dennoch war die Revolution eine Notwendigkeit.«[39] Das sind Anmerkungen, die vom bekennenden Monarchisten Roth der späten Jahre noch nichts ahnen lassen.

Ebenfalls im November 1919 zieht Roth angesichts der gestürzten Monarchie und der revolutionären Wirren in Österreich ein nachdenkliches Fazit: »Erneuerung! Erneuerung! Wo, frage ich, seht Ihr Erneuerung? Ist das Erneuerung, wenn die Burgmusik um die Mittagsstunde statt zur Burg zum Staatsamt für Heerwesen zieht? Wenn ein Minister Staatssekretär heißt? Wenn der Briefträger nicht ›Diener‹ mehr, sondern ›Unterbeamter‹ ist? Reißt ihm doch die Knechtseligkeit aus seiner armen, gemarterten Brust, und er mag heißen, wie er will, er wird kein Diener *sein*! Gebt dem armseligen Hirn des Staatssekretärs Weitsichtigkeit und Vernunft und laßt ihn nur Minister heißen! ... Ihr habt keine Furcht mehr vor dem General? Ihr steht nicht mehr beim Rapport? Ihr seid die Befreier vom Militarismus? Ihr predigt Menschenrechte? ... Es ist keine Erneuerung, solange nicht Einkehr ist! Wir müssen uns befreien vom Schwert des Militarismus, das über uns hängt. Die Waffe hat Gewalt gewonnen über die Faust. Werfen wir sie weg, die Waffe. Der Polizist hat seinen Helm abgelegt, aber die Polizei ist noch da. Den Bösen sind wir los, die Bösen sind geblieben. Der Zweck heiligt nicht die Mittel! Die Mittel prosanieren den Zweck. So ist es denn kein Jahr der Erneuerung gewesen. Höchstens ein Jahr der Neuerungen. Gerngroß hat seine weiße Woche. Der Kramladen der Geschichte hat zuweilen sein Jahr der Novitäten.«[40]

Roths Blick auf die Zeit bleibt klar. In den politisch wirren ersten Monaten des Jahres 1919 – auf den Straßen von Wien und Berlin herrscht Bürgerkrieg – beschwört er nicht ohne idealistische Tönung die »Auferstehung des Geistes«: »Da er scheintot nur, aber begraben ist, dünkt es notwendig, über seine Auferstehung zu sprechen, zu einer Zeit, in der die Auferstehung der animalischen Welt aus zart erahntem Wunder erfüllte Wirklichkeit wird. Gewaltig ist die Sehnsucht nach dem Geist, seitdem er uns verlassen, seitdem wir ihn gekreuzigt. ... Man entgeht (der Macht) nicht. Immer noch ist ›Macht‹ das Treibende im gegenwärtigen Geschehen. Kapp und Lüttwitz ›bemächtigten sich‹, die Franzosen ›besetzten‹, die Spartakisten ›bemächtigten sich‹, die Neunkirchner Arbeiter ›bemächtigten sich‹, die Bolschewikenarmee ›marschiert‹ und ›erobert‹. Jede geistige Strömung mündet in ›Politik‹. ... Die ›Macht‹ hat, wer Waffen zur Verteidigung seines Raubes besitzt und Brot genug, um Unzufriedenheit zu verhindern. Denn nichts mehr will der Unterleibsmensch als: geschützt sein und essen. Wer diese Bedingungen erfüllt, ist ›mächtig‹.«[41]

Das unverkennbare journalistische Talent Joseph Roths findet in der Redaktion des »Neuen Tag« rasch Anerkennung. So schickt sie ihn im August 1919 ins westliche Ungarn. Dort fordert die Bevölkerung – Deutschösterreicher, Kroaten, Ungarn – eine Abstimmung über die staatliche Zukunft des Burgenlandes. Unter dem Namen

»Republik Heanzenland« hatte sich diese Region 1918 kurzfristig von Ungarn abgetrennt. Nach Roths Reise wird das Gebiet im Friedensvertrag von St. Germain – die Unterzeichnung findet am 10. September 1919 statt – Österreich zugeschlagen. In seinen Reportagen aus Westungarn schreibt Roth zutreffend: »Solange Bela Kun (Chef der am 1. August 1919 gestürzten ungarischen Räteregierung – WvS) regierte, stand es zweifellos fest, daß eine eventuelle *Abstimmung* über den Anschluß Westungarns an Deutschösterreich zugunsten Deutschösterreichs ausfallen würde. Der Kommunismus fand gerade in Deutsch-Westungarn am spätesten Eingang, und der zähe Konservatismus der westungarischen Bauernschädel machte der Budapester Räteregierung mehr zu schaffen als die politischen Umtriebe der gestürzten Magnaten und Junker.«[42]

Nur im Gebiet um Ödenburg wird es schließlich zu der angestrebten Volksabstimmung kommen. Sie fällt zugunsten Ungarns aus. Der Journalist Roth macht in seinen Reportagen aus »Heanzenland« jedoch eindeutig Propaganda für die österreichische Seite und scheut dabei auch nicht vor düsteren Verschwörungstheorien zurück: »Es ist schwer anzunehmen, daß die Ungarn nicht Gewalt oder List anwenden würden. Schon Ende April dieses Jahres wurden neunhundert stockmagyarische Studenten in das Komitat Ödenburg gebracht, damit sie die Abstimmung beeinflussen.«[43] Seine Vorurteile gegenüber den Ungarn wird er auch in den kommenden Jahren nicht verlieren. Als er sich 1934 über seinen englischen Verleger Victor Gollancz ärgert, schreibt er böse an Stefan Zweig: »Ich habe die Empfindung, daß Herr Gollancz ein Ungar ist. Es ist nicht das ›cz‹ in seinem Namen. Es ist der Ton seiner Briefe.«[44] Was Städte und Länder überhaupt betrifft, kann Roth bisweilen ein bissiger und emotionaler Kommentator sein. »... er haßte Budapest und London und Jugoslawien. Wenn man ihn nach Gründen fragte, gab er sie an: Jugoslawien nannte er einen Polizeistaat, die Engländer spielten nur den Gentleman, und die Ungarn waren frech, als ob sie alle Juden wären.«[45]

Ein Anhänger der Bolschewisten ist Roth im Übrigen auch schon in seinen ersten Reisereportagen nicht: »Die Rotgardisten überfallen immer noch wehrlose Juden auf offener Straße ...«[46] Allerdings übersieht der Reporter aus Wien auch das brutale Verhalten der reaktionären Anti-Kommunisten und Antisemiten nicht: »Ein Kommunist ist jeder, der ein ausgesprochen jüdisches Aussehen hat. Die aus dem Feldbacher Lager an die Grenzorte kommandierten Offiziere sind fanatische Judenfresser.«[47] Roths Fazit der einwöchigen Reise ist bitter: »Westungarn ist heute ein Land von politischen Abenteurern, säbelrasselnden Offizieren und verprügelten Juden.«[48]

All die Texte Roths für den »Neuen Tag« zeigen bereits, dass er als Berichterstatter solides Handwerk bietet, aber nicht glänzt. Die analytische Schärfe eines Theodor Wolff – er ist Chefredakteur und Leitartikler des liberalen »Berliner Tageblatt« –, die politische Radikalität eines Kurt Tucholsky oder Carl von Ossietzky – beide schreiben in der »Weltbühne« – oder die parteipolitische Einseitigkeit des »rasenden Reporters« Egon Erwin Kisch sind ihm nicht gegeben. Roths ureigenes journalistisches Feld ist vielmehr das Feuilleton, die spitze Feder des Spötters und leichthändigen Polemikers. Und doch blitzt immer wieder die scharfe politische Attacke auf. »Die eigentliche Gefahr unserer Zeit ist das Schießpulver, das unsterbliche. Nicht ›roter Terror‹, nicht ›Reaktion‹. Nur – Schießpulver. Hütet euch vor dem Schießpulver!«[49]

Nicht die Widerspiegelung des äußerlichen Geschehens steht im Vordergrund seiner Glossen und Berichte, sondern das, was der Beobachter Roth hinter den Ereignissen zu erkennen glaubt. In einem vielfach geschliffenen-schnoddrigen Stil erzählt er seinen Lesern von den Menschen, denen er begegnet – den Künstlern, den Diven, den Regisseuren, den Autoren, den Komikern, den Boxern, den unbekannten Kriegsversehrten, der Straßenbahnschaffnerin. Das Unscheinbare, das scheinbar Unbedeutende interessiert ihn. Es ist, als haben die beiden Meister des Wiener Feuilletons, Peter Altenberg – er stirbt schon 1919 – und Alfred Polgar – Roth nennt sich seinen »Schüler« –, in dem jungen Mann aus Galizien einen kongenialen Kollegen gefunden. »Der einzige Unterschied zwischen dem wirklichen Leben auf Erden und dem vorgestellten auf der Leinwand ist *nur* der: Die Erde ist *rund,* und die Leinwand ist *flach.* Am 7. Tag wollte sich der liebe Gott nicht mehr anstrengen. Deshalb ruhte er am Vormittag, am Nachmittag erschuf er die Sonntagsvorstellungen: Sie sind auch danach.«[50]

So sehr Roth seinen damaligen »Chef« Alfred Polgar auch bewundert, er entwickelt seinen ganz eigenen Stil. Polgars Witwe trifft das Verhältnis dieser beiden Wiener Feuilletonisten sehr genau, wenn sie sich später über Roths öffentliche Lobreden auf ihren Mann äußert. Er »wollte meinem Mann eine Ehrung erweisen, weil er seine Schriften schätzte«, meint sie. »Aber Roth war eine viel zu starke und eigenwillige Persönlichkeit, als daß er sich bewußt von jemandem hätte beeinflussen lassen.«[51]

Im April 1920 kommt das Ende für den »Neuen Tag«. Die Auflage ist zu gering und die finanzielle Basis zu schwach. »Ein Jahr lang ... dauerte das Vergnügen. Eine Zeitschrift und eine Zeitung, das ist teurer als ein Rennstall und außerdem fraß inzwischen hinterrücks die Inflation Karpeles' Vermögen auf. Wir wurden tückisch verkauft. Karpeles ging beleidigt weg, als seine souveräne Unabhängigkeit infrage gestellt war.«[52] Im linken Lager wachsen zudem die ideologischen Auseinandersetzungen. Das spiegelt sich auch in den Artikeln der Zeitungen wider. Vor allem mit der »Arbeiter-Zeitung«, die sich ebenfalls an einen linken und linksliberalen Leserkreis wendet, liefert sich die »Neue Tag«-Redaktion unnütze Kämpfe. »... wir sind das ganze Jahr nicht mehr aus der Polemik herausgekommen«, schreibt der ehemalige Mitarbeiter Rudolf Olden in seinem Nachruf auf Benno Karpeles. »Eigentlich sollte (Der Neue Tag) doch die Bürger mit den neuen Dingen versöhnen und, oh oft geträumter Traum, die böse alte ›Neue Freie Presse‹ entthronen. Nun war da statt dessen der tägliche Bruderkrieg. Darunter wird die Qualität der Zeitung wohl gelitten haben, und ich zweifle, ob sie war, was sie hätte sein können.«[53]

Roths letzter Artikel im »Neuen Tag« heißt »Fenster«, er erscheint am 25. April. »Mir gegenüber ist die Wand mit den vielen Fenstern. Oh, ich wußte nicht, was Fenster sind, den ganzen Winter über, da sie kaum bemerktes, nebensächliches Zubehör der Wand waren und, mattgehaucht vom Frost, winterschlafende Existenzen lebten. Nun aber weiß ich, was Fenster sind: Offenbarungen fremder Leben und Tode, geschwätzige Nachbarschaft, Plaudertanten. Ich unterhalte mich sehr gern mit den Fenstern. Der Frühling ist die Jahreszeit der Fenster.«[54] Es ist ein Abschiedsartikel, und sein Autor steht wieder vor einem Neuanfang.

Doch für Roth war das Jahr beim »Neuen Tag« nicht verloren. Sein Selbstbewusstsein wächst, und er hat allen Grund dazu. Aus dem unbekannten Studenten und Kriegsteilnehmer, dessen finanzielle Situation sich überaus schwierig darstellt, ist ein handwerklich gereifter Journalist geworden, der seinen Lebensunterhalt selbst bestreiten kann und sich zumindest in der Wiener Medienwelt einen kleinen Namen gemacht hat. In der Schublade liegen auch bereits erste Romanentwürfe, manche Seite davon ist schon geschrieben.

In diesem ersten Journalistenjahr in Wien entwickelt sich allerdings auch Roths Boheme-Existenz, die er bis zu seinem Tode beibehalten wird und deren Schattenseite sein künftiges Leben mitbestimmt. Das Wien der unmittelbaren Nachkriegszeit, in das Roth dabei eintaucht, beschreibt Stefan Zweig sehr anschaulich in einem Brief vom April 1919: »... ich bin seit einer Woche in Wien und koste kräftig den außerordentlichen und faszinierenden Zustand dieser Stadt, die zerstört und ausgehungert, ihre Leichtigkeit sich erhalten hat, und wo Verzweiflung sich in exzessive Vergnügungssucht wandelt. Alles ist unverschämt teuer, und man gibt das Geld mit vollen Händen aus, niemand sorgt sich um das Morgen, es ist ein wilder Tanz auf dem Vulkan: man vergnügt sich ausgelassen und mit dem rasenden Verlangen des Vergessens.«[55]

Und Joseph Roth tanzt mit. Wenn er nicht in der Redaktion ist, sitzt er in einem Kaffeehaus und trifft dort die künstlerische, die journalistische und die politische Welt Wiens. Seine Reportagen schreibt er meist im Café Rebhuhn in der Goldschmiedegasse, abends sitzt er in der Regel im gerade erst gegründeten Café Herrenhof oder im traditionsreichen Café Central. Das »Central« liegt im Parterre des 1856 bis 1860 gebauten Palais Ferstel. Alt-Wien ist das: Nur wenige Gehminuten entfernt erreicht der Spaziergänger die Hofburg und den Stephansplatz. Im Innern: orientalisch-italienischer Stil, hohe Fensterreihen zur Straßenseite, eine Galerie von Marmorsäulen, die kleine Deckengewölbe stützen. Geschmack der Zeit: Klassizismus und das wiederentdeckte Mittelalter – auch ein wenig Theaterkulisse. Wiens großer Feuilletonist Anton Kuh beschreibt diesen Ort, an dem Peter Altenberg zu wohnen scheint und Karl Kraus, Alfred Polgar, Arthur Schnitzler, Hugo von Hofmannsthal oder Franz Werfel unzählige Abende verbringen: »Das Café ›Central‹ wurzelte in den neunziger Jahren, im Frühimpressionismus, im Hermann Bahr'schen Reform-Österreich; hier hatte der abtrünnige Journalismus sein Dach, der Empörungswille junger Theater- und Musikrezensenten; ... Das Allerheiligste lag rückwärts und nannte sich Kuppelsaal. Nicht deshalb allein ... sondern weil Rauch und Lärm dieses Vierecks hier ins Grenzenlose stiegen, zu einer Höhe, wo eine Kuppel kaum mehr sichtbar war. ... In den anderen Trakten saß der Sozialismus, der Panslawismus, der k. k. Hochverrat; ... Masaryk, slowenische Studenten, polnische und ruthenische Parlamentarier, gelehrte Arbeiterführer – der fanatische Leitartikel. Der Kaffee roch wunderbar und auf dem großen Rundtisch schichteten sich die Zeitungen in allen Landessprachen. Dort hinten aber residierte das Feuilleton.«[36] Alfred Polgar wird in seinem unnachahmlichen Stil festhalten: »Das Café Central ist nämlich kein Caféhaus wie andere Caféhäuser, sondern eine Weltanschauung, und zwar eine, deren innerster Inhalt es ist, die Welt nicht anzuschauen. ... Seine Bewohner sind größtenteils Leute, deren Menschenfeindschaft so heftig ist wie ihr Verlangen nach Menschen, die allein sein wollen, aber dazu Gesellschaft brauchen.«[37] Polgars Beschreibung trifft in besonderer Weise auf seinen jungen Redaktionskollegen zu. Die Einsamkeit der Arbeit und die Sehnsucht nach Geselligkeit – sie hilft, die Depressionen und die Erschöpfung zu verdrängen – verbinden sich für Roth im Kaffeehaus.

Das gilt auch für seine Aufenthalte im »Herrenhof«. »Das Café Herrenhof, Wiens letztes Literatencafé«, schreibt der Wiener Friedrich Torberg, »trat erst im Jahre 1918 ins Leben, ungefähr gleichzeitig mit der Republik Österreich. Und ähnlich wie die Republik das Erbe der Monarchie antrat, trat das Café Herrenhof das Erbe des ihm unmittelbar benachbarten Café Central an.«[38] Und Anton Kuh ahnt in einem Spottgesang, dass die Zeiten anders geworden sind und warum nach dem Ersten Weltkrieg Wiens intellektuelle Prominenz im »Herrenhof« ihr neues Asyl gefunden hat: »Bruder – das war doch etwas anderes! Ein breites, helles, prächtiges, unpersönliches, bourgeoises Familiencafé. Emanzipation vom süffisanten Bohemegeruch. Der Kaffeesieder äugte weniger voll Wohlwollen als voll Mißtrauen. Patron war nicht mehr Weininger, sondern Dr. Freud; Altenberg wich Kierkegaard; statt der Zeitung nistete die Zeitschrift, statt der Psychologie die Psychoanalyse und statt des Espritlüftchens von Wien wehte der Sturm von Prag. Daher war die Luft zunächst antiwienerisch, europäisch. Man debattierte zwar wieder (was durch Tarock, Schach und Poker bereits aus der Mode gekommen war), aber nicht mittels Bonmots und Pointillismen, sondern mit Skalpmessern und unter gleichzeitiger Wegnahme einer Geliebten.«[59]

Krankheit zum Tode

Im Wiener Jahr, in dem Roth zum Journalisten reift, wird er auch ernsthaft zum Trinker. Kollegen und Freunde berichten später davon, dass sie Roth bereits in dieser Zeit völlig betrunken auf der Straße getroffen haben. Häufig durchzecht er die Nächte, und unberührt davon schreibt er am nächsten Tag einen seiner bestechenden Artikel. So wird es bleiben. Der Alkoholkonsum Roths nimmt im Laufe der nächsten beiden Jahrzehnte hemmungslose Formen an.

An dieser Stelle sei etwas Selbstverständliches angemerkt: Alkoholsucht bestimmt die Biographie jedes Menschen, der von ihr heimgesucht wird. Das gilt auch für Roth. Sein Leben als Schriftsteller, Ehemann, Geliebter, Freund oder Kollege ist ohne Berücksichtigung seiner Lebenskrankheit, der Alkoholsucht, nicht fassbar. In den überlieferten Briefen wird dies ebenso häufig deutlich, wie in den Erzählungen der Menschen, die ihn erlebt haben. Géza von Cziffra schreibt in seinem Erinnerungsbuch: »Ich traf Roth beinahe jeden Abend, aber es war nicht möglich, mit ihm ein vernünftiges Gespräch zu führen; er war immer betrunken.«[60] Soma Morgenstern meint zwar, Roth sei 1928 noch kein richtiger Alkoholiker gewesen – was ganz sicher eine Definitionsfrage, aber kein Beweis für Roths angeblich erst spät einsetzenden Alkoholismus ist –, hält jedoch gleichzeitig fest: »So ein genießerisches Schnapstrinken habe ich nur noch bei *einem* anderen trinksüchtigen Freunde bemerkt, bei Hanns Eisler, dem Komponisten.«[61] Schon 1925 – drei

Jahre vor Morgensterns verharmlosenden Sätzen – heißt es in einem Brief Roths an seinen Redaktionskollegen Bernard von Brentano: »Bin krank: Trinkerleber. Wächst bis *zum Herz*.«[62] Und von einer Reportagereise im Saarland schickt er 1927 die Zeilen an Benno Reifenberg: »... habe vor Besoffenheit mit einem häßlichen Hotelmädchen geschlafen, vor dem mir heute noch übel ist.«[63] 1932 erreichen den Komponisten Ernst Krenek die zerknirschten Sätze: »Ich war nicht nett zu Ihnen. Ich bin oft betrunken, oder angetrunken. Verzeihen Sie mir!«[64]

In einem Brief an seinen Beichtvater Stefan Zweig schildert Roth ein makabres, aber für einen Alkoholiker typisches Ereignis, das sich Ende 1933 in Amsterdam abgespielt hat und in seinem Leben – entgegen seinen Aussagen – kein Einzelfall gewesen ist: »1000 Francs konnte ich schließlich von Herrn Landshoff (seit 1933 Mitverleger des Querido-Verlages in Amsterdam – WvS) bekommen. Nun fing ich an, zu trinken. Ich kam, von Herrn de Lange (Besitzer des de Lange-Verlages in Amsterdam – WvS) zum Nachtmahl eingeladen, völlig betrunken an. ... Allein, jetzt geschah mir, was ich nie gedacht hätte, daß es möglich sein könnte. Zum ersten Mal erlebte ich völlige Geistesabwesenheit. Meine Erinnerung an diesen Abend ist *völlig ausgelöscht*.«[65] Manfred George, in den Weimarer Jahren Theaterkritiker in Berlin, Exilant in Paris und ab 1939 Chefredakteur der in New York erscheinenden deutsch-jüdischen Zeitschrift »Aufbau«, schildert eine andere Szene aus den späteren 30er-Jahren, wie sie in nahezu allen Erinnerungen der Freunde und Weggefährten zu finden ist. Der Zeitungsmann hat sich mit Roth in dessen Hotel verabredet, und sie trinken im dazugehörigen Café auf der Rue de Tournon. »Er trank sehr viel. Nach einiger Zeit ging er auf sein Zimmer und wollte gleich wiederkommen. Nach einer halben Stunde ging ich hinauf. Er lag auf seinem Bett. Licht kam allein aus dem Luftschacht. Ich sprach zu ihm, aber er antwortete nicht. Trunkenheit und Schwäche hatten ihn überwältigt.«[66] Alltag eines Alkoholikers.

Roths Unberechenbarkeit, sein plötzlicher Stimmungswechsel, seine Maßlosigkeit beim Geldverschenken und beim Geldborgen, seine Selbstdemütigungen und Selbstbeschuldigungen sowie die bei diesem Humanisten kaum nachvollziehbaren Ausbrüche von

Hass und Verleumdung gegenüber Menschen, die ihm hilfreich zur Seite stehen oder die eine andere politische Meinung vertreten – das alles sind Symptome eines Trinkers, der ab einer bestimmten Stufe des Alkoholmissbrauchs die Kontrolle über sich verliert. Klaus Mann notiert nach einem Treffen deutscher Emigranten im Pariser Café Deux Magots am 10. Juni 1933: »Roth (der einmal einen beängstigenden Wutanfall gegen Benn bekam).«[67] Bei anderer Gelegenheit soll Roth dort im Zustand der Volltrunkenheit laut »Heil Hitler« gerufen haben, was zeitweise für alle deutschen Emigranten zu einem Lokalverbot führt. Ein österreichischer Weggefährte in den letzten Pariser Jahren berichtet 20 Jahre nach Roths Tod: »Der Verkehr mit ihm war am Ende schwierig. Er war aggressiv und beleidigend.«[68]

Wie es um Roths Alkoholismus steht, wie sehr er offenbar seine Freundes- und Verlagsbeziehungen belastet, lässt ein verzweifelter Brief Stefan Zweigs ahnen, den er 1934 an Roth sendet: »Ich beschwöre Sie, tun Sie nichts in diesem Zustand, senden Sie keine Briefe ab, ohne sie zuvor einem Freund zu zeigen, *Sie sind jetzt überreizt*. Telegrafieren Sie überhaupt nicht, betrachten Sie das Telegramm als noch nicht erfunden. ... Ich beschwöre Sie: beruhigen Sie sich! Trinken Sie nicht. ... bitte, Freund, nehmen Sie doch endlich mein Angebot an, vier Wochen sich zu curieren ... unter strenger unerbittlicher Aufsicht...«[69] Wenig später bittet Zweig den Freund noch einmal: »Sie müssen mit dem Saufen Schluß machen...«[70]

Roth macht kein Geheimnis aus seinem Trinkerleben, was nicht typisch für Alkoholiker ist. Er kokettiert gelegentlich sogar damit, was wir allerdings auch von seinen amerikanischen Schriftstellerkollegen Ernest Hemingway oder F. Scott Fitzgerald kennen. Wie so viele Alkoholiker rationalisiert Roth seine Krankheit. »Und, glauben Sie mir, noch nie hat einem Alkoholiker der ›Genuß‹ des Alkohols so wenig gefallen, wie mir«, erfährt Stefan Zweig im Juli 1933. »Gefallen einem Epileptiker seine Anfälle? Gefallen einem Wahnsinnigen seine Tobsuchts-Anfälle?«[71] Zwei Jahre später: »Machen Sie sich bitte um mein Trinken gar keine Sorgen. Es konserviert mich viel eher, als daß es mich ruiniert. Ich will damit sagen, daß der Alkohol zwar das Leben verkürzt, aber den *unmittelbaren* Tod verhindert. Und es handelt sich für mich darum: *Nicht das Leben zu verlängern, sondern den unmittelbaren Tod zu verhindern.*«[72] Kurz zuvor schreibt Roth: »Ich betreibe keine Selbstzerstörung; sondern es ist, in meinem Falle, die Selbstzerstörung gleich dem (allerdings kümmerlichen) Versuch der Selbsterhaltung.«[73] F. Scott Fitzgerald, der seit seinen Studentenjahren dem Alkohol verfallen ist, meint ähnlich fatalistisch wie Roth, es sei nun einmal so, dass alle Trinker zwischen ihrem achtunddreißigsten und ihrem achtundvierzigsten Lebensjahr sterben.[74] Was zumindest in seinem und auch in Roths Fall tatsächlich zutrifft. Auch die Suchttrinker Edgar Allan Poe, Thomas Wolfe oder Malcolm Lowry verlassen diese Erde im von Fitzgerald genannten Zeitrahmen.

Alkoholiker deuten ihre Sucht häufig als irgendwie schicksalhafte Fügung, der sie nicht entrinnen können. Sie haben unendlich viele Ausreden, um ihr Trinken zu rechtfertigen. Und sie glauben stets, Herr der Lage zu sein und die Dinge auch dann noch unter Kontrolle zu haben, wenn sie ihnen längst entglitten sind. Das gilt phasenweise auch für Joseph Roth, wie eine Briefpassage aus dem Jahr 1935 eindrucksvoll belegt: »Wenn ich besoffen bin, bin ich auch noch so nüchtern, daß ich genau weiß, wer mich betrügen will, wer nicht.«[75]

Die Frage nach den Gründen von Roths Alkoholsucht ist nicht eindeutig zu beantworten. Mediziner und Psychologen weisen heute nicht mehr nur auf die psychosozialen Hintergründe dieser Krankheit hin, sondern mit besonderem Nachdruck auch auf ihre genetische Herkunft. »Sowohl künstlerische Begabung als auch Alkoholismus werden innerhalb von Familien vererbt. ... Es gibt eindeutige Beweise dafür, daß eine Anfälligkeit für Alkohol vererbbar ist.«[76] Diese These kann allerdings nur eine hohe Wahrscheinlichkeit andeuten, mehr nicht. Die künstlerische Begabung des Sohnes und der Enkel Goethes beispielsweise ist bescheiden gewesen, und es gibt natürlich keinen Automatismus: ist der Vater ein Trinker, werden es die Kinder auch. Von dem irisch-amerikanischen Schriftsteller und Nobelpreisträger Eugene O'Neill, der über Jahrzehnte vom Alkohol heimgesucht wurde, wissen wir jedoch, dass sein Großvater mütterlicherseits Alkoholiker wurde und sein Großvater väterlicherseits Selbstmord beging. Der Vater und der Bruder Jamie endeten als schwere Trinker, die Mutter blieb bis zu ihrem Tod dem

Morphium verfallen. Ein Sohn des Dramatikers war alkohol- und ein anderer heroinsüchtig. Das vielleicht bedeutendste Drama O'Neills – »Eines langen Tages Reise in die Nacht« – ist die erschütternde Suchtgeschichte seiner eigenen Familie. Auch im familiären Umkreis des trinkenden Schriftstellers William Faulkner ist ein extremer Hang zum Alkohol belegt. Fünf seiner engeren Verwandten haben übermäßig getrunken. Die Wissenschaft spricht hier gelegentlich vom »Familienalkoholiker«. Sieht man von Roths Großonkel Joseph Czecher ab, gibt es allerdings über die Familie Roth keine entsprechenden Belege.

Alkoholismus ist – wie jede Suchtkrankheit – auch eine Folge von als kaum erfüllbar empfundenen Anpassungssehnsüchten und von Angstabwehr. Wer maßlos zum Alkohol greift, verweigert sich dem Negativen, der Lebensangst und den seelischen Schmerzen, die unsere Existenz begleiten. Suchtkranke können (oder wollen) den vernunftbetonten, oft quälenden und anstrengenden Kompromiss nicht eingehen, den das vielfach leidvolle, schwierige und letztlich einsame Leben erfordert. »Das Hauptschlachtfeld dieses gnadenlosen Kampfes sind jedoch – zumal in der Lebensphase der Erwachsenen – Partnerbeziehung und Familie.«[77] Von Roth wissen wir, wie schwierig die Familienkonstellation gewesen ist, die seine Jugend bestimmt hat. Seine jüdische Herkunft löst unbewusste Lebensängste aus. Die Flucht aus dem kleinbürgerlichen Milieu, dem er entstammt, ist offensichtlich. Roth wehrt sich sein Leben lang gegen die biographische Wirklichkeit und – hier wird der Vorhang der Spekulation geöffnet – träumt den Traum, ein anderer zu sein. Dies ist ihm nüchtern nicht möglich gewesen. Das hat ihn zerstört – und sein Künstlertum zu einsamen Höhen geführt.

Baudelaire schreibt einmal über den Alkoholiker Edgar Allan Poe: »Er trank nicht wie ein Genießer, sondern wie ein Barbar.«[78] Und ein Kommilitone Poes meinte: »Schon damals war die Art seiner Leidenschaft für harte Drinks höchst eigentümlich und ungewöhnlich. Es war nicht der Geschmack des Getränkes, der ihn interessierte; stets ergriff er das verführerische Glas, gewöhnlich ohne Zucker oder Wasser hinzuzufügen – also ›perfectly straight‹ –, und stürzte es in einem Zug hinunter, ohne das leiseste Anzeichen von Genuß ...; dann brach ein unversiegbarer, wilder und faszinierender Redefluß aus ihm heraus, der mit sirenenhafter Macht alle Zuhörer unwiderstehlich in seinen Bann schlug.«[79]

Sind demnach Schriftsteller auf besondere Weise gefährdet, drogenabhängig und suchtkrank zu werden? Schriftsteller sind Einzelgänger, in ihrem Beruf gibt es keine von außen festgelegte Arbeitszeit und keine unmittelbaren Arbeitskollegen. Der Alkohol aber ist eine Einzelgängerdroge. Der Alkoholiker prahlt und schwätzt zwar gerne im Pub oder in der Bar, aber am liebsten trinkt er allein, weil er glaubt, dass dann die Hemmungslosigkeit seiner Sucht unbeobachtet bleibt. Auch Roth schwankt nach langen gemeinsamen Kaffeehausrunden bis in die frühen Morgenstunden häufig noch ohne Begleitung durch die Bars und Kneipen von Berlin oder Paris, Ostende oder Amsterdam, um sich bis zur Besinnungslosigkeit zu betrinken.

»Können Sie mir fünf amerikanische Autoren seit Poe nennen, die nicht an der Trunksucht gestorben sind?«, spottet der Trinker Sinclair Lewis. Und in der Tat, die Reihe ist verdächtig lang: Nicht nur Poe und Lewis, O'Neill und Faulkner, sondern auch Jack London, F. Scott Fitzgerald, Thomas Wolfe, Ernest Hemingway, John Steinbeck, Tennessee Williams, Truman Capote, Norman Mailer oder Arthur Miller verfielen mehr oder weniger heftig der Trunksucht. Auch wenn der Alkohol in der von Puritanismus und Wildwest-Männlichkeit geprägten amerikanischen Gesellschaft des 20. Jahrhunderts sein besonderes Gewicht besitzt, steht Europa kaum nach: Mögen Goethe oder Gerhart Hauptmann noch unter die Rubrik starke Genusstrinker fallen, so gilt für Jean Paul, E. T. A. Hoffmann oder Christian Dietrich Grabbe, für Hans Fallada, Erich Maria Remarque oder Uwe Johnson, für James Joyce, Brendan Behan oder Oscar Wilde sowie für Charles Baudelaire, Rimbaud, Georges Simenon oder Albert Camus, dass sie viele Jahre ihres Lebens dem Alkohol verfallen gewesen sind. Die Galerie drogenabhängiger Künstler – gleichgültig ob es sich dabei um Alkohol, Kokain oder Opium handelt – würde ein Museum füllen.

Ist also »Trinken das Laster aller Schriftsteller«, wie F. Scott Fitzgerald behauptet? Greift jeder bedeutende Autor zur Flasche? Natürlich nicht, aber die Gefährdung mag hier besonders gegeben sein. Schreiben ist Selbstüberwindung, Offenbarung des eigenen Ich, es ist Phantasie, es ist ständige Furcht vor dem Verlust der Kreativität. Alkohol beflügelt die Phantasie, er lässt Versagensängste, Selbst- und Identitätszweifel vergessen. Schriftsteller kämpfen mit der von der Kritik bei jeder Neuveröffentlichung meist leichtfertig und unbarmherzig gekränkten Eigenliebe. »Ein Schriftsteller«, so meinte Tolstoi einst, »muß stets zwei Leute umfassen, den *Schriftsteller* und den *Kritiker*.« Schreiben macht einsam, Alkohol lässt das Gefühl des Alleinseins verschwinden, gaukelt Geselligkeit vor. »Ich habe herausgefunden, daß ich nach ein paar Drinks mehr aus mir herausging und irgendwie die Fähigkeit erlangte, den Leuten zu gefallen. ... Also genehmigte ich mir immer mehr Drinks, um in Schwung zu bleiben und alle davon zu überzeugen, ich sei ein Teufelskerl.« Was F. Scott Fitzgerald da eine seiner Figuren sagen lässt, trifft das nicht auf den Kaffeehausbesucher Joseph Roth genau zu?

Die munteren Anekdoten, die Roths Freunde später erzählen, sind sie nicht doch häufig nur Geschichten über einen von ihnen bewunderten und intelligenten Betrunkenen? Ein Beispiel: Roth sitzt im Café Herrenhof und verspottet laut ein gerade in Wien durchgefallenes Theaterstück. Ein Begleiter macht ihn darauf aufmerksam, dass der Autor des Stückes am Nebentisch sitzt. Roth kümmert das nicht, er wird noch lauter. Als der Verhöhnte mit der – zugegeben etwas dämlichen – Bemerkung aufsteht: »Roth, vergessen Sie nicht, ich bin einen Kopf größer als Sie«, antwortet dieser: »Und was für einen!«[80] Das Gelächter der Zecher wird entsprechend hämisch gewesen sein. Dies ist sicher gutmütig erzählt und soll die Schlagfertigkeit und die Geselligkeit des Helden dieser Trinkerrunde beweisen. Schon bei Freud lässt sich jedoch nachlesen, was uns bewegt, wenn wir uns auf Kosten eines ohnehin schon Gedemütigten (alle im Café Herrenhof wissen, wie das Stück des anwesenden Dramatikers von der Kritik zerrissen worden ist) durch Witz und Hohn zu profilieren suchen. Humor ist für den Psychoanalytiker aus der Wiener Berggasse nicht selten ein Abwehrmechanismus, der zum Tragen kommt, wenn der Witzemacher Zorn und Ärger verschleiern will. Roth kann mit Schärfe argumentieren, Sarkasmus ist ihm ebenso wenig fremd wie luzide Ironie. Aber ein menschlich so kleiner Auftritt, wie der aus dem Café Herrenhof überlieferte, lässt sich kaum ohne die an diesem Abend genossene Alkoholmenge erklären.

Roth neigt seit früher Jugend zu Depressionen. Später haben sie sich – viele Briefe zeugen davon – verstärkt und sein Leben erheblich beeinflusst. Die Frage, ob Depressionen zum Alkohol führen oder umgekehrt erst ein starker Alkoholgenuss sie auslöst, bleibt schwierig zu beantworten. »Alkohol ist ein Giftstoff. Alkoholiker sind *immer* depressiv, sowohl während der weinerlichen Phase ihrer Trunkenheit als auch am Morgen danach. Alkoholiker leiden unter Gewissensbissen, Schuldgefühlen, Schlaflosigkeit, Magersucht, Selbstmordgedanken, unter dem Verlust jeglichen Interesses an anderen Tätigkeiten – kurz, unter sämtlichen Symptomen der Depression.«[81] Da Roth in seinen Briefen immer wieder die schweren körperlichen Leiden erwähnt, die überwiegend eine Folge seiner Trunksucht waren, dürfte der Alkohol für ihn auch aus diesem Grund eine Quelle düsterer Gedanken gewesen sein. »... ich zittere an Händen und Füßen, und werde halbwegs sicher, nachdem ich getrunken habe«, steht in einem Brief von 1935.[82] Vieles deutet darauf hin, dass Roth nicht nur unter starken Entzugserscheinungen leidet, wenn er nicht an Alkohol gelangt, sondern auch mehrfach von einer besonders schweren Erscheinungsform des Alkoholmissbrauchs heimgesucht wird: Delirium tremens. Zu Schüttelfrost, Schweißausbrüchen und Schlaflosigkeit treten albtraumartige Sinnesverwirrungen und Täuschungen, Orientierungslosigkeit und Halluzinationen hinzu. Nicht nur die berühmten weißen Mäuse können dann das Zimmer überfluten, sondern furchterregende, ekelhafte Fabeltiere und vieles mehr aus der Schreckenskammer des Gehirns. »Wenn Sie genau wüßten, wie es mir geht!«, schreibt Roth 1934 aus Marseille an Stefan Zweig. »Wie umstellt ich ringsum bin von Finsternissen! Ich fürchte, tageweise, für meinen Verstand, und die Ahnungen kommen wieder, die ich seit meiner Knabenzeit nicht mehr gekannt hatte: daß ich im selben Alter verrückt werde, wie mein Vater. Ich leide entsetzlich, lieber teurer Freund!«[83] Aus Amsterdam erfährt Zweig 1936 von einem der vielen körperlichen Zusammenbrüche Roths, die durch ausschweifende Trinkgelage ausgelöst wurden: »Drei Tage war ich im Bett, mit hochgestreckten Füßen. Ich habe einen Liter Milch pro Tag getrunken, um mich zu entgiften. Die Schwellung ist zurückgegangen. Heute kann ich schon gehen und sitzen, ohne daß die Beine wieder anschwellen.

Essen kann ich nicht vertragen, ich gebe es wieder, ich versuche, Reis mit Milch zu essen. Ich trinke auch roten Wein und keinen Schnaps mehr. Ich fürchte, *meine* Matratzengruft wird in Holland stehen.«[84]

Roth schreibt solche, auf den zunehmend gelähmten Heinrich Heine und dessen Pariser »Matratzengruft« anspielende Zeilen nicht nur, um den weichherzigen Zweig von der Notwendigkeit weiterer Geldüberweisungen zu überzeugen. Das wäre eine zu schlichte Deutung. Sie sind in erster Linie ein Beleg, wie zerstörerisch der Alkohol auf Roths Körper einwirkt. Auch das Leiden des Trinkers Joseph Roth wird sich über eine gefühlte Ewigkeit hinziehen. So klagt er beispielsweise in seinen Exiljahren mehrfach über starke Sehbeschwerden, die ihn immer wieder überfallen. Benno Reifenberg wird später sogar erzählen, der Dichter sei in den 30er-Jahren von einer Erblindung bedroht worden. »Eine Augenärztin sagte ihm, wenn er weiter tränke, würde er erblinden.«[85] Roth ist zudem Kettenraucher. Aus der Medizin wissen wir, dass starke Raucher hohe Zyanidwerte im Blut haben und dass solche Werte in Verbindung mit intensivem Alkoholgenuss zu erheblichen Sehbehinderungen führen können.

Schon Shakespeare – von dem fast nichts bekannt ist, also auch nicht, ob er viel trank – ließ keine Zweifel aufkommen. In der Tragödie seines Macbeth verkündet ein Pförtner die kaum zu bestreitende, aber bittere Lebensweisheit: »Das Saufen befördert die Geilheit und fördert sie wieder weg. Es läßt dich sagen ›Ich will dich‹ und zwingt dich sagen ›Ich kann nicht‹.«[86] Alkohol führt häufig zu Impotenz. Auch der Trinker Joseph Roth wird diesem Schicksal nicht entgangen sein. Irmgard Keun, die Geliebte in den Jahren 1936/37, sagt es mit liebevollem Unterton: »Er ist kein Mann mehr.«[87] Der Alkohol hat am Ende auch Roths Sexualität zerstört.

Roth weiß in nüchternen, verzweifelten Augenblicken, wie es um ihn steht. »Ich werde mit St.(efan) Zw.(eig) über Alkohol-Entziehung zu sprechen versuchen«, teilt er der Übersetzerin seiner französischen Buchausgaben im Juli 1936 mit.[88] In den 30er-Jahren will er tatsächlich durch Entziehungskuren die Sucht besiegen. Die Schwester seiner Frau spricht später von zwei bis drei solcher Versuche.[89]

Schreibrausch und Trinksucht

Inwiefern Alkoholismus das künstlerische Schaffen eines Autors stimuliert oder mindert, bleibt Spekulation. Wilfried F. Schoeller meint immerhin: »Dem Alkohol müsste man Tantiemen bezahlen: er ist der mächtigste Erzeuger von Literatur, der sich denken lässt.«[90] Von Hemingway wissen wir, dass der Alkohol am Ende seines Lebens auch seine künstlerische Kreativität beschädigt hat. Manche amerikanischen Kritiker meinen, auch das Spätwerk Faulkners habe durch das exzessive Trinken des Autors nicht mehr die künstlerische Höhe der früheren Bücher erreicht. In die entgegengesetzte Richtung weist eine Bemerkung von George Bernard Shaw. Als der irische Schriftsteller erfährt, dass Eugene O'Neill von seiner Sucht befreit ist – tatsächlich wird der Dramatiker die letzten 28 Jahre seines Lebens dem Alkohol abhold bleiben –, sagt er voraus, der Dramatiker werde nie wieder ein gutes Stück schreiben. Auch wenn O'Neills Schauspiele tatsächlich für über zehn Jahre aus den Broadway-Theatern verschwinden, sollte Shaw sich als oberflächlicher Prophet erweisen. Einige der besten Dramen O'Neills entstehen, als er »trocken« ist.[91] Auf einem anderen Blatt steht, dass der Neuabstinenzler völlig zurückgezogen lebt und dass seine Depressionen und Todessehnsucht auch in den fast drei Jahrzehnten ohne Alkohol nicht verschwinden. In einem Brief klagt O'Neill einmal, dass er jene »geselligen ... äußerst dramatischen Phantombilder und Obsessionen (vermisse), deren streichelnde Klauen mich in meinem Herzen und Gehirn wochenlang durch die stets wechselnden Ansichten jenes Niemandslandes zwischen Delirium tremens und Realität führten«.[92] Nachdem der belgische Autor Georges Simenon nach jahrelanger Sucht dem Alkohol abgeschworen hatte, meinte er, nun schreibe er viel besser als vorher. Uwe Johnson hingegen ist schon längst dem Alkohol verfallen, als er den literarisch ungemein starken vierten Band seiner »Jahrestage« verfasst.

Der Blick auf Roths Gesamtwerk lässt den Schluss zu, dass sein Künstlertum durch den Alkoholismus keine Schädigung erfahren hat. Es ist Marcel Reich-Ranicki zuzustimmen, wenn er schreibt:

»Aber sosehr der Alkohol den totalen Verfall Roths beschleunigte und seinen Organismus zerstörte, sowenig minderte er, wie die Briefe beweisen, die makellose Luzidität des Schriftstellers. Mehr noch: die 1939 in den letzten Monaten seines Lebens (als er sich nur noch mühevoll bewegen konnte) verfaßte ›Legende vom heiligen Trinker‹ gehört zu seinen besten Arbeiten.«[93] Géza von Cziffra schreibt in seinen Erinnerungen an Roth: »Er trank Wein und Schnaps schon zum Frühstück. Er hatte böse Perioden. Oft zitterten seine Hände bedenklich, aber sein Geist nie.«[94] Roth selbst äußert sich mehrfach zum Zusammenspiel von Alkoholismus und seinem künstlerischen Schaffen. »Ich kann mich nicht im Literarischen kasteien, ohne im Körperlichen auszuschweifen.«[95] Indirekt spricht er das Thema in einem Brief an Benno Reifenberg an: »Würden Sie oft und viel schreiben, so kämen Sie von selbst zu dem Ergebnis, daß der *Rausch* des Schreibens nur 2 – 3 mal im Leben dem beschriebenen Gegenstand entspricht, und daß man gerade dort, wo man ungehemmt und mit Wollust schreibt, dreifach aufpassen muß, um sich nicht zu verraten. Der Rausch und die Wollust müssen EINGESPERRT liegen in den Objekten der Arbeit, so daß sie Glanz bekommen.«[96]

Thematisch spielt der Alkohol in nahezu jedem Roman Roths eine wichtige Rolle. Rausch, Trunksucht und Vergessen finden in vielen seiner Prosatexte ihren Widerhall, greifen gelegentlich entscheidend in das Schicksal seiner Protagonisten ein. »Zu spät hab' ich den Schnaps entdeckt – schade!«, wird im Roman »Radetzkymarsch« der Regimentsarzt Max Demant bemerken. »Du wirst es nicht glauben: Es tut mir leid, daß ich nie getrunken habe.«[97] Der Held im Erstlingsroman »Das Spinnennetz«, Theodor Lohse, ist betrunken, als er den homosexuellen Wünschen des Prinzen Heinrich nachgibt und damit seiner Karriere eine Wende gibt. Er wird im Laufe der Handlung immer abhängiger von der Droge Alkohol: »Er trank noch einen Gemischten und sank vom Stuhl und erwachte morgens. Oh, wie gern hätte er sich einer anderen Art der Entspannung hingegeben!«[98]

Im »Radetzkymarsch« schildert Roth in der Gestalt des jungen Leutnant Trotta seinen Lesern eine nahezu klassische Trinkerkarriere. Der Alkohol bildet nicht das Zentrum der Geschichte, aber er gewinnt für den Helden des Romans eine immer größere Bedeutung. Der ängstliche, einsame Trotta beginnt zu trinken, weil er glaubt, nur so den Anforderungen des Alltags begegnen zu können. »Seit mehreren Wochen hatte sich der Leutnant Trotta an den Neunziggrädigen gewöhnt. Der ging nicht in den Kopf, er ging, wie die Kenner zu sagen liebten, ›nur in die Füße‹. Zuerst erzeugte er eine angenehme Wärme in der Brust. Das Blut begann, schneller durch die Adern zu rollen, der Appetit löste die Übelkeit ab und die Lust zu erbrechen. Dann trank man noch einen Neunziggrädigen. Mochte der Morgen kühl und trüb sein, man schritt mutig und in der allerbesten Laune in ihn hinein wie in einen ganz sonnigen, glücklichen Morgen. ... Es gab niemals im Lauf des langweiligen Tages eine Gelegenheit, keinen Schnaps zu trinken. Es gab im Gegenteil manche Nachmittage und manche Abende, an denen es geboten war, Schnaps zu trinken. ... Der Leutnant Trotta sah, wenn er getrunken hatte, in allen Kameraden, Vorgesetzten und Untergebenen alte und gute Freunde. ... Aus allen Menschen grüßte es dem Leutnant heiter entgegen. Es gab auch nichts Peinliches mehr. Nichts Peinliches im Dienst und außerhalb des Dienstes! ... Mit einem Wort: Man war zufrieden. Leutnant Trotta wußte nur nicht, daß sein Gang unsicher wurde, seine Bluse Flecken hatte, seine Hose keine Bügelfalte, daß an seinen Hemden Knöpfe fehlten, seine Hautfarbe gelb am Abend und aschgrau am Morgen war und sein Blick ohne Ziel.«[99]

Da erzählt ein wissender Autor über das Leben eines Alkoholikers. Aber er bleibt seiner Romanfigur gegenüber gnädig. Als Trotta die Armee verlässt, befreit er sich ohne Schwierigkeiten und auf wundersame Weise von seinen Trinkexzessen. Dieses gütige Schicksal ist Roth selbst nicht beschieden gewesen.

Auch in den späten Romanen bleibt der Alkohol präsent. Tarabas, der »Gast auf dieser Erde«, trinkt in Amerika, um das Heimweh zu vergessen, und als Oberst im Krieg nimmt er regelmäßig teil an den wilden und brutalen Trinkorgien der Offiziere. »Die schwere Trunkenheit lernte er kennen und die flüchtige Liebe. ... So ging er denn, so ließ er sich kommandieren, von Brand zu Brand, von Mord zu Mord ... «[100] Im Roman »Das falsche Gewicht« verfällt der Eichmeister Eibenschütz systematisch dem Alkohol (und einer

Frau). »Er übertraf alle Trinker. ... Er geriet in den Alkohol wie in einen Abgrund, in einen weichen, verführerischen, sanftgebetteten Abgrund.«[101] Wahn und Selbstmordgedanken verfolgen Anselm Eibenschütz. Und schließlich gehören auch die letzten Zeilen des großen Geschichtenerzählers Joseph Roth wiederum einem Alkoholiker, dem »heiligen Trinker« Andreas. Einen ausgesprochenen Alkoholikerroman – wie etwa Malcolm Lowrys »Unter dem Vulkan« – hat Roth jedoch nicht geschrieben.

»Alles in allem ist zuviel verdammter Bockmist über das Lotterleben der Künstler geschrieben worden«, schimpft Eugene O' Neill. So hübsch dieses Bonmot eines Betroffenen klingt, beim Thema Sucht, Alkohol und Literatur geht es nicht um selbstgerechte Urteile, sondern um die Frage der schwierigen Balance zwischen Kreativität und Untergang, die es insbesondere von Schriftstellern zu bewältigen gilt. Roth hat dieses Gleichgewicht auf Kosten eines frühen Todes halten können. Es lässt sich trefflich darüber streiten, ob einer, der mehr oder weniger häufig trinkt, schon Alkoholiker ist oder nur ein lustiger Geselle, der sich nach einigen Gläsern wohlfühlt. Bei Roth fällt die Antwort eindeutig aus: Er ist ein schwerer Alkoholiker gewesen. Erste kleine Exzesse erlebt er als Soldat. Dann wird das Trinken rasch zur Regel. Spätestens ab 1925 ist er süchtig. Wahrscheinlich schon früher. Die Abhängigkeit wächst dann kontinuierlich. Da wir aus der Zeit vor Mitte der 20er-Jahre keine größere Anzahl von Roth-Briefen besitzen, ist erst von da an seine Alkoholkarriere einigermaßen zuverlässig zu belegen. Auch gilt, dass Roth natürlich Zeiten durchlebt, in denen er das Trinken einschränkt. »Ich trinke fast nur Wein, mein Wort«, ist in einem Brief vom Februar 1936 zu lesen.[102] Bier und Wein sind für Roth ebenso wenig Alkohol, wie Zigaretten für den Heroinabhängigen eine Droge.

So tragisch sich Roths privates Leben mit Blick auf das Schicksal seiner Frau und die politischen Ereignisse nach 1933 auch entwickelt, er ist nicht erst in seinen späteren Jahren Alkoholiker geworden. Die Trinksucht hat ihn schon früh beherrscht, und trotz mancher Entziehungsversuche, trotz zahlreicher Ermahnungen und Bitten seiner Freunde ist sie immer Herr über ihn geblieben. Der frühe Tod kann nicht *nur* mit Hinweisen auf die politische Vereinsamung und Verfolgung Roths erklärt werden. Am Ende ist es vor allem der geschundene Körper, der einer über zwei Jahrzehnte in Kauf genommenen Vergiftung erliegt. Wobei zu bedenken ist, dass Drogensüchtige zumindest im Unbewussten von Todessehnsüchten überwältigt werden. Wer dem Alkohol verfällt, begeht in der Tat so etwas wie Selbstmord. Irmgard Keun schreibt über das Ende des von Krankheit gezeichneten Dichters: »Er hat nicht Selbstmord begangen, doch ein indirekter Selbstmord war auch sein Tod.«[103]

Die große Lebenstragödie

»Ich hätte nie geglaubt, daß ich ein kleines Mädchen so dauerhaft lieb haben könnte. Ich liebe ihre Scheu vor Geständnissen und ihr Gefühl, das Furcht und Liebe ist und das Herz, das immer dasjenige fürchtet, was es liebt.«[104] Diese zarten Zeilen schreibt Joseph Roth im August 1922 an die Cousine Paula Grübel. Worte tiefer Zuneigung sind es. Fünf Monate vorher, am 5. März, wurde er in der Wiener Synagoge in der Pazmanitenstraße mit der 22-jährigen Friederike Reichler getraut. In dem Brief an Paula sind jedoch auch Passagen zu lesen, in denen der junge Ehemann fast schon prophetisch auf das Schicksal der geliebten Frau hinweist: »Sie leidet an Menschenfurcht, ›Grübelangst‹ insbesondere... Sie geht den ganzen Tag über eine Furt in der Donau hin und zurück, stellt sich vor, das sei Meer, und lebt das Leben einer Schlingpflanze.«[105] Nur fünf Jahre später teilt Roth aus Straßburg Benno Reifenberg mit: »Meine Frau ist in St. Raphael akut erkrankt. Ich muß sie vielleicht nach Frankfurt bringen.«[106] Das ist der Anfang einer privaten Tragödie, die Friederike zerstört und Joseph Roth in einen Abgrund von Hilflosigkeit, Entsetzen und Selbstbeschuldigungen stößt.

Wir wissen nicht, an welchem Tag genau Roth seine spätere Frau kennengelernt hat. Es ist irgendwann im Herbst oder Winter 1919 gewesen, und der Ort der ersten Begegnung – wie sollte es anders sein – ist das Café Herrenhof. Er sitzt dort mit dem Freund und Kollegen Stefan Fingal, der ebenfalls beim »Neuen Tag« arbeitet, und sie beginnen, mit den beiden jungen Damen vom Nebentisch zu flirten. Roth entflammt für die dunkelhaarige, damals 19-jährige

Friederike, die mit ihren Eltern und zwei jüngeren Schwestern im 20. Bezirk, in der Leopoldstadt, wohnt. Die Reichlers leben in bescheidenen Verhältnissen. Sie sind um die Jahrhundertwende aus Polen nach Wien gekommen, wo sich der Vater, Seligmann Reichler, als wenig erfolgreicher Kaufmann niedergelassen hat.

Die am 12. Mai 1900 geborene Friederike ist nach den Aussagen der Menschen, die sie später als Ehefrau von Roth kennengelernt haben, eine bildhübsche Frau gewesen. Dunkles, zunächst mittellanges Haar – zum Zeitpunkt der Hochzeit trägt sie den Bubikopf, die Modefrisur der 20er-Jahre –, dunkle Augen, zierliche Figur. »Sie war ein hübsches Mädchen, die Friedl. Schlank, mit langen Beinen, einem feingeschnittenen Gesicht und einem süffisanten Lächeln um den kleinen Mund.«[107] Roths Briefe, die Erinnerungen der Freunde und die wenigen Bilder, die von Friedl überliefert sind, zeugen von einer scheuen, aber in den ersten Ehejahren noch keineswegs lebensabgewandten jungen Frau. Die Urteile der Bekannten Roths über Friedls Charakter und Wesen fallen sehr unterschiedlich aus. Während Soma Morgenstern die Verbindung seines Freundes mit ihr auch in seinen Erinnerungen noch kritisch sieht, bezeichnet Stefan Fingal sie als »gescheit und bezaubernd«, spricht von »jüdischem Hochmut und jüdischer Intelligenz«. Sie habe alle Manuskripte Roths gelesen und sei eine »fabelhafte Kritikerin« gewesen.[108] Roth habe ihr, so meint Fingal, blindlings vertraut.

Andere Erinnerungen berichten dagegen von ihrer bescheidenen Bildung. Roths verdienstvoller Biograph David Bronsen zitiert zwar Fingals Äußerung, zeichnet dann aber ein Bild von der jungen Frau, das ihr nicht gerecht wird: »Friedl, die sich auf die intellektuelle Höhe Roths erheben wollte, bemühte sich, ihrem Mann zur Seite zu stehen und ihm geistig ebenbürtig zu werden. Es war für sie eine große Anstrengung, denn sie besaß keine besondere Intelligenz.«[109] Bronsen kommt zu diesem – auch in der Wortwahl vielsagenden – Urteil, weil er einseitig Roths Sicht übernimmt. Dieser äußert sich in den späteren Ehejahren gelegentlich hochmütig und abwehrend über Friedl. Da spielt das eigene Schuldgefühl ebenso eine Rolle wie sein Frauenbild. Roth bleibt die Frauenemanzipation bis zu seinem Tod zutiefst fremd. In dieser Frage verweigert er sich der

Aufklärung, und er ist geprägt vom patriarchalischen Denken des 19. Jahrhunderts. Weibliche Bezugsperson für Roth ist zeitlebens die Mutter. Sie wiederum – materiell vom Vater und von den Brüdern abhängig und praktisch ohne schulische Ausbildung – war ein Produkt der Männerwelt. Der junge Roth hat die Fürsorglichkeit und die anspruchslose Lebensweise der Mutter, die sich den Entscheidungen der männlichen Familienmitglieder ohne Widerspruch beugt, offenbar gründlich missverstanden. Er erkennt in ihr nicht das Opfer männlicher Machtstrukturen, sondern akzeptiert ihre Position als eine den Frauen quasi naturgesetzlich zuerkannte Stellung in Familie und Gesellschaft. Dieses Rollenverständnis überträgt Roth auch auf seine Frau – und auf die weiblichen Figuren seiner Romane. Er hat Friedl intellektuell in den ersten Jahren ihrer Ehe zweifellos geformt, ihr Interesse für Literatur und Journalismus wenn nicht geweckt, so doch vertieft. Daraus aber den Schluss zu ziehen, sie hätte keine »besondere Intelligenz« besessen, erscheint dann doch überaus kühn.

Als Roth ihr begegnet, ist Friedl mit Hanns Margulies verlobt. »Das war ein junger Journalist, der ... schmissige Sportberichte verfaßte, die er gern mit englischen Fachausdrücken wie *endspurt*, grandioser *finish* und ähnlichem Zierat verbrämte. Er trug auch ein Monokel, was Joseph Roth, der an demselben Tisch zu sitzen pflegte, nicht wenig ärgerte...«[110] Margulies wird sich später mit seinen sozialkritischen Gerichtsreportagen einen Namen machen, muss 1938 aus Österreich fliehen und lebt dann in London. Sein Konkurrent umwirbt die Schöne, und der Verlobte hat bald das Nachsehen. Roth ist häufig Gast im Hause Reichler. Die Familie lebt bewusst in der ostjüdischen Tradition, und ein aufgeklärter Intellektueller, dessen finanzielle Lage und berufliche Zukunft in diesen Jahren noch keineswegs gesichert sind, dürfte kaum als idealer Schwiegersohn begrüßt worden sein. Später wird Roth mit den Eltern brieflich intensiv im Kontakt bleiben, aber das Thema ihrer Korrespondenz ist nahezu ausschließlich die Krankheit Friedls. »Liebe Eltern«, schreibt er dann und unterzeichnet häufig mit »Euer Sohn M.(unio)«.

Roth liebt Friedl, was nicht nur ein kleines Gedicht dokumentiert, das er im Notizbuch festhält: »Nur einmal blühte seiner Seele

Glut: / als er sie mitten zwischen längst begrabenen / Hoffnungen fand; und sein Vagantenblut / verjüngt aufrauschte in dem jäh erhabenen / Heilstrom der Liebe, der die Wunder tut.«[111] Das sind poetisch-schöne Hinweise auf Roths Liebe. Die Korrespondenz zwischen ihnen ist jedoch verloren gegangen. Erzählungen der Freunde und Roths selber belegen immerhin, dass es schon vor dem Ausbruch ihrer Krankheit keine problemlose Partnerschaft war.

Kein geregeltes bürgerliches Familienleben mit Heim und Kindern erwartet Friedl. Roth ist ein Reisender. Bald lebt er in Berlin, die Redaktion der »Frankfurter Zeitung« wird ihn häufig an den Main rufen, schickt ihn nach Leipzig und in das Ruhrgebiet, dann als Korrespondenten nach Paris. Es folgen Reportagereisen in den Süden Frankreichs oder nach Albanien und Russland. Schon in den ersten Ehejahren rückt zudem Roths schriftstellerische Arbeit in den Vordergrund. Stunde für Stunde schreibt er am Kaffeehaustisch oder im Hotelzimmer an einem neuen Romanmanuskript oder an einem Artikel, auf den die Redaktion schon wartet. Friedl sitzt stumm daneben, wandert alleine durch die Straßen oder wartet im Hotel auf seine Rückkehr. Wenn er als Journalist unterwegs ist, begleitet sie ihn gelegentlich – nach Frankreich, nach Galizien –, bleibt aber auch wochenlang allein oder lebt bei ihren Eltern in Wien. Sie kränkelt häufig und fühlt sich unwohl im illustren Kreis, der sich in den Cafés um ihren Mann bildet. »Meine Frau bleibt vorläufig hier, sie ist krank, ich fürchte, es ist Lunge«,[112] schreibt Roth im Mai 1925 vor einer Fahrt in die französische Provinz aus Paris. »Meine Frau ist in Paris, Hotel de la place de l'Odéon. Ich reise jetzt einige Wochen herum«,[113] heißt es in einem anderen Brief.

Zumindest in den ersten gemeinsamen Jahren ist Roth ein fürsorglicher und aufmerksamer Gefährte. Wenn die Honorare reichlich fließen, beschenkt er sie großzügig und spielt den spendablen Ehemann, der mit der Gattin in Luxushotels übernachtet. Friedl kann heiter und gesprächig sein, wenn sie alleine sind, sie verstummt aber rasch und wird verlegen, wenn andere hinzutreten. So berichtet es jedenfalls Stefan Fingal, der bald mit dem Kollegen nach Berlin gehen wird.[114] Friedl bewundert ihren Mann. »Roths Frau war von Hause aus nicht literarisch interessiert. Aber ihren

Mann sah sie als den ersten aller Dichter. Sie war sehr stolz auf ihn, nannte ihn vor anderen ›den Roth‹ und lehnte alle anderen Schriftsteller ab.«[115] Von Ludwig Marcuse wiederum ist ein sehr hartes Urteil über Roths Rolle in dieser Ehe überliefert: »Ich kannte Friedl am Anfang als ein reizendes, intelligentes, sehr lustiges Wiener Mädchen. Aber Roths Typ war die elegante, zurückhaltende Dame, und er modelte an seiner Frau, bis er sie zu einem Dichtungsgeschöpf machte und ihr jede Natürlichkeit raubte. Sie mußte nach seinen Anweisungen spielen, und er hat sie zugrunde gerichtet. Obgleich sie in sexueller Hinsicht sehr temperamentvoll war, durfte sie sich das nicht anmerken lassen. Nach außen mußte sie sich distanziert und korrekt geben.«[116]

Roth ist ungeduldig, die unmäßige Arbeit belastet ihn zunehmend. »Liebe Eltern, ... Muh ist sehr überarbeitet«, heißt es beispielsweise in einem Brief, den Friedl Anfang 1929 aus Marseille schickt.[117] Auf die Empfindlichkeiten seiner Frau reagiert Roth häufig gereizt. Wenn sie ihm in der Öffentlichkeit Vorwürfe macht – was nicht selten geschieht –, ist Roth dies peinlich. Im Roman »Der stumme Prophet« schildert Roth eine Ehesituation, die vielleicht dem eigenen Erleben nachempfunden ist: »Er wollte etwas Versöhnliches sagen. Nichts Versöhnliches kam. Über ihnen beiden waltete schon das ewige Gesetz, das die Mißverständnisse zwischen den Geschlechtern regelt.«[118] Mag sein, dass er das Trinken in den ersten Ehejahren etwas eingeschränkt hat, aber die nächtlichen Alkoholeskapaden hören keineswegs auf. Auch das belastet die Partnerschaft. »12h ist schon und Muh' noch nicht da, was sagst Du dazu?! Schrecklich!!!!«[119]

Szenen einer Ehe: »700 Schiffe stehn im Hafen (von Marseille – WvS). Ich weiß nicht, ob ich mich nicht plötzlich einschiffe. Meine Frau weint jeden Tag, wäre sie nicht hier, ich wäre längst fort. So empfinde ich zum ersten Mal die Anwesenheit meiner Frau. Erst in einem Hafen ist man verheiratet.«[120] – »Ich werde immer einsamer, lieber Freund. ... Selbst meine Frau entfernt sich von mir, trotz ihrer Liebe.«[121] – »Meine Frau kommt mir immer näher, sie schreibt mir seltsame Liebesbriefe: lauter unzufriedene, scharfe, beinahe böse Kritiken über meine Artikel. Vielleicht meint sie *mich* und weiß es nur noch nicht.«[122]

Roth neigt zu starker Eifersucht, was viele unschöne Auftritte zur Folge hat. Unterhält sich Friedl zu intensiv mit einem Tischnachbarn oder fühlt er sich von ihr öffentlich kritisiert, kann ihr Mann plötzlich aufspringen und wütend das Café oder die Bar verlassen. Wenn er betrunken ist, fallen kritische Worte über seine Frau und ihre angeblich mangelhafte Bildung. »Roth ... nahm seine Frau in Besitz, fürchtete sich aber unüberwindlich davor, selbst in Besitz genommen zu werden«[123], deutet David Bronsen die Beziehung. Ob Roth in den gemeinsamen Jahren ein treuer Ehemann gewesen ist, darüber schweigen die überlieferten Briefe. Berichte der Freunde über Roths Liebesabenteuer oder seine Pläne, sich scheiden zu lassen, sind allerdings mit Vorsicht zu lesen. Der Alkohol löst dem Dichter häufig die Zunge für männliche Prahlereien und Gedankenspiele. Zudem ist Klatschsucht auch in Künstler- und Emigrantenkreisen ein weitverbreitetes Laster. Drei Jahre nach der Hochzeit schreibt Roth an Bernard von Brentano in snobistischen Tönen: »Ich bin so altmodisch, die Ehe, die ich auch nicht überschätze, höher zu werten als die sogenannte Liebe. Nicht nur deren Ziel und Ende ist der coitus, sie besteht aus einer ganzen Kette von Beischlaf, der durch Anblick und Zwiesprache ebenso gründlich ausgeübt wird, wie durch die ebenfalls sogenannte körperliche Vereinigung.«[124] Umgekehrt wirft Roth sich nach dem offenen Ausbruch von Friedls Krankheit vor, ihr untreu gewesen zu sein. Keine einfache Beziehung ist es gewesen, nicht zuletzt weil Roth ein chaotisches Künstler- und Arbeitsleben führt und Friedl eine Gefährdete ist.

Im März 1928 schreibt Roth aus Frankfurt: »Ich selbst kann leider vorläufig nicht nach Paris, weil meine Frau krank geworden ist, nicht allein bleiben konnte und mich hier aufgesucht hat. Jetzt muß ich sie in ein Sanatorium bringen.«[125] Es ist der Anfang einer unheilvollen und unaufhaltsamen Entwicklung. »Die Krankheit meiner Frau hat alle meine Pläne umgestoßen. Ich mußte sie nach dem Tessin begleiten und befinde mich jetzt mit ihr auf der Reise nach Wien.«[126] Im Mai 1928 kommt aus Warschau die Botschaft: »Meiner Frau geht es besser und sie wird allmählich ruhiger. Körperlich geht es ihr leider noch schwach. Aber bei mir machen sich jetzt Reaktionen bemerkbar.«[127] Ein Bekannter aus den Pariser Tagen berichtet später: »Als ich Roths Frau 1928 oder 1929 in Paris sah, hatte ich den Eindruck, sie wäre vollkommen beziehungslos. Sie stand neben Roth unbeteiligt, ungemein uninteressiert und erloschen.«[128] Im Februar 1929 schreibt Roth aus Paris: »Meine Frau ist Wochen lang im Bett gelegen, ich konnte mich in Marseille nicht aus dem Zimmer rühren und bin selbst krank geworden.«[129] Er beginnt zu ahnen, dass sein künstlerisches Vagabundenleben vor einer nicht zu bewältigenden Herausforderung steht: »... ich habe in einem Anfall von Leichtsinn die Verantwortung für eine junge Frau übernommen. Ich muß sie irgendwo unterbringen, sie ist schwächlich und hält das Leben an meiner Seite körperlich nicht aus.«[130] Im März wieder aus Paris: »Was meine Frau betrifft, so ist ihre jetzige Krankheit nur eine akute Verschärfung einer chronischen Schwäche, einer vollkommenen Widerstandslosigkeit, an der ich selbst nicht unschuldig bin, die zum Teil ihre Ursachen in verschiedenen Ereignissen hat. Und an diesen Dingen, von denen ich seit Monaten und bald seit Jahren nicht sprechen kann, bin ich tiefer bedrückt, als von Krankheiten.«[131] Siegfried Kracauer erreicht im August aus Frankfurt ein Telegramm: »meine frau mit schizophrenie verdacht nervenanstalt erkundigt euch dringend adresse hephata ueber das ich einmal geschrieben.«[132] Und dann im September teilt er Stefan Zweig in einem Brief, dem er das Manuskript des Romans »Hiob« beilegt, das Folgenschwere mit: »Meine Frau ist sehr schwer krank in die Nervenheilanstalt Westend überführt worden, und ich lebe seit Wochen ohne Möglichkeit, eine Zeile zu schreiben und ringe mir mühsam das zum Leben notwendige Zeilenschreiben ab. ... Das Wort Qual hat plötzlich einen grauenhaften Inhalt bekommen, und das Gefühl, vom Unglück umgeben zu sein, wie von großen, schwarzen Mauern, verläßt mich nicht für einen Augenblick. Ich hatte gedacht, Ihnen unter günstigeren Umständen mein Manuskript übergeben zu können.«[133] Wie ein verzweifelter Aufschrei klingen auch die Sätze, die im Dezember den Schriftsteller René Schickele erreichen: »Gestern bin ich nach München gefahren, geflohen. Seit August ist meine Frau schwer krank, Psychose, Hysterie, absoluter Selbstmordwille, sie lebt kaum – und ich gehetzt und umringt von finstern und roten Dämonen, ohne Kopf, ohne die Fähigkeit, einen Finger zu rühren, ohnmächtig und gelähmt, hilflos, ohne Aussicht auf Besserung.«[134] Jahrelang lebt Roth zwischen Hoffnung und Resignation. »Wenn es Friedl endlich besser ginge, würde es mir auch besser gehn. Es ist grausam, ich kann es nicht aushalten.«[135]

Es wird ihr nicht mehr besser gehen, nie mehr wird die Unglückliche in ein Leben jenseits der Klinikmauern zurückkehren. Die Diagnose ist schrecklich: Schizophrenie. Eine genetische Prädisposition kann in Verbindung mit extremen Stresssituationen diese Psychose auslösen. In den 20er- und 30er-Jahren galt eine solche schwere psychische Erkrankung als unheilbar. Persönlichkeitsstörung und Realitätsverlust, Wahnvorstellungen und Halluzinationen – die Formen der Schizophrenie sind unterschiedlich, aber für die Betroffenen von existenzieller Dramatik.

Die Krankheitsgeschichte Friederike Roths ist nicht genau überliefert. Bekannt ist, dass sie ab 1928 an Verfolgungsängsten leidet, sich weigert allein zu bleiben, zunehmend zu aggressiven Ausbrüchen neigt, über Kopfschmerzen klagt, verwirrt ist und von Selbstmord spricht. »Wenn sie die Sonne, die Straßenbahn und die Autos nicht sehen und nicht hören kann, zeigt das ... eine Flucht vor dem Leben.«[136] Der Arzt Ernst Wollheim, der Friedl auf Roths Wunsch in Berlin untersucht, erzählt später: »Ich habe Friedl das erste Mal in einem scheußlichen Eckzimmer im Hotel am Zoo gesehen. Es handelte sich eindeutig um einen schizophrenen Fall; die Frau lebte in einer privaten Welt und hatte den Kontakt mit der Wirklichkeit verloren.«[137] Auch Benno Reifenberg erlebt die Anfänge der Krankheit mit: »Den Ausbruch der Geistesgestörtheit der Frau haben wir 1928 oder 1929 in Frankfurt erlebt. Sie war im Hotel Englischer Hof, Roth war in Berlin. Wir hatten den Eindruck, sie war willentlich gelähmt. Wir brachten sie zu Dr. Goldstein, einem Nervenarzt. Der Arzt meinte, man dürfte sie nicht einen Augenblick allein lassen. Wir waren sehr überrascht, wie sie über Roths Freunde sprach. Wir hatten den Eindruck, daß sie die Situation ausnütze, um solche Sachen zu sagen. Aber der Arzt sagte, wenn wir sie alleine ließen, könnte sie aus dem Fenster springen.«[138] Im Krankheitsbericht der Landespflegeanstalt Steinhof in Wien heißt es, die Patientin zeige »psychomotorische Sperrungs- und Erregungszustände, Zerfahrenheit, sexuelle Erregung, manische Zustandsbilder, vage Verfolgungs-

und Größenideen, Halluzination... Die Kranke leidet an einer schweren Schizophrenie...«[139]

Friedls Krankheit tritt zunächst in Schüben auf, Anfälle wechseln mit Monaten der Besserung. Häufig macht sie Roth für ihren Zustand verantwortlich, wirft ihm vor, sie alleinezulassen, sich mit Frauen herumzutreiben, zu trinken. Soma Morgenstern berichtet von einem Besuch des Ehepaares 1928 in Wien, als Roth sich um seine Passangelegenheiten kümmern musste: »Um damals in Wien in meiner Nähe zu sein, wohnte das Paar im Hotel Hopfner in Hietzing. Roth hatte begreiflicherweise an Vormittagen in den Ämtern zu tun und konnte die Frau nicht immer mitnehmen. In solchen Fällen weigerte sie sich, allein zu bleiben. Er schämte sich dieses ›hysterischen‹ Benehmens selbst vor mir und mußte oft eine Verabredung absagen, einen Besuch, der ihm nützlich sein mochte, verschieben, um mit der Frau zu bleiben. Als er es nicht mehr so einrichten konnte, erzählte er mir von den Schwierigkeiten, und ich machte mich erbötig, mit der Frau im Schönbrunner Park spazieren zu gehen oder sie im Schloß umherzuführen, was ihr sichtlich sehr gut tat. ... Wenn es regnete, saß ich mit ihr im Café des Hotels Hopfner, und da lag es ihr daran mir nahezulegen, daß ihr Mann, den sie ›noch sehr liebte‹, schuldig wäre an ihrem Angstzustand. Wie er sie im Jahre 1924 ›verlassen‹ hatte, um für die *Frankfurter Zeitung* eine Reise zu machen, habe sie das noch verstanden, als selbstverständlich hingenommen und auch gut überstanden. Aber wie er im Winter 1926/27 für viele Monate nach Sowjetrußland verreiste und sie in Berlin allein gelassen, fingen eben die Angstzustände an.«[140] In Zeiten, in denen sie nicht im Sanatorium ist und Roth auf Reisen geht, bittet dieser Freunde, sich um Friedl zu kümmern. So wohnt sie im Winter 1930 bei Stefan Fingal. »Sie blieb drei Monate in meinem Haus. Sie verbrachte die Weihnachtszeit bei uns. Es ging ihr besser, dann ist sie verfallen.«[141]

Roth glaubt lange an ihre Heilung und verdrängt die Schwere der Krankheit. »Über das Wort ›Schizophrenie‹ wurde Roth böse«, berichtet der Arzt Ernst Wollheim, »meinte, die Krankheit sei erworben, und bildete sich ein, seine Frau wäre zu heilen. Ich habe ihm zugeredet, die Schizophrenie ist eine erbliche Krankheit, bei der aktuelle Umweltfaktoren keine ausschlaggebende Rolle spielen, und es bliebe ihm nichts anderes übrig, als den Fall für unheilbar anzunehmen. Aber Roth blieb völlig unbelehrbar. Er vertrat weiterhin die Meinung, er sei schuld am Zustand seiner Frau, ohne das näher zu begründen.«[142]

Roth steht der Psychiatrie skeptisch gegenüber, äußert sich mehrfach auch kritisch über Sigmund Freud und seine Lehre. »Ich finde es selbstverständlich, daß Sie Freud milde behandeln. ... alle Objektivität ist Schweinerei, aber man darf es nicht erkennen lassen«,[143] schreibt er Stefan Zweig, der zu dieser Zeit an seinem Freud-Essay arbeitet. Mit Friedls Erkrankung beginnt Roth sich jedoch intensiv mit psychologischen Fragen und den damit zusammenhängenden Krankheiten zu beschäftigen.

In der Wochenschrift »Das Tage-Buch« veröffentlicht Roth im Juni 1930 einen längeren Artikel, in dem er sich kritisch mit den Zuständen in den Irrenanstalten und den Behandlungsversuchen der Psychiatrie auseinandersetzt. Aufhänger ist für Roth der Tod einer Patientin in der Landesirrenanstalt Teupitz. Die halbseitig gelähmte 19-jährige Klara Wand wurde dort in eine Badewanne gesetzt und, nachdem die Pflegerin heißes Wasser eingelassen und den Raum verlassen hatte, so schwer verbrüht, dass sie starb. »Die Leitung der Irrenanstalt teilte der Mutter der Patientin den Tod des Kindes mit sachlichem, aber knappem Bedauern mit.«[144] Es geht Roth um die Menschenwürde der Geisteskranken. »Es steht jedenfalls fest, daß man Geisteskranken (wie Normalen) einen ›seelischen Schmerz‹ zufügen kann. Man kann sie wütend machen, gehässig und traurig. Man kann sie ›depravieren‹. Die offizielle, die Schul-Psychiatrie ist sehr schwer und nur sehr langsam davon zu überzeugen.«[145] Seine Kritik gipfelt in den Sätzen: »Die Psychiatrie versteht die Sprache der Idioten und der Kranken nicht. ... Wozu sind denn die Bewahranstalten da? Doch nicht zur Heilung? Da doch die Psychiatrie nicht heilen kann! ... Es muß jedem Einsichtigen klar sein, daß die Absperrung die asoziale Tendenz der Krankheit *steigert und nicht mindert*. ... Über die lächerlichen Methoden der psychiatrischen Diagnostik könnte man Bände schreiben.«[146]

Mit Blick auf die damaligen Verhältnisse ist Roths Kritik nicht überzogen. Erst in den 30er-Jahren verbessern sich allmählich die Zustände in den psychiatrischen Kliniken, setzen sich neue psychologisch-medizinische Erkenntnisse und dann nach dem Zweiten Weltkrieg – die Erkrankungen dämpfende oder heilende – Medikamente durch. Als Roth seinen Artikel schreibt, müssen die Irrenanstalten auf Außenstehende wie ein Albtraum gewirkt haben. Und sie waren tatsächlich Schreckenskammern. »Tobende werden mit Scopolamin, Morphium, kalten Packungen beruhigt. Sie werden mit Spritzen geschreckt, mit somatisch zweifellos schädlichen Giften malträtiert. ... Im Betrieb herrschen die männlichen und weiblichen Feldwebel vom Roten Kreuz.«[147] Gummizellen, Zwangsjacken, Elektroschocks, Massenquartiere, Gitterfenster – »hier beginnt die ›asoziale‹, die ›unmoralische‹ Haltung der offiziellen Psychiatrie. Sie hat keine Therapie«.[148]

Roths Polemik trifft auf teils vehemente Reaktionen. »Der Aufsatz von Joseph Roth über ›Psychiatrie‹«, schreibt die Redaktion des »Tage-Buch« im folgenden Heft, »hat – wie zu erwarten war – unter den Psychiatern starken Widerspruch hervorgerufen.«[149] Sie druckt die Entgegnung eines Dr. Lilienstein aus Bad Nauheim, Facharzt für Innere und Nervenkrankheiten, ab: »Die sogenannte ›seelische Substanz‹ von Roth ist offenbar ein Gebilde dichterischer Phantasie.«[150] Morgenstern berichtet in seinen Erinnerungen allerdings auch von der Veröffentlichung eines »sehr bekannten Berliner Psychiaters«, der der Entrüstung seiner aufgebrachten Kollegen entgegenhält, Roth sei zwar ein Laie, aber er habe recht: »Wir haben keine Wissenschaft. Wir haben keine Therapie.«[151]

Friedls Verfall, ihre Aufenthalte in Sanatorien und Roths eigene Hilflosigkeit spiegeln sich jahrelang in seinen Briefen wider. »Mein privates Leid ist so groß, daß ich nicht imstande bin, die Welt zur Kenntnis zu nehmen.«[152] An Friedls Eltern schreibt er im Februar 1931 aus Antibes: »Es ist kaum zu übersehn, dieser Schmerz hat mich alt gemacht, und meine Haare werden grau.«[153] Im Brief an eine Ärztin, bei der Roth Friedl zeitweise behandeln lässt, mahnt er: »Wenn meiner Frau etwas zustößt, tragen zwar Sie die Verantwortung vor mir, aber ich die Verantwortung vor den Eltern...«[154]

Roth lebt in diesen Jahren zwischen Illusionen, Hoffnungen und Verzweiflung. »Wenn es mir nur gelingt, Geld genug zu verdienen, wird Friedl bestimmt ohne Anstalt gesund werden.«[155] – »Es ist sehr erfreulich, daß Friedl zunimmt. Vielleicht hilft Gott, und sie kommt auch sonst zu sich. Ist ihr Gesichtsausdruck verändert? Ihr Blick?«[156] – »Meiner Frau dürfte es kaum besser gehn. Ich bin dem Doz. Schacherl nicht nur dankbar, sondern auch zugetan. Dieser feine Mensch gibt sich große Mühe, obwohl ihm die wissenschaftliche Erkenntnis sagen dürfte, daß es vergeblich ist.«[157] – »Friedl muß am Leben bleiben. Mein eigenes Leben hängt davon ab. ... Die Sorge um das Geld in Wien ist gewaltig.«[158]

Sein Schuldgefühl wächst. Er klagt sich an, sie zuviel alleingelassen zu haben und sie während ihrer Krankheit nicht häufig genug zu besuchen. Und er erinnert sich möglicherweise auch an Begebenheiten in seiner Ehe, die Scham und Schuldkonflikte in ihm auslösen. »Meine Frau befindet sich in diesen Wochen in einem Zustand, der es mir unmöglich macht, nach Österreich zu kommen. ... Ich habe dabei ein grauenhaft schlechtes Gewissen. Wenn ich aber den Roman noch in diesem Jahre zu Ende schreiben will (es handelt sich um den »Radetzkymarsch« – WvS), so kann ich nicht nach Wien. Es würde mich um Wochen zurückwerfen.«[159] – »So lebe ich, bedrängt von Geldsorgen, und auch von Sorgen um die Zukunft meiner Frau. Sie ist klarer, in der letzten Zeit, verlangt nach mir, hie und da, und ich habe keine Kraft mehr, nach Wien zu fahren. Was soll da werden? Und wenn meine Frau ganz klar wird, wie soll ich einen Weg zu ihr finden?«[160] Friderike Zweig schreibt in ihren Erinnerungen an Roth: »Die Lage wurde für ihn noch dadurch verschärft, daß er sich in Selbstvorwürfen erging und viele Bücher über Geisteskrankheiten studierte, um zu erforschen, ob sein Verhalten an ihrer Krankheit schuld haben konnte.«[161]

Roth denkt in diesen Jahren ständig über Wege nach, die Friedls Genesung erzwingen können. »Liebe Hedi, anbei ein Brief von Frau Dr. Lichtenstern, die in der Nervenheilanstalt am *Rosenhügel* Leiterin ist und die Friedl kennt«, schreibt er im April 1930 aus Salzburg an Friedls Schwester. »Erkundige Dich, bitte, wann ihre Sprechstunden sind. ... Sie kann helfen, auf verschiedene Weise, besonders was Aufenthaltsort anbetrifft, Kosten, Rezepte und vielleicht durch eine gute Schwester. ... Vielleicht hast Du oder Dein Mann die Güte, hinauszugehn. Man muß lange auf sie warten, sie ist sehr beschäftigt und man kann sie auch nicht aufhalten. Laßt Euch durch ihre kurze Art nicht abschrecken. ... Ich vermisse in Deinem letzten Brief die Antwort auf meine Frage, wie Dr. Schacherl auf Friedl gewirkt hat; ob er sich getraut hat, eine Diagnose zu sagen.«[162] Schon vorher schreibt er nicht ohne Erregung: »Ich wüßte auch gern die Schimpfworte die Friedl gebraucht. Es ist keine Schande, sie aufzuschreiben. In jedem Menschen steckt die Bestie, in Dir, in mir, in allen, und wenn wir krank werden, bricht sie aus. Hölderlin und Strindberg waren auch verrückt und haben gemein geschimpft und onaniert. Nietzsche hat seine Mutter Hure genannt, als er krank wurde.«[163] Als Friedl im Steinhof untergebracht ist, erkundigt Roth sich immer wieder bei den Eltern nach ihrem Befinden: »... verlangt sie selbst zu essen oder muß man es ihr aufdringen? ... Kann man sie in einem Wagen spazieren fahren? Hat die Menstruation eine direkte Wirkung auf ihren Gesundheitszustand?«[164] Im Oktober 1931 teilt er mit: »Ich korrespondiere jetzt mit einem Marburger Psychiater wegen einer eventuellen Bluttransfusion. Friedl hat eine hochgradige Anämie, das heißt, zu viel weiße Blutkörperchen.«[165]

Roth hat die kranke Friedl einige Male während ihrer Sanatoriums- und Klinikaufenthalte besucht. Von den Erschütterungen, die diese Begegnungen bei ihm auslösen, erzählt uns einmal mehr Friderike Zweig. Vielleicht ist ihr Bericht – wie manche andere Passage in ihren Erinnerungen – ein wenig dramatisch ausgefallen, aber er zeigt doch den unerbittlichen Verlauf von Friedls Erkrankung: »Wie unglücklich er über das Geschick seiner Frau war, erfuhr ich durch Begebnisse, die er mir anläßlich seines Besuches in Salzburg erzählte. Er hatte sie anfangs in kostspieligen Sanatorien untergebracht. Als er dafür nicht mehr aufkommen konnte, wurde sie schließlich in einer Landesirrenanstalt interniert. Als er sie besuchte, war sie in einem gewalttätigen Zustand, und er wurde von ihr körperlich bedroht. Es blieb ungewiß, ob sie ihn erkannt hatte. Bei einem späteren Besuch durfte er sie nur durch ein Guckloch ihrer Zelle sehen. Zu seinem Schmerz war die vormals rehhafte Schlanke unmäßig fett geworden, für ihn ein tragischer Anblick.«[166] – »Ich habe sie besucht, sie haßt mich.«[167] Irgendwann in diesen Jahren wird Roth an seine Schwiegereltern schreiben: »Friedl ist in Gefahr. Man muss sie retten. Ich bitte Euch, mir die

Verantwortung abzunehmen.«[168] Er gibt auf, zieht sich zurück, knüpft neue Beziehungen. Hier von Versagen oder gar Schuld zu sprechen, steht uns nicht zu. Die Krankheit Friedls ist für den Dichter eine Katastrophe gewesen. »Bei meiner Abgeschlossenheit war meine Frau die einzige Beziehung zur Umwelt, der gesellige Teil meiner selbst.«[169]

Friedls Leidensweg führt durch verschiedene Sanatorien und psychiatrische Kliniken. 1929 wird sie in die Berliner Nervenheilanstalt Westberlin eingeliefert, und im November 1930 kommt sie in das Sanatorium Rekawinkel bei Wien. Roth zahlt die hohen Kosten dieser privaten Pflegeaufenthalte, bis er nach der Machtübernahme der Nationalsozialisten finanziell dazu nicht mehr in der Lage ist. Im Dezember 1933 erhält Friedl durch Vermittlung des Freundes Soma Morgenstern einen Platz in der »Landes-, Heil- und Pflegeanstalt für Geistes- und Nervenkranke Am Steinhof« in Wien. Roth zahlt hier nur noch die Verpflegungskosten. Kurz nachdem die Eltern Friedls im März 1935 nach Palästina ausgewandert sind, wird die Kranke in die Landespflegeanstalt Mauer-Öhling bei Amstetten überwiesen. Hier gelingt es dem österreichischen Schriftsteller Theodor Csokor einen kostenlosen Pflegeplatz für die Patientin zu ermöglichen. Den Skrupeln der Eltern, ihre Tochter alleinzulassen, begegnet Roth mit einem rührenden Brief: »Ich habe selbst auf ein Wunder gewartet und mich ruiniert. Die Erinnerung an Friedl liebe ich, wie ich sie selbst immer geliebt habe. Aber es hilft nichts. Verbringt Eure Jahre in Ruhe, wenn die Gelegenheit da ist ... Ich wünsche Euch eine gute Überfahrt und eine möglichst gute Zukunft in Palästina.«[170] Friedls Schicksal erfüllt sich in einer Klinik bei Linz. Dorthin werden alle Patienten von Mauer-Öhling 1940 – »zwecks besserer Pflege« – verlegt. Im Zuge des verbrecherischen »Euthanasie-Programms« der Nationalsozialisten wird Friedl kurze Zeit später – es ist ein Tag im Juni 1940 – ins nahe gelegene Schloss Hartheim gebracht und in der dortigen Tötungsanstalt ermordet.

Roth hat die Krankheit seiner Frau immer als einen Fluch empfunden, der über seinem Leben liegt. »Gott hat mich geschlagen.«[171] Parallel zur Schicksalstragödie um seine Frau wird ab 1930 die resignierende Melancholie der Roth'schen Figuren zu einem der Leitmotive seines Prosawerkes. Die ersten Zeilen seines großen Romans »Hiob« – in dem die Tochter Mendel Singers, Mirjam, wahnsinnig wird – schreibt der Dichter in der Wohnung Stefan Fingals. Im Nebenraum sitzt Friedl: verwirrt, zerstört, in den Wahn hinübergleitend.

Im Jahr 1920 ist das alles unabsehbar, und das Glück ist jung. Als »Der Neue Tag« im April sein Erscheinen einstellen muss, steht Roth wieder auf der Straße. In Wien findet er kaum Aufträge, ein neuer Redaktionsposten ist nicht in Sicht. Er sieht keine Chance, im Schatten des Stephansdoms seine journalistische Karriere fortzusetzen. Die Inflation nimmt in Österreich Fahrt auf, in Deutschland ist sie noch kein Thema. »Seit Juni wo ich hier war«, schreibt Stefan Zweig Anfang Oktober 1919 anlässlich eines Aufenthaltes in Wien, »kostet das Leben 40 % mehr.«[172] Später wird Roth in einem Gespräch mit einem französischen Journalisten tatsächlich erklären, die Geldentwertung habe ihn aus Wien vertrieben.[173] Seinem späteren Verleger Gustav Kiepenheuer präsentiert er 1930 dagegen als Grund für seinen Ortswechsel eine hübsche Liebesgeschichte: »Ich übersiedelte bald nach Berlin – die Liebe zu einer verheirateten Frau, die Furcht, meine Freiheit zu verlieren, die mir mehr wert war als mein dubioses Herz, zwang mich dazu.«[174] Der erwähnte drohende Freiheitsverlust, ist das – jenseits von Scherz und Satire – möglicherweise ein Hinweis auf Friedl? Fühlt er sich schon zu sehr gebunden, und will er ausbrechen aus einer bürgerlichen Bedrohung? Vielleicht. Seine Verlobte wird ihm bald nach Berlin folgen und einige Monate dort mit ihm leben. Dann kehrt Friedl jedoch zurück nach Wien und erneuert die Verlobung mit dem eigentlich schon abgehalfterten Hanns Margulies. Was da vorgefallen ist, wissen wir nicht. Zwei Jahre später heiratet sie jedenfalls Roth. Keine einfache Beziehung, von Anfang an. Für Roth aber beginnt mit dem Umzug in die wichtigste deutschsprachige Zeitungsstadt auch beruflich ein neuer Abschnitt. Wien verlässt er als regional anerkannter Zeitungsschreiber. Der Starjournalist und Schriftsteller wird erst in Berlin geboren.

Kapitel 5

*»Die Menschen lieben das ›Nationale‹
und meinen das Schießgewehr«*

Karriere als Journalist
und die Geburt eines Schriftstellers

(1920–1925)

»Berlin war mehr als eine Messe wert. Diese Stadt fraß Talente und menschliche Energien mit beispiellosem Heißhunger, um sie ebenso rasch zu verdauen, kleinzumahlen und wieder auszuspucken. Was immer in Deutschland nach oben strebte, saugte sie mit Tornado-Kräften in sich hinein, die Echten wie die Falschen, die Nullen wie die Treffer, und zeigte ihnen erst mal die kalte Schulter.«[1] Roth hat Glück. Berlin zeigt ihm nur wenige Wochen die kalte Schulter, von der Carl Zuckmayer in seinen Erinnerungen gesprochen hat, dann sitzt er schon einigermaßen fest im Journalistensattel. Roth ist in eine europäische Metropole gekommen, die bald zum Eldorado der Moderne wird. Revolution und Bürgerkrieg, Hyperinflation und Massenarbeitslosigkeit, die Mietskasernen, dunklen Hinterhöfe und Armenküchen in den Arbeitervierteln – das ist die eine Seite von Berlin in den ersten Jahren der neuen deutschen Republik. Die andere: Opium und finstere Kaschemmen, eine schillernde Schwulen- und Lesbenszene, Varietépaläste und Jazzkneipen, Amerikanismus und eine Theatermoderne, die nicht einmal Paris zu bieten hat.

In Berlin inszeniert Max Reinhardt im »Zirkus Schumann« sein bürgerliches Traumtheater und beglückt die Besucher des Deutschen Theaters oder der Kammerspiele mit Shakespeare und Schiller, Wedekind und Shaw. Er ist der Theaterkönig von Berlin. Leopold Jessner, Intendant des Staatlichen Schauspielhauses, lässt für seine »Wilhelm Tell«-Inszenierung eine beeindruckende Stufenbühne bauen, die bald als »Jessnersche Treppe« zur Legende wird. Erwin Piscator tritt in die KPD ein, gründet das Proletarische Theater und begeistert oder empört die Berliner mit seinen revolutionären Aufführungen: Projektionen, Lautsprecher, Filmeinblendungen – auf der Piscator-Bühne gewinnt die Theaterregie neue und aufregende Dimensionen. Der Schauspieler und Gründer des Schiffbauerdammtheaters, Ernst Josef Aufricht, wird viereinhalb Jahre vor dem Untergang der ersten deutschen Demokratie das Theaterspektakel der Weimarer Republik aufführen lassen: Brechts »Dreigroschenoper«, zu der Kurt Weill seine verjazzte und schmissige Musik schrieb. Rund 30 Theater locken in den Weimarer Jahren das Berliner Publikum, und es klatscht begeistert, wenn sich Albert Bassermann, Ernst Deutsch, Fritz Kortner, Werner Krauß, Albert Steinrück, Elisabeth Bergner, Lucie Höflich oder Helene Thimig nach der Vorstellung verbeugen.

Bruno Walter, der große Dirigent, schwärmt in seinen Erinnerungen über das Berliner Musikleben: »Die Philharmonischen Konzerte unter Wilhelm Furtwängler, die ›Bruno Walter-Konzerte‹ mit dem Philharmonischen Orchester, eine Fülle von Chorkonzerten, Kammermusikabenden und Solistenkonzerten, die Leistungen der Staatsoper, die sich in Premieren wie Alban Bergs ›Wozzek‹ und Leo Janaceks ›Jenufa‹ unter Kleibers Leitung bedeutende Verdienste erwarb, der nun aufblühenden Städtischen Oper unter meiner Führung, der Kroll Oper unter Klemperer und anderer Institute glänzten neben denen der Sprechbühne...«[2] Im Metropol-Theater wird Franz Lehárs Operette »Das Land des Lächelns« uraufgeführt, und für das Berliner Kabarett singen Trude Hesterberg und Claire Waldoff Texte von Walter Mehring und Kurt Tucholsky. Die Tiller-Girls schwingen zur Freude der Nachtschwärmer ihre schlanken Beine, Josephine Baker, die »schwarze Venus«, strahlt eine betörende Erotik aus, und Friedrich Holländers Melodien pfeifen die Menschen an jeder Straßenecke. Alfred Döblin schreibt »Berlin Alexanderplatz«. Boxkämpfe und Sechs-Tage-Rennen werden zum Thema der Dichter und Journalisten. »Sechs Tage lang sausten dreizehn Menschen auf Fahrrädern im Arenarund des Sportpalastes, und das Publikum hat 43.000 Mark für Preise gestiftet. Die dreizehn fingen Freitag abends um 9 Uhr an, und sie rannten Tag und Nacht, zur Essenszeit, zur Schlafenszeit, zu allen Zeiten. Während draußen Straßenbahnen zu fahren anfangen und aufhören, Menschen sterben, vergiftet, verletzt, überfahren werden, rennen dreizehn in der Arena.«[3]

Kulturmetropole und Weltstadt: Berlin in den 20ern

Berlin ist *die* Filmstadt der Republik. In den Babelsberger Ateliers schaffen die Macher der Ufa ziemlich problemlos den Sprung vom Stumm- zum Tonfilm, hier drehen Fritz Lang und Georg Pabst, hier werden der Golem und die Nibelungen, Dr. Mabuse und die Zukunftsstadt Metropolis für die Leinwand entdeckt. Hier fesseln Emil Jannings als Leinwand-Othello, Otto Gebühr als Fridericus Rex, Peter Lorre als der Mörder M oder Marlene Dietrich als Lola Lola im »Blauen Engel« die Kinobesucher, die massenweise in den Gloria-Palast oder den Ufa-Palast am Zoo strömen. Für alle aber – für die Schriftsteller und Maler, für die Komponisten und Sänger, für die Regisseure und Schauspieler – gilt ein unerbittliches Gesetz: »Nach einem Erfolg mußte man die Telefonnummer wechseln, um seine Ruhe zu haben, nach einem Mißerfolg brach noch am selben Abend das große weiße Schweigen aus, und man war in Nacht und Eis verschollen.«[4]

Berlin ist eine Zeitungsmetropole: Hier ist der Sitz der großen Verlage Ullstein, Mosse und Scherl. 1920 werden 20 Tageszeitungen – fast jede mit Morgen- und Abendausgabe – gedruckt und verkauft. Die Zahl der Neuerscheinungen wächst, und die Massenpresse – ideologisch-politisch einseitig, meinungsfreudig und mit viel Polemik – hält Einzug in die Weimarer Gesellschaft. Im Jahre 1928 erscheinen in der deutschen Hauptstadt insgesamt 127 Tages- oder Wochenzeitungen. Hier konkurrieren die großen liberalen Blätter, das »Berliner Tageblatt« und die »Vossische Zeitung«, um die Gunst des gebildeten Bürgertums. Ihre Auflagen bleiben allerdings zu gering, um mit ihren Kommentaren und Berichten wirklich politischen Einfluss zu erringen. Eine große Rolle spielen der feuilletonträchtige »Berliner Börsen-Courier« und die eher links stehende »Neue Berliner Zeitung«, ab 1922 heißt sie »12-Uhr-Blatt«. Mit kleiner Auflage, aber geprägt von einem großen, radikalen Humanismus erscheint Siegfried Jacobsohns »Weltbühne«, die nach seinem frühen Tod kurzzeitig von Kurt Tucholsky und dann bis zu ihrem Untergang im Mai 1933 von Carl von Ossietzky geleitet wird. Die Mitglieder der Redaktion des »Vorwärts«, dem Zentralorgan der SPD, liefern sich verbale Schlachten mit den Leitartiklern der kommunistischen »Rote Fahne«. Willy Münzenberg, der talentierte Macher des kommunistischen Zeitungsimperiums, gibt die Zeitungen »Berlin am Morgen« und »Welt am Abend« heraus und erreicht damit die Berliner Arbeiterschaft. Im mondänen »Sport im Bild. Das Blatt für die gute Gesellschaft« wird bald ein Zugereister aus der westfälischen Provinz Redakteur und über Rennwagen, Boxkämpfe und die Bekleidung der autofahrenden Dame von Welt schreiben – sein Name ist Erich Maria Remarque. Ende der 20er-Jahre veröffentlicht er *den* deutschsprachigen Bestseller der Weimarer Republik, den Roman »Im Westen nichts Neues«. Zu dem Zeitpunkt ist »Der Angriff« schon auf dem Berliner Zeitungsmarkt, in dem der rheinische Scharfmacher, NSDAP-Gauleiter und als Romanschriftsteller gescheiterte Joseph Goebbels die Republik verteufelt, den »Novemberverbrechern« Verfolgung und Tod prophezeit und gegen die jüdische Bevölkerung hetzt.

Georg Bernhard, Rudolf Olden, Carl von Ossietzky, Leopold Schwarzschild, Kurt Tucholsky und Theodor Wolff veröffentlichen ihre vielbeachteten Leitartikel und Glossen. Subjektiv und worteitel schreibt Alfred Kerr bis 1933 seine Theaterkritiken im »Berliner Tageblatt«. Herbert Ihering hebt den Richterstab über Regisseure und Schauspieler für den »Börsen-Courier«. Alfred Polgar nimmt das Florett, wenn er für das »Berliner Tageblatt« oder das »Prager Tagblatt« das Geschehen auf den Bühnen der deutschen Hauptstadt beurteilt. Emil Faktor, Chefredakteur und ebenfalls Theaterkritiker im »Berliner Börsen-Courier«, wird über die Frühzeit der Weimarer Republik schreiben: »... während das Millionenvolk Berlins auf die Straßen stürmte, Flugblätter las und sie zu Haufen ballte, um sein Massenschicksal durch wandernde, dem Chaos entgegentrottende Armeen zu symbolisieren, saß (man) unentwegt und pflichtschuldig im Theater und ließ sich von der wetternden, brodelnden, grell ausschweifenden, brünstig singenden, verschwommen prophezeienden Phantastik Fritz von Unruhs umschauern.«[5]

Im Gegensatz zu den großen französischen oder britischen Hauptstadtzeitungen gelingt es allerdings keinem Berliner Blatt, sich einen internationalen Ruf zu schaffen. »Es gab keine große Berliner Zeitung, die ähnlich der ›Times‹ wirklich über den Parteien stand und das gesamte Kräftespiel des parteipolitischen Lebens von einem erhöhten, aber darum keineswegs unbeteiligten Standort aus beurteilte.«[6] Zu zersplittert ist die deutsche Parteienlandschaft in den Weimarer Jahren, und zu stark ist die ideologische Einäugigkeit der Verleger und vieler Journalisten, um zuerst das Gemeinwohl und dann die Partei zu sehen.

»Die Zukunft Deutschlands wird heute andeutungsweise vorausgelebt von Berlin. Wer Hoffnung fassen will, blicke dorthin«, schwärmt der noch in München lebende Heinrich Mann 1921.[7] Als er 1928 nach Berlin zieht, schreibt er: »Die Centralisierung ist unausbleiblich.«[8] Berlin wird für zahlreiche Künstler zum Magneten. Arnold Zweig verlässt schon 1924 Starnberg und nimmt seinen Wohnsitz in der Hauptstadt, Lion Feuchtwanger zieht es 1925 von der Isar an die Spree. Bertolt Brecht notiert während eines mehrmonatigen Besuches am 12. November 1921 im Tagebuch: »Es ist eine graue Stadt, eine gute Stadt, ich trolle mich so durch. Da ist Kälte, friß sie!«[9] Ab 1924 lebt er in der »guten Stadt«. Alfred Döblin und Gottfried Benn haben nicht nur ihre Schriftstellerwerkstätten, sondern auch ihre Arztpraxen in Berlin.

Aber es gibt auch Verweigerer. Der Kunstkritiker Julius Meier-Graefe meint zwar, dass »Beckmann das neue Berlin« sei, aber der große Maler der Moderne meidet die Metropole, bleibt am Main und lehrt am Frankfurter Städel. Thomas Mann verlässt sein Münchner Haus am Herzogpark nicht, Otto Flake zieht sich 1918 aus Berlin zurück und geht nach Zürich, dann nach Baden-Baden. Der in Salzburg lebende Stefan Zweig beschwert sich 1921 anlässlich eines Besuches an der Spree über »die laute anstrengende schreiende Stadt, die mich ebenso fasziniert wie sie mich abstößt. ... Ich habe für die Stadt ein so merkwürdiges Gefühl von Feindlichkeit trotz aller Achtung, daß ich spüre, ich *kann* hier nicht vorlesen.«[10] Nicht für jeden ist Berlin eine Messe wert.

Am Ende werden die jüdischen und die linken Künstler, Journalisten und Verleger, die Deutschlands Kultur in den Weimarer Jahren bestimmt haben, vertrieben oder in den Folterlagern der neuen Herren ermordet. Die Berliner Kulturelite flüchtet ins Exil, dabei »öfter als die Schuhe die Länder wechselnd«.[11] Gottfried Benn bleibt. Auch Gustaf Gründgens, der im Dritten Reich Berlins neuer Theaterkönig wird, sowie fast alle nichtjüdischen Stars der Ufa. Am

10. Mai 1933 werden die Bücher der Verfemten auch vor der Humboldt-Universität verbrannt. Darunter die Romane von Joseph Roth. Im Sommer 1937 sind die Bilder der bedeutendsten deutschen oder in Deutschland lebenden Maler in den Münchner Hofgarten-Arkaden als Beispiel für eine »entartete Kunst« zu sehen. Die Werke von Max Beckmann und Paul Klee, Otto Dix und Wassily Kandinsky, Emil Nolde und Lyonel Feininger werden aus den deutschen Museen verbannt. Der einst von der Wiener Kunstakademie als Schüler abgelehnte Postkartenmaler Adolf Hitler bestimmt jetzt, was Kunst ist.

Weimarer Wirklichkeit – die gefährdete Republik

Berlin in den »goldenen Zwanzigern« – das Leben als nie endender Rausch? Der Theaterintendant Ernst Josef Aufricht beschreibt in seinen Erinnerungen die damaligen Gefühle der Kriegsüberlebenden mit selbstkritischen Worten: »Es war eine herrliche Zeit. Naiver als die heutigen Zwanzigjährigen, nicht enttäuscht oder gar verbittert, kannte unser Optimismus keine Grenzen. Der lange blutige Krieg war vorüber, war zum Gespenst geworden. Seine Opfer waren nicht umsonst gestorben, seine Leiden nicht umsonst gelitten, er hatte uns den Pazifismus gelehrt. Jetzt gab es keine Kriege mehr, wir hatten den letzten erlebt! Die Armut kam uns in das Bewußtsein, und wir kannten das Rezept, sie auszutilgen: den Sozialismus.«[12] Es ist eine Zwischenzeit, Zukunftsillusionen und ein tiefer Pessimismus prägen sie. Nur den Kriegsgewinnlern geht es gut. Protzig stellen sie ihren neuen Reichtum zur Schau. Die Mehrheit leidet unter Hunger und Arbeitslosigkeit. In den hässlichen Hinterhöfen der endlosen Mietskasernen verleben im Unrat spielende Kinder ihre Jugend. Bettelnde Kriegskrüppel stehen an jeder Straßenecke. Der Mittelstand – auch die kaisertreue Beamtenschaft – verliert in der Hyperinflation von 1923 ein in Generationen erarbeitetes Vermögen.

Die neue deutsche Republik: Nichts scheint mehr gültig, was gerade noch als unumstößliche Wahrheit galt. Ein sozialdemokratischer Reichspräsident und kein Kaiser an der Staatsspitze, Frauenwahlrecht und Tarifautonomie, Betriebsräte und Streikrecht, entmachtete Familienpatriarchen und Hausfrauen mit Bubikopf, heiße Jazzrhythmen und der die Jugend begeisternde Charleston. Die Heimkehrer können das an den Fronten Erlebte nicht vergessen, ihre Söhne und jüngeren Brüder verachten die Welt der Älteren, wollen die Autoritäten von gestern stürzen, träumen von einer Gesellschaft der Starken und verachten die Schwachen. Anfang der 30er-Jahre findet Hitler seine erste institutionelle Mehrheit: Der Nationalsozialistische Studentenbund übernimmt die Führung der Deutschen Studentenschaft. Auf der anderen Seite radikalisieren sich die Arbeitslosen und die sozial Benachteiligten. Sie sehen zunehmend in der kommunistischen Partei ihre politische Heimat. Bei den Wahlen vom Mai 1924 machen 12,5 Prozent der Wähler ihr Kreuz bei der KPD. Auch viele Intellektuelle sind vom Kapitalismus abgestoßen, den sie für das große Sterben auf den Schlachtfeldern und das Elend in den Mietskasernen verantwortlich machen. Sie propagieren mit der Macht des Wortes und der Kunst – manchmal auch mit der Tat – die bolschewistische Revolution, die in Russland gesiegt hatte, darunter die Schriftsteller Ernst Toller und Gustav Landauer, Anna Seghers und Johannes R. Becher, Bertolt Brecht und Gustav Regler. Ebenso die Maler und Graphiker George Grosz und John Heartfield, die mit ihren Bildern, Fotomontagen und Collagen den neu erwachten Militarismus, das Anwachsen der politischen Reaktion und die sozialen Verwerfungen entlarven. Die Liste der Künstler und Schriftsteller, die in den Weimarer Jahren radikal links stehen, ist lang. Angesichts der gesellschaftlichen Wirklichkeit Weimars ist das eine nicht ganz unverständliche Haltung. Die großen Verbrechen des Stalinismus lauern noch verborgen im Schoß der Zukunft, und Lenins Härte fällt in einem Zeitalter der Gewalt kaum auf. Aber die Anhänger der KPD verschließen die Augen vor der Realität: Die Führung der deutschen Kommunisten hängt seit Mitte der 20er-Jahre an den Fäden der vom Kreml beherrschten Kommunistischen Internationale. Stalin will nicht soziale Gerechtigkeit und die Herrschaft des Proletariats, sondern eine Ein-Mann-Diktatur und ein Weltimperium unter Moskauer Führung. Viele erkennen dies erst, wenn sie in den Gefängnissen und

Lagern der »Revolution« verderben oder vor den Erschießungskommandos dem Tod ins Auge schauen.

Joseph Roth bleibt gegenüber den radikalen Flügeln des politischen Parteienspektrums distanziert. Er wird in seinen Artikeln und Romanen die »Hitlerei« nicht weniger geißeln als die große Lüge von der linken Revolution. Im Oktober 1920 schreibt er einen Bericht für die »Neue Berliner Zeitung« über eine »Sowjetausstellung«, in der Plakate und Porträts gezeigt werden: »Etwas stimmt nicht an dieser Bezeichnung: Sowjetausstellung. Sie müßte: *Sowjetpropagandaausstellung* heißen. Sie zeigt nicht, was in Rußland vorgeht, geschaffen wurde, wirkt, zerstört und baut, sondern was in Rußland vorgehen *soll*, nach dem Willen derer, die es befehlen.«[13] In der Besprechung eines Vortrags von Hanns Heinz Ewers, einem umstrittenen Bestsellerautor und späteren Propagandisten der Nationalsozialisten, findet sich im Oktober 1921 der Satz: »Die Erscheinung des Vortragenden Ewers: eine kerngesunde Belanglosigkeit in Dekadentengewandung.«[14] Wie schon in Wien, ist Roths Kritik an den politischen Ideologien und ihren Vertretern auch in seinen Berliner Jahren nicht in gewichtigen analytischen Leitartikeln zu finden, sondern in seinen feuilletonistischen Glossen, Kritiken und Reisereportagen.

So groß Roths journalistisches Engagement in den Frühjahren der Weimarer Republik mit Blick auf die politischen Entwicklungen ist, er bleibt ein unabhängiger Kopf: klarsichtig gegenüber den ungerechten sozialen Verhältnissen, aggressiv gegenüber dem Antisemitismus und voller Sottisen gegenüber der Parteipolitik und den nicht enden wollenden Debatten über den verlorenen Krieg. »Ich war im Garnisonslazarett bei den ›Kieferbeschädigten‹«, schreibt er im August 1920. »Wißt Ihr, was das sind: Kieferbeschädigte? Es sind Menschen, die Gott nach seinem Ebenbild schuf und die dann der Krieg nach *seinem* Ebenbild umarbeitete. Hier siehst du die Fratze der Großen Zeit. So sah der Krieg aus: Das Kinn ist weggeschossen und Nase und Oberlippe hängen frei in der Luft. Oder nur ein halbes Kinn fehlt... *Es ist den ›Kieferbeschädigten‹ verboten, Photographien ihrer eigenen Entstelltheit zu besitzen.* Es ist verboten, der Öffentlichkeit Kieferbeschädigungen bzw. deren Gipsabgüsse, die im Lazarett aufbewahrt sind, zu zeigen.«[15] Bei einem Besuch in Leipzig – er berichtet von dort über den Prozess gegen die Mörder Rathenaus – schildert Roth im Oktober 1922 eine überall in Deutschland mögliche Szene: »Den Charakter und die Gesinnung einer deutschen Stadt lernt man in der Nacht kennen. Und auch die Polizei. In der Nacht besteht Leipzig aus Rathenaumördern und solchen, die es werden wollen. Drei Nächte hintereinander hörte ich Studententrupps durch die Straßen ziehen. Sie kamen aus dem Goldhahngäßchen, wo sich der ›Taubenschlag‹ befindet. Die germanische Jugend schrie: Nieder mit der Judenrepublik. Ebert ist ein Schwein. An die hundert Leipziger gingen vorbei und ließen sich's gefallen. Ein Schutzmann pendelte auf und ab, königliche Gesinnungswatte in den Ohren.«[16] Der Journalist Roth lässt sich schon in den frühen Jahren der Republik nicht täuschen. Als die Rechtsradikalen, die sich in München um den zunächst im Sold der Reichswehr stehenden Agitator Adolf Hitler sammeln, und die Nationalsozialistische Deutsche Arbeiterpartei (NSDAP) noch zu vernachlässigende Größen sind, erkennt Roth deutlich, welche politische Saat dort aufzugehen droht. Vielfach geißelt er den unbelehrbaren (Un-)Geist der Zeit: »Der Herr Offizier ohne Kaiser kommt sich überflüssig vor wie ein Zeiger ohne Zifferblatt... Ihm ist fast so traurig zumute, wie wenn man das Kasino demoliert oder die Kranzler-Ecke nach dem Wedding verschoben hätte. ... So sieht eine Republik aus, denkt der Herr Offizier. Der Allerhöchste Kriegsherr hackt Holz in den Wäldern Hollands, dem Kronprinzen diktiert ein Jud' Erinnerungen, und vor der Gedächtniskirche demonstriert Kanonenfutter. Rekruten, die nicht einrückten – hat kein Stellungsbefehl sie erreicht? Versagte die Polizei? Wie ging die Ordnung dieses Staates in Scherben!«[17]

Ankunft eines Außenseiters

Joseph Roth wird – von einigen Unterbrechungen abgesehen – fünf Jahre in dieser Stadt leben. Geliebt hat er sie nicht. Sie wird ihm zum Karrieresprungbrett, aber er bleibt ein Fremder. Nie wird die Spreemetropole in seiner Gefühlswelt den Platz von Wien einnehmen können. »Berlin: Kultur des Westens. Litfaßsäulen. Im Lunapark stattfinden immer noch Boxmatches.«[18] Da macht er sich kurz vor der Abreise nach Deutschland noch einmal Mut. In Roths 1926 veröffentlichtem Roman »Die Flucht ohne Ende« schildert Franz Tunda die Hauptstadt. Sie »liegt außerhalb Deutschlands, außerhalb Europas. Sie ist die Hauptstadt ihrer selbst. Sie nährt sich nicht vom Lande. Sie bezieht nichts von der Erde, auf der sie erbaut ist. Sie verwandelt diese Erde in Asphalt, Ziegel und Mauer. Sie spendet mit ihren Häusern dem Flachland Schatten, sie liefert aus ihren Fabriken dem Flachland Brot, sie bestimmt die Sprache des flachen Landes, die nationalen Sitten, die nationalen Trachten. Es ist der Inbegriff einer Stadt. ... Sie allein von allen Städten, die ich bis jetzt gesehen habe, hat Humanität aus Mangel an Zeit und anderen praktischen Gründen. ... Diese Stadt hat den Mut gehabt, in einem häßlichen Stil erbaut zu sein, und das gibt ihr den Mut zur weiteren Häßlichkeit. Sie stellt Pfeiler, Hölzer, Planken, ekelhafte, gläserne, bunte, von innen beleuchtete Kröten an die Straßenränder, in die Kreuzungen, auf die Plätze. Ihre Verkehrspolizisten stehen mit metallenen Signalen da, die wie eben und provisorisch von der Eisenbahnverwaltung ausgeliehen sind, und tragen dabei gespenstisch weiße Handschuhe. Außerdem duldet sie noch in sich die deutsche Provinz, freilich, um sie eines Tages aufzufressen. Sie nährt die Düsseldorfer, die Kölner, die Breslauer, um sich von ihnen zu nähren. Sie hat keine eigene Kultur in dem Sinne wie Breslau, Köln, Frankfurt, Königsberg. Sie hat keine Religion. Sie hat die häßlichsten Gotteshäuser der Welt. Sie hat keine Gesellschaft. Aber sie hat alles, was überall in allen anderen Städten erst durch die Gesellschaft entsteht: Theater, Kunst, Börse, Handel, Kino, Untergrundbahn«.[19] Das ist kein Verdammungsurteil, aber sicher auch keine Liebeserklärung.

Der 26-jährige Joseph Roth kommt Anfang Juni 1920 an die Spree. Stefan Fingal, der Wiener Kollege und Trinkkumpane, ist dabei. Sie betreten ein Land in Aufruhr und eine Stadt, die von Demonstrationen und Unruhen in Atem gehalten wird. Der Kapp-Putsch – ein Versuch rechter Kreise, die gewählte Regierung unter Mithilfe von Teilen der Reichswehr zu stürzen – ist drei Monate vor Roths Ankunft gescheitert. Die Reichsregierung war nach Stuttgart geflohen, aber ein von den Gewerkschaften ausgerufener Generalstreik beendete rasch den antirepublikanischen Spuk. Im Ruhrgebiet hatten die Kommunisten den Aufstand geprobt, der im Mai von Freikorpsverbänden blutig niedergeschlagen wurde. Als Roth Berlin betritt, verlieren gerade die Weimarer Parteien – das ist die sich zur Republik bekennende Koalition aus SPD, Deutscher Demokratischer Partei und katholischem Zentrum – bei den Reichstagswahlen vom 6. Juni ihre Mehrheit. Die Sozialdemokraten – in den Wochen der Revolution von 1918/19 die entscheidende demokratische Kraft – verlassen die Regierung. Bürgerkriegsstimmung macht sich wieder breit.

In den ersten Tagen nach seiner Ankunft lernt Roth den Schauspieler Alfred Beierle kennen. Wie dieser in seinen Erinnerungen schreibt, beginnt ihre Freundschaft mit einer dreitägigen Sauftour und endet 1936 mit einer letzten Begegnung in Amsterdam. »›Ich habe viele Schulden. Gar kein Geld. Keine Wohnung. Ich wohne im Hotel‹, sagte er mir in jenen ersten drei Tagen. ›Kommen Sie‹, sagte ich, ›ziehen Sie zu mir.‹ Und dann kam es zögerlich aus seinem Mund: ›Und ein Mädchen in Wien.‹ – ›Holen Sie es.‹ Er holte es und wir zogen nach der Mommsenstraße 66.«[20] Eine sicher etwas verkürzte Erinnerung – zumal Beierle fälschlicherweise das erste große Besäufnis schon in die Wiener Silvesternacht 1918 verlegt. Da aber kaum etwas bekannt ist über Roths privates Leben in seinen ersten Berliner Jahren, sind Beierles Erinnerungen und die späteren Anmerkungen von Bruno Frei, Max Tau, Soma Morgenstern oder Benno Reifenberg immerhin ein Fingerzeig.

Diese wenigen überlieferten Berichte lassen keine Zweifel daran aufkommen, dass Roth auch in Berlin sein Boheme-Leben fortsetzt. Cafés und Bars bleiben seine Heimat. Im Hinterzimmer des Berliner Dichter- und Künstlerdomizils, im »Romanischen Café«, finden ihn die Freunde am späten Nachmittag oder frühen Abend. Er schreibt dort seine Artikel, und hier entstehen auch seine ersten Romane. »Das ›Romanische‹ war das Caféhaus der unbegrenzten Möglichkeiten, der Treffpunkt unzähliger Menschen gegensätzlicher oder auch gleichgesinnter Lebensauffassung. Um hier ein Außenseiter zu sein, mußte man schon sehr aus dem Rahmen fallen; und Joseph Roth war ein Außenseiter.«[21] Zu Roths Lieblingslokalen gehört die Konditorei Schneider an der Ecke Kurfürstendamm / Schlüterstraße. Géza von Cziffra berichtet vom abendlichen Alltag in diesem Café: »Im Mittelpunkt der Stammtischrunde war immer Roth, er war der Wortführer. Er hatte auch das meiste zu erzählen. ... Sein Wiedersehen mit Galizien war sein Lieblingsthema, plastisch schilderte er die Städte und Dörfer, die er besuchte, und die Menschen, denen er begegnete, wurden in seinen Erzählungen lebendig.«[22] Bruno Frei spricht von einer anderen, »winzigen Konditorei auf der Potsdamer Straße«, in deren Hinterzimmer Roth seinen ersten Roman – »ich glaube es war das Spinnennetz« – geschrieben habe.[23] Zu späterer Stunde werden die Mampestuben (Ecke Kurfürstendamm/Joachimsthaler Straße) Treffpunkt der Nachtschwärmer. Die Gäste dieses weitläufigen Bier- und Speiselokals sitzen an langen Tresen, Roth dagegen zieht die Sitze in den Nischen vor, wo er ungestörter plaudern und schreiben kann. Zur Arbeit braucht er Gesellschaft. Mitten im Gespräch holte der Dichter ein Blatt hervor: »Ich will jetzt arbeiten, die Herren können sich ruhig dabei unterhalten.« Als die beiden Herren – einer ist der Dramatiker Ödön von Horváth – schweigen, scheint Roth die Stille zu stören: »Nun, habt Ihr Euch nichts zu sagen? Kein Gesprächsstoff? ... Es stört mich, wenn ihr nicht redet.«[24] Ähnliches berichtet Ludwig Marcuse aus Roths Berliner Jahren: »Mein Freund, der große Erzähler Joseph Roth, damals noch ein zierlicher blonder und glattrasierter Jüngling, der nur ganz innen schon hundert war, hatte ein Rezept gegen Einöden gefunden: sich nicht innerhalb von vier gekalkten Mauern abschließen, nicht einmal beim Schreiben! Man sitze vielmehr zwischen Wänden aus Menschen, kommenden und gehenden, zwischen einer wandernden Menschen-Kulisse; er machte von denen, ohne die er nicht sein konnte, kaum Gebrauch ... außer mit den unersättlichsten Augen. So kommunizierte er.«[25]

Es hat seinen guten Grund, dass Roths Berliner Lieblingslokale nahezu alle in Charlottenburg, dem Zentrum des Westteils der Stadt, zu finden sind. Er wird später fast immer, wenn er in der Hauptstadt ist, Quartier im Hotel am Zoo, Kurfürstendamm 25, nehmen. Da ist es bequem, wenn in den frühen Morgenstunden beim schwankenden Gang zum Hotelbett nicht allzu große Distanzen überwunden werden müssen.

Max Tau, Cheflektor im Verlag von Bruno Cassirer, erzählt aus Roths späteren Berliner Jahren eine nicht untypische Anekdote, die das Boheme-Leben des Schriftstellers und seine wachsende Verzweiflung an den politischen Entwicklungen treffend beschreibt: »An einem dieser Abende wurde ich zum Telefon gerufen; es war Koeppen (gemeint ist der Schriftsteller Wolfgang Koeppen – WvS). Cassirer hörte das Gespräch mit einem Ohr und sagte: ›Da protestiere ich ganz energisch. Ich habe Ihnen nicht vor zwei Tagen das Gehalt erhöht, damit Sie jetzt den Josef (sic!) Roth – ich weiß, ich weiß, ein sehr großer Dichter – aus den Mampe-Stuben auslösen! Ich hörte kaum noch auf die Gespräche. Immer wieder schaute ich auf die Uhr. Einige Minuten bevor die Mampe-Stuben geschlossen wurden, traf ich dort ein und saß dann noch mit Koeppen und Roth beisammen. Aber die Fröhlichkeit, die Josef Roth in uns erwecken wollte, wandelte sich uns in Trauer. Er gehörte zu den ersten Verzweifelten jener Zeit. Seine Gestalten waren auf der Flucht, und er sah die Flucht aller voraus. Seine Bücher sind nur Abglanz dessen, was er während solcher Nachtstunden im Gespräch hervorbrachte. In visionären Bildern malte er uns aus, was wir fürchteten, um dann in sich zu versinken.«[26]

In einem Notizbuch Roths findet sich der Entwurf für eine recht kurios formulierte Suchanzeige, die er möglicherweise sogar in einer Zeitung aufgegeben hat: »Jüngerer Schriftsteller, Schriftleiter an einem Berliner Blatt, ist, der Gegenwart entsprechend, nicht in der Lage, die abnorm hohen Preise zu bezahlen, die für Zimmer mit Niveau verlangt werden. Er sucht also unterzukommen, wo Vermieter drohenden Zwangseinquartierungsgästen einen Menschen vorziehen, der durch gesellschaftliche Werte eventuelle Gegenleistung (?) bringt. Der Suchende zahlt das Erforderliche pünktlich und bietet Gewähr für tadellose Umgangsformen, Ordnung und Geist. Zuschriften erbeten an die Geschäftsstelle.«[27] Von einem privaten Zimmerquartier Roths in dieser Zeit ist jenseits der gelegentlichen Aufnahme bei Freunden allerdings nichts bekannt. 1922, kurz nach der Eheschließung, wird er aus der Wohnung von Freund Beierle in der Mommsenstraße ausziehen und mit Friedl für einige Wochen eine gemeinsame Wohnung in Berlin-Schöneberg mieten. Er fühlt sich dort aber unwohl und beengt. Das bürgerliche Wohnverhältnis raubt ihm die Unabhängigkeit, auf die er nicht verzichten kann und will. Friedl muss sich fügen.

Beruflich geht es rasch aufwärts. Bis Roth Mitte 1925 als Korrespondent der »Frankfurter Zeitung« nach Paris geht, wird er in Berlin etwa 600 Artikel veröffentlichen. Allerdings dürfte die tatsächliche Zahl ein gutes Stück höher liegen, denn immer noch entdeckt die Forschung verschollene Zeitungsarbeiten Roths.[28] Seine Auftraggeber sind zahlreich, die drei wichtigsten Arbeitgeber auf dem Berliner Zeitungsmarkt sind die »Neue Berliner Zeitung – 12-Uhr-Blatt« (NBZ), der »Berliner Börsen-Courier« (B.B.-C.) und der »Vorwärts«. Treu bleibt er in all seinen Journalistenjahren dem »Prager Tagblatt«, in dem bis zur Abreise nach Frankreich knapp 40 Artikel erscheinen. Im »Berliner Tageblatt« ist Roth nur vier Mal als Autor vertreten. In Blättern wie »Das blaue Heft«, »Die Glocke« oder einigen anderen Zeitungen tritt er ebenfalls nur gelegentlich als Gastautor auf. Länger und intensiver schreibt er für das satirische Magazin »Lachen links«. 28 Gedichte und sechs Artikel von Roth sind zwischen Januar und Dezember 1924 in dem »republikanischen Witzblatt« erschienen. Auch in der satirischen Zeitschrift »Der Drache« finden sich 28 Artikel aus der Feder Roths. In den Monaten, die er 1923 in Wien verbringt, schreibt er für das »Neue-8-Uhr-Blatt«, das »Neue Wiener Tagblatt«, das »Neue Wiener Abendblatt«, die »Wiener Sonn- und Montagszeitung« und die »Arbeiter-Zeitung«. Es sind aus diesen österreichischen Zeitungen bislang ungefähr 40 Artikel aufgetaucht.

Am 22. Juni 1922 erscheint Roths erster Text in der »Frankfurter Zeitung« (FZ). Der Nächste folgt erst über ein halbes Jahr später. Ab 1924 schreibt er fast nur noch für dieses Blatt, wie die Zahlen zeigen: Veröffentlichte er 1923 dort knapp ein Dutzend Artikel, sind es 1924 bereits gut 70. Begabung, Fleiß und Ehrgeiz kennzeichnen seinen journalistischen Aufstieg. In einem Notizbuch aus den 20er-Jahren finden sich neben Adressen und meist beruflich bedingten Verabredungen nicht nur Entwürfe für Gedichte, Essays oder Erzählungen. Unter dem Stichwort »Feuilletonstoffe« ist auch eine lange Themenreihe aufgeführt, die zeigt, wie intensiv sich Roth in diesen Jahren mit seiner journalistischen Arbeit beschäftigt hat.

In Berlin schreibt er seine ersten Artikel zunächst für Zeilenhonorare. Es beginnt mit der »Neuen Berliner Zeitung – 12-Uhr-Blatt«. Deren erste Ausgabe ist am 19. Januar 1919 erschienen, und sie hat sofort über ein dramatisches Thema zu berichten: Am 15. Januar sind Rosa Luxemburg und Karl Liebknecht, die Führer des kommunistischen Spartakusaufstandes im Berliner Zeitungsviertel, von Freikorps-Mitgliedern ermordet worden. Die Redaktion der NBZ vertritt in den kommenden Jahren eine gemäßigt linke Position, und den schnellen Zeitungsleser spricht der Boulevardcharakter des Blattes an. Roths erster NBZ-Artikel erscheint am 30. Juni 1920. Harmlos, jenseits aller politischer Untiefen dieser Wochen ist das Thema: Der neue Mitarbeiter schreibt über einen »Chiromanten«, einen Apparat, der gegen Münzeneinwurf ein Papier auswirft, das die Zukunft voraussagt. Insgesamt wird Roth rund 170 Beiträge für diese Zeitung schreiben. Ab Frühjahr 1921 nimmt die Zahl seiner Artikel dort allmählich ab.

Zunächst sind es Glossen, Blicke auf den Berliner Alltag, die Roth neben Buch-, Film- und Ausstellungsbesprechungen in der NBZ veröffentlicht. Er schreibt über Berliner Waisenkinder und einen Abendgang durch Alt-Berlin, über die Dringlichkeitsliste des Wohnungsamtes und die Flüchtlinge, die aus dem Osten kommen, über das Rauchverbot in den Speisewagen der Reichsbahn und einen Besuch im Jenseits. In »Nabel der Sittlichkeit« amüsiert er sich im August 1920 aber auch über die Zensur öffentlicher Plakate. »Weder die Reichs- noch die ortspolizeiliche Zensur können es verhüten, daß Jugendliche unter sechzehn Jahren von lebenden Frauenkörpern, die wahrnehmbar und gewiß auch der Ortspolizei nicht ganz fremd, durch die Straßen wandeln, verführt werden. Dies zu verhüten ist auch weder die Aufgabe der Reichs- noch die der ortspolizeilichen Zensur. Im Gegenteil haben diese beiden Behörden nichts gegen jene Obszönität, die aus Fleisch und Blut besteht. Die Aufgabe der Zensur ist es vielmehr, die Jugendlichen vor Schaden durch Frauenspersonen, die nur aus *Farbe und Papier* bestehen, zu behüten.«[29]

Schon im Juli 1920 schickt die NBZ-Redaktion ihn – den Mann aus Galizien und ehemaligen Kriegsteilnehmer – in das neu entstandene, hart umkämpfte Polen. Er soll über den polnisch-russischen Krieg berichten. Roth kehrt ein weiteres Mal zurück in die

Welt seiner Jugend. Zwei Wochen ist er unterwegs und zehn Artikel veröffentlicht er über diese blutige Auseinandersetzung, in der es auch um die politische Zukunft seiner Heimat geht. In diesen Berichten bietet er den Lesern weniger Hintergrundinformation zur militärischen Lage als vielmehr eine Schilderung der Menschen – der Soldaten, der Kosaken, der Juden –, die Täter und Opfer in diesem Krieg geworden sind. Seine Sympathien für die russische Seite sind dabei allerdings nicht zu überlesen. »Die Bevölkerung, die in den letzten zwei Wochen sich nicht auf die Straße gewagt hatte, ist über den Einmarsch der Russen herzlich froh. Man versteht das, wenn man hört, daß die Polen in *Suwalki* (Gebiet im Nordosten Polens an der Grenze zu Litauen – WvS) auch bei Stammesgenossen, polnischen Bauern, nicht nur Juden und etwa dort wohnenden Russen, Vieh requirierten, Pferde, Geld, Materialien, ohne zu bezahlen, und Tiere und Gegenstände, die man ihnen nicht überlassen wollte, auf der Stelle vernichteten bzw. totschlugen.«[30] Roth verdrängt die Realitäten, wenn er nach der Schilderung von sicher nicht erfundenen polnischen Grausamkeiten mit großer Naivität meint: »Nun, da selbst von der gefürchteten Sozialisierung nichts zu sehen ist, freuten sich Jud und Christ über die Sowjetarmee.«[31]

»Berliner Börsen-Courier« und Emil Faktor

Roths nächste journalistische Station ist der »Berliner Börsen-Courier«. Sein erster Artikel in diesem Blatt erscheint am 6. Februar 1921. Es ist ein kleines Feuilleton, über einen Oberlehrer, der immer zwei Minuten zu spät das Haus verlässt, deswegen die Straßenbahn Nummer 162 verpasst und sich zur Überbrückung der Wartezeit am Kiosk jeden Morgen eine Zeitung kauft. »Beziehungen« lautet die Überschrift. »Manchmal denkt der Oberlehrer: ›Stünde ich um zwei Minuten früher auf, ich erreichte die Straßenbahn pünktlich, könnte mir aber allerdings kein Blatt kaufen‹. ... Manchmal denkt der Zeitungshändler: ›Wenn der Herr Professor nicht auf den Wagen warten müßte, würde er keine Zeitung kaufen. Gesegnet sei der Morgenschlaf des Oberlehrers!‹«[32] Das ist ein hübsches

Nichts, aber es soll nicht täuschen. Das Niveau des »Börsen-Courier« ist beachtlich, und Roth wird ihm auch in einem Kreis von überwiegend glänzenden Journalisten mehr als gerecht.

Der B.B.-C. ist eine Berliner Traditionszeitung. 1868 gegründet, setzt die Redaktion rasch neue Maßstäbe für den Zeitungsmarkt. Schnelle und gründliche Berichterstattung aus Politik und Wirtschaft werden ihre Markenzeichen. Als erste Berliner Zeitung führt sie eine Nachrichtenredaktion und eine tägliche Sportrubrik ein. Zunächst eine reine Wirtschaftszeitung, erweitert sie bald das Angebot, nicht nur die Politik, sondern auch die Kultur erhält einen wichtigen Platz im Blatt. Ein »reichhaltiges Feuilleton mit Originalbeiträgen« kündigen die Macher in einer Probenummer kühn an, »die sich in fesselnder Weise über alle Interessen des literarischen, künstlerischen und wirtschaftlichen Lebens verbreiten werden«.[33] Den Beweis dafür liefert sie schon in ihren ersten Erscheinungsjahren: Das Blatt setzt sich mit großer Leidenschaft für das damals noch heiß umkämpfte Werk Richard Wagners ein. Sie bleibt dieser Tradition treu: Anfang der 20er-Jahre findet der noch unbekannte Bertolt Brecht im B.B.-C.-Feuilleton begeisterte Anhänger.

1923 stellen die Herausgeber – es sind die Brüder Herrmann, die im Laufe der 20er-Jahre ein beachtliches Druckerei- und Medienunternehmen aufbauen – ihre Zeitung auf das kleinere sogenannte Berliner Format um und lassen als Untertitel die Zeile »Moderne Tageszeitung für alle Gebiete« setzen. Die verkaufte Auflage liegt in den 20er-Jahren für die Abendausgabe bei 40.000 bis 50.000. Sind es nach der Gründung zunächst vor allem Bankiers, Industrielle und wohlhabende Rentiers, die den B.B.-C. abonnieren, fehlt er später in keinem Theaterbüro. »Jeder Schauspieler liest ihn im Café oder bekommt wichtige Nachrichten daraus von einem Kollegen in der Garderobe mitgeteilt. Dramatische Dichter, Komponisten, Verleger, Agenten, Redakteure – niemand kann ihn entbehren.«[34] Der Sitz der Redaktion ist wenige Meter von der U-Bahnstation »Spittelmarkt« entfernt, in der Beuthstraße 8 –11.

»Die Zeitung hatte einen ungewöhnlichen Chefredakteur, nämlich keinen Politiker oder Wirtschaftsfachmann, sondern den ausgezeichneten Feuilletonisten und angesehenen Theaterkritiker Dr. Emil Faktor...«[35] Seit dem 1. Oktober 1912 ist Faktor der

Leiter der B.B.-C.-Redaktion. 1876 in Prag als Sohn eines in bescheidenen Verhältnissen lebenden jüdischen Hofpächters geboren, kommt er nach seinem Studium und ersten journalistischen Erfahrungen in der deutschsprachigen konservativen Prager Zeitung »Bohemia« auf Vermittlung Alfred Kerrs 1908 nach Berlin. Hier wird er in den nächsten Jahrzehnten zu einem der führenden Zeitungsmacher der Republik aufsteigen. Der Montag-Kreis in Faktors Berliner Wohnung sieht in den 20er-Jahren die liberale Avantgarde der Hauptstadt als Gäste. Die Schriftsteller Heinrich Mann und Joachim Ringelnatz, der Verleger Ernst Rowohlt und der Maler Oskar Kokoschka, die Journalistenkollegen Stefan Großmann vom »Tage-Buch« und Siegfried Jacobsohn von der »Weltbühne« kommen in die Kulmbacherstraße, um über Politik und Theater zu diskutieren und über die nicht anwesenden Kollegen zu klatschen. Möglicherweise ist auch der Mitarbeiter Joseph Roth hier gelegentlich Gast gewesen.

Faktor ist kein einfacher Mann. Er neigt zum Jähzorn und kann autoritär auftreten. Er hat in jungen Jahren mehrere Lyrikbände veröffentlicht, schreibt zwei Theaterstücke. Seine Rezensionen sind nicht frei von überaus subjektiven Urteilen. Da spielt untergründiger Neid auf den künstlerischen Erfolg der neuen Stars der Weimarer Theater- oder Literaturszene eine Rolle – eine nie zu besiegende Krankheit mancher Journalisten, die dem Kritikerberuf nachkommen. Theater und Musik stehen im »Börsen-Courier« unter seiner Leitung. Es ist damals keineswegs unüblich, einen Feuilletonisten an die Spitze einer Redaktion zu stellen. Theodor Wolff, berühmter Chefredakteur des »Berliner Tageblatts«, schreibt als junger Mann ebenfalls Theaterstücke und beginnt seine Karriere mit feuilletonistischen Artikeln und Glossen (»Unterm Strich«). Er verschreibt sich aber dann im Gegensatz zu Emil Faktor ganz der politischen Kommentierung. Wolffs Leitartikel werden zum Markenzeichen des »Berliner Tageblatts«. Faktor steht dem modernen Drama – Wedekind, Brecht, Kaiser – ebenso skeptisch gegenüber wie den Neuerungen des Regietheaters, das durch Jessner oder Piscator repräsentiert wird. Auch die Musik Alban Bergs, Kurt Weills und Igor Strawinskys findet keine Gnade beim B.B.-C.-Chefredakteur.

Aber Faktor hat einen Blick für Talente und »wußte die wesentlichen journalistischen Begabungen aufzuspüren und herauszustellen«.[36] Er bindet im Laufe der Jahre zahlreiche junge Schriftsteller, Journalisten und Essayisten an das Blatt. Die Liste der B.B.-C.-Redakteure und -Autoren enthält viele Namen, die wir heute mit der intellektuellen Avantgarde der Weimarer Republik verbinden, und sie ist lang. Um nur einige wenige zu nennen: Walter Benjamin, Oskar Bie, Axel Eggebrecht, Richard Huelsenbeck, Herbert Ihering, Walter Kaul, Leo Lania, Oskar Loerke, Ludwig Marcuse, Heinrich Strobel, Johannes Urzidil, Ernst Weiß. Am Ende tritt auch der junge Wolfgang Koeppen in die Redaktion ein. Leo Lania, seit 1926 Lokalredakteur des »Börsen-Courier«, wird im Rückblick allerdings skeptisch schreiben, er habe in »keinem der demokratischen Blätter Deutschlands als politischer Redakteur jene Unabhängigkeit finden könn(en), die mir die Voraussetzung für meine journalistische Tätigkeit schien«.[37]

Wo sich Faktor und Roth kennengelernt haben, ist nicht bekannt. Aber man weiß, dass der Chefredakteur alles »gedruckt (hat), was aus Wien oder Prag kam, denn er glaubte daran, daß der gute Stil des Feuilletons (von) daher kommt«.[38] Roth ist aus Wien gekommen, und das »Prager Tagblatt« veröffentlicht Artikel von ihm. Faktor liest nicht nur regelmäßig diese Zeitung, die in seiner Heimatstadt erscheint, sondern hat mit Sicherheit auch Roths Arbeiten für die »Neue Berliner Zeitung« gekannt. Der Kontakt zur B.B.-C.-Redaktion könnte auch durch Herbert Ihering hergestellt worden sein. Der unbestritten erste Theaterkritiker der Zeitung, der lange zögert, ob er als Regisseur an das Lessing-Theater gehen oder eine Karriere als Rezensent wählen soll, und Roth sind sich schon in dessen ersten Berliner Monaten begegnet.

Emil Faktor wird sich 1931 – Roth ist dann schon ein viel beachteter Romanschriftsteller – »auf eigenen Wunsch« von dem Blatt trennen müssen, das er fast zwanzig Jahre geleitet hat. Die Differenzen mit den Herausgebern über die inhaltliche Konzeption der Zeitung sind nicht mehr zu überbrücken. In politisch immer schwierigeren Zeiten gelingt es dem Feuilletonisten Faktor nicht, den politischen Kurs der Zeitung geradlinig zu bestimmen. Im Herbst 1933, Hitler herrscht in Deutschland, verlässt er das Land und kehrt nach Prag zurück. Am 21. Oktober 1941 – Faktor hat schon ein amerikanisches Affidavit in der Tasche – werden er und seine Frau in das Ghetto Litzmannstadt, dem polnischen Lodz, deportiert. Dort stirbt er am 10. April 1942.

Roths Artikel für den »Börsen-Courier« sind zunächst für den Lokalteil geschrieben: Polizei- und Gerichtsberichte, soziale Reportagen. »Während die Lebensmittel unermeßlich im Preise steigen, bleiben die Tötungsmittel unverhältnismäßig billig, so daß die Sprache mit der Wendung: es wäre ›keinen Schuß Pulver wert‹, die absolute Wertlosigkeit eines Wesens und eines Dinges ausdrückt. ... Vorgestern fragte ein Fahrgast den Chauffeur, ob er tausend Mark wechseln könne. Nein! – sagte der Chauffeur. Da schoß ihn der Fahrgast nieder. Der Hausbesitzer, der seine Türklingel schlecht geputzt fand, ohrfeigte seinen Portier und erschoß ihn noch ein bißchen. Fast zu gleicher Zeit verbot Herr von Kähne dem Arbeiter Riedert sowohl das Betreten des Waldes als auch das Leben.«[39]

Der B.B.-C. erfindet eine neue Kolumne – »Bücherkarren« –, und Roth ist mit einigen Beiträgen mit von der Partie. Schon bald ist dann sein Name unter Artikeln zu lesen, die auf den Feuilletonseiten erscheinen. »Der Boxer Dempsey, der Sieger in allen Gewichtsklassen, dem Carpentier unterliegen mußte, kam Sonntag nachmittag um halb fünf in Berlin am Bahnhof Zoologischer Garten an. Das Volk lagerte auf dem Bahnsteig und befreite sich, als der Zug einrollte, in Jubelschreien, die alle Lokomotivenpfiffe überschrillten. Die Damen fuhren vor Aufregung aus ihren Pelzen und schleuderten sie in die Luft. Sie wurden dann von Männern aufgefangen und entweder zurückerstattet oder mitgenommen.«[40]

Roth schreibt über eine E.T.A.-Hoffmann-Ausstellung in der Staatsbibliothek: »Er war ein Gespensterhoffmann. Aber in seinen kühnsten Träumen – wer hätte paradoxer geträumt – wäre ihm nie der Gedanke gekommen, daß ihn die offizielle Nachwelt in der Preußischen Staatbibliothek ehren würde. Sie versetzte ihn gewissermaßen vom Blocksberg direkt auf den Olymp.«[41] Roth besucht die Aufführung von Ibsens »Volksfeind« oder die Premiere von Wilhelm Krags norwegischem Lustspiel »Balduins Hochzeit«. Über Egon Friedells neues Buch berichtet er, in dem der Schauspieler, Kabarettist und Kulturphilosoph von dem wunderlichen Kleintextdichter Peter Altenberg erzählt. Da ist Roth, der einstige »Central«-Besucher, in seinem Element: »Ein Wiener in stabiler Ekstase. So merkwürdig die literarische Erscheinung Peter Altenbergs war, so seltsam diese Mischung aus Wienertum und Charakter. Denn die Gegenstände seines Hasses, seiner Liebe und seiner Begeisterung wechselten mit jeder Stunde fast. Aber treu blieb er diesen Expansionen und Starkstromspannungen der Seele sein Leben lang: der Liebe, dem Haß, der Begeisterung.«[42] Immer wieder Feuilleton, artistische Sprache, vertiefende Blicke im Gewand leichter Wortkaskaden: »Am Sonntag ist die Welt mit Leere angefüllt wie ein großer, glasheller Luftballon. Mädchen in weißen Kleidern wandeln, heruntergefallenen Sonntagsglockenklängen gleich, durch die Straßen und duften sehr nach Stärke, Jasmin und Liebe. Der Himmel ist gewöhnlich frisch getüncht. Die Häuser schwimmen in Sonne, und die Türme klettern licht und behende aufwärts.«[43]

Auch auf dem Rummelplatz sieht sich B.B.-C.-Reporter Roth beruflich um: »›Nacktkultur‹ verspricht ein gelbes Schild mit roten Lettern. Eingehüllt in ihren dunkelroten Schal steht die Frau, die ›Bauchtänzerin‹, vor dem Zelt, und ein Mann neben ihr rührt die Glocke. Es ist eine unglaublich schrille Glocke, ihr Klöppel muß aus besonders unverschämtem Metall hergestellt sein, eine Glocke, die nicht läutet, sondern Brand verhindert, Umsturz und Ende aller Tage. Bei Weltuntergängen müssen solche Glocken gezogen werden, sie wecken Neugier und Schrecken, sie töten jedes andere Geräusch, sie verschlucken das düstere Grollen des polternden Stadtbahnzuges, wie ein Tropfen Grau untergehen würde in einem schreienden Meer von Gelb und Rot. Nacktkultur für eine Mark! Den Halbwüchsigen, denen allein der Eintritt verboten wird – wer ist hier nicht halbwüchsig? –, zittern die Papierscheine in krampfigen Fäusten, totes Geld ist lebendig geworden und quillt aus willig nachgebenden Taschen und Händen, Pfennige stehen auf und sammeln sich, Münzen erwachen klirrend.«[44]

Die modernen technischen Errungenschaften der Zeit – ob Flugzeug, Wolkenkratzer oder Radio – belegt Roth mit Spott. »Radiophon«: »Die amerikanischen Zeitungen berichten vom ›Radiophon‹, einer prachtvollen Erfindung, die von Edison begutachtet und als eine Sensation des Jahrhunderts bezeichnet wurde. Das Radiophon ist für das menschliche Ohr ungefähr, was ein Fernrohr fürs Auge ist: Ein Radiophon vergrößert die Geräusche der Welt und treibt sie ins Unermessene. ... Es wird also keine Geheimnisse mehr in der Welt geben. ... Es gibt keine geheimen Konferenzen mehr, keine geflüsterten Beratungen, keine ›Siegel der Verschwiegenheit‹. Das Radiophon erbricht sie. Die Diskretion ist laut geworden, die Stummheit redet, die Stille schreit.«[45]

Der Bruch mit dem B.B.-C.

Dann ein Paukenschlag: Roth ist im September 1922 – nur 19 Monate nach seinem ersten Artikel für das Blatt – mit Krach und Donner beim »Börsen-Courier« ausgeschieden. Unzufriedenheit mit seinem Gehalt, Klagen über mangelnde Wertschätzung seiner Arbeit seitens der Chefredaktion – es hat sich einiges angesammelt. Die Zeitung kommt ihm in der Geldfrage entgegen, aber das Klima bleibt aus Roths Sicht vergiftet. Vielleicht haben den nüchternen Zeitungsmann Faktor die häufig mit großer Phantasie ausgeschmückten Berichte seines Mitarbeiters zunehmend gestört. Im Laufe der Monate sind die internen Konflikte offenbar so eskaliert, dass Roth kündigt. Ein Brief ist überliefert, der die psychologischen Hintergründe dieses Eklats anschaulich darstellt. Der in seiner Eitelkeit augenscheinlich hart getroffene Redakteur macht am 17. September 1922 seinem Ärger mächtig Luft und fährt große Geschütze auf. Der Adressat des Briefes ist Herbert Ihering, der mächtige Mann im B.B.-C.-Feuilleton: »Ich schreibe mit gleicher Post an Herrn Dr. Faktor einen Abschiedsbrief, in dem ich ihm mitteile, daß sein Brief nur die Veranlassung, nicht die Ursache meiner Kündigung war. Ich kann wahrhaftig nicht mehr die Rücksichten auf ein bürgerliches Publikum teilen und dessen Sonntagsplauderer bleiben, wenn ich nicht täglich meinen Sozialismus verleugnen will. Vielleicht wäre ich trotzdem schwach genug gewesen, für ein reicheres Gehalt meine Überzeugungen zurückzudrängen, oder für eine häufigere Anerkennung meiner Arbeit. Allein Herr Dr. Faktor, durch viel Arbeit, Verhandlungen mit dem Verlag, schwierige Stellung oder dergleichen überreizt, behandelte mich mit einer lächelnden Überhebung, zweifelte häufig an der Wahrheit meiner Aussagen, lächelte über Dies und Jenes, und wenn ich auch an *meine* Empfindlichkeit glaube, so muß ich doch feststellen, daß ich eine Behandlung genoß, die jener eines Herrn Schönfeld oder eines anderen Mitarbeiters aus verflossener Aera sehr bedenklich nahe kam. Und was mein Gehalt betrifft, so bekam ich – 9000 Mark jetzt nach der Erhöhung. Ich konnte zwar für andere Blätter schreiben, aber dann nicht meine ganze Kraft dem B.B.C. widmen. Jenes gestattete man mir, um zu sparen, dieses nahm man mir übel, um meine Ansprüche niederzudrücken.«[46]

Ein bemerkenswerter Brief. Es ist sicherlich nicht das angeblich unterdrückte sozialistische Engagement, das Roth zu diesem Trennungsschritt veranlasst hat. Im B.B.-C. geht es liberal zu, und Roth ist kein Verkünder der Weltrevolution. Aber er ist sensibel bis zum Mimosenhaften, was wohl auch für seine Chefs gilt. Das der Kündigung vorausgegangene Schreiben Emil Faktors kennen wir leider nicht, ebenso wenig wissen wir, was dem Redakteur Schönfeld seitens der Chefredaktion widerfahren ist. Klar ist nur, dass dem Empfindsamen die Streicheleinheiten fehlen. Welcher Angestellte kann das nicht nachempfinden?

Zeitungsredaktionen sind Orte, an denen sich Narzissten versammeln. Wer darf den Kommentar schreiben, wer die Rezension über die große Theaterpremiere oder die sensationelle Neuerscheinung? Wer geht als Korrespondent ins Ausland? Wer klettert die redaktionelle Stufenleiter nach oben? Nur in ihren Leitartikeln oder Buch- und Theaterbesprechungen sind Journalisten klug und belehren Politiker, Wirtschaftsführer, Schriftsteller, Regisseure, Schauspieler, Sänger, im Grunde die ganze Welt mit den schönsten, häufig empörten Worten darüber, wie sich die öffentlich wirkenden Männer und Frauen moralisch oder beruflich richtig zu verhalten haben. Sie werfen ihre Steine aber in der Regel aus dem Glashaus. Denn im journalistischen Alltag geht es nicht anders zu als in der Berufswelt derer, denen sie so gerne den Spiegel vorhalten. Neid, Karrieresucht und Intrige sind Markenzeichen im Innenleben der Medien.

Das gilt auch für den B.B.-C.: »Die Atmosphäre beim ›Börsen-Courier‹ war für einen Anfänger faszinierend«, schreibt später ein

Mitarbeiter, »und dann beunruhigend: lärmend, mit viel Zank zwischen Cliquen und als ich mich eines Tages, in einem Gespräch mit Faktor darüber kritisch aussprach, nahm er mir meine ›Petzereien‹ ziemlich übel.«[47] Viele kommen mit hohen Erwartungen, mancher geht bald wieder im Zorn. Roth ist kein Einzelfall. Billy Wilder – später berühmter Hollywood-Regisseur – schreibt im Herbst 1926 als junger B.B.-C.-Lokalreporter freche Sachen, etwa über den »Künstlerball in Schöneberg«, die »Budapester Possenbühnen« oder eine Gerichtsreportage über »Die Eierkisten und das Laubhüttenfest«. Zu frech offenbar, die Veranstalter protestieren, und der Chefredakteur trennt sich von seinem unbequemen Mitarbeiter. Fast hätte zwei Jahre vorher auch Herbert Ihering das Blatt verlassen, weil er mit Emil Faktor querliegt. Der Chefredakteur teilt weder Iherings Begeisterung für den neuen Star am Dramatikerhimmel, Bertolt Brecht, oder die Stücke von Carl Zuckmayer, Walter Hasenclever und Georg Kaiser, noch erträgt er es, dass sein Untergebener in der Redaktion und bei den Lesern zu Recht als der erste Mann in Sachen Theaterkritik gesehen wird.

Vielleicht liegen die Gründe für Roths Kündigung teilweise auch im Privaten. Im Februar 1922 stirbt seine Mutter nach qualvollen Wochen an Krebs. Der Sohn eilt zwar an ihr Sterbebett nach Lemberg. Sehr erschüttert hat ihn dieser Verlust allerdings nicht. Jedenfalls heiratet er nur wenige Tage später – am 5. März 1922 – Friedl in Wien. In den anderthalb Jahren, in denen sie nach ihrer Abreise aus Berlin getrennt gelebt haben, bleiben sie brieflich in Kontakt und sehen sich bei Roths gelegentlichen Besuchen in Wien. David Bronsen weist auf den Bericht eines Jugendfreundes hin, demzufolge Maria Roth bis zu ihrem Tod gegen die Heirat ihres Sohnes mit Friedl gewesen sein soll.[48] Blickt man auf das Verhältnis zwischen Mutter und Sohn, erscheint dies wenig plausibel. Die Mutter hat schon seit seinen Lemberger Studententagen keinen Einfluss mehr auf seine Entscheidungen. Stefan Fingal wiederum erzählt, Friedl habe ihm schließlich geschrieben: »Ich kann dich nicht vergessen, aber ich muß heiraten.«[49] Nach diesem Bericht drängen die Eltern Reichler ihre Tochter, nun endlich doch den Verlobten Hanns Margulies zu ehelichen. Roth reagiert rasch, reist am 2. März nach Wien, wohnt bei seinen künftigen Schwiegereltern, und drei Tage später findet die Hochzeit statt. Trauzeugen sind Roths Onkel Heinrich Grübel und Friedls Vater Selig Reichler.

Die nächsten Monate bleibt das Paar in Wien – die Artikel für den »Börsen-Courier« gelangen per Post an die Redaktion – und reist dann nach Lemberg, um die junge Ehefrau den Verwandten und der verehrten Frau Szajnocha zu präsentieren. Ein bürgerliches Leben. »Familie Heinrich haben wir in Baden besucht«, schreibt Roth im August 1922 an die Cousine Paula Grübel, »morgen kommen sie nach Wien zurück. Friedl ist in Deutsch-Altenburg an der Donau, ich fahre heute zur ihr hinaus. Sie fürchtet sich, nach Lemberg ohne Dich zu fahren – sag's ihr aber nicht. ... Außerdem schreibt sie an Frau Szajnocha, bekommt von ihren Eltern einen neuen Mantel und kommt sich sehr weise vor.«[50] Es sind glückliche Monate. Wir vermuten das, ohne es wirklich belegen zu können. Aber der Ton des Briefes an die Cousine und der eine oder andere Bericht von Freunden und Kollegen sprechen dafür.

Privates Glück und wachsendes berufliches Selbstbewusstsein füllen diese Zeit aus, und auch das hat möglicherweise zu seiner doch etwas überraschenden Kündigung beigetragen. Kaum einer weiß, dass er schon seit geraumer Weile an einem Roman – »Das Spinnennetz« – schreibt. Er legt in diesen Monaten das Fundament für seine zweite Berufskarriere, die des Schriftstellers. Das mag ihn tatsächlichen oder vermeintlichen Kränkungen gegenüber empfindlicher als in früheren Tagen reagieren lassen. Er ist nicht mehr der Provinzler aus Galizien, der journalistische Anfänger, das unbeschriebene Blatt in der hektischen Berliner Medienwelt.

Reportagen vom Rathenau-Prozess

Nach der Kündigung muss sich Roth zunächst eine neue finanzielle Basis schaffen. Die Kontakte zur »Neuen Berliner Zeitung« hat er nicht abgebrochen. Deren Redaktion schickt ihn im Oktober 1922 nach Leipzig, und es entsteht seine vielleicht beste politische Reportagenserie. Zehn Tage ist er in der sächsischen Hauptstadt, um über den Rathenau-Prozess zu berichten, der vor dem Reichsgericht stattfindet. Vier Monate vorher, am 24. Juni 1922, hatten Mitglieder der rechtsradikalen Organisation »Consul« den deutschen Außenminister Walther Rathenau in Berlin-Grunewald auf offener Straße ermordet. Ein Ereignis, das die Republik tief erschütterte. Rathenau hatte in Rapallo einen Wirtschaftsvertrag mit der in den westlichen Demokratien geächteten sowjetischen Regierung unterzeichnet. Dieses damals als Sensation empfundene Abkommen und Rathenaus jüdische Herkunft lösten bei den rechten Parteien eine Hetzkampagne aus. Der Außenminister wurde für die Rechtsradikalen und die Antisemiten zum Symbol der »Judenrepublik«. Täglich erschienen in der nationalistischen Presse Artikel, die kaum verhüllt zur Ermordung Rathenaus aufriefen. Ein Jahr zuvor, am 26. August 1921, wurde der Zentrumspolitiker und Finanzminister Matthias Erzberger bei einem einsamen Spaziergang im Schwarzwald heimtückisch niedergeschossen. Kurt Eisner, der sozialdemokratische Ministerpräsident Bayerns, fiel bereits am 21. Februar 1919 auf dem Weg zum Landtag – er hatte nach einer schweren Wahlniederlage seine Rücktrittserklärung in der Tasche – einem ebenfalls rechtsradikalen Attentäter zum Opfer. Und Rosa Luxemburg und Karl Liebknecht gehörten im Januar 1919 zu den ersten prominenten Opfern der rechten Freikorps-Mörder.

Der Rathenau-Mord blieb also kein Einzelfall. »Der Feind steht rechts«, wird Reichskanzler Joseph Wirth bei der Debatte über die Ermordung des schöngeistigen Industriellensohnes und Politikers im Reichstag ausrufen.

In Berlin gehen zur gleichen Stunde 400.000 Menschen auf die Straße und demonstrieren für die Republik. Es ist eine der letzten Großdemonstrationen, die sich zur deutschen Demokratie bekennt. Kurt Tucholsky fordert in der »Weltbühne« eine wehrhafte Republik: »Steh einmal auf! Schlag mit der Faust darein! / Schlaf nicht nach vierzehn Tagen wieder ein! / Heraus mit deinem Monarchistenrichter, / mit Offizieren – und mit dem Gelichter, / das von dir lebt, und das dich sabotiert, / an deine Häuser Hakenkreuze schmiert.«[51]

Die Mörder Rathenaus werden bald gefasst und stehen in Leipzig vor Gericht. Roth schreibt zehn Artikel – einer davon erscheint im sozialdemokratischen »Vorwärts« – über den Prozess. Mit präzisen Formulierungen entlarvt er, welch schrecklicher Geist hier so mörderisch gewirkt hat und welch jämmerliche Gestalten sich da aufspielen, Geschichte zu schreiben.«Nach Günther folgt der Bankbeamte v. *Salomon*«, heißt es da etwa über den Auftritt des Mitangeklagten und späteren Schriftstellers Ernst von Salomon. »Er lügt mit einer gewissen Sicherheit und Anmut sogar. Er befleißigt sich einer solchen Präzision, daß die Aussagen unmöglich wahr sein können. Rathenau hat er zwar nicht gehaßt, aber die ›Judenregierung‹ liebte er gerade nicht. Es ist überhaupt ein ganz eigenes Vergnügen, zu sehen, wie hier ein Gernegroß, ein Kapitänleutnantchen im besten Fall, ein Fähnrich, der doppelte Buchhalter einer Bank, vor dem zeremoniellen Forum des Staatsgerichtshofs schwere Worte aus der Brust schleudert wie zum Beispiel: ›Ich bin ein Gegner der Regierung…‹ oder ›Meine Stellung zum Kapp-Putsch…‹. Das Deutsch dieser Leute ist papieren, bald und bald sentimental, und der Stil des ehemaligen Kaisers… Diese Menschen lieben das ›Nationale‹ und meinen das Schießgewehr; sie arbeiten für die ›nationale Sache‹ und meinen die Vorbereitung zum Mord…«[52]

Kaum eine direkte Zeile über den politischen Hintergrund des Attentats findet sich in Roths Artikeln. Aber die Porträts, die er von den Angeklagten, den Verteidigern, den Richtern, den Zuschauern entwirft, bieten tiefere Einblicke in das politische Drama der Republik als viele der Leitartikel, die zu diesem Thema erscheinen.

Eine Randepisode in diesem Prozess schildert Roth in einem Artikel für den »Vorwärts«, das Zentralorgan der SPD. Als ein Mitglied der Organisation »Consul« davon spricht, er habe als Kapitänleutnant im Seekampf zwei Menschen das Leben gerettet, nimmt Roth dies zum Anlass, über die »Welt mit zwei Seiten« zu schreiben: »Wenn die Könige keinen Krieg machten, brauchten die Prinzessinnen nicht Pflegeschwestern zu werden, und der rettende Ansichtskartenengel, der seine Gloriole wie einen Regenschirm über den verwundeten Krieger hält, ist der Bruder jenes Teufels, der die 42-Zentimeter-Kanonen erfindet. Denn so ist es in dieser Welt, daß der Kaiser die Männer tötet, um die Witwen und Waisen zu unterstützen. Neben den großen Fabriken stehen die Versorgungshäuser, und die wohltätige Linke weiß nicht, was die verbrecherische Rechte tut. Ich glaube also jedem, daß er zwei Menschen das Leben gerettet hat und mehreren zu rauben es imstande ist. Die Welt um uns hat nämlich zwei Kehrseiten, von denen eine Bestialität heißt, die andere Wohltätigkeitskomitee.«[33]

Wiener Zwischenspiel und das »Prager Tagblatt«

Bis Mitte 1923 sind der »Vorwärts« – in dem Roth insgesamt knapp 70 Artikel veröffentlicht – und die »Neue Berliner Zeitung« die Hauptabnehmer seiner Artikel. Vier Texte von Roth werden in dieser Zeit in der »Frankfurter Zeitung« erscheinen – und es soll sich daraus bald eine überaus folgenreiche Zusammenarbeit entwickeln. Auch der »Berliner Börsen-Courier« ist nicht allzu nachtragend und veröffentlicht nach Roths Ausscheiden einiges aus seiner Feder. Viel Geld wird er allerdings in dieser Zeit nicht verdient haben.

Anfang 1923 beginnt sich die Entwertung der deutschen Mark zu beschleunigen. Im Ruhrgebiet sitzen seit Januar die französischen Besatzer. Sie marschieren ein, weil Deutschland mit seinen Reparationszahlungen in Rückstand geraten ist. Die Regierung Poincaré will den einstigen Kriegsgegner weiter schwächen und demütigen. Politisch ist das ohne Weitsicht, und moralisch ist es ziemlich verwerflich. Die Franzosen rauben das Land aus. Endlose, mit Ruhrkohle bestückte Güterzüge fahren Tag für Tag in Richtung Frankreich. Die hilflose Reichsregierung unter Kanzler Wilhelm Cuno ruft zum »passiven Widerstand« auf. Auch das ist nicht sehr klug. Der Ruhrkampf dauert Monate und ruiniert die Finanzen des Reiches endgültig. »Das Ausland hat – wie man aus seinen Zeitungen sieht, von deutschen Reisenden hört – wichtigere Sorgen als die Besetzung des Ruhrgebiets – und das Unglück Deutschlands bildet nicht den Mittelpunkt seiner Interessen«, schreibt Roth mit patriotischer Empörung im April 1923. »Der geringste Pogrom im fernsten Osten erweckt eher leidenschaftliche Parteinahme in der zivilisierten Welt, als es eine ungerechte Besetzung eines halben Deutschlands vermöchte. Klingt ein deutscher Wehruf anders als ein georgischer, armenischer, jüdischer? Wirkt eine französische Rohheit freundlicher als eine türkische, zaristische, antisemitische?«[54] Der kurzsichtige Widerstand der Reichsregierung lässt die Inflation zu einem rasenden Ungeheuer werden. Innerhalb weniger Monate verschlingt sie das Vermögen unzähliger Menschen. Ende des Jahres kostet die Abendausgabe des »Berliner Börsen-Courier« 150 Millionen Mark. Wer morgens seinen Lohn nicht ausgibt, kann sich nachmittags schon kein Brot mehr leisten. Hugo Stinnes kauft sich mit entwertetem Geld einen gigantischen Industriekonzern zusammen, während seine Arbeiter hungern und die Selbstmordrate in Deutschland neue Rekorde verzeichnet.

Die Radikalen von links und von rechts versuchen im Jahr 1923 angesichts des allgemeinen Elends ihr eigenes politisches Süppchen zu kochen. In Bayern beginnt sich die rechte Regierung von Kahr vom Reichsverband zu lösen, und am 9. November ruft der Agitator Adolf Hitler seinen »Marsch auf Berlin« aus. Er endet vor der Feldherrnhalle im Gewehrfeuer der bayerischen Bereitschaftspolizei. Die Kommunisten wiederum proben in Sachsen und in Thüringen die Weltrevolution. Die Reichswehr schlägt den Aufstand im Auftrag der wehrlosen Reichsregierung – ihr Kanzler ist dann schon Gustav Stresemann – mit einem brutalen Einsatz nieder. Wenige Kilometer von der deutschen Grenze entfernt, in Salzburg, lebt Stefan Zweig. Seine Erschütterung über das deutsche Drama dieser Monate spiegelt sich in einem Brief vom November 1923 wider, den er an den französischen Freund Romain Rolland schreibt: »Was sich in Deutschland abspielt, übertrifft die traurigsten Erwartungen. Wahnsinn über Wahnsinn! ... niemand versteht mehr diesen traurigen ›Präsidenten der Republik‹, den gewesenen Sozialisten Ebert, der zum Spielball der schlimmsten Reaktionäre geworden ist. In Bayern haben die Ludendorffs und Hitlers das ganze Land vergiftet ...«[55] Wie der Dichter Zweig, so sehen es Millionen Demokraten, die dem Sturmlauf der Radikalen und dem wirtschaftlichen Zusammenbruch hilflos gegenüberstehen. Am Ende retten die Niederschlagung aller separatistischen Bestrebungen und die Rentenmark die Weimarer Republik.

Roth sieht in diesen katastrophalen Monaten seine beruflichen Chancen in Berlin sinken. Die Inflation frisst seine Honorare auf.

Der Antisemitismus, den die Rechten und die Völkischen immer lauter propagieren, entsetzt ihn. Im Juni 1923 beschließt er, mit Friedl zurück nach Wien zu gehen. Dort hat sich die Lage seit seinem Weggang im Jahre 1920 wieder stabilisiert. Die österreichische Krone ist kurzzeitig härter geworden, und das Leben in der Hauptstadt erinnert ein wenig an die alten Kaffeehaustage der Wiener Künstlerboheme.

Seine Beiträge für die Wiener Zeitungen, die er während seines Aufenthaltes an der Donau schreibt, sind mehrheitlich harmlose Glossen. Geld verdienen muss er. Sein Ehrgeiz gehört einem neuen Romanmanuskript – »Hotel Savoy« –, mit dessen Niederschrift er in der Donaumetropole beginnt.

Das halbe Jahr, das die Roths in Wien verbringen, unterbricht er mit mehreren Reisen nach Prag, bei denen ihn Friedl begleitet. Roth liebt die Stadt, und seine Kontakte zur Redaktion des »Prager Tagblatts« sind ohne Trübung. Freundschaften mit Karl Tschuppik, der die Tagblatt-Redaktion bis 1917 geleitet hat, und Johannes Urzidil, der zeitweise für den »Berliner Börsen-Courier« schreibt, werden vertieft. Roth lernt Max Brod kennen, den Theater- und Musikkritiker des Blattes. Die abendlichen Café-Runden, die seinen Prager Alltag bestimmen, erleben einen entspannten, sich immer ein wenig in Pose werfenden Joseph Roth. »Mir fiel als erstes Roths Gepflegtheit auf. Er war mit rosaweißkariertem Hemd erschienen, was für jene Zeit ausgefallen wirkte. Bei seinen hellen Augen, rötlich blonden Haaren und dem rosigen Teint wäre ich nicht auf die Idee gekommen, er sei jüdisch. Er war hübsch und schmal und ließ sich bald das Bedürfnis anmerken, charmant und unterhaltsam zu sein«,[56] erinnert sich Tschuppiks Schwägerin. Wenn sie in Prag sind, wohnen die Eheleute in der Pension Rosa oder finden ein Bett in der Wohnung von Karl Tschuppiks Bruder Walter und dessen Frau Tanja.

Die meisten Artikel für das »Prager Tagblatt« wird Roth in den Jahren 1923 und 1924 schreiben. Er schätzt das weit über die Moldau-Metropole hinaus gelesene Blatt. Es ist liberal, und seine Autoren gehören zu den besten deutschsprachigen Journalisten und Schriftstellern der jungen tschechoslowakischen Republik. »Es war eine übermütige Redaktion, dies Prager Tagblatt, die lustigste, die ich je gesehen habe, dabei war ich ... als Gast in Pariser, Berliner und Wiener Redaktionen viel herumgekommen. Welch verbissener Berufsernst überall! Etwas Frische und Witz flackerte freilich in jeder dieser Nachrichtenbuden auf, das gehörte ja gewissermaßen zum Métier; doch anderwärts flackerten die Irrlichter nur geduldeterweise und nebenher. Hier dagegen, im Prager Tagblatt, wurden sie angebaut und gepflegt.«[37] Diese Beschreibung des Redaktionsalltags im »Prager Tagblatt«, die Max Brod in seinen Erinnerungen überliefert, lässt ahnen, warum sich Roth in einer solchen Umgebung überaus wohlgefühlt hat. Zumal »es ein ausgezeichnet informierendes, verläßlich gemachtes Blatt (war), gescheit und temperamentvoll, freiheitlich, ohne gerade Sturmglocken zu läuten, farbig-interessant, in einigen Beiträgen von gutem literarischem Niveau und fast ohne Kitsch«.[58]

Die Tagblatt-Redaktion druckt häufig Artikel aus den größeren liberalen Blättern in Deutschland nach, übernimmt Texte vom »Berliner Tageblatt«, von der »Vossischen Zeitung«, der »Weltbühne« oder der »Frankfurter Zeitung«. So finden sich hier auch Arbeiten Roths, die bereits in deutschen Blättern erschienen sind. Ob Nachdrucke oder Originale, was immer er in dieser Zeitung veröffentlicht, es sind in erster Linie politische Texte. Im November 1923 erscheint beispielsweise ein Artikel, in dem Roth sich mit harscher Kritik über das Schweigen der »Geistigen« in Deutschland empört: »Niemand von den Geistigen erhob sich im Lande, als der Kronprinz im Frieden sein barbarisches ›feste druff‹ depeschierte; als der Kaiser seine Weltherrschaft ankündigte, das Parlament brüskierte, die fremden Staaten; als an der Kranzler-Ecke Offiziere einen Bürger halbtot säbelten. Die deutschen Dichter gaben sich stets mit Inbrunst *einer* Beschäftigung hin: Sie reisten nach Italien. ... Da die Eisner, Landauer, Toller tot oder mundtot gemacht sind, kann man nichts von ihnen erwarten. Mehrere aber leben noch. Fürchten sie für ihr Leben? ... Gerhart Hauptmann hat sich marod gemeldet, er soll in Tirol sein. Unterwegs nach Italien? Hungert auch er? – Die Welt wartet vergeblich auf den Schrei der Geistigen, der Ludendorffs Deutschland desavouieren könnte, auf daß die Kronprinzen wieder feste druff treten. Nur dieser Tritt ist hörbar.«[59]

Die Freundschaft zwischen dem »Prager Tagblatt« und seinem freien Mitarbeiter Joseph Roth bleibt bis zum erzwungenen Ende der Zeitung erhalten. Am 14. März 1939 flattert auf dem Hradschin die Hakenkreuzfahne, und in Prag werden die tschechoslowakische Republik und das freie Wort zu Grabe getragen. Sechs Wochen später ist auch Roth tot.

Trotz der politischen und wirtschaftlichen Turbulenzen und Katastrophen bricht nach Roths Hochzeit die kurze Zeit an, in der er sehr eng mit Friedl zusammenlebt. Sie begleitet ihn im Juni 1923 nach Wien, ist stets dabei, wenn er an die Moldau reist oder die »Frankfurter Zeitung« ihn im Sommer 1924 nach Prag und Krakau, nach Lemberg und in andere Städte Polens schickt. Im Dezember ist er erneut in Galizien. Der Korrespondent nimmt seine Frau auf diese Dienstreisen mit. Menschen, die dem Ehepaar in dieser Lebensperiode begegnet sind, berichten davon, dass sie fröhlich miteinander lachen, die Tage und Abende gemeinsam und in großem Kreis im Wiener Café Rebhuhn oder anderen Etablissements verbringen, in denen sich die intellektuelle Szene von Wien, Berlin, Prag oder Paris zu treffen pflegt. Friedl fühlt sich in dieser Umgebung noch wohl, von ihrer späteren Scheu und inneren Abwesenheit ist kaum etwas zu bemerken. Erst als Roth 1925 Auslandskorrespondent für die »Frankfurter Zeitung« wird, beginnen die Stunden, die Tage, die Monate der Trennung. Roth ist fortan häufig in Südfrankreich, 1926 wochenlang in Russland unterwegs, und Friedl lebt in dieser Zeit bei ihren Eltern. Begleitet sie ihn auf seinen Reisen, dann wächst bei Roth jetzt die Nervosität. Überarbeitung und Alkohol tragen dazu ebenso bei wie später Friedls Krankheit.

Der »rote Joseph«

Ende 1923, die Lage in Deutschland hat sich beruhigt, kehren Friedl und Joseph Roth aus Wien nach Berlin zurück. Inzwischen hat er auch den ersten öffentlichen Schritt als Romanautor getan.

»Das Spinnennetz« ist in der österreichischen »Arbeiter-Zeitung« als Fortsetzungsroman erschienen. In der Juli-Nummer der von Max Krell herausgegebenen und in Leipzig erscheinenden Zeitschrift »Das Leben« können die Abonnenten eine kleine Erzählung Roths aus dem amerikanischen Journalistenmilieu – »Das Kartell« – lesen. Es ist eine ironische Relativierung der Wichtigtuerei, die seinen Berufsstand seit eh und je auszeichnet.

Noch im Dezember 1923 reist Roth ins Rheinland und ins Ruhrgebiet, wo weiterhin die französischen und belgischen Besatzungstruppen die Gemüter erregen. In mehreren Artikeln für das »Prager Tagblatt« und das Berliner »12-Uhr-Blatt« berichtet er aus dieser Region. Chaotische Zeiten. »Als ich in Düsseldorf den Bahnhof verließ, glaubte ich mich in die Etappe der Ostfront versetzt. Händler aller Rassen und Konfessionen verursachten einen Tumult mit Gliedmaßen, fremde Menschen boten mir Dollars zu 4,20 an, französische Francs zu 1,80, zu 1,50 sogar. Neben Händlern aus Litauen standen Marokkaner. Neben Kaufleuten aus Frankreich schottische Hochländer, galizische Juden handelten mit blonden Nationalsozialisten, Matrosen, französische und belgische, unterboten französisches und belgisches Geld und trieben die Reichsmark in die Höhe. Die schwarze Börse in Düsseldorf hat längst aufgehört, bestimmte Plätze und Straßen zu bevölkern. Sie erfüllt die ganze Stadt.«[60]

In dem für Roth beruflich schwierigen Jahr 1923 wird der sozialdemokratische »Vorwärts« für ihn zu einem schmalen, aber wichtigen finanziellen Standbein. In den Weimarer Jahren besitzen die Parteizeitungen einen Stellenwert, den wir heute kaum noch nachvollziehen können. Der »Vorwärts« erscheint täglich mit einer Morgen- und einer Abendausgabe, die jeweils eine Auflage von rund 300.000 Exemplaren erreichen. Im Zentralorgan wird nicht nur die offizielle Linie der Partei – die verschiedentlich auch Regierungspolitik ist – verkündet und kommentiert. In seinen Artikeln spiegeln sich auch sehr offen die nicht selten selbstzerstörerischen Flügelkämpfe wider, von denen die SPD bekanntlich bis heute heimgesucht wird. Auch wenn die von Gewerkschaften und Sozialdemokraten propagierte Arbeiterkultur in den Weimarer Jahren nicht mehr den hohen Stellenwert besitzt wie im Kaiserreich, pflegt der

»Vorwärts« das Feuilleton und bietet seinen Abonnenten mit Gesellschafts- oder Kulturreportagen und Glossen auch unterhaltende Lesekost. Ergänzt wird sie von Berichten über Theaterpremieren und Neuerscheinungen auf dem Büchermarkt.

Chefredakteur von 1916 bis zum Verbot im März 1933 ist der 1876 in Brünn geborene Sozialdemokrat Friedrich Stampfer. Der ehemalige Untertan der k. und k. Monarchie zählt in den 20er-Jahren zu den einflussreichsten deutschen Sozialdemokraten. Er ist nicht nur Chef im wichtigsten Meinungsorgan der Partei, sondern bis zur Hitler-Diktatur auch Abgeordneter im Reichstag und seit 1925 Mitglied des Parteivorstandes. Mit Friedrich Stampfer steht kein Arbeiter – der Vater war Rechtsanwalt und liberaler Barrikadenkämpfer in der 48er-Revolution –, sondern ein studierter Intellektueller an der Spitze des »Vorwärts«: streitbar, ausgleichend und im persönlichen Umgang für die Mitarbeiter nicht immer einfach. Aber es gelingt ihm, junge talentierte Redakteure an das Blatt zu binden, und er stellt sich angesichts der ständigen parteiinternen Auseinandersetzungen über einzelne Artikel oder die Gesamtrichtung des »Vorwärts« solidarisch hinter seine Journalisten. Stampfer wird nach 1933 mit dem SPD-Vorstand ins Prager Exil gehen und dann in den USA das Dritte Reich überleben.

Roths erster »Vorwärts«-Artikel erscheint bereits am 6. Juli 1922, also in einer Zeit, als er noch beim »Berliner Börsen-Courier« ist. Der »rote Joseph« schreibt im SPD-Blatt so dezidiert »links«, wie er es vorher und nachher nur selten getan hat. »Die Sonne, ein radikal sozialistischer Leuchtkörper, eines der wenigen Objekte dieser Welt, dessen private Ausbeutung deshalb noch nicht gelungen ist, weil es keine Groß-Himmels-Grundbesitzer gibt, diese Sonne nimmt sich die Freiheit, allen Menschen gleich zu leuchten und die dürre Haut des Hungernden ebenso zu wärmen wie den fetten Bauch des Satten.«[61] Zum 1. Mai 1923 scheut er im »Vorwärts« keine klassenkämpferischen Töne: »Arbeit ist ein Segen für die Arbeitgeber; Lohnerhöhungen, die heute besorgt werden können, verschieben wir lieber auf morgen; liebe deinen Nächsten, wenn er für dich arbeitet. An diesem Feiertag läuten ganz andere Glocken: Kein Küster bewegt sie, kein Priester predigt, und ihr Klang ist nicht golden, sondern eisern, denn es sind die Klänge von übermorgen und nicht jene von gestern. Wer sie nicht hört, ist taub.«[62] Der Spott über die Rechte bleibt sein Thema: »Der Rektor der Berliner Universität hat anläßlich des Maskenfestes, das hierzulande ›Rektoratsübergabe‹ genannt wird, die Studenten aufgefordert, das Lied ›Wohlauf, Kameraden, aufs Pferd...‹ zu singen. Rektor Nernst, berühmter Gelehrter und Träger des Nobelpreises, friedlicher Mann und der Wissenschaft ergebener Diener, behauptete, dieses Lied würde die Studenten zu ›intensiver Lebensbetätigung‹ ermuntern. Wer unsere Studenten kennt, die Chargierten und Korporierten, die Monokelträger und die Bierkrugschwinger, weiß, worin ihre ›intensive Lebensbetätigung‹ besteht. ... Man kann sich schließlich mit mittelalterlichen Panzern, Rapieren, wehenden Federbüschen bei einem Rektoratswechsel zufriedengeben. Auf berittene Korpsstudenten können wir verzichten...«[63]

Sozialist ist dieser Außenseiter und unabhängige Denker allerdings nie gewesen. Auch deutet nichts darauf hin, dass er sich intensiver mit der marxistischen Theorie und den sozialdemokratischen bzw. kommunistischen Parteiprogrammen beschäftigt hat. Die Haltung dieses Dichters trifft doch besser, was Rudolf Olden über ihn nach seinem Tod schreiben wird: »Das Bild, das Roth mit den Augen der Seele ersah, zog die menschlichen Schwächen in Betracht, und also war es nicht so sehr von den Gegebenheiten der Realität entfernt. Im übrigen aber trug es die Züge der Güte und Wärme, des Mitleids mit der Kreatur und des Vertrauens auf Gott. Seine Utopie zeugte von den Eigenschaften, die seinem eigenen Wesen innewohnten, und also waren sie edler und liebenswerter, als manche andere Utopien sind.«[64]

Die Zusammenarbeit mit dem »Vorwärts« hat für Roth einen wichtigen Nebeneffekt: Im August 1924 beginnt die SPD-Zeitung mit dem Vorabdruck seines dritten Romans, der den Titel »Die Rebellion« trägt. Ein Hinweis darauf, dass die Redaktion in ihrem freien Mitarbeiter sicher einen Autor sieht, der den Idealen und Gedanken der Partei nicht distanziert gegenübersteht. Roth ist in dieser Lebensphase zwar kein Sozialdemokrat, aber nie stand er – geschmeidige Anpassung hin, humanistisches Engagement her – der deutschen Linken so nahe wie in diesen Jahren.

Dies wird durch eine weitere journalistische Mitarbeit unterstrichen. Seit Anfang 1924 schreibt Roth für die satirische Wochenzeitung »Lachen links«. Das zweifarbig gedruckte sozialdemokratische »Witzblatt« erscheint ebenfalls im Dietz-Verlag. Es tritt am 11. Januar 1924 die Nachfolge des traditionsreichen »Wahren Jacob« – vor 1914 ein Bürgerschreck – an, der in der Inflation untergegangen ist. Die erste Nummer von »Lachen links« trägt den Titel »Lächerlichkeit tötet«. Sie zeigt eine Karikatur des vor der Münchner Feldherrnhalle aufs Pflaster gestürzten Ex-Generals und Mitverschwörers beim gescheiterten Hitler-Putsch vom November 1923, Erich Ludendorff, vor dem ein kleiner roter Hund das Bein hebt. Wie der nach 1918 mit einigen politischen Kurswechseln agierende »Simplicissimus« oder der schließlich Hitler offen unterstützende »Kladderadatsch«, lebt auch »Lachen links« von satirisch-politischen Artikeln und Versen. Diese sind eingerahmt von zahlreichen Karikaturen, in denen die Zeichner – darunter Käthe Kollwitz und Heinrich Zille – die Welt in grotesken, anklagenden und bissigen Strichen darstellen. Die Kritik kommt politisch selbstverständlich von links, und sie erfasst das Militär und die rechtslastige Justiz, das Großkapital und die Arbeitswelt, das Weimarer Bürgertum und die Außenpolitik. Anfang 1928 geht das Blatt in den wieder neu gegründeten »Wahren Jacob« auf.

Chefredakteur von »Lachen links« ist Erich Kuttner, Jurist, Journalist und Sozialdemokrat. Er wird das Blatt bis 1927 leiten. Ein mutiger Mann und – für ein Satireblatt sehr wichtig – ein gewiefter Jurist. Schon ein Jahr nach der ersten Nummer kündigt die Redaktion stolz an: »An unsere Leser! Die Entwicklung, die ›Lachen links‹ genommen hat, gestattet uns, ab 1. Mai dem Blatt eine würdigere Ausstattung bei gleichzeitiger Ermäßigung des Bezugpreises zu geben.«[65] Kuttner ist nach 1933 Mitglied einer Widerstandsgruppe, flieht nach Holland und wird 1942 im Konzentrationslager Mauthausen ermordet.

Roth schreibt bis Ende 1924 für das »republikanische Witzblatt«. Für ihn ist es eine Rückkehr zur Lyrik. Diesmal reimt kein galizischer Jüngling über romantische Lebens- und Liebessehnsucht, sondern es dichtet »Josephus«, und seine Verse zeichnen sich vor allem durch politische Ironie und Sarkasmus aus.

Ritter Meuchelmord

Wer stampft aus unserm Fleisch und Blut
den Dünger für sein Rentengut?
Und wer kassiert den Restbetrag
vom Vierundzwanzigstundentag?
Wer pflanzt den goldnen Zepterstab
auf unser Proletariergrab?
Der Kaiser und der General,
der Journalist, das Kapital,
Bankier, Professor, Burschenband
und Priester, Junker, Fabrikant ---
und noch einmal und noch einmal und *noch einmal*:
der Kaiser und der General![66]

Praktische Anwendung

Auf philosophischen Fundamenten ruhn Kasernen –
Man kann's von deutschen Professoren lernen,
daß allgemein und generell
Gehorsam nötig ist, um alle schiefen
Persönlichkeitserscheinungen zu strecken,
auf daß sie gerade ausgerichtet,
zu Doppelreihen verdichtet
in Uniformen stecken:
So wird aus kategorischen Imperativen
Der kategorisch preußische Appell.[67]

Justitia

Gerecht ist ungerecht und umgekehrt:
Es ist nicht alles eins, ob ein Prolete
erschossen ward und ein Prophete
ans Kreuz geschlagen – oder ob versehrt
die Fensterscheibe eines Fabrikanten
vom Steinwurf eines Unbekannten:
denn oft ist eine Scheibe mehr als ein Leben wert –
es hängt nur davon ab, wem es, wem sie gehört.[68]

Die Invaliden grüßen den General

Zehn Jahr' sind um, zehn Jahr' sind um,
es faulen unsre Knochen,
das Auge blind, das Rückgrat krumm
und Bauch und Brust zerstochen;
es hat die Milz ein großes Loch,
es brennt in Herz und Niere – –
Noch leben wir! – Wir leben noch!
Und sind nicht Mensch noch Tiere – –
Wer aber blieb von allen heil
trotz Bombenwurf und Donnerkeil?
Wer aber kam gesund nach Haus
zu Weib, Pension und warmem Flaus?
Es war der Herr, der uns befahl: – –
Herr General! – Herr General! –
...[69]

Roths politische Satire – nicht so geschliffen wie die Reime des Kurt Tucholsky alias Ignaz Wrobel alias Theobald Tiger alias Peter Panther in der »Weltbühne« – schreckt nicht vor sarkastischer Schärfe zurück. Er übersieht das Elend der Republik ebenso wenig wie das Wiedererstarken der gesellschaftlichen Kräfte, die schon einmal Deutschlands Unglück heraufbeschworen haben. Das zeigen auch seine Arbeiten für die satirische Zeitschrift »Der Drache«, die der Schriftsteller Hans Reimann 1919 in Leipzig gegründet hat und die seit 1921 von Hans Bauer geleitet wird.

Roth schreibt von März bis Juli 1924 für die Leipziger eine ständige Kolumne, die unter der blinkenden Überzeile »Berliner Bilderbogen« steht. Er schickt der Redaktion nicht – wie den Kollegen bei »Lachen links« – politische Lyrik, sondern bissige Prosa. »Ich bin einer Frau begegnet, die entschlossen ist, völkisch zu wählen. Es war ein Erlebnis.«[70] Früh hat Roth im »Drachen« auf die Eiterbeule der Republik hingewiesen: »Auf dem Bahnsteig häufen sich die Völkischen. Es sind die Nachkommen heldischer Buchhalter, reckenhafter Zollbeamter, drachentötender Oberlehrer, mit einem oder zwei Worten: germanischer Gestalten und legendarischer Berufe, wie man ihnen in den Eddaliedern auf Schritt und Tritt der

Versfüße begegnet. Es sind die Heldensöhne alliterierender Monarchisten und Kleinbürger, Sprößlinge personifizierter Eichenknorrigkeit und unbeugsamer Untertanenbiegsamkeit. Es ist die Zukunft des deutschen Wesens, wie ich sie mir immer vorgestellt habe: eine Knochenkeule als Kopf, mit Brillantine eingefettet...«[71]

Politisches Engagement zeigt Roth im Übrigen auch bei der Gründung der Schriftstellervereinigung »Gruppe 1925«, an der er sich beteiligt. Sie erfolgt im Umfeld des Verlages »Die Schmiede«, der zwei Romane Roths angenommen und veröffentlicht hat. In einem Interview mit einem polnischen Journalisten erwähnt Roth diese Gruppe: »Ich habe die Absicht über sie (polnische Schriftsteller – WvS) in einem neuen Monatsheft zu schreiben, das in Kürze erscheinen wird. Diese Zeitschrift wird ein Organ der neuen literarischen Vereinigung ›Gruppe 1925‹ sein, welche sich vor kurzem in Berlin gebildet hat.«[72] Bemerkenswert ist diese Mitgliedschaft insofern, als er Vereins- oder Parteimitgliedschaften sonst stets ablehnt, ihnen mit spöttischem Unbehagen gegenübersteht. Maßgebliche Figur in der »Gruppe 1925« ist der Schriftsteller Rudolf Leonhard, damals noch Lektor von »Die Schmiede«. Mitglieder der Gruppe, die nicht ohne Einfluss auf die Verhandlungen und Diskussionen im »Schutzverband Deutscher Schriftsteller« bleibt, sind zahlreiche bedeutende Figuren der Weimarer Kulturszene. Bert Brecht und Ernst Toller, Robert Musil und Alfred Döblin (der das Programm der »Gruppe 1925« entworfen hat), Leonhard Frank und Max Brod, Johannes R. Becher und Klabund, Erwin Piscator und George Grosz gehören ebenso dazu wie Ernst Bloch und Ludwig Marcuse, Egon Erwin Kisch und Willy Haas. Joseph Roth kommt zu den regelmäßigen Treffen der Vereinigung im Berliner Café Alschafsky oder im Hotel Kaiserhof. Auch als Schriftsteller hat er sich inzwischen einen Namen gemacht. Aber er bleibt ein Einzelgänger. »Es ist kein Vorzug, unter uns gesagt, diesem Klub anzugehören«, meldet er Bernard von Brentano bereits im Februar 1926. »Einige sind dort, auf die ich pfeife. Ich habe Leonhard geschrieben, daß ich skeptisch bin, daß ich einen Verein loben würde, dessen Aufgabe es wäre, alle anständigen Menschen zur Auswanderung zu bewegen.«[73] Man weiß beim Briefschreiber Roth nie genau, wo Spott und Bosheit anfangen oder wo der Teufel Alkohol ihm ins Gehege kommt.

Mitarbeiter der »Frankfurter Zeitung«

Der entscheidende berufliche Wendepunkt im Jahre 1924 ist aber Roths Eintritt in die Redaktion der »Frankfurter Zeitung« (FZ). Er wird Redakteur und Autor in einer der bedeutendsten Tageszeitungen der Weimarer Republik. Obwohl Roth auch in den kommenden Jahren noch für andere Blätter schreibt – was damals trotz einer Festanstellung möglich war – und einige seiner FZ-Artikel in verschiedenen Zeitungen nachgedruckt werden, beendet er im Laufe des Jahres seine Mitarbeit für die sozialdemokratischen Blätter und den Leipziger »Drachen«.

Bis Anfang 1933 arbeitet Roth für die FZ. Seine journalistische Karriere erreicht in dieser Zeit zweifellos ihren Höhepunkt. »Für Roth war die Umorientierung hin zu diesem bekannt bürgerlich-liberalen Blatt keineswegs gleichbedeutend mit dem Übertritt ins konservative Lager. Als eine der wenigen präsentierte die ›Frankfurter Zeitung‹ in der Weimarer Republik ... eine eigene, republikanisch bestimmte Berichterstattung von den Parlamentssitzungen.«[74] Politische Liberalität und eine freihändlerische Wirtschaftspolitik gehören ebenso zum Credo dieser Zeitung wie die Sympathie für eine bürgerliche Kultur, die der Moderne aufgeschlossen gegenübersteht.

In der »Frankfurter Zeitung« finden sich in den 20er-Jahren auch dezidierte »linke« Auffassungen. Autoren wie Walter Benjamin, Ernst Bloch, Bernard von Brentano, Franz Theodor Csokor oder Theodor Wiesengrund-Adorno – sie arbeiten mit unterschiedlicher Intensität für das Blatt – gehören dem sozialistischen Lager an. Hermann Kesten zählt Roth offenbar auch dazu, denn er meint später, dieser habe in seiner »linksradikalen Zeit«[75] für die FZ geschrieben. Eine sicher überspitzte Formulierung. Redakteure und Autoren wie Wilhelm Hausenstein, Theodor Heuss, Benno Reifenberg, Friedrich Sieburg oder Friedrich Torberg argumentieren in ihren Artikeln vorrangig von einer bürgerlich-liberalen Position aus. Viele Schriftsteller finden mit ihren Texten Platz in der »Frankfurter Zeitung«. So erscheint die erste Erzählung der noch unbekannten Mainzerin Netty Reiling, die bald unter dem Namen Anna Seghers zu literarischem Ruhm gelangt, 1924 in der FZ.

Die offene Grundhaltung des Blattes, das nicht in der lauten Hauptstadt, sondern in einem Handels- und Bankenzentrum erscheint, beruht nicht zuletzt auf dem Denken eines selbstbewussten Bürgertums. In der Frankfurter Paulskirche tagt 1848/49 das erste frei gewählte Parlament der Deutschen. Eine mächtige Kaufmannsgilde bildet seit Jahrhunderten die politische und ökonomische Elite der einstigen freien Reichsstadt. Im Zeitalter der Assimilierung wächst in der lange diskriminierten und traditionsreichen jüdischen Gemeinde Frankfurts im 19. Jahrhundert eine neue Schicht wohlhabender und sich für die öffentlichen Belange einsetzender Bürger heran. Aus ihren Reihen kommen bald zahlreiche Magistratsmitglieder. Mit Ludwig Landmann wählt die Stadt 1924 erstmals einen Oberbürgermeister jüdischen Glaubens, was allerdings den auch in Frankfurt grassierenden Antisemitismus nicht verringert. Keine andere deutsche Metropole weist eine solche Fülle bedeutender Schenkungen und Gründungen seiner wohlhabenden (christlichen und jüdischen) Bürger auf wie Frankfurt. Senckenberg- und Städelmuseum, Universität und Opernhaus (heute Alte Oper), Zoo, Hospitäler und Altersheime sind durch Spenden und Stiftungen reicher Frankfurter entstanden.

In dieser Tradition steht auch Leopold Sonnemann, der 1840 im Alter von neun Jahren aus Unterfranken nach Offenbach gekommen ist. Aufgewachsen in einem streng orthodoxen jüdischen Elternhaus, wird die 48er-Revolution für ihn zum politischen Schlüsselerlebnis. Seinen Reichtum erwirbt er als Bankier und nutzt ihn, um 1856 zusammen mit einem Geschäftsfreund die »Frankfurter Handelszeitung« zu gründen, aus der dann drei Jahre später die »Neue Frankfurter Zeitung« wird. »Frei und unabhängig dienen wir nur der Sache des Vaterlandes und des entschiedenen Fortschritts«, erfährt der Leser. »Unser Programm ist: Deutschland sei so mächtig nach Außen als frei nach Innen.«[76] Sonnemann unterstützt den »Deutschen Arbeiterverein« und August Bebel. Die soziale Frage bleibt ein wichtiges Thema der Zeitung. In den turbulenten Zeiten, in denen der preußische Junker Otto von Bismarck Deutschland politisch überwältigt, geraten auch Sonnemann und seine Zeitung in Schwierigkeiten. 1866 – Österreich ist bei Königgrätz geschlagen, und die Stadtoberen haben dummerweise auf die falsche Seite gesetzt – marschieren die ungeliebten Preußen ein. Die Frankfurter sind verbittert, und ihr Bürgermeister begeht Selbstmord. Die Besatzer beschlagnahmen Sonnemanns Druckerei, schließen die Redaktion, und die preußenkritische Zeitung darf nicht mehr erscheinen. Zwei Redakteure werden verhaftet. Sonnemann kann nach Stuttgart fliehen. Als er zurückkehren darf, kommt am 16. November 1866 – nachdem für die erforderliche Drucklizenz eine Kaution hinterlegt worden ist – seine Zeitungs-Neugründung auf den Markt. Sie trägt den Titel »Frankfurter Zeitung und Handelsblatt«. Die Auflage liegt bei rund 20.000 Exemplaren.

Leopold Sonnemann stirbt 1909. Seine beiden Enkel Heinrich und Kurt Simon übernehmen die Leitung. Während Kurt die kaufmännische Verantwortung trägt, ist der damals 34-jährige Heinrich, der zuvor im Feuilleton des Blattes als Journalist gearbeitet hat, ab 1914 für den politischen Kurs der FZ verantwortlich. Heinrich Simon ist ein großer Kunstenthusiast. Ihn verbindet eine lange Freundschaft mit dem Maler Max Beckmann, und er setzt sich erfolgreich für die Berufung von Theodor W. Adorno zum Leiter des Frankfurter Musikstudios ein. »Ich habe ... einen großen Respekt vor Heinrich Simon«, wird Roth einerseits im August 1925 an Benno Reifenberg, den Chef des Feuilletons, schreiben.[77] »Mit Simon habe ich nur einmal und sehr kühl, beinahe feindselig, gesprochen«, erfährt andererseits Roths Redaktionskollege Bernard von Brentano im November 1925. »Er ist deprimiert, er darf kein Geld ausgeben. Es ist sehr schwer für mich, hier eine Erhöhung meines Gehalts durchzudrücken.«[78] In einem anderen Brief heißt es: »Ich war bei Dr. Simon. Wir haben eine Art Burgfrieden geschlossen. Er gestand mir, daß er eine leise Furcht, ein Mißtrauen sagen wir, gegenüber mir empfunden hat. Ich glaube nicht, daß es ganz geschwunden sein kann.«[79] Während seiner wochenlangen Russlandreise im Jahr 1926 reflektiert Roth mehrfach sein Verhältnis zur Frankfurter Redaktion und ihrem Leiter. Die Distanz ist deutlich spürbar: »Was macht Dr Simon? Er erscheint mir merkwürdiger von hier aus als in Deutschland. Er ist ein sehr westlicher Mensch, glaube ich, je weiter ich nach Osten komme, desto weiter westwärts rückt er, wenn er mir einfällt.«[80] Die Entfremdung zwischen Roth und seinem Verleger wächst im Laufe der Jahre. Jedenfalls sieht

Roth es so. »Sie wissen ja übrigens auch genau, wo der Hase im Pfeffer liegt und daß gegen S(imon) nichts zu machen ist«, schreibt er Ludwig Marcuse 1927. »Seine Sympathien habe ich nicht, er nimmt die allgemeine verschlimmerte Lage der Zeitung zum Anlaß, mich los zu werden.«[81] Und ein Jahr später erreicht den Feuilletonchef Benno Reifenberg ein alarmierendes Telegramm: »... beabsichtige kuendigung weil in simon hindernis meiner mitarbeit ...«.[82]

So schwierig sich die Zusammenarbeit zwischen Verleger und Redaktion einerseits und dem späteren Auslandskorrespondenten des Blattes andererseits gestaltet, Roth weiß genau, für wen er arbeitet: »Nichts bindet mich. Ich bin nicht sentimental genug, um an Zukunft, Familie und dergleichen zu denken. Aber sentimental genug, für diesen Verlag und diese Zeitung, die letzten Überreste der alten, von mir humanistisch genannten Kultur, Liebe zu empfinden.«[83]

In all den Jahren bleibt das Verhältnis zwischen Roth und der FZ kompliziert. Dem stets misstrauischen und immer ein wenig hektisch reagierenden Roth sind innerredaktionelle Intrigen nicht fremd. Seine Briefe zeigen, dass er sich häufig in die Politik des Hauses einmischt und nicht vor Diffamierungen von Vorgesetzten und Kollegen zurückschreckt, wenn es um seine eigenen Interessen geht. »Niemand kann wissen, wie stark und wie ständig meine Aufregung ist – über Alles, über Jedes. Ich werde niemals ruhig.«[84]

Freundschaft und Enttäuschung: Benno Reifenberg

Bis Mai 1925 ist Roth Mitglied der Berliner Redaktion der »Frankfurter Zeitung«. Von 1920 bis 1930 wird sie von Bernhard Guttmann geleitet. »Keiner hat so unerbittlich, so gerecht, so aufklärend über Bismarck geschrieben wie der 1869 in Breslau Geborene.«[85] Was Guttmann aber nicht vor Auseinandersetzungen mit seinem immer wieder rebellierenden Untergebenen Joseph Roth schützt. »Grüßen Sie Herrn Dr. Guttmann, der sich hier skandalös benommen hat, auch gegen mich«, schreibt Roth im Juni 1925 aus Paris.[86]

Ein Brief an Brentano, den Roth Ende Dezember 1925 in Frankfurt abschickt, zeigt ihn im Zentrum hausinterner Machtkämpfe, an denen er recht hemmungslos mitwirkt: »Dazu kommt, daß Reifenberg hier einen Freund haben *muß*, er ist Diebold nicht ganz gewachsen, Geck und Diebold stören ihn, strapazieren ihn und er ist ein feiner passiver Mensch, dessen Passivität zwar schließlich siegen kann, aber erst nach zehn Jahren. ... Es ist unbedingt nötig, daß hier eine Kontrolle und eine Anfeuerung lebt. ... Aber, ich fürchte ... wenn erst Guttmanns ganzes Regiment hier eingezogen ist, kann nichts mehr gemacht werden. Er hat schon wieder einen Feldwebel engagiert. Er wird allmählich das ganze Haus füllen.«[87] Wie immer bei Roth: In seinen Briefen lässt er sich häufig zu vorschnellen und vom Augenblick diktierten Äußerungen hinreißen. Das gilt auch für seine Urteile über Guttmann. So schlägt er in einem Brief aus Odessa vom September 1926 ganz andere Töne mit Blick auf seinen ehemaligen Berliner Chef an: »Grüßen Sie Dr Guttmann, ich denke manchmal an ihn und wie notwendig seine klare Bitterkeit in einer Berichterstattung über Moskau wäre.«[88]

Bernhard Guttmann ist – Roths schwieriges Verhältnis zu ihm kann daran keinen Zweifel erwecken – einer der besten Journalisten des Blattes. In dem Jahrzehnt vor dem Ersten Weltkrieg ist er Leiter des Londoner Büros und damit Chef am bedeutendsten Auslandsstandort der Zeitung. In den Weimarer Jahren schreibt er die wichtigen politischen Kommentare, die aus der Berliner Redaktion kommen: liberal, pro Republik und vor den Kräften warnend, die die deutsche Demokratie zerstören wollen. 1930 verlässt Guttmann die FZ, um als Buchautor zu arbeiten. Nach dem Krieg ist er Mitherausgeber der Zeitschrift »Die Gegenwart«, die dann 1958 in die neu gegründete »Frankfurter Allgemeine Zeitung« aufgeht.

Wenn auch nicht gerade zu Guttmann, so wird Roth zu mehreren Kollegen bei der »Frankfurter Zeitung« freundschaftliche Beziehungen knüpfen, die teilweise bis in seine letzten Lebensjahre andauern. Zu einigen wird er den Kontakt allerdings mit dem Anbruch der Hitler-Diktatur abrupt beenden. Wer sich nicht ohne Wenn und Aber gegen das Dritte Reich wendet, hat in Roths Augen jeglichen Anspruch auf seine Freundschaft verloren. Das gilt auch für den Feuilletonchef der FZ, Benno Reifenberg.

Reifenberg ist bis 1933 die für Roth wichtigste Person in der »Frankfurter Zeitung«. Der Briefwechsel zeigt, welch intensiver Kontakt zwischen den beiden Journalisten über einen Zeitraum von fast zehn Jahren bestanden hat. Mit Reifenberg verbindet Roth nicht nur eine enge berufliche Zusammenarbeit, sondern auch eine persönliche Freundschaft, in die Reifenbergs Ehefrau Maryla und seine polnische Schwiegermutter einbezogen sind. Der Feuilletonchef ist Roths hilfreicher Vertrauter, wenn es um Themen, Artikel und innerredaktionelle Streitigkeiten geht. Er wird manchen Konflikt dämpfen, den der empfindliche Pariser Korrespondent im Hause auslöst. »Die Tatsache, daß Reifenberg seit 1924 Leiter des Feuilletons war, und somit in allen Krisen der Mittler sein mußte zwischen dem Verlag und dem Aufbegehren, den Forderungen, den Kündigungsdrohungen Roths, dem immer wiederkehrenden Schrei nach Honoraren, Vorschüssen, dem weniger offen geäußerten, aber ständig fühlbaren Bedürfnis nach Anerkennung und Würdigung, hat aus der Beziehung eine Berg- und Talbahn zwischen Krisen und Zeiten des Einverständnisses gemacht.«[89] Reifenberg ist Beichtvater und Tröster, auch dann, als die Krankheit Friedls Roth in kaum zu bewältigende Wahnvorstellungen stürzt. Er wird ihm 1928 seinen Roman »Zipper und sein Vater« widmen.

Vieles verbindet sie: Sie sind fast gleichaltrig (Reifenberg ist zwei Jahre älter), sie haben den Weltkrieg als Soldaten erlebt, gemeinsam ist ihnen ihre große Liebe zu Frankreich, ihre geistig-kulturelle Heimat haben sie im 19. Jahrhundert. Beide verachten sie das vordergründige Politische, über das sie berichten müssen. So teilen sie die Überzeugung, dass nicht die politische Redaktion, sondern das Feuilleton der »Kopf« der Zeitung ist. »... wie lange noch wird die Politik (das heißt: nicht die Redaktions*konferenz*) unsere Feuilletonartikel überwachen?«, empört sich Roth im Januar 1928 in einem Brief an Reifenberg. »Wenn schon eine Zensur sein soll, dann muß sie von der Meinung der ganzen Redaktion ausgeübt werden, nicht von der mehr oder weniger reaktionären – oder revolutionären – Gesinnung eines *einzelnen* Politikers, dem ich als einem *Individuum* keineswegs das Recht zustehe, die Weltanschauung der Zeit etwa besser zu vertreten, als ich. ... Wir vertreten die Zeitung so gut und so schlecht, wie irgendeiner der Herren, die Leitartikel schreiben.«[90] Reifenberg wird diese Zeilen mit Zustimmung gelesen haben.

Auch privat ist das Verhältnis freundschaftlich. Die erwähnte polnische Herkunft von Reifenbergs Schwiegermutter animiert Roth dazu, bei privaten Treffen mit dem Ehepaar in Paris oder Frankfurt über seine galizische Heimat zu plaudern. Um es auf einen einfachen Nenner zu bringen: Sie sind sich sympathisch, ihnen gehen die Themen nicht aus, und sie haben Respekt voreinander. Nie in ihren gemeinsamen Jahren haben sie sich geduzt.

Der Journalist Roth hat das große Glück gehabt, mehrmals in seinem Leben unter bedeutenden Chefs arbeiten zu können. Benno Karpeles und Emil Faktor gehören in diese Reihe. Aber keiner hat für ihn eine solche berufliche Bedeutung gewonnen wie Reifenberg. Der stets misstrauische Roth hat dem Redakteur Reifenberg vertraut, wie keinem anderen Redaktionskollegen. Er darf seine Artikel, die er aus der Ferne schickt, kürzen und verändern, ohne vom Autor sofort wütende Proteste zu ernten. Bei Reifenberg hat Roth wohl auch noch einmal auf besondere Weise den Reporterjob, den so ganz eigenen Sprachstil des Journalismus verinnerlicht. Die Kunst, aus dem Kleinen das große Ganze herauszukristallisieren, die Welt in der Schilderung des häufig so unspektakulär erscheinenden Alltags zu deuten, das ist auch ein journalistischer Grundsatz Reifenbergs. Wenn sie ihre Texte kritisieren, geschieht dies in der Regel auf einem beneidenswert hohen Niveau. »Ihr letztes sehr gutes Feuilleton über Frankfurt beginnt leider mit einem faustischen Absatz von Himmel und Erde – das ist eine sogenannte ›Einleitung‹ – und was Sie dort sagen, brauchen Sie nicht, weil es ohnehin zwischen Ihren Zeilen ist und es ist nur ein Erguß eines heimwehvollen Herzens, erinnert an den Gesang der Erzengel, hat einen leisen Posaunenton. Wo sind Sie nur, lieber Freund? Ich weiß nicht mehr, wo Sie zu finden, als stünden wir beide in einem stockdunklen Zimmer. Die Streichung, die Sie selbst vorgenommen haben, tröstet mich aber nur wenig. Sie sind nicht heiter, Sie sind zu lange in diesem Haus, das sich so wichtig nimmt – und Sie sollen wissen, daß ich überzeugt bin, daß Sie allein ... die F.Z. bewahren werden vor dem Schicksal, ein General-Anzeiger zu werden.«[91]

Reifenberg weiß, welch ein Ausnahmeautor Roth ist, und nie hat er ihm gegenüber ein hierarchisches Denken gezeigt. Roth tut sich da gelegentlich schwerer. Als er Zeit für ein Frankreich-Buch von der FZ erbittet, schreibt er 1925 an den Feuilleton-Chef: »Es fällt mir schwer ... zu schreiben. Vor Allem deshalb, weil ich es als unmoralisch, mindestens taktlos empfinde, mein persönliches Verhältnis zu Ihnen mit geschäftlichen Dingen zu belasten. Ich möchte nicht aus der Tatsache, daß Sie mir lieb sind und ich Ihnen hoffentlich sympathisch bin, das Unrecht ableiten, Sie in Ihrem Verhältnis zu mir als Mitarbeiter zu – beeinflussen ist ein viel zu starkes Wort. Sie wissen, was ich meine. Zwar kennen wir uns nur durch unsern Beruf und dank ihm. Aber ich weigere mich, etwas, was über das Berufliche hinausgewachsen ist, wieder zum Beruflichen zu degradieren.«[92]

Was Roth da so umständlich anspricht, ist freundlich gemeint. Andererseits bleibt ihm, der die eigenen Interessen nie aus dem Auge verliert, nicht verborgen, welch großen Einfluss sein Mentor in dem Blatt besitzt. Reifenberg – Sohn eines jüdischen Holzhändlers und einer auf der indonesischen Insel Java aufgewachsenen katholischen Holländerin – zieht mit seiner Frau nach dem Krieg zu dem FZ-Besitzer Heinrich Simon, der sich des Kriegsheimkehrers und Studienabbrechers annimmt. Jahrelang wohnt das Ehepaar Reifenberg im großbürgerlichen Haus am Main, in dem Simon die Frankfurter Kaufmanns- und Kulturelite zu Gast hat. 1924 wird der 32-jährige Ehemann Nachfolger des Feuilletonchefs Rudolf Geck, und Roth wird im gleichen Jahr Redaktionsmitglied. Die enge Beziehung, die Reifenberg mit Simon verbindet, ist für die Machtposition des Verleger-Ziehsohns im Haus von großem Gewicht.

»... in wandelbarer, aber ewiger Freundschaft«, schreibt Roth in ein Exemplar des »Radetzkymarsch«, das er Reifenberg schickt.[93] Aber dieser kann am Ende weder den Bruch zwischen Roth und der FZ verhindern, noch wird ihrer beider Freundschaft ewig währen. Die Politik treibt sie auseinander. Reifenberg bleibt nach 1933 in Deutschland, und Verzeihen ist für Roth in dieser Frage ein Fremdwort. Sein einstiger Feuilletonchef setzt dem Freund 1949 in einem Erinnerungsessay ein liebevolles Denkmal. Aber wie so viele damals, verdrängt auch er die Wirklichkeit: »Ich denke, vor siebzehn Jahren haben wir uns zum letztenmal gesehen (in Paris – WvS). Er umarmte mich; wenn ich ihn brauche, wolle er mir nachkommen und helfen, gegen die Feinde der Freiheit zu kämpfen.«[94] Roth mag das tatsächlich 1932 gesagt haben. Aber sein Hilfsangebot kommt nicht zum Tragen, denn Reifenberg kämpft nicht gegen die Feinde der Freiheit. Als der jüdische Verleger Heinrich Simon enteignet und verjagt wird, übernimmt Reifenberg in der Redaktion die Rolle des Primus inter pares.

»Es tut mir leid, daß es der Familie Reifenberg schlecht geht«, lässt Roth im September 1933 seine französische Übersetzerin Blanche Gidon wissen. »Es ist mir aber keineswegs möglich, irgend ein Mitgefühl für meinen Freund Reifenberg aufzubringen. Menschen, die ihre Ehre vernachlässigen, sind nicht mehr meine Freunde. Wer mit dem III. Reich eine Beziehung eingeht, und gar eine öffentliche, wie es mein armer Freund Reifenberg tut, der ist aus dem Register meiner Freunde gestrichen.«[95] Als der Schriftsteller René Schickele 1934 versucht, Reifenbergs Haltung zu entschuldigen, erreichen ihn pathetisch-erboste Zeilen Roths: »... ich habe Ihnen und Ihrer Verteidigung Reifenbergs gar nichts zu Gute zu halten, nichts, was ich nicht schon von vornherein zu Gute gehalten hätte. ... Ich bin ein schwacher Mensch, aber das Einzige, was mir Gott gegeben hat, damit ich *dartue*, daß ich sein Ebenbild bin, ist die Fähigkeit: den Bösen zu erkennen. Nachdem ich nun den Bösen erkannt habe, nämlich Deutschland, bin ich *verpflichtet*, seine Leitartikler, die Leitartikler des Antichrist, zu hassen – und, wenn es geht, sogar materiell auszurotten.«[96] Maryla Reifenberg trifft Roth noch einmal 1938 in Paris: »Ich wußte, daß er auf Benno böse war ... und ließ ... ihm mitteilen, wenn er ein Wort gegen meinen Mann sagte, würde ich gehen. Ich sah ihn am Abend im Café de Tournon ... Roth war freundlich und hielt das Versprechen, das ihm abgefordert worden war. Am nächsten Tag zum Mittag ging ich wieder dort vorbei; Roth war am Tisch eingeschlafen, vor ihm stand eine Flasche Pernod ... Ich wollte ihn nicht wecken und hinterließ zum Abschied drei Rosen, die ich ihm mitgebracht hatte. Als ich anschließend zu Frau Gidon ging, wartete schon dort ein pneu (Rohrpostbrief – WvS) von ihm an mich, in dem er seine

Liebe zu uns allen aussprach, sowie seine Versicherung, er behalte uns in bester Erinnerung.«[97]

Ist Roth dem Freund und einstigen Förderer gegenüber gerecht? Reifenberg ist seit 1930 Korrespondent in Paris. Simon ruft ihn zurück, und er bestimmt ab 1932 den politischen Kurs der Zeitung entscheidend mit. In diesem Jahr plädiert das Blatt für eine Regierungsbeteiligung der Nationalsozialisten, weil es glaubt, nur so sei Hitlers Gefährlichkeit einzudämmen. Die FZ liegt damit ganz auf der Linie von Reichskanzler Kurt von Schleicher. Beide aber müssen rasch erkennen, wie illusionär ihr Denken ist. Es ist zu spät. Schleicher muss gehen, und Hitler kommt. In der Ausgabe vom 31. Januar 1933 schreibt Reifenberg in einem FZ-Leitartikel, Hitler sei ein begabter Trommler, aber: »Was ... darüber hinaus eine politische Leistung Herrn Hitlers wäre, ist nicht zu sehen. Wir versprechen uns nichts, weil es uns unmöglich ist, den Politiker vom Menschen zu trennen. Wir haben in diesem Augenblick, in dem Herrn Hitler die Kanzlerschaft des Deutschen Reiches übertragen worden ist, offen auszusprechen, daß er bis zur Stunde den Beweis menschlicher Qualifikation für dieses hohe Amt der Nation schuldig geblieben ist.«[98] Das ist mutig und unterscheidet sich wohltuend von dem opportunistischen Verhalten vieler seiner Kollegen. Aber Reifenberg geht nicht ins Exil, sondern bleibt in Frankfurt, wo die FZ weiter erscheinen darf. Der Grund: Sie hat die höchste Auslandsauflage aller deutscher Tageszeitungen. Nach dem Krieg werden die Legenden dann rasch ins Kraut schießen. Man habe widerstanden, zwischen den Zeilen Opposition betrieben, Haltung bewahrt, so lautet der Grundtenor der meisten Mitarbeiter, die im Dritten Reich für die FZ tätig geblieben waren. Die hauseigenen Historiker argumentieren nicht anders. Verdrängung ist das. Die »Frankfurter Zeitung« wird im Dritten Reich nicht zum »Stürmer«, und sie hat sich in ihren Artikeln allzu scharfe antisemitische Texte versagt. Aber sie ist den Pfaden Hitlers gefolgt, hat den Vorgaben des Propagandaministeriums gehorcht und ihren Lesern nicht vorenthalten, welch große Zeit – vor allem außenpolitisch – für Deutschland angebrochen sei.

Reifenberg wird später sagen: »Nur in Deutschland selbst ließ sich das deutsche Geschehen – wenn überhaupt – begreifen.«[99]

Dies ist eines der Hauptargumente des »inneren Exils«, das den heimkehrenden Flüchtlingen – etwa Thomas Mann – entgegengeschleudert wird. Meist noch mit dem Zusatz, diese hätten bequem draußen »vom Balkon aus« zugesehen, während die Daheimgebliebenen unter Diktatur und Bombennächten litten. Reifenberg ist kein Nationalsozialist, und nach einem Artikel über ein Bild van Goghs wird er Ende 1937 von der Gestapo verhört und 24 Stunden in Haft gehalten. Ein ihn persönlich tief erschreckendes Erlebnis. Er wird krank, zieht sich eine Zeit lang zurück, schreibt dann nicht mehr für die politische Redaktion, sondern nur noch für das Feuilleton. Im Mai 1943 wird der »Halbjude« Reifenberg entlassen, wenige Monate später die FZ verboten.

Roths harsche Reaktion auf Reifenbergs Verbleiben in Deutschland ist dennoch nicht unverständlich. Auch wenn dieser zweifellos ein sich quälender, zögerlicher und innerlich wehrender Mitläufer gewesen ist. Der schöngeistige, idealistische Bildungsbürger Reifenberg steht der Politik eigentlich immer fremd gegenüber. »Ich habe die Empfindung, Reifenberg betrachtet das Politische einigermaßen so, wie er eine Landschaft betrachtet«, meint sein Kollege Wilhelm Hausenstein.[100] Und Dolf Sternberger zieht nicht zu Unrecht das Fazit, Reifenbergs Denken ziele auf das »Individuelle«, auf »Gesichter, Gebärden, charakteristische Regungen, Äußerungen. Kollektive – Völker, Klassen, Parteien – sind ihm immer blaß geblieben«.[101]

Weggefährten

Die Freundschaft zu Benno Reifenberg ist die sicher engste zwischenmenschliche Beziehung, die Roth in der Redaktion der »Frankfurter Zeitung« geknüpft hat. Kollegial aber sind auch seine Beziehungen zu den Kollegen Bernard von Brentano, dem alten Bekannten Soma Morgenstern und Ludwig Marcuse. Alle drei werden später als Schriftsteller mehrere Bücher veröffentlichen, sichern sich ihre materielle Existenz jedoch in den 20er-Jahren in erster Linie durch ihre journalistische Arbeit. Brentano, Nachkomme der berühmten Dichterfamilie, die im Rheingau ihren Familiensitz hat, und Bruder des späteren Bonner Außenministers Heinrich von Brentano, ist der Jüngere. Roths Briefe an ihn zeigen, dass er in dieser Beziehung gerne den Mentor spielt. Berufliche Ratschläge, Kollegenklatsch, kleinliche Redaktionsintrigen und Schriftstellersorgen füllen die Korrespondenz aus. »Lieber Freund, geben Sie sich keinen unnützen, ja törichten Gedanken hin«, mahnt Roth mit leicht hämischen Formulierungen, als Brentano sich über die Zusammenarbeit mit Siegfried Kracauer beklagt. »Dr Kracauer ist ein armes Waserl. Er kann nur einmal in 10 Jahren machen, was ihm gefällt, er kann nur einmal für 3 – 7 Tage nach Berlin fahren und er kann niemals – leider, leider, infolge seines Sprachfehlers und seines uneuropäischen Gesichts – die Zeitung auswärts vertreten. Er ist ein kluger ironischer Kopf ohne Phantasie, aber trotz aller Bewußtheit sympathisch naiv. Helfen Sie ihm, so gut es geht, nehmen Sie Sich seiner an und Sie werden viel von ihm lernen können. Ich lerne von ihm immer und bringe die Geduld auf, eine halbe Stunde zu warten, bis er seine Weisheit hervorgestottert hat. Es lohnt immer.«[102]

Der gutmütige Freund Brentano muss Roth häufig Hilfsdienste leisten, zum Beispiel wenn das Finanzamt mit Pfändung droht: »... fahren Sie zum Steueramt Chltbg. (Charlottenburg). Es ist in der Berlinerstraße irgendwo, gegenüber der Technischen Hochschulen. Erlegen Sie das Geld, gegen BESTÄTIGUNG, veranlassen Sie *Rückziehung des Pfändungsauftrags* und schicken oder bringen Sie mir die Bestätigung. ... Tun Sie's *bestimmt!!*«[103] 1930 verlässt der damals engagierte Sozialist Brentano die »Frankfurter Zeitung«. Zu diesem Zeitpunkt ist Roth bereits ein Kritiker der linken Intellektuellenelite in der Weimarer Republik. Der Briefwechsel zwischen den beiden einstigen Redaktionskollegen bricht möglicherweise schon Ende 1927 ab. Brentano geht 1933 in die Schweiz und kehrt erst 1949 nach Deutschland zurück. 1936 veröffentlicht Brentano seinen bekanntesten Roman, »Theodor Chindler«.

Der Freund aus Wiener Studententagen, Soma Morgenstern, ist Wiener Musikkritiker der »Frankfurter Zeitung«. Roth sieht ihn in den 20er-Jahren etwas weniger, aber der Kontakt wird sich im Exil wieder intensivieren. Ludwig Marcuse arbeitet als Theaterkritiker in Frankfurt, nicht für die FZ, sondern für den Frankfurter »Generalanzeiger«, eine im Rhein-Main-Gebiet verbreitete, auflagenstarke Lokalzeitung. »Mein Freund Joseph Roth, immer im Englischen Hof gegenüber dem Bahnhof, weil er der Ansicht war, man solle nie zu weit von der Stelle fortgehen, wo es hinausgeht ...«.[104] Wann immer Roth an den Main kommt, ist Marcuse sein Gesprächspartner und Begleiter durch Frankfurts Nachtleben. Marcuse geht später ebenfalls ins französische Exil und flieht Anfang der 40er-Jahre in die Vereinigten Staaten. Dort lebt er in überaus bescheidenen Verhältnissen, schreibt Bücher über Heinrich Heine und Ignatius von Loyola (später über Richard Wagner, Ludwig Börne und Sigmund Freud), die zunächst kaum jemand lesen will. Am Pazifik, in der unmittelbaren Nähe von Hollywood, hat sich eine deutsche Exilkolonie gebildet, zu der Thomas und Heinrich Mann, Lion Feuchtwanger und Bertolt Brecht, Arnold Schönberg und Erich Korngold gehören. Ludwig Marcuse lebt in diesem Kreis der Berühmten als in der Öffentlichkeit noch weitgehend Unbekannter. Erst in den Sechzigerjahren wird er in der Bundesrepublik, wo er 1971 stirbt, ein prominenter Intellektueller, der sich in Büchern und Artikeln engagiert zu öffentlichen Fragen äußert.

Viele von Roths Freunden, Weggefährten und Trinkgenossen aus den 20er-Jahren sind heute vergessen. Von Zeitungs- und Theaterleuten, Verlegern und Lektoren ist er umgeben. Einsam und gesellig schreibt er in diesen Jahren neben seinen Artikeln die Romane, die ihn bald in der deutschen Kultur- und Bücherszene zu einem bekannten Mann machen. Seine Distanz zu Deutschland aber wächst. »Ich kann darüber hinweg, daß die Deutschen Barbaren sind«, schreibt er im August 1925 Bernard von Brentano aus Marseille. »Aber nicht darüber, daß ich sie nicht bekehren kann. Wir gleichen Missionaren, die lateinisch zu Heiden sprechen, um sie zu bekehren. Vergebliches Bemühen.«[105]

Die Beziehung zur FZ bricht nach seinem Ausscheiden aus der Redaktion im Jahr 1929 bis Anfang 1933 nie ganz ab. Im ersten Halbjahr 1932 erscheint hier der »Radetzkymarsch« als Fortsetzungsroman. Es bleibt eine emotionale Bindung. Als Roth sich im August 1932 für eine größere Honorarzahlung bedankt, schreibt er überschwänglich an Benno Reifenberg: »Sie haben mich aus einer der größten Kalamitäten meines Lebens erlöst, und ich bitte Sie, zu wissen und zu *behalten*, daß ich dadurch nicht nur materiell erleichtert, sondern auch geradezu – im Aller-Menschlichsten – gehoben und gebessert ... bin. Ich bitte Sie, sagen Sie es auch dem Verlag und Dr Heinrich Simon, daß seine Zuvorkommenheit eine wahre menschliche Noblesse ist: daß sie auch mich noch ehrt und adelt, nachdem sie mir geholfen hat. Sagen Sie es, bitte, bestimmt Dr Simon. Der alte Gott wird der alten Zeitung helfen. Er soll nicht verzweifeln.«[106]

Reise in die Vergangenheit und eine neue Etappe

Filmberichte, Buch- und Theaterbesprechungen, feuilletonistische Augenblicksaufnahmen aus dem Berliner Alltag – Roth bleibt auch in seiner Arbeit für die FZ bei seinen Themen. Im November 1924 schickt ihn die Redaktion nach Galizien, sein Heimatland, das jetzt in polnischem Besitz ist. Anfang 1925 reist er durch die deutschen Provinzen. Ein neuer Lebensabschnitt zeichnet sich ab: Roth wird mehr und mehr Reisereporter. Und schon am Anfang der Zusammenarbeit druckt die »Frankfurter Zeitung« Roths zweiten großen Prosatext, »Hotel Savoy«, als Fortsetzungsroman ab.

Zunächst aber schreibt Roth in Berlin: Artikel über den Abschied vom Hotelportier oder über »Argiope, die Tigerspinne«, über »Zwei junge Zigeunerinnen« oder den »Friedhof des Panoptikums«. Und natürlich die Politik: »Wäre ich ein Lyriker, ich würde versuchen, die wolkenlose Himmelsbläue des 13. März 1924 in einen symbolischen Zusammenhang mit der Auflösung des Reichstags zu bringen, die sich an diesem denkwürdigen Vorfrühlingstag zugetragen hat. Einem okkultistisch Orientierten gäbe das ominöse Datum Veranlassung zu düsteren Horoskopen. Mich aber zwingt vielseitige Chronistenpflicht, festzustellen, daß in zeitlicher Nachbarschaft der Reichstagsauflösung auch das Ende des XII. Berliner Sechstagerennens stattgefunden hat und daß dieses einer stärkeren Aufregung Ursache war als der Tod des ersten deutschen republikanischen Parlaments.«[107] Immerhin, es geht tatsächlich an diesem Tag um viel: Es ist der Anfang einer Neuverteilung der Machtverhältnisse in der Weimarer Republik. Der Chronist Joseph Roth ahnt es.

Die Reise nach Galizien – auf der ihn Friedl begleitet – schlägt sich in drei größeren Artikeln nieder, die im November 1924 in der »Frankfurter Zeitung« erscheinen. »Das Land hat in Westeuropa einen üblen Ruf«, hebt die Artikelserie an.[108] Roth schildert jedoch seine Heimat mit großer Zuneigung. Es ist, als ob die Zeit in diesem fernen Grenzland stehen geblieben sei. Die Bauern »sind fromm, abergläubisch, furchtsam. Sie leben in scheuer Ehrfurcht vor dem Priester und haben einen maßlosen Respekt vor der ›Stadt‹, aus der die seltsamen Fuhrwerke kommen, die ohne Pferde fahren, die Beamten, die Juden, die Herrschaften, Ärzte, Ingenieure, Geometer, Elektrizität, genannt: Elektryka; die Stadt, in die man die Töchter schickt, auf daß sie Dienstmädchen werden und Prostituierte; die Stadt, in der die Gerichte sind, die schlauen Advokaten, vor denen man sich hüten muß, die gerechten Richter in den Talaren hinter den metallenen Kreuzen, unter dem bunten Bild des Heilands, in dessen heiligem Namen der Mensch verurteilt wird zu Monaten und zu Jahren und auch zum Tode durch den Strang; die Stadt, die man ernährt, damit man von ihr leben kann, damit man in ihr bunte Kopftücher kaufe und Schürzen, die Stadt, in der die ›Kommissionen‹, die Verordnungen, die Paragraphen, die Zeitungen ausbrechen. So war's, als der Kaiser Franz Joseph regierte, und so ist es heute«.[109]

Diese Reise in die Vergangenheit ist für Roth folgenreich. Er gewinnt Distanz zum turbulenten Leben und zum politischen Geschehen in Berlin. Die Besinnung auf die eigene Herkunft und die gesellschaftlichen und religiösen Wurzeln seiner Existenz sind ihm möglicherweise auf dieser Fahrt wieder bewusster geworden. Der 1927 veröffentlichte große Essay »Juden auf Wanderschaft« ist auch eine Reaktion auf seine neuerliche Begegnung mit dem Ostjudentum während der Russlandreise, die er ein Jahr zuvor unternommen hat. Aber der Samen für diese Huldigung der ostjüdischen Welt wird schon auf der Galizien-Reise von 1924 gelegt.

Am 28. Februar 1925 stirbt Reichspräsident Friedrich Ebert. Die Republikfeinde haben mit ihrer ehrverletzenden Hetze einen nicht unbeträchtlichen Anteil an seinem frühen Tod. Ebert war ein rechter Sozialdemokrat, und er entmündigte den Reichstag vielfach per Notverordnung, dem berüchtigten Artikel 48 der Weimarer Verfassung. Sein Bündnis mit der Reichswehr hatte verheerende Folgen für das Ansehen der Republik in der Arbeiterschaft. Aber Ebert war Demokrat, und er diente der Republik in schweren Notzeiten. Im April 1925 wird Paul von Hindenburg im zweiten Wahlgang zu seinem Nachfolger gewählt. Auf den Demokraten folgt ein Monarchist, auf den Sozialdemokraten ein erzkonservativer Militär.

Hindenburg hat als Chef des Generalstabes zusammen mit seinem Stellvertreter Erich Ludendorff in den letzten beiden Kriegsjahren als Diktator über Deutschland geherrscht. Auch als längst klar ist, dass kein Weg an einer Niederlage der kaiserlichen Armee vorbeiführt, lässt er die ihm überantworteten Heere noch auf den Schlachtfeldern verbluten. Nach dem Krieg ist er der Erfinder der »Dolchstoßlegende«. Wider besseres Wissen behauptet Hindenburg vor einem Parlamentsausschuss, nur weil die Armee durch die Verräter in der Heimat – gemeint sind die Sozialdemokraten – hinterrücks erdolcht worden sei, habe Deutschland den Krieg verloren. Eine verhängnisvolle Lüge, die bald die Republikfeinde als wirkungsvolle Propagandawaffe nutzen. Die Wahl Hindenburgs zum Reichspräsidenten – auch eine Folge der Uneinigkeit im demokratischen Parteienlager – bedeutet einen tiefen politischen Einschnitt für die Weimarer Republik. Gerade sind Bürgerkrieg, Inflation und die separatistischen Bestrebungen verschiedener Regionen überwunden, da repräsentiert ein Antidemokrat den Staat. Noch ahnen viele allerdings nicht, wohin der Weg Deutschlands führt.

Joseph Roth macht sich dagegen keine Illusionen. Er ist wenige Tage nach der Hindenburg-Wahl auf dem Weg nach Frankreich. Natürlich ist die Entscheidung der deutschen Wähler nicht ausschlaggebend für seine Reise. Max Krell, der Roth schon aus seiner Zeit als Zeitschriftenherausgeber kennt und später als Lektor im Ullstein-Verlag die erfolgreichen Romane von Remarque und Feuchtwanger betreut, überliefert eine Anekdote, die immerhin andeutet, was Roth damals empfunden hat: »1925, als der Nachfolger Friedrich Eberts gewählt werden sollte, war ich Joseph Roth in Leipzig begegnet. Am entscheidenden Tag sagte er: ›Wenn es Hindenburg wird, reise ich ab, ich weiß, was dieser Wahl folgen wird.‹ Am anderen Morgen sah ich die schwarzweißroten Fahnen und nicht die der Republik, Roth saß bereits im Zug nach Paris.«[110]

Er ist schon in Frankreich, als in der »Frankfurter Zeitung« vom Mai bis Juli 1925 eine kleine Artikelserie – »In Deutschland unterwegs« – erscheint. Roth berichtet in sieben Reportagen von einer Reise, die ihn quer durch das Land führt. Er schreibt über die Bäder des Riesengebirges und eine Nestroy-Premiere in Annaberg (Erzgebirge). Er besucht die schlesischen Weber, deren Schicksal Gerhart Hauptmann 40 Jahre zuvor in seinem berühmten Drama beschrieben hat, und Roth ist in Glashütte: »In *Glashütte*, von Dresden bequem in zwei Stunden zu erreichen, werden die besten deutschen Taschenuhren geboren, die kleinen lebendigen Dinge, die uns von der Konfirmation bis zum Grabe begleiten. ... Nur ihren vertrauten Klang haben wir im Ohr. Aber ihre Seele kennen wir nicht, die unsichtbar im Gehäuse verborgen ist, metaphysisch existent neben dem Mechanismus; und nicht einmal diesen kennen wir.«[111] Roth schreibt hier über einen Lieblingsgegenstand. Uhren haben ihn sein Leben lang fasziniert. Er hat sie gesammelt, sitzt nachts im Hotelzimmer und untersucht und repariert ihre feingliedrige Mechanik. »Und jeder, der so weise über ›die Zeit‹ zu schreiben sich unterfängt, sollte einmal auch etwas über eine Uhr erfahren. Denn diese ist nicht nur ein Instrument, jene zu messen, sondern auch ein Mittel, jene zu erkennen.«[112] In seinen Romanen mahnen Uhren die Menschen an die Endlichkeit des Lebens und die Gewissheit des Todes. Unsere Zeit läuft ab.

Weitere Stationen seiner Deutschlandreise sind die niederrheinischen Städte Kleve, Xanten und Kalkar: »In *Kleve* am Niederrhein erzeugt man Margarine, ohne damit der Schönheit der Stadt zu schaden.«[113] Feuilletonistische Spiegelungen und nüchterne Beschreibungen wechseln sich ab. Keinen Abschied von Deutschland nimmt der Artikelschreiber hier, denn er wird noch mehrfach solche Journalistenreisen im Heimatland der FZ unternehmen. Dann aber wird er Frankreich erlebt haben und sein Blick auf Deutschland wird davon mitgeprägt sein.

Weimarer Trilogie

Schon zu Beginn seiner Karriere als Zeitungsjournalist beschäftigt sich Roth auch mit größeren Prosatexten. »Ich habe seit 1920 Entwürfe liegen«, wird er 1928 Stefan Zweig mitteilen, »halbfertige Manuscripte, die zu vollenden mich meine materielle Not gehindert hat.«[114] Friedl schreibt im Dezember 1921 an Paula Grübel: »Er hat keine Zeit. Er arbeitet sehr fleißig an seinem Roman, von dem Du von Frau Szajnocha ja inzwischen gehört haben wirst. Deshalb ist Muh auch oft launisch und kann nicht Briefe schreiben.«[115] Dem »Spinnennetz« folgen in den kommenden beiden Jahren zwei weitere Zeitromane. Sie ergänzen und vertiefen viele der Themen und Gedanken, die Roth in den frühen 20er-Jahren in seinen Artikeln, Kolumnen und Reiseberichten dargestellt und formuliert hat.

Seine drei ersten Romane spiegeln die sozialen und gesellschaftlichen Dramen der Weimarer Republik wider, sie erzählen von Menschen, die der Krieg aus der Bahn geworfen hat, die geistig und gesellschaftlich heimatlos geworden sind. Roth zeigt sich in seinem literarischen Frühwerk als ironischer Deuter seiner Zeit. Der »rote Josephus« ist auch in den drei Frühromanen immer präsent. Roth schreibt über das Leben von Kleinbürgern, die nach oben streben, über Menschen auf der Flucht vor einer sich tiefgreifend verändernden Welt, die von den Schrecken und den Zerstörungen des Krieges geprägt ist. Kein Mitleidspathos prägt diese Romane, aber ein Mitempfinden mit den Erniedrigten und Beleidigten, die Täter und Opfer der Gesellschaftsideologie und der politischen Dramen ihrer Zeit geworden sind. Er bleibt auch als Romancier bis zu seinem Tod ein homo politicus und begleitet die Zeitgeschichte mit leidenschaftlichen, später, als die persönliche und die politische Lage immer verzweifelter wird, von Hass getränkten Einwürfen. Sein politischer Scharfblick und seine Außenseiterposition als Jude und Reisender ohne Heimatland lassen ihn die Bedrohungen der Wiener und der Weimarer Republik früher erkennen als viele seiner Zeitgenossen. »Eine Gefahr war Hitler«, heißt es im Erstlingsroman.[116] Und diese Zeilen schreibt Roth vor dem 9. November 1923, als in München ein Putschversuch der Nationalsozialisten kläglich scheitert.

Das Spinnennetz

Wie sein ebenfalls in den 20er-Jahren als Autor berühmt gewordener Kollege Lion Feuchtwanger in seinem Roman »Erfolg« (er erscheint 1930) entlarvt Roth in seinem schriftstellerischen Erstlingswerk »Das Spinnennetz« die Frühzeit der Weimarer Republik. Bürgerkrieg, Fememorde, der Aufmarsch der Völkischen, die gewaltsame Niederschlagung von Arbeiterstreiks, der dumpfe Antisemitismus, das verhängnisvolle Wirken der alten wilhelminischen Eliten – Roth erkennt schon Anfang der 20er-Jahre, welche Kräfte und Ereignisse es sind, die dann das Ende Weimars heraufbeschwören werden. »Der Roman, der in der Arbeiterzeitung zum ersten Mal gedruckt erscheint, schildert den Sumpfboden der Reaktion, die moralische und geistige Verwilderung, aus der als Blüte das Hakenkreuzlertum aufsteigt«, heißt es ein wenig vereinfachend und reißerisch am 6. Oktober in der redaktionellen Ankündigung.[117] »Das Spinnennetz« erscheint in 28 Folgen zwischen dem 7. Oktober und dem 6. November 1923 als Fortsetzungsgeschichte in der Wiener »Arbeiter-Zeitung«.

Der Held, Theodor Lohse, erinnert an den »Vorzugsschüler« Anton Wanzl. Wie der spätere Gymnasialdirektor stammt Lohse aus dem deutschen Kleinbürgertum des Kaiserreiches. Auch sein Vater, der »Bahnzollrevisor und gewesene Wachtmeister« Wilhelm Lohse, träumt vom gesellschaftlichen Aufstieg seines Sohnes. »Er starb im vierten Jahre des großen Krieges, und den letzten Augenblick seines Lebens verherrlichte der Gedanke, daß hinter dem Sarge der Leutnant Theodor Lohse schreiten würde.«[118] Aber 1916, als die Erzählung »Der Vorzugsschüler« erscheint, ist nicht 1923. Wo der Spießer Wanzl seinen Aufstieg ins Bürgertum noch mit kleinen Lügen, Petzereien und Anbiederung erwirkt, wird Lohse zum gefährlichen politischen Spitzel und Mörder. Die eigene Beschränktheit, das Scheitern der von ihm bewunderten Welt des Großbürgertums und Militärs versucht er mit antisemitischen Verdrängungen zu überspielen. Schon im Klassenprimus, dem jüdischen Schüler Glaser, »der leicht und lächelnd, von Büchern und Sorgen unbeschwert, durch die Pausen strich, der in zwanzig Minuten den fehlerlosen lateinischen Aufsatz ablieferte...«,[119] sieht Lohse den

Feind, dem scheinbar alles zufällt. So auch in dem kleinen Sohn des jüdischen Juweliers Efrussi, in dessen Haus der mittellose Ex-Leutnant und Student Lohse eine Anstellung als Hauslehrer findet. »Alle hatten es leicht, am leichtesten die Glasers und Efrussis: Der wurde Primus ... und jener Sohn des reichen Juweliers. Nur in der Armee waren sie nichts geworden, selten Sergeanten. Dort siegte Gerechtigkeit über Schwindel. Denn alles war Schwindel, Glasers Wissen unredlich erworben wie das Geld des Juweliers. ... Erschwindelt war die Revolution, der Kaiser betrogen, der General genarrt, die Republik ein jüdisches Geschäft. Theodor sah das alles selbst, und die Meinung der anderen verstärkte seine Eindrücke.«[120] Lohse ist sich später sicher, dass »die Juden seine langjährige Erfolglosigkeit verursacht hatten und ihn an der schnellen Eroberung der Welt hinderten«.[121]

Theodor will um jeden Preis aufsteigen. Kleinbürgerliche Reflexe, Eitelkeit und Ruhmsucht treiben ihn in die Arme einer rechtsradikalen Geheimorganisation. »Alle sollten es sehen! Bald wird er aus seinem ruhmlosen Winkel treten, ein Sieger, nicht mehr gefangen in der Zeit, nicht mehr unter das Joch seiner Tage gedrückt. Es schmetterten helle Fanfaren irgendwo am Horizont.«[122]

Den Hintergrund von Roths Erstlingsroman bilden die während der Niederschrift des Manuskripts höchst aktuellen bürgerkriegsähnlichen Geschehnisse, die seit dem November 1918 die erste deutsche Republik erschüttern. Wieder sind es die unbelehrbaren Ludendorffs und andere selbst ernannte »Führer«, die ihr »Spinnennetz« knüpfen. Männer wie Theodor Lohse, die orientierungslos aus den Schützengräben des Ersten Weltkrieges heimkehren, finden in den Freikorps, in den Geheimbünden und Parteien der Deutschnationalen und Völkischen eine neue politische Heimat. Untertanen bleiben sie und werden so zu willigen Werkzeugen der Reaktion. »Immer hatte Theodor der fremden Macht geglaubt, jeder fremden, die ihm gegenüberstand. In der Armee nur war er glücklich. Was man ihm sagte, mußte er glauben, und die andern mußten es, wenn er selbst sprach. Theodor wäre gern sein Leben lang bei der Armee geblieben.«[123] Eine breite, blutige Spur ist es, die Männer wie Lohse auf Befehl der Mächtigen, die im Hintergrund agieren, hinterlassen.

Theodor sucht Befreiung aus einem als sinnentleert und »unheldisch« empfundenen Alltag. Seine Förderer – beispielsweise der ihn sexuell missbrauchende einflussreiche Prinz Heinrich – demütigen und erniedrigen ihn. »So nahe saßen sie beieinander, ihre Schenkel berührten sich, und der Prinz hielt Theodors Hand und drückte sie. Und auf einmal war Theodor nackt und der Prinz Heinrich ebenfalls. Der Prinz hat eine dichtbehaarte Brust und sehr dünne Beine. Seine Zehen sind ein bißchen verkrümmt. Theodor hat den Kopf gesenkt, und obwohl es ihm peinlich ist, muß er die Zehen betrachten. ... Die Bartreste des Prinzen kratzen, seine gekräuselten Brust- und Beinhaare kitzeln Theodor. Er erwachte in einem halbdunklen Zimmer, und sein erster Blick traf ein großes Ölporträt des Prinzen an der Wand.«[124] Der Prinz wird Theodor für seinen Liebesdienst die Tür zum Aufstieg öffnen.

Bald verdingt Lohse sich als Spitzel und Verräter, wird zum Fememörder und Anführer eines Massakers an demonstrierenden Landarbeitern auf einem pommerschen Adelsgut. »Spät kam die Gendarmerie, trank Bier auf dem Hofe, noch war das Blut nicht getrocknet. Ein Grübchen im Kinderkinn hatte der junge Untersuchungsrichter und ein Hakenkreuz im Knopfloch. Es schrieben die Zeitungen: Blutiger Aufstand der Landarbeiter!«[125]

Theodor Lohse nähert sich seinen omnipotenten Aufstiegszielen, wird zum viel beachteten »Mann der Tat«, von dem bald die Zeitungen berichten. »Er hatte wieder Macht über Menschen, Theodor Lohse, der Hauslehrer, Jurist, vom Detektiv Klitsche Erniedrigte, vom Prinzen Mißbrauchte, von seinen Kameraden Verratene. Alle sahen das Feuer in seinen Augen, seine geröteten Wangen.«[126] Nicht sehen sie, wie er im Hintergrund agiert, seine Pläne zur Ausführung bringt. »Er kostete seine Verborgenheit wie eine labende Nahrung. Er rückte ins Dunkel. Er spreizte die Finger in den Hosentaschen. Er beugte den Oberkörper vor. Er nahm, ohne es zu wissen, die lauernde Haltung einer Spinne an.«[127]

Lohse zahlt einen hohen Preis für den Weg nach oben. Besonders in den lapidaren Schilderungen seiner Demütigungen erweist sich Roth schon in diesem Roman als meisterhafter psychologischer Beobachter: »(Klitsche) befahl: ›Ziehen Sie sich aus!‹ Und Theodor zog sich aus. Als wäre es ganz selbstverständlich, zog er sich aus. Er dachte daran, daß er Klitsche gehorchen müsse. Und langsam und gleichgültig zog er sich wieder an, so langsam und gleichgültig wie in seinem Zimmer des Morgens, wie alle Tage. Es war Frühling in den Straßen, es zwitscherten übermütige Vögel, die Straßenbahnen klingelten, die Luft war blau, die Frauen trugen leichte Kleider. Theodor möchte krank sein und ein kleiner Junge und in seinem Bett liegen. Er trank in Schnapsbuden zweiten Ranges und schlief mit Mädchen vom Potsdamer Platz, weil sein Geld zur Neige ging.«[128] Ein Mensch verliert seine Seele.

In der zweiten Romanhälfte tritt der Jude Benjamin Lenz in den Mittelpunkt der Geschichte. Auch er ist eine der dunklen Gestalten, die andere skrupellos opfern, um selbst zu überleben. Aus dem fernen Lodz stammt er, aufgewachsen ist er im ostjüdischen Elend. Mit seinem Spitzellohn unterstützt er die zurückgebliebenen Eltern und Schwestern und das Studium des Bruders. Dessen Aufstieg in die akademischen Höhen der mitteleuropäischen Gesellschaft wird Benjamin Lenz zum Lebensziel. Er verrät alle und alles, wechselt die Seiten, wann immer es ihm Gewinn verspricht. Treu ist er nur sich selbst gegenüber. »Seine Idee ließ Benjamin Lenz. Er haßte Europa, Christentum, Juden, Monarchen, Republiken, Philosophie, Parteien, Ideale, Nationen. Er diente den Gewalten, um ihre Schwäche, ihre Bosheit, ihre Tücke, ihre Verwundbarkeit zu studieren. Er betrog sie mehr, als er ihnen nützte. Er haßte die europäische Dummheit.«[129]

In Lenz findet Theodor Lohse schließlich einen ihm überlegenen Helfer, von dem er immer abhängiger wird. Lohse »fühlte das Judentum Benjamins; wie ein Jagdhund überall Wild wittert, so witterte Theodor Juden, wo er einer Überlegenheit begegnete«.[130] Als Lohse am Ende des Romans in den Adel einheiratet, Triumph seines Aufstiegs, sitzt auch Lenz am Hochzeitstisch. Wie so viele in dieser Zeit epochaler Veränderungen ist auch er längst ein Entwurzelter, ein Heimatloser geworden: »Benjamin hörte nicht, Benjamins tiefer Blick verglomm irgendwo im Weiten, er dachte an Lodz, an die schmutzige Barbierstube seines Vaters und sah den einzigen, blindgewordenen Spiegel im Laden. Wie einfach und weise waren die Reden alter Juden in Lodz, wie treffend ihr Witz, maßvoll ihr Gelächter, schmackhaft ihre Speisen, die Speisen der verachteten, geschlagenen, in Barbarei lebenden Juden, die keine Helme trugen und nicht glänzen und nicht scheppern konnten.«[131]

Roth charakterisiert den Juden Benjamin Lenz nicht mit geringerer Schärfe als den Christen Theodor Lohse. Er bedient sich dabei antisemitischer Stereotypen – Intelligenz und Hass auf seine christliche (europäische) Umgebung werden Lenz zugeschrieben. Aber er zeigt auch, dass hier ein Jude in einer ihm grundsätzlich feindlich gegenüberstehenden Umwelt zu überleben versucht. Nicht nur für sich, sondern vor allem für seine im galizischen Elend lebende Familie, im Besonderen für den studierenden Bruder. Auch wenn hier ein antisemitisches Klischee mitschwingt – die Juden halten immer zusammen –, so sind die Motive von Lohse und Lenz moralisch grundsätzlich unterschiedlich.

Die letzte Fortsetzung des Romans erscheint am 6. November 1923. Die Geschichte von Theodor Lohses Aufstieg endet abrupt. Möglicherweise hat die Redaktion der »Arbeiter-Zeitung« den weiteren Abdruck dieses brisanten Romans angesichts der politischen Unruhen gestoppt, die im November 1923 die benachbarte deutsche Republik erschüttern. Drei Tage nach Erscheinen der letzten Fortsetzung scheitert der Hitler-Putsch in München.

Ein Fragment also? Ein Manuskript, das diese Frage eindeutig beantworten könnte, ist bislang nicht aufgetaucht. Roth hat den Text als Zeitungsroman verfasst und an ihm noch gearbeitet, als der Abdruck schon begonnen hatte. Ingeborg Sültemeyer weist in diesem Zusammenhang darauf hin, dass unter der letzten Fortsetzung in der »Arbeiter-Zeitung« die Formulierung »Ende« stehe.[132] Peter Wilhelm Jansen, der die erste Buchausgabe des Romans im Jahre 1967 herausgibt, merkt an: »... das letzte, achtundzwanzigste Blatt, trägt unter dem Text die redaktionelle Angabe ›Ende‹; dieses Wort ist durchgestrichen und darunter vermerkt: ›folgt‹.«[133] Wie auch immer, Roths Debüt, das 1980 von Bernhard Wicki verfilmt worden ist, bleibt ein bedeutender Zeitroman. Mit gutem politischen Gespür stellt sein Autor den mit neuer Heftigkeit wieder aufkeimenden Antisemitismus und den antidemokratischen Geist der ersten deutschen Republik in das Zentrum seiner Geschichte. Beide Strömungen werden nur zehn Jahre später ihren Untergang heraufbeschwören.

Hotel Savoy

Am 9. Februar 1924, drei Monate nachdem die letzte Fortsetzung des »Spinnennetz« in Wien veröffentlicht worden ist, erscheint im Feuilleton der »Frankfurter Zeitung« bereits die erste Folge von Roths zweitem Roman »Hotel Savoy«. Bis zum 16. März können die Leser die Erzählung des Gabriel Dan verfolgen, der auf seinem Weg in den Westen in einer östlichen Provinzstadt Station macht und in dieser Zeit im Hotel Savoy Quartier bezieht. Noch im gleichen Jahr wird der Roman vom Berliner Verlag »Die Schmiede« als Buch veröffentlicht. Roth hatte das Manuskript zunächst über einen Bekannten dem Wiener Verlag Ernst Peter Tal angeboten, der es jedoch ablehnte. »Die Schmiede« ist im November 1921 gegründet worden, und neben Romanen von Roth erscheinen dort auch Texte von Georg Kaiser, Kisch, Döblin und Schickele. Aber trotz dieser beachtlichen Autorenliste bleibt der verlegerische Erfolg aus. Die Gesellschafter verstehen wenig vom Verlagsgeschäft. Lektor ist Rudolf Leonhard, der schon vor seinem Eintritt in den Verlag zahlreiche Gedichtbände, Schauspiele und Essays veröffentlicht hat und seine politische Haltung selbst als »links vom Parlament« beschreibt. Er ist es auch, der darauf drängt, dass »Die Schmiede« die beiden unmittelbar hintereinander geschriebenen Romane Roths – »Hotel Savoy« und »Die Rebellion« – in das Verlagsprogramm aufnimmt. Als Rudolf Leonhard das Unternehmen Ende 1926 verlässt, ist der Abstieg nicht mehr aufzuhalten.[134] 1929 müssen die Verleger Insolvenz beantragen, und das Unternehmen löst sich bald darauf auf.

Der junge und begabte Walter Landauer unterstützt Leonhard im Lektorat. Er spielt in Roths Literatenleben bald eine wichtige Rolle: Nach 1933 wird er als Leiter der deutschen Abteilung im Amsterdamer Verlag Allert de Lange auch für die Veröffentlichungen der Werke des Flüchtlings Joseph Roth verantwortlich sein.

Kurt Tucholsky ruft den gescheiterten »Schmiede«-Verlegern im August 1929 sarkastische Sätze nach: »Der rechtens zugrunde gegangene Verlag ›Die Schmiede‹ in Berlin ist ein Typus gewesen, und zwar der Typus des schlechten neu-deutschen Verlages.«[135] Ein zu hartes Urteil. Denn immerhin, auf Vermittlung von Max Brod hat »Die Schmiede« 1924 Franz Kafkas Erzählung »Ein Hungerkünstler« veröffentlicht und strebt sogar später eine Herausgabe seines Gesamtwerkes an. Mutig ist auch der Versuch, das Werk von Marcel Proust in deutscher Übersetzung zu publizieren. Ein Grund für den Niedergang des Verlages ist sicher der hochfliegende Plan, sich ganz auf die literarische Moderne der 20er-Jahre zu konzentrieren. Auch die teilweise hohen Vorschüsse, mit denen er um die Buchrechte der Autoren wirbt, sind betriebswirtschaftlich bedenklich.

Roth jedenfalls beklagt sich schon frühzeitig, und die Auflagen seiner ersten Bücher bleiben in der Tat bescheiden. In einem Brief vom Januar 1925 an den Literaturkritiker Erich Lichtenstein äußert er sich überaus kritisch: »Mitte Februar habe ich einen Roman fertig. Ich bin aber durch Vertrag an die ›Schmiede‹ gebunden. Ich gestehe Ihnen aufrichtig und mit der Bitte um Diskretion, daß ich mit der Propaganda, dem Honorar und der Ausstattung der Bücher nicht zufrieden bin. Ich glaube auch nicht, daß sich die Schmiede mit meinen neuen Forderungen zufrieden geben wird.«[136] Im November klingt das noch bitterer und allgemeiner: »In diesem Land habe ich keinen Verlag, keine Leser, keine Anerkennung.«[137] Trotzdem: Roths erste Prosawerke erscheinen in einem über mehrere Jahre in Intellektuellenkreisen geachteten Verlag. Auch das zeigt, dass er als Autor rasch Aufmerksamkeit findet.

Die Handlung des Romans »Hotel Savoy« ist in der unmittelbaren Nachkriegszeit angesiedelt. Wie Millionen andere Kriegsteilnehmer ist Gabriel Dan – er tritt als Ich-Erzähler auf – nach dem Friedensschluss auf dem Weg in den Westen. »Ich kehre aus dreijähriger Kriegsgefangenschaft zurück, habe in einem sibirischen Lager gelebt und bin durch russische Dörfer und Städte gewandert, als Arbeiter, Taglöhner, Nachtwächter, Kofferträger und Bäckergehilfe.«[138] Er macht in einer kleinen östlichen Provinzstadt Station, »eine(r) Stadt des Regens und der Trostlosigkeit«.[139] Józef Wittlin meint später, der Erzähler habe bei der Beschreibung Lodz vor Augen gehabt.[140] Dort gibt es tatsächlich ein Hotel mit dem Namen Savoy. In seiner Artikelserie »Briefe aus Polen« schildert Roth 1928 einen Besuch in dieser Stadt, die er noch aus dem Krieg kennt. Etwa 35 Prozent der damaligen Bevölkerung von Lodz sind Juden. »Im blauen Schatten der Straßenbäume aufgeregte, nächtliche Börsenmanöver mittelalterlich aussehender Juden, schwarze Bärte unter schwarzen Mützen, mit steilem, viel zu kurzem Schild, das die Stirn bis zur Nase bedeckt und die Augen nicht beschattet, sondern eher beschürzt. Und eine Unzahl von Spitzeln aller Nationalitäten und Konfessionen. Gebärdenspäher an jeder Ecke, in den Hotelhallen, neben der Garderobe.«[141] Im Roman »Hotel Savoy« beschreibt er eine atmosphärisch fast deckungsgleiche Szene: »Wir kommen in eine kleine Gasse. Da stehen Juden, spazieren in der Straßenmitte, haben Regenschirme, lächerlich gewickelte, mit krummen Krücken. ... Wie stumme Schatten gehen die Menschen aneinander vorbei, es ist eine Versammlung von Gespenstern, längst Verstorbene wandeln hier. Seit Tausenden Jahren wandert dieses Volk in engen Gassen.«[142]

Der Hinweis auf Lodz sollte nicht überbewertet werden. Roths Romane spielen stets an imaginären Orten. Wo immer seine Menschen leben, hinfliehen, untergehen oder erlöst werden, haftet Städten wie Berlin, Paris oder New York etwas Typologisches an. Sie sind Ziel- und Hoffnungsorte der großen jüdischen Ost-West-Bewegung, die seit Mitte des 19. Jahrhunderts lawinenartig angewachsen ist. Die Wege von Roths Figuren auf Stadtplänen nachvollziehen zu wollen – wie es etwa für Uwe Johnsons New Yorker »Jahrestage« reizvoll ist –, wäre ein sinnloses Unterfangen. Wolfgang Müller-Funk spricht zu Recht vom »mythischen Charakter« der Städte und Orte in Roths Romanen.[143] Wobei die östliche habsburgisch-polnisch-russische Provinzstadt, die in nahezu allen Geschichten Roths auftaucht, getränkt ist von der Rückbesinnung auf seine Herkunft und der eigenen frühen Erlebniswelt.

Acht Stockwerke und 864 Zimmer besitzt Roths imaginäres Hotel Savoy. Es »ist ein reicher Palast und ein Gefängnis. Unten wohnen in schönen, weiten Zimmern die Reichen, die Freunde Neuners, des Fabrikanten, und oben die armen Hunde, die ihre Zimmer nicht bezahlen können ... und die Koffer verpfänden«.[144] Gabriel Dan bezieht das Zimmer 703 im sechsten Stock, »ich ging in mein Zimmer wie in eine wiedergefundene Heimat«.[145] Zunächst genießt er es, der barbarischen Welt des Krieges und des Gefangenenlagers entkommen zu sein, wieder in der »europäischen Zivilisation« leben zu können. »Ich freue mich, wieder ein altes Leben abzustreifen wie so oft in diesen Jahren. Ich sehe den Soldaten, den Mörder, den fast Gemordeten, den Auferstandenen, den Gefesselten, den Wanderer.«[146]

Die Hoffnung, von den in der Stadt lebenden wohlhabenden Verwandten das Geld für die Weiterreise zu erhalten, erfüllt sich nicht. Bei der Charakterisierung von Gabriels geizigem Onkel Phöbus Böhlaug dürfte Roth an seinen Lemberger Vormund Siegmund Grübel gedacht haben, von dem er so lange materiell abhängig gewesen ist. Gabriel Dan bleibt für mehrere Wochen in der Stadt und trifft bei seinen Streifzügen durch die Stockwerke des Hotels dessen seltsame Bewohner: den geheimnisvollen Liftboy Ignatz mit »seinen gelben Bieraugen«, den bald in jämmerlichem Elend sterbenden Clown Santschin, den »Lotterieträumer« Herrn Fisch oder das Mädchen Stasia. »Wie die Welt war dieses Hotel Savoy, mächtigen Glanz strahlte es nach außen, Pracht sprühte aus sieben Stockwerken, aber Armut wohnte drin in Gottesnähe, was oben stand, lag unten, begraben in luftigen Gräbern, und die Gräber schichteten sich auf den behaglichen Zimmern der Satten, die unten saßen, in Ruhe und Wohligkeit, unbeschwert von den leichtgezimmerten Särgen.«[147]

Auf seinen Gängen durch die Stadt begegnet Gabriel Dan Juden, Arbeitern und Kleinbürgern, die in Armut und Elend leben. »Es fügt sich, daß ich zum Abschied noch einmal durch die Straße streiche, die groteske Architektur der windschiefen Giebel, der fragmentarischen Kamine besehe, zerbrochene und mit Zeitungspapier verklebte Fensterscheiben, arme Gehöfte, das Schlachthaus am Rande der Stadt, die Fabrikschlote am Horizont, Arbeiterbaracken, braune, mit weißen Dächern, Geranientöpfe in Fenstern. ... Der Wind kommt aus der Gegend der Fabriken, es riecht nach Steinkohle, grauer Dunst lagert über den Häusern – das ganze ist wie ein Bahnhof, man muß weiterfahren.«[148]

Roth zeigt sich in seinem zweiten Roman als scharfer Kritiker des Industriekapitalismus. Er weiß, dass der Fortschritt stinkt und zerstört. »Gott strafte diese Stadt mit Industrie. Industrie ist die härteste Strafe Gottes.«[149] Gabriel Dan arbeitet selbst für eine kurze Zeit in einer Fabrik: »Es war eine Borstenreinigungsfabrik. Dort reinigte man die Schweinehaare von Staub und Schmutz, und es wurden Bürsten daraus gemacht, die wieder zum Reinigen dienen. Die Arbeiter, die den ganzen Tag die Borsten strählten und siebten, schluckten den Staub und bekamen Lungenbluten und starben im fünfzigsten Jahr ihres Lebens.«[150] In der Bar des Hotels Savoy dagegen »griff der Fabrikant Neuner nach den Brüsten der nackten Mädchen, die vornehmen Frauen der Stadt ließen sich ihre Kopfschmerzen von Xaver Zlotogor wegmagnetisieren. Den Hunger der armen Frauen konnte Xaver Zlotogor nicht wegmagnetisieren«.[151]

»Hotel Savoy« ist ein Zwischenkriegsroman. Nicht nur Gabriel Dan sitzt im »Wartesaal«. Der Untergang der alten Welt, die Kulturrevolution der 20er-Jahre, die sich nicht zuletzt auch im »Amerikanismus« deutlich widerspiegelt, verunsichert die Menschen kaum weniger als der wirtschaftliche Verfall. Der Adel in Deutschland und Österreich muss abdanken, und das Großbürgertum träumt wieder seine nationalistischen Gewaltphantasien. Auch das Kleinbürgertum folgt den völkischen und rassistischen Rattenfängern. Die Furcht vor dem persönlichen Abstieg und den gesellschaftlichen Umwälzungen, die von den bolschewistischen Revolutionären propagiert werden, löst wachsende Identitätsprobleme aus. Die hohe Arbeitslosigkeit radikalisiert die Gesellschaft. Es ist eine Zwischenzeit, die nicht nur Joseph Roth als »Wartesaal« deutet. Lion Feuchtwanger beginnt in der zweiten Hälfte der 20er-Jahre mit der Niederschrift seines Romans »Erfolg«, nach 1933 folgen »Die Geschwister Oppermann« und »Exil«. Er wird ihnen später den Titel »Wartesaaltrilogie« geben.

In Roths Roman »Hotel Savoy« warten alle: Gabriel Dan auf die Weiterreise in den Westen; die Hotelgäste auf das Erscheinen des unsichtbaren Besitzers, des Griechen Kaleguropulos; die Reichen und die Armen der Stadt auf den Kapital bringenden oder sie aus wirtschaftlicher Not erlösenden »Messias« Henry Bloomfield, der hier geboren worden ist und es in Amerika zum Milliardär gebracht hat; der Kroate Zwonimir, ein alter Kriegskamerad Dans, auf die Revolution. Sie warten vergeblich. Das Hotel brennt ab und Kaleguropulos entpuppt sich als ein Phantom, denn Ignatz, der »ältliche Liftknabe«, ist der Hotelwirt. Auch Bloomfield, der nur das Grab seines Vaters Jechiel Blumenfeld besuchen wollte, reist über Nacht wieder ab, ohne die Stadt zu »erlösen«. Die »Revolution« erschöpft sich in einem lokalen Arbeiteraufstand, der von aufmarschierenden Soldaten niedergeschlagen wird. Zwonimir, »ein Revolutionär von Geburt«,[152] kommt in den Flammen des brennenden Hotels um. Gabriel Dan hat seine Bleibe in der Stadt verloren, und erst jetzt reist er weiter in Richtung Westen, folgt dem Weg, den vor ihm schon Millionen Ostjuden gegangen sind. Der Roman endet mit dem Satz: »Amerika, denke ich, hätte Zwonimir gesagt, nur: Amerika.«[153]

Obwohl Roth in seinem zweiten Roman zum letzten Mal eine gesellschaftspolitisch so eindeutig »linke« Haltung einnimmt, lässt er seinen Ich-Erzähler als einen den Ereignissen gegenüber unbeteiligt erscheinenden Beobachter auftreten. Gabriel Dan ist neugierig, aber unengagiert. Er berichtet leidenschaftslos vom Schicksal seiner Hotelnachbarn oder der schließlich aufbegehrenden Fabrikarbeiter. »Ich stehe allein. Mein Herz schlägt nur für mich. Mich gehen die streikenden Arbeiter nichts an. Ich habe keine Gemeinschaft mit einer Menge und nicht mit einzelnen. Ich bin ein kalter Mensch.«[154] Wenn sein revolutionärer Freund »vor den Hungernden von den Reichen (erzählt und) auf den Fabrikanten Neuner (schimpft)«, dann fällt Dan dazu nur die Bemerkung ein: »Du übertreibst ja.«[155] Der Leser erlebt aber das Gewicht der Anklage durch die Zurückhaltung des Ich-Erzählers doppelt schwer.

Roth kehrt in diesem Roman auch zurück in die Welt des Ostjudentums. »Ich komme jedes Jahr hierher«, sagt Bloomfield, »meinen Vater besuchen. Und auch die Stadt kann ich nicht vergessen. Ich bin ein Ostjude, und wir haben überall dort unsere Heimat, wo wir unsere Toten haben.«[156] Die aus den Fugen geratene Zeit aber hält für alle Chaos und Unordnung bereit: »Man sah bettelnde Heimkehrer, sie schämten sich nicht. Ausgezogen waren sie als kräftige und stolze Männer, und jetzt konnten sie sich nicht mehr das Betteln abgewöhnen. Nur wenige suchten Arbeit. Bei den Bauern stahlen sie, gruben Kartoffeln aus dem Boden, schlugen Hühner tot und erwürgten Gänse und plünderten Heuschober aus. Alles schleppten sie in die Baracken, sie kochten dort, aber gruben keine Latrinen aus, man konnte sie an den Wegrändern hocken und ihre Notdurft verrichten sehn.«[157]

Die Rebellion

Am 20. April 1924 erscheint im »Vorwärts« unter dem Titel »Der Häftling« ein Prosatext von Joseph Roth. Es ist ein Kapitel aus dem Roman »Die Rebellion«, dessen vollständiger Text dann als Fortsetzungsgeschichte vom 27. Juli bis zum 29. August 1924 im Hausblatt der deutschen Sozialdemokraten abgedruckt wird. Roth hat unmittelbar nach der Fertigstellung von »Hotel Savoy« mit der Niederschrift begonnen. Nicht zuletzt auch ein Zeichen dafür, welche schöpferischen Kräfte 1923/24 in ihm frei geworden sind.

Andreas Pum erlebt das Kriegsende im Soldatenspital. Auf dem Schlachtfeld hat er ein Bein verloren, und stolz trägt er eine Tapferkeitsmedaille an der Brust. Er war »mit dem Lauf der Dinge zufrieden ... Er glaubte an einen gerechten Gott. Dieser verteilte Rückenmarkschüsse, Amputationen, aber auch Auszeichnungen nach Verdienst«.[158] Pum lobt Gott und die Regierung. »Als ob der Krieg nicht eine Notwendigkeit wäre! Als ob seine Folgen nicht selbstverständlich Schmerzen, Amputationen, Hunger und Not sein müßten!«[159] Die Nörgler und Ankläger, die im Lazarett über ihr Schicksal, ihr Invalidenelend, die Herrschenden oder das Essen schimpfen, »sie hatten keinen Gott, keinen Kaiser, kein Vaterland«.[160] Aber: »Die heidnischen Spartakisten gaben keine Ruhe. Wahrscheinlich wollten sie die Regierung abschaffen. Sie wußten nicht, was dann folgen würde. Sie waren schlecht oder töricht, sie wurden erschossen, es geschah ihnen recht. Gewöhnliche Menschen sollen sich nicht in die Angelegenheiten der Klugen mischen.«[161]

Pum bekommt eine Lizenz und zieht als Leierkastenmann durch die Straßen und Höfe der Stadt. Die Hochzeit mit einer resoluten Witwe – »sein war nun das erträumte Weib, das starkbusige, breithüftige, warme«[162] – scheint sein Glück zu vollenden. »Reich an

Vorzügen war Katharina Blumich. Aber nicht viel ärmer erschien in manchen Stunden Andreas sich selbst. Er war ein Mann von seltenen Gaben des Gemüts. Fromm, sanft, ordnungsliebend und in vollendeter Harmonie mit den göttlichen und den irdischen Gesetzen. Ein Mensch, der den Priestern ebenso nahestand wie den Beamten, von der Regierung beachtet, man konnte sagen: ausgezeichnet, niemals vorbestraft, ein tapferer Soldat, kein Revolutionär, ein Hasser und Verächter der Heiden, der Trinker, der Diebe und der Einbrecher.«[163]

Das Schicksal ereilt Pum in Gestalt eines erfolgreichen Geschäftsmannes, der Gott, Regierung und die Ordnung, für die er beide verantwortlich macht, nicht weniger lobt als der Leierkastenmann. »Herr Arnold war groß, gesund, satt und dennoch unzufrieden.«[164] Um das zu ändern, verstrickt er sich in ein erotisches Abenteuer, dessen schmähliches Ende er rasch zu vergessen sucht. Auf dem Nachhauseweg begegnet er Demonstrationen von Invaliden. Mit hellem Zorn über die Zeitgenossen, die sich gegen die bestehende Ordnung auflehnen, verdrängt er das gerade so peinvoll Erlebte, die Beschämung, die es in ihm ausgelöst hat. »Das war ja auch eine schöne Bande! Bettler, Diebe und Einbrecher. Viele waren ja gar nicht echt. Simulierten Schmerzen. Gaben vor, Krüppel zu sein! Eine nette Gesellschaft. Die Regierung ließ das zu. Auf öffentlichen Plakaten schreiben sie: Genossen! Ein schreckliches Wort. Anarchistisch. Zersetzend. Es riecht nach Bomben. Die russischen Juden erfinden solche Bezeichnungen. Der Polizist stand in der Nähe und griff nicht ein. Dafür zahlt man die horrenden Steuern!«[165] In dieser Stimmung trifft Arnold auf dem Trittbrett einer Straßenbahn den Invaliden Andreas Pum. Und »so ... richtet es ein tückisches Geschick ein: daß wir zugrunde gehen nicht durch unsere Schuld und ohne daß wir einen Zusammenhang ahnen«.[166] Arnold verwehrt Pum einen Platz in der Straßenbahn und provoziert ihn. Die anschließende Auseinandersetzung ruft die Ordnungshüter auf den Plan, die den Invaliden als Schuldigen – »Ein Simulant! Ein Bolschewik! Ein Russe! Ein Spion!«[167] – zur Wache führen. »Und ein würdiger Herr ... in einem Winterrock von erhabener Sauberkeit und glänzendem Alter, sagte vor sich hin: ›Es wird ein Jude sein!‹«[168]

Das Schicksal des bis dahin die Ordnung der Welt preisenden Invaliden erfüllt sich. »Schon hatten die großen, rollenden Räder des Staates den Bürger Andreas Pum in die Arbeit genommen, und ohne daß er es noch wußte, wurde er langsam und gründlich zermahlen.«[169] Lizenzverlust, Scheidung und Gefängnis – »es ging abwärts mit Andreas«. So »faßte (er) einen tiefen Argwohn gegen das Gesetz und seine Vertreter. ... Todgeweiht, blieb er am Leben, um zu rebellieren: gegen die Welt, die Behörden, gegen die Regierung und gegen Gott«.[170] In seinem Jammer erhebt der vom Leben geschlagene Pum bittere Anklage: »Wohnte Gott hinter den Sternen? Sah er den Jammer eines Menschen und rührte sich nicht? ... Thronte ein Tyrann über der Welt, und seine Ungerechtigkeit war unermeßlich wie sein Himmel?«[171] Im Toilettenraum des Cafés Halali, wo Andreas Arbeit gefunden hat, ereilt ihn der Tod.

Roth lässt den Roman mit einem Nachspiel im Himmel enden, das den durch Pums Nichterscheinen ausgefallenen irdischen Prozess nachholt. Eine Stimme ertönt und fragt ihn: »Andreas, was hast du auf dem Herzen?«[172] Dieser aber ruft seinem überirdischen Richter zornig zu: »Aus meiner frommen Demut bin ich erwacht zu rotem, rebellischem Trotz. Ich möchte Dich leugnen, Gott, wenn ich lebendig wäre und nicht vor Dir stünde. ... Ich will Deine Gnade nicht! Schick mich in die Hölle ... Der Richter erhob sich, er wurde groß und größer, sein graues Angesicht begann, weiß zu leuchten, seine roten Lippen öffneten sich und lächelten. Andreas begann zu weinen. Er wußte nicht, ob er im Himmel oder in der Hölle war.«[173]

Roths dritter Roman ist vordergründig weniger politisch als seine beiden Vorgänger. Das sozialkritische Engagement des Autors verbirgt sich hinter der Darstellung schicksalhafter Wendungen, die das Leben des Menschen zu allen Zeiten bedrohen. Aber Andreas Pum ist bis zu seinem tiefen Fall und der ihm folgenden Auflehnung doch unübersehbar ein wilhelminischer Untertan, wie ihn Heinrich Mann schon in der aus einer ganz anderen Klasse stammenden Figur des Diederich Heßling so glänzend darzustellen wusste. Die Beweggründe, die den Handlungen der Personen in Roths »Rebellion« zugrunde liegen, deutet der Autor vielfach aus der Ideologie der Zeit. Immer wieder weist der Autor auf Denkschablonen und Vorurteile hin, die seine Romanfiguren beherrschen. Insofern entlarvt Roth in diesem Roman eine Gesellschaft, in der die »Welt (so) eingerichtet (ist), daß jeder nur das genießen darf, was er bezahlen kann«.[174]

Auch wenn Glaubensfragen für Roth Mitte der 20er-Jahre jenseits der Auseinandersetzung mit seiner jüdischen Herkunft noch nicht die Rolle einnehmen, die sie später erhalten werden, in »Die Rebellion« sind religiöse Dimensionen erkennbar. In der Gefängniszelle wird Pum sich die Frage aller Fragen stellen: »War Gott noch Gott, wenn er sich irrte?«[175] Roth setzt diesen Gedanken an den Anfang des Erkenntnisprozesses, den Pum durchläuft. »Er entdeckte sich selbst.«[176] Als er die Spatzen, die oben auf dem Rand des Zellenfensters sitzen, mit Brotkrumen füttern will und um eine Leiter bittet, hegt der Gefängnisarzt »Zweifel an der geistigen Gesundheit Andreas Pums«.[177] Er meint »lächelnd«: »›Überlassen Sie doch dem lieben Gott die Sorge um seine Vögel!‹ ›Ach, Herr Doktor!‹ sagte Andreas traurig. ›Manche sagen: Überlassen wir Gott die Sorge um diesen Menschen! Dann sorgt Gott nicht!‹«[178]

Der Arzt zitiert die neutestamentarische Bergpredigt: »Seht die Vögel unter dem Himmel an: sie säen nicht, sie ernten nicht, sie sammeln nicht in Scheunen; und euer himmlischer Vater ernährt sie doch.«[179] Pum wiederum verweist mit seiner Antwort auf den alttestamentarischen Psalm 37: »Hoffe auf den HERRN und tu Gutes…«[180] Auch in diesem Roman zeigt sich Roth als großer Kenner beider Testamente.

Das Nachspiel im Himmel oder die Bezeichnung »Heiden« für die Lästerer der göttlichen und menschlichen Ordnung erinnern an Goethes »Vorspiel im Himmel«, das dem Faust-Drama vorangestellt ist. Goethes »Vorspiel« und Roths »Nachspiel« sagen jedoch weniger über die Religiosität beider Autoren aus, aber dafür umso mehr über ihr religiöses Wissen.

Während Roth im »Spinnennetz« die großen Dramen der frühen Weimarer Republik – den Aufstieg der Reaktion mit ihrer Demokratiefeindlichkeit, ihren Fememorden und ihrem Antisemitismus – ins Zentrum stellt und in »Hotel Savoy« einen unbarmherzigen Industriekapitalismus anprangert, erzählt der Autor in »Die Rebellion« mithin den schicksalhaften Untergang eines Individuums in Zeiten der Mitleidslosigkeit. Etwas zugespitzt ließen sich diese drei Frühromane als eine Weimarer Trilogie sehen, in der ein kluger, dem Humanismus verpflichteter Beobachter aus den verschiedensten gesellschaftlichen Perspektiven heraus prophetisch auf Entwicklungen hinweist, die für Europa schließlich zu einem schrecklichen Erwachen führen werden.

Kapitel 6

»Wo immer ich schreibe, wird es radikal«
Reisereporter und Erfolgsautor
(1925–1932)

Das Glück zeigt sich. Aber nur für einen kurzen Lebensmoment. Im Mai 1925 sind Joseph und Friedl Roth zum ersten Mal in Paris. Die »Frankfurter Zeitung« schickt ihren Berliner Redakteur als Sonderberichterstatter nach Frankreich. Roth lässt das Deutschland Hindenburgs und die innerredaktionellen Querelen hinter sich. Es ist das vorläufige Ende einer langen Reise, die 31 Jahre zuvor im grauen galizischen Brody begonnen hat. Nun endlich die eleganten Boulevards Montparnasse, St. Michel und St. Germain mit ihren zahllosen Straßencafés und Bistros, das »mittägliche Frankreich« und die »weißen Städte«, der blaue Himmel des Südens und die helle, mittelmeerische Sonne. »Es drängt mich, Ihnen ›persönlich‹ zu sagen, daß Paris die Hauptstadt der Welt ist und daß Sie hierher kommen müssen«, schreibt er, scheinbar von allen Lasten befreit, in den ersten Pariser Tagen an Benno Reifenberg. »Wer nicht hier war, ist nur ein halber Mensch und überhaupt kein Europäer. Es ist frei, geistig im edelsten Sinn und ironisch im herrlichsten Pathos. Jeder Chauffeur ist geistreicher, als unsere Schriftsteller. Wir sind wirklich ein unglückliches Volk. Hier lächelt mich jeder an, alle Frauen, auch die Ältesten liebe ich bis zum Antrag, ich könnte weinen, wenn ich über die Seine-Brücken gehe, zum ersten Mal bin ich erschüttert von Häusern und Straßen…«[1] Wenige Wochen später meldet Roth sich aus Lyon: »Herrlich ist ein so abgebrauchtes Wort, wenn Sie hier wären, würden Sie begreifen, daß ich es anwenden muß. Es ist herrlich im primitivsten Sinn, herrschend und schön, – ohne Pracht. … Die Menschen wunderbar, ganz weit aufgetan, milde, mit gesunder Ironie, die Frauen ganz zart, immer jung, immer nackt, sehr viel orientalisches Blut, Negermischungen, das Bürgertum leiser, als in Deutschland, politisch links, die Männer fast ebenso gut angezogen, wie in Paris die Frauen.«² Ein äußerst schwärmerischer Frankreichbesucher schickt diese Zeilen nach Frankfurt, ein Osteuropäer, den die romanische Welt und Europas heller Süden überwältigen.

Das mittägliche Frankreich

Das Pariser Hotel der Roths liegt am Place de l'Odéon. Sie durchstreifen in den ersten Wochen die sommerliche Stadt und sitzen an den Abenden im Café du Dôme, im Deux Magots oder auf der Terrasse des La Coupole. Auch in den Artikeln, die Roth an die Frankfurter Redaktion schickt, spürt der Leser den inneren Jubel, der den Autor erfasst hat. »Man tanzt in den Straßen von Paris und freut sich über eine Revolution, die schon so lange zurückliegt, daß man ein Historiker sein muß, um ihre lebendigen Folgen heute noch und überall wahrzunehmen. Es gibt wieder den unerträglichen Hochmut einer Kaste, der sich mit dem der Guillotinierten messen darf. Dennoch ist der vierzehnte Juli das Fest des Volkes.«³

Roth lässt Deutschland hinter sich. Die innenpolitischen Entwicklungen der Republik sieht er mit wachsendem Pessimismus. »Es hat wirklich keinen Sinn, ein deutscher Schriftsteller zu sein. Man sieht von hier, wie von einem großen Turm des Europäertums und der Zivilisation hinunter, tief hinunter, Deutschland liegt in irgendeiner Schlucht. Es ist mir unmöglich, einen deutschen Satz zu schreiben – mit dem Bewußtsein, für deutsche Leser zu schreiben.«⁴ Seine journalistische Laufbahn bietet ihm trotz aller Erfolge nicht mehr die Befriedigung, die er in den ersten Jahren verspürt hat. Drei Romane aus Roths Feder sind bis dahin veröffentlicht worden. Er hat sich im deutschsprachigen Raum als Schriftsteller einen Namen gemacht. Neue Romanentwürfe wachsen, und bald denkt er an ein Frankreich-Buch. Es ist ihm zu eng geworden in Deutschland. »Es ist so dumm Alles, was wir in Deutschland machen! So traurig, so ohne Sinn!«⁵

Journalismus ist jetzt Geldverdienen, Bücher schreiben der Beruf. Frankreich soll ein Neuanfang sein. Und er scheint zu gelingen. Roth begeistert sich für die französische Literatur und schwärmt von Stendhal und Flaubert. Aus Avignon erreichen Benno Reifenberg im August die Zeilen: »Aber auch, wenn (der Brief) nicht ankommt, so hoffe ich, werden Sie fühlen, daß ich jetzt die schönsten Tage meines Lebens – genieße? – kann man nicht sagen, sondern vielleicht durchzittere, durchsehne und durchweinen könnte, wenn ich mich nicht schämen würde. ... Sie ermessen die Größe meines Glücks am besten daran, daß ich einsehe, wie klein und ohnmächtig ich bin und dennoch tausendfach lebe.«[6] Roth fühlt sich in Deutschland »eingezäunt«. Frankreich wird für ihn zum Synonym einer freien Lebensgestaltung. »Man war nicht bestrebt, alles unverrückbar zu fixieren. Man wandelt sich jeden Augenblick, drüben, hinter dem Zaun. Wir nennen das immer ›Treulosigkeit‹, und Anpassung ist halber ›Verrat‹. Hinter dem Zaun gewann ich mich selbst wieder. Ich gewann die Freiheit, die Hände in den Hosentaschen, eine Garderobemarke an den Hut geheftet, einen zerbrochenen Regenschirm in der Hand, zwischen Damen und Herren, Straßensängern und Bettlern zu wandeln. ... Hinter dem Zaun sind Ferien. Süße, lange Sommerferien.«[7] Als das Ehepaar Reifenberg im Herbst 1925 in Paris eintrifft, bemerkt Reifenbergs Frau Maryla, was mit Roth vorgeht. »Roth machte einen glücklichen Eindruck und schien auf seine schöne Frau stolz zu sein.«[8] Keine Frage, die Reise nach Frankreich wird zu einem Wendepunkt in seinem Leben.

Aber ist es wirklich eine Zeit des reinen Glücks und der völligen Befreiung? Gegenüber Bernard von Brentano klagt er bereits kurz nach seiner Ankunft in Paris über seine größer werdende »Trinkerleber«. Der Alkohol bleibt auch hier sein Schicksal. Friedl ist schon kurz nach der Ankunft erkrankt und fühlt sich in der Fremde bald einsam. Roth arbeitet intensiv und ist in den Nächten unterwegs. Sie spricht nicht gut Französisch und fühlt sich vernachlässigt.

Roth reist im August in das »mittägliche Frankreich«. Lyon, Vienne, Tournon, Avignon, Nimes, Arles, Marseille und Nizza sind die wichtigsten Stationen. Er sieht die Sonne des Südens und das unvergleichliche Blau des Mittelmeeres, uralte Sehnsüchte des nördlichen Menschen erfüllen sich ihm. »Als ich dreißig Jahre alt war, durfte ich endlich die weißen Städte sehen, die ich als Knabe geträumt hatte. Meine Kindheit verlief grau in grauen Städten. Meine Jugend war ein grauer und roter Militärdienst, eine Kaserne, ein Schützengraben, ein Lazarett. Ich machte Reisen in fremde Länder – aber es waren feindliche Länder ... Ich habe die weißen Städte so wiedergefunden, wie ich sie in den Träumen gesehn hatte. Wenn man nur die Träume seiner Kindheit findet, ist man wieder ein Kind. Das zu hoffen, hatte ich nicht gewagt.«[9] Diese Zeilen finden sich in seinem Buch »Die weißen Städte«, das erst Jahrzehnte nach seinem Tod veröffentlicht wird.[10]

In der »Frankfurter Zeitung« erscheinen zwischen dem 8. September und dem 9. November 1925 lediglich neun Artikel, die von dieser Reise berichten. Sie erzählen von den Landschaften, den Städten und den Menschen Südfrankreichs. Auch von einer Aufführung des Kinofilms »Die zehn Gebote« in der Arena von Nimes: »Es war ein guter Gedanke, in der alten römischen Arena einen Film aufzuführen. In diesem Kino gelangt man zu tröstlichen Resultaten, wenn man nicht auf die Leinwand sieht, sondern auf den Himmel.«[11] Roth taucht auf seiner Reise ein in die lange, bis in die Antike zurückreichende Geschichte des romanischen Landes. »Hierher kamen die Griechen«, schreibt er über die Stadt Beaucaire, »die Phönizier, die Spanier, die Türken, die Franzosen, die Italiener und die Deutschen. Hier lebten reiche jüdische Kaufleute. Hier flossen die verschiedensten Blutströme zusammen, und hier bildete sich die großartige kosmopolitische Rassenmischung, die den europäischen Süden kennzeichnet.«[12]

Aus Marseille dagegen gelangt ein sarkastischer Briefbericht an Reifenberg: »Mitten in meinen schönen Marseiller Aufenthalt ist der Kongreß der Sozialdemokratie hineingeplatzt. 200 Deutsche, 100 Österreicher. Diese eine ekelhafte Abart des Deutschen. ... Aber die echten sind nicht weniger schlimm. Zweiter Einfall der Langobarden. Diesmal mit Aktentaschen und Schillerkragen. Dicke Frauen, Sandalen ohne Absätze, krause Haare, ohne Hut. Juden, die es nicht sind, weil sie für fremde Proletarier kämpfen wollen; Bürger, die keine Bürger sind, weil sie für eine fremde Klasse kämpfen wollen. Fortwährend dampfend vor Tätigkeit, Geschwätz.«[13] Solche bösen Sätze werden sich in den kommenden Jahren häufen. Im Exil wird dann aus bitterem Hohn nicht selten eine hassvolle Anklage.

Der verlorene Kampf in Paris

Schon bald kommt es zu Konflikten mit der Heimatredaktion. Roth reagiert nervös, wenn er nichts über seine Artikel hört, misstraut der Post, die sie nach Frankfurt befördern soll, und den Kollegen, die sie redigieren und zum Druck bringen. Nur drei Monate sind seit seiner Ankunft in Paris vergangen, da empört sich der empfindliche Korrespondent bereits in einem Brief an seinen Vorgesetzten Reifenberg mit harschen und sogar seine Mitarbeit infrage stellenden Sätzen: »Sie wissen, wie gleichgültig es mir ist, was mit meinen Sachen gemacht wird. Aber es ist mir nicht gleichgültig, ob von einer Reise, deren Früchte für mich auch ein moralischer Gewinn sein sollen, Alles, was ich schreibe, spurlos verschwindet. Ich weiß nicht, ob die Post daran Schuld ist, ich weiß nicht, ob, vermute aber, daß ich irgendwo gegen eines der ungeschriebenen Hindenburg-Gesetze verstoßen habe, nach denen sich jetzt, wie ich von vielen Seiten höre, selbst die anständigsten Menschen in Deutschland richten. Vielleicht durch meinen Tonfall, ein Wort, einen Wind – ich weiß es nicht. ... Ist es so, dann hat es keinen Sinn, jetzt diese Reise fortzusetzen – denn ich bin den deutschen Tatsachen nicht gewachsen und vielleicht nicht der Politik der Zeitung. Ich kann nicht meinen Ton ändern. Vielleicht wäre es der Zeitung erwünscht, mich überhaupt los zu sein – an mir soll es nicht fehlen.«[14]

Reifenberg versucht beruhigend auf den Mitarbeiter und Freund einzuwirken. Vergeblich, wie ein Brief an Roths anderen Vertrauten in der Heimatredaktion, Bernard von Brentano, zeigt: »Der F. Z. habe ich 7 Artikel geschickt. Ich glaube, daß kein einziger erschienen ist. Ich glaube, daß ich nicht mehr den Ton finde, der demokratisch ist. In jeder Zeile von mir wird die Demokratie geohrfeigt – ich mag schreiben, was ich will. Sie ist feig. Sie wird meine Artikel nicht drucken und mir nicht schreiben, weshalb. Ich halte Das für unmoralisch. Ich habe in diesem Sinn an Reifenberg geschrieben. Wenn der Verlag Mut hat, zieht er die Konsequenz und kündigt mir. Dann bin ich wieder frei, wie ich es zwanzig Jahre gewesen bin. Ich schiffe mich ein und fahre nach Mexiko.«[15] Unbeherrschte Sätze und Vorwürfe, die so nicht zutreffen. Aber es wird nicht ruhiger in dieser schwierigen Beziehung zwischen dem Reporter und seiner Zeitung – im Gegenteil. Roth fragt Reifenberg um Rat. Er will sein Frankreichbuch schreiben. »Meine Reise ist Mitte September beendet. Ich habe Stoff für ein Buch.«[16]

Der erste Frankreichaufenthalt endet mit einer großen Enttäuschung: Die Redaktion ruft ihn nach Deutschland zurück, obwohl der Verlag Roth bereits, wie Reifenberg selbst einräumt, eine »einigermaßen feste (Zusicherung) gegeben«[17] hatte, dass er den Pariser Posten erhalten könne. Sein Wunsch, ständiger Korrespondent des Blattes in Paris zu bleiben, erfüllt sich jedoch nicht. In der Frankfurter Redakteursrunde melden gewichtige Konkurrenten ihre Ansprüche an. Vor allem Friedrich Sieburg – für Roth bald ein Kollege, den er mit Häme belegt. Ende Dezember – Roth ist einige Wochen in Frankfurt – schreibt er an Brentano: »Mit Sieburg, der im Grunde kein Politiker ist, hätte man einen Literaten (in Paris – WvS). Sein Charakter soll seinem Talent nicht entsprechen.«[18] Im Januar 1934 wird Roth in einem Brief an Klaus Mann dann Goebbels und Sieburg in einem Atemzug nennen. Benno Reifenberg spricht in einem Schreiben an Roth aus dem Jahre 1926 davon, dass er Sieburg »auch nicht recht in seiner menschlichen Oberfläche (traue)«.[19]

Trotzdem geht Sieburg im Frühjahr 1926 als Sieger aus diesem Kampf um den Korrespondentenplatz hervor. Ab Mai berichtet er für die FZ aus der französischen Hauptstadt. Ein guter Schreiber ist er, aber wie sich zeigen sollte, hatte Roth mit seinem Hinweis auf Sieburgs Charakter recht. Er wird sich später in den Dienst der Nazis stellen. Von 1932 bis 1939 arbeitet er erneut für das Frankfurter Blatt in Paris. Dann geht er ins Auswärtige Amt, ist im besetzten Frankreich Angehöriger der deutschen Botschaft und wird Mitglied der NSDAP. Nach dem Krieg belegt die französische Besatzungsmacht ihn mit einem Berufsverbot, aber Friedrich Sieburg ist schon bald wieder einer der führenden Kritiker im deutschen Feuilleton und Literaturchef der »Frankfurter Allgemeinen Zeitung«. Eine deutsche Karriere im 20. Jahrhundert.

Warum genau die Redaktion Sieburg und nicht Roth nach Paris schickt, ist nicht geklärt. Möglicherweise sind es Roths Gehaltsvorstellungen, die Verleger Heinrich Simon abhalten. Einige Äußerungen Roths deuten das an. Schon im November schreibt er Brentano: »Für Paris ist noch kein Korrespondent bestimmt. In ihrer Sparwut möchten sie einen finden, der für 800 M. auch das Feuilleton besorgt. Ich weiß nicht, ob ich kündigen soll. ... Ich weiß nicht, was gescheiter ist: abzuwarten und aus Deutschland zu fliehen oder zu kündigen und mit weniger Fundament zu fliehen. Das Haus der F. Z. ist so ein Deutschland im Kleinen. Es ist mir noch verhaßter geworden. ... Ich will die materielle Anerkennung des Verlags.«[20]

Roth zeigt im Übrigen schon in einem langen, seine Position in der FZ sehr grundsätzlich beleuchtenden Brief vom August 1925, wie unsicher er seine Zukunft im Frankfurter Blatt sieht. Er schickt diese Zeilen noch aus Paris, und der Adressat ist wieder einmal Benno Reifenberg: »Kann ich einen Winter in Paris bleiben? Länger interessiert es mich selbst nicht. Kann ich in ein unbekannteres Land fahren, ich denke an Südslavien – und noch ein Buch schreiben? Soll ich auf 100 Mark verzichten und mich um diesen Preis von Deutschland loskaufen? Kann ich nach Moskau? ... Ich kenne Rußland und den Osten.«[21]

Anfang 1926 reist er für das Blatt einige Wochen durch das Rheinland und das Ruhrgebiet: Essen, Düsseldorf, Köln. »Hier ist der Rauch ein Himmel. Alle Städte verbindet er. Er wölbt sich in einer grauen Kuppel über dem Land, das ihn selbst geboren hat und fortwährend neu gebärt. Wind, der ihn zerstreuen könnte, wird vom Rauch erstickt und begraben. Sonne, die ihn durchbohren möchte, wehrt er ab und hüllt sie in dichte Schwaden. ... Erfüllt ist von ihm die ganze große Stadt, die alle Städte des Ruhrgebiets zusammen bilden.«[22] Nach dem »mittäglichen Frankreich« erlebt Roth das winterlich-graue Ruhrgebiet als düstere, ihn deprimierende Region. »Ich werde mich 3–4 Wochen im Ruhrgebiet aufhalten ... Ich habe gar kein Geld. Ich komme nicht aus. Mit allen Einnahmen nicht. Es ist mir mieß vor Dtschld. Ich lerne jeden Tag mehr hassen und bin mit Verachtung zum Ersticken gefüllt. Die Sprache ist mir auch schon zuwider. Nirgends lernen Sie so das Land kennen, wie in der Provinz. Diese falsche Eleganz, diese Lautheit, dieses Toben, diese Stille, diese Andacht, diese Frechheit.«[23] Dem schimpfenden Briefschreiber ist in diesen Wochen nichts auf Erden recht. »Es ist nicht schön im Ruhrgebiet, nationalistisch, wie überall, oder noch ärger, in Köln. Alles schwarz-weiß-rot, in allen Kinos nationalistische Schundfilme, die ›Schwarze Schmach‹ an allen Ecken ausgerufen, der ›Feind ist weg‹, unsere Kultur ist eingezogen.«[24]

Friedl bleibt in diesen Wochen alleine in Paris, Roth kommt erst wieder im März an die Seine. Die Geldsorgen wachsen – »Ich habe heute um mein März-Honorar geschrieben. Schon kein Geld! Alles verflattert«[25] –, und die Auseinandersetzung mit der FZ eskaliert. Reifenberg versucht den enttäuschten Mitarbeiter zu halten, der nun offen mit einer Kündigung droht. Am 7. April schreibt er ihm einen langen Brief, der Roth zweifellos schmeichelt: »Lieber Herr Roth, ich muß Ihnen wohl nicht sagen, daß Ihr Ausscheiden aus unserer Zeitung für mich den schwersten Schlag bedeutet, den ich in diesen Anfangsjahren erleben könnte. Ich habe einfach *auf Sie gerechnet.* ... Es wäre nach meiner Überzeugung eine verlorene Schlacht, wenn Ihr Name plötzlich in Berliner Blättern auftauchen müßte. Ich habe das deutlich dem Verlag mitgeteilt und nun bitte ich mir zu glauben, daß der Verlag nicht sehr viel anders als ich denkt und daß ihm sehr darum zu tun ist, mit Ihnen ein gutes Einvernehmen zu pflegen. ... Daß er nun Dr. Sieburg als den ausgesprochenen Feuilletonisten, den Sie selbst als einen solchen anerkennen, nicht zusammen mit Ihnen für Paris bestellen möchte, ist, so scheint mir, nicht unverständlich. Der Verlag möchte aber unter allen Umständen, daß Sie bei der Zeitung bleiben und daß Ihr Name im Blatt steht.«[26] Dann der erlösende Vorschlag, der Roths verständliche Sorge um seine Zukunft in der FZ aufhebt: »Ich darf Ihnen deshalb, wenn Ihnen Italien nicht zusagt, den folgenden Vorschlag machen: Der Verlag ist bereit, Sie als unseren Feuilletonkorrespondenten nach Moskau zu schicken und ist ebenso bereit, Sie eine Zeit lang nach Spanien zu entsenden.«[27]

Roth bittet um »8–10 Tage Bedenkzeit«[28] und entscheidet sich für die Reise in die Sowjetunion, denn »nur eine *russische Bericht-*

erstattung kann meinen guten Ruf retten«.²⁹ Damit ist der Konflikt mit der »Frankfurter Zeitung« fürs Erste beendet. Aber Roth lässt in seinem Antwortschreiben an Reifenberg keine Zweifel daran, wie sehr ihn die Absage für Paris erzürnt hat: »Daß der Verlag Herrn Sieburg für Paris bestimmt hat, – darüber habe ich nicht zu urteilen. Daß er aber, weil Herr Sieburg mich nicht in Paris haben will, mich aus Paris wegschickt, *das* hat mich schwer getroffen.«³⁰

Vor der Entscheidung, ob Roth den Zuschlag für die Russlandreise erhalten soll, erreicht die Redaktion ein Brief des Aspiranten, der uns nicht nur zeigt, dass er diesen Posten haben will, sondern auch, wie geschickt Roth für seine Sache eintritt. Mögliche Zweifel und ideologische Bedenken in der bürgerlichen Zeitung, ob ein Journalist mit seiner »linken« Haltung für diese Aufgabe genug Objektivität mitbringt, zerstreut Roth mit fulminanten Sätzen: »Ich glaube nicht an die Vollkommenheit der bürgerlichen Demokratie, aber ich zweifle noch weniger an der tendenziösen Enge der proletarischen Diktatur. ... Ich habe weder für das Land, noch für die Sowjets irgendeine Art von Sentimentalität.«³¹ Und Roth setzt noch einen drauf: »Ich darf Ihnen bei dieser Gelegenheit gestehen – ohne Sie mit einer Beichte belästigen zu wollen – daß mein Verhältnis zum Katholizismus und zur Kirche von einer verblüffend andern Art ist, als man von einer flüchtigen Kenntnis meiner Person, meiner Aufsätze und selbst meiner Bücher glauben könnte. Schon dieser Umstand allein garantiert mir eine gewisse Distanz zu den Dingen in Rußland.«³² Vor solch durchschlagenden Argumenten eines keineswegs weltfremd durch sein Berufsleben schreitenden Autors muss ein bürgerlicher Verlag einfach kapitulieren.

Eine politische »Wende«

Roths Stimmung hat sich nicht nur wegen der beruflichen Querelen um den Korrespondentenposten verdüstert, sondern auch mit Blick auf die politischen Entwicklungen in Deutschland und Österreich: »*Ich bin sehr verzweifelt*. Ich kann nicht einmal mehr nach Wien fahren, seitdem die sozialistischen Juden einen solchen Anschlußlärm machen. Was wollen sie? Sie wollen Hindenburg? Als der Kaiser Franz Joseph starb, war ich zwar schon ein ›Revolutionär‹, aber ich weinte. ... Eine Zeit wurde begraben. Mit dem Anschluß wird noch einmal eine *Kultur* begraben. Alle Europäer müßten gegen den Anschluß sein. Und nur die Mittelmäßigkeit sozialdemokratischer Gehirne weiß es nicht.«[33]

In dieser Stimmung geraten Roths – privat geäußerte – politische Angriffe rasch ins Maßlose: »Ach, ich hasse mehr, als die deutsche Reaktion diese beschränkte deutsche Tüchtigkeit, die Bravheit, die Ehrlichkeit, den Typus Löbe (Sozialdemokrat und seit 1924 Präsident des Reichstages – WvS), den Buchhalter, der in die Politik gekommen ist. Diese Menschen sollten Beamte sein, nicht Politiker. Und nur, weil es in Deutschland keine Politiker gibt, machen Beamte Politik und in den Ämtern sitzen die Idioten und weil die Gefängnisse überfüllt sind, sind Verbrecher in den Polizeibüros einquartiert. Ich kann nicht, ich kann nicht nach Deutschland.«[34] Das sind Stammtisch-Gedanken, und sie zeigen Roth in einer Verfassung, die sich in den kommenden Jahren noch steigern wird.

Natürlich trifft seine Tirade auf die »beamteten Politiker« der Republik einen wunden Punkt. Charismatisch wirken die mit Zylinder und schwarzem Cut gekleideten Herren nicht, die im Reichstag und auf den Parteiversammlungen die Geschicke des Landes lenken. Es ist eine sich verhängnisvoll auswirkende Schwachstelle der Weimarer Republik, dass es ihre Vertreter in den zwölf Jahren ihres Bestehens nicht verstehen, die Demokratie festlich, selbstbewusst und selbstsicher zu feiern. Auch die meist trockenen Redebeiträge ihrer Repräsentanten lösen bei den Zuhörern nicht gerade Begeisterungsstürme aus. Ganz anders die Feinde der deutschen Demokratie: schmetternde Trompetenklänge bei den uniformierten Massenaufmärschen, dunkle Trommelwirbel bei der Gedenkveranstaltung und Vaterlandsbeschwörung, bunte Fahnenpracht und bald raffiniertes Lichtspektakel bei den Parteitagen, patriotisches Pathos bei den Redner-Auftritten. Die Rechte und teilweise auch die Kommunisten inszenieren Politik, wissen den Bauch der Menschen anzusprechen. Die Demokraten wollen den Kopf erreichen, und das überfordert auch im 21. Jahrhundert bekanntlich immer noch einen Großteil der Wähler.

So früh Roth erkennt, welchen Weg die Republik mit der Wahl Hindenburgs beschreitet, so heftig reißen ihn jedoch Zorn und Alkohol immer wieder zu Äußerungen hin, die doch mehr subjektive Augenblicksstimmung als nüchterne politische Analyse sind. Briefe, wie die zitierten, zeigen aber auch, dass sich seine politische Position in den Jahren 1924 bis 1926 allmählich verändert. Die Politik der Linken – und damit sind vor allem die Sozialdemokraten und ihre Anhänger im Kreise der Schriftsteller und Publizisten gemeint – und der Liberalen enttäuscht ihn zunehmend. Er geht auf Distanz zu den Kräften, in deren Zeitungen er viele Jahre geschrieben und argumentiert hat. Das kommt in seinen Feuilletons durchaus weniger zum Ausdruck als in seinen privaten Äußerungen. In den Zeitungsbeiträgen sinkt bis 1933 der Anteil der »politischen« Artikel. Als Reisereporter in der Sowjetunion, in Albanien oder Frankreich wird er vor allem über Landschaften, Menschen und persönliche Eindrücke berichten. Auch im Romanwerk wird dieser Wechsel in seiner politischen Haltung Ende der 20er-Jahre nur indirekt bemerkbar. Roth schreibt dann keine Zeitromane mehr, sondern sein Blick geht zurück in die nahe Vergangenheit, in die Jahre vor dem Großen Krieg. Als Schriftsteller wächst er, greift zu Themen und Perspektiven, die über den Alltag und den Augenblick hinausreichen und vom Scheitern des Menschen, von der Unabwendbarkeit des Schicksals, vom großen Mythos unserer Existenz erzählen.

Mancher Roth-Deuter spricht mit Blick auf dessen spätere politische Haltung von einer »reaktionären« Position. Im Wortsinn mag dies stimmen, denn Roth steht in der Tat fortschrittlichen Entwicklungen bald mit Ablehnung gegenüber. Auch seine Demokratieskepsis wird angesichts der Schwächeanfälle der westlichen Staaten – in denen der Jude Roth auch den Antisemitismus nicht als Nebensache abtut – wachsen. Das gilt vor allem für die Zeit nach 1933, als seine Verzweiflung über den Sieg der Nationalsozialisten in Deutschland sein politisches Denken beherrscht. Die wirklichen Reaktionäre der 20er- und 30er-Jahre bekämpft er aber schon vor Hitlers Machtantritt mit einer Schärfe, die man vor 1933 bei vielen seiner intellektuellen Zeitgenossen vermisst. Auch sein monarchistisches Engagement, das er dann so leidenschaftlich und naiv auslebt, muss mit Blick auf die Zeit beurteilt werden. Angesichts der »Realpolitik«, die in Italien, in Deutschland, im Bürgerkriegs-Spanien oder in der Sowjetunion auf so schreckliche Weise betrieben wird, erscheint Roths Traum vom Wiederauferstehen der Habsburg-Monarchie wie ein skurriles politisches Phantasiebild. Nicht mehr und nicht weniger. Als Romancier steht er dem Habsburgreich ohnehin keineswegs kritiklos gegenüber.

»April« und »Der blinde Spiegel«

In all diesen turbulenten und schwierigen Monaten hat Roth sein schriftstellerisches Werk nicht vernachlässigt. Bereits vor seiner Russlandreise hat er mit der Arbeit an seinem großen Essay »Juden auf Wanderschaft« begonnen, den er 1927 veröffentlicht. Und während seines ersten Frankreichaufenthalts erscheinen im Herbst 1925 zwei Prosatexte in Buchform: »April. Die Geschichte einer Liebe« und »Der blinde Spiegel. Ein kleiner Roman«. Verlegt werden sie im sozialdemokratischen Berliner Dietz-Verlag, der auch den »Vorwärts« herausgibt.

Der Untertitel der schmalen April-Novelle ist ein ironischer Hinweis auf eine Liebesgeschichte, die eigentlich keine ist. Der Ich-Erzähler kommt in einer Aprilnacht, »die wolkenschwer und regenschwanger (war)«,[35] in einer kleinen Provinzstadt an. Wenn es in Roths Geschichten regnet, ist in der Regel Depressives angesagt. In diesem Fall gilt das nur bedingt. Bei seinem Gang durch die Stadt hört der Erzähler zwar, »was die Leute einander sagten, und fühlte die Armut ihrer Schicksale, die Kleinheit ihres Erlebens, die Enge und Gewichtlosigkeit ihrer Schmerzen«,[36] aber dann werden kleine Episoden geschildert – über den betrunkenen Briefträger, den jeden Tag im Wirtshaus das Kalenderblatt abreißenden Postdirektor, den kleinbürgerlichen Eisenbahnassistenten –, die den Leser keineswegs in Schwermut verfallen lassen. Der Reisende bändelt mit der Kellnerin Anna an, die ein Ingenieur mit einem Kind hat sitzen lassen, und beide verachten den Eisenbahnassistenten, der nie »eine andere Sehnsucht haben (wird) als die, Stationsvorsteher zu werden«.[37] Als der Erzähler eines Tages am Haus des Postdirektors vorbeigeht, sitzt ein wunderschönes Mädchen am Fenster, und er verliebt sich in sie. Ihr tägliches Lächeln, wenn er hinaufschaut, lässt ihn glauben, seine Gefühle würden erwidert. Er erfährt, dass sie sterbenskrank ist, und »schlief die ganze Nacht nicht, denn ich dachte an das sterbende Mädchen«.[38] Bald aber träumt er schon wieder von großen fernen Städten: »Freund, ... begrabe dieses Mädchen, das ohnehin nicht mehr lebt, und gib dich mit dem Leben ab. Wichtig ist das Leben.«[39] Er reist ab, und im Zug begegnet er der jungen Frau, und sie ist nicht nur wunderschön, sondern auch kerngesund. Zudem: Sie ist die Verlobte oder die Frau des verachteten Eisenbahnassistenten. Als der Ich-Erzähler erkennt, dass das Mädchen vom Fenster für ihn verloren ist, tröstet er sich rasch: »›Das Leben ist sehr wichtig!‹ lachte ich. ›Sehr wichtig!‹ und fuhr nach New York.«[40] Von einem Weltzugewandten erzählt Roth in seiner April-Geschichte. Sie erinnert an sein autobiographisch gefärbtes Fragment »Erdbeeren« oder an einige Skizzen in seinem Notizbuch, in dem sich der Autor gern als kühler Dandy, Frauenverächter und Liebender stilisiert.

In seinem Roman »Der blinde Spiegel« schildert Roth das kurze Glück der kleinen Fini. Armselig das kleinbürgerliche Milieu, erschütternd die naive Hoffnung, mit der die Heranwachsende dem Leben entgegensieht, tragisch das Ende. Die pubertierende Fini, die die große Liebe erwartet, leidet als Bürobotin und Hilfssekretärin unter dem harten Regime ihrer Vorgesetzten. Der Verlust eines Briefes, den sie besorgen soll, gerät zu einer Beinahekatastrophe, das Diktat des Notars Doktor Finkelstein zum täglichen Fiasko. Albträume einer Angestellten: »Dann erfolgte die Kündigung, notgedrungen, Entlassung auf der Stelle sogar. Rückkehr mit hängendem Kopf und Suchen in den kleinen Anzeigen des Morgenblattes. Warten in den Vorzimmern und sorgsames Kalligraphieren der gleichlautenden Offerten.«[41]

Finis erste schüchterne Liebe gehört dem Maler Ernst, dem sie auf einem Atelierfest zum ersten Mal begegnet. Sie betritt die ihr bislang unbekannte Welt der Wohlhabenden und der bürgerlichen Boheme: »Stolz und mutig waren die Menschen, gewiß kamen sie aus den großen, kühlen, bewachten Häusern und aus den reichen Zimmern, in denen Spiegel an jeder Wand die Haltung ihrer Besitzer unter steter Aufsicht halten und bis zur Vollkommenheit verbessern. Wer aber, wie wir, aus den engen Häusern kommt und in den Zimmern mit den blinden Spiegeln heranwächst, bleibt zage und gering sein ganzes Leben lang.«[42]

Ihre Liebe zum Maler Ernst zerstört der Musiker Ludwig, dem Fini auf dämonisch-schicksalhafte Weise verfällt. Dieser Don Juan mit dem verführerischen Geigenspiel entpuppt sich aber nach der Heirat als »ein einsamer Mensch, alternd, kurzsichtig und mit spärlichem Haar, demütig und bittend, lässig und vergeßlich, von ärmlicher Sorge bedrückt und kleinen Schulden. Den warmen Celloklang verlor seine Stimme, er hörte zu spielen auf und war wie ein erloschener Krater«.[43]

Kindheitsträume verfliegen daraufhin, Fini erfährt die enttäuschende Welt der Erwachsenen: »Früher – wie war unser pochendes Herz gespannt, die Straße, die wir dahinschritten, von Geheimnissen erfüllt, wie lauerten die Abenteuer hinter jeder Ecke, um die wir biegen sollten! Nun ist unsere Erwartung ausgelöscht, auf unsern Wegen eine Stille ohne Grenze, eine Landschaft ohne Fernen verbergende Hügel, alles wissen wir, Anfang und Ende, männliche Armseligkeit und unseres eigenen Angesichts bittere Zukunft.«[44] Dann noch einmal die Liebe, jetzt absolut, alle Brücken abbrechend. Rabold, der politische Agitator und Revolutionär, kommt wie »ein Gott zum irdischen Weibe«.[45] Als auch er verschwindet – wahrscheinlich ein Opfer der politischen Gewalt –, verliert das Leben für Fini seinen Sinn. »Niemand wußte, daß sie in den Himmel hatte gehen wollen und ins Wasser gefallen war. Sie zerschellte an den weichen Treppen aus purpurnen und goldenen Wolken.«[46]

Ein Nebenwerk Roths im Stile der Wiener Schule ist dieser Roman. Die kleine Fini, ihr unschuldiger Blick auf das mit so großen Erwartungen befrachtete Leben, ihre Opferrolle als Verführte und als wahrhaft Liebende, ihr trauriges Ende – »sie fiel ins Wasser, tat noch einen leisen Schrei, sank unter, und der Strom führte sie mit...«[47] – all das könnte eine Novelle von Arthur Schnitzler sein. Auch der etwas pathetische Schluss gehört literarisch in die Zeit, in die der Autor seine Geschichte angesiedelt hat: das habsburgische 19. Jahrhundert. Ganz Roth ist wiederum die religiös-mythologische Szene, die er am Ende, als Fini sich in den Fluss stürzt, skizziert: »Wie einen fernen Schatten sah sie den alten Angler am andern Ufer. Der Alte wuchs und stand wie ein Diener ehrfürchtig und wartend am Eingang. Hatte Rabold ihn vorausgeschickt, sie zu empfangen?«[48]

»Juden auf Wanderschaft«

Nach dem innerredaktionellen Beschluss, ihn in die Sowjetunion zu schicken, hat Roth im Einvernehmen mit den Frankfurtern den Reisetermin auf den Spätsommer 1926 festgelegt. Vorher will er noch seinen umfangreichen Essay »Juden auf Wanderschaft« schreiben. Große Teile des Textes entstehen in Paris, wo Roth sich im Frühjahr und Sommer 1926 erneut mit Friedl aufhält. Er arbeitet intensiv, der nicht überwundene Ärger über die Entscheidung der Frankfurter Redaktion, die er als persönliche »Niederlage«[49] bezeichnet, Geldsorgen und eine Krankheit belasten ihn. Reifenberg erfährt im April von Roth: »… ich (bin) plötzlich krank geworden, ›sehr krank‹, eine schlimme Hautkrankheit. Es sah eine Zeitlang aus, ›wie Syphilis‹, die Blutprobe ist jedenfalls noch nicht gemacht. Ich bin ganz besät von roten Beulen, kann nur im Dämmer in ein Lokal gehn, niemandem die Hand geben, ich bin ganz eingeschmiert mit Schwefel und stinke. … Diese Krankheit muß 4–5 Wochen dauern, die Dermatologie lernt an mir und behauptet, es sei eine Krankheit, die mit dem Haarausfall zusammenhängt und mit dem – jetzt erst! – ENDE DER PUBERTÄT. Bei mir! So rächt sich Gott, Jehovah, sein Name sei gelobt! … Ich bitte Sie mir Geld schicken zu lassen, es ist ohnehin schon Monatsende. *Mein Maigehalt.*«[50]

Neben dem Roman »Hiob« ist »Juden auf Wanderschaft« Roths schönstes Bekenntnis zu seiner jüdischen Herkunft und seiner östlichen Heimat. Der Essay ist eine Liebeserklärung an die jüdischen Menschen, die ihren Glauben in größter Armut und mit immer wiederkehrender Angst vor der Gewalt ihrer christlichen Nachbarn bewahrt haben. Schon in den ersten Sätzen klingt neben einer bewussten Abwehrhaltung gegenüber der erwarteten Kritik auch an, dass Roth hier einen sehr persönlichen Text geschrieben hat: »Dieses Buch verzichtet auf den Beifall und die Zustimmung, aber auch auf den Widerspruch und sogar die Kritik derjenigen, welche die Ostjuden mißachten, verachten, hassen und verfolgen. Es wendet sich nicht an jene Westeuropäer, die aus der Tatsache, daß sie bei Lift und Wasserkloset aufgewachsen sind, das Recht ableiten, über rumänische Läuse, galizische Wanzen, russische Flöhe schlechte Witze vorzubringen. Dieses Buch verzichtet auf die ›objektiven‹ Leser ... Der Verfasser hegt die törichte Hoffnung, daß es noch Leser gibt, vor denen man die Ostjuden nicht zu verteidigen braucht; Leser, die Achtung haben vor Schmerz, menschlicher Größe und vor dem Schmutz, der überall das Leid begleitet ...«[51]

Roths hohes Lied auf seine ostjüdischen Landsleute ist zugleich eine scharfe Abrechnung mit den assimilierten Westjuden, die häufig mit Verachtung auf ihre armen Brüder im Osten schauen, wenn diese vor materiellem Elend und physischer Gewalt nach Deutschland oder Österreich fliehen. »Der rasierte Jude trägt nicht mehr das Kennzeichen seines Volkes. Er versucht, auch wenn er es nicht will, so auszusehen wie einer der glücklichen Christen, die man nicht verfolgt und nicht verspottet. Auch er entgeht dem Antisemitismus nicht. Aber es ist eben die Pflicht der Juden, nicht von den Menschen, sondern von Gott eine Milderung ihres Schicksals zu erwarten. Jede noch so äußerliche Assimilation ist eine Flucht oder der Versuch einer Flucht aus der traurigen Gemeinschaft der Verfolgten; ist ein Versuch, Gegensätze auszugleichen, die trotzdem vorhanden sind.«[52]

Das sind prophetische Sätze, denn der Versuch der westeuropäischen Juden, sich den Gesellschaften in ihren neuen Heimatländern anzupassen, findet in den Jahren, in denen das nationalsozialistische Deutschland den Kontinent terrorisiert, ein tödliches Ende. Auf der anderen Seite zeigt der Essay ein weiteres Mal, mit welchen Widersprüchen Roth in der Frage seiner jüdischen Identität selbst lebt und häufig argumentiert. Denn er ist in seinem Denken und in seinem Alltagsleben genau zu dem Menschen geworden, dessen Haltung er gerade ablehnt: ein assimilierter Westjude. Auch in »Juden auf Wanderschaft« wird Roths schon erwähnte zwiespältige Haltung zum Zionismus deutlich.

So konservativ manches in dem Buch auf den ersten Blick erscheint, es ist doch ein liberaler, aufgeklärter Text. Mit einfachen, aber die Sache genau treffenden Sätzen widerspricht Roth den oberflächlichen Vorurteilen, die nicht nur von den Antisemiten in West und Ost gepflegt werden. »Der arme Jude ist der konservativste Mensch unter allen Armen der Welt. Er ist geradezu eine Garantie für die Erhaltung der alten Gesellschaftsordnung. Die Juden in ihrer großen, geschlossenen Mehrheit sind eine bürgerliche Klasse mit eigenen nationalen, religiösen und Rassenmerkmalen. ... Der slawische arme Teufel, der kleine Bauer, der Arbeiter, der Handwerker, sie leben in der Überzeugung, daß der Jude Geld hat. Er hat ebensowenig Geld wie seine antisemitischen Feinde. ... Der arme gläubige Jude hat sich mit seinem Schicksal abgefunden wie der arme Gläubige jeder Religion. Gott macht den einen reich, den andern arm. Empörung gegen den Reichen wäre Empörung gegen Gott. ... Es ist nur ein Irrtum der Antisemiten, zu glauben, die Juden wären radikale Revolutionäre. Den bürgerlichen und halbproletarischen Juden ist ein jüdischer Revolutionär ein Greuel.«[53]

Roth schreibt nicht nur über das Leben der Ostjuden, sondern auch über das jüdische Leben in Wien, Berlin und Paris. Seinem neu entdeckten und verehrten Gastland Frankreich dankt er dabei mit einer Verbeugung. »Die Ostjuden leben in Paris fast wie Gott in Frankreich. Niemand hindert sie hier, Geschäfte und sogar Gettos aufzumachen. ... Sie haben es schon aus äußeren Gründen in Paris leicht. Ihre Physiognomie verrät sie nicht. Ihre Lebhaftigkeit fällt nicht auf. Ihr Witz begegnet dem französischen auf halbem Weg. Paris ist eine wirkliche Weltstadt. Wien ist einmal eine gewesen. Berlin wird erst einmal eine sein. Die wirkliche Weltstadt ist objektiv.«[54] Ein allzu höflicher Autor ist Roth in diesem Fall, denn er übersieht, dass der unschuldige jüdische Leutnant Dreyfus nicht in Deutschland oder Österreich, sondern in Frankreich von seinen antisemitischen Richtern auf die Teufelsinsel verbannt wurde. Und dass Berlin auf dem Weg zur Weltstadt sei, würde Roth wenige Jahre später mit Sicherheit nicht mehr behaupten.

In »Juden auf Wanderschaft« erzählt Roth auch von den Amerika-Auswanderern: »Die Mutigsten gingen nach Amerika. Nie mehr durften sie zurück. Sie verzichteten. Sie verzichteten schweren Herzens auf die Familie und leichten Herzens auf das Vaterland.«[55] Und das letzte Kapitel, es entsteht erst während seiner Russlandreise, berichtet über die Juden in der Sowjetunion. Skeptisch ist

Roths Rückblick auf die zaristischen Jahrhunderte, wohlwollend die statistischen Zahlen, die er vorlegt und die zeigen sollen, dass sich vieles zugunsten der in der Sowjetunion lebenden Juden verändert hat. »Wird in Rußland die Judenfrage gelöst, so ist sie in allen Ländern zur Hälfte gelöst. ... Die Gläubigkeit der Massen nimmt in einem rapiden Tempo ab, die stärkeren Schranken der Religion fallen, die schwächeren nationalen ersetzen sie schlecht. Wenn diese Entwicklung dauert, ist die Zeit des Zionismus vorbei, die Zeit des Antisemitismus – und vielleicht auch die des Judentums. Man wird es hier begrüßen und dort bedauern. Aber jeder muß achtungsvoll zusehn, wie ein Volk befreit wird von der Schmach zu leiden und ein anderes von der Schmach zu mißhandeln; wie der Geschlagene von der Qual erlöst wird und der Schlagende vom Fluch, der schlimmer ist als eine Qual. Das ist ein großes Werk der russischen Revolution.«[56] Dieser optimistische Schlussabsatz seines Buches geht schon damals an der Wirklichkeit vorbei. Der Antisemitismus wird durch die Bolschewisten in der Sowjetunion keineswegs zur Geschichte. Stalins antijüdische Kampagnen werden bis zum Tod des Diktators im Jahr 1953 viele Opfer fordern.

Zehn Jahre nach der Erstveröffentlichung hat Roth 1937 eine Neuausgabe von »Juden auf Wanderschaft« mit dem Wiener Verlag Löwit vereinbart. In Roths Nachlass fanden sich ein »Nachwort« und eine »Vorrede zur geplanten Neuausgabe«. Im »Nachwort« heißt es: »Es ist mir eine höchst unerwünschte Pflicht, den geschätzten Leser zum Schluß auf die Tatsache hinzuweisen, daß sich wahrscheinlich die Verhältnisse der Juden in Sowjet-Rußland, so, wie ich sie im letzten Abschnitt zu schildern versucht habe, geändert haben dürften.«[57] In der »Vorrede« geht Roth auf die durch die Judenverfolgung im Dritten Reich neue Situation der Westjuden ein. »Nun scheint es mir an der Zeit, die deutschen Juden vor ihren Lodzer Vettern ebenso zu verteidigen, wie ich damals die Lodzer Vettern vor den Deutschen zu verteidigen versucht hatte. ... Von den 600.000 deutschen Juden sind etwa 100.000 ausgewandert. Die Mehrzahl findet nirgends Arbeit. ... Es ist schlimmer als die Babylonische Gefangenschaft. An den Ufern der Spree, der Elbe, des Mains, des Rheins und der Donau darf man nicht nur nicht baden, sondern auch nicht sitzen und weinen...«[58] Roth weist in dieser

Vorrede auch auf die Diskriminierung und die Ablehnung hin, die die jüdischen Emigranten in den Ländern erleben müssen, in die sie geflohen sind. »Es gibt keinen Rat, keinen Trost, keine Hoffnung.«[59] Resignation über das Schicksal der Juden spiegelt sich in diesem Text Roths wider, den er in seinem letzten Lebensjahr geschrieben hat. »Den gläubigen Juden bleibt der himmlische Trost. Den andern das ›vae victis‹.«[60]

Bereits im März 1926 erscheint im »Wiener Morgen« ein kleiner Auszug aus dem Buch, und in der Ausgabe vom 11. November 1926 druckt die »Frankfurter Zeitung« das Kapitel »Juden in der Sowjetunion« ab. Am 13. März 1927 können die Leser der FZ den Abschnitt »Ein Jude geht nach Amerika« in ihrer Zeitung finden. Im Frühjahr 1927 erscheint der vollständige Essay dann als Buch in der Reihe »Berichte aus der Wirklichkeit« im Verlag »Die Schmiede«.

Abenteuer Russland

Im August 1926 beginnt für Roth das große Russland-Abenteuer. Er bringt Friedl zu ihren Eltern nach Wien und fährt über Polen in die Sowjetunion. Er hat sich, wie seine Notizen belegen, sehr genau auf diese Reporterreise vorbereitet. Hinweise auf die russische Literatur, zur Geschichte und Wirtschaft des Landes, Zahlenmaterial und Auszüge aus Zeitungsartikeln hat er dort festgehalten. Vier Monate wird er im Osten bleiben, reist bis ans Kaspische Meer, hält sich in Moskau und Leningrad auf, unternimmt eine größere Wolgaschiffsreise, die ihn nach Astrachan und Baku führt. Er besucht Suchum und die Kaukasusstadt Topsi, ist in Sebastopol und Kiew, in Odessa und Charkow, in Weißrussland und in der polnischen Ukraine.

Es wird für Roth eine körperlich und seelisch äußerst anstrengende Reise. »Heute abend fahre ich nach Charkow«, notiert er am 12. Oktober im Tagebuch. »Es ist kalt geworden, ein furchtbarer Nordwind bläst, das Hotelzimmer ist nicht geheizt, ich vermute, daß man im ganzen Land noch nicht heizt, dann stehn mir noch bis zum Ausbruch des Winters und der Heizung furchtbare Tage bevor, in denen ich nicht schreiben kann. Ich trage schon 2 Paar Hemden und zwei Paar Strümpfe. Das Essen ist grauenhaft...«[61] Einige Zeilen später klagt er: »Ich habe nicht (eine) einzige Stadt wirklich erfreulich gefunden. Ein paar angenehme Stunden hat mir Baku bereitet, ein paar Odessa. Aber das sind die einzigen zwei Städte, die mich an Europa, wenn auch sehr ferne erinnert haben.«[62] An Benno Reifenberg schreibt er »von Bord eines kleinen Postdampfers«, mit dem er die Wolga hinunterfährt: »Ich esse schwarzes Brot und Zwiebeln und lebe 3-4 Tage in der Woche wie ein Bauer. Die andern muß ich allerdings im besten auffindbaren Hotel verbringen. Ich bin acht Tage zu Fuß durch Tschuwaschendörfer gegangen.«[63] Dazu kommt die Sorge, ob seine Artikel die Redaktion rechtzeitig erreichen und was tatsächlich dann im Blatt erscheint. »Welch ein Erwachen, als Ihre Belegexemplare kamen«, schreibt er erleichtert aus Odessa an Reifenberg, »mit der würdigen, aber für mich so schmeichelhaften Kopfnote – ich danke Ihnen. Aber ist es nicht zu unvorsichtig, sich auf einen Tag festzulegen? Wie, wenn 3 Wochen nichts kommt, ich nicht schreiben kann? Haben Sie schon alle 7 Artikel? Ich habe schon den zehnten fertig, das Abschreiben verschiebe ich immer, es ist eine Qual... Ich fürchte Druckfehler, zwei sind mir schon entgegengesprungen, Flöhe aus dem Satz.«[64]

Friedl fehlt ihm in diesen Monaten. Im Tagebuch finden sich immer wieder Zeilen, die seine Sorge um sie verdeutlichen. »Ich bin ratlos. Von Friedl ist keine Antwort. Ich kann nicht reden, nicht schreiben, nicht lesen. Die düstersten Vorstellungen bedrängen mich. Ich mache mir die unsinnigsten Vorwürfe. Es ist so leicht, leidenschaftlich zu lieben, der Gegenstand meiner Liebe muß mir nur Schmerz bereiten. Ich habe mich einer Leidenschaft nicht für fähig gehalten, ich glaube auch, es ist mehr eine Leidenschaft der Nerven, als der Seele. Trotzdem ist es mir klar, daß ich sie liebe, daß ich keine einzige Frau mit ihr vergleichen kann, und ich bin entschlossen, sie von nun an zu verehren.«[65] (19. September). – »Der Teufel soll diese Reise holen. Man kann nicht fahren, wenn man mit dem Herzen an jemanden gebunden ist.«[66] (29. September) – »Heute endlich Telegramm von Friedl...«[67] (30. September). Roth ist einsam während dieser aufregenden Reisemonate. »Seit einigen Wochen schon schreiben mir meine Freunde nicht. Sogar Brentano, dem ich einen *sehr, sehr warmen* Brief geschrieben habe, *antwortet mir nicht.*«[68]

Roth reist in einer Zeit einschneidender ökonomischer Umbrüche und innerparteilicher Machtkämpfe durch die Sowjetunion. Im Januar 1924 ist Lenin gestorben. Seine gemeinsam mit Trotzki 1921 ausgerufene Neue Ökonomische Politik (NEP), die die Kriegswirtschaft durch eine Liberalisierung von Handel, Industrie und Landwirtschaft ablöst, führt zu immer heftigeren Auseinandersetzungen in der sowjetischen Führung. Ein Jahr nach Roths Abreise aus Moskau, im Dezember 1927, wird die NEP-Politik auf dem 15. Parteitag der KPdSU beendet, und der von Stalin geforderte forcierte industrielle Aufbau beginnt. Er wird unter den Zwangsarbeitern, die beim Kanal- und Straßenbau oder bei der Errichtung von Fabriken eingesetzt werden, zu Millionen Opfern führen. Im Politbüro tobt seit Lenins Tod der Kampf zwischen Stalin und Trotzki um die Führung der Partei. Trotzki muss 1925 das Kriegskommissariat verlassen und ist damit praktisch entmachtet. Als Roth in der Sowjetunion ist, wird Trotzki aus dem Politbüro ausgeschlossen. Stalins Alleinherrschaft gewinnt in diesen Monaten Konturen. Ende der 20er-Jahre wird seine Stellung unangreifbar sein, und es beginnt mit der Kollektivierung der Landwirtschaft und der Terrorisierung der Bevölkerung das, was dann als »Stalinismus« in die Geschichtsbücher eingeht.

Die russische Revolution ist für viele Menschen im Westen, auch für eine große Zahl seiner Intellektuellen, das wichtigste politische Ereignis nach dem Ende des Krieges. Der Massentod auf den Schlachtfeldern des Ersten Weltkriegs hat den Völkern das Scheitern der alten Eliten – Adel, Großbürgertum und Kirchen – vor Augen geführt. Die Umstellung von der Kriegs- auf eine Friedenswirtschaft wird in allen westeuropäischen Staaten zum Offenbarungseid für den Kapitalismus. Inflation, Hunger und Verelendung machen sich nicht nur in den Verliererstaaten Deutschland und Österreich breit. Auch England, Frankreich und Italien erleben wirtschaftliche Rezessionen, Arbeitslosigkeit und sozialen Verfall, der die Mittelschichten erfasst. Das lässt auch die demokratischen und liberalen Ideale ins Zwielicht geraten. Viele Schriftsteller, Künstler und Journalisten besuchen in den 20er- und 30er-Jahren die Sowjetunion, um zu sehen, was der wirtschaftliche und politische Systemwechsel für Folgen zeitigt. Es sind natürlich insbesondere die dem Sozialismus zuneigenden Sympathisanten unter den Intellektuellen, die den Weg in den Osten finden. Der »rasende Reporter« Egon Erwin Kisch reist im Winter 1925/26 in die Sowjetunion und berichtet darüber in seinem viel beachteten Buch »Zaren, Popen, Bolschewiken«. Der Kommunist Kisch bietet seinen Lesern eine wohlwollende, die Dramen der Menschen in diesem Land übersehende und auf viele Zukunftshoffnungen bauende Bestandsaufnahme. Alltag im Land der Arbeiter und Bauern – dialektisch gedeutet: »Sie wird plumper und billiger, die Kunst des Spielzeugs, das ist nicht zu leugnen, und kein Proletarierkind besitzt wohl ein Empireschloß für Puppen, aber es wird auch kein anderes Kind beneiden müssen, das um nichts artiger ist und doch ein solches Zauberwerk sein eigen nannte, bloß weil seine Wiege im Palaste stand.«[69]

Der Dichter Ernst Toller – 1919 ist er zu fünf Jahren Festungshaft wegen seiner Beteiligung an den Räteaufständen in München verurteilt worden – hält sich im Frühjahr 1926 zehn Wochen in der Sowjetunion auf. Hermann Kesten findet einmal für Toller die schöne Beschreibung, er »verlangte, der Dichter müsse unter allen Umständen Partei ergreifen oder zu einer Partei gehören, am besten zu seiner eigenen Partei«.[70] In diesem Sinne berichtet Toller denn auch in seinen Reisereportagen über seine Erlebnisse und Begegnungen in der Sowjetunion.

Kommt ein westlicher Besucher ins Land, läuft die sowjetische Propaganda stets auf Hochtouren. Die berühmten Potemkinschen Dörfer gibt es für sie im bolschewistischen Sowjetstaat genauso zu bewundern wie einst für die Zaren, als sie durch ihr riesiges Reich reisten. Der Kreml tut alles, um die Welt davon zu überzeugen, dass das russische Volk dank der Errungenschaften der Revolution in eine glückliche Zukunft schreitet. Man schmeichelt den Besuchern und gibt ihnen das Gefühl, dass ihre Werke von den Arbeitern und Bauern gelesen, studiert und diskutiert werden. Viele erliegen den

Scheinbildern, die ihnen präsentiert werden. Alles sei noch schwierig, aber die ersten Etappen auf dem Weg zum bolschewistischen Paradies sind schon zu erkennen!

Für Roth gilt das nicht. Er lässt sich in der Sowjetunion von seinen Gastgebern nicht blenden. »Alles, was Toller und Kisch über Rußland erzählt haben, war falsch«, schreibt er am 26. September 1926 aus Odessa an Bernard von Brentano. »Rußland liegt in einer ganz anderen (Richtung). Ich glich einem primitiven Seefahrer aus dem Altertum oder dem frühen Mittelalter, der ein Land sucht, in dem Glauben, die Erde sei eine flache Scheibe. Wenn man weiß, daß sie rund ist, sieht man, wie verkehrt die Forschungsreise war. Es ist unglaublich schwer in einer Zeitung über Rußland zu schreiben, wenn man sich nicht, wie Kisch, auf Recherchen beschränken will.«[71] Wenig später reflektiert er seine Reporterarbeit mit selbstkritischen Sätzen: »Wie wenig weiß man von Rußland. Wie falsch ist alles, alles, was man schreibt.«[72] Und er bleibt skeptisch: »In Rußland entsteht ohne Zweifel eine neue Welt – mit aller Kritik betrachtet.«[73] Allerdings zeigt dieser Brief – und das gilt auch für einen Teil seiner Russland-Artikel –, dass Roth die Sowjetunion unter einem sehr persönlichen Blickwinkel betrachtet. »Es handelt sich mir nicht um die positive oder negative Einstellung den Sowjetstaaten gegenüber – ich will Ihnen deutlich machen, daß sowohl die Positiven als auch die Negativen vollkommen falsch sehn, wenn sie politisch sehn. Das Problem aber ist hier keineswegs ein politisches, sondern ein kulturelles, ein geistiges, ein religiöses, ein metaphysisches.«[74] So richtig der Hinweis auf die mentale gesellschaftliche Befindlichkeit der Sowjetbürger ist, der Kampf um die Zukunft des Landes wird im Politbüro entschieden.

Am 14. September 1926 erscheint Roths erste Russland-Reportage in der »Frankfurter Zeitung« – »Die zaristischen Emigranten«. »Lange bevor man noch daran denken konnte, das neue Rußland aufzusuchen, kam das alte zu uns.«[75] 23 Russland-Artikel sind in den nächsten Monaten in der FZ zu lesen. Roth erzählt von Menschen, Städten und Landschaften, er präsentiert Statistiken, soziologische Beobachtungen und zurückhaltende politische Bewertungen. Wobei er häufig weniger den Eindruck eines Urteilenden als vielmehr den eines nüchternen Berichterstatters vermitteln will.

Mehr noch als Roths Zeitungsartikel lassen seine Tagebuchaufzeichnungen, die er während der Reise anfertigt, erkennen, wie sehr seine Skepsis gegenüber den Ergebnissen der bolschewistischen Revolution wächst. »Je länger ich hier bin«, notiert er am 25. September in Odessa, »desto unwahrscheinlicher kommt mir eine Revolution im Westen vor. Immer mehr glaube ich, daß Marx verschiedene allerwichtigste Faktoren mitzurechnen einfach vergessen hat. ... Sogar Religionen haben nur einen beschränkten Zeitraum, in dem sie gültig sind. Und die marxistische Theorie sollte *ewigen* Dauerwert haben?«[76] Am 29. September: »Ein zweites ist der billige Atheismus, gekauft im Bazar, wo man Darwin für freie Mußestunden in broschierten Heften handelt. Auch der billige Materialismus mag nötig sein, um eine gefährliche Kirche zu vernichten. Aber mir scheint doch, daß die geistreiche Aufklärung Voltaires nicht gottlos sein konnte und daß ein tiefer Verstand ebenso göttlich ist, wie ein flacher tierisch.«[77] Am 12. Oktober: »Ich habe mich endgültig vom Osten losgesagt. Wir haben nichts von ihm zu erwarten, als eine Blutauffrischung, eine Muskelerneuerung, eine Lyrik vielleicht und eine Bereicherung der Traumwelt – keineswegs Gedanken, Tag, geistige Kraft und Helligkeit. Das Licht kommt vielleicht vom Osten, aber Tag ist nur im Westen.«[78]

Aber auch seine Artikel in der »Frankfurter Zeitung« – gekürzte Fassungen erscheinen im »Prager Tagblatt« – zeigen bei aller politischer Zurückhaltung, dass Roth die Augen nicht vor der Wirklichkeit des sowjetischen Alltags verschließt. Ohne Umschweife berichtet er über die »neue russische Bourgeoisie«, die sich seit der Revolution gebildet hat und die »weder die Tradition noch die Stabilität, noch die Solidarität einer sozialen Klasse« hat[79]. »Aus den Trümmern des zerstörten Kapitalismus steigt der neue Bürger hervor, ... der NEP-Mann, der neue Händler und der neue Industrielle, primitiv wie in den Urzeiten des Kapitalismus, ohne Börse und Kurszettel, nur mit Füllfeder und Wechsel. Aus dem absoluten Nichts entstehen Waren. Aus Hunger macht er Brot. Aus allen Fensterscheiben macht er Schaufenster. Eben ging er noch barfuß – schon fährt er in Automobilen. Er verdient und zahlt Steuern. Er mietet vier, sechs und acht Zimmer und zahlt Steuern. Er fährt im Schlafwagen, und fliegt im teuren Aeroplan und zahlt Steuern. Der

Revolution scheint er gewachsen zu sein – sie hat ihn ja selbst geboren. Das Proletariat steht vor seinen Schaufenstern und kann seine Waren nicht kaufen.«[80] Aus dem Kaukasus berichtet Roth den FZ-Lesern, die dort lebenden Völker hätten »heute vollkommene *nationale Autonomie* – soweit sie auf der Kulturstufe angelangt sind, auf der sie selbst Autonomie anfordern. Von allen Postulaten der Demokratie und des Sozialismus ist das der Gleichberechtigung nationaler Minderheiten in Rußland glänzend, vorbildlich erfüllt worden«.[81] Das stimmt schon 1926 nicht mehr und erst recht nicht in den kommenden Jahrzehnten, in denen der Stalinismus alle nationalen Bestrebungen im sowjetischen Vielvölkerstaat brutal unterdrückt.

Der Russland-Reisende Roth verbirgt seine öffentliche Kritik häufig mit Passagen, in denen er auf eine verspielte Subjektivität zurückgreift. Aber wer lesen kann, dem entgeht nicht, wie der Berichterstatter die Dinge beurteilt. So endet der Artikel »Wie sieht es in der russischen Straße aus?« mit den Sätzen: »Ich gestehe beschämt, daß mich manchmal in diesen Straßen eine ganz bestimmte Trauer befällt. Mitten in der Bewunderung für eine Welt, die aus eigener Kraft, mit mehr Ekstase als Material, ohne Geld und ohne Freunde, Zeitungen druckt, Bücher schreibt, Maschinen baut und Fabriken, Kanäle gräbt, nachdem sie kaum noch ihre Toten bestattet hat – mitten in der Bewunderung ergreift mich ein Heimweh nach unserem Leichtsinn und unserer Verwerflichkeit, eine Sehnsucht nach dem Aroma der Zivilisation, ein süßer Schmerz um unsere wissenschaftlich schon ausgemachte Dekadenz, ein kindischer, dummer, aber inbrünstiger Wunsch, noch einmal eine Modeschau bei Moulineux zu sehen, ein holdseliges Abendkleid auf einem törichten Mädchen, eine Nummer vom ›Sourire‹ und den ganzen Untergang des Abendlandes: Wahrscheinlich ist das ein bourgeoiser Atavismus.«[82] Aber er kann auch sehr direkt werden: »Wenn bei uns eine alte und, wie man sagt: müde Kultur durch Girls, Faschismus, flache Romantik pathologisch banal wird, so wird hier eine eben erst geweckte, brutal kräftige Welt gesund banal. Unserer dekadenten Banalität steht gegenüber die neurussische, frische, rotbackige Banalität.«[83]

Vielleicht lässt sich Roths kritisches Fazit über die Zustände in der Sowjetunion des Jahres 1926 am besten in der Feststellung erkennen, die am 21. Dezember in der FZ zu lesen ist: In Russland »verbürgerlicht« die Revolution. »Fast aller revolutionären Ideen, Einrichtungen, Organisationen hat sich der kleinbürgerliche Geist bemächtigt, der in der Politik schon lange sichtbar ist, der den Heroismus liquidiert, die Bürokratie aufbaut, selbst wenn er sich einbildet, sie ›abzubauen‹, indem er Beamte entläßt. Es kommt eben nicht auf die Zahl an, wie die heutigen Verwalter der russischen Revolution glauben und wie sie immer wieder betonen. Es herrscht in Rußland ein *Fanatismus der Statistik*, eine Anbetung der Ziffer, die man in den Rang eines Arguments erhebt.«[84]

Roth wird in Russland nicht vom sozialistischen Saulus zum reaktionären Paulus. Aber die Reise zählt zu den wichtigen Wendepunkten in seinem Leben. Die Erlebnisse und Erkenntnisse, die ihm die Monate in der Sowjetunion bescheren, führen zum endgültigen Abschied von seiner »sozialistischen« Phase. Seine Kritik an den linksliberalen Schriftstellerkollegen, aber auch an den demokratischen Grundsätzen der westlichen Welt wird in den nächsten Jahren wachsen. Der Atheismus, dem Roth in der Sowjetunion begegnet, lässt ihn die eigenen religiösen Überzeugungen überdenken. Der Katholizismus rückt stärker in den Fokus seines Denkens. Vor allem aber schlägt sich die erneute Begegnung mit dem östlichen Judentum und mit der slawischen Welt in seinem schriftstellerischen Werk nieder. In Russland entwirft Roth neue Prosapläne und beginnt mit der Niederschrift seines Romans »Die Flucht ohne Ende«.

Reisebilder von Albanien bis zum Saarland

Weihnachten 1926 ist Roth auf der Rückreise nach Deutschland, und er verbringt die Festtage bei seinem Studienfreund József Wittlin in Polen. Anfang 1927 ist er mit Friedl in Berlin, reist nach Prag und Wien und lebt dann für einige Wochen in Frankfurt. Seine journalistische Zukunft ist ungesichert, aber er arbeitet intensiv an mehreren Romanmanuskripten. Im Frühjahr 1927 reist Roth nach der großen Fahrt durch die Sowjetunion für einige Wochen auf den Balkan. Er besucht Albanien und auf dem Rückweg Belgrad. Ab Mai erscheint eine Artikelserie, in der er von seinem Aufenthalt in dem archaischen, unbekannten Balkanstaat berichtet. »Im übrigen ist es unmöglich, die Verhältnisse eines orientalischen Staates, dessen Geschichte aus Unterdrückung besteht, dessen Sitte Korruption heißt, dessen Kultur eine Mischung aus heimischer bukolischer und wildromantischer Naivität und fremder aufoktroyierter Intrige ist, mit der demokratischen Moral des Westeuropäers zu beurteilen.«[85] Ein Bild zeigt den Korrespondenten auf dieser Reise in verwegener albanischer Tracht, mit einem martialisch wirkenden Trommelrevolver, der herausfordernd im Gürtel steckt. Roth liebt die Schauspielerei und kokettiert gerne mit seiner Männlichkeit. »Die Tracht ist alt und bunt wie vor Jahrhunderten, und von der ganzen europäischen Zivilisation der letzten hundert Jahre haben die Albanier in den Dörfern nur die Mannlicher-Gewehre übernommen und einige Systeme amerikanischer Trommelrevolver.«[86]

Einige Artikel aus Albanien scheinen die Redaktion nicht erreicht zu haben. Roth reagiert – wie immer in solchen Fällen – misstrauisch: Es habe sich bei seinem Bericht zur mazedonischen Freiheitsbewegung um Details »über so unbekannte, so interessante und so unheimliche Zusammenhänge (gehandelt), daß ich annehme, das Auswärtige Amt hätte, wie es manchmal geschieht, den Brief aufgemacht und den Artikel verwertet«.[87] Er kann das auch sehr viel lockerer sehen. In Albanien trifft er den Kollegen Kloetzel vom »Berliner Tageblatt«. Sie fahren zusammen von Skutari nach Tirana. »Wieviel Artikel haben Sie schon geschrieben, Roth?« – »Keinen!« – ... »Und was sagen Ihre Leser dazu?« – »Merken Sie sich, Kloetzel: bei der ›Frankfurter Zeitung‹ schreibt man nicht für den Leser, sondern für die Nachwelt!«[88]

Nach seiner Rückkehr vom Balkan geht Roth nach Paris. Eine Harzreise für die »Frankfurter Zeitung«, zu der ihn der hoch geschätzte Reisereporter Heinrich Heine angeregt hat, bricht er vorher ab. An der Seine lebt er mit Friedl im Hotel Helvetia in der Rue de Tournon und beginnt mit der Niederschrift des Romans »Zipper und sein Vater«. Bald fährt das Ehepaar in den Süden und besucht Marseille. Im September 1927 sind sie für einige Tage in der

Schweiz. Ein unruhiges Reiseleben kennzeichnet das Jahr, denn im Oktober ist Roth schon wieder für die FZ unterwegs: Er reist von Paris nach Saarbrücken, und Mitte November erscheint der erste Artikel einer kleinen Serie mit dem Titel »Briefe aus Deutschland«. Den letzten Saar-Bericht veröffentlicht die FZ am 28. Januar 1928. Roth wählt für diese Arbeiten das Pseudonym Cuneus, lateinisch für »Keil«. Was immer der Grund für diese Namenswahl gewesen sein mag, zumindest ist es Roth mit seiner Berichterstattung aus dem Saargebiet gelungen, einen sehr tiefen Keil zwischen sich und seine empörten Kollegen in der »Saarbrücker Zeitung« zu treiben.

Roths Beschreibungen des Lebens im Saarland sind sozial mitfühlend und anklagend. Er fährt in Bergwerken unter Tage, besucht Volksversammlungen und Warenhäuser. Der Leser seiner Artikel muss in vielen Passagen den Eindruck gewinnen, dass hier ein engagierter Kritiker des Kapitalismus vom harten Leben der Grubenarbeiter und der Armut ihrer Familien erzählt. Roths Blick auf die Städte und ihre kulturellen Aktivitäten ist derweil mit der Arroganz des Großstädters durchtränkt, den es in die Provinz verschlagen hat. »Der Bahnhof von Saarbrücken«, schreibt er über seine Ankunft, »ist der traurigste aller Bahnhöfe, in denen ich jemals ausgestiegen bin. ... Die Stadt sieht aus wie eine Fortsetzung des Bahnhofs oder wie ein Zugang zu ihm. ... Der Geruch der Kohle ist stark wie ein Schicksal, die Luft ist fett und klebrig, ein kurzer Aufenthalt in der Straße, und die Hände sind schmutzig.«[89] Aus Neunkirchen vermeldet er, »... wo die Häuser aufhören, fangen die Fabriken an; und wo die Höfe aufhören, fangen die Misthaufen an; und wo die Straßen zu Ende sind, beginnen die wüsten Plätze. ... Die ärmlichen Schaufenster sind auffälliger. Alle Waren sehen verstaubt aus. Auf allen Kleidern, allen Mauern, allen Fenstern, allen Pflastersteinen liegt dieser schwarzgraue, feinkörnige, dennoch harte Sand, den man auf den Seiten eines aufgeschlagenen Buches im Eisenbahnkupee bemerken kann, nachdem man einige Tunnels passiert hat. Es ist der Trauerflor der Zivilisation.«[90]

Das ist natürlich auch ein Stück Literatur, die der FZ-Korrespondent seinen Lesern bieten möchte. Benno Reifenberg wird im Rückblick sagen: »Eine von Roths großartigsten Reisen war die im Saargebiet. Er schrieb sehr aggressiv und wir haben seine Artikel mit Wonne gebracht.«[91] Die saarländischen Kollegen Roths sind da allerdings ganz anderer Meinung. Wenn es um ihre Region und ein Konkurrenzblatt geht, pfeifen sie auf literarische Zeitungstexte. So greift in der »Saarbrücker Zeitung« ein Redakteur, der mit »Matz« unterzeichnet, zur Feder und startet einen wütenden Gegenangriff. Im zweiten Anti-Roth-Artikel offenbart sich der Verfasser als Ludwig Bruch, bald stellvertretender Chefredakteur der »Saarbrücker Zeitung«. Roth antwortet nicht unfreundlich, Bruch meint, dies tue er nur, weil sein Arbeitgeber ihn zum Einlenken aufgefordert habe. Die »Frankfurter Zeitung« habe sich nämlich durch »ein unfaires Konkurrenzmanöver« seinerzeit ins Saargebiet »eingeschmuggelt«, und nun liege ihr daran, ihre Abonnenten nicht zu verlieren.[92] Das wiederum will Roth nicht auf sich sitzen lassen: »›Die Herren am Main‹, meint Matz mit einer poetischen Umschreibung, deren Humor mir ewig verschlossen bleiben wird, ›wissen Bescheid.‹ So sitzen sie halt an den Ufern des Mains und wissen Bescheid, diese Herren. Jener aber sitzt mitten im Strom des Geschehens – der auch kein zu verachtender Fluß ist – und glaubt, erst recht Bescheid zu wissen. Er glaubt zu wissen, daß ein Verlagsdirektor ›seinem‹ Schriftsteller sagen kann: ›So dürfen Sie nicht schreiben, mein Lieber! Flugs lenken Sie ein‹! ...«[93] Am 8. Januar 1928, Roth ist schon wieder in Paris, geht er noch einmal in einem Brief an Reifenberg auf die Saarreise ein. Er ahnt, dass seine Sicht auf die sozialen Zustände in dieser Region und seine harsche Beschreibung saarländischer Stadtlandschaften in der politischen Redaktion nicht nur Jubel auslösen: »Gestern habe ich Ihnen einen Cuneus geschickt. Ich fürchte, die Politik wird etwas gegen ihn haben. Vielleicht gibt man ihn sorgfältig einem zahmen Politiker. Außerdem höre ich, daß die Saarbrückener Zeitung vom 19 oder 20 XII noch 2 Angriffe fabriziert hat. Ich bitte womöglich um Zusendung. Wenn Matz mit einer sanften Ohrfeige nicht genug hat, werde ich ihn verprügeln, daß es kracht, gleichzeitig mit dem hörbaren Ekel, den ich vor diesen Wanzen habe.«[94]

Das sind nicht nur Hahnenkämpfe zwischen Journalisten, da geht es auch ums Geschäft. Roth ist nicht irgendwer und die FZ eine bedeutende Zeitung, die ihre Leser im Saargebiet nicht verlieren will. Aus der Verlagsspitze sollen während dieser Kontroverse denn auch ganz andere Töne zu hören gewesen sein, als Reifenbergs spätere Begeisterung es vermuten lässt. »Er schreibt so fanatisch, daß die wirtschaftlichen Kreise es ihm übelnehmen werden«,[95] soll es in der Anzeigenabteilung rumort haben. So kolportieren es jedenfalls später Zeitgenossen aus der Redaktion.

Einem Brief an Reifenberg zufolge bricht Roth seine Saar-Reise vorzeitig ab und schreibt die »Briefe aus Deutschland« wohl weitgehend erst in Paris. »Ich bin weggefahren, weil es mir unmöglich ist, im Saargebiet zu schreiben. ... ich bin durchsättigt von Saargebiet und kenne es wie Wien. Sie werden sehn.«[96]

Im Winter 1927 ist Roth wieder in Frankfurt und in München. Weihnachten verbringt er in Paris, und im Januar 1928 bricht er schon wieder nach Deutschland auf. Er besucht Essen, Köln und Frankfurt. Im abgelaufenen Jahr haben die Manuskripte seiner beiden neuen Romane – »Die Flucht ohne Ende« und »Zipper und sein Vater« – im Vordergrund seiner Arbeit gestanden. »Die Schmiede« ist finanziell angeschlagen, Roth braucht einen neuen Verlag. Er nimmt Kontakte zu Samuel Fischer auf – die Annette Kolb vermittelt –, aber man kann sich nicht einigen. Im Herbst 1927 erscheint dann »Die Flucht ohne Ende« im Münchner Kurt Wolff-Verlag. Erstmals hat Roth in seinen Verhandlungen mit einem Verlag erreicht, dass ihm für den nächsten Roman laufende monatliche Vorauszahlungen zugesagt werden.

Die Flucht ohne Ende

Erste Ideen für den Roman »Die Flucht ohne Ende« entwickelt Roth während seiner Russlandreise. »Endlich habe ich auch das Buch-Thema gefunden, das ich allein schreiben kann und vielleicht noch in Rußland schreiben werde. Es wird der Roman sein, auf den ich solange gewartet habe und auf den, hoffe ich, noch ein paar Menschen im Westen warten.«[97] An Reifenberg schreibt er hochgemut im Herbst 1926: »Ich bringe einen Roman aus Rußland mit, der sich gewaschen hat. Er wird es mir erlauben, trotz Sieburg in Paris zu leben. So einen Roman werden Sie sogar lesen.«[98]

In seinem Reisetagebuch und in seinen Briefen aus Russland

kommt Roth verschiedentlich auf das neue Buch zu sprechen. »Der Roman, wie soll er heißen?«, fragt er am 26. September Bernard von Brentano. Am 2. Oktober notiert er, dass er mit der Niederschrift begonnen hat. Er wird das Manuskript jedoch nicht in Russland, sondern erst im März 1927 in Paris beenden.

Am 14. Juni dieses Jahres teilt Roth seinem Kollegen Ludwig Marcuse mit: »Den Roman habe ich an Kurt Wolff geschickt.«[99] Wolff ist ein leidenschaftlicher Büchermensch, der sich schon vor dem Ersten Weltkrieg – zunächst ab 1908 als stiller Teilhaber in einem von Ernst Rowohlt in Leipzig gegründeten Verlag – für die moderne Literatur einsetzt. Als Rowohlt aus dem Unternehmen ausscheidet und einen neuen Verlag gründet, führt sein ehemaliger Partner das einst gemeinsam geleitete Unternehmen unter dem Namen Kurt Wolff-Verlag weiter. Er wird der führende Hausverlag für die expressionistische Literatur, und zu seinen Lektoren zählen zeitweise Franz Werfel und Willy Haas. Autoren wie Gustav Meyrink, Carl Sternheim, Arnold Zweig oder Heinrich Mann finden bei Kurt Wolff ebenfalls eine Verlagsheimat. Über Manns berühmten Roman »Der Untertan«, den Wolff unmittelbar nach dem Krieg herausbringt, schreibt der Verleger: »... ich habe die Lektüre des Buches eben beendet und bin hingerissen. Hier ist der Anfang dessen, was ich immer suchte: der deutsche Roman der Nach-Gründer-Zeit.«[100]

Ein begeisterter Verleger und Kunstfreund ist Wolff. Aber schon 1925 sind die ersten Anzeichen für den Abstieg des Verlages zu erkennen. 1927 erscheinen neben »Die Flucht ohne Ende« nur noch zwölf weitere Titel bei Wolff. Darunter Franz Kafkas Romanfragment »Amerika« und der zweite Band von René Schickeles Trilogie »Das Erbe am Rhein«. 1928 sind es ganze neun Bücher, darunter Roths »Zipper und sein Vater«, die im Verlagsprogramm angekündigt werden. Der Journalist Klaus Hermann bemängelt, dass Wolff in den zurückliegenden Jahren »Bücher herausgebracht habe, deren Notwendigkeit nicht zu erkennen ist«[101]. Aber er weist darauf hin, dass »dafür zwei junge Autoren vertreten (sind), Joseph Roth und Paula Schlier, die den Willen des Verlages erkennen lassen, nach dem Abflauen des Expressionismus ... mitzuhelfen an dem Aufbau einer neuen, wirklichkeitsnahen Dichtung«[102].

Der Kurt Wolff-Verlag gerät schließlich 1930 – die Weltwirtschaftskrise trifft auch den Buchhandel mit aller Härte – in Finanzprobleme, die zum Verkauf der Bestände führen. Wolff geht nach Florenz und emigriert 1938 über Frankreich in die USA. Dort gründet er den Pantheon Books-Verlag. Er stirbt 1963 während eines Deutschlandaufenthaltes bei einem Verkehrsunfall. Seine Witwe Helen Wolff führt den amerikanischen Verlag weiter und wird später die amerikanische Verlegerin der Werke von Günter Grass, Max Frisch und Uwe Johnson sein.

Finanziell scheinen die beiden bei ihm veröffentlichten Roth-Romane nicht Wolffs Erwartungen entsprochen zu haben. In einem Brief vom Juni 1930 beklagt er sich bei Franz Werfel, »an einem Autor wie Joseph Roth (haben wir) viel Geld verloren«.[103] Ob es wirklich so dramatisch gewesen ist? Da Verleger generell dazu neigen, ihren Autoren gegenüber hohe Klagelieder anzustimmen, mag diese Äußerung nicht allzu ernst zu nehmen sein. Aber auch Roth weiß seine geschäftlichen Interessen wahrzunehmen. Im Dezember 1927 teilt er in triumphierendem Ton Benno Reifenberg mit: »Ich bekomme bis April inclusive vom Kurt Wolff-Verlag 700 Mark monatlich. Für weitere 4 Monate MINDESTENS diese Summe, wenn ich ihm den nächsten Roman … gebe. Dabei ist der Verlag zwar verpflichtet, meinen Roman zu nehmen (blind), ich nicht, ihn zu geben. Da ich inzwischen einen wehmütigen Entschuldigungsbrief von Zsolnay bekommen habe, dem es leid tut, durch seine Kinkerlitzchen meinen Zipper verloren zu haben, rechne ich mit einigem Recht auf Zsolnays Verlangen, mein nächstes Buch zu erwerben und also durch sein Angebot 800–1000 M. monatlich bei Kurt Wolff zu erzielen. Köpfchen!«[104] Roth wird in seinen Verhandlungen die interessierten Verlage häufig gegeneinander ausspielen, um seine Einnahmen zu verbessern. 1928 beispielsweise erreichen Reifenberg die Zeilen: »Vielleicht werde ich bei günstigem Angebot Wolff gegen Fischer eintauschen, bei nicht günstigem diesen gegen jenen ausspielen.«[105] Roth bleibt bei allen seinen Verlagsverhandlungen ein misstrauischer und – begreiflicherweise – seine materiellen Interessen nie aus den Augen verlierender Autor. »Man muß bei den Verlegern auftreten können – es sind doch alle Lumpen!«[106]

Die Flucht ohne Ende

Roth erzählt in diesem Roman die Geschichte des österreichischen Oberleutnants Franz Tunda, der 1916 in russische Kriegsgefangenschaft geraten ist. »Ich folge zum Teil seinen Aufzeichnungen, zum Teil seinen Erzählungen«, heißt es im berühmt gewordenen Vorwort des Autors. »Ich habe nichts erfunden, nichts komponiert. Es handelt sich nicht mehr darum zu ›dichten‹. Das wichtigste ist das Beobachtete.«[107] Rudolf Leonhard schreibt in seinem Nachruf auf Roth, dieser habe es während seiner Albanienreise verfasst. »... nach der zweiten oder dritten Flasche Wein (schrieb er), die Zeit für Erfindungen sei völlig vorbei, die Phantasie habe ausgespielt, es komme nur auf die Darstellung an. So ausschließlich war dieser Satz gar nicht gemeint. Roth ... wußte nicht, daß der Satz, unendlich zitiert, einer der Grundsätze der ›neuen Sachlichkeit‹ werden würde.«[108] Claudio Magris nimmt das Vorwort ernster: »Oft, und besonders in der *Flucht ohne Ende*, definiert Roth Literatur als unsichere, bruchstückhafte Annäherung.« Deshalb stütze sich Roth »auf ... hypothetische objektive Gegebenheiten wie die Briefe oder Tagebücher Franz Tundas«.[109] Diese skeptische Haltung Roths gegenüber dem traditionellen Erzählen weist ihn laut Magris als Autor der Moderne aus.

Roth selbst kommt 1929 auf die Diskussion zurück, die sein Vorwort ausgelöst hat. In der »Frankfurter Zeitung« bemerkt er mit einem ironischen Augenzwinkern, »daß der Satz ... ›Es handelt sich nicht mehr darum zu dichten. Das Wichtigste ist das Beobachten‹ – seinen relativen Erfolg einem absoluten Mißverständnis zu verdanken hat. Das heißt: daß bei dem Ruf nach dem Dokumentarischen durchaus *nicht* die berühmte ›Neue Sachlichkeit‹ gemeint war, die das Dokumentarische mit dem Kunstlosen verwechseln möchte. ... Nicht ›das Dichten‹, das ›Dichterische‹, die ›Dichtung‹ war in einen Gegensatz zum ›Authentischen‹ gestellt worden, sondern das, was das ›Dichten‹ allmählich geworden war, Ausdruck für ... die Herstellung eines Geschlechts aus konstruierten, also verlogenen ›Erfindungen‹ ... Es lebe der Dichter! Er ist immer ›dokumentarisch‹!«[110]

Jenseits aller literaturwissenschaftlicher Deutungen und Roths eigenen Anmerkungen handelt es sich bei »Die Flucht ohne Ende«

um einen Roman und nicht um eine Dokumentation. Er erzählt von einer Generation, die naiv und verführt in den Krieg gezogen ist, um desillusioniert und ohne Zukunftshoffnung zurückzukehren. Die Nachkriegszeit wird für Franz Tunda buchstäblich eine Flucht ohne Ende. Wie unzählige seiner Schicksalsgenossen findet er nirgendwo eine neue Heimat. »In Wirklichkeit weiß ich nicht, was ich soll. Man muß doch ein Ziel haben?«,[111] wird Tunda einmal sagen. Zudem lässt Roth erneut ein zentrales Thema seines Werkes anklingen: ein unbekanntes, unentrinnbares Schicksal treibt den Romanhelden auf Europas Straßen, in Tundas Fall auf den Weg in den Westen.

Es gelingt ihm die Flucht aus dem Gefangenenlager, und er versteckt sich bei einem Bärenjäger und Pelzhändler in Sibirien. Verloren ist die Verlobte Irene, die in Wien nicht mehr auf ihn wartet, verloren sind alle Illusionen, daß »nach dem triumphalen Marsch der siegreichen Truppen über die Ringstraße der goldene Kragen des Majors, die Stabsschule und schließlich der Generalsrang (warteten), alles umweht von dem weichen Trommelklang des Radetzkymarsches. Jetzt aber war Franz Tunda ein junger Mann ohne Namen, ohne Bedeutung, ohne Rang, ohne Titel, ohne Geld und ohne Beruf, heimatlos und rechtlos«.[112] Tunda durchquert Sibirien und weite Strecken des europäischen Russlands. »Er kümmerte sich nicht um den Sieg oder die Niederlage der Revolution«.[113]

Von den Roten gefangen genommen, verliebt sich Tunda in die Revolutionärin Natascha Alexandrowna und kämpft jetzt auf der Seite der Bolschewiken. »Es ist gleichgültig, ob jemand durch Lektüre, Nachdenken, Erleben Revolutionär wird oder durch die Liebe.«[114] Nach dem Sieg der Revolution lebt er in Moskau. Als die Beziehung zu Natascha zerbricht, geht Tunda nach Baku und heiratet dort Alja, »jenes stille Mädchen aus dem Kaukasus«.[115] Die Begegnung mit einer kleinen französischen Reisegruppe und ein erotisches Erlebnis wecken seine Sehnsucht nach Wien. »Ich könnte niemals in Rußland leben. Ich brauche den Asphalt der Boulevards, eine Terrasse im Bois de Boulogne, die Schaufenster der Rue de la Paix«, wird seine französische Geliebte sagen, und Tunda reist nach Wien.[116] »Er bezog Arbeitslosenunterstützung, lebte kümmerlich und suchte einige seiner alten Freunde auf.«[117]

Im Rückblick reflektiert Tunda das, was er im bolschewistischen Russland gesehen hat, überaus kritisch. In einem fiktiven Brief an den »lieben Freund Roth« schreibt Tunda: »Das schlimmste ist, daß Du fortwährend beobachtet wirst und nicht weißt, von wem. In dem Büro, in dem Du arbeitest, ist jemand Mitglied der Geheimpolizei. Es kann die Putzfrau sein, die jede Woche den Boden scheuert, es kann aber auch der gelehrte Professor sein, der eben ein Alphabet der tattischen Sprache zusammenstellt. Es kann die Sekretärin sein, der Du diktierst, oder der Hausverwalter, der sich um die Beschaffenheit der Büroutensilien kümmert und zerbrochene Fensterscheiben durch neue ersetzt. Alle sagen Dir gleichmäßig Genosse. Alle nennst Du gleichmäßig Genosse. Aber Du wähnst in jedem einen Beobachter und weißt gleichzeitig, daß jeder Dich für einen Beobachter hält.«[118]

Tundas Flucht endet dann jedoch nicht in Wien. »Ich fühle mich fremd ... Ich gehe mit fremden Augen, fremden Ohren, fremdem Verstand an den Menschen vorbei. Ich treffe alte Freunde, Bekannte meines Vaters und verstehe nur mit Anstrengung, was sie mich fragen.«[119] Der heimatlos Gewordene reist an den Rhein, wo der ungeliebte Bruder Georg als Kapellmeister lebt. In seinen Schilderungen des Lebens im Hause Georgs entlarvt Roth die bürgerliche Scheinwelt der Weimarer Jahre. Auch in dieser Atmosphäre der Anpassung und Lüge bleibt der Kriegsteilnehmer Tunda ein Fremder. »Kunst ist etwas Heiliges, dem Tag Abgewandtes. Wer ihr dient, übt eine Art Priesterberuf aus. Kannst du dir vorstellen, daß man eine politische Rede hält und dann ›Parsifal‹ dirigiert? – ›Ich kann mir vorstellen‹, sagte Franz, ›daß unter Umständen eine politische Rede ebenso wichtig ist wie ›Parsifal‹. Ein guter Politiker kann so wichtig sein wie ein guter Musiker. Ein Priester ist er allerdings nicht. Ein Konzertsaal ist ebensowenig ein Tempel der Kunst wie ein Versammlungslokal ein Tempel der Politik.‹ – ›Du hast keine europäischen Anschauungen mehr‹, sagte der Kapellmeister sanft und leise wie ein Nervenarzt. ›Ähnliche Anschauungen haben leider auch schon einen großen Teil von Deutschland ergriffen.‹«[120]

Tunda hat erfahren, dass Irene, die einstige Verlobte, in Paris lebt. Er reist an die Seine. »Tunda ging durch die heiteren Straßen mit der großen Leere im Herzen, wie sie ein entlassener Sträfling auf seinem ersten Gang in die Freiheit fühlt. ... In dieser Welt war er nicht zu Hause. Wo war er es? In den Massengräbern.«[121] Als er Irene auf der Straße begegnet, erkennt sie ihn nicht wieder. Mit einer grandiosen Kameraeinstellung lässt Roth seinen Roman ausklingen: »Es war am 27. August 1926, um vier Uhr nachmittags, die Läden waren voll, in den Warenhäusern drängten sich die Frauen, in den Modesalons drehten sich die Mannequins, in den Konditoreien plauderten die Nichtstuer, in den Fabriken sausten die Räder, an den Ufern der Seine lausten sich die Bettler, im Bois de Boulogne küßten sich die Liebespaare, in den Gärten fuhren die Kinder Karussell. Es war um diese Stunde, da stand mein Freund Tunda, 32 Jahre alt, gesund und frisch, ein junger, starker Mann von allerhand Talenten, auf dem Platz vor der Madeleine, inmitten der Hauptstadt der Welt und wußte nicht, was er machen sollte. Er hatte keinen Beruf, keine Liebe, keine Lust, keine Hoffnung, keinen Ehrgeiz und nicht einmal Egoismus. So überflüssig wie er war niemand in der Welt.«[122]

»›Die Flucht ohne Ende‹ enthält meine Autobiographie zum großen Teil...«, erfährt 1932 ein Briefpartner Roths.[123] Das ist wieder einmal ein Spiel mit dem eigenen Lebensweg. Sicher, im ersten Teil des Romans, der im revolutionären Russland der Jahre 1917 bis 1919 spielt, spiegeln sich eigene Reiseeindrücke wider. Auch die Orte, an denen Tunda Fremdheit und Leere empfindet – Moskau, Wien, Berlin, Paris –, kennt der Autor persönlich. Tunda aber ist nicht Roth, sondern ein Geschöpf der dichterischen Phantasie, wenn auch viel vom Lebensgefühl des Autors, von seiner Deutung der Zeit und ihrer Schrecken in sie eingeflossen ist.

Der Roman beschert Roth beim deutschen Lesepublikum einen nicht erdbebenartigen Durchbruch, aber beachtlichen literarischen Erfolg. Die Kritiken sind überwiegend positiv. Diese Anerkennung lässt ihn sogar kurzzeitig mit Optimismus in seine materielle Zukunft als Schriftsteller blicken. Im September 1927 schreibt er an Brentano: »Was mich betrifft, so gedenke ich, die Journalistik als Hauptberuf bald aufgeben zu können.«[124] Vier Monate später liest sich das in einem Brief an Stefan Zweig allerdings schon etwas skeptischer: »Nun bin ich wenigstens so weit, daß ich ›bürgerlich‹ leben kann und ganz ausgefüllt von der Notwendigkeit, zu schreiben, zu schreiben. Leider kann ich immer noch nicht das Artikelschreiben aufgeben. Diese Artikel hindern mich vielleicht auch an den sogenannten ›schöpferischen Pausen‹, die jeder schreibende Mensch einschalten muß. Aber so sehr jeder Verleger bereit ist mir Vorschuß bis zu 3000 Mark zu zahlen, ... so ist keiner bereit, etwas für mich zu riskieren, mich von der Notwendigkeit, für die Zeitung regelmäßig zu arbeiten, zu befreien.«[125] Roth bleibt als Schreibender ein Gehetzter. Und das hängt nicht alleine mit dem Stand seines Bankkontos zusammen.

Zipper und sein Vater

Roths fünfter Roman erscheint im April 1928 ebenfalls im Kurt Wolff-Verlag. Er erzählt eine Vater-Sohn-Geschichte, deren kompositorischer Aufbau nicht ohne verwirrende Komponente ist und die vergleichsweise handlungsarm bleibt. Über weite Strecken zeichnet der Ich-Erzähler lediglich psychologische Porträts des alten Zipper, den er zur Hauptperson der ersten Romanhälfte macht, und seines Sohnes Arnold, der im weiteren Verlauf in den Vordergrund rückt. Schließlich schildert Roth langatmig die Schauspielerkarriere von Arnolds Frau Erna und bietet seinen Lesern einen eigenwilligen Schluss. Der gescheiterte Literat Eduard P. taucht ziemlich unvermittelt auf und lässt sich mit dem Erzähler auf eine literarische Diskussion über den traditionellen Roman, die Neue Sachlichkeit und die Aufgabe des Autors ein. Das mag die Literaturwissenschaft zu mehr oder weniger kühnen Interpretationen ermuntern, den unbefangenen Leser dürfte es kaum bewegen. Am Ende steht gar noch ein »Brief des Autors an Arnold Zipper«, der mit »Joseph Roth« unterschrieben ist. »Versuche Du nur weiter, vergeblich zu spielen«, ruft der Briefschreiber dem als geigenden Clown in einem Varieté gelandeten Arnold zu, »wie ich nicht aufhören will, vergeblich zu schreiben.« Man werde nach Tausenden von Jahren »wahrscheinlich nicht wissen, ob ich geschrieben und Du gespielt hast oder umgekehrt«.[126]

Eine Schelmen-, eine Generations- und teilweise wieder eine Heimkehrergeschichte hat Roth da geschrieben. Der alte Zipper, Sohn eines Tischlers, will nach oben, gewinnt in der Lotterie, verspielt fast alles wieder in Monte Carlo und heiratet. Der wohlhabende Schwiegervater richtet ihm ein Papierwarengeschäft ein. »Man konnte bei dem Papiergeschäft nie reich werden, aber lange am Leben bleiben.«[127] Ein Schwadroneur ist der alte Zipper, in den Kaffeehäusern, Vereinen und Versammlungen spielt er den Alleswisser, wechselt die politische Meinung, wie es die Zeiten gerade erfordern, und für seinen Platz in der Gesellschaft bringt er erheblich mehr Zeit auf als für sein geschäftliches Fortkommen. »Er schaffte sich Verbindungen, an denen ihm viel gelegen war. Theaterkassierern, Varieté-Agenten, Zirkusdirektoren kam er immer näher. ... Wo andere zahlen mußten, stand ihm der Zutritt frei. ... Und selbst, wo man, ohne zu warten, vordringen konnte, war es ihm lieb, so zu tun, als könnte nur er zuerst darankommen.«[128] Es wurde nichts aus ihm, »weil er den größten Teil der Energie, die ihm Gott mitgegeben hatte, dazu verwenden mußte, um aus einem Proletarier ein Bürger zu werden«.[129] Zipper bleibt ein Illusionist, verdrängt die Wirklichkeit, hält sich mit einem ungebrochenen Optimismus am Leben: Roth schildert ein Schelmenleben, »aber es ging ihm immer schlechter, dem alten Zipper. Aber je trauriger es mit seinen Einnahmen aussah, desto mehr gesellschaftliche Ehren häufte er an. Jetzt gehörte er schon drei Wohltätigkeitsvereinen und mehreren Geselligkeitsklubs (an), und in jedem hatte er irgendein Amt.«[130]

Zipper hat zwei Söhne. Cäsar ist der Missratene. Er kommt schwer verwundet aus dem Krieg zurück und wird irrsinnig. »Er begann, Zeitungspapier zu essen.«[131] Vernunft im Wahnsinn: Der Kranke, ein Opfer des Krieges, frisst das Papier, auf dem die Propagandalügen der Minister und Generäle begeistert abgedruckt worden sind. »Dennoch hörte eines Tages der Krieg auf. Die Monarchie zerfiel. Wir kamen nach Hause.«[132]

Arnold Zipper, der Freund des Ich-Erzählers, »war nicht genial und nicht herzlos. Er war im Gegenteil zart, gutherzig, begabt und schüchtern«.[133] Er versucht sich nach seiner Rückkehr aus dem Krieg im Handel mit alten Militärstoffen, liebäugelt damit, nach Brasilien auszuwandern, spielt mehr schlecht als recht Geige und verliebt sich in die Schauspielerin Erna Wilder. Wehe, wenn du ein Sohn bist: »Hätte Arnold doch die harmlose, optimistische Freude am Gespräch gehabt, die seinen Vater auszeichnete! Aber der junge Zipper hatte ein schwereres Blut als der alte, ein klügeres Gehirn und eine zartere Haut.«[134] Er heiratet Erna, die ihn nicht liebt, und begleitet unterwürfig ihre Filmkarriere. Roth nutzt diese Passagen des Romans – wie schon manches Zeitungsfeuilleton – zu einer Philippika gegen Hollywood und die Filmindustrie. »Sie hatte es beim Film vorläufig mit Menschen zu tun, die ihrem Vater glichen: kleine Bürger mit großen Redensarten. ... Der Film war ein Kalifornien. Alte Börsenmakler aus Czernowitz setzten sich mit deutschnationalen Großindustriellen zusammen und erfanden patriotische Filme. Reisende in Lampenschirmen rasten in den Ateliers herum, brüllten Mechaniker an und nannten sich Beleuchtungskünstler. Mittelmäßige Porträtzeichner wurden Architekten. Studenten, die akademische Dilettantenklubs geleitet hatten, wurden Hilfsregisseure. Gehilfen, die aus Möbellagern ausgeschieden waren, wurden Ausstattungskünstler, Photographen hießen Aufnahmeleiter, Devisenhändler Direktoren, Polizeispitzel Kriminalfachmänner, geschickte Dachdecker Bautenarrangeure, und alle, die kurzsichtig waren, Sekretäre.«[135]

Der Roman endet mit dem Tod des alten Zipper – »Alles war falsch gewesen, was er unternommen hatte.«[136] Arnold löst sich von Erna, aber: »... kann ich mich überhaupt jemals entschließen?«[137] Er ist ein Zerrspiegel väterlichen Scheiterns, verspielt sein Geld in Monte Carlo und endet dort als tragikomischer Geiger am Varieté. »Ein verwirrenderes Werk hat Joseph Roth nicht geschrieben als ›Zipper und sein Vater‹. Es ist ein Roman ohne rechten Anfang und erst recht ohne Schluß ... (er) ist der einzige Roman Roths, der mit ›Ich‹ beginnt und mit der Unterschrift ›Joseph Roth‹ endet.«[138]

Italien und die »Münchner Neuesten Nachrichten«

Kurz nach dem Erscheinen von »Zipper und sein Vater« reist Roth mit Friedl für einige Wochen nach Polen. Sie besuchen Warschau und Lemberg, wo es zu einem neuerlichen Zusammentreffen mit der alten Freundin Helene von Szajnocha kommt, und machen einen Ausflug nach Wilna. Aus Warschau schreibt er an Reifenberg und bittet um Vorschüsse, denn »ich habe gar kein Geld mehr..., bitte Sie aber dringlich, die Absendung des Juni Honorars auch noch selbst veranlassen zu wollen«.[139] Gleichzeitig kündet er dem Feuilletonchef seine »polnischen Briefe« an: »Bitte um Mitteilung, möglichst bald, ob Ihnen diese oder Artikelform lieber.«[140]

Den ersten »Brief aus Polen« veröffentlicht die »Frankfurter Zeitung« am 24. Juni 1928. Der letzte von insgesamt sieben Polen-Artikeln erscheint am 9. September. Roth erzählt von den Petroleumstädten in Galizien, von polnischen Militäraufmärschen – »Der Kriegsgott von Polen ist ein Parade-Mars«[141] – und von der Textilindustrie in Lodz. »... die Fabriken wuchsen und die Schornsteine und die Fabrikanten, und die Stadt dehnte sich aus. Auf einmal hatte sie eine halbe Million Einwohner. ... Aber niemand – auch der Staat nicht, der so viel Steuern einkassierte – hatte Lust, in Lodz Kanäle anzulegen. ... in den Seitenstraßen gurgeln und glucksen friedlich die Wässerchen, und an vielen Stellen stinkt heute schon der Regen, der morgen niedergehen wird.«[142]

Das polnisch gewordene Galizien bleibt zwischen den Nationalisten in Warschau und Lemberg eine umkämpfte Region. »Ein großer Teil der ukrainischen intellektuellen Jugend sympathisiert mit Sowjetrußland und dem Kommunismus. Aus ihren Reihen rekrutieren sich die fleißigsten Agitatoren, die bei den armen Bauern williges Gehör finden. Allmählich und ständig wächst die Zahl der sowjetfreundlichen ukrainischen Bauern, die *nur von einer sozialen Revolution eine nationale Befreiung erhoffen* und denen beides gleich erstrebenswert erscheint.«[143]

Im Sommer 1928 sind die Roths am Lago Maggiore und in Wien. Er muss bei Ämtern und Behörden um die Erneuerung seines Reisepasses nachsuchen, die Frage der österreichischen Staatsbürgerschaft sorgt erneut für Ärger. Den Vertrauten Reifenberg erreichen Nachrichten über seine »kritische Situation«: »3. Muß ich selbst ein neues Leben beginnen. Es ist wieder einmal die Zeit, in der ich meine Existenz vollkommen umändern muß. Wegfahren, ein Jahr frei und allein sein – ich will nach Amerika, wenn nicht nach Sibirien. Ich bin sosehr an das Reale gebunden, daß ich im billigsten Sinn des Wortes erleben muß, um zu schreiben.«[144]

Die latente Krise mit der »Frankfurter Zeitung« spitzt sich in diesen Sommermonaten erneut zu. Reifenberg erreicht am 28. August aus Wien ein alarmierendes Telegramm: »drahten sie vor ihrer abreise ihre vertretung was ich schreiben soll wenn nicht italien … beabsichtige kuendigung weil in simon hindernis meiner mitarbeit bis morgen wien werde im falle weiterer schwierigkeiten gegen das blatt oeffentlich schreiben habe antrag.«[145] Es geht um eine Reportagereise nach Italien, die Reifenberg zugesagt hat, die aber in der Frankfurter Redaktion offenbar noch diskutiert wird. Schließlich kann Roth die Fahrt antreten. Im Oktober reist er über Wien nach Triest, Meran, Mailand, Rom, Neapel und Genua.

Seine Italien-Artikel – sie erscheinen zwischen dem 29. Oktober und 22. Dezember 1928 – stoßen im Zeitungshaus am Main auf Kritik. Auch die »Frankfurter Zeitung« wird in dieser Zeit politisch etwas vorsichtiger. Bei den Reichstagswahlen im Mai 1928 können die Arbeiterparteien zulegen – der Sozialdemokrat Hermann Müller wird Reichskanzler –, und die konservativen Gruppierungen müssen Verluste hinnehmen. Sie rücken nach rechts: Im Oktober – Roth erfährt davon in Italien – wird der Pressezar Alfred Hugenberg, ein Gegner der Republik, Vorsitzender der Deutschnationalen Partei, und im Dezember übernimmt Prälat Ludwig Kaas, ebenfalls kein Demokrat, diese Rolle beim katholischen Zentrum. Die Abonnenten der FZ aber kommen überwiegend aus dem bürgerlichen Lager. Der italienische Faschismus ist in diesen Kreisen keineswegs unpopulär. Ordnung und Disziplin, eine klare gesellschaftliche Führungshierarchie und die Abwehr gewerkschaftlicher Forderungen finden im konservativen Deutschland einen starken Zuspruch. Roths Attacken auf Mussolini lösen in der Redaktion daher teilweise Nervosität aus.

Es erscheinen insgesamt nur vier Artikel über diese Reporterreise in der FZ. Sie sind teilweise gekürzt, und der Verfasser bleibt anonym. Auch als Roth sein Recherchematerial daraufhin der im Fischer-Verlag erscheinenden »Neuen Rundschau« anbietet, muss er erkennen, dass Kritik an Mussolini in Deutschland nicht genehm ist. Die Chefredaktion lehnt ab. An Reifenberg wird er resigniert schreiben: »So ist es doch wohl so, daß Mussolini das Ideal des internationalen Bürgertums ist und daß es gefährlich ist, ihn in einer als bürgerlich geltenden Zeitung anzugreifen oder zu ironisieren.«[146]

Noch zweieinhalb Jahre zuvor, im April 1926, als in der FZ über die Frage beraten wird, ob Roth als Korrespondent nach Russland, Spanien oder Italien gehen soll, hatte er Reifenberg wissen lassen: »Ich stehe zum Fascismus anders, als die Zeitung. Ich liebe ihn nicht, aber ich weiß, daß ein republikanischer Hindenburg schlimmer ist, als zehn Mussolinis. Wir in Deutschland sollten lieber zuerst auf die Reichswehr, auf Herrn Geßler, auf unsere Generäle, auf unsere famose Fürstenabfindung achtgeben. Wir haben *nicht* das Recht, gegen einen fascistischen Diktator zu schreiben, solange wir eine verborgene, viel schlimmere Diktatur haben, Fememörder und Paraden, Richter, die Mörder sind und Staatsanwälte, die Henker sind. ICH persönlich habe ein zu starkes Gewissen, um als unterdrückter Deutscher die Welt auf italienische Unterdrückungen aufmerksam zu machen.«[147] Angesichts der italienischen Wirklichkeit des Herbstes 1928 ändert Roth seine Meinung radikal.

Roths Italien-Berichte sind eine unzweideutige Darstellung der politischen und gesellschaftlichen Verhältnisse in einer Diktatur. »Man kann in der Tat nicht wissen, aus welchem Grund man dem Hausversorger, dem Vertrauten der Polizei, verdächtig wird. Der Bürger lebt unaufhörlich in der Angst, er könnte verdächtig werden.«[148] – »Man verläßt sich auf Denunzianten. Seit Metternich sind die Hausmeister die Augen und die Ohren der Polizei. Der italienische Bürger fürchtet den Zeitungshändler an der Ecke, den Zigarettenverkäufer und den Friseur, den Portier und den Bettler, den Nachbarn in der Straßenbahn und den Schaffner. Und der Zigarettenhändler, der Friseur, der Nachbar, der Fahrgast und der Schaffner fürchten sich untereinander.«[149] – »Niemals war die Photographie ein so wichtiges Hilfsmittel der Nationalgeschäfte, und niemals erfreute sich eine Diktatur einer größeren Authentizität. Die ganze Geschichte der Gegenwart, soweit sie von Mussolini dargestellt wird, ist illustriert wie ein Bilderbuch.«[150]

Der Korrespondent Joseph Roth sieht genauer hin als viele begeisterte Reisende, die in Mussolinis Italien so etwas wie eine Wiederauferstehung des alten Roms zu erkennen glauben. Und er ist offenbar mutiger als mancher Kollege in der Heimatredaktion. Roth reagiert in seinen politischen Urteilen häufig emotional und subjektiv. In der Frage des Faschismus, das zeigen seine Zeitungsartikel über das Italien Mussolinis, ist er jetzt unbestechlich. Was er den Lesern der »Frankfurter Zeitung« 1928 über die politische Lage auf der Apenninhalbinsel zu berichten weiß, wird fünf Jahre später in Deutschland höchste Aktualität gewinnen.

Als die »Literarische Welt« im Frühjahr 1928 bekanntere Journalisten um eine Stellungnahme zum Thema »Was Reporter verschweigen müssen« bittet, äußert sich Roth lapidar und optimistisch: »Ich kann leider nichts von Bedeutung mitteilen, ich habe glücklicherweise *alles* schreiben dürfen, was ich erfahren habe.«[151] Das klingt nach der Italienreise schon ganz anders. Einem holländischen Kollegen gegenüber erklärt Roth, in der »Frankfurter Zeitung« sei kein Platz mehr für die Wahrheit.[152]

Das Verhältnis zur Frankfurter Redaktion bleibt also angespannt. Während seiner Reise durch Albanien im Vorjahr hat Roth Verleger Simon um eine Geldsendung gebeten. Der Verlag antwortet offenbar zurückhaltend. Empört schreibt Roth aus Paris an Ludwig Marcuse: »Die Form dieses Telegramms war dumm, provinziell und beleidigt, ebenso wie kränkend. Ich forderte noch 400 Dollar – die Reisespesen sind dort enorm hoch. Darauf telegrafierten sie mir, das wäre das Allerletzte, Reisekasse erschöpft, ich möchte zurückkehren. Darauf wurde ich krank, schiffte mich ein, mein Geld reichte nicht zu einer Fahrt über Berlin, ich kam geradewegs nach Paris, telegrafierte grob zurück, schrieb und bat um eine Mitteilung, ob sie die Absicht gehabt hätten, mich loszuwerden und ob es noch wollten. 14 Artikel brachte ich von dieser Reise zurück und 2, glaube ich, sind erschienen. Ich bin ohne Antwort, ohne Geld, wahrscheinlich bin ich ihnen zu teuer und zu anspruchsvoll – jetzt, nachdem die alte Frau Simon wahrscheinlich an der Börse verloren hat.«[153]

In der FZ-Redaktion bleibt die Meinung über den Mitarbeiter Roth geteilt. Die einen haben keine Lust, sich immer wieder mit dem gereizten, von sich überaus überzeugten, stets nach Geld rufenden und auf Kritik sehr empfindlich reagierenden Roth auseinanderzusetzen. Im Politik-Ressort mehren sich zudem die Stimmen, die vor Roths politischen Bewertungen und seinen spöttischen Auslassungen warnen. Auf der anderen Seite stehen die Roth-Anhänger, die – wie Reifenberg – seinen feuilletonistischen Stil, seine Subjektivität und seine humanistische Haltung bewundern.

Roths zunehmende Nervosität in der Zusammenarbeit mit den Frankfurtern ist jedoch nicht zu übersehen. Er ärgert sich über die mit Blick auf seine schriftstellerische Arbeit verlorene Zeit, die er für die Zeitungsaufträge aufwenden muss. Roth ist zudem leicht beleidigt, wenn sein Arbeitgeber nicht gleich auf seine Vorschläge, Vorauszahlungsbitten und Honorarwünsche eingeht. So erreicht Reifenberg wenige Wochen vor Roths Italienreise – und solche Zeilen sind kein Einzelfall – ein fast schon hysterischer Beschwerdebrief: Er schreibe ihm, »weil mich nämlich die plötzliche Ankündigung meiner Italien-Reise bei dem kolossalen Mißtrauen, auf dem mein Verhältnis zur Welt und natürlich auch zur F. Z. beruht, stutzig macht. 1. Wie kommt es, daß Sie nicht danach trachten, mich nach Beendigung einer Reise in Frankfurt zu sehn? 2.) Warum stimmt der Verlag Ihrem Vorschlag so schnell zu? Ich, das heißt mein Mißtrauen kennt folgende Gründe: 1.) Sie, lieber Herr Reifenberg, haben einen Grund, mich jetzt nicht zu sehn. Sie planen irgendetwas oder Sie haben irgendetwas gemacht, von dem Sie annehmen, es würde mir sehr gegen den Strich gehn. 2.) Der Verlag denkt sich, der Roth soll nicht ohne Arbeit herumlaufen und Geld beziehn 3.) Der Verlag kann die Zeitung vielleicht wieder in Italien vertreiben und denkt, der Roth ist unter Umständen für Bäderblattartikel zahm genug und damit kann man bei der Abonnenten- und Inseraten-Werbung in Italien was anfangen«.[154]

Die Niederlage bei der Besetzung des Pariser Korrespondentenpostens hat Roth nie vergessen. Die redaktionellen Eingriffe in seine Italienartikel lassen das Fass dann überlaufen. Roth inszeniert seine Trennung von dem Blatt regelrecht, woraus sich ein kurioses biographisches Zwischenspiel entwickelt. »Inzwischen haben mich die Münchener Neuesten eingeladen«, schreibt er im März 1929 an Stefan Zweig. »Sie wollen mir offenbar einen Antrag zur Mitarbeit machen. Ich habe so wenig Geld und die Zeitungen sind mir so gleichmäßig verhaßt, daß ich noch nicht weiß, ob ich nicht doch annehmen soll.«[155] Einen Monat später: »Sehr verehrter Herr Stefan Zweig, ich schreibe Ihnen spät, weil ich unterwegs war – in Frankfurt ein paar Tage, ausgefüllt mit törichten Verhandlungen – und weil ich Ihnen das Endgültige mitteilen wollte. Ich nehme den Vorschlag der Münchener also an. Ich hoffe auf ein Jahr Ruhe und guter Produktivität.«[156]

Der Briefwechsel zwischen Roth und Reifenberg, aber auch mit Redaktionskollegen wie Siegfried Kracauer oder Bernard von Brentano zeigt, von wie viel Misstrauen und kleinlichem Klatsch die Zusammenarbeit in all den Jahren begleitet war. Roth beschwert sich im Juni 1929 über das Verhalten Kracauers gegenüber dem Freund Brentano und die Ablehnung eines Artikels von ihm. Reifenberg antwortet mit einem »vertraulichen« Brief vom 29. Juni 1929. Es ist eine verärgerte und grundsätzliche Abrechnung mit Roths zwielichtigem Verhalten in der Schlussphase des ersten Aktes der kleinen Tragödie »Joseph Roth und die Frankfurter Zeitung«: »Lieber Herr Roth, nehmen Sie hier die Antwort auf Ihr Schreiben vom 24. Juni. Ich bin Ihnen gut gesinnt. Aber ich habe nicht die Absicht, Ihnen dazu zu verhelfen, sich nachträglich Gründe moralischer Art für Ihren Weggang aus der Frankfurter Zeitung konstruieren zu können. ... Sie haben vergessen ... dass sowohl Simon als auch ich uns um Ihr Bleiben bei der Frankfurter Zeitung bemüht haben. Dass wir eigens deshalb eine Zusammenkunft in Paris hatten, dass Simon Sie aufgefordert hat, nachdrücklich und durchaus unmissverständlich, uns Ihre Vorschläge zu machen, unter welchen materiellen Bedingungen Sie bei uns hätten bleiben können. Sie haben vergessen zu erwähnen, dass Simon vorher noch in einem lebhaften Briefwechsel mit Ihnen gestanden hat, der ein bestimmtes journalistisches Programm für die fernere Zusammenarbeit zwischen Ihnen und der Zeitung zum Ziel hatte, und dass Sie dieses Programm zumindest diskutierten. Sie haben ferner vergessen..., dass Sie selbst den Wunsch hatten, bei uns zu bleiben und uns vorgeschlagen haben, sowohl bei den ›Münchner Neuesten‹ als auch bei uns zu schreiben, dass ich aber diesen Vorschlag als indiskutabel zurückgewiesen habe, und zwar von Anfang an. Lieber Herr Roth, ich fühle mich verpflichtet, Sie an diese Dinge zu erinnern und Sie zu bitten, mir nicht mehr solche Briefe wie den letzten zu schreiben, damit nicht, falls Sie einmal in einer näheren oder ferneren Zukunft in Erwägung ziehen, an der Frankfurter Zeitung Ihre Tätigkeit wieder aufzunehmen, Sie es mittlerweile unmöglich gemacht haben, auf solche Erwägungen einzugehen.«[157]

Roth antwortet nur wenige Tage später, und er schlägt einen bemerkenswerten Ton an: »Lieber Herr Reifenberg, schon die Versicherung, dass Sie mir gut gesinnt bleiben, könnte mich stutzig machen. Denn bisher war es doch so, dass die gute Gesinnung eine selbstverständliche Voraussetzung unseres Verkehrs war. ... Auf keinen Fall mute ich Ihnen zu, mir moralische Gründe für meinen Abgang von der F.Z. zu liefern. Ich bedarf ihrer keineswegs. ›Moralisch‹ ist alles, was ich mache. ›Unmoralisch‹ ist vieles, was Sie gegen mich gemacht haben. ... Sicher ist, daß der ›Radikalismus‹, also die Anständigkeit der F. Z., zum großen Teil meine Anständigkeit war, und daß die F. Z. diesen Teil verliert. ... Sie selbst wissen sehr gut, daß der Glanz meines Radikalismus die ganze Frankfurter Zeitung verschönt und sogar legitimiert hat ... und wo Joseph Roth schreibt, wird es radikal, im Abort oder im Parlament, so wie es überall kühl wird, wo der Wind bläst. Ich also bleibe Joseph Roth, so lange ich eine Zeile schreibe. Die Frankfurter Zeitung aber ändert sich, sobald sie den Glanz meiner Zeilen entbehrt. ... Vergessen haben Sie, lieber Herr Reifenberg, mir zu erklären: a) warum Sie sich mit zwei Tölpeln über die Publikationen meines Artikels beraten; b) warum, wenn Sie es tun, Sie mir auf meine ausdrückliche Frage: ›Wer ist die Redaktion, die sich weigert, meinen Artikel zu bringen?‹ nicht mit Namen antworten. ... Unmöglich kann meine frühere oder spätere Mitarbeit an der F.Z. von dererlei Briefen oder von andern abhängen. Sie wird von Folgendem abhängen: 1) ob ich die Sicherheit haben werde, nicht mehr Schulter an Schulter mit Unwürdigen zu stehen, 2) ob es Ihnen gelingen wird, den ›Radikalismus‹ durchzusetzen, für den wir gemeinsam, vergeblich und in einer störenden Gemeinschaft so lange gearbeitet haben, 3.) ob Sie endlich anerkennen werden, dass ein Freund wie ich, aufrecht und sogar grob sein darf und immer noch mehr wert ist als die schäbige Gemeinschaft mit Lausejungen.«[158]

Da gibt es kein Zueinander mehr. Wer andere als »Tölpel«, »Unwürdige« oder »Lausejungen« tituliert, darf eigentlich nicht überrascht sein, wenn die Stimmung in der heimischen Redaktion sich gegen einen wendet. Für die nächsten 18 Monate jedenfalls herrscht Schweigen zwischen der FZ und Roth.

Die Frankfurter lassen einen ihrer Stars nur ungern ziehen, aber sie bestehen auf exklusive Abdruckrechte für Roths Feuilletons, und selbst der treue Statthalter in der Redaktion, Benno Reifenberg, gibt auf. Aber auch Roth will schließlich nicht mehr. Die hohen Honorarangebote der Münchner tragen dazu bei, einen (vorläufigen) Strich unter die Zusammenarbeit mit der »Frankfurter Zeitung« zu machen.

Bemerkenswert ist Roths Vertrag mit dem süddeutschen Blatt, weil die »Münchner Neuesten Nachrichten« zu den republikkritischen Zeitungen Weimars zählt. Die Redaktion unterstützt 1923 die diktatorischen Separationsbestrebungen der Regierung von Kahr, bekämpft die Politik Gustav Stresemanns und hat viel Verständnis für die Bestrebungen der völkischen Kräfte. Eigentümer der Zeitung ist der Oberhausener Maschinenbaukonzern Gutehoffnungshütte. Dessen Vorstandschef Paul Reusch, ein Sympathisant der Nationalsozialisten, scheitert zwar mit seinem Plan, das Blatt voll auf Hitler-Kurs zu bringen. Aber die Haltung der Zeitung ist antisemitisch, katholisch-konservativ und monarchistisch.

Roth ist ein Starjournalist, und sein Wechsel löst selbstverständlich ein lebhaftes, fast ausschließlich negatives Echo aus. Franz Carl Weiskopf, Kommunist, Schriftsteller, Redakteur im »Berlin am Morgen« und ein alter Bekannter Roths, schreibt entrüstet: »... das stocknationalistische Münchner Blatt hat den großen Reporter, den glänzenden Stilisten, den Schriftsteller von Rang, Joseph Roth, einfach im Versteigerungswege erstanden, wie man etwa einen Posten Papier oder Druckerschwärze ersteht. ... Joseph Roth, der verbissene Hasser des nationalen Chauvinismus preußischer und bayerischer Couleur, bei den ›Münchner Neuesten Nachrichten‹!«[159]

In der »Weltbühne« findet Hans Bauer nicht weniger kritische Worte: »Ich schlage das Heft 14, sechster Jahrgang, einer verschollenen Zeitschrift auf, des ›Drachen‹ nämlich, den ich vor Jahr und Tag in Leipzig herausgab und finde dort einen besonders ausgezeichneten Artikel des ausgezeichneten Schriftstellers Joseph Roth. Joseph Roth beschäftigt sich mit einem Preisausschreiben, das der Verlag der ›Münchner Neuesten Nachrichten‹ ... veranstaltete und das nicht weniger als 100.000 Mark für den ›besten deutschen Zeitungsroman‹ auslobte. Ein Motiv, auf dem Joseph Roth köstlich boshafte Angriffe ... gegen die ›Münchner Neuesten‹ aufbaut. ›Die deutschen Schriftsteller‹, schreibt er, ›sind an solche Honorare nicht gewöhnt.‹ Und er weiß auch die Erklärung dafür: ›In einem Lande, in dem Zeitungen von der Qualität und der Gesinnung der ›Münchner Neuesten Nachrichten‹ erscheinen, kann es Schriftstellern von Qualität und Gesinnung nicht gut ergehen. ... In der politischen Chronik unserer Tage ... bleibt der bemerkenswerte Fall zu registrieren, daß eine Begabung, die sich nicht zuletzt durch ihre Kritik an der Qualität einer reaktionären Zeitung unter Beweis gestellt hatte, von eben dieser Zeitung ... aufgekauft wird.‹«[160]

Roth antwortet umgehend auf diesen Angriff: »Seit dem Jahr 1925 sind, wie man weiß, vier Jahre vergangen, ein Zeitraum, in dem es mir wohl gestattet sein könnte, eine Meinung zu ändern. ... Meine Meinung von den Zeitungen war überhaupt nicht die beste – und heute noch halte ich mehr von mir als von ihnen. Hierin scheint mir, unterscheide ich mich von Hans Bauer (und manchen Andern). Ich bin mehr von mir eingenommen, als er. Wo immer ich schreibe, wird es ›radikal‹, das heißt: hell, klar und entschieden. ... Niemals habe ich die Weltanschauung irgend einer Zeitung, in der ich gedruckt war, geteilt oder gar repräsentiert. Der anständige Radikalismus, den in der ›Frankfurter Zeitung‹ mit mir noch zwei, drei Freunde vertreten und repräsentiert haben, ist nicht der Radikalismus der ›Frankfurter Zeitung‹. ... Es bleiben von der Glosse Hans Bauers nur zwei Tatbestände übrig, die ich anerkennen kann: erstens, daß ich im Jahre 1925 einen faulen Witz über die ›Münchner Neuesten‹ gemacht habe (und den bedauere ich); zweitens, daß ich ein ›ausgezeichneter Schriftsteller‹ bin.«[161]

Das ist zwar mäßig witzig, zeigt aber, wie peinlich die ganze Affäre für Roth ist. Andere Blätter sprechen von der »Ware Schriftsteller« oder schreiben in Anspielung auf Roths Romantitel: »Nun hat die Flucht ein Ende.« Alle sind sich darin einig, dass für Roths Wechsel das hohe Honorarangebot der Münchner ausschlaggebend gewesen ist. Gerüchte sprechen von 2000 Mark, die Roth für zwei MNN-Artikel im Monat erhalten soll. Doch es geht eben nicht nur ums Geld. Roth fühlt sich seit Jahren von der FZ-Redaktion unter Wert behandelt.

Er wird etwa 30 Artikel für die »Münchner Neuesten Nachrichten« schreiben. Es sind Feuilletons über Alltagsereignisse. Von Politik ist darin nicht die Rede. Insofern hat der »Weltbühne«-Autor Hans Bauer mit seiner Prophezeiung recht behalten, dass Roth »auch bei den ›Münchner Neuesten Nachrichten‹ keine Zeile gegen seine Überzeugung schreiben« werde, »und seine Konzessionen werden sich nur auf diejenigen Zeilen erstrecken, die er ungeschrieben läßt«.[162] Roths letzter Zeitungsartikel für die MNN erscheint am 1. Mai 1930. Der Verlag Knorr & Hirth, in dem das Münchner Blatt erscheint, veröffentlicht im gleichen Jahr ein Buch – »Panoptikum. Gestalten und Kulissen« –, das eine Sammlung von Roths Feuilletons aus den letzten Jahren enthält. Ein kleines Trostpflaster für den Ärger, den der Autor wegen seiner kurzen Zusammenarbeit mit den Münchnern durchstehen musste.

Kurze Zeit später nimmt er wieder Kontakt zu Reifenberg auf und zeigt sich an einer neuerlichen Mitarbeit interessiert. Dieser stellt jedoch Bedingungen: »1. Wenn die Frankfurter Zeitung wieder mit Ihnen zusammen arbeitet, so könnte das nur geschehen unter der Voraussetzung, daß man wieder das Monopol auf Ihre gesamte journalistische Tätigkeit gewinnt. Wir können und dürfen nicht einen Joseph Roth mit anderen Blättern teilen. 2. Es muß diese lästige Geschichte in der Weltbühne zu Ende gebracht werden. Sie wissen vielleicht nicht, daß die gesamte Redaktion Ihren Artikel damals als eine Diffamierung der F. Z. aufgefaßt hat, und daß Sie dort also mit einem außerordentlichen Ressentiment zu rechnen haben.«[163] Roth antwortet drei Tage später: »In der Weltbühne könnte ich nichts widerrufen. Ich stehe mit der Weltbühne ganz schlecht. Ich will mit dieser *Bagage* nichts zu tun haben. ... Kiepenheuer (damals Roths Verleger – WvS) wird ja nicht darauf eingehn wollen, daß ich *nur* für die F. Z. schreibe. Dann kann er mir ja nichts zahlen.«[164]

Es kommt zu einer Einigung, die immerhin zeigt, welchen Wert die Frankfurter auf den Journalisten Roth legen: In der »Weltbühne« erscheint durchaus kein »offener Brief« von ihm, wie es

Reifenberg wünschte, und Roth schreibt auch künftig nicht nur für die FZ. Artikel von ihm finden sich bis Anfang 1933 im »Prager Tagblatt«, im »Tage-Buch« und in der »Literarischen Welt«, die Willy Haas betreut. 1930 druckt die »Frankfurter Zeitung« seinen Roman »Hiob« und 1932 den »Radetzkymarsch« ab. Man arrangiert sich also, bis Hitler die deutsche Presse gleichschaltet.

Der neue Verleger: Gustav Kiepenheuer

Bereits vor seiner Trennung von der FZ hat Roth im November 1928 »Rechts und Links« beendet. Er sucht für seinen sechsten Roman einen neuen Verlag und verhandelt zunächst in Berlin mit Fischer. Der lehnt das Manuskript ab. Anderen Quellen zufolge hat der Gustav Kiepenheuer Verlag Fischer die Rechte auf das Manuskript einschließlich des schon an Roth gezahlten Vorschusses in Höhe von 11.500 Reichsmark abgekauft. Lektoren und Autoren bei Kiepenheuer sind Hermann Kesten und Walter Landauer. Sie werben für Roth, und dieser findet seinen neuen Verleger: Gustav Kiepenheuer. Dessen Partner ist seit Kurzem Fritz Landshoff.

Gustav Kiepenheuer ist ein schwieriger Mann, aber, wie Kurt Wolff, auch ein leidenschaftlicher Büchermacher. Noch vor dem Krieg übernimmt er in Weimar die Buch-, Kunst- und Musikalienhandlung Ludwig Thelemann. In den 20er-Jahren zieht der Verlag nach Potsdam und 1929 nach Berlin. Kiepenheuer, »den seine Freunde als den westfälisch-dickköpfigen Zwillingsbruder Ernst Rowohlts bezeichneten«,[165] wird einer der erfolgreichsten Verleger der Weimarer Republik. In seinem Unternehmen erscheinen bald die Werke von Bertolt Brecht, Lion Feuchtwanger, Hans Henny Jahnn, Heinrich Mann, Anna Seghers und Arnold Zweig. Die Liste zeigt, dass Kiepenheuer besonders die bekannten links-liberalen Autoren in seinem Verlag versammelt hat. »Meines Vaters Stärke war«, erzählt die Tochter, »mit Menschen umzugehen, mit Autoren im besondern, sie zu ermutigen, sie zu bestätigen, kurz, sie in ihren schöpferischen Tätigkeiten zu betreuen.«[166] Das erfolgreichste Buch des Verlages wird Arnold Zweigs Roman »Der Streit um den Sergeanten

Grischa« werden, der 1930 erscheint. Aber auch Joseph Roth wird für Kiepenheuer ein Autor, dessen Vorschüsse von der Geschäftsführung nicht als abschreibungspflichtig angesehen werden. Die Umschläge von Roths Büchern bei Kiepenheuer sind mit besonderer Liebe entworfen, und 1930 gehört sein »Hiob« zu den »Fünfzig schönsten Büchern Deutschlands«.[167] Fritz Landshoff schildert in seinen Erinnerungen anschaulich, wie eng das Verhältnis des Verlegers zu seinen Autoren gewesen ist: »Es verging kaum ein Abend, an dem nicht Autoren ihren Weg zu Gustavs Wohnung fanden, und es war bekannt unter unseren Autoren, daß mindestens einer, meist aber zwei oder drei von uns an dem für Joseph Roth und uns bei Mampe, Kurfürstendamm / Ecke Uhlandstraße, reservierten Tisch zwischen 21 und 24 Uhr und oft genug länger anzutreffen waren. Berufs- und Privatleben waren kaum voneinander getrennt.«[168]

Anfang der 30er-Jahre gerät der Gustav Kiepenheuer-Verlag in finanzielle Schwierigkeiten. Auch die Hausautoren müssen Abstriche bei ihren Vorschüssen akzeptieren. Lion Feuchtwanger verlässt daraufhin 1931 das Haus und veröffentlicht seinen neuen Roman »Der jüdische Krieg« im Berliner Propyläen-Verlag. Aber es gelingt Kiepenheuer, sein Unternehmen bei geschmälerten Gewinnen über alle Schwierigkeiten hinwegzubringen. Dazu tragen preiswerte Volksausgaben ebenso bei, wie der zufriedenstellende Verkauf der Bücher von Roth und anderen Autoren. Aber 1933 kommt das erzwungene Ende des Verlages. »Es stand von Anfang an fest, daß Gustav Kiepenheuer und seine Frau trotz ihrer eindeutigen politischen Überzeugung nicht emigrieren würden. Ich glaube, daß er, bereits Mitte der Fünfzig, ohne jede Fremdsprachenkenntnis, eine Emigration scheute und wohl auch die bevorstehenden Schrecken unterschätzte.«[169]

Roth hat bei Kiepenheuer einen wirklichen Heimatverlag gefunden. Weit über alle geschäftlichen Beziehungen hinaus kümmert sich das Haus um seine finanziellen Probleme. »Wir sind alle hier, und ich insbesondere, in grösster Sorge um Roth«, schreibt Gustav Kiepenheuer im November 1929 an Siegfried Kracauer. »Seit fast vier Monaten hat er die schlimmsten Dinge mit seiner Frau erlebt. Sie war zuerst in einer geschlossenen Anstalt, erholte sich dann scheinbar während meiner Reise hier in unserer Wohnung und musste dann plötzlich operiert werden. ... Dazu kommt, dass alle Dinge ein entsetzliches Geld gekostet haben und Roth auf der anderen Seite fast nicht mehr in der Lage ist, in Ruhe zu schreiben, so dass ich wirklich nicht weiss, was man nun machen soll.«[170]

Zwischen dem Verleger und seinem Autor entwickelt sich ein sehr persönliches Verhältnis. Beide lachen gern, und beide lieben es zu trinken. Kiepenheuer empfängt seine Autoren schon am frühen Morgen mit einem Cognac. »An einem Sonntag tranken wir Schnaps. Er war schlecht, wir wurden beide krank davon. Aus Mitleid schlossen wir Freundschaft, trotz der Verschiedenheit unserer Naturen, die sich nur im Alkohol finden. Kiepenheuer ist nämlich ein West-Phale, ich ein Ost-Phale.«[171] Diese Zeilen stehen in einem offenen Brief, den Roth 1930 zum 50. Geburtstag seines Verlegers verfasst hat. Kiepenheuer wird nach dem Tod seines Autors schreiben: »Joseph Roth begegnete ich zum erstenmal am Anhalter Bahnhof, als er aus dem Wiener D-Zug stieg; von diesem Augenblick an war unsere Freundschaft besiegelt. Er, der ewige Passagier, kam für einige Wochen oder Monate nach Berlin und nun begannen für mich eine Reihe von ersprießlichen Begegnungen menschlicher und verlegerischer Art... Unsere Treffpunkte waren sein Zimmer im Hotel am Zoo, seine Ecke bei Mampe am Kurfürstendamm, in Paris das Café Deux Magots und vor allem die Schreibstube des Hotel Foyot.«[172] Die Freundschaft wird durch Kiepenheuers zweite Ehefrau Noa bestärkt. Roth schätzt sie, und die Verlegergattin erliegt seinem Charme und seiner (häufig gespielten) Hilflosigkeit. Auch sie ist eine der mütterlichen Frauen, die ihn lieben und ihm in mancher schwierigen Lebenssituation hilfreich zur Seite stehen.

Den ersten Vertrag mit Kiepenheuer schließt Roth über ein »Judenbuch« ab. Es handelt sich um eine bearbeitete Neuausgabe des Essays »Juden auf Wanderschaft«. Roth teilt Stefan Zweig am 15. Januar 1929 mit: »Ich muß mein Judenbuch fertig machen – umarbeiten, es soll neu erscheinen bei Kiepenheuer mit einem neuen Teil und unter dem Titel: Die Juden und ihre Antisemiten.«[173] Kiepenheuer will auch einen Reisebericht über Sibirien. Vom Ullstein-Verlag kommt ebenfalls das Angebot, für eine der Zeitungen des Hauses in die eisigen Regionen der Sowjetunion zu reisen. Beide Vorschläge zeigen, dass Roths Russland-Artikel in der »Frankfurter

Zeitung« ein lebhaftes Echo gefunden haben. Es wird nichts aus diesen Plänen. Stattdessen rückt die Arbeit an einem neuen umfangreichen Prosawerk in den Vordergrund.

Rechts und Links

Schon am 21. Dezember 1927 hat Roth den französischen Freund Félix Bertaux über das neue Romanvorhaben unterrichtet: »Es drängt mich, Ihnen mitzuteilen, daß ich jetzt an einem Roman arbeite, dessen Inhalt: die *Nachkriegsgeneration.*«[174] Drei Wochen später: »Mein nächstes Buch behandelt den Unterschied der Generationen und heißt: *Der jüngere Bruder.* Es ist die Generation der deutschen Geheimverbindungen, Separatisten, Rathenaumörder – also die Generation unserer jüngeren Brüder, der heute 25jährigen.«[175] Anfang 1929 erfährt Stefan Zweig: »Ferner mache ich einen längst begonnenen ›Zeitroman‹ fertig.«[176]

Ein weiteres Mal erzählt Roth die Geschichte von (verantwortungslosen) Vätern und (scheiternden, heimatlos werdenden) Söhnen. Paul Bernheim ist »der Enkel eines Pferdehändlers, der ein kleines Vermögen erspart hatte, und der Sohn eines Bankiers, der nicht mehr zu sparen verstand, aber vom Glück begünstigt wurde«.[177] Denn Felix Bernheim, Pauls Vater, weiß wenig vom Bankgeschäft, ein Lotteriegewinn aber macht ihn zum reichen Mann. Er baut sich »ein neues, weißes, strahlendes (Haus), mit einem steinernen Balkon, den ein Atlas aus Kalk auf seinen Schultern trug … Über dem Balkon ließ Herr Bernheim in goldenen, zackigen und schwer leserlichen Buchstaben die Worte ›Sans souci‹ anbringen.«[178] Felix lebt das Leben des oberflächlichen Neureichen, der eine Geliebte im Zirkusmilieu findet und auf einer Lustreise nach Ägypten stirbt. Paul wächst als verwöhnter Sohn reicher Eltern auf. Schon als Schüler weiß er: »Mein Vater kann die ganze Schule kaufen.«[179] Er ist ein Snob, der »mit der Zeit ein flotter Tänzer, ein angenehmer Plauderer, ein wohldressierter Sportsmann (wurde). Im Laufe der Monate und Jahre wechselten seine Neigungen und seine Talente. Ein halbes Jahr galt seine Leidenschaft der Musik, einen Monat dem Fechten, ein Jahr dem Zeichnen, ein Jahr der Literatur und schließlich der jungen Frau eines Bezirksrichters, deren Bedarf an Jünglingen in dieser nur mittelgroßen Stadt kaum gedeckt werden konnte. ... Aber auch diese Leidenschaft erlosch«.[180] Weil es Mode in den oberen Kreisen ist, geht Paul nach England, um sich zum feinsten Tuch tragenden Gentleman zu stilisieren.

Nach dem Tod des Vaters muss er in die Heimat zurückkehren, aber »von den Geschäften verstand er wenig. ... In dieser unangenehmen Lage befand sich Paul, als der Krieg ihm zu Hilfe kam«.[181] Zur Kavallerie will er natürlich gehen, von der patriotischen Mutter – sie verhält sich wie Vater Zipper, der den Sohn Arnold zum Kriegsdienst treibt – begeistert unterstützt. Eine Verordnung – wohl der fehlende Adelstitel – versperrt ihm den Kavallerie-Traum, und er wird Verpflegungsoffizier. »Der Staat hatte einen Helden verloren und einen unbestechlichen Verpflegungsoffizier gewonnen.«[182]

Dann ein wundersames Ereignis, das Paul erschüttert. Roth schildert es ganz im Stile einer für ihn typischen Mystifizierung. Paul Bernheim lernt in der Nähe von Kiew den Gutsverwalter Nikita Bezborodko kennen, »stark, unerschrocken, schlau und verwegen«.[183] Paul zeigt ihn wegen Unregelmäßigkeiten an. Auf dem Bahnhof von Shmerinka begegnen sie sich erneut, Bezborodko hat sich der Obrigkeit geschickt entzogen und provoziert den Verpflegungsoffizier, indem er ihm einen revolutionären »Flugzettel« zustecken will. Sie trinken, es kommt zum Streit. »In der Dämmerung schien er größer zu werden. Ein silbriger Glanz ging von seinem sandgelben Mantel aus, seiner hellgrauen Pelzmütze, seinen gelben Stiefeln aus rohem Leder, seinen grauen Augen. Er erreichte die Decke der Baracke. Bernheim fühlte sich in dem Maß kleiner werden, in dem er sich einbildete, den anderen wachsen zu sehn. Eine Furcht, aufgestiegen aus längst vergessenen Kinderjahren, Erinnerung an Gespensterträume, an schaurige Phantasien in dunklen Zimmern, griff mit hunderttausend Armen nach dem erwachsenen Mann. Der Schnaps, den er sonst ohne Schaden zu trinken verstand, verwirrte ihn heute...«[184] Paul fällt in seiner Angst, die ihn beschämt, das Wort vom »schmählichen Ende« ein. Und dann erinnert er sich an die Floskel vom »würdigen Tod... Kaum hatte sein getrübtes Hirn jenes Wort geboren, als er das Dümmste tat, was er in seiner Lage hätte tun können: Er griff nach seinem Revolver wie ein Held. Im Nu steckte das Messer Bezborodkos in seinem rechten Arm«.[185] Dieses Erlebnis hat »ihn aus der Sicherheit gebracht, in der er gelebt hatte. ... Wer kann sagen, ob es Furcht war oder Gewissen, was Paul Bernheim jetzt veranlaßte, seinen angenehmen Dienst aufzugeben und sich freiwillig an die Front zu melden?«[186] Paul wird verwundet, bekommt Typhus und will nie mehr an die Front zurückkehren. »Längst hatte er jenes Ereignis mit Nikita in den Hintergrund seiner Erinnerung verdrängt. Er wurde wieder der alte Paul Bernheim.«[187]

Nach dem Ende des Krieges geht die Familie dem materiellen Ruin entgegen. Theodor, der jüngere Bruder Pauls, wird Mitglied der völkischen Bewegung, und Paul steht wehrlos, ängstlich und unfähig, sich der Realität zu stellen, dem Niedergang seiner Geschäfte gegenüber. »Er baute ab, Paul Bernheim.«[188]

Im zweiten Teil des Romans schiebt sich der aus Russland stammende Nikolai Brandeis in den Vordergrund der Erzählung. Der Sohn einer evangelischen Pfarrerstochter und eines jüdischen Vaters gehört zu den vielen undurchsichtigen, heimatlosen und unruhig durch die Staaten Europas ziehenden Figuren, die Roths Romane so geheimnisvoll bevölkern. »Nikolai Brandeis (fühlte sich) in Deutschland nicht heimisch.«[189] Nach dem Krieg betreibt Brandeis, der während der Oktoberrevolution die Fronten wechselte und auf Befehl mordete, viele Geschäfte, baut einen Konzern auf, wird reich. Roth lässt den rechtsradikalen Theodor die Vorurteile formulieren, die im Deutschland der 20er-Jahre kursieren: »Während unsere Väter ihr Vermögen mit ehrlichem Schweiß erwarben, kamen diese Leute gewissenlos und durch günstige Zufälle zu Geld. Das ist ein Unterschied. Und es ist besonders dieser Osten, der uns die, wie Sie richtig sagen, Piraten des Geschäftslebens beschert.«[190] Brandeis aber ist es, der Theodor vor dem Gefängnis und Paul vor dem gesellschaftlichen Abstieg bewahrt. Sein Geld verhilft dem jüngeren Bruder zur Flucht, später erhält Theodor einen Redakteursposten ausgerechnet bei einer Zeitung, die Brandeis gehört. Paul wiederum macht er zum Direktor seiner Firma, damit er die reiche Erbin Irmgard Enders – »Enders – chemische Werke?«[191] – heiraten kann. Doch das beschämende Gefühl, das ihn einst bei der Begegnung mit dem Kosaken Bezborodko befiel, es wiederholt sich immer wieder in Pauls Leben. »Nein«, weiß der wieder reiche Paul, »er war nicht mächtig geworden. Niemand hatte Respekt.«[192]

Brandeis bleibt der Einzelgänger, zieht weiter, lässt wieder alles hinter sich. »Sie waren ein Schwächling«, sagt er zu Paul Bernheim. »Sie wären zum Beispiel nicht im Stande gewesen, einen Tag oder eine Stunde vor der endgültigen, wirklichen Macht vielleicht, alles zu verlassen, wie ich es jetzt mache. Denn es gehört keine Stärke dazu, etwas zu erobern. Alles ist morsch und ergibt sich Ihnen. Aber verlassen, verlassen, darauf kommt es an... Ich werde fahren: wohin? Die Häfen der ganzen Welt warten auf mich.«[193]

Roth wird im November 1929 in der »Literarischen Welt« einen »Selbstverriß« veröffentlichen, in dem er aus gegebenem Anlass auf den Roman zurückkommt. »Mein Roman *Rechts und Links* leugnet ganz unmittelbar die Existenz von Charakteren, das heißt von Gestalten mit einer konsequenten Psychologie. Er hat zwar einen Anfang, aber nur, weil er doch anders nicht hätte beginnen können. Er hat dafür keinen Schluß, er hat ganz demonstrativ keinen Schluß. Seine Spannung kommt höchstens aus der Sprache, nicht aus den Vorgängen.«[194] Wie ernst solche Selbstbewertungen auch sein mögen, Roth bleibt Feuilletonist: »Und nichts wundert mich mehr als die Tatsache, daß (der Leser) trotzdem meinen Roman kauft und daß dieser die ganz unverdiente zweite Auflage noch vor Weihnachten erlebt. Messe ich diese Zahlen an meinen schriftstellerischen Mängeln, so überkommt mich in stillen Stunden der törichte Wahn, ich sei der kleine Remarque von Deutschland.«[195]

Zehn Jahre nach der Erstveröffentlichung des Romans schreibt Hermann Kesten eine kleine Hymne über das Werk des verstorbenen Freundes: »›Rechts und Links‹ ist ein aufgelöster, proustisierender, hypermodernistischer, skeptischer, ja ungläubiger Roman, ganz analytisch, ganz rhetorisch, sprühend von Witz und Epigrammen, ein politischer hochaktueller Berliner Roman, in der Tradition von Stendhal und Maupassant und Heinrich Mann.«[196] Solche Freunde muss ein Schriftsteller haben.

Es sind für den Literaten Roth schöpferische Jahre. Er arbeitet 1928/29 gleichzeitig an mehreren Romanen, neben den Geschichten über die beiden Zippers und das Leben des Paul Bernheim entstehen zwei umfangreiche Prosatexte, die allerdings zu Lebzeiten nicht erscheinen werden.

Der stumme Prophet

Die Literaturgeschichte kennt kaum ein Beispiel dafür, dass ein nachgelassenes Prosawerk zum ersten Mal knapp vierzig Jahre nach seiner Entstehung als Fortsetzungsroman in einer Tageszeitung veröffentlicht wird. Joseph Roths Roman »Der stumme Prophet« war dieses Schicksal beschieden. Seine Erstveröffentlichung erlebte er in den Ausgaben der »Frankfurter Allgemeinen Zeitung« vom 27. Oktober bis zum 10. Dezember 1965. Wenige Monate später erschien die erste Buchausgabe. Entworfen und geschrieben hat Roth die Geschichte des Revolutionärs Friedrich Kargan bereits in den Jahren zwischen 1927 und 1929, also parallel zur Entstehung der Manuskripte von »Zipper und sein Vater« und »Rechts und Links«. Die vorgefundenen Manuskripte »eines unfangreichen, wirren Konvoluts mit vielen Streichungen und Ergänzungen«[197] weisen darauf hin, dass Roth keine endgültige Fassung hinterlassen hat.

Warum »Der stumme Prophet« damals – mit Ausnahme von drei Kapiteln[198] – nicht veröffentlicht wurde, ist nicht mehr festzustellen. In der Roth-Literatur werden einige Begründungen angeführt, aber sie bleiben spekulativ. Der Autor, so heißt es beispielsweise, habe »mit dem Druck des Romans dem ärgsten Feind des Humanismus, dem Faschismus, kein billiges Argument liefern wolle(n) ... für einen wohlfeilen Antikommunismus«.[199] Marcel Reich-Ranicki wiederum meint, »*der stumme Prophet* ist ein Torso und konnte nur ein Torso bleiben. Roth mußte in diesem Fall scheitern und kapitulieren. Warum? Vereinfachend ließe sich sagen: Weil er hier versucht hatte, einen politischen Roman zu schreiben, und weil ihm, dem Erzähler wie dem Journalisten, alles Politische zwar niemals gleichgültig, aber immer fremd geblieben war«.[200] Im Gegensatz dazu Manès Sperber: »Die überzeugendsten dichterischen Gestaltungen des revolutionären Erlebnisses findet man bei Autoren, welche in irgendeiner Weise, die jedoch stets tragisch bleibt, mit der Revolution gebrochen haben. Es ist sehr bemerkenswert, daß Joseph Roth dank seinem ungewöhnlichen dichterischen Talent Erkenntnisse ausspricht, mit denen er in seinen Romanen nicht gar viel anfangen kann, eben weil er selbst zeitweise ein Rebell, doch nie ein Revolutionär gewesen ist.«[201]

Alles sind das Erklärungs- und Deutungsversuche, die erst nach der Veröffentlichung im Jahr 1965 laut geworden sind. Zu Roths Lebzeiten blieb das Manuskript schließlich unbeachtet unter seinen Papieren liegen. Soma Morgenstern will sich erinnern, Roth habe es – in welcher Fassung? – dem S. Fischer-Verlag angeboten, es sei aber abgelehnt worden.[202] Zweifel bleiben, Kontakte aber zum legendären Verleger Samuel Fischer hat Roth, und immerhin: im Fischer-Verlag erscheint die »Neue Rundschau«, die ein Kapitel aus dem Manuskript übernommen hat. Von Roth selbst ist über »Der stumme Prophet« nur eine Anmerkung überliefert. In einem Brief an den französischen Germanisten und Freund Pierre Bertaux heißt es: »War der stumme Prophet in der N. R. einigermaßen verständlich? Ich fürchte, er hat verworren gewirkt.«[203] Der Rest ist Schweigen.

Der Roman ist eine weitere, in seinem literarischen Werk sogar die deutlichste Reaktion Roths auf seine Russland-Reise. Etwas lapidar gesagt: In diesem Buch rechnet der tief enttäuschte »rote Joseph« grundsätzlich mit dem Bolschewismus, teilweise mit der gesamten »Linken«, ab. Schärfer – dann sogar gelegentlich ausfallend – geschieht dies nur noch in seinen Briefen und in einer Zeit, die ihn angesichts der Überwältigung Europas durch rechte und linke Gewaltdiktaturen verzweifeln lässt. Im November 1933 schreibt er an Stefan Zweig: »Obwohl ich sehr bescheiden sein möchte: ein einziger kleiner Einfall den unsereins hat, ist wertvoller, als die ganze Scheiße von Proletariat, das Radio umsonst bekommt. Wo man unsereins unterdrückt, in Rußland, Italien, Deutschland, da ist der ABORT. Da stinkt es. Keineswegs hat der Kommunismus ›einen ganzen Weltteil verändert‹. Einen Dreck hat er! Er hat den Faszismus und den Nationalsozialismus gezeugt und den Haß gegen die Freiheit des Geistes. Wer Rußland gutheißt, hat damit auch das Dritte Reich gutgeheißen.«[204]

Wieder ist es ein Aufsteiger, ein Heimatloser, ein Außenseiter, den Roth in das Zentrum seines Romans stellt. Friedrich Kargan kommt als früher Waise zu reichen Verwandten und wird im »Dienstbotenzimmer einquartiert«.[205] Rasch zieht er »die Gesellschaft der Dienstboten vor, von denen er die Freuden der Liebe lernte und das Mißtrauen gegen die Herrschaften«.[206] Seine von

Verbitterung gekennzeichnete Jugend formt ihn, macht ihn rasch zum gesellschaftlichen Außenseiter. »Man wußte nicht, daß seine stille und immer wache Höflichkeit eine kluge und schweigsame Arroganz verdeckte. ... Er bereitete sich vor, Rache an der Welt zu nehmen, von der er glaubte, sie behandelte ihn als einen Menschen zweiter Klasse.«[207]

Kargan studiert in Wien. Bald verachtet er den wissenschaftlichen Betrieb und verlässt die Pfade einer bürgerlichen Karriere, hilft Deserteuren über die Grenze, trifft in Zürich auf bolschewistische Vorkriegsrevolutionäre und nimmt am Ende des Krieges auf der Seite der Roten am russischen Bürgerkrieg teil. Kargan wird Revolutionär. Interessant – auch für uns, die wir fassungslos dem aktuellen internationalen Terror gegenüberstehen –, wie Roth hier psychologisch geradezu beispielhaft die Karriere eines menschenverachtenden Revolutionärs schildert. Denn Kargan kämpft nicht aus altruistischen, sondern aus sehr persönlichen Motiven für die »Rechte des Volkes«. Sein Handeln leitet »der Ehrgeiz seiner Jugendtage, der Haß gegen den Onkel seiner Mutter und die Vorgesetzten im Büro, der Neid gegen die Kinder der reichen Häuser, ... die Bitterkeit seiner einsamen Stunden, seine angeborene Tücke, ... und selbst noch seine Feigheit und seine Neigung zu Furcht«.[208] Wie Nikolai Brandeis und wie Roths spätere Romanfigur Tarabas wird auch Kargan im russischen Bürgerkrieg zum Täter und Mörder. »Vertraut war ihm der Mord geworden wie Trinken und Essen. Es gab keine andere Art des Hassens. Vernichten, vernichten!«[209]

Kargan wird nach Sibirien verbannt. Als er in den Westen zurückkehrt, wendet er sich enttäuscht von der Revolution ab. »Mein Ehrgeiz ist erloschen.«[210] Schließlich resigniert er: »Die Welt war alt geworden, Blut ein gewohnter Anblick, der Tod eine wertlose Sache. Alle starben umsonst und waren nach einem Jahr vergessen. ... Ich diene ohne Glauben, sagte sich Friedrich. ... Ich verachte die Menschen, mit denen ich zu tun habe, ich glaube nicht an den Erfolg dieser Revolution.«[211] Seine Abwendung gipfelt in der Erkenntnis: »Wir zerstören diese Welt!«[212]

Es ist – Roth schreibt schließlich einen Roman und keine politische Revolutionsgeschichte – die Liebe zu Hilde, durch die Friedrich seine politischen Enttäuschungen zu überwinden glaubt. Roth konterkariert das Pathos der Revolution mit dem ironischen Lächeln des Humanisten: »Und so begann ihn die Liebe aus einer ungewöhnlichen Existenz in eine gewöhnliche überzuführen, und er lernte die sterblichen und dennoch ewigen Freuden kennen und zum erstenmal in seinem Leben das Glück, das eben darin besteht, große Ziele kleinen zuliebe aufzugeben und das Erreichte so maßlos zu überschätzen, daß man nichts mehr zu suchen hat.«[213] Die Beziehung wird – wie immer bei Roths Liebesgeschichten – scheitern.

In dem Roman ist das konservative Frauenbild des Erzählers unübersehbar. »Sie war nicht anders als die Mädels ihrer Zeit und ihres Standes«, heißt es über die junge Frau und ihre Emanzipationsbestrebungen: »Sie verwandelte die devote Romantik ihrer Mutter in eine martialische des Amazonentums, forderte die Anerkennung der bürgerlichen Rechte und nahm, unterwegs gewissermaßen, ... die Freiheit der Liebe mit. Mit dem Ruf ›Gleiches Recht für alle!‹ stürzten sich um jene Zeit die Töchter der guten Häuser ins Leben, in die Fachschulen, auf die Eisenbahn...«[214] Dann folgt der männliche Erzählertriumph: »Er versuchte auf der Straße, wo die Nässe, der Wind und die Regenschirme Verwirrung unter den Menschen stifteten, manchmal nach ihrem Arm zu greifen. Ihr Arm erwartete seine Hand. Man sieht, einen wie geringen Einfluß die Emanzipation eigentlich auf Hilde ausgeübt hatte.«[215]

Das Ende des Romans spielt wieder in Sibirien, wohin Kargan seinem sich ebenfalls von seiner revolutionären Vergangenheit lösenden Freund Berzejew gefolgt ist. Die beiden einstigen Revolutionäre sind stumme Propheten geworden, sie schweigen wissend. Roth verlässt die Protagonisten seiner Geschichte in der Welt, in der auch schon Franz Tunda zeitweise so etwas wie Erfüllung fand. Wie schon in »Die Flucht ohne Ende« taucht auf den Schlussseiten die Figur des Polen Baranowicz auf, »der seit seiner Jugend in Sibirien freiwillig geblieben ist, ohne auf die Ereignisse der Welt neugierig zu sein, die nur als ein fernes Echo die Wände seines einsamen Hauses erreichen«.[216]

»Der stumme Prophet« ist auch ein Schlüsselroman. Roth lässt in seiner Figurengalerie einige der zum Zeitpunkt der Niederschrift noch aktiv agierenden Größen der russischen Revolution auftreten.

Ohne sie ausdrücklich zu nennen, präsentiert der Autor Personen, die deutlich an Trotzki, Lenin, Radek oder Stalin denken lassen. Roth hat sie nicht nach dem Leben porträtiert, aber das Handeln und Auftreten seiner fiktiven Revolutionäre hat der Autor nicht ohne den Blick auf ihre historischen Vorbilder beschrieben. Vor allem gilt dies für den kalten Apparatschik Savelli, in dem unschwer der Henker der russischen Revolution, Stalin, zu erkennen ist. »Man sagt, daß Savelli sehr grausam geworden ist. Achtzig Prozent der Hinrichtungen gehn auf sein Konto.«[217]

Der Roman ist voller ablehnender oder doch zumindest sarkastischer Sätze gegenüber den linksrevolutionären Strömungen, die Europa bewegen. »Den Juden gleich, die sich immer nach dem Osten wenden, wenn sie beten, richteten sich die Revolutionäre immer nach rechts, wenn sie anfingen, öffentlich zu wirken.«[218] – »In Deutschland wird die sogenannte Linke vielleicht erst in hundert Jahren dazu gelangen, gegen ihre Gegner unnachsichtig zu werden. Sie können nicht hassen. Sie können sich nicht einmal aufregen. Es ist ihr eifrigstes Bemühen, nicht den Feind zu besiegen, sondern ihn zu begreifen. Schließlich kennen sie ihn so genau, daß sie ihm recht geben müssen und ihn nicht mehr angreifen können.«[219] Besonders spöttisch beschreibt Roth die Verbürgerlichung der Linken – ein für ihn auch in den kommenden Jahren unerschöpfliches Thema. »Einige Zeit später konnte Friedrich dem Parteiführer in einer größeren Gesellschaft von Politikern, Journalisten, Diplomaten und Industriellen bei einer jener Veranstaltungen einer Botschaft begegnen, die man in Fachkreisen und in Zeitungsberichten ein ›gemütliches Zusammensein‹ nannte. Alle Herren hatten sich Cutaways angezogen, die Uniform der Gemütlichkeit. Sie aßen belegte Brötchen, über deren Butter ein regelmäßiges Gitter aus Sardinenstreifen gespannt war. ... Immer größer wurde die Gemütlichkeit.«[220]

Roths Kulturpessimismus und seine Attacken auf die technologische Moderne und die westlich-amerikanische Fortschrittseuphorie gewinnen in diesem Roman deutlichere Konturen. »Gingen sie doch beide mit der stolzen Trauer stummer Propheten herum, verzeichneten sie doch beide in ihrer unsichtbaren Schrift die Symptome einer unmenschlichen und technisch vollkommenen

Zukunft, deren Zeichen Flugzeug und Fußball sind und nicht Sichel und Hammer.«[221] Schließlich glauben Friedrich und sein Freund Berzejew, dass auch die Kommunisten moralisch gescheitert sind, weil sie den technischen Fortschritt und den modernen Materialismus anbeten. Der Fortschrittsglaube wird für Roth zum generellen Zerstörer der Zivilisation. In einem Vortrag, den er 1936 in Amsterdam halten wird, sagt er: »Ich habe Ihnen am Anfang gesagt, daß ich eigentlich vom ›Aberglauben an den Fortschritt‹ sprechen möchte. Diesen nämlich halte ich nicht nur für die *Ursache* unserer Enttäuschungen, welche uns die Menschheit dieser Tage bereitet, sondern auch für eine der entscheidendsten *Ursachen der Verwirrung*, die über die Welt gekommen ist.«[222]

Roths intensiver werdende Auseinandersetzung mit Fragen der Religion und des Glaubens spiegelt sich in diesem Roman ebenfalls wider. »Der stumme Prophet« deutet bereits an, was Roth in den kommenden Jahren immer stärker in den Vordergrund seiner Versuche rücken wird, das Elend einer mörderischen Zeit zu deuten: Der Fluch der Welt ist aus seiner Sicht der Glaubensverlust, den die Moderne heraufbeschworen hat, und die Abwendung der Menschen von Gott. Manès Sperber schreibt in seiner Betrachtung über den Roman: »Joseph Roths ›Stummer Prophet‹ ist sehr beredt im Ausdruck des Zweifels an der Welt und dem Sinn des Lebens; er ist ketzerisch gegenüber jeder revolutionären Neugestaltung, gegenüber jedem utopischen Glauben an eine Zukunft.«[223] Die Religion – christlich oder jüdisch interpretiert – ist aber für Roth keine Utopie. Sie wird ihm zum letzten Rettungsanker.

Perlefter

»Bevor Joseph Roth Ende Januar 1933 Deutschland für immer verließ, deponierte er bei seinem Berliner Verleger und Freund Gustav Kiepenheuer zwei verschnürte Kartons voller Handschriften, Typoskripte, Korrekturfahnen und Zeitungsausschnitte. Die Papiere überstanden unversehrt eine Plünderung der Geschäftsräume durch die Gestapo, bei der Teile des Archivs und Akten verbrannten, danach auch kriegsbedingte Wasserschäden und Umzüge.«[224] Die Gestapo hatte im März 1933 bei Kiepenheuer zugeschlagen, und ihr Vandalismus zerstörte mehr als zwei Drittel der im Archiv lagernden Akten, Unterlagen und Manuskripte. Es ist also ein glücklicher Zufall, dass Roths Kartons dem Barbarenansturm entgingen. Der unerwartete und bemerkenswerte Fund kommt 30 Jahre nach Roths Tod wieder ans Tageslicht. Er enthält nicht nur verschiedene Original-Fassungen und Teilmanuskripte von Romanen und Essays – »Hotel Savoy«, »Die Rebellion«, »Zipper und sein Vater«, »Juden auf Wanderschaft«, »Hiob«, »Die weißen Städte« –, sondern auch mehrere Entwürfe und Fragmente von autobiographisch geprägten Texten – »Erdbeeren«, »Jugend«, »Der Hauslehrer« und 86 Zeitungsausschnitte mit Erst- und Frühdrucken von journalistischen Arbeiten des Autors.

Unter diesen Papieren fand sich auch ein Romanfragment mit dem Titel »Perlefter«. Es ist das umfangreichste unter den Manuskripten des »Berliner Nachlasses«. Entstanden ist es wahrscheinlich zwischen Februar 1929 und März 1930. An Stefan Zweig schreibt Roth am 27. Februar 1929 aus Paris: »Was ich jetzt schreibe, ist die Geschichte eines Bürgers in Deutschland bis 1928.«[225] Friedemann Berger, der Herausgeber des Romanfragments, vermutet, dass Roth den geplanten Roman den »Münchner Neuesten Nachrichten« angeboten hat.[226] Dies könnte ein Hinweis Roths in seinem Brief vom 11. April 1930 an Stefan Zweig bestätigen: »Ich habe in der letzten Woche einen Zeitungsroman für die M.N.N. fertig gemacht.«[227] Das Blatt hat aber offenbar einen Abdruck abgelehnt. Vielleicht hat Roth durch diesen Bescheid das Interesse an einer weiteren Bearbeitung des Romans verloren. Zumal er in diesen Monaten schon unter Zeitdruck gerät, das Manuskript des »Hiob« rechtzeitig für den mit Kiepenheuer verabredeten Druck fertigzustellen.

Es ist bedauerlich, dass Roth diesen Prosatext nicht vollendet hat. Die überlieferten Manuskriptteile zeigen ihn als glänzenden Satiriker der deutschen Gesellschaft in den Weimarer Jahren. Alexander Perlefter ist ein Kleinbürger und Emporkömmling – geizig, gierig und scheinheilig. Furchtsam betrachtet er die Welt und sein Leben. Sein Geld verdient er als Holzhändler. Als sein Schwager stirbt, »ging (er) in ein Sarggeschäft und ärgerte sich über die hohen Preise. Aber er ärgerte sich nicht lange. Als er die Särge befühlte, stellte er mit großer Sachkenntnis fest, daß sie aus miserablem Holz bestanden. An Särgen verdiente man gewiß mehr als an Möbeln.«[228] Pietät ist im Zusammenhang mit Profit kein Thema für Perlefter, und er wird ein reicher Mann. Daheim spielt er den sich aufopfernden, sparsamen Hausvater. »Die Familie war überzeugt, daß Perlefter schwer arbeitete, daß er nicht schlief, daß er unaufhörlich um das tägliche Brot kämpfte, daß ihm jede Ausgabe neue Sorgen machte. Deshalb machte die Familie keine einzige Ausgabe ohne Sorgen. Es gab in diesem Hause keine Freude, an deren Seite nicht der Gram stand; kein Fest ohne Schmerz; keinen Geburtstag ohne Krankheit; keinen Wein ohne Wermut. ... Es gab einen guten Kuchen, aber in so dünnen Scheiben, daß man seine Qualität gar nicht schmeckte. ... Nur ... der einzige Perlefter lebte im Überfluß. Er aß die besten Suppen, die größten und frischesten Kuchen, die Spezialitäten, das frische Brot...«[229] Der Bürger, der Kaufmann oder der Familienvater Perlefter bleibt ein kalter Egoist: »Fremde Schicksale ... gingen ihn nichts an. Er liebte nur seine eigenen, nur um sich konnte er sich kümmern. Er war von sich erfüllt. Nichts hatte mehr Platz in ihm. Alles andere kostete übrigens nur Geld.«[230] Seine bürgerliche Doppelmoral wird ihm zum Lebensprinzip: »In verschiedenen Städten kannte Herr Perlefter die Adressen alleinstehender Damen, die als Masseusen, Hebammen und Besitzerinnen von Schönheitssalons in Betracht kamen. Die Adressen notierte Herr Perlefter in Abkürzungen, die kein Fremder entziffert hätte, in seinem ledernen Taschenkalender, auf die vorletzte Seite, knapp hinter den Israelitischen Feiertagen.«[231]

In dem Romanfragment tauchen Roths in diesen Jahren so häufig wiederholte antimoderne Passagen – etwa in Bezug auf die Flugtechnik – auf, allesamt Spielarten seines Fortschrittspessimismus. Mehrfach deutet er in diesem Manuskript Kapitalismus- und Gesellschaftskritik an. Auch wenn er längst alle »linken« Strömungen mit großer Skepsis betrachtet, legt Roth die folgenden Sätze immerhin einem bürgerlichen Spießer in den Mund: »Jede Unruhe verdirbt und schädigt mindestens den Geschäftsgang. Man muß nicht alles auf die Spitze treiben. Über alles läßt sich reden. Jeder Streit ist überflüssig. Man kann sich immer einigen. Ich will Ruhe um jeden Preis. ... Vor der Revolution hatte er Angst. Würde man sozialisieren? Den Reichen alles wegnehmen, wie in Rußland? Es erwies sich doch, daß die Monarchie das sicherste war.«[232] Roth hat hier bereits die Charakterstudie eines Bürgers entworfen, der sich in der deutschen Wirklichkeit der kommenden Jahre widerstandslos oder zustimmend der Hitler-Diktatur hingeben sollte.

Auf den letzten Seiten des Fragments macht Roth einen von Perlefters Verwandten zur Hauptperson der Handlung. Er ist die Gegenfigur seines Titelhelden: Leo Bidak ist Ringkämpfer und Schläger, steinewerfender Anarchist und politischer Agitator, »ein Rebell auch innerhalb seines Standes, in keine Rubrik und in keine Gattung einzureihen, ein Einsamer und Mächtiger, der Gesellschaft abhold und sein eigener Verbündeter gegen zwei Welten«.[233] Der sechsfache Familienvater »kam aus San Franzisko, er hatte mehrere Erdbeben erlebt und den europäischen Weltkrieg versäumt, er war hinausgefahren, um Geld zu verdienen, aber er kam als Bettler zurück, und er versuchte, sich wieder ›eine Existenz zu gründen‹, nachdem er in Europa sowohl wie jenseits des Ozeans mehrere Existenzen hatte aufgeben müssen«.[234] Erfolglos wird er auch in Europa bleiben. »Es war der Familie Perlefter nicht angenehm, Verwandte zu besitzen, die keine Tugenden aufweisen konnten, weder Vermögen noch Talente, noch ein gutes Benehmen.«[235]

Roths Perlefter hat seinen großen Bruder in Heinrich Manns unsterblichem Spießer Diederich Heßling. Wir wissen, wie sehr Roth den Mann-Roman »Der Untertan« geschätzt hat. Er mag ihm ein Vorbild gewesen sein, als er die Geschichte des Klubbesuchers, ängstlichen Monarchisten und heuchlerischen Moralisten Perlefter niederschrieb.

Hiob

Am 27. Februar 1929 berichtet Roth in einem Brief aus Paris an Félix Bertaux: »Inzwischen habe ich täglich 12 Stunden an meinem Roman gearbeitet... Ich bleibe ungefähr 4 Wochen hier, die letzten 30 Seiten meines Romans zu schreiben, eine Seite pro Tag.«[236] Er hält seinen Arbeitsplan ein. »Gestern ist mein Roman fertig geworden. Ich bin zufrieden«,[237] heißt es am 21. März. Aufatmen nach Monaten, die an privater Dramatik und an Arbeitsintensität kaum zu überbieten sind. Denn er hat diesen Roman teilweise zeitgleich mit den Manuskripten der fragmentarisch gebliebenen Prosatexte verfasst. »Hiob«, Roths für viele seiner Leser und Interpreten schönster Roman, entsteht in Wochen, die immer stärker unter dem Zeichen von Friedls Krankheit stehen. Als ein Jahr später in der »Frankfurter Zeitung« die letzte Folge des »Hiob«-Romans abgedruckt worden ist, wird Roths Frau in das Sanatorium Rekawinkel bei Wien eingeliefert.

Roth ist auch als Journalist und Schriftsteller in eine Krise geraten. Die Trennung von der FZ wird aus seiner Sicht nun unumgänglich, wenngleich die Kontakte nicht abbrechen. Und die letzten Romanentwürfe bleiben, wie erwähnt, unvollendet. »Hiob«, so lässt sich im Rückblick sagen, ist ein Aufbruch zu neuen Schreibdimensionen, der Versuch eines Neuanfangs. Sicher ist, dass dieser Roman einen künstlerischen Höhepunkt in Roths Schaffen darstellt und an einem Wendepunkt der politischen Entwicklungen in Deutschland erscheint. 17 Tage nach Auslieferung der Buchausgabe von »Hiob« fängt die Weltwirtschaftskrise an, und die deutsche Demokratie geht ihren Weg in die Zeit der Präsidialkabinette.

Selbstvorwürfe, Schuld und Sühne, Gottesgericht und die Verfluchung des Menschen, das Hoffen auf ein Wunder – im »Hiob« spiegelt sich Roths eigenes Leiden vielfach wider. »Roth war Hiob – will sagen, er verwandelte sich in Mendel Singer, der sich mit Hiob vergleichen konnte. Auf diese Weise konnte Roth sein eigenes Leid gestalten, ohne süchtig sein Ich und seine private Misere zu umkreisen. Der Roman wird – im Sinne Ibsens – zum Gerichtstag über sich selbst, zum Versuch, wirkliche oder angenommene Verschuldung abzubüßen.«[238]

Roth selbst weist in einem Brief vom März 1929 auf den privaten Hintergrund seines »Hiob« hin: »Es ist richtig, daß man seine Schmerzen nicht teilen kann, man verdoppelt sie nur. Aber es liegt ein unermeßlicher Trost in dieser Verdoppelung eben. Mein Leid geht aus dem Privaten ins Öffentliche und ist also leichter erträglich...«[239]

In »Hiob« erzählt Roth die Geschichte des Mendel Singer, der in einem Schtetl, unmittelbar an der Grenze zwischen Russland und Österreich, lebt. »Er war fromm, gottesfürchtig und gewöhnlich, ein ganz alltäglicher Jude. Er übte den schlichten Beruf eines Lehrers aus. In seinem Haus, das nur aus einer geräumigen Küche bestand, vermittelte er Kindern die Kenntnis der Bibel. Er lehrte mit ehrlichem Eifer und ohne aufsehnerregenden Erfolg.«[240] Mendels Frau Deborah schenkt ihm vier Kinder, drei Söhne und die Tochter Mirjam. Der jüngste Sohn Menuchim beginnt »im dreizehnten Monat seines Lebens ... Grimassen zu schneiden und wie ein Tier zu stöhnen, in jagender Hast zu atmen und auf eine noch nie dagewesene Art zu keuchen. Sein großer Schädel hing schwer wie ein Kürbis an seinem dünnen Hals«.[241] Der gläubige Mendel nimmt das Schicksal des zurückgebliebenen Kindes mit großem Gottvertrauen hin, »gesund machen kann ihn kein Doktor, wenn Gott nicht will«.[242] Deborah wehrt sich gegen Mendels Fatalismus und hofft auf Gewissheit durch den Spruch eines Wunderrabbis. »Menuchim, Mendels Sohn, wird gesund werden. Seinesgleichen wird es nicht viele geben in Israel.«[243]

So lebt Mendel zwischen Beten und Hoffen, zufrieden mit seinem Gott und in ärmlichsten Verhältnissen, bis die älteren Söhne zum Militär sollen. Jonas (»Ich gehe gern zu den Soldaten!«[244]) wird Soldat in der zaristischen Armee, Schemarjah flüchtet heimlich über die nahe Grenze und wandert nach Amerika aus. Die heranwachsende Mirjam zieht es zu den Kosaken, die in der nahen Garnison stationiert sind. Mendels gleichförmiges, vom Glauben und seinen Vorschriften bestimmtes Leben wird heimgesucht von der Sorge um das Schicksal seiner Kinder. »Die Söhne verschwanden: Jonas diente dem Zaren in Pskow und war kein Jonas mehr. Schemarjah badete an den Ufern des Ozeans und hieß nicht mehr Schemarjah. Mirjam sah dem Amerikaner nach und wollte auch nach Amerika. Nur Menuchim blieb, was er gewesen war, seit dem Tage seiner Geburt: ein Krüppel.«[245] Als Mendel die Tochter mit einem Soldaten im Getreidefeld entdeckt, entschließt er sich, nach Amerika zum dort lebenden Sohn auszuwandern. Der kranke Menuchim muss zurückbleiben. »Schon war er einsam, Mendel Singer: Schon war er in Amerika ...«[246]

Das Unheil scheint damit noch einmal von der Familie abgewendet. Jonas ist zufriedener Soldat, Schemarjah wird als Sam ein erfolgreicher amerikanischer Geschäftsmann, Mirjam lebt fern von den Kosaken, und ein Brief vermeldet, dass der zurückgelassene Menuchim zur ärztlichen Behandlung nach Petersburg soll. »Da verließen zum erstenmal die Sorgen das Haus Mendel Singers.«[247] Sie kehren jedoch rasch zurück. Mendels Familie zerbricht. Der Krieg beginnt, Jonas gilt bald als verschollen, Sam fällt als amerikanischer Soldat, Mirjam wird wahnsinnig, und Deborah – die körperliche Liebe des Ehepaares ist längst erloschen – stirbt. »Alle Jahre habe ich Gott geliebt, und er hat mich gehaßt. Alle Jahre hab' ich ihn gefürchtet, jetzt kann er mir nichts mehr machen. Alle Pfeile aus seinem Köcher haben mich schon getroffen. Er kann mich nur noch töten. Aber dazu ist er zu grausam.«[248] Mendel bricht mit seinem Gott – »Zu hart war Jehovah mit ihm umgegangen«[249] –, verweigert das tägliche Gebet, denn: »Aus, aus, aus ist es mit Mendel Singer! Er hat keinen Sohn, er hat keine Tochter, er hat kein Weib, er hat kein Geld, er hat kein Haus, er hat keinen Gott!«[250] So wie Mendel klagt schon der biblische Hiob: »Du hast dich mir verwandelt in einen Grausamen und streitest gegen mich mit der Stärke deiner Hand. Du hebst mich auf und läßt mich auf dem Winde dahinfahren und vergehen im Sturm.«[251] Die jüdischen Menschen, unter denen Mendel in New York lebt, erkennen in ihm mit scheuem Schrecken den »erbarmungswürdige(n) Zeuge(n) für die grausame Gewalt Jehovahs«.[252] Im Buch Hiob heißt es: »Jetzt bin ich ihr Spottlied geworden und muß ihnen zum Gerede dienen.«[253]

Der Roman endet mit einer wundersamen Wendung. Der geheilte, zum weltbekannten Musiker aufgestiegene Menuchim kommt zu einem Konzert nach New York und findet dort seinen Vater wieder. »Da wendet sich (Mendels) Lachen in Weinen, er schluchzt, und die Tränen fließen aus den alten, halbverhüllten Augen in den wild wuchernden Bart...«[254] Und den Nachbarn ruft er zu: »Ein Wunder ist geschehen! Kommt zu mir und seht es an!«[255] Mendel erkennt die Größe Gottes: »Schwere Sünden hab' ich begangen, der Herr hat die Augen zugedrückt. Einen Isprawnik (Polizeichef – WvS) hab' ich Ihn genannt. Er hat sich die Ohren zugehalten. Er ist so groß, daß unsere Schlechtigkeit ganz klein wird.«[256] Auch der biblische Hiob wird am Ende sagen: »Ich erkenne, daß du alles vermagst, und nichts, das du dir vorgenommen, ist dir zu schwer. ›Wer ist der, der den Ratschluß verhüllt mit Worten ohne Verstand?‹ Darum hab ich unweise geredet, was mir zu hoch ist und ich nicht verstehe.«[257]

Hiob, der »Roman eines einfachen Mannes«, ist *das* Buch Roths, das weit über alle rationalen Überlegungen hinaus auf sein Judentum verweist. In keinem anderen seiner Werke wird so deutlich, wo seine metaphysischen Wurzeln liegen, wie sehr ihn die jüdische Glaubenswelt bewegt. Wer dieses Buch liest, dem werden die katholischen Liebeserklärungen Roths fragwürdig erscheinen müssen. Die vielfältigen alttestamentarischen Bezugspunkte, die in dem Roman auftauchen, zeigen Roth als Kenner des Buches der Bücher, das ihn seit seinen frühesten Jugendtagen begleitet hat. Das gilt nicht nur für das biblische Leitmotiv des Romans, Hiob, sondern auch für zahlreiche andere Parallelen, die im Text anklingen. Die Geschwister stecken Menuchim – auf den sie im Familienalltag wegen seiner Krankheit ständig Rücksicht nehmen sollen – in eine gefüllte Regenwassertonne. Ganz wie die Brüder Joseph aus Neid über seine bevorzugte Stellung beim Vater Jakob in einen tiefen Brunnen werfen und nach Ägypten verkaufen. Ferner erinnern Charakterzüge von Deborah, Mendels Frau, an die prophetische Richterin Deborah, die die Führung ihres Volkes übernimmt und gemeinsam mit dem Heeresgeneral Barak die Kanaaniter schlägt. Und wie Moses in einem Weidenkorb ausgesetzt wird, legen die Eltern Menuchim, wenn er im Haus ist, in einen Korb.

Schon Roths erste Leser haben rasch erkannt, dass »Hiob« eine stilistische Wende im Werk dieses Schriftstellers darstellt. Nichts mehr zu spüren ist von der »Neuen Sachlichkeit«, der Roth gerade in diesen Monaten auch in einem Zeitungsbeitrag eine deutliche Absage erteilt. Der Roman ist, so beschreibt ein späterer Kritiker den Bruch, eine »demonstrative Rückwendung zum bewährten Alten: geschlossene Romanform, auktoriale Erzählperspektive, maßvolles Tempo, stilisierte ›klassische‹ Sprache … Mythisierung von Geschichte«.[258]

Die Kritiken sind schon 1930 überwiegend positiv. »Roth schreibt scheinbar abseits«, heißt es in der Rezension von Ludwig Marcuse, die im »Tage-Buch« veröffentlicht wird. »Er notiert nicht die Fieberkurven der europäischen Gesellschaft – er notiert nur das Schicksal einer unscheinbaren russisch-jüdischen Familie. Aber er schreibt in diesen Lebenslauf, der nicht in die Historie eingehen wird, die ehernen, zeitlosen Gesetze des Menschen, die regieren über den Gesetzen der Wirtschaft. ... Roth fragt nicht und antwortet nicht. Er beschreibt das Leben dort, wo es Legende ist. ... Und dies Buch ist eins der stärksten Bücher, die er geschrieben hat – weil es die kühle Distanz seiner geistigen Optik verringert durch eine Wärme, die neu bei ihm ist.«[259] Stefan Zweig schreibt am 30. Oktober 1930 in der Wiener »Neuen Freien Presse«: »Was an dem neuen Roman Joseph Roths vor allem so überrascht und ergreift, ist seine große, gebändigte Einfachheit. ... Mir und dir und jedermann kann diese wahre und klare Jedermannsgeschichte heute oder morgen oder übermorgen geschehen. ... Vorbildlich, einfach ist diese Chronik eines ephemeren Daseins erzählt, die Biographie eines mittlern Menschen...«[260]

Auch nach 1945 sind die Rezensionen positiv. Das Buch erhält seine zusätzliche Bedeutung, als immer sichtbarer wird, dass die Welt des Mendel Singer – das osteuropäische Schtetl und seine Menschen – im Holocaust untergegangen ist. »... ein solcher Roman, so begreift man, kann nicht mehr geschrieben werden nach dem, was inzwischen geschah.«[261] Heinrich Böll nennt den »Hiob« »wohl eines der schönsten Bücher, das zwischen den beiden Kriegen erschienen ist«.[262] Wie so viele hat auch er allerdings Probleme mit dem Wunder, das Roth für Mendel Singer am Ende des Romans bereithält. Das Ende, so meint Böll, ist »etwas leichtfertig wie die Krawatte eines Kavaliers geschlungen«.[263] Schon Ludwig Marcuse schreibt, dass Roths Schluss, »der sich an die Parallele zum alten Hiob klammert, ... nur eine kompositorische Verlegenheit (ist)«.[264] Vielleicht sollte man nicht vergessen, dass Roths spätere Geschichten fast immer in die Nähe der Legende rücken. Erleben wir zudem nicht auch im wirklichen Leben mehr Wunder, als die Literaturkritik es uns weismachen will?

Das gilt auch, wenn Roth später selbst etwas missmutig über seinen Hiob-Roman meint: »Es ist mir zu virtuos in seinem Geigenton; Paganini; das Leid ist zu schmackhaft und weich.«[265] So überliefert es jedenfalls Hans Natonek in einem 1939 veröffentlichten

Artikel in der Exilzeitschrift »Die Neue Weltbühne«. Roth sei zum Zeitpunkt dieser Äußerung – so berichtet Natonek weiter – schon ganz in die Welt seines nächsten Romans – »Radetzkymarsch« – eingetaucht.

Hollywood kauft die Filmrechte. Heraus kommt ein Kinostreifen, der kaum noch etwas mit Roths Buch zu tun hat. Aus dem Ostjuden Mendel Singer wird ein Tiroler Bauer und aus dem chassidischen Wunderrabbi ein Franziskanermönch. Der 1935 aus München nach Palästina emigrierte Schalom Ben-Chorin schreibt in der »Neuen Weltbühne« eine ironische Besprechung mit dem Titel »Mendel Singer läßt sich taufen« und schickt sie an Roth. Dieser antwortet am 2. Februar 1939 verärgert: »Nehmen Sie bitte zur Kenntnis, dass ich für die Verfilmung meines Romans ›Hiob‹ in keiner Weise verantwortlich zu machen bin und dass ich nicht einen Cent von diesem Geld gesehen habe und dass ich laut meinem Vertrag überhaupt kein Recht hatte auf die Verfilmung Einfluss zu nehmen.«[266] 1978 wird der österreichische Regisseur Michael Kehlmann, ein großer Roth-Bewunderer, eine dreiteilige Fernsehfassung produzieren. Sie trägt zur Popularisierung des Buches und seines Autors in der Bundesrepublik bei.

Der finanzielle Erfolg ist für Roth nicht überwältigend, aber doch ordentlich. Die Auflage erreicht in Deutschland ziemlich rasch die 20.000er-Marke. Es ist der literarische Durchbruch. Das Buch wird vielfach übersetzt und in Amerika zum »Book of the month« gewählt, was automatisch eine hohe Auflage nach sich zieht. In England macht die in Hollywood zum Weltstar aufgestiegene Marlene Dietrich den Roman 1936 populär, als sie in einer Zeitung auf die Frage »What is your favorite book?« antwortet: »Job (Hiob) by Joseph Roth«.

Neue Freunde und Beziehungen

Wichtig werden in Roths Leben Ende der 20er-Jahre neue Freundschaften. Sie gewinnen nach 1933 ihre besondere Bedeutung, wenn er sich im Ausland Verlage suchen muss. Viele seiner alten

Gefährten werden in alle Winde verstreut, oder er bricht – wie im Fall Reifenberg – mit ihnen, weil sie im Hitler-Deutschland bleiben und diesem teilweise sogar dienen. Umso lebensnotwendiger werden die Kontakte zu Menschen, die auf ihrer Flucht wie Roth selbst in Frankreich oder Holland gestrandet sind. Friedls Wahn und ihre Einweisung in psychiatrische Kliniken führen 1929/30 zur endgültigen Trennung des Ehepaars. Einige wenige Visiten bei der Kranken, die von ihr kaum noch wahrgenommen werden und bei dem Besucher Grauen und Schuldgefühle auslösen, sind die letzten Begegnungen der beiden. Bei Roth wächst das Gefühl der Verlassenheit, das er nicht nur durch den Alkohol, sondern auch durch erotische Beziehungen zu anderen Frauen zu überwinden versucht.

Sybil Rares

1929 kommt es zu einer intimen Freundschaft mit der Schauspielerin Sybil Rares. Er lernt die aus der Bukowina stammende, im Vergleich zur kranken Friedl sehr viel jüngere und hübsche jüdische Künstlerin in Frankfurt kennen. Sie ist dort am Schauspielhaus engagiert. Eine kurze Affäre ist es nur, aber die einstige Geliebte wird sich noch 30 Jahre später voller Respekt und Zuneigung über ihn äußern: »Roth war meine große Liebe ... Mitten im Jahr veranlaßte mich Roth, meinen Vertrag zu lösen und mit ihm nach Berlin zu gehen. Ich verbrachte auch einige Wochen mit ihm in Paris, wo wir im bezaubernden Hotel Foyot ... wohnten. Roth war ein wunderbarer Mensch, der den Dingen auf den Grund sah. Nichts Unechtes konnte vor ihm bestehen. ... Nach einigen Monaten wurde ich anderswo engagiert, und Roth war seinerseits immer unterwegs. So kamen wir auseinander.«[267] Sybil Rares überlebt das Dritte Reich in England. Sie spielt später in britischen Fernsehserien mit.

Andrea Manga Bell

Die wichtigste menschliche Beziehung dieser Jahre knüpft Roth im August 1929. Im Berliner Haus von Lotte Israel, der Gefährtin von Ernst Toller, begegnet er einer außergewöhnlichen Frau: Andrea Manga Bell. Sie ist die Tochter einer Deutschen und eines Kubaners. Geboren wird sie in Hamburg. Der Vater studierte bei Franz Liszt, wurde Musiklehrer und Komponist. Die Tochter Andrea heiratet einen Schwarzen, der aus der einstigen deutschen Kolonie Kamerun stammt. Nach einem Brief von Andrea Manga Bell an Roths französische Übersetzerin Blanche Gidon ist ihr Mann Angehöriger eines Fürstengeschlechts gewesen und wird zeitweise am kaiserlichen Hof in Berlin erzogen.[268] Sie lernt ihn nach dem Krieg in Hamburg kennen, wo er Medizin studiert. Aus der Ehe gehen zwei Kinder hervor. Der Mann kehrt nach Afrika zurück, Andrea Manga Bell weigert sich mitzukommen. Die Kinder bleiben bei ihr. Roth wird später in einem Brief schreiben: »Er hat Frau Manga-Bell, die Mutter der Kinder, böswillig verlassen.«[269] Vier Jahre vor ihrer Bekanntschaft mit Roth ist sie nach Berlin gekommen. Dort vermittelt Franz Blei sie an den Ullstein-Verlag, wo sie für die 1924 gegründete Zeitschrift »Gebrauchsgrafik« als Redakteurin arbeitet.

Roth ist von dieser Frau sofort fasziniert. Ihre Herkunft, ihre Ehe mit dem Kameruner Prinzen reizt den Dichter und Erfinder von Geschichten über ungewöhnliche Menschen, ihre erotische Ausstrahlung fesselt den Mann Joseph Roth. Nach der ersten Begegnung, so erzählt Andrea Manga Bell später, schickt er ihr täglich eine Rose. Bald leben sie zusammen. Auch die Empfängerin der Rosen ist von dem Dichter beeindruckt. Später sagt sie: »Eigentlich war Roth häßlich, aber er hat Frauen stark angezogen und immer wieder gab es welche, die sich in ihn verliebten und die hinter ihm her waren. Ich habe nie einen anderen Mann mit soviel sexueller Anziehungskraft gekannt. Er ging langsam wie eine Schnecke, alles war an ihm gebremst, nie merkte man ihm eine spontane Bewegung an, er lauerte, jede Miene war bedacht. Aber er konnte zart sein wie kein anderer, und ich war ganz vernarrt in ihn.«[270]

Es ist keine einfache Beziehung. Roth trinkt und streift durch die

Nächte. Andrea Manga Bell muss für die Zukunft ihrer Kinder sorgen und wird in den Pariser Exiljahren finanziell völlig von Roth abhängig. Andererseits ist sie selbstbewusst, unterwirft sich keineswegs immer seinen häufig vom Alkohol bestimmten Launen, kann laut streiten und sich aggressiv gegenüber den Diskriminierungen von Farbigen in Deutschland oder Frankreich äußern. Roth ist eifersüchtig. Hermann Kesten erzählt, Roth habe die Geliebte eingesperrt oder ihn gebeten, sie zu bewachen, wenn er nicht anwesend sei. Andrea Manga Bell berichtet später auch Kurioses über Roths Verhalten in dieser Partnerschaft. Sie darf nicht tanzen – »ein Ausbund an Geilheit« – oder einen Badeanzug tragen – »das ist Exhibitionismus«.[271] Einen Friseurbesuch habe Roth mit einem Bordellbesuch verglichen. Ludwig Marcuse erinnert sich: »Durch Roths Einfluß hat auch Manga Bell viel getrunken, so daß die beiden oft gemeinsam einen moralischen Katzenjammer durchmachten. In Paris soll Manga Bell – laut Roth – einen Revolver in der Handtasche getragen haben. Einmal, als die zwei sich im Café Sélecte nach einer mehrtägigen Trennung wieder treffen wollten, mußte ich Roth begleiten, um aufzupassen, daß sie nicht nach dem Revolver griff.«[272] Es kommt gelegentlich zu alkoholisierten Gewalttätigkeiten und zu Trennungsversuchen. Lösen kann sich Roth aber lange nicht. Sechs Jahre wird die Verbindung andauern. »Frau M. B. konnte ich nicht lassen«, schreibt er im Oktober 1931 aus Paris. »Im letzten Moment war mein Herz weh, und mein Gewissen, das ihm benachbart ist, auch – und nun glaube ich, an dieser Einen gut machen zu können, was ich an vielen gesündigt habe – an mir selbst auch...«[273]

Roth hat zu Sohn und Tochter seiner Geliebten ein ambivalentes Verhältnis. In diesen Jahren lebt er zum ersten Mal etwas enger mit Kindern zusammen, führt mehr oder weniger unfreiwillig so etwas wie ein Familienleben. Einerseits genießt er das, macht seine Späße mit ihnen und versucht materiell zu helfen. »Ich liebe sie, als wären sie meine eigenen. – Ich würde sie auch adoptieren, wenn ich sie dadurch nicht des viel mächtigeren natürlichen Vaters berauben würde.«[274] Andererseits reagiert er nervös, kann sich in seinen Briefen zu bösen Bemerkungen über die Kosten hinreißen lassen, die ihm die »Familie« abverlangt. Er ist zwischen Pflichtgefühl und zornigen Ausbrüchen hin- und hergerissen. »Die Kinder kann ich nicht umsonst unterbringen«, heißt es 1935, als Roth wieder einmal versucht, seine Geldverhältnisse in Ordnung zu bringen. »Ich kann auch nicht eine kleine stinkige 1½ Zimmerwohnung nehmen, und mit dem ganzen Zirkus zusammen leben. Obwohl ich ganz genau weiß, daß Frau und Kinder mir niemals Dank wissen werden für alles, was ich für sie getan habe, kann ich sie doch nicht alle in dieser Not allein lassen. ... Ich teile wahrhaftig nicht ein, sondern aus. Und, wenn ich das nicht tue, so muß ich allein bleiben. Das heißt also: ich trenne mich, gegen mein Gewissen, von den 3 armen Menschen, die von mir leben. Ich kann es tun. Aber ich brauche ein Jahr, um diese Tat zu überwinden, ebenso, wie ich zwei Jahre gebraucht hatte, um die Krankheit meiner Frau zu überwinden, an der ich immer noch glaube, schuldig zu sein.«[275] Wenig später meldet er Stefan Zweig: »Ich werde besonders die *Weihnachtstage* NICHT überstehen können. Sie ahnen kaum, wie sehr ich mich vor ihnen fürchte. Mein ganzer Negerstamm kommt angerückt, zum Überfluß und paradox, mit deutschen Tannenbäumen und arischen Sentiments. ... Es steckt in dieser Frau – wie übrigens in allen – der fatale und sehr natürliche Drang, mich einzuengen, familiär und zum Haustier zu machen, und ich kann mich *mit gutem Gewissen* nur dann davor schützen, wenn ich sie nicht entbehren lasse.«[276] Vor der endgültigen Trennung schreibt Roth im Mai 1936 an Zweig: »Frau Manga-Bell ist bei Ihrer Freundin in Jona bei Rapperswil, aber länger, als 4 Wochen kann sie dort nicht bleiben. Was soll ich mit dieser Frau machen? Wahrscheinlich liebt sie mich irrsinnig. Was soll ich selbst machen?«[277] Auch in dieser jahrelangen Beziehung plagen ihn Skrupel und Ängste. Wie so vieles im Leben dieses Schriftstellers endet das Verhältnis zu Andrea Manga Bell im Chaos. Sie hat es lange mit diesem schwierigen, egomanischen und in den späteren Jahren ihres Zusammenlebens erschöpften Mann ausgehalten.

In Klaus Manns Roman »Mephisto« lernt der noch unbekannte, aber ehrgeizige Schauspieler Hendrik Höfgen die dunkelhäutige Revuetänzerin Juliette Martens kennen. Er nimmt bei ihr Tanzunterricht, und sie wird seine Geliebte. Weil sie eine Farbige ist, muss Höfgen dieses Verhältnis mit dem Anbruch der nationalsozialistischen Diktatur verborgen halten. Zum Theaterstar in Hitlers Berlin aufgestiegen, verrät er die Geliebte. Klaus Mann trifft Joseph Roth und Andrea Manga Bell in den 30er-Jahren in Paris. Es ist nicht auszuschließen, dass er manches von der faszinierenden Geliebten Roths in die Figur der Juliette Martens hat einfließen lassen. Er schildert sie als eine sympathische Außenseiterin, eine kluge, liebende und erotische Frau.

Stefan Zweig

Am 8. September 1927 schreibt Roth seinen vermutlich ersten Brief an Stefan Zweig: »Sehr verehrter Herr Zweig, ich fühle mich tief und kaum entschuldbar lange Zeit in Ihrer Schuld. Sie haben mir herzliche Worte über mein Judenbuch gesagt. Ich danke Ihnen herzlich.«[278] Roth bezieht sich auf eine überaus positive Briefäußerung Zweigs über seinen Essay »Juden auf Wanderschaft«. Es ist der Beginn einer intensiven, nicht unkomplizierten Künstlerfreundschaft, bei der vor allem Roth der Nehmende gewesen ist. Stefan Zweig, 13 Jahre älter als Roth, wird in den 20er-Jahren einer der erfolgreichsten deutschsprachigen Schriftsteller. Im Jahr ihrer Kontaktaufnahme ist sein meistverkauftes Buch – »Sternstunden der Menschheit« – erschienen. Auch seine unter dem Titel »Baumeister der Welt« gesammelten Essays über große Geister der europäischen Kultur – von Kleist, Hölderlin und Nietzsche bis Stendhal, Tolstoi, Dostojewski und Sigmund Freud – machen ihn berühmt. Später wird er umfangreiche Biographien über Joseph Fouché, Marie Antoinette und Maria Stuart veröffentlichen, die weltweit hohe Auflagen erreichen.

Zweig und Roth haben manches gemeinsam: die österreichisch-jüdische Herkunft, die lebenslange Melancholie über den Verlust der Welt von Gestern, die ruhelose Reiselust, die amourösen Abenteuer, die ständige Flucht vor familiären, bürgerlichen Bindungen, den Hang zum Bohemeleben und nicht zuletzt das Schicksal der Verfolgung und der Emigration. Beide sind Gefährdete: Roth trinkt sich zu Tode, Zweig begeht 1942 in Brasilien Selbstmord.

Sie sind auch sehr verschieden: Zweig kommt aus einer in Wien ansässigen großbürgerlichen Fabrikantenfamilie, Roth aus dem galizischen Kleinbürgertum. Zweig hat von Kindheit an keine Geldsorgen, Roths Jagd nach Honoraren endet erst mit seinem Tod. Zweig ist seit Jahrzehnten eng mit der Welt der Wiener Literatur verbunden, trifft sich mit Hugo von Hofmannsthal und korrespondiert mit Arthur Schnitzler. Roth, der Jüngere, macht sich dort erst Anfang der 30er-Jahre einen Namen. Zweig ist ein großer Liebender, wenn es um das Werk bedeutender Künstler geht. Roth bleibt da ein wesentlich zurückhaltenderer Betrachter. Zweig ist zwar Kettenraucher, aber kein Alkoholiker.

Zweig bewundert Roth. Es ist ihm immer bewusst, welch bedeutende Romane der Freund schreibt. Roth ist für ihn einer der Großen unter den aktuellen deutschsprachigen Schriftstellern. Wenn hingegen Roth in seinen Briefen Lobendes über ein neu erschienenes Buch von Zweig äußert, dann ist das häufig taktisch zu verstehen. Er braucht die materielle Unterstützung des wohlhabenden Freundes. Im Trinkerkreis, so berichtet später der eine oder andere Teilnehmer dieser Runden, habe sich Roth spöttisch, bisweilen abfällig über den Schriftsteller Stefan Zweig geäußert. Angesichts der hochanständigen Hilfe Zweigs ist das keine sehr noble Haltung. Auch wenn Roth mit seinem Urteil über Zweig nicht allein steht, gerecht werden er, Thomas Mann oder andere Kritiker dem Werk des bei seinen in aller Welt lebenden Lesern so erfolgreichen Kollegen nicht.

Ohne Zweig wäre Roths Untergang schon früher gekommen. Er hat ihn regelmäßig finanziell unterstützt. Er bezahlt ihm Reisen, Hotelrechnungen und Entziehungskuren. Er lädt ihn nach Salzburg ein, wo er in den 20er- und frühen 30er-Jahren seinen Wohnsitz hat. Er trifft ihn in Südfrankreich und finanziert die gemeinsamen Aufenthalte in Ostende oder Amsterdam. Er schreibt ihm Mut machende, mahnende und sein Künstlertum preisende Briefe. Er versucht ihn – natürlich vergeblich – vom Alkohol zu befreien. In den Exiljahren verhandelt er für den Freund mit englischen und amerikanischen Verlagen, versucht für ihn günstige Verträge durchzusetzen, möglichst hohe Vorschüsse zu erreichen, und er vermittelt unverdrossen, wenn Roth sich mit Verlegern oder Lektoren überwirft, ihnen Briefe schreibt, in denen er sich im Ton deutlich vergreift. Als Roth stirbt, schreibt er einen bewegten Nachruf. Zweig ist ein Freund, wie Roth ihn großzügiger, liebevoller und – angesichts seiner häufig missmutigen, fordernden und wirren Briefe – souveräner nicht mehr gefunden hat.

In diese Freundschaft ist Zweigs langjährige Ehefrau Friderike einbezogen. Auch sie ist eine besorgte, hilfreiche, liebende Freundin des larmoyanten, so regelmäßig betrunkenen und in vielen Situationen hilflos wirkenden Roth. Dieser wiederum versucht zu vermitteln, als die Entfremdung zwischen den Ehepartnern wächst. Das führt in diesen Jahren zu Verstimmungen zwischen Roth und Zweig. »Verzeihen Sie mir meine Unausstehlichkeit«, schreibt Roth im April 1931 aus Antibes an den Freund, »ich fühle wohl, daß Sie es mir sehr übelnehmen. Sie ist aber zum Teil – Sie geben mir das Recht, aufrichtig zu sein – eine Folge der Spannungen, die zwischen Ihrer lieben Frau und Ihnen und mir bestehen. Ich habe sie immer mit dem Schmerz des Freundes gefühlt, nachdem ich mich geweigert hatte, lange Zeit, ihr Zeuge zu werden. Sie scheinen mir eine völlige Aufrichtigkeit – nur sie ist für mich Freundschaft – zu verhindern. Ich fühle, daß Sie mir vieles übel nehmen, was Sie nicht sagen können und wollen. ... Ich wünsche, daß unsere Freundschaft – sie ist in Gefahr – nicht zerbricht, weder an Frauen, noch an weniger.«[279]

Die Korrespondenz zwischen den beiden Schriftstellern bildet den umfangreichsten überlieferten Briefwechsel Roths. Notrufe, Klagen, Verlagsprobleme, politische Betrachtungen – Roth sucht in Zweig vor allem den Helfer, aber auch den politischen Gesprächspartner. Zweig wiederum bemüht sich, Roths Ausfälle gegen Verleger und Lektoren zu mäßigen, ihn davon abzuhalten, Geschäftsangelegenheiten schriftlich zu erörtern, wenn er betrunken ist. »Lieber Freund, ich muß Ihnen als Freund ehrlich schreiben – ich habe zum erstenmal Angst um Sie. Es ist in Ihrem (unsinnigen) Brief an Gollancz (britischer Verleger – WvS), in Ihrem ganzen Wesen eine Überreizung, die ich auf Alkohol oder sonst eine Verstörung zurückführen muß. Ich bitte Sie, handeln Sie vor allem nicht immer so ungeduldig. Ein Irrwitz war die ganze Telegrafiererei nach Nord und Ost. ... Was Sie Gollancz schreiben ist unhaltbar. Er hat nie einen Vertrag gemacht mit Ihnen...«[280]

Siegfried Kracauer, Félix Bertaux und Blanche Gidon

Viele Freundschaften, die Roth in den 20er-Jahren schließt, dauern bis zu seinem Tod an. Das gilt vor allem – wie erwähnt – für die journalistischen Kollegen, denen er während seiner Tätigkeit für die »Frankfurter Zeitung« begegnet und auf die das Schicksal des Exilanten wartet: Marcuse und Kracauer gehören zu diesem Kreis, aber auch der zeitweise mit den Kommunisten liebäugelnde Brentano. Mit Kracauer verbindet ihn in der Zeit ihrer gemeinsamen Tätigkeit für die »Frankfurter Zeitung« eine häufig von Dissonanzen geprägte kollegiale Zusammenarbeit. »Lieber Freund Kracauer, ein Tratsch hat mir vor 2 Tagen zugetragen, dass Sie hier und dort ungünstig über mich gesprochen haben; ich bitte Sie Ihr Misstrauen doch aufzugeben, das ich doch am allerwenigsten verdient habe. Dass Sie mir das meinige vergelten wollen, das ich gegen Ihre Berliner Freunde habe und behalten werde, kann ich nicht glauben. Ich glaube doch an unsere Kameradschaft, die so lange gedauert hat, und meine Zuneigung, die doch wichtiger ist, als unsere Kameradschaft... Wenn Sie etwas gegen mich haben, so warten Sie bis ich in Berlin bin und sagen Sie es mir direkt. Glauben Sie ja nicht, dass ich Ihnen deswegen böse bin; ich bin nur traurig.«[281] Man klatscht in der Medienwelt gerne. Im Februar 1930 meldet Roth dem in Frankfurt sitzenden Freund aus dem Berliner Hotel am Zoo: »Haben Sie gelesen, dass Herr Tucholsky einen Anbiederungsversuch an die Frankfurter Zeitung und Kracauer macht? Ich habe Angst, Sie könnten sich geschmeichelt fühlen und bestechlich sein.«[282]

In Paris lernt Roth den französischen Germanisten Félix Bertaux und dessen Sohn Pierre kennen. Der Vater ist als Gymnasiallehrer tätig und Herausgeber eines französischen Standardwerkes zur neueren deutschen Literatur. Er ist mit Heinrich und Thomas Mann befreundet. Auch Pierre Bertaux, später Diplomat und Wissenschaftler, hat enge Beziehungen zum Hause Mann. Zu beiden Bertaux entwickelt Roth eine vertraute Beziehung, und er bleibt ihnen in den letzten 12 Jahren seines Lebens eng verbunden.

Das gilt auch für Blanche Gidon, Gattin eines bekannten Radiologen, die ihm nicht nur französische Verlage vermittelt und seine Bücher übersetzt, sondern auch eine treue Helferin bei den privaten Nöten und Sorgen ist, von denen Roth ihr in seinen Briefen berichtet. In ihrem Haus in der Rue des Martyrs trifft er mit französischen Autoren und Künstlern zusammen. Im Zweiten Weltkrieg wird Blanche Gidon wichtige Teile des Nachlasses Roths in ihrem Keller verstecken.

Walter Landauer

Drei Namen sind zu nennen, die vor allem später, in den Exiljahren, eine wichtige Rolle für Roth spielen. Walter Landauer, Hermann Kesten und Fritz Landshoff. Auch ihre Beziehung beginnt Mitte der 20er-Jahre. Walter Landauer ist schon im Verlag »Die Schmiede« tätig, als dort Roths erste Romane erscheinen. 1927 geht er als Prokurist zum Gustav Kiepenheuer Verlag. Die Briefe Roths zeigen, dass Landauer für ihn dort der entscheidende Gesprächspartner ist. Wenn es Konflikte gibt, wenn Honorarfragen zu klären sind, fast immer ist Landauer der Ansprechpartner. »Landauer ist seit gestern hier«, schreibt Roth im September 1931 an Zweig. »Wir haben viel von Ihnen gesprochen und sehr herzlich. Er zahlt mir vorläufig garnichts wegen des großen Vorschusses den ich habe, und ich verhandele eben mit ihm über die Möglichkeit, den Roman (»Radetzkymarsch« – WvS) ganz ohne Artikel fertig zu schreiben.«[283] Wenig später heißt es: »Ich lebe von den materiellen Maßnahmen Landauers.«[284]

Im Exil ist Landauer im holländischen Verlag Allert de Lange für die deutschsprachige Literatur verantwortlich. Damit wird sein Einfluss für Roth noch wichtiger. Vor allem trägt Landauer dazu bei, dass Roths Vorschüsse erhebliche Größenordnungen erreichen. Der »feine, grundanständige und grundgescheite, witzig-melancholische«[285] Landauer ist Roth nicht nur beruflich, sondern auch persönlich eng verbunden. In Amsterdam wird er auch dann zu helfen versuchen, wenn Roth aus Geldgründen den Verlag de Lange verlassen hat. Das geschieht 1936, und in einem Brief an Stefan

Zweig zeigt sich Roth wieder einmal als abgrundtiefer Pessimist, der selbst den Freund Landauer nicht schont, wenn er sich benachteiligt fühlt: »Ich kenne doch den Landauer! Der Hausmeister des Hauses, in dem er 20 Jahre gewohnt hat, in Berlin, hat ihn immer angebrüllt, wenn er sich die Stiefel bei Regen nicht im Flur abgewischt hatte – und er hat sich alles gefallen lassen. *Er ist fein und anständig und subaltern.* Er ist ein Herr nur unter Herren. Sonst ein Knecht der Knechte.«[286] Landauer gerät nach der Invasion Hollands in die Hände der Gestapo und verhungert 1944 im Konzentrationslager Bergen-Belsen.

Hermann Kesten

Eine Lebensfreundschaft verbindet Roth mit dem sechs Jahre jüngeren Hermann Kesten. Wenn die beiden in Berlin oder Paris sind, sehen sie sich nahezu täglich, 1934 wohnen sie für Monate in Nizza und bilden dort eine Hausgemeinschaft, an der auch Heinrich Mann beteiligt ist. Der Autor Kesten hat besonders mit seinen historischen Romanen Erfolg, und er trifft durch seine Verlagsarbeit mit zahlreichen Schriftstellern seiner Zeit zusammen. In den Exiljahren ist er für viele Kollegen neben Landshoff der wichtigste Vermittler für den Druck ihrer Werke in den deutschsprachigen Abteilungen von de Lange und Querido. Später wird er Bücher veröffentlichen, in denen er ironisch, aber auch mit großer Sympathie von seinen »Freunden, den Poeten« berichtet.[287]

Große Verdienste hat sich Kesten in den Jahren nach dem Zweiten Weltkrieg um das Vermächtnis von Roth erworben. Er wird in vielen Aufsätzen und Artikeln an den Freund erinnern. Schon im März 1948 schreibt Kesten aus New York an Landshoff: »Irgendwelche Verwandten von Joseph Roth ... wollen versuchen, gerichtliche Schritte wegen der Rechte von Joseph Roth zu unternehmen. Es ist ja ein Jammer, daß sein Werk sozusagen brachliegt. Möchten Sie den Plan aufnehmen, die gesammelten Werke von Joseph Roth nach und nach herauszubringen? ... Man sollte für sein Werk, wenn möglich, etwas tun. Es betrübt mich, daß er infolge Mangels einer rührigen Witwe und infolge der Nicht-Existenz eines laufenden Verlagsvertrags so rascher verschwinden soll, als es der Lebensfähigkeit seines Werks entspricht.«[288] Nicht Landshoff, sondern der Kölner Verlag Kiepenheuer und Witsch – den Roths alter Freund Gustav Kiepenheuer mitbegründet hat und dessen Verleger bis zu seinem Tod im Jahr 1967 Joseph Caspar Witsch ist – wird 1956 eine dreibändige und 1976 eine vierbändige Ausgabe von Roths Schriften veröffentlichen. Beide Editionen gibt Hermann Kesten heraus. Sie sind entscheidende Schritte zu Roths Wiederentdeckung. 1970 veröffentlicht Kesten die erste Sammlung von Roth-Briefen. Sie sind bis heute eine Fundgrube für jeden Liebhaber dieses Autors.

1947 erscheint Kestens Roman »Die Zwillinge von Nürnberg«. In dieser Geschichte – auch das ist eine Verbeugung vor dem großen Kollegen – taucht in verschiedenen Szenen und namentlich der verstorbene Freund auf: »Der alte Zahlkellner Victor – mon cher Victor! – mit den Händen unter seiner weißen Kellnerschürze, in seinen alten Augen ein lustiges Glitzern, sah zu, wie der große österreichische Dichter Joseph Roth, der größte Trinker seiner Zeit und ein meisterlicher Flucher, trank und fluchte, besonders auf die deutschen Diktatoren, die ihn und die Humanität aus dem Reich gejagt hatten.«[289]

Der galizische Jude Hermann Kesten wird 1940 aus Holland fliehen, in die Vereinigten Staaten gehen und Amerikaner werden. Bis zu seinem Tod 1995 bleibt er ein streitbereiter Bekenner und kritischer Beobachter der deutschen Literatur. In den 70er-Jahren ist er Präsident des P.E.N.-Zentrums der Bundesrepublik. Roth hat seine scharfe Zunge, seinen jüdischen Witz, seine kleinen biographischen Versteckspiele und nicht zuletzt seine nie ermüdende Hilfe geschätzt. Über Kestens Bücher schreibt er selten und wenn, dann freundlich. »Hermann Kestens Novellenband (»Die Liebesehe« – WvS) zeichnet die reizvolle Schnödigkeit eines gesunden, kräftigen und sozusagen sorglosen Pessimisten aus, der sich vor Jahren bereits die meisten grauen Haare hat wachsen lassen. ... Kesten ist aber ein getreuer Höriger des Worts; ein Schriftsteller also ...«[290]

Fritz Landshoff

Fritz Landshoff ist seit 1927 Teilhaber des Gustav Kiepenheuer Verlages. Auch wenn der Namensgeber das Unternehmen nach außen repräsentiert, ist Landshoff der eigentliche Macher im Haus. »Ich habe keinen ›Vertreter‹ in Paris«, teilt Roth 1932 Blanche Gidon mit. »Der Mann, der im Verlag Kiepenheuer für das Ausland verhandelt, heißt: Dr. Landshoff. Er allein kann die Übersetzung meines Buches verkaufen.«[291] Landshoff wird nach 1933 auch bei Querido für die deutschen Autoren der entscheidende Gesprächspartner. Roth verdankt ihm, dass er in der Emigration als Schriftsteller schnell wieder Fuß fassen kann. Der sensible, immer wieder drogenabhängige Fritz Landshoff ist eng mit Klaus und Erika Mann befreundet. Der älteste Sohn von Thomas Mann setzt ihm in seinen Erinnerungen ein Denkmal der Freundschaft: »Die schönste menschliche Beziehung, die ich diesen ersten Jahren des Exils verdanke, ist die zu dem Verleger Fritz Landshoff. Seit 1933 ist er mein brüderlicher Freund.«[292] Landshoff flieht 1941 in die USA und gründet dort gemeinsam mit Gottfried Bermann Fischer, dem Schwiegersohn und Nachfolger des alten Samuel Fischer, einen Verlag. Nach dem Krieg lebt er als Verleger in Holland und in den USA. Landshoff stirbt 1988.

Das flämische Mädchen

Roth pendelt in den Jahren 1930 bis 1933 zwischen Deutschland und Frankreich hin und her, permanent in Geldnöten. Anfang 1931 ist er drei Monate auf Einladung Stefan Zweigs in Antibes. Er hofft dort in ruhigerer Verfassung weiter an seinem Radetzkymarsch-Manuskript arbeiten zu können. Er ist erschöpft und deprimiert. Aus Marseille schreibt er einem Frankfurter Journalistenkollegen: »Nach einem äußert fatalen Zustand in Paris, den mir kein Mensch … ansehen konnte, bin ich hieher geflohen und fliehe weiter, nach Antibes. Ich fliehe vor den Mahnungen. In der letzten Zeit sind drei Klagen gegen mich anhängig gemacht worden. Kiepenheuer mahnt den Roman und droht mit Zahlungseinstellung. ... Alles stürzt zusammen.«[293] Wieder ist es Stefan Zweig, der den Verzweifelten zu beruhigen versucht, ihm die Möglichkeit schafft, weiter am »Radetzkymarsch« zu arbeiten, und den gemeinsamen Aufenthalt in Südfrankreich finanziert. Aber hier warten weitere Verstrickungen: Der 36-jährige Roth stürzt sich in Antibes in ein neues Liebesabenteuer. »Ich würde gewiß mehr schreiben, Briefe und Artikel, was das gleiche ist, wenn ich nicht in einer furchtbaren Verwicklung stecken würde. Ich kann nicht zur Ruhe kommen. Ich habe mich in ein zwanzigjähriges Mädchen verliebt. Aber es ist unmöglich, ein Verbrechen, ich weiß es, dieses Mädchen an mich zu binden und in das schreckliche unentwirrbare Netz meines Lebens zu stecken. Dennoch kann ich nicht verzichten. Selbst, wenn ich frei wäre und sie heiraten könnte, würde es die Familie, schwer reiche flämische, sehr katholische, deutschhasserische Barone, die unter der Okkupation gelitten haben, niemals gestatten. Das Mädchen (noch nicht großjährig) will die Familie verlassen, nach ihrer Großjährigkeit im Juli. Es wird dortzulande (Brügge) ein Riesenskandal. Ich mache eine Riesendummheit, in meinem Alter, aber ich fühle mich zum ersten Mal, seit der Krankheit meiner Frau, wieder *lebendig*. Ich kann nicht verzichten.«[294]

Dieser Brief klingt, als ob sein Absender wieder einmal sein Leben zu einer Legende stilisiert. Aber eine Roth-Forscherin hat 2008 das Geheimnis um die bislang anonym gebliebene Geliebte in Antibes gelüftet. Das Mädchen gehörte tatsächlich zu einer steinreichen und streng katholischen flämischen Adelsfamilie, den Gillès de Pélichy.[295] Sie sind Besitzer mehrerer Schlösser und größerer Ländereien. Die Tochter heißt Maria. Sie hat in Antibes Kontakt zu Stefan Zweig, und über ihn dürfte Roth die Schöne und offenbar etwas Leichtfertige kennengelernt haben.

Im März 1931 schreibt Roth an den inzwischen wieder nach Salzburg zurückgekehrten Zweig einen Brief, der auf recht groteske Weise zeigt, wie intensiv die beiden auch nicht mehr im Jünglingsalter stehenden Schriftsteller einander über ihre erotischen Eskapaden Bericht erstatten. »Der Tuteur (Vormund oder Privatlehrer – WvS) ist gekommen, mit langem Bart und großem Bauch, ein ahnungsloser Mann, den der Katholizismus vernagelt hat. Die Kleine kommt in der Nacht, obwohl er nebenan schläft, betet, bekreuzigt sich und fängt an, zu sündigen. ... Die Kleine ist ganz weich in der Nacht, wenn die Sonne aufgeht – wieder verändert und ihr Geschlecht: beliebig. Sie weint viel, erfinderisch in Körperlichkeiten, außerordentlich begabt für Perversitäten, äußerst empfindlich gegen Schmerz im Normalen, aus dem Psychischen her. Drei katholische Jungfernhäutchen vor dem der Natur, macht Lärm, und ich übe mich in der Virtuosität, zu deflorieren, ohne Lust zu empfinden. ... Meiner Frau geht es schlecht. Ein Verdienst der Kleinen, immerhin, daß ich es nicht so schwer trage, wie sonst. Ich bin ein Schuft, dennoch, Defloration, mit litterarischer Umrandung, ist mir was wert.«[296] Literatur und Leben – bei Roth weiß der Briefleser nie so genau, wo die Wirklichkeit endet und wo die Phantasie beginnt.

Tatsache ist jedenfalls, dass die Affäre mit Roths Abreise zu Ende ist. »Flandern hat eine unerhörte Wendung genommen. Die Kleine hat geschwätzt, man hat sie in ein Kloster gebracht, sie wird bestimmt umkommen. Ein Mönch hat mir geschrieben. Das Leben ist so viel schöner als die Litteratur!«[297] Maria ist keineswegs umgekommen, sondern heiratet ein Jahr nach der Affäre mit Roth. Spätpubertäre Ausbrüche? Der Aufstand einer Tochter gegen das bigotte katholische Milieu in einer konservativen Familie des flämischen Landadels? Oder doch der erotische Charme des Liebhabers Joseph Roth, von dem die Frauen später so gerne erzählen?

Roth kehrt nach Paris zurück. Bald muss er die Arbeit an dem neuen Roman wegen eines schweren Augenleidens und einer Gelbsucht unterbrechen. »Ich bin in einer furchtbaren Lage, ich erlebe Furchtbares, seit der Krankheit meiner Frau nicht so furchtbares, wie jetzt. ... Das Leben ist mir mieß geworden, eine ehrliche Qual. Meine Schrift ist so verzerrt, mein Schreiben so abrupt, weil mir ein Auge weh tut, seit Tagen entzündet.«[298] Zweig gegenüber klagt er: »Ich schreibe Ihnen, eine schwarze Brille vor den Augen, vorgeschrieben vom Arzt, sehr unangenehm, Hornhaut scheint angegriffen. ... Flandern liegt mir *keineswegs* am Herzen. Beigetragen hat es gewiß zur physischen Krankheit. Ich ertrage es nicht, daß noch eine Frau meinetwegen leidet. (Es ist die vierte.) Die zweite Psychose, diese abgelenkt ins Katholische. Auge nur Ausdruck seelischer Depression.«[299]

Geldverdienen: Roth unterbricht für einige Wochen die Arbeit am »Radetzkymarsch«. Am 3. Mai 1931 erscheint in der »Kölnischen Zeitung« der erste von 15 Artikeln, in denen er von einer Reise berichtet, die ihn nach Magdeburg, Leipzig und in das Ruhrgebiet geführt haben soll, und in denen er feuilletonistisch über Gustav den Kneipenwirt oder einen Ausflug am Sonntag plaudert. Die Daten der überlieferten Briefe geben keinerlei Ansatzpunkte, dass Roth diese Reise je gemacht hat. Vielleicht schreibt er sie alle im Pariser Hotelzimmer. Im Juli ist er in Frankfurt, dann zu Verhandlungen mit Kiepenheuer in Berlin. Es geht um den neuen Roman, den er im Frühjahr 1932 beendet.

Radetzkymarsch

Vom 17. April 1932 bis zum 9. Juli 1932 können die Leser der »Frankfurter Zeitung« ein weiteres Mal einen Roman des Autors Joseph Roth in Fortsetzung lesen. Es die Geschichte der österreichischen Familie von Trotta. Die Weimarer Republik liegt im Jahr 1932 bereits in politischer Agonie: Die Arbeitslosenzahlen überschreiten die Sechsmillionen-Grenze, Kommunisten und Nationalsozialisten liefern sich blutige Straßenkämpfe, und die Minderheitsregierung von Papen probt im Reichstag den Staatsstreich. Was die FZ-Abonnenten in dieser prekären Lage lesen können, ist ein Blick zurück in die Zeit, als die Habsburger noch den Vielvölkerstaat Österreich-Ungarn regierten. Vor die Veröffentlichung der ersten Folge setzt die FZ ein Vorwort des Verfassers: »Ein grausamer Wille der Geschichte hat mein altes Vaterland, die österreichisch-ungarische Monarchie, zertrümmert. Ich habe es geliebt, dieses Vaterland, das mir erlaubte, ein Patriot und ein Weltbürger zugleich zu sein, ein Österreicher und ein Deutscher unter allen österreichischen Völkern. Ich habe die Tugenden und die Vorzüge dieses Vaterlands geliebt, und ich liebe heute, da es verstorben und verloren ist, auch noch seine Fehler und seine Schwächen. Deren hatte es viele. Es hat sie durch seinen Tod gebüßt.«[300] Schon diese ersten Sätze geben die Melodie vor, die dann im »Radetzkymarsch« so vieltönig erklingen wird.

»Die Trottas waren ein junges Geschlecht. Ihr Ahnherr hatte nach der Schlacht bei Solferino den Adel bekommen. Er war Slowene. Sipolje – der Name des Dorfes, aus dem er stammte – wurde sein Adelsprädikat.«[301] Mit diesen Sätzen beginnt Roths großes Epos über den Niedergang einer gerade aufgestiegenen Adelsfamilie und des Reiches, dem sie dient. Der erste Trotta rettet in der Schlacht das Leben seines Kaisers Franz Joseph, indem er sich vor ihn wirft und damit die für den jungen Monarchen bestimmte Kugel abfängt. Die Schüler des Reiches können die kleine Kriegsepisode bald legendenhaft überhöht in ihren Lesebüchern wiederfinden. Als der Held von Solferino davon erfährt, ist er empört und bittet um Audienz bei seinem Kaiser. »›Sehn Sie zu, lieber Trotta!‹ sagte der Kaiser. ›Die Sache ist recht unangenehm. Aber schlecht kommen wir beide dabei nicht weg! Lassen'S die Geschicht'!‹ ›Majestät‹, erwiderte der Hauptmann, ›es ist ein Lüge!‹. ›Es wird viel gelogen‹, bestätigte der Kaiser.«[302] Die Geschichte von der Tat des Helden von Solferino verschwindet aus den Schulbüchern, und der Hauptmann von Trotta wird ein weiteres Mal geehrt und in den Freiherrenstand erhoben. Aber der aufrecht-sture Mann quittiert seinen Militärdienst und lebt bis zu seinem Tod als Bauer in Sipolje.

Roth hat für die Heldentat des Trotta mit Bedacht die Schlacht von Solferino im Jahr 1859 gewählt. Sie endete bekanntlich mit einer Niederlage des österreichischen Heeres und gilt allgemein als der Beginn des langen Sterbens der Habsburg-Monarchie. Es war ein furchtbares Gemetzel, und der Schweizer Henri Dunant, der dabei war, hat die Schreckensbilder der verwundeten und sterbenden Soldaten nie vergessen. Er wurde zum Begründer des Roten Kreuzes.

Was in Solferino und im Leben des Mannes aus Sipolje geschah, ist der Prolog des Romans. Das Bild des heldenhaften Ahnherrn im Gedächtnis der beiden ihm folgenden und auch schon letzten Trottas sowie die politischen Folgen der Schlacht bestimmen seine Fortsetzung. Der Sohn des Freiherrn steht lebenslang im Bann der Heldentat und der gesellschaftlichen Erhöhung des Vaters. Der Enkel Carl Joseph wird von Kindheit an zur Bewunderung für den Ahnherrn erzogen. »Du bist der Enkel des Helden von Solferino. Denk daran, dann kann dir nichts passieren!«[303] Carl Joseph wächst in einer Habsburger Provinzstadt auf, wo der Vater, Franz Freiherr von Trotta, als Bezirkshauptmann die Monarchie repräsentiert. Ein Beamtenleben, bis in die kleinsten Alltagsdinge hinein geordnet und geregelt: »Alle Platzkonzerte – sie fanden unter dem Balkon des Herrn Bezirkshauptmanns statt – begannen mit dem Radetzkymarsch.«[304]

Carl Joseph wird Schüler einer Kavalleriekadettenschule und erfüllt damit den Traum seines Vaters. Kommt er in den Ferien nach Hause, steht er vor dem Porträt des Großvaters. »Die Neugier des Enkels kreiste beständig um die erloschene Gestalt und den verschollenen Ruhm des Großvaters.«[305] Einsame Menschen sind es, die ihre Lebensangst und ihre Ratlosigkeit hinter peinlich genau eingehaltenen gesellschaftlichen Ritualen verbergen. Sie scheuen sich, ihr Inneres zu offenbaren, ihre gegenseitige Liebe sichtbar werden zu lassen. »Der Bezirkshauptmann ging zum Fenster«, als der Diener Jacques in Freudentränen ausbricht, weil der Sohn seines Herrn Leutnant geworden ist, »die Szene drohte rührend zu werden.«[306] Nach einem Besuch des Bezirkshauptmanns bei seinem Sohn nehmen sie auf dem Bahnhof Abschied: »Er küßte den Sohn auf die Wangen. Und obwohl er sagen wollte: Mach mir keinen Kummer! Ich liebe dich, mein Sohn!, sagte er lediglich: ›Halt dich gut!‹ – Denn die Trottas waren schüchterne Menschen.«[307]

Carl Joseph begegnet dem Tod: Seine Geliebte, die Frau des Wachtmeisters Slama, stirbt. Der einzige Freund, den er im öden Kasernenleben in der östlichen Grenzprovinz findet, der jüdische Regimentsarzt Demant, fällt in einem Duell. Der von Kindestagen an vertraute alte Diener Jacques ist begraben worden, kurz bevor er zu einem Urlaub heimkehrt. Fades Militärleben, Suche nach Lebenssinn und Lebenserfüllung, Trunksucht und die Sehnsucht nach Liebe – Roths Carl Joseph ist ein Spätgeborener, ein Enkel. »Jawohl, Papa«, sagt er auch noch als Erwachsener, wenn der Bezirkshauptmann etwas von ihm fordert. »Unsere Großväter haben uns nicht viel Kraft hinterlassen«, meint der Regimentsarzt Demant in der Nacht vor seinem Duelltod und in seinem letzten Gespräch mit Carl Joseph, »wenig Kraft zum Leben, es reicht gerade noch, um unsinnig zu sterben.«[308] Und der polnische Graf Chojnicki erklärt in einer Diskussion: »Dieses Reich muß untergehn. Sobald unser Kaiser die Augen schließt, zerfallen wir in hundert Stücke.« Seine

Zuhörer lachen. »Der Leutnant Trotta aber, empfindlicher als seine Kameraden, trauriger als sie und in der Seele das ständige Echo der rauschenden, dunklen Fittiche des Todes, dem er schon zweimal begegnet war: Der Leutnant spürte zuweilen das finstere Gewicht der Prophezeiungen.«[309]

Carl Joseph muss einen Soldatentrupp gegen streikende Fabrikarbeiter führen. »Und wie er so vor seinem Zuge stand, der arme Leutnant Trotta, überwölbt vom blauen Glanz des Frühsommertages, umschmettert von den Lerchen, umsirrt von den Grillen und mitten im Summen der Mücken, und dennoch die tote Schweigsamkeit seiner Soldaten stärker zu hören glaubte als alle Stimmen des Tages, überfiel ihn die Gewißheit, daß er nicht hierhergehöre.«[310] Als die protestierenden Arbeiter dem Befehl der Gendarmerie nicht gehorchen und auf die Soldaten zumarschieren, da »ergriff (den Leutnant) eine dunkle Ahnung vom Untergang der Welt«.[311] Er gibt den Feuerbefehl, Tote und Verwundete bleiben auf dem Straßenpflaster zurück, und Carl Joseph wird von den sich wehrenden Demonstranten verletzt.

Wenig später bürgt Leutnant Trotta naiv und kameradschaftlich für eine hohe Summe, die ein spielsüchtiger Hauptmann verloren hat und nicht zahlen kann. Als er sich erschießt, muss Carl Joseph für die Schuld einstehen. Der alt gewordene Bezirkshauptmann, der für die Schulden des Sohnes nicht aufkommen kann, bittet um eine Audienz im Schloss Schönbrunn, die ihm gewährt wird. Der Monarch rettet die Familienehre. Die Trottas, so erzählt Roth, haben seit Solferino eine geheimnisvolle, vertraute Beziehung zum Kaiser.

Zum Schmerz des Vaters verlässt Carl Joseph die Armee. Als der Weltkrieg ausbricht, geht er an die Front und wird beim Wasserholen von einem Scharfschützen erschossen. Zurück bleibt der vereinsamte Bezirkshauptmann. »Was gingen den alten Herrn von Trotta die hunderttausend neuen Toten an, die seinem Sohn inzwischen gefolgt waren? Was gingen ihn die hastigen und verworrenen Verordnungen seiner vorgesetzten Behörde an, die Woche für Woche erfolgten? Und was ging ihn der Untergang der Welt an, den er jetzt noch deutlicher kommen sah als einstmals der prophetische Chojnicki? Sein Sohn war tot. Sein Amt war beendet. Seine Welt war untergegangen.«[312]

»Radetzkymarsch« gilt als Roths Meisterwerk. Zumindest gibt es keinen anderen Roman aus seiner Feder, der so mit seinem Namen verbunden ist. An keinem anderen seiner Werke arbeitet er so lange. Als schon die ersten Fortsetzungen in der »Frankfurter Zeitung« erschienen sind, hat er das Ende noch nicht geschrieben. Das vierte Kapitel lässt er betrunken in einem Pariser Taxi liegen, sucht es vergeblich und muss es komplett noch einmal schreiben. Diese zweite Fassung ist voller neuer Einfälle, und Landauer meint, es sei eines der besten Kapitel des Romans geworden. Die Buchausgabe weist gegenüber dem Zeitungsabdruck Veränderungen auf, vor allem was den Schluss betrifft. Bereits im November 1932 wird die Auflage 21.–25. Tausend ausgeliefert. Da Roth schon hohe Vorschüsse erhalten hat, ist der Erfolg für ihn finanziell kaum bemerkbar. Mit Hitlers Machteroberung endet der Verkauf dann in Deutschland abrupt. Nach 1945 gehört »Radetzkymarsch« jedoch schon bald wieder zum Kanon der bedeutendsten Romane der deutschsprachigen Literatur des 20. Jahrhunderts. Die Regisseure Michael Kehlmann und Alexander Corti verfilmen in den 70er- und 80er-Jahren den Stoff für das Fernsehen in jeweils vierstündigen Fassungen. Der Roman wird verschiedentlich dramatisiert, und natürlich ist »Radetzkymarsch« bis heute das meistübersetzte Buch Roths.

In der Einleitung, die Roth für den Zeitungsabdruck schreibt, behauptet er, beim Begräbnis von Kaiser Franz Joseph dabei gewesen zu sein, »in der funkelnagelneuen Felduniform, die wir bei der Abfahrt trugen, hatten wir vor der Kapuzinergruft Spalier gebildet«.[313] Das Erbe des Reiches sei nach dem »verbrieften Recht der Weltgeschichte« an neue Besitzer gefallen. Jedoch: »Den Willen der Weltgeschichte erkannte ich wohl, ihren Sinn verstehe ich nicht immer.«[314] Skeptisch weist Roth auf die im Kino oder in der »Tonfilmoperette« verkündeten »Schablonenweisheiten« hin, die über die alte Habsburg-Monarchie verbreitet werden. »Mir und vielen anderen meiner internationalen Landsleute, die gleich mir ein Vaterland und damit eine Welt verloren haben, ist ein ganz anderes Österreich bekannt und vertraut als jenes, das sich in seinen Export-Operetten zu Lebzeiten offenbart hat und das sich nach dem Tode nur noch in seinem billigsten Export bewahrt. ... Die Völker vergehn, die Reiche verwehn. (Aus den vergehenden besteht die Geschichte.) Aus dem Vergehenden, dem Verwehenden das Merkwürdige und zugleich das Menschlich-Bezeichnende festzuhalten ist die Pflicht des Schriftstellers.«[315]

Was Roth hier als Programm verkündet, hält er ein. Allerdings berichtet der Roman nicht von historischen oder gesellschaftlichen Triumphen, sondern vom Verfall eines europäischen Reiches. Wenn Roth dies in weitgefächerten liebevollen Darstellungen erzählt, und der Leser die Sehnsucht des Autors nach einer geordneten und stabilen Welt nur allzu deutlich spürt, so kann doch nicht übersehen werden, dass »Radetzkymarsch« zugleich nüchtern vom folgerichtigen Ende eines Zeitalters kündet. Nicht das Schicksal, sondern die Menschen haben die Götterdämmerung des Reiches heraufbeschworen. Den alten Bezirkshauptmann von Trotta, seine skurrile Pflichttreue und sein penetrantes Festhalten am sich immer wiederholenden Tagesablauf schildert Roth so, als ob er eine Beamtenkarikatur zeichnen wollte. Sein Sohn Carl Joseph entwickelt weder eine eigene Persönlichkeit noch zeigt er Willen und Charakter. Er ist nur noch der »Enkel« des Helden von Solferino. Mit einem solchen Adel lässt sich keine Monarchie retten. Die in der fernen östlichen Grenzprovinz stationierten Offiziere sind bei Roth ungebildete Dummköpfe, deren Horizont über den Bordell- oder Casinobesuch nicht hinausreicht. Mit solchen Männern ist kein Krieg zu gewinnen. Selbst eine positive Gestalt wie der steinreiche polnische Graf Chojnicki, der genau die Schwächen des Reiches und seiner Eliten erkennt, erschöpft sich in passiven Ausblicken und philosophischen Betrachtungen. Der Kaiser, Inbegriff der Zeitlosigkeit des Reiches, ist bei Roth ein braver Mann, der eigentlich nur seine Ruhe haben will und schon längst nicht mehr überschaut, was da eigentlich in seinem Herrschaftsbereich geschieht.

»Radetzkymarsch« ist wundervoll und mit großer Einfühlsamkeit für die Epoche und ihre Menschen geschrieben. Weil das so ist, lässt sich mancher Leser möglicherweise zu leicht verführen, von der »guten alten Zeit« zu schwärmen. Aber hinter dem Habsburg-Mythos steckt bei Roth Anfang der 30er-Jahre nicht mehr und nicht weniger als ein politisches Scheitern. Auch wenn dieser Autor, der sich bald als Legitimist vor Otto von Habsburg verbeugt und in Vorträgen das österreichische Kaisertum propagiert, es im Leben nicht wahrhaben will, als Künstler kann er sich und seine Leser nicht betrügen: Die Zeit, über die er schreibt, hat sich selbst gerichtet, und Roth erzählt davon.

Diese Haltung Roths verführt zu einem kurzen Nebenblick: Auch Thomas Mann, der hanseatische Bürger, schildert in seinem Roman »Buddenbrooks« den Verfall einer Gesellschaftsschicht und den Untergang einer Zeit, für die er Liebe und Respekt bekundet. In seinem Buch geht es nicht um eine Adels-, sondern um eine Kaufmannsfamilie, nicht um das Ende einer Monarchie, sondern um den Niedergang des Bürgertums. Senator Thomas Buddenbrook verkörpert die Vergangenheit, Männern wie dem unkultivierten, geschäftstüchtigen und in der Wahl seiner Mittel nicht zimperlichen Konkurrenten Hermann Hagenström gehört die Zukunft. Thomas Mann beschreibt den Senator Buddenbrook und seine Schwester Tony mit so viel Sympathie wie Roth seine Trottas. Aber auch bei Thomas Mann bleibt der Blick auf die Gründe des gesellschaftlichen Verfalls unbestechlich. Manns Carl Joseph von Trotta heißt Hanno Buddenbrook. Und ähnlich wie Roth den Bezirkshauptmann von Trotta oder den greisen Kaiser mit heitertrauriger Ironie beschreibt, so macht es der Erzähler Mann mit dem in bürgerlichen Ritualen und Formen erstarrenden Thomas Buddenbrook oder der mit großbürgerlichem Hochmut ausgestatteten Tony. Roth wird in den Jahren nach der Veröffentlichung des »Radetzkymarsch« ein konservativer Monarchist. Manns Roman erscheint 1902, und sein Verfasser ist bis Anfang der 20er-Jahre Antidemokrat und ein konservativer wilhelminischer Bürger. Roth wird nach 1933 vielfach vor den Demokraten warnen und Habsburgs Wiederkehr predigen. Mann veröffentlicht 1918 einen großen politischen Essay – »Betrachtungen eines Unpolitischen« –, der Demokratie und westliche Aufklärung mit scharfen Worten geißelt. Joseph Roth – in seiner späteren Phase – und Thomas Mann – in seinen früheren Jahren – haben sich in der Rolle des politischen »Leitartiklers« von manch peinlicher und illusionärer Idee überwältigen lassen. Als Künstler deuten und erklären sie die Welt dagegen realistisch. Ironie, Humanität, der Blick für das Historische und nicht Nostalgie sind ihre Deutungsversuche über das Ende der »guten alten Zeit«. Die Romane »Radetzkymarsch« und »Buddenbrooks« besitzen vielleicht gerade deswegen bis heute eine so große Faszination.

Und natürlich muss der Blick im Zusammenhang mit dem »Radetzkymarsch« noch auf einen anderen großen Roman des 20. Jahrhunderts fallen: Robert Musils »Der Mann ohne Eigenschaften«, dessen erster Band zwei Jahre vor Roths Roman erschien. Es ist das unvollendete Lebenswerk eines österreichischen Autors, das nicht selten in einem Atemzug mit Roths Buch über die Familie Trotta genannt wird. Aber die zwei Romane sind im Stil und im Denkansatz verschieden. Gemeinsam ist ihnen nur, dass die Handlung beider Geschichten in »Kakanien«, in der österreichisch-ungarischen Monarchie, kurz vor dem Ersten Weltkrieg angesiedelt ist. Aber während Roth das Panorama einer untergegangenen Zeit zeichnet, erzählt Musil vom Fall der modernen Welt. Roths Ironie ist melancholisch, Musil dagegen neigt zur Satire. Roth ist ein Erzähler, Musil auch als Romancier ein Essayist. Hermann Hesse vergleicht 1932 in der »Neuen Zürcher Zeitung« die beiden Bücher: »... während Roth in einer virtuosen, bewundernswert neutralen Objektivität die Menschen des Österreich von 1914 wie arme Marionetten in ihren Untergang schlendern läßt, interessiert und gewinnt uns Musil für seinen Helden, der nicht einen Typus vertritt, sondern ganz erlebte, einmalige Persönlichkeit ist.«[316] Die Österreicherin Hilde Spiel schreibt 30 Jahre nach Erscheinen des »Radetzkymarsch«: »Musils Monumentalroman, so scheint es mir, kann man bewundern, Roths schlichteres Buch darf man lieben, mit einer ebenso zärtlichen Liebe, wie er sie selbst an seinen Gegenstand gewendet hat, wie sie aus jeder seiner Zeilen spricht.«[317]

Roths Trotta-Roman findet ein breites und weitgehend begeistertes Echo bei der Kritik. Ludwig Marcuse meint im »Tage-Buch«: »Roth interessieren nicht die Paradeszenen der Weltgeschichte, sondern die kleinen Monologe, die hinter den pratschigen Diskussionen derer, die ›Weltgeschichte‹ machen, im Verborgenen welken. ... Seit zehn Jahren ist jedes neue Buch Roths ein neuer Gewinn der zeitgenössischen Literatur.«[318] Auf die Frage nach den besten Büchern des Jahres antwortet René Schickele: »Mit diesem Roman hat Roth seinen ›Hiob‹ noch übertroffen.«[319]

Im Jahr 1932 ist Roth verschiedentlich wieder in Deutschland, vorrangig in Frankfurt und Berlin. Er reist für einige Wochen in die Schweiz und schreibt in diesem Jahr nur noch 20 Zeitungsartikel. Zwei für Schwarzschilds »Tage-Buch«, einen für »Die Literarische Welt«, einen für »Das Blaue Heft« und den Rest für die »Frankfurter Zeitung«. Überraschen mag, dass Roth sich als Journalist in diesem für Deutschland so dramatischen Jahr politisch kaum noch geäußert hat. Am Kampf der Medien um die geistige Vorherrschaft im Land nimmt er nicht teil. Während im Reichstag die Nationalsozialisten bereits die stärkste Fraktion stellen und selbst in den bürgerlich-liberalen Berliner Zeitungen, die in den großen jüdischen Verlagen Mosse und Ullstein erscheinen, schon erste Anzeichen vorsichtiger Anpassung an die neue Zeit zu erkennen sind, schweigt Roth. Erschöpfung und eine ihn quälende Lebererkrankung tragen dazu ebenso bei wie sein Ekel vor dem, was in Deutschland geschieht. »Seit einer Woche trinke ich nur Wein, keinen Schnaps mehr, denn ich habe leider eine Leber-Cirrhose, allerdings im Anfangsstadium. Sie ist noch zu besänftigen. Ich habe mir geschworen, achtzugeben. Denn ich habe immerhin noch etwas Lust am Leben.«[320]

Auch in Roths Briefen spielen die aktuellen politischen Ereignisse kaum eine Rolle. Er ist ganz ausgefüllt mit seinen Romanplänen, mit den Sorgen um die Familie Manga Bell und Klagen über seine körperlichen Beschwerden. Einige Zeitgenossen und Gefährten erinnern sich dagegen später an sehr prononcierte Äußerungen des Schriftstellers. So soll er im Juni 1932 in den Mampe-Stuben gesagt haben: »Es ist Zeit wegzugehen. Sie werden unsere Bücher verbrennen und uns damit meinen. Wenn einer jetzt Wassermann heißt, oder Döblin oder Roth, darf er nicht länger abwarten. Wir müssen fort, damit es nur Bücher sind, die in Brand gesteckt werden.«[321] Das klingt denn doch allzu sehr nach Sehergabe, die Roth im Nachhinein etwas verklärend zugestanden wird. Die in seinen Briefen formulierten Pläne und Vorhaben deuten jedenfalls nicht darauf hin, dass Roth die Zukunft voraussah.

Weihnachten 1932 verbringt er bei der Familie von Andrea

Manga Bell in Hamburg. Am 18. Januar 1933 schreibt er an Stefan Zweig: »Ich werde also gegen den 25. nach Paris fahren, dann in der Schweiz sein und Sie in München treffen. ... Ein paar Leute von ›Rechts‹ , die meine jüdische und ›linke‹ Abstammung erfahren haben, fangen ebenfalls an, gegen mich zu hetzen. In den gleichen Rechtsblättern, in denen man für mein Buch geschrieben hat, werde ich jetzt angegriffen. Die Juden und Linken sind nicht besser, eher schlimmer.«[322] Der letzte Satz ist doch eine erstaunliche Fehleinschätzung und Verharmlosung.

Am 1. Februar kommen die Briefe schon aus Paris. Roth sieht seit Langem das Anschwellen der antisemitischen und nationalistischen Bewegung. Aber er verlässt Deutschland im Januar 1933 keineswegs im Gefühl der Flucht, und er ahnt nicht, dass es eine Rückkehr für ihn nicht geben wird.

Kapitel 7

»Ich gebe keinen Heller mehr
für unser Leben«
Exil und Untergang
(1933–1939)

Als die Nationalsozialisten am Tag der Abreise von Roth aus Deutschland, am 30. Januar 1933, an die Macht kommen, beginnt nahezu unmittelbar die Verfolgung der politischen Gegner und der Juden. Kommunisten, Sozialdemokraten und linke Publizisten werden in provisorische Konzentrationslager verschleppt, gedemütigt und gefoltert. Die losgelassenen SA-Horden begehen erste staatlich legitimierte Morde. Am 27. Februar brennt der Reichstag, und bei den Wahlen am 5. März fallen 44 Prozent der abgegebenen Stimmen auf die Nationalsozialisten. Das formale Ende der längst wankenden ersten Demokratie in Deutschland kommt am 24. März: Die gewählten Abgeordneten selbst setzen mit dem sogenannten Ermächtigungsgesetz die Verfassung außer Kraft. Nur die Sozialdemokraten stimmen dagegen. Die Kommunisten sind schon vorher ausgeschaltet worden, Deutschnationale, Liberale und das katholische Zentrum beugen sich mutlos und eingeschüchtert der Diktatur. In den nächsten Monaten verschwinden die Parteien, die Gewerkschaften, die Berufsverbände und die Länderregierungen. Gleichschaltung heißt das neue politische Zauberwort.

Am 10. Mai 1933 brennen in Deutschland Bücher. Unter den Werken, die von ihren Professoren aufgehetzte Studenten auf öffentlichen Plätzen in die Flammen werfen, sind auch die Bücher von Joseph Roth. Es folgt die Gründung der Reichsschrifttumskammer. Wer dort nicht Mitglied werden kann, darf nicht mehr veröffentlichen. 1934 ist eine solche Mitgliedschaft nur noch mit einem »Ariernachweis« möglich. Jüdische Beamte, Schauspieler und Musiker werden ebenfalls mit einem Berufsverbot belegt. Jüdische

Freiberufler – Rechtsanwälte und Ärzte – dürfen ihre Tätigkeiten nur noch eingeschränkt ausüben. Jüdische Angestellte müssen entlassen werden. Hinter der Arisierung von Geschäften und Unternehmen verbirgt sich ein gigantischer Raubzug des nationalsozialistischen Staates, der auf das Vermögen der Juden abzielt. Deutschland ist innerhalb weniger Monate ein Staat der Gewalt und des Verbrechens, eine Diktatur geworden, in der Recht und Gesetz nur noch eine Fassade bilden, um die eigene Bevölkerung und das Ausland zu blenden. Dies wird möglich, weil die Mehrheit der Deutschen das System und letztlich auch seine Methoden akzeptiert.

»Die Hölle regiert«

Hunderttausende müssen fliehen. Die meisten unter ihnen sind Juden. Aber auch den an Leib und Leben bedrohten nichtjüdischen Kommunisten und Sozialdemokraten oder den Publizisten, die sich vor 1933 öffentlich gegen Hitler geäußert haben, bleibt nur die schnelle Flucht. Zuerst suchen sie Rettung in den Nachbarländern, in Österreich, in der Tschechoslowakei, in der Schweiz, in Frankreich, in Holland, in Belgien, in England oder in Skandinavien. Sogar das Italien Mussolinis bietet den Flüchtlingen in den ersten Jahren Schutz. Die Sowjetunion lässt nur Kommunisten in das Land. Als Hitler beginnt, den Kontinent mit einem Krieg zu überziehen, liegen die Fluchtorte in immer ferneren Weltecken: Nord- und Südamerika, China, Neuseeland.

Exil, das heißt ein Leben in der Fremde. Willkommen sind Flüchtlinge nie. Auch in liberalen Gesellschaften werden sie allenfalls geduldet. Die meisten kommen ohne Vermögen und beherrschen die Sprache ihres Fluchtlandes nicht. Der tägliche Kampf mit der Bürokratie, das Betteln um Aufenthalts- und Arbeitspapiere, die Suche nach Verdienstmöglichkeiten zermürben die Menschen, die ohnehin alles in ihrer Heimat haben zurücklassen müssen.

Frankreich wird bis 1940 ein Zentrum des deutschen Exils. In Paris und im Süden des Landes, vor allem im Fischerstädtchen Sanary-sur-mer, bilden sich kleine deutsche Kolonien. Zu den Flüchtlingen, die 1933 in Frankreich gestrandet sind, zählen viele bedeutende Schriftsteller: Walter Benjamin, Alfred Döblin, Lion Feuchtwanger, Ödön von Horváth, Alfred Kantorowicz, Annette Kolb, Heinrich, Thomas und Klaus Mann, Ludwig Marcuse, Soma Morgenstern, Anna Seghers, Ernst Weiß.

Im Unterschied zu den meisten von ihnen ist Joseph Roth mit dem Leben im Ausland längst vertraut. Er muss sich nicht umgewöhnen, steht nicht vor einer völlig neuen Lebenssituation wie etwa Thomas Mann, der ratlos und schwankend den Sommer 1933 in Südfrankreich verbringt und verdüstert grübelt, wohin er sich wenden soll. Roth pendelt seit 1925 zwischen Deutschland und Frankreich. Er spricht und schreibt französisch. Er hat viele Freunde und Bekannte in Paris. Das Dasein in Hotels und Pensionen, die gesellschaftliche Außenseitersituation als Künstler und Alkoholiker ist für ihn Normalität. Roth hat einen österreichischen Pass, und er ist damit nicht – wie bald viele deutsche Exilanten – staatenlos. Bis März 1938 muss er sich nicht mit der französischen Bürokratie wegen einer Aufenthaltsduldung auseinandersetzen.

Finanziell jedoch wird es in den kommenden Jahren auch für Roth erheblich schwieriger. Er ist als Österreicher in Deutschland zwar nicht unmittelbar gefährdet, aber seine Bücher stehen seit dem Autodafé vom Mai 1933 auf dem Index. Er hat damit sein deutsches Publikum und die Möglichkeit verloren, in deutschen Zeitungen zu publizieren. Ein völliges Verbot seiner Bücher erfolgt offenbar zunächst nicht. »Es scheint..., daß die Ausschaltung Roths anfangs noch keine zentral gesteuerte und das gesamte Schaffen umfassende Maßnahme war, denn bis 1936 wurden sogar im Exil entstandene Werke (›Der Antichrist‹ und ›Tarabas‹) im ›Deutschen Bücherverzeichnis‹ angezeigt, und vor der Bücherverbrennung ... wurde der ›Radetzkymarsch‹ in deutschen Zeitungen auch noch besprochen.«[1] Das in Hamburg erscheinende »Israelitische Familienblatt« plant im Winter 1934/35, Roths Roman »Tarabas« als Fortsetzungsgeschichte zu veröffentlichen. Die Redaktion möchte sich vom Autor bestätigen lassen, dass gegen eine Veröffentlichung seiner Werke »innerhalb der deutschen Reichsgrenzen keine grundsätzlichen, gleichsam staatspolitischen Bedenken bestehen«. Roth antwortet aus Nizza: »Ich glaube *nicht*, daß staatspolitische Bedenken in Deutschland gegen eine Veröffentlichung *dieses Romans bestehen.*«² Unter dem Titel »Das Wunder von Koropta« ist die Geschichte dann tatsächlich in einer Beilage des Familienblattes erschienen. Aber das sind Ausnahmen. Roths Bücher sind vom deutschen Markt verschwunden. Die Einnahmen sinken damit erheblich.

Warum geht Roth in dieser Situation nicht nach Österreich? Er wäre dort nicht bedroht, hätte in Wien möglicherweise bessere Kontakte zu deutschsprachigen Zeitungen und Zeitschriften. Aber er liebt das Leben in Paris zu sehr. Wien ist zudem teurer als Paris. »In Wien können Sie nur in einem sehr guten Hotel wohnen, die kleinen sind alle schmutzig«, teilt er bereits 1930 Siegfried Kracauer mit.³ Die für die Veröffentlichung seiner Bücher wichtigen neuen Exil-Verlage wird er nicht in Österreich, sondern in Holland finden. In Wien wohnen bis zu ihrer Emigration nach Palästina seine Schwiegereltern, mit denen er in all diesen Jahren in regelmäßigem Briefkontakt steht, und Friedl Roth ist seit Dezember 1933 in der Wiener Heilanstalt »Am Steinhof« untergebracht. Scheut er die ständige Nähe? Vielleicht. Roth wird nie mehr nach Deutschland reisen, Österreich dagegen besucht er bis zum März 1938 mehrfach.

Über die Situation in Deutschland macht Roth sich schon unmittelbar nach den politischen Veränderungen keine Illusionen mehr. In einem Brief vom 9. Februar 1933 reagiert er depressiv und ratlos auf die Ereignisse: »... ich kann ohnehin wegen der Vorgänge in Deutschland nicht einmal den geringsten *privaten* Entschluß fassen und bin überhaupt ganz niedergetrampelt. ... Bitte keinen Anruf, sondern schriftlich ein Rendez-vous. Ich bin nie zu Hause, ich irre ganz planlos herum und vertrage kein Zimmer.«⁴ Zwei Wochen später schreibt er an Zweig: »Inzwischen wird es Ihnen klar sein, daß wir großen Katastrophen zutreiben. Abgesehen von den privaten – unsere literarische und materielle Existenz ist ja vernichtet – führt das Ganze zum neuen Krieg. Ich gebe keinen Heller mehr für unser Leben. Es ist gelungen, die Barbarei regieren zu lassen. Machen Sie sich keine Illusionen. Die Hölle regiert.«⁵

Für wen aber soll er jetzt schreiben, nachdem die »Frankfurter Zeitung« als Hauptabnehmer seiner Artikel weggefallen ist? Da sind vor allem die deutschen Exilblätter. Das deutschsprachige »Pariser Tageblatt« (ab 1936 »Pariser Tageszeitung«) wird von Georg Bernhard, dem ehemaligen Chefredakteur der »Vossischen Zeitung«, geleitet. Die Exil-Zeitung wird nicht nur Artikel Roths, sondern auch einige seiner Novellen abdrucken. Die Auflage ist naturgemäß klein, und die Honorare sind es ebenfalls. Das »Neue Tage-Buch« – der Herausgeber heißt Leopold Schwarzschild – ist die am meisten gelesene Exilzeitschrift. Sie fährt einen Kurs, der sich bald gegen die Volksfrontpolitik und die linken Schriftsteller im Kreise des deutschen Exils wenden wird. Roth liefert mehrfach Artikel für das wöchentlich erscheinende Heft. Insgesamt sind es zwischen 1933 und 1939 rund 40 Texte. Da er in der Landessprache schreiben kann, finden sich seine journalistischen Arbeiten auch in einigen französischen Zeitungen.

Wichtig werden ihm konservative österreichische Blätter wie »Die Österreichische Post« und »Der Christliche Ständestaat«. Hier findet er das Umfeld für seine legitimistischen Thesen und Aufrufe. Aber nie mehr wird er mit Zeitungshäusern Pauschalverträge abschließen können, wie es ihm in den Weimarer Jahren möglich war.

Weil es ums Geld geht, vergisst Roth seine Vorurteile gegen den Film – insbesondere gegen Hollywood – und wird sich in den Exiljahren dreimal mit Filmentwürfen beschäftigen. 1935 entwirft er ein Szenario, in dem das Schicksal eines jüdischen Viehzüchters aus der Eifel behandelt werden soll. Im Juni 1938 meldet die »Pariser Tageszeitung«: »Joseph Roth ... arbeitet mit dem Regisseur Leo Mittler an einem Originalscenario ›Les enfants du Mal‹.«[6] Keiner der Entwürfe wird realisiert.

Ab 1936 erhält Roth Geld von der »American Guild for German Cultural Freedom«. Gegründet hat diese Hilfsorganisation der 1936 in die USA emigrierte Prinz Hubertus zu Löwenstein. Im Gründungsaufruf heißt es: »Ziel und Absicht dieser ... Organisation sind, die Freiheit und den Fortbestand einer parteienmäßig nicht gebundenen deutschen künstlerischen und wissenschaftlichen Kultur für die Gegenwart und für die Zukunft zu sichern. ... ihr Sinn (ist), da Deutschland seinen Besten seine Tore und seinen Markt verschließt, die deutsche Kulturtradition in der deutsch denkenden und verstehenden Welt außerhalb der Reichsgrenzen am Leben zu erhalten.«[7]

Angeschlossen an den Fonds ist eine gleichzeitig ins Leben gerufene »Deutsche Akademie«. Auch Joseph Roth wird – neben Alfred Döblin, Lion Feuchtwanger, Sigmund Freud, Heinrich und Thomas Mann, Max Reinhardt, Bruno Walter, Franz Werfel, Stefan und Arnold Zweig und vielen anderen prominenten Künstlern und Wissenschaftlern – gebeten, Mitglied zu werden. Er sagt zu. Ideell sollen die New Yorker Aktivitäten der Welt deutlich machen, dass die deutsche Kultur nicht im Dritten Reich, sondern im Exil ihr Zuhause hat. Materiell helfen Geldsendungen der Organisation zahlreichen Flüchtlingen im täglichen Überlebenskampf.

Roth steht auf der Liste der Stipendiaten, die die American Guild am 28. Februar 1938 anlegt. Danach erhält er monatlich 30 Dollar.[8] Noch in seinen letzten Lebensmonaten kommen Geldzahlungen aus New York. Am 28. Februar 1938 stellt das Executive Committee der American Guild einen Extra-Fonds zur Verfügung, um den vom Einmarsch der Nazis bedrohten österreichischen Intellektuellen zu helfen. Unter den genannten Hilfsempfängern ist auch Joseph Roth. Sein Name findet sich ebenfalls auf einer Liste vom 14. März 1939, auf der die zwölf dringendsten Fälle bedürftiger Exilautoren (»List of twelve most urgent cases«) aufgeführt sind.

Die Geldempfänger müssen in kurzen »Rechenschaftsberichten« über ihre Arbeit berichten. Die Hilfsorganisation verschickt entsprechende Vordrucke. Roth notiert 1938 auf einem solchen Vordruck unter der Rubrik »Report«: »Dank dieser Beihilfe habe ich meinen Roman: ›*Die Kapuzinergruft*‹ beenden, ferner ein Essaybuch über österreichische historische Figuren bis *zur Hälfte fortführen* können. – Ich habe außerdem etwa 16 größere Aufsätze gegen Hitler schreiben können. Alle sind im ›Neuen Tagebuch‹ erschienen und honoriert worden. Auch diese Honorare verdanke ich Ihnen.«[9]

Noch knapp zwei Wochen vor seinem Tod schreibt Roth der American Guild einen längeren Brief, in dem er in höflicher Form Kritik übt: »Ich verpflichte mich gerne, über die Tätigkeit der Akademie bis jetzt etwas zu schreiben, sobald ich genaue Unterlagen habe. Aber in Ihrem Fragebogen sind Ihre Bedingungen so strikte und so eng formuliert, daß ich sie – erlauben Sie mir die Kritik – für unausführbar in den meisten Fällen halte. ... Keiner von uns könnte mit gutem Gewissen sagen, er hätte gerade dieses oder jenes Werk nur Ihrer Unterstützung zu danken. ... Ihre Sendungen kommen über die Bank gewöhnlich so spät, daß Ihre Stipendiaten in einige Schwierigkeiten kommen. ... Bedenken Sie bitte, daß geistige Menschen von einem nicht wohlwollenden Blick eines Wirtes zum Beispiel in ihrem Elan, in ihrem schöpferischen Elan behindert werden und schließlich vier bis fünf Tage unproduktiv bleiben.«[10]

Roth hat zu Hubertus zu Löwenstein, der zunächst nach Österreich emigriert, engen Kontakt, wenn dieser in Paris ist. Er gehört in solchen Wochen zu den täglichen Gästen des Prinzen. Als Richard A. Bermann – er kennt Roth seit ihrer gemeinsamen Zeit beim Wiener »Neuen Tag« – plant, im Sommer 1938 nach Paris zu reisen, schreibt ihm Löwenstein: »Sollten Sie einen Tag in Paris sein, versäumen Sie nicht, Joseph Roth anzurufen ... er kam am letzten Tag mit sanften, respektvoll vorgetragenen Mahnungen wegen meines Bündnisses mit dem Materialisten Otto Bauer (Weltbühne) und war im übrigen zutiefst angeekelt von dem, was um ihn ist...«[11]

Roth und Löwenstein stehen sich politisch nah. Löwenstein ist in den Weimarer Jahren ein überzeugter Republikaner, aber er gehört zum konservativen Flügel der katholischen Zentrums-Partei. Roths Wertschätzung für den Hochadel mag in dieser Beziehung ebenfalls eine Rolle gespielt haben. So distanziert er sich in einem Leserbrief an »Die Österreichische Post« energisch von der Redaktion, als in einem Artikel die Rechtmäßigkeit von Löwensteins Prinzentitel angezweifelt wird. Nach Roths Tod schreibt Löwenstein an Bermann: »Und nun der Tod Joseph Roths ... Es tut mir bitter weh, er war ein anständiger Mann und hat bis zum Ende seine Gesinnung bewahrt, trotz mancher Versuchungen. Sein letzter Brief an mich ist ein Dokument der Freundschaft und der Gesinnung.«[12] Und noch etwas hat sie verbunden: Beide neigen in den Exiljahren dem katholischen Konservatismus zu.

Stationschef Fallmerayer

Der erste größere Prosatext, den Roth im Exil schreibt, ist die Erzählung »Stationschef Fallmerayer«. »Ich schreibe eine Novelle – jeden Tag 6 Stunden, für Ullstein. Noch 6 Tage«, teilt er am 16. März

1933 seiner französischen Übersetzerin Blanche Gidon mit.[13] Nicht bei Ullstein – der Berliner Verlag kämpft zu dieser Zeit schon um sein Überleben – wird die Erzählung veröffentlicht, sondern in einer Anthologie, die Hermann Kesten im Amsterdamer Querido Verlag herausbringt. In ihr versammelt er »Novellen deutscher Dichter der Gegenwart«. Neben Roths Erzählung finden sich Geschichten von Max Brod, Alfred Döblin, Lion Feuchtwanger, Robert Neumann, Ernst Toller, Jakob Wassermann, Ernst Weiß, Franz Werfel, Arnold und Stefan Zweig und anderen Autoren, die jetzt in Deutschland in Acht und Bann gelegt sind.

Eine Liebesgeschichte im Krieg könnte man diese Geschichte nennen. Zumindest gilt dies für den zweiten Teil der Erzählung. Fallmerayer ist seit 1908 Stationschef »auf der Station L. an der Südbahn«.[14] Er heiratet, liebt seine Zwillingstöchter und versieht mit Gleichmut seinen monotonen Eisenbahnerdienst: das Leben eines Kleinbürgers. Nur die vorbeibrausenden Expresszüge erwecken die Sehnsucht nach der Ferne, denn »der Süden war für den Stationschef mehr als lediglich eine geographische Bezeichnung. Der ›Süden‹ war das Meer, ein Meer aus Sonne, Freiheit und Glück«.[15] Als Fallmerayer dort mit seiner Familie einen vierwöchigen Urlaub verbringt, begegnet er den »reichen Menschen der ganzen Welt – und es war, als seien diejenigen, die man gerade sah, zufällig auch die reichsten. Einen Urlaub hatten sie nicht. Ihr ganzes Leben war ein einziger Urlaub. ... Und überhaupt: Die reichen Leute waren es erst, die den Süden nach dem Süden brachten. Ein Beamter der Südbahn lebte ständig mitten im Norden«.[16] Joseph Roth aus Brody erzählt seinen Lesern in diesen kurzen Passagen von Gefühlen und Gedanken, die ihm aus eigenem Erleben nicht fremd sind.

Dann aber nimmt die Geschichte eine ganz andere Richtung. Wenige Kilometer von Fallmerayers Station entfernt kommt es zu einem schweren Zugunglück. Tote, Verletzte, Chaos. »Er war ein ganz gewöhnlicher Mensch. Und nichts schien ihm sonderbarer, als daß er an diesem Tag in all den gewohnten, keineswegs überraschenden Geräuschen die unheimliche Stimme eines ungewöhnlichen Schicksals zu vernehmen glaubte.«[17] Es erfüllt sich in Fallmerayers Begegnung mit der russischen Gräfin Walewska, die das

Zugunglück unverletzt überlebt und sich bis zu ihrer Weiterreise einige Tage im Haus des Stationschefs einquartiert. Unvergessen bleibt sie dem Zurückgebliebenen, eine unerfüllbare Sehnsucht begleitet seit diesen Stunden seinen Alltag. »Sie fuhr also und hinterließ in allen Zimmern und besonders im Bett Fallmerayers einen unauslöschbaren Duft von Juchten und einem namenlosen Parfüm.«[18]

Der Krieg führt Fallmerayer als Offizier dann an die Ostfront. Er ist in der Nähe des Gutes der Gräfin Walewska stationiert, besucht sie, und das so Unwahrscheinliche wird Wirklichkeit, die Aristokratin erwidert die Liebe des Stationschefs. Flucht während der Revolutionswirren, Leben und Liebe in Monte Carlo und dann der überraschende Schluss: Der im Krieg verschollene Graf Walewski kommt zurück – im Rollstuhl, ein Pflegefall. »Er sah noch, wie seine Geliebte die Kissen zurechtrückte und sich an den Rand des Bettes setzte. Hierauf reiste Fallmerayer ab; man hat nie mehr etwas von ihm gehört.«[19] Im Originalmanuskript, das erst 1994 veröffentlicht wird, begeht die Gräfin am Ende Selbstmord, und Fallmerayer bricht auf der Straße zusammen als er davon erfährt. Der Autor erfüllt das Versprechen, das er seinen Lesern in den ersten Sätzen gibt. Der Stationschef Fallmerayer, so hebt die Erzählung an, »verlor sein Leben, das, nebenbei gesagt, niemals ein glänzendes – und vielleicht nicht einmal ein dauernd zufriedenes – geworden wäre, auf eine verblüffende Weise«.[20]

Ein kleines Werk, eine trotz des überraschenden Handlungsverlaufs geschlossen wirkende Erzählung und – der Leser dankt es ihm – nicht ohne »reißerischen« und melancholisch-moralischen Schluss. Hat Roth dabei vielleicht auch an Friedl gedacht, die er – anders als die Gräfin ihren Mann in seiner Geschichte – krank und hilflos in der Klinik zurückgelassen hat, während er nun schon seit Jahren mit einer Geliebten zusammenlebt? Der Name übrigens, den Roth für die Aristokratin wählt, dokumentiert, dass er sich in diesen Monaten schon intensiver mit einem Napoleon-Roman beschäftigt. Die reale polnische Gräfin Maria Walewska wurde 1807 die Geliebte des französischen Eroberers und bekam von Napoleon einen Sohn.

Bekennender Monarchist

Im August 1933 ist Roth bei Stefan und Friderike Zweig in Salzburg. »Lieber teurer Freund, ich danke Ihnen herzlich für die Tage, die Sie mir geschenkt haben.«[21] Im schweizerischen Rapperswil beendet er den Roman »Tarabas«. In Amsterdam trifft er Klaus Mann, der eine Exilzeitschrift plant – »Die Sammlung« – und um die Beteiligung prominenter Autoren wirbt. Roth wird in dieser Frage mehrfach mit Mann korrespondieren. »Die Sammlung« gerät rasch zwischen die politischen Fronten, die das deutsche Exil teilen. »Für mich sind die kommunistischen Köpfe der Deutschen – der Deutschen, meine ich – nicht anders als die der Nationalsozialisten«,[22] erbost sich Roth Anfang 1934 gegenüber Mann.

In dieser Zeit trinkt Roth wieder unmäßig. »Roth steht, glaube ich, wirklich im Begriff, die Reste eines einst königlichen Verstandes zu verlieren«, schreibt Landshoff im Dezember 1933 an Hermann Kesten. »Er sauft wie ein Loch. Das muß schief ausgehen.«[23] Im selben Monat hat Roth starke Ausfallerscheinungen. In seinen Briefen verschärft sich der Ton. Selbst Zweig muss sich völlig aus der Luft gegriffene Anwürfe gefallen lassen: »Noch einmal: Sie müssen entweder mit dem III. Reich Schluß machen, oder mit mir.«[24] Hintergrund dieser Attacke bilden Zweigs Überlegungen, wie er künftig sein Verhältnis zum Insel-Verlag, wo seine Bücher seit Jahrzehnten erscheinen, gestalten soll. Kurz darauf klagt Roth dem wohlhabenden Freund: »Ich bin mit geliehenen 100 Francs nach Amsterdam gefahren. Ich saß 3 Tage, ohne zu essen, im American-Hotel.«[25]

Die Entwicklungen in Österreich rücken allmählich in das Zentrum von Roths politischen Aktivitäten. Die Situation in Wien ist seit Langem brisant. 1932 wird Engelbert Dollfuß Bundeskanzler. Der klein gewachsene Regierungschef nutzt den im Gefolge der Weltwirtschaftskrise eintretenden Verfall der österreichischen Volkswirtschaft und bildet nach einem Staatsstreich eine austro-faschistische Regierung. Sie steht an der Spitze eines sogenannten Ständestaates. Österreichs Regierende signalisieren damit vordemokratische Vorstellungen. Die mittelalterliche Welt war in Stände aufgeteilt, an deren Spitze sich Klerus und Adel befanden. Der Austro-Faschismus findet denn auch seine mächtigen Fürsprecher in der römisch-katholischen Kirche und in großen Teilen der Aristokratie sowie des konservativen Großbürgertums.

Im Februar 1934 verbietet die Dollfuß-Regierung die sozialdemokratische »Arbeiterzeitung« und lässt die paramilitärische, nationalistische Heimwehr die Parteizentrale der SPÖ durchsuchen. Innenminister Emil Frey verkündet am Tag vor dem Schlag gegen die linken Demokraten: »Wir werden morgen an die Arbeit gehen und ganze Arbeit leisten.«[26] Die sich zu Recht verfolgt fühlenden sozialdemokratischen Schutzbündler – ebenfalls eine paramilitärische Organisation – wehren sich. Der kurze Bürgerkrieg kostet über 200 Mitglieder des Republikanischen Schutzbundes das Leben. Roth kommentiert das Ereignis am 18. Februar in einem Brief an Zweig mit überraschender Kälte: »Bei aller katastrophalen Tragik sehe ich auch noch nicht Ende oder Anschluß Österreichs. Hitlers äußere Situation war noch nie so schlecht wie jetzt. ... Wenn Dollfuß im Augenblick eine schlechte Propaganda in der Welt macht, so hat Hitler eine noch schlimmere, weil er Furcht erweckt. ... Auch die Arbeiter vergessen und verzeihen.«[27]

So klar Roth schon bald die Lage in Deutschland analysiert, so verquer werden seine Gedanken zur Politik in Österreich. Nach dem Januar 1933 wird er zu einem sich öffentlich bekennenden Monarchisten. Das von ihm nun propagierte Programm einer Rückkehr der Habsburger macht ihn weitgehend blind für die realen Entwicklungen in Wien. In seinen Briefen und dann auch in seinen Vorträgen spricht er vom »Kaiser« und von der »Kaiserin«, wenn er Otto von Habsburg und seine Frau meint, und aus Rapperswil erreichen Stefan Zweig die Zeilen: »Aber in Österreich ist die Geschichte so, daß Herr Dollfuß innerlich bereit ist, die Monarchie anzuerkennen. Sobald das fait accompli geschaffen ist, wird er zustimmen. Unser Plan ist, den toten Kaiser von Lequeto nach Österreich zu schaffen und damit auch den lebenden. Wir brauchen dazu 30.000 Schilling, die haben wir nicht vorläufig. In Österreich ist die Lage absolut sicher. Auf keinen Fall ist Nationalsozialismus zu befürchten.«[28]

Roths Abscheu vor den Nationalsozialisten in Deutschland, sein Hass auf die Menschen, die all das zerstören, an was er als Deutschösterreicher, Schriftsteller, Humanist und assimilierter Jude geglaubt hat, bedarf selbstredend keiner Rechtfertigung. Auch ist es verständlich, dass er dem Kampf gegen das Dritte Reich politisch nun alles andere unterordnet. Aber seine Schlussfolgerungen sind in manchen Punkten rational kaum noch nachvollziehbar. Er wird im Exil nicht nur zu einem Gegner der Demokratie, sondern sieht sogar in den Dollfuß-Faschisten einen Bündnispartner für den Legitimismus. Im Mai 1933 schreibt er an Zweig: »In aller Diskretion: die Christlichsozialen (Vaugoin-Richtung) ist im Augenblick mit uns. Starhemberg sehr stark: Dollfuß und Winkler schwanken. Aber in der Armee und in der Beamtenschaft ist Alles zu machen.«[29] Seltsame Mitstreiter hat Roth da im Auge: Carl Vaugoin, langjähriger konservativer Verteidigungsminister, hat den Staatsstreich von Dollfuß unterstützt, und Ernst Rüdiger Starhemberg wird 1930 Führer der faschistischen Heimwehr. Es sind seine Männer, die unter der Arbeiterschaft ein Blutbad angerichtet haben. Das autoritäre System des Austro-Faschismus stimmt die Österreicher – wenn auch nicht beabsichtigt – mental mehr und mehr auf den Weg ins Dritte Reich ein. Als Hitler im März 1938 auf dem Wiener Heldenplatz erscheint und vom Auftrag der Geschichte faselt, ist der Jubel der Österreicher grenzenlos.

Roth sieht neben seinen Habsburgträumen wohl vor allem die katholische Komponente in der Regierung Dollfuß und bei den Anhängern des Ständestaates. Der Kanzler kommt nicht nur aus der christlich-sozialen Bewegung, die im Österreich der 20er- und frühen 30er-Jahre eine herausragende politische Rolle gespielt hat, sondern der Ständestaat wird vom katholischen Klerus im Land und vom Vatikan unterstützt. Dies stimmt mit Blick auf Roths katholische Bekenntnisse nachdenklich. Sie sind für ihn offenbar nicht nur von Glaubensfragen bestimmt, sondern haben in den letzten Lebensjahren auch ein starkes politisches Gewicht. »Ein österreichischer Jude ist der Kirche und der Krone näher als ein Balte aus der Schule Rosenbergs, als ein Reichsdeutscher von der Couleur der Mathilde Ludendorff (völkisch gesinnte Ehefrau des Weltkriegsgenerals Erich Ludendorff – WvS), als der ›Katholik‹ Goebbels.«[30] An anderer Stelle wird Roth einmal sagen, dass die Papstkirche die »einzige universale Macht in dieser traurigen Welt« sei.[31]

Beim Juli-Putsch der Nationalsozialisten 1934 wird Dollfuß ermordet. Sein Nachfolger ist der Parteiführer der Christsozialen, Kurt von Schuschnigg. Er hält an der Diktatur des austro-faschistischen Staates fest, auch wenn er ihm ein etwas milderes Image verpasst. »Offen gesagt: ich mißtraue Schuschnigg«, schreibt Roth im Oktober an den österreichischen Komponisten Ernst Krenek. »Er hält sich für klug. Er ist es nicht. Er ist sehr eitel. Er wird hereinfallen. Ich verlasse mich *nicht* auf ihn. Ich fürchte, er verrät, ohne es zu wissen, das ›Reich der Väter‹.«[32] Roth missfällt nicht etwa Schuschniggs antidemokratische Haltung, sondern er befürchtet, dass der neue Bundeskanzler nicht den Thronanspruch der Habsburger – »das Reich der Väter« – vertritt.

Es ist nachvollziehbar, dass Roth der europäischen Linken in den Exiljahren skeptisch und schließlich ablehnend gegenübersteht. Die Volksfrontpolitik, an die linksliberale Schriftsteller wie Heinrich Mann und Lion Feuchtwanger oder Kommunisten wie Anna Seghers und der Kreis um Willy Münzenberg ihre Hoffnungen hängen, wird rasch von Stalin für die eigenen politischen Machtziele instrumentalisiert. Aber wie die Kommunisten lehnen auch die Legitimisten die Republik ab, erweisen sie sich als politische Dogmatiker. Sie wollen keinen Führer, sondern einen Kaiser, und ihre Haltung bleibt nicht weniger unbelehrbar als die der westeuropäischen Kommunisten. Das gilt auch für Roth. Als es um den Umschlagentwurf für seinen Buchessay »Der Antichrist« geht, teilt er Walter Landauer im August 1934 mit: »Ich bitte *dringlichst* darum, daß kein Sozialist oder Kommunist oder auch nur ein Linker den Umschlag zeichnet. Ich protestiere gegen jede Mitarbeit eines Linksgesinnten an meinem frommen Buch.«[33]

Der Antichrist

1934 erscheint bei Allert de Lange in Amsterdam Joseph Roths Buch »Der Antichrist«. Es ist ein umfangreicher Essay, in dem der Autor zu einer Generalabrechnung mit seiner Zeit ansetzt. An René Schickele schreibt er am 31. Januar 1934: »Das Buch, an dem ich jetzt schreibe, heißt der Antichrist. Und die einzelnen Abschnitte enthalten eben alle Formen, in denen er auftritt. Und genau Das ist der Inhalt meines Buches: der Antichrist ist Freund und Feind. Und am Ende sitzt schon ein Teilchen von ihm in mir selber.«[34]

Die Welt, so Roths Credo, ist vom Antichristen erobert worden. Gottlosigkeit und Barbarei hat er auf die Erde gebracht. »Der Antichrist ist gekommen: derart verkleidet, daß wir, die wir ihn seit Jahren zu erwarten gewohnt sind, ihn nicht erkennen. Schon wohnt er mitten unter uns, in uns selbst. Und über uns lastet der schwarze Schatten seiner niederträchtigen Fittiche.«[35] Der Antichrist: Das ist die Moderne, der Nationalismus, der Bolschewismus, der Sozialismus; das sind die Großstädte, die Fabriken, der Hollywoodfilm. In der Sprache eines biblischen Propheten, in nietzscheanischem Ton (auch der Philosoph schrieb seinen »Antichristen«) versucht Roth das Jahrhundert zu entlarven. »Es ist schlimmer als zur Zeit des Turmbaus zu Babel. Damals waren nur die Sprachen verwirrt, und einer verstand den andern nicht, weil jeder die gleichen Dinge verschieden benannte. Heute aber sprechen alle die gleiche, aber falsche Sprache, und alle Dinge haben die gleichen, aber falschen Bezeichnungen.«[36]

Der Antichrist, das ist der heuchlerische Kleinbürger. »Der Antichrist aber versucht, uns zu überlisten. Im alltäglichen, bescheidenen Gewand des Kleinbürgers ist er angekommen, ja sogar ausgestattet mit allen Abzeichen der kleinen Gottesfurcht des kleinen Bürgers, seiner niedrigen Frömmigkeit, seiner ungefährlich scheinenden, gemeinen Gewinnsucht und seiner großartig, sogar erhaben dünkenden Liebe für bestimmte Ideale der Menschheit: Treue bis zum Tode, Liebe zum Vaterland, heroische Bereitschaft zum Opfer für die Gesamtheit, Keuschheit und Tugend, Ehrfurcht vor der Überlieferung der Väter und der Vergangenheit...«[37] Natürlich ist der Antichrist die Sowjetunion: »Ich aber habe ihn erkannt: Ich durchschaue ihn, wenn er im Osten dieses untergehenden Kontinents die Arbeiter zu befreien verheißt und die Arbeit zu adeln.« Natürlich die Aufklärung: »Wenn er im Westen die Freiheit der Kultur zu verteidigen verspricht und die falschen Fahnen der Humanität über den Dächern der Gefängnisse hißt.« Natürlich, und zu Recht, das Hitler-Deutschland: »Wenn er in der europäischen Mitte (das heißt zwischen Osten und Westen) einem Volk Segen und Wohlfahrt verheißt und den Krieg vorbereitet, in dem es untergehen soll.« Und natürlich die Demokratien: »Wenn er das insularische Volk Europas, die Engländer, die Matrosen des alten Kontinents, zur Gleichgültigkeit überredet gegenüber all dem, was auf dem Festland noch vorgehen kann.« Und auch dies: »Ja, selbst wenn er, der Fürst der Hölle, den Vatikan besucht und ihm Konkordate diktiert, ... erkenne ich ihn, den Antichrist.«[38]

Roth geht in diesem Essay mit dialektischer Raffinesse vor. Er betont immer wieder, dass seine Zielscheiben nicht die Vernunft, der Fortschritt, die Industrie, die Großstadt, der Film an sich sind, vielmehr »wird der Antichrist (darin) am deutlichsten erkennbar, daß er gerade das im Wesen Edle in Gemeines verwandelt. Es ist ja gerade der Sinn seines Daseins und Treibens, das Heilige zu schänden, das Erhabene zu erniedrigen, das Rechte zu verkehren, das Schöne zu verunzieren. Nicht zufrieden damit, daß ihm die Herrschaft über das im Wesen Gemeine – denn auch dieses ist ein Bestandteil der irdischen Welt – gegeben ist, versucht er, seine Herrschaft auszudehnen über das Edle.«[39] Welcher Leser würde da nicht an die Lügenpropaganda, die Umwertung der Werte im Dritten Reich denken.

Der Antichrist sind auch die Kirchgänger und die bolschewistische Revolution: »Und die Gläubigen gingen beten. Aber man ließ sie nicht in Frieden. ... Sie schrieben über das Bild der Muttergottes ... den Satz ihres Propheten: ›Religion ist Opium für das Volk.‹ Welch ein Satz! Töricht wie alle Sätze, die die Kraft haben, sich in die Ohren der Menschen einzuschmeicheln wie eine Schlagermelodie.«[40] Der Antichrist sind auch die Gebildeten: »... ob denn der sogenannte blinde Glaube an den Heiligen weniger wert sei als der blinde Glaube an einen Menschen? Sie wollten aber keinen blinden Glauben, sagten die Gebildeten darauf. ›Es gibt aber etwas Schlimmeres‹, sagte ich ihnen, ›und das ist das blinde Wissen.‹«[41]

Der Antichrist ist der »Herr über die tausend Zungen«, zu denen auch der Journalist Joseph Roth gehört: »Und ich begann, ihm zu dienen, und so wurde ich eine der tausend Zungen, mit denen die Zeitung jeden Morgen in die Welt hineinredete. Und ich sah bald, daß, was meine eigene Zunge sprach, nicht nur dasselbe war, was die anderen Zungen sprachen, sondern daß unser aller tausend Zungen einander widersprachen; daß aber auch dieser Widerspruch kein unabänderliches Gesetz war, sondern daß unsere Zungen bald übereinstimmten, bald einander der Lüge ziehen – ... Stellte ich aber eine der tausend verwirrenden Zungen dar, die die Stimme der Wahrheit unkenntlich machten, so war auch ich schuldig an der Verwirrung der Welt.«[42]

Der Antichrist, das ist die Rassenpolitik. »Nach Seinem Ebenbild hat Gott den Menschen erschaffen. Man lästert Ihn also, wenn man die krumme Nase des Juden, die schiefen Augen des Mongolen, den großen Mund des Negers verspottet oder schlechtmacht.«[43] Der Antichrist »schickte mich zu dem Volk, das verstreut ist unter allen Völkern der Erde, nämlich den Juden«.[44] Und Roth sagt dem Antichristen: »Ich halte überhaupt dafür, daß die Menschen vor allem Menschen sind.«[45] – »Sie waren nicht nur in der Tat auserwählt, weil – wie wir ja wissen – aus dem Schoße der Juden der Erlöser der Welt kam, sondern auch, weil sie den einzigen Sohn der Menschen hervorgebracht haben, auf den stolz zu sein *kein* Hochmut ist.«[46] – »Wer über die Juden gering denkt, der denkt auch über Jesus Christus gering.«[47] – »Ihr neidet den Juden, daß sie irdische Güter verdienen. Dies ist die Wahrheit. Ihr wolltet selbst alle irdischen Güter.«[48]

Und am Ende sprechen die Abgesandten eines bekannten Landes. »Und wir werden nicht nur *ein* Kreuz anerkennen, sondern sogar deren zwei. Eines, an dem der Heiland gestorben ist. Und das andere, an dem wir nur ein paar moderne Veränderungen vorgenommen haben. Wir nennen es das Hakenkreuz. ... Dafür werden wir die Gottlosen ausrotten, die Juden zugrunde richten, den Sonntag durch Schießübungen heiligen, aber auch vor jedem Schuß ein Gebet verrichten lassen.«[49]

Es ist der Essay eines Schriftstellers, dessen Welt zusammengebrochen ist und der seine Zeit – mit Blick auf Hitlers Deutschland und Stalins Sowjetunion mit Recht – verteufelt. Roth versucht aufzurütteln, und alle seine Urteile und Vorurteile, die sich in den letzten Jahren in seinem Denken gebildet haben, versammeln sich in diesem Buch. Pointiert wird die essayistisch-gleichnishafte Rede durch die politischen Vorgänge in Deutschland, die Reaktion der westlichen Welt auf das Dritte Reich und das, was er auf seiner Reise durch die Sowjetunion gesehen hat. Roth spricht in »Der Antichrist« Grundsätzliches über sein politisches und religiöses Denken aus. Er sagt Hellsichtiges und Undurchdachtes. Er sieht das Jetzt und hofft nicht auf das Morgen. Einer seiner Lieblingsautoren ist Oswald Spengler, der den Untergang des Abendlandes schon 16 Jahre vorher verkündet hat. Die biblischen Propheten sind ihm von Kindheit an vertraute Begleiter, und der Hochmut Nietzsches ist auch dem Schriftsteller Roth nicht fremd.

»Es ist eine Stunde her, daß ich den ›Antichrist‹ beendet habe. Endlich, zum ersten Mal in meinem Leben, bin ich mit einem Buch zufrieden. Auch Sie, ich weiß es, werden zufrieden sein. Es ist tausendmal besser, als ›Tarabas‹. Ich habe Tag für Tag 10–12 Stunden gearbeitet, 8 geschrieben, 2–4 das zu Schreibende *vorbereitet*. Ich bin ganz am Ende meiner Kraft, aber sehr glücklich.«[50] Roths euphorische Botschaft vom März 1934 an Stefan Zweig zeigt, welche Bedeutung dieser Essay für ihn gehabt und in welcher Stimmung er ihn geschrieben hat. Der Freund, in diesen Jahren von Depressionen und Pessimismus heimgesucht, lobt das Werk. Aber der erwartete große Erfolg bleibt aus. Bis zum Ende des Jahres 1934 werden von 6000 Exemplaren ganze 3578 verkauft. »Ich selbst glaube, daß mein Antichrist ein ehrlicher Schrei ist, kein Buch ist, ich weiß, wie bitter mir das Leben wird, aus allgemeinen Gründen – und leider auch aus privaten – aber es ist im Grunde dasselbe; und ich habe den Antichrist in der *persönlichen* Not geschrieben. In einer sehr ›persönlichen‹.«[51]

Der im amerikanischen Exil lebende Physiker Albert Einstein bedankt sich bei Roths amerikanischem Verleger Huebsch für die Zusendung des Buches: »Beim Lesen teilt man den Schmerz über die durch die Seelenblindheit der Gegenwart geschaffenen Härten und Schmerzen einer klaren und gütigen menschlichen Seele und man wird seltsam befreit durch jene Objektivierung, deren nur ein begnadetes künstlerisches Temperament fähig ist.«[52]

Auch Kurioses gibt es zu vermelden. Walter Landauer berichtet Roth von einer Einführung des »Prager Tagblatts«, die dem Abdruck des Essays vorangestellt ist: »Roth hat ein neues Buch ›Der Antichrist‹ geschrieben, in dem er sich mit bekannter Leidenschaftlichkeit hauptsächlich gegen das Kino wendet.«[53]

Roths »Antichrist« ist in einer Zeit geschrieben, in der nicht nur dieser Autor das Ende der Zivilisation vor Augen hat. Aber es liest sich trotz seines hohen, apokalyptischen Tones und seiner sehr einäugigen Betrachtung auch heute in vielen Passagen nicht so, als ob es ganz aus unserer Zeit fiele.

Die holländischen Verlage

Schon am 17. März 1933 schreibt Roth an Stefan Zweig: »Was das Praktische betrifft: ... mein Verlag ist in Auflösung begriffen. Verkauft mich. An wen, weiß ich nicht. Wovon man leben wird, ist mir völlig unklar.«[54] Roth hat Glück und findet schon im Frühjahr eine neue Heimat für seine Bücher. Die beiden Amsterdamer Verlage Querido und Allert de Lange werden im Exil seine wichtigsten Geschäftspartner. Querido veröffentlicht bis 1940 eine Erzählung und zwei Romane Roths (»Stationschef Fallmerayer«, »Tarabas«, »Das falsche Gewicht«) und Allert de Lange zwei Romane (»Die Hundert Tage«, »Beichte eines Mörders«), eine Novelle (»Die Legende vom heiligen Trinker«) und den Essay »Der Antichrist«. Ab 1936 erscheinen zwei weitere Romane im holländischen Verlag De Gemeenschap (»Die Kapuzinergruft«, »Die Geschichte von der 1002. Nacht«).

Emanuel Querido ist ein gewissenhafter und engagierter Verleger. Er steht dem linken Flügel der holländischen Sozialisten nahe und setzt sich aus Überzeugung für die deutschsprachige Exilliteratur ein. Die Nazis verschleppen ihn und seine Frau 1943 in ein KZ nach Polen, wo sie ermordet werden.

Im Frühjahr 1933 gründet er neben seinem schon bestehenden Verlag eine Aktiengesellschaft, die unter dem Namen Querido Verlag firmiert.[55] 50 Prozent der Anteile überträgt er an Fritz Landshoff, der das Lektorat leitet und sich um die Bücher deutscher Autoren kümmern soll. Aus seiner Zeit bei Kiepenheuer hat Landshoff zahlreiche Kontakte zu deutschen Schriftstellern, die nun auf der Suche nach einem neuen Verlag sind. Er gewinnt Alfred Döblin und Lion Feuchtwanger, Heinrich und Klaus Mann, Anna Seghers, Arnold Zweig und andere bekannte Größen der Weimarer Literatur für Querido. Joseph Roth ist ebenfalls dabei. Er lässt Stefan Zweig, der nicht zum Amsterdamer Verlag gehen wird, im Mai wissen: »In drei bis vier Tagen kommt Herr Dr Landshoff zu Ihnen. Er bringt Ihnen, wie schon so viele, ein neues Verlagsprojekt. Von allen, wie ich bis jetzt gehört habe, ist es das einzig würdige und zuverlässige.«[56]

Gerard de Lange ist im Gegensatz zu seinem Kollegen Querido kein begeisterter Verleger. Gegen seinen Willen tritt er 1922 in das Geschäft des Vaters ein. Als ehemaliger Offizier beschäftigt er sich nur lustlos mit den Problemen seiner Firma. »Der konservative De Lange war ein trunksüchtiger Verschwender, ohne Interesse für seinen Beruf.«[57] Auf Empfehlung Zweigs holt er Hermann Kesten als leitenden Lektor für die neu gegründete deutschsprachige Abteilung in den Verlag. Geschäftsführer für diesen Bereich wird Walter Landauer. Während Landshoff bei Querido selbstständig arbeiten kann, sind Kesten und Landauer Angestellte des Verlags, in ihren Entscheidungen also von de Lange abhängig. Dieser sitzt allerdings lieber in Cafés und Bars als im Büro. »Die Tatsache, daß Landauer mehr als eine Woche nach seiner Ankunft hier von de Lange noch nicht einmal ein einziges Mal empfangen worden ist, – obgleich man jeden Tag de Lange in den Lokalen herumsitzen sehen kann«, erregt sich Landshoff im Mai 1934, »zeigt den Stand seines Interesses für den deutschen Verlag.«[58]

Dank Kesten und Landauer aber kann auch de Lange bedeutende Autoren aus Deutschland wie Ferdinand Bruckner, Georg Hermann, Ödön von Horváth, Irmgard Keun, Egon Erwin Kisch, René Schickele oder Joseph Roth für sich gewinnen.

Querido und de Lange sind folglich Konkurrenten, aber schon durch die personelle Konstellation ergeben sich kollegiale Kontakte. »Da Landshoff, Landauer und ich intime Freunde waren«, schreibt Kesten später, »machten wir uns für die Verlage ... keine Konkurrenz, sondern überließen es den Autoren..., ob sie zu de Lange oder zu Querido gingen.«[59] Alle drei wohnen in der Amsterdamer Pension Hirsch, und man sitzt täglich zusammen, diskutiert über Bücher, klatscht über Autoren und verzweifelt über die politischen Entwicklungen.

Die überlieferte Korrespondenz zwischen Roth und diesen beiden Verlagen kennt ein zentrales Thema: Geld. Honorare, Vorschüsse, Zahlungen für Auslands- und Filmrechte – aus der Sicht des Autors ist das ein nie endender Kampf. Bald gibt es scharfe Wortwechsel über Summen, die noch zu Kiepenheuer nach Deutschland fließen oder – zum Ärger Roths – über Zwischenstellen abgerechnet werden. Ständig fühlt er sich übervorteilt, verlangt immer wieder genaue Belege über seine Honorare, schaltet seinen Rechtsanwalt ein, obwohl er doch mit den Partnern auf der anderen Seite – wie beispielsweise mit Landauer – freundschaftlich verbunden ist. Nie geht es ihm schnell genug, er bombardiert seine Verleger in Holland oder in England und in den USA mit Briefen und Telegrammen, die nach Geld rufen und sich über fehlende Hilfe beschweren. Schon im Mai 1934 schreibt er erregt an Fritz Landshoff: »Ich will bei de L(ange) unter den Umständen, die jetzt obwalten, nicht mehr bleiben.«[60] Seine Ungeduld und der Ton vieler seiner Briefe erschweren die Klärung von Ansprüchen, mancher interessierte Verleger springt ab. Häufig bietet Roth anderen Häusern Manuskripte oder Rechte an, was seine Lage zusätzlich kompliziert. So beschwört er den englischen Verleger John Holroyd-Reece, der eine Biographie über Nikolaus II. und die englischen Rechte an weiteren Werken von ihm will: »Lieber Herr Reece, glauben Sie bitte, daß ich aller Geschäftsfremdheit zum Trotz genau weiß, was ich verkaufen darf und was nicht. Die Verwirrung, die rings um mich seit Jahren einige meiner Verleger angerichtet haben, kam daher, daß ich naiv genug war, zu glauben, es gehe im Geschäftsleben so zu, wie beim Militär. Ich bin gewohnt, daß ein Wort soviel gilt, wie eine Unterschrift...«[61]

Seinen amerikanischen Verleger Ben Huebsch erreicht schon unmittelbar nach dem Machtwechsel in Berlin die dringliche Bitte: »Ich bin durch die politische Situation in Deutschland völlig ruiniert. Ich lebe hier seit drei Wochen ohne einen Pfennig. Können Sie mir einen Vorschuß von irgendeiner Zeitschrift verschaffen? Ich kann nur noch 2 Wochen von geliehenem Geld leben. Ich weiß nicht, was ich dann machen werde.«[62] Wenig später dankt er erleichtert: »Lieber Herr Huebsch, ich danke Ihnen von ganzem Herzen für Ihren lieben Brief und für den Check. Selbstverständlich werden auch diese 100 Dollar, wie die ersten, zwischen uns verrechnet.«[63]

Im Sommer 1933 verkauft Huebsch die Filmrechte für den »Hiob« nach Hollywood. Das Honorar fließt zu Kiepenheuer nach Berlin, und Roth ist empört. »Herr Huebsch verkauft Hiob als Film: 3000 Dollar Vorschuß werden an den Kiepenheuer-Verlag von der Filmgesellschaft gezahlt: es bleiben noch 2000 Dollar zu zahlen: Herr Huebsch schreibt, die 2000 Dollar kämen, sobald von Kiepenheuer die Bestätigung da sei, daß er meine Film- und Auslandsrechte frei gäbe ... ferner: Herr Huebsch hatte noch 500 Dollar für den Radetzky-Marsch zu zahlen: sie sind bis heute nicht gezahlt... Dies zum Kapitel Huebsch. – Ich glaube nicht, daß er ein schlechter Kerl ist. Er ist nur ein sogenannter Kaufmann. Er ist sogar ein feiner Mensch – außerhalb des Dollars.«[64]

Seltsame Verstrickungen ergeben sich aus einem Unternehmen namens »Orcovente«. Es handelt sich um eine eigens gegründete Firma, über die Fritz Landshoff die Auslandslizenzen an Roths Romanen von Deutschland in die Schweiz transferieren lassen will. Der Zweck: Künftig soll die »Orcovente« mit ausländischen Verlagen über Roths Bücher verhandeln. Der Kiepenheuer Verlag lässt sich auf das Geschäft ein und verkauft diese Rechte. Irrungen und Wirrungen: Landshoff streckt 5000 Mark vor und erwartet dieses Geld von der »Orcovente« zurück. Das Unternehmen schließt unterdessen erste Auslandsverträge ab, worauf Roth Abrechnungen fordert, die er nicht erhält. Ein langer Briefwechsel hebt an. Der Autor fühlt sich nicht korrekt behandelt, glaubt zu Unrecht, ihm werde aus diesem Geschäft Geld vorenthalten. Landshoff wehrt sich gegen den Vorwurf, er nutze die Firma nur zur Rettung des eigenen Vermögens. Am Ende vieler ärgerlicher Dialoge wird 1935 die Vereinbarung mit der »Orcovente« aufgelöst, und der Autor ist wieder im Besitz seiner Auslandsrechte.[65]

Wer Roths Verlagsbriefe liest, ahnt, unter welchem ungeheuren finanziellen Druck er sich gefühlt hat. »Wie Sie wissen, sind meine letzten drei Monatsraten verpfändet, und ich lebe jetzt viel kümmerlicher, als ich je gedacht habe, daß es möglich wäre. ... Es ist aber im übrigen vollkommen gleichgültig – wenigstens mir – ob unsere Bücher gut sind oder schlecht. Es nützt gar nichts, und ich bin im Augenblick weit entfernt von jedem Interesse an der Literatur...«[66]

Er muss in diesen Jahren für die dreiköpfige Familie Manga Bell sorgen. Bis 1938 schickt er Geld nach Österreich, das für die Heime bestimmt ist, in denen seine Frau lebt. Friedl ist Ende 1933 in die Wiener Heilanstalt »Am Steinhof« verlegt worden, weil – wie erwähnt – die privaten Sanatorien für Roth unbezahlbar geworden sind. Kosten hat er trotzdem zu tragen. »Lieber Landauer, der Magistrat Wien schreibt eben meinem Anwalt, daß November, Dezember, Januar keine Beträge für meine Frau eingelaufen sind. ... Sie wissen, was es bedeutet, wenn meine Frau (und ich) durch den Magistrat Wien geklagt werden. Das ist (zu der Klage des Sanatoriums) noch eine. Ich kann so nicht weiter.«[67] Im Juni 1935 – Friedl Roth ist wieder in einer anderen psychiatrischen Anstalt untergebracht worden – teilt er Landauer mit: »Zu meinem größten Erstaunen mahnt mich wieder die neue Anstalt meiner Frau in Mauer-Öhling um den Betrag von 583 Schilling.«[68]

Wäre da nicht das Trinken, die Großzügigkeit bei den nächtlichen Runden oder gegenüber notleidenden Mitexilanten sowie das Wohnen in den Hotels – Roths Einkünfte hätten für ein Leben mit mehr Disziplin vielleicht trotzdem gereicht. Denn Landauer erwirkt bei de Lange für ihn hohe Vorschüsse. René Schickele empört sich in einem Brief vom Mai 1935 an den in Sanary-sur-mer lebenden Kunsthistoriker Julius Meier-Graefe über die angebliche Bevorzugung des Kollegen: »Roth ... setzt sich in Amsterdam neben die Kasse. Auf Marcu (Valeriu Marcu, rumänisch-deutscher Schriftsteller und Freund Roths – WvS) ist er böse, weil der ihm nur die Hälfte des Reisegeldes gab statt des ganzen. Für uns Autoren von de Lange ist Roth der reine Staubsauger. Kein Stäubchen, kein Krümelchen vom Tisch des Herrn, das nicht in das saugende Loch hineingínge! Was bleibt da für uns?«[69] Der Grund für die hohen Zahlungen ist allerdings nicht unbedingt die räumliche Nähe zur Amsterdamer Kasse, sondern die enge Verbindung, die Roth zu Gerard de Lange knüpfen kann. Der Verleger und sein Autor sind sich sympathisch. Sie verbindet die Liebe zum intensiven Trinken. Der seinen Geschäften gegenüber recht gleichgültige de Lange genehmigt Vorschüsse, die bald die Einnahmen aus Roths Büchern beträchtlich überschreiten. Roth erhält – wie übrigens andere Autoren ebenfalls – bis Ende 1935 regelmäßige Ratenzahlungen vom Verlag. Auch bei Querido wird er eine lange Zeit überaus großzügig behandelt. Weiterhin kommen beträchtliche Beträge von Stefan Zweig. Es reicht nie. »10 Tage trennen mich vom Untergang«, alarmiert Roth im Oktober 1934 Walter Landauer, »wenn mir die Rate nicht verlängert wird. Bitte, geben Sie acht, daß ich noch weiterlebe. Ich kann nicht schreiben, ohne mein Schicksal zu kennen.«[70]

Am 25. September 1935 stirbt Gerard de Lange: Herzschlag. »Wer sein Freund war, durfte auf seine Treue zählen«,[71] schreibt Roth in einem Nachruf. Er weiß, wovon er spricht, denn der Tod des Verlegers verschlechtert seine Position im Haus. Er verlangt über seinen Anwalt eine genaue Abrechnung. Die Antwort Landauers, der ganz offensichtlich im Verlag in Sachen Roth unter Druck gerät, ist deutlich: »Dem Wunsch von Herrn Roth nachgebend, haben wir uns jetzt die Situation genau überlegt. Wir mußten dazu eine genaue Abrechnung ... vorbereiten. So freundschaftlich der Verlag Herrn Roth gesinnt ist, muß ich Ihnen offen sagen, daß diese Abrechnung auf den Verlag einen katastrophalen Eindruck macht. Es wurden Herrn Roth ausgezahlt hfl. 16635,83 (inklusive der Februarzahlung). Eingenommen wurden hingegen nur hfl. 2975,66. ... Wir sind deshalb im Moment in größter Verlegenheit. Es ist für uns geschäftlich unmöglich, mit Herrn Roth einen neuen Vertrag zu schließen, der nur annähernd auf der selben finanziellen Basis liegt wie sein früherer Vertrag mit uns.«[72] Roth tobt: »Nun, ich kann, nach diesem groben Brief von L. keinen Vertrag mehr mit ihm machen, nachdem ich diesen laufenden erfüllt habe. Herr L. spielt sich, nach dem so plötzlichen Tod Herr de Langes, als ›Verleger‹ auf, mir gegenüber, durch den er den Posten überhaupt bekommen hat. ... Ein junger Kurfürstendamm-Jud, der nichts geleistet hat, wagt es, mir, der ich ihm sein Fortkommen ermöglicht habe, in diesem Ton zu schreiben. ... Ich *will* nicht mehr mit diesen Scheißkerlen vom Kurfürstendamm zu tun haben.«[73]

Das Tischtuch ist zwar nicht ganz zerschnitten, Roth wendet sich aber einem anderen holländischen Verlag zu. Denn auch bei Querido hat sich die Situation für ihn verschlechtert. Die Geschäftskorrespondenz des Verlages ist nach der Besetzung Hollands durch die deutsche Wehrmacht weitgehend vernichtet worden. Aber die überlieferten Dokumente und Berichte zeigen, dass das Unternehmen seit Mitte der 30er-Jahre zunehmend mit wirtschaftlichen

Schwierigkeiten zu kämpfen hat. Die Nachfrage nach den deutschen Büchern bleibt begrenzt, die Zeitschrift »Die Sammlung«, die Klaus Mann betreut, muss nach knapp zwei Jahren aus finanziellen Gründen eingestellt werden. Landshoff informiert Klaus Mann am 6. November 1936 über die problematische Lage: »Queridos sind entschlossen – wobei es gleichgültig ist, ob sie nicht mehr können oder ob sie nicht mehr wollen –, nach den sehr erheblichen Investitionen, die sie in den ersten Jahren gehabt haben, keinen Cent neues Geld in den Verlag hineinzustecken und in Zukunft die Produktion so einzustellen, daß nur in dem gleichen Umfang Geld ausgegeben wird, wie Geld einkommt. Bis zur Abschlußbilanz des laufenden Jahres ... werden überhaupt keine neuen Verträge gemacht, auch dann nicht, wenn augenscheinlich günstige Möglichkeiten sich ergeben.«[74] Auch Roth ist von diesen Sparmaßnahmen betroffen.

Im Herbst 1936 tritt Roth dann mit einem dritten holländischen Verlag in Verbindung. Es ist das Verlagshaus De Gemeenschap in Bilthoven (Provinz Utrecht). Den Kontakt hat Anton van Duinkerken, Redaktionsmitglied der gleichnamigen katholischen Literaturzeitschrift, hergestellt. Roth wird auf van Duinkerken durch eine Rezension aufmerksam, die dieser 1934 über sein Buch »Der Antichrist« im »Neuen Tage-Buch« geschrieben hat. Der Verlag ist Ende 1925 entstanden. Ab November 1932 leitet ihn C. J. Vos, der auch die Verhandlungen mit Roth führt. Am 28. Oktober 1936 unterzeichnet Roth seinen ersten Vertrag mit De Gemeenschap: »Die Geschichte von der 1002. Nacht«, und 1937 kauft der Verlag auch den Roman »Die Kapuzinergruft«. Über die Rechte für einige ältere Bücher verhandelt Roth ebenfalls mit dem Bilthovener Haus. So plant man niederländische und deutsche Ausgaben des »Radetzkymarsch«.

Bald gibt es aber auch mit dem neuen Partner Probleme. Roth liefert seine Manuskripte nicht zu den vereinbarten Terminen. Er ist deswegen zweimal zu Verhandlungen in Bilthoven, und ab Herbst 1937 kommen die monatlichen Vorauszahlungen nur noch schleppend. Im August 1938 stoppt der Verlag die Monatsraten. Dennoch bleibt Roth in diesen Jahren trotz aller Differenzen ein Autor, um den sich die Leitung des kleinen Verlages sehr bemüht.

Inwieweit dessen katholischer Hintergrund bei Roths Wahl eine Rolle gespielt hat, ist nicht zu klären. Er hat in der Zeitschrift des Hauses einige wenige Artikel veröffentlicht, darunter einen Aufsatz mit dem Titel »Die Kirche am Kreuzweg«. Roth ruft hier die Kirche zum Kampf gegen den Nationalsozialismus auf. Aber es sind wohl in erster Linie finanzielle Gründe gewesen, die ihn nach dem Versiegen der üppigen Geldquellen bei Querido und de Lange veranlasst haben, Vereinbarungen mit einem dritten Partner einzugehen.[75] Der Briefwechsel mit allen drei Verlagen zeigt jedenfalls, dass Roth ein ausgebuffter Geschäftsmann ist, wenn es um seine Honorare geht. Da sitzt kein weltferner Dichter in der Klause, sondern ein Autor, der energisch und gelegentlich tricksend seine Interessen wahrnimmt.

Tarabas

Im Frühjahr 1934 erscheint bei Querido Roths Roman »Tarabas«. Im September folgt bei de Lange »Der Antichrist«. Es sind die beiden ersten umfangreichen Prosatexte, die er im Exil veröffentlicht. Allen Verlagsquerelen und finanziellen Sorgen, allen körperlichen und seelischen Qualen zum Trotz bleibt Roth als Schriftsteller präsent. Seine Schaffenskraft scheint ungebrochen.

Nikolaus Tarabas, der Sohn einer begüterten Familie aus Petersburg, lebt schon seit einiger Zeit in Amerika. Er hat sich als Student in Russland einer revolutionären Gruppe angeschlossen – »weniger aus echter Gesinnung als infolge der ziellosen Leidenschaft seines jungen Herzens«[76] –, und nachdem die Pläne der Verschwörer aufgeflogen sind, weist ihn der Vater aus dem Haus und schickt ihn in das ferne Land. »Das Heimweh trug Nikolaus Tarabas im Herzen. Er haßte New York, die hohen Häuser, die breiten Straßen und überhaupt alles, was Stein war. Und New York war eine steinerne Stadt.«[77] Ein wilder, ein unbeherrschter Jüngling ist Tarabas, und »eines Abends beging er eine Gewalttat, die den Lauf seines Lebens verändern sollte«.[78] Aus Eifersucht prügelt er sich und glaubt seinen Gegner erschlagen zu haben. Vorher hat ihm auf dem Jahrmarkt eine Wahrsagerin die Zukunft gedeutet: »Herr! Ich lese in Ihrer Hand, daß Sie ein Mörder sind und ein Heiliger! Ein unglückseligeres Schicksal gibt es nicht auf dieser Welt. Sie werden sündigen und büßen – alles noch auf Erden.«[79] Nach der Prügelei flieht Tarabas, will sich dann der Polizei stellen, als die Nachricht vom Kriegsausbruch eintrifft.

Er kehrt zurück nach Russland und wird Soldat. »Der Krieg wurde seine große, blutige Heimat ... er kam in friedliches Gebiet, setzte Dörfer in Brand, ließ die Trümmer kleiner und größerer Städte zurück, klagende Frauen, verwaiste Kinder, geschlagene, aufgehängte und ermordete Männer.«[80] Nach Krieg und Revolution wird Tarabas Offizier im neu gebildeten Staat Polen. Man versetzt ihn und seine Truppe in das Städtchen Koropta. Soldaten, ukrainische Bauern und Juden leben hier. Tarabas, zum Oberst aufgestiegen, herrscht über sie wie ein »furchtbarer König«.[81] In der Schenke des Juden Nathan Kristianpoller trifft er Abend für Abend seine Soldaten und betrinkt sich stumpfsinnig. »Die ganze Welt hatte Tarabas verlassen. Vergessen und ausgespuckt hatte ihn die Welt. Zu Ende war der Krieg. Der Krieg selbst hatte Tarabas verlassen.«[82] In einem Weinkeller des Wirtes amüsieren sich die Soldaten, einer von ihnen, Ramsin, malt obszöne Bilder an die Wand, auf die seine betrunkenen Kameraden schießen. Die Mauer löst sich: »Und vor den aufgerissenen Augen der Zuschauer vollzog sich ein wahrhaftiges Wunder: Auf dem rissigen Grunde der Wand, im tiefen, goldenen Abglanz der untergehenden Sonne, erschien an Stelle der zuchtlosen Bilder Ramsins das selige süße Angesicht der Mutter Gottes. ... Plötzlich sang einer aus der Menge mit inbrünstiger, tiefer und klarer Stimme das Lied: ›Maria, du Süße‹ ...«[83] Der Gesang wird zum Auftakt eines Pogroms. Tarabas, von einem schweren Rausch erwacht, erlässt ein Ausgehverbot, um noch Schlimmeres zu verhindern.

Als sich der Bethausdiener Schemarjah trotz dieser Anordnung auf die Straße wagt, um die Thorarollen vor dem christlichen Bauernmob zu retten, begegnet er Tarabas. »Ein roter Jude am Sonntagmorgen! So rote Haare, einen solch flammenden, geradezu Funken sprühenden Bart hatte Tarabas in seinem Leben noch nicht gesehn. ... Nicht minder als der Oberst erschrak der Jude Schemarjah. In seinen Armen trug er zwei Thorarollen wie zwei tote Kinder, jede bekleidet mit rotem, golden besticktem Samt. ... Hierauf ... griff Tarabas mit beiden Händen den fächerartigen, flammenden Bart des Juden. Und mit seiner ganzen riesigen Kraft begann er, den hageren, schlotternden Körper zu rütteln... Ein paar Barthaare blieben in Tarabas' Händen.«[84]

Der Zornesausbruch gegen den Bethausdiener wird für Tarabas zum Moment der Umkehr. »Ich will büßen!«[85] Er nimmt Abschied vom Dienst und zieht als Landstreicher jahrelang durch die Dörfer und Städte, um den von ihm geschändeten Juden zu finden. Erst als er in einem Kloster im Sterben liegt, erfüllt sich sein Wunsch: Er begegnet Schemarjah und kann von ihm Verzeihung erbitten. Der einstige Bethausdiener ist nach dem Erlebnis mit dem rasenden Oberst aus Koropta geflohen und seitdem geistig verwirrt. Am Bett des Sterbenden aber sagt er mit klaren Worten: »Ich weiß, wer es ist! Er soll ruhig sterben! Ich bin nicht bös auf ihn.«[86] Auf dem Grabstein des Toten steht der Grabspruch: »Oberst Nikolaus Tarabas, ein Gast auf dieser Erde.«[87]

Eine Roth'sche Wundergeschichte, eine Heiligenlegende, ein Heimatroman, voller fesselnder Szenen und religiöser Anspielungen. Es tauchen die Grenzlandschaften auf, in denen Roth in seiner Jugend zu Hause war. Schuld und Sühne – das alte Thema Dostojewskis klingt an. Flauberts »Legende von Sankt Julian dem Gastfreundlichen« ist mit eingeflossen, worauf Roth in einem Brief an Stefan Zweig ausdrücklich hinweist: »St. Julien l'hospitalier auf modern, statt der Tiere: Juden, und zum Schluß die Entführung. Sehr katholisch.« Er fügt hinzu: »Ich habe den ganzen Stoff in einer ukrainischen Zeitung gefunden.«[88]

Zeitgeschichte: Tarabas tritt wie unlängst die mörderischen Freikorpsoffiziere der Reichswehr oder derzeit die SA-Schläger drüben in Deutschland auf. Die ungebildeten ukrainischen Bauern erliegen nicht weniger den antisemitischen Klischees wie das Kulturvolk, das gerade in Berlin die Scheiben jüdischer Geschäfte einschlägt: »Der Jude! – Uraltes Gespenst, in tausendfacher Gestalt über das Land gesät, schwärender Feind im Fleisch, unverständlich, schlau, blutdürstig und sanft zugleich, tausendmal erschlagen und auferstanden, grausam und nachgiebig, schrecklicher als alle Schrecken des eben überstandenen Krieges: der Jude.«[89] Ramsin, der die nackten Frauen an die Wand malt, hinter der das Bild der Mutter Gottes verborgen ist, »hatte immer allerlei Kunststücke verstanden, Zauberwerk und Taschenspielerei. Seine große, hagere Gestalt, seine schwarzen Augen im gelblichen Gesicht, seine lange, schiefe, seitwärts gebogene Nase, ein pechschwarzes Haarbüschel, das er nicht ohne Eitelkeit in die Stirn fallen ließ«[90] – wer damals hätte in dieser Skizze nicht den verhinderten Kunstmaler und politischen Taschenspieler Adolf Hitler wiedererkannt.

Schon kurz nach der Veröffentlichung des Romans erscheinen die ersten Übersetzungen: in England, in Frankreich, in Amerika, in der Tschechoslowakei, in Polen, in Italien. Es sind renommierte Verlage, denen Querido die Auslandsrechte verkauft. The Viking Press in New York, Mondadori in Mailand und Gallimard in Paris gehören dazu. Vorabdrucke einzelner Kapitel gibt es im September 1933 in der Zeitschrift »Die Sammlung«, im Oktober in der »Bunten Woche« (Wien) und im Mai 1934 in der »Neuen Weltbühne«. Das »Pariser Tageblatt« druckt die Geschichte vom 26. Januar bis 16. März 1934 in Fortsetzungen ab. Die Buchausgabe wird nur ein bescheidener Erfolg, und Roth äußert sich schon vorher unzufrieden. Im März 1934 teilt er Zweig missmutig mit: »Die letzten Druckbogen von ›Tarabas‹ schicke ich Ihnen, offen gestanden, wider Willen.«[91] Im Mai 1934 schreibt er an Landshoff: »Der ›Tarabas‹ gefällt mir überhaupt nicht. Hoffentlich gefällt er den Lesern.«[92] Ein Jahr später an Zweig: »... das Buch ist literarisch mißlungen und ist materiell ein Mißerfolg geworden.«[93]

Die Kritik sieht das anders. In Deutschland findet der Roman natürlich keinerlei Beachtung. Aber in vielen Ländern erscheinen positive Rezensionen. »Dieses besonders schöne Buch zeigt Joseph Roth auf dem Höhepunkt seiner Kunst«, schreibt Leopold Fabrizius (das ist der deutsche Schriftsteller Albert Vigoleis Thelen) im Juli 1934 in der niederländischen Zeitung »Het Vaderland«.[94] Hermann Hesse meint in der Basler »National-Zeitung«: »Joseph Roth hat immer die Welt am Rande der Ordnung geliebt, die Welt der Flüchtlinge oder Ausgestoßenen, der nicht Einzuordnenden, der Verfolgten und der Verbrecher, der Triebmenschen und Heimatlosen. Und nun hat er – eines seiner schönsten Bücher – diese Ballade vom Oberst Tarabas erzählt...«[95] Roth schreibt dem lobenden Rezensenten umgehend: »... ich lese heute zufällig in der ›Basler National Zeitung‹ vom 6. Mai die ehrenden Zeilen, die Sie über mein Buch geschrieben haben. Erlauben Sie mir, einem Jüngeren, der Ihre Bücher schon in seiner Knabenzeit verehrt hat, Ihnen von Herzen zu danken und Ihnen zu sagen, eine wie große, ehrenvolle Freude ein Lob aus Ihrer Feder bedeutet.«[96]

Novellen

Nach der Novelle über den Stationsvorsteher Fallmerayer hat Roth in ziemlich rascher Folge drei weitere Erzählungen geschrieben. Er selbst spricht sogar einmal von acht Geschichten, die er in der Schublade habe. Es gibt für diese Zahl allerdings keine Belege. Er scheint in den ersten beiden Exiljahren jedoch ganz gezielt kürzere Prosatexte verfasst zu haben, um damit seine Chancen auf Vorabdrucke in Zeitungen zu erhöhen. Länger verhandelt er mit seinen Verlagen über ein Novellen-Buch. Aber weder Querido noch de Lange noch einer seiner ausländischen Verleger zeigen ernsthaftes Interesse an dem Projekt.

Im Juni 1934 ist Roth in Marseille. Es lebt sich dort preiswerter als in Paris. Er wohnt mit Andrea Manga Bell im Hotel Beauvau. Er liebt diese Stadt. »Das ist nicht mehr Frankreich. Das ist Europa, Asien, Afrika, Amerika. Das ist weiß, schwarz, rot und gelb. Jeder trägt seine Heimat an der Sohle und führt an seinem Fuß die Heimat nach Marseille. Alle Erden aber segnet dieselbe nahe, sehr heiße, sehr helle Sonne, und über alle Völker wölbt sich dasselbe blaue Porzellan des Himmels.«[97] Hochgemute Töne – doch wieder erreichen Stefan Zweig Brandbriefe, in denen der Freund um Geld bittet. »Auch Sie mißbrauche ich, mit dem verzweifelten egoistischen Recht eines Menschen, der seinen besten Freund gefährdet, wenn er im Ertrinken sich an den Retter klammert... Wenn mich etwas in Ihren und in meinen eigenen – allerdings wahrscheinlich nachsichtigeren – Augen entschuldigen kann, so Dies: daß ich arbeite, jeden Tag, daß ich hier, in Marseille, drei halbwegs gute Novellen, à 35 – 40 Seiten geschrieben habe.«[98] Es handelt sich um »Triumph der Schönheit«, »Die Büste des Kaisers« und »Der Korallenhändler«, der später unter dem Titel »Der Leviathan« erscheint.

»Triumph der Schönheit« ist eine Satire über die Frauen, charmant, aber auch nicht ohne kleine boshafte Klischees. Der Erzähler, ein Kurarzt, berichtet von der Ehe eines freundlichen und redlichen Diplomaten mit einer »jungen Dame aus der sogenannten guten Gesellschaft«.[99] Die Ehefrau Gwendolin »war sehr dumm«, aber ihr Mann »fand sie tapfer, tollkühn, opfermutig und obendrein sehr gescheit«.[100] Bald betrügt Gwendolin ihren Gatten, und als die Ehe zu scheitern droht, wird sie krank. »Wir nennen das in der Medizin: die Flucht in die Krankheit.«[101] – »Was ihr eigentlich fehlte? – Gott allein kann es wissen, Er, der die Eva schuf. Ein Frauenarzt weiß nur selten, was einer Frau fehlt.«[102] Der Verführer der etwas leichtlebigen Dame trägt übrigens den Namen Jenö Lakatos. Roth-Leser werden ihm unter anderem in »Beichte eines Mörders« wiederbegegnen, dann allerdings nicht als schleimigen Ehebrecher, sondern als außerordentlich gefährlichen Zeitgenossen. Überhaupt liebt es Roth, einige seiner Figuren in mehreren Romanen auftreten zu lassen.

Am Ende der Geschichte stirbt der liebende und seine Frau ständig umsorgende Ehemann. »Er starb ... an einer Frau, und zwar an seiner eigenen ...«[103] Bis zu seinem Tod »schwärmte er ... von ihrer Schönheit!«[104] Die Gattin aber tanzt schon bald mit einem neuen Bräutigam. Ihre Krankheiten sind verflogen. Der Erzähler beendet seine Geschichte mit einem Augenzwinkern: »Viele, viele Frauen gingen an mir vorüber, manche lächelten mir zu. Lächelt nur, dachte ich, lächelt nur, dreht euch, wiegt euch, kauft euch Hütchen, Strümpfchen, Sächelchen! Rasch naht euch das Alter! Noch ein Jährchen, noch zwei! Kein Chirurg hilft euch, kein Perückenmacher. Entstellt, vergrämt, verbittert sinkt ihr bald ins Grab, und noch tiefer, in die Hölle. Lächelt nur, lächelt nur!«[105]

Die Novelle erscheint im September 1934 zuerst auf Französisch und unter dem Titel »Triomphe de la beauté« in der Zeitschrift »Les Nouvelles Littéraires«. Das »Pariser Tageblatt« druckt die erste deutsche Fassung im Mai 1935.

In der Erzählung »Die Büste des Kaisers« kehrt Roth in seine östliche Heimat zurück. Im ostgalizischen Dorf Lopatyny lebt der Nachfahre eines alten polnischen Geschlechts, Graf Franz Xaver Morstin. »Wie so viele seiner Standesgenossen in den früheren Kronländern der österreichisch-ungarischen Monarchie war er ei-

ner der edelsten und reinsten Typen des Österreichers schlechthin.
… Hätte man ihn zum Beispiel gefragt – aber wem wäre eine so sinnlose Frage eingefallen? –, welcher ›Nation‹ oder welchem Volke er sich zugehörig fühle: der Graf wäre ziemlich verständnislos, sogar verblüfft vor dem Frager geblieben und wahrscheinlich auch gelangweilt und etwas indigniert.«[106] Mit der Figur des Morstin schildert Roth einen Mann, der die Ideale des Autors verkündet: Kaisertreu und von dem Glauben »an die überlieferte Hierarchie«[107] beseelt. Morstin hasst das allgemeine Wahlrecht, und er »hatte keine andere sichtbare Leidenschaft als die, die ›Nationalitätenfrage‹ zu bekämpfen«.[108]

Als sich Kaiser Franz Joseph zur Jagd auf seinem Gut ansagt, lässt Morstin eine Büste des Monarchen anfertigen und vor dem Eingang seines kleinen Schlosses aufstellen. Nach dem Krieg kehrt der Graf zu seinen Besitztümern zurück, die jetzt in Polen liegen. Er lebt – unbeeindruckt vom Wandel der Zeiten – wie früher. »Was ist überhaupt Heimat? … Jetzt sprechen sie ringsherum und allerorten vom neuen Vaterland. In ihren Augen bin ich ein sogenannter Vaterlandsloser. Ich bin es immer gewesen. Ach! Es gab einmal ein Vaterland, ein echtes, nämlich eines für die ›Vaterlandslosen‹, das einzig mögliche Vaterland. Das war die alte Monarchie.«[109] Auf Befehl der neuen Herren lässt Morstin die Kaiserbüste entfernen und verbirgt sie im Schlosskeller. Er reist in die Schweiz. In einer Züricher Bar erlebt er, wie Betrunkene die Habsburger Kaiserkrone verhöhnen. »Auf dem Grabe der alten Welt und rings um die Wiegen der neugeborenen Nationen und Sezessionsstaaten tanzten die Gespenster der nächtlichen *American Bar*.«[110] Morstin lässt sich daraufhin auf eine Schlägerei ein, fliegt aus der Bar und kehrt nach Lopatyny zurück.

»Wenn die alte Zeit tot sein soll, so wollen wir mit ihr verfahren, wie man eben mit Toten verfährt: Wir wollen sie begraben.«[111] Morstin lässt die Büste feierlich in einen Sarg legen und beerdigen. »Da erhob sich ein Schluchzen in der Menge, als hätte man jetzt erst den Kaiser Franz Joseph begraben, die alte Monarchie und die alte Heimat. Die drei Geistlichen beteten.«[112] Der Graf verlässt das Land, lebt an der Riviera und wartet auf den Tod.

»Die Büste des Kaisers« ist eine Bekenntnisnovelle. War die Haltung zur Monarchie im »Radetzkymarsch« noch vielfach gebrochen und voller ironischer Distanz, so lässt Roth in der Geschichte des Grafen Morstin jetzt alle Schranken fallen und verkündet den Lesern sein politisches Credo. Er geht dabei sehr weit. »Salomon, was hältst du von dieser Erde?«, fragt Morstin einmal den klugen, jüdischen Schankwirt. »Herr Graf«, sagt Piniowsky, »nicht das geringste mehr. Die Welt ist zugrunde gegangen, es gibt keinen Kaiser mehr, man wählt Präsidenten, und das ist so, wie wenn ich mir einen tüchtigen Advokaten suche, wenn ich einen Prozeß habe. Das ganze Volk wählt sich also einen Advokaten, der es verteidigt. Aber – frage ich, Herr Graf, vor welchem Gericht? – Vor dem Gericht anderer Advokaten wiederum.«[113] Die Geschichte des Grafen Morstin ist nicht nur ein wehmütiges Preislied auf das verlorene Reich der Habsburger, sondern auch eine deutliche Absage Roths an die Demokratie. Die Guten, die Erkennenden, die Aufrechten – Juden wie Aristokraten darunter –, so suggeriert es Roth seinen Lesern, finden in ihr keine Heimat mehr.

Die Novelle erscheint im Dezember 1934 und auch diesmal zunächst in französischer Übersetzung: »Le buste de l'empereur«. Das »Pariser Tageblatt« folgt im Juli 1935 mit einem deutschsprachigen Abdruck.

Die dritte Novelle des Jahres 1934 heißt »Der Korallenhändler«. Ein kleiner Auszug wird im Dezember im »Neuen Tage-Buch« veröffentlicht. Erst im Herbst 1938 folgt ein Abdruck in der »Pariser Tageszeitung«. Als Buchausgabe wird sie, nun unter dem Titel »Der Leviathan«, postum 1940 bei Querido gedruckt, erreicht den Leser aber vorerst nicht. Kriegswirren. Hans-Albert Walter schreibt in den 60er-Jahren: »Anfang 1940 sollten bei Querido drei Bücher erscheinen: Joseph Roths nachgelassene Erzählung ›Leviathan‹, Bruno Franks Novelle ›Sechzehntausend Franken‹ und Alexander M. Freys ›Der Mensch‹. Die Bogen waren ausgedruckt, aber noch nicht gebunden, als Holland überfallen wurde. Trotz des damit verbundenen Risikos bewahrte die Druckerei die Rohbogen auf. Nach dem Krieg konnte der nach Amsterdam zurückgekehrte Verlag die Bücher binden und ›mit einiger Verspätung‹ ausliefern lassen.«[114]

»In dem kleinen Städtchen Progrody lebte einst ein Korallenhändler, der wegen seiner Redlichkeit und wegen seiner guten, zuverlässigen Ware weit und breit in der Umgebung bekannt war.«[115] Nissen Piczenik fühlt sich seinen Korallen geheimnisvoll verbunden, und in seiner Wohnung herrscht eine »Dämmerung, die an Meeresgrund erinnerte, und es war, als wüchsen dort die Korallen, und nicht, als würden sie gehandelt«.[116] Ein bescheidener, unauffälliger Mann ist der »rothaarige Jude, dessen kupferfarbenes Ziegenbärtchen an eine Art rötlichen Tangs erinnert«,[117] und »seiner Meinung nach waren (die Korallen) ... Tiere des Meeres, die gewissermaßen nur aus kluger Bescheidenheit Bäume und Pflanzen spielten, um nicht von den Haifischen angegriffen oder gefressen zu werden«.[118] Über sie wacht der Leviathan: »Zwar hatte der alte Gott Jehovah alles selbst geschaffen, die Erde und ihr Getier, die Meere und alle ihre Geschöpfe. Dem Leviathan aber, der sich auf dem Urgrund aller Wasser ringelte, hatte Gott selbst für eine Zeitlang, bis zur Ankunft des Messias nämlich, die Verwaltung über die Tiere und Gewächse des Ozeans, insbesondere über die Korallen, anvertraut.«[119] Nach der Ernte kommen die Bauern des Dorfes und der Umgebung, um den Korallenschmuck zu kaufen, der »auflebte«, an »Glanz und Schönheit gewann«, die »Männer anzog« und »deren Liebeslust weckte«,[120] wenn ihre Frauen ihn tragen.

Die Sehnsucht aber des Nissen Piczenik nach dem Meer wächst, lässt ihn unzufrieden und unruhig werden. Als ein Nachbarssohn, der bei der Marine dient, nach seinem Urlaub zurück nach Odessa fährt, reist der Korallenhändler mit. Tag für Tag steht er im Hafen und blickt auf das Meer. »Und Nissen Piczenik vergaß schnell im Hafen von Odessa die Pflichten eines gewöhnlichen Juden aus Progrody. Und er ging nicht am Morgen und nicht am Abend ins Bethaus, die vorgeschriebenen Gebete zu verrichten, sondern er betete zu Hause, sehr eilfertig und ohne echte und rechte Gedanken an Gott ... Hatte die Welt jemals solch einen Juden gesehn?«[121]

Während seiner Abwesenheit hat im Nachbarort ein junger Korallenhändler – Jenö Lakatos (!) – ein neues Geschäft eröffnet. Seine Korallen sind um ein Vielfaches billiger als die von Nissen Piczenik: »Ja, nun, wir sind nicht verrückt. Wir tauchen nicht auf die Gründe der Meere. Wir stellen einfach künstliche Korallen her. ... Woraus sind Ihre Korallen gemacht?« fragt er den Konkurrenten. »Aus Zelluloid, mein Lieber, aus Zelluloid!« rief Lakatos entzückt.[122] Der Konkurrent rät Piczenik, doch auch die künstlichen Korallen zu kaufen. »Auf diese Weise versuchte der Teufel den Korallenhändler Nissen Piczenik zum erstenmal. Der Teufel hieß Jenö Lakatos aus Budapest.«[123] Und so mischt der ehrbare Jude, »vom Teufel verführt und geblendet, ... Echtes mit Falschem – und das war noch schlimmer, als wenn er lauter Falsches verkauft hätte. Denn also geht es den Menschen, die vom Teufel verführt werden: an allem Teuflischen übertreffen sie noch sogar den Teufel«.[124]

Und doch, Piczenik vernachlässigt sein Geschäft, und die Kunden bleiben aus. Die Bauern bemerken merkwürdige Veränderungen im Wesen des Korallenhändlers, er wird ein »Sonderbarer«. »Ich will keine falschen Korallen mehr. Ich, was mich betrifft, *ich* handle nur mit echten.«[125] Es zieht ihn zum Meer: »Nicht Progrody, der Ozean war seine Heimat.«[126] Piczenik verlässt das Städtchen und besteigt in Hamburg ein Schiff nach Kanada. Die Fahrt endet mit einer Katastrophe. »Mehr als zweihundert Passagiere gingen mit der Phönix unter.«[127] Nissen, so berichtet der Erzähler, »ist zu den Korallen heimgekehrt, auf den Grund des Ozeans, wo der gewaltige Leviathan sich ringelt«.[128] Er habe keinen Platz im Rettungsboot gesucht, sondern sich ins Wasser gestürzt.

Roth ist zur Legende zurückgekehrt. Mit ironischer Liebe beschreibt er ein weiteres Mal die naiven, wundergläubigen Bauern Galiziens. Den Kern der Fabel aber bildet Roths Ablehnung der Moderne. Nissen Piczenik ist der Mann der alten Welt, in der der Teufel – ein Begriff, den Roth ganz ohne Ironie verwendet – noch nicht die Macht an sich gerissen hat. Seinen buchstäblichen Untergang leitet der Korallenhändler bereits ein, als er den ihm zugewiesenen Platz verlässt und erstmals ans Meer reist. Die neue, vom Teufel bestimmte Zeit, das ist Jenö Lakatos. Er bringt die synthetischen Produkte einer modernen Chemie auf den Markt. Billig ist das Neue, und die Masse – die Bauern aus Progrody –, die kaum noch zwischen echt und falsch unterscheiden kann, lässt sich von ebenso billiger Propaganda verführen: »Und damit ja niemand an diesem Laden vorbeigehe, spielte drinnen den ganzen Tag ein Phonograph heiter grölende Lieder.«[129] Die Moderne hat das Wahre, Echte verdrängt. Wer zu ihm zurückkehren will, wird es in dieser Welt nicht mehr finden. In den Tiefen des Meeres, wo der Leviathan herrscht, hat es überlebt.

Drei Dichter in Nizza

Im Juli 1934 reist Roth von Marseille nach Nizza. Hermann Kesten hat ihn und Andrea Manga Bell eingeladen. Sie mieten ein Haus an der Promenade des Anglais. Es wird ein Aufenthalt, der für Roth – von kleinen Unterbrechungen abgesehen – insgesamt acht Monate dauert. Ein literarischer Zirkel findet sich zusammen. Im gleichen Haus leben neben den Roths das Ehepaar Hermann und Toni Kesten sowie Heinrich Mann und seine Gefährtin Nelly Kröger: im Erdgeschoss die Kestens, im 1. Stock die Roths und im 2. die Manns. Bald kommen vertraute Besucher, vor allem Stefan und Friderike Zweig. Auch René Schickele, der im nahen Fabron wohnt, ist ein regelmäßiger Tischgenosse in diesen Monaten. Es werden Wochen intensiver Arbeit. Die Abende in Nizzas Cafés und Bars sind ausgefüllt mit Gesprächen, Diskussionen und Trinkereien mit Nelly Kröger, die Alkoholikerin ist. Hermann Kesten wird später aus der Erinnerung ein allzu friedliches Bild überliefern: »An blauen Abenden standen wir auf unseren Balkons und sahen wie die Sonne im Meer unterging und ihr Abschein die Wellen und den Himmel und die Wangen unserer Frauen rötete. Heiter verbrachten wir die folgenden Monate zusammen, trafen uns um die Ecke in einem kleinen Bistro zum Essen oder Trinken oder saßen vor dem Café de France oder auf dem Place Masséna im Café Monnot unter den Arkaden und wanderten zuweilen unterm Sternenhimmel am Meer entlang in unser Haus zurück, in eifriger Diskussion über die Gesetze des historischen Romans.«[130] Das klingt in den Briefen Roths aus diesen Monaten allerdings ganz anders. An der Côte d'Azur durchlebt er eine seiner schweren Lebenskrisen. »Ich bin außer mir, ich bin am Ende meiner Kräfte, ich bin nahe am Selbstmord, zum ersten Mal in meinem Leben«,[131] schreibt er an

Zweig. Die finanziellen Bedrängnisse belasten nun auch sein Verhältnis zu Andrea Manga Bell mehr und mehr.

Aber diese Monate in Nizza sind auch so etwas wie eine kleine Sternstunde in der deutschen Literaturgeschichte. Drei deutsche Exilautoren arbeiten gleichzeitig und in engster Nachbarschaft an historischen Romanen. Heinrich Mann sitzt am Manuskript des »Henri Quatre«, Hermann Kesten schreibt »Ferdinand und Isabella« und Roth den Napoleon-Roman »Die Hundert Tage«. Im Zentrum der beiden Werke von Roths Kollegen stehen königliche Herrscher. Beide Romane sind eine Auseinandersetzung mit dem Geschehen im Dritten Reich. Heinrich Mann erzählt die Geschichte eines »guten Königs«, zeichnet also ein Gegenbild zu den Hitlers und Görings, die in Deutschland eine Schreckensherrschaft errichtet haben. Kestens Roman spielt im Spanien des späten 15. Jahrhunderts, einer Zeit, in der die Inquisition ihr grausames Geschäft betreibt und die spanischen Juden verfolgt werden. Die Parallele zum nationalsozialistischen Deutschland ist offenkundig. Und Roth? Auch der Roman »Die Hundert Tage« erzählt vom Schicksal eines Herrschers, und er ist auf seine Weise ebenfalls eine Antwort auf die Hitler-Diktatur.

Roth ist zunächst keineswegs begeistert von der Aussicht, auf engstem Raum mit anderen Menschen zusammenleben zu müssen. Er befürchtet Einschränkungen seiner Unabhängigkeit und wehrt sich gegen zu viel Intimität und Nähe. »Mein guter Kamerad Hermann Kesten hat mich eingeladen, weil er gesehen hat, wie miserabel ich bin«, schreibt er unmittelbar vor Reiseantritt an Zweig. »Ich werde es nicht bei ihm aushalten. Er hat Frau und Mutter. Ich werde nach zwei Tagen in ein Hotel gehen. Ich kann nicht gemeinsam mit Bekannten Toiletten benützen und im Pyjama gesehen werden und die Anderen so sehen. Grauenhaft!«[132]

Es geht dann doch. Kesten ist seit vielen Jahren ein vertrauter Freund. Heinrich Manns Werk hat Roth schon als junger Mann geschätzt. Obwohl Mann zu den prominentesten Befürwortern der Volksfrontpolitik gehört, bleibt Roths Hochachtung für den Autor des »Untertan« doch ungebrochen. Es gibt manches Gemeinsame. Beide lieben Frankreich, empfinden das Land als zweite Heimat, sprechen die Sprache, fühlen sich der französischen Kultur tief verbunden. Der Senatorensohn aus Lübeck und der Sohn einer Kleinbürgerin aus Brody haben mit großer Zuneigung über Émile Zola geschrieben. Als Schriftsteller neigen beide, Mann und Roth, zu satirischen Überspitzungen. Beide engagieren sich im »Schutzverband Deutscher Schriftsteller«, der 1933 in Paris gegründet wird. Heinrich Mann hat den europäischen Antisemitismus schon vor 1933 immer wieder öffentlich gegeißelt. »Für die deutschen Flüchtlinge sind Heinrich Mann, Feuchtwanger, Arnold Zweig bedeutende Schriftsteller.«[133] Auch wenn diese Bemerkung gegenüber Stefan Zweig nicht freundlich gemeint ist, sondern auf die Erfolgsaussichten eines gerade erschienenen eigenen Romanes gemünzt ist, Roth bleibt Heinrich Mann trotz dessen »linker« Haltung gewogen.

Hermann Kesten reist im Herbst nach Sanary-sur-mer weiter, es wird einsam. Roth zieht Anfang 1935 mit der Geliebten in das Hotel Imperator am Boulevard Gambetta. Für die Arbeit sucht er ein eigenes Domizil. »Befreit hat mich ein wenig nur das Hotel. Ich habe mir heute ein kleines Arbeitszimmer genommen, um die Illusion der Zelle zu haben und nicht mehr im Café zu sitzen. Mit 10 francs täglich, ohne Störung durch meine kontrollierenden Freunde und mit einer Flasche Marc ist es billiger. Heute nacht beginne ich von Neuem den zweiten Teil (von »Die Hundert Tage« – WvS). Ich habe den Mut der Verzweiflung. Ich habe nur noch den Mut, den die Verzweiflung gibt.«[134]

Die Hundert Tage

Auch wenn viele seiner Geschichten in der Vergangenheit angesiedelt sind, das Buch über Napoleons Rückkehr nach Frankreich und seine letzte und entscheidende Niederlage auf dem Schlachtfeld von Waterloo ist das einzige unter Roths Werken, das er selbst einen »Historischen Roman« nennt. Für viele Exilautoren ist die Geschichte zum großen Thema geworden. Sie leben nicht mehr in der Gemeinschaft, von der sie vor 1933 in ihren Romanen erzählt haben. Es fehlt ihnen das unmittelbare Beobachten der gesellschaftlichen Entwicklungen in Deutschland, das früher ihre literarische Phantasie angeregt hat. Sie müssen sich jetzt neue Themen suchen.

Viele heimatlos gewordene deutsche Schriftsteller weichen auf historische Stoffe aus, deuten das so Ungeheuerliche, das im Deutschland der Gegenwart geschieht, mit Beispielen aus der Vergangenheit. So gibt es nicht viele Exil-Werke, deren Handlung zumindest in wichtigen Passagen im Dritten Reich spielt. Zu den bekanntesten zählen Feuchtwangers »Die Geschwister Oppermann«, später dann Anna Seghers' »Das siebte Kreuz«, Remarques »Arc de Triomphe« oder Arnold Zweigs »Das Beil von Wandsbek«.

Roth braucht einen finanziellen Erfolg, und vielleicht hat er auch deswegen ein zu dieser Zeit modisches literarisches Feld betreten. Die Niederschrift fällt ihm jedoch ungewöhnlich schwer. Er arbeitet – für seine Verhältnisse jedenfalls – lang an dem Manuskript, und die mit de Lange vereinbarten Abgabetermine werden überschritten. »Das ist das erste und das letzte Mal, daß ich etwas ›Historisches‹ mache«, schreibt er fluchend an René Schickele. »Der Schlag soll es treffen. Der Antichrist persönlich hat mich dazu verführt. Es ist unwürdig, einfach unwürdig, festgelegte Ereignisse noch einmal formen zu wollen – und respektlos. Es ist was Gottloses drin – ich weiß nur nicht genau, was?«[135] Auch gegenüber dem Freund und Schweizer Schriftsteller Carl Seelig spricht er über seine Unsicherheit, deutet aber zugleich den Reiz an, den das Projekt für ihn hat: »Ich schreibe übrigens zum ersten Mal einen historischen Roman – gewiß nicht, weil ich ›Erfolg‹ haben will – muß ich das noch sagen? Aber weil ich im Stoff ein Mittel gefunden habe, mich *direkt* auszudrücken. Und ich bin im größten embarras (Unbehagen, Verlegenheit – WvS): weiß die gemeinen Mittel des historischen Romanschreibers zu verachten und ›privat‹ zu werden, ich meine privat im Sinne des Romanciers!«[136] An Blanche Gidon schreibt er sehr überhöhte, das Historische völlig beiseiteschiebende Sätze, die verdeutlichen, worum es ihm in diesem Buch geht: »Er interessiert mich, dieser arme Napoleon – für mich geht es darum, ihn zu verändern: ein Gott wird wieder zu einem Menschen – der einzige Abschnitt (Roth meint die 100 Tage zwischen der Abreise von Elba und der Schlacht von Waterloo – WvS) seines Lebens, in dem er menschlich und zugleich unglücklich ist. Es ist das einzige Mal in der Geschichte, wo man sieht, daß ein ›Ungläubiger‹ SICHTBAR klein, ganz klein wird. Und es ist genau das, was mich fasziniert. Ich möchte aus ihm einen Bescheidenen als einen Großen machen. Das ist offensichtlich die Strafe Gottes, das erste Mal in der Geschichte. Napoleon erniedrigt: das ist das Symbol einer menschlichen absolut irdischen Seele, die sich erniedrigt und sich gleichzeitig erhebt.«[137]

De Lange hat zugesagt, ihm sieben Monate lang als Vorschuss eine Monatsrate in Höhe von 750 Reichsmark zu zahlen. Zusätzlich werden Roth in dieser Zeit vom Verlag monatlich 200 Österreichische Schillinge für die Anstaltskosten gezahlt, die er für seine Frau nach Wien schickt.[138] Da Roth nicht rechtzeitig fertig wird, muss er immer wieder um eine Verlängerung der Zahlungen kämpfen. »Ich kann meinen Roman vor den ersten Tagen des Januar absolut nicht fertig machen, obwohl ich 8–10 Stunden am Tag arbeite. ... Ich bin in höchster Verzweiflung, weil Sie mir noch nicht geschrieben haben, ob ich noch auf die Januar-Rate rechnen kann, oder nicht.«[139]

Sie wird ihm gewährt, aber mit den bereits vereinbarten Zahlungen für seinen nächsten Roman verrechnet. »Es war *mein* Fehler, einen billigen Vertrag für sieben Monate abzuschließen. Ich allein bin schuldig. Aber ich habe in der Panik gehandelt, die mein Leben bestimmt und aus törichter Freundschaft für die beiden Jünglinge vom Kurfürstendamm.«[140] Als das Buch schließlich im September 1935 erscheint, ärgert sich sein Autor sofort darüber, dass Landauer es zunächst nur in den Niederlanden ausliefert.

Am 18. Oktober schreibt Roth recht unwirsch an Zweig, der in einem Brief sehr positiv über den Roman geurteilt hat: »Ich habe selbst überhaupt keine Ahnung von dem Roman, selbst die Correcturen habe ich nicht lesen können, ich habe das Buch kaum aufgeschlagen, jedes Wort und jeder Beistrich wecken in mir schreckliche Erinnerungen an schreckliche gemeine Qualen, an Rechnungen von Portiers und Kellnern und an demütigende Demarchen. ... Außerdem schreibe ich am zweiten Roman (»Beichte eines Mörders« – WvS) und bin davon vollkommen gefangen. Was den Erfolg betrifft, bin ich jedenfalls keineswegs optimistisch.«[141]

Den äußeren Rahmen der Handlung bildet die Rückkehr des von der Insel Elba geflohenen Imperators nach Frankreich. In Paris empfängt ihn ein jubelndes Volk: »Es lebe der Kaiser.« Der Bourbonen-König Ludwig XVIII. hat die Hauptstadt wenige Stunden vorher in Richtung England verlassen. Am Ende steht die verlorene Schlacht von Waterloo, die Napoleons endgültigen Sturz besiegelt und in das Exil auf St. Helena führt. Als der Kaiser unmittelbar nach seinem triumphalen Einzug in Paris im Empfangszimmer seines Pariser Schlosses steht, lästert er Gott: »Sie haben vergessen, den Altar zu entfernen, dachte der Kaiser. Hier hat jeden Morgen der König gekniet. Und Christus hat ihn nicht erhört! ›Ich brauche keinen!‹ sagte der Kaiser plötzlich laut. Und: ›Weg mit ihm!‹ Er hob die Hand. Und es war ihm in diesem Augenblick, als müßte er knien. Und er fegte dennoch in diesem gleichen Augenblick mit einer flachen, wie zur Ohrfeige geöffneten Hand das Kruzifix vom Altar zu Boden. ... Das Kreuz war zerbrochen.«[142]

Nach der erzwungenen Abdankung, kurz bevor er das englische Kriegsschiff »Bellerophon« betritt, hat Napoleon einen Wachtraum, und ein Greis betritt den Raum. Es ist der »Heilige Vater«. Zwischen ihm und dem Kaiser entwickelt sich ein Dialog, in dem der Autor seine katholische Botschaft verkündet. »›Du bist nur ein Kaiser‹, sagte der Greis. ›Nichts verstehst du von den Sternen! Gewalt hast du mir angetan. Gewalt tust du allen an! ... Ich bin der einzige Gewaltlose, der dir gehorcht – und daran wirst du untergehen. ... Der Schwache wird den Starken besiegen!‹ ›Ich werde‹, sagte der Kaiser, ›die Kirche Christi groß und mächtig machen!‹ ›Die Größe und die Macht der Kirche kann der Kaiser Napoleon nicht sichern‹, erwiderte der Greis. ›Die Kirche braucht keine gewaltsamen Kaiser. ... Die Kirche ist ewig, der Kaiser ist vergänglich.‹ ›Ich bin ewig!‹ rief der Kaiser. ›Du bist vergänglich‹, sagte der Greis, ›wie ein Komet.‹«[143]

Nimmt man die ideologische Glaubensbotschaft weg, dann entdeckt der Leser auch in diesem Roman ein altes Thema Roths: Der Mächtige findet erst im Abstieg und im Scheitern Erkenntnis und die Fähigkeit zu Humanität und Liebe. Das trifft auf Tarabas nicht weniger zu als auf Roths Napoleon. Auch der Bezirkshauptmann von Trotta wacht aus der menschlichen Erstarrung auf, als das Leid über den Tod des Sohnes über ihn kommt.

Roth vermittelt kein historisches Napoleon-Bild, sondern beschreibt das Innenleben eines der Großen in der Geschichte, der am Ende seiner Laufbahn erkennen muss, dass nichts bleibt. Aus dem Staatenlenker wird ein Marc Aurel, aus dem ungläubigen Feldherrn ein Gottessucher. 100 Tage: Napoleons mächtigster Feind ist die Zeit. »Deutlicher als die Rufe der Menge vor den Fenstern und die vielfältigen Geräusche seiner Dragoner in den Gärten und im Haus hörte er das zarte, aber unbarmherzige Ticken der Standuhr auf dem Kamin hinter seinem Rücken. Er hatte keine Zeit mehr zu strafen. Er hatte nur noch Zeit, zu verzeihen und sich lieben zu lassen, zu schenken und zu geben: Gnaden, Titel und Ämter, alle armseligen Gaben, die ein Kaiser zu vergeben hat. Die Großmut verlangt weniger Zeit als der Zorn. Er war großmütig.«[144]

Roth hat nichts Gewichtiges über den historischen Napoleon zu sagen, dafür umso mehr und Klügeres über Masse und Macht, Diktatur und Volk. Napoleon ist ein Aufsteiger, nicht ein Monarch, der aus altem Königshaus kommt und durch Geburt Anspruch auf den Thron hat: »Er stammte aus einem unbekannten Geschlecht. Und selbst seinen namenlosen Vorfahren verlieh er noch Ruhm. Er schenkte Glanz seinen Ahnen, statt ihn von ihnen zu empfangen wie die geborenen Kaiser und Könige. Also ward er allen Namenlosen ebenso verwandt wie den Trägern altererbter Würden. Indem er sich selbst erhob, adelte, krönte, erhob er alle Namenlosen im gemeinen Volk, und also liebte es ihn. Erschreckt, besiegt und im Zaum gehalten hatte er eine geraume Zeit die Großen dieser Erde, und deshalb hielten ihn die Kleinen für ihren Rächer und anerkannten ihn als ihren Herrn. Sie liebten ihn, weil er ihresgleichen zu sein schien – und weil er dennoch größer war als sie. ... Er verhieß den Menschen Freiheit und Würde – aber wer in seine Dienste trat, verlor die Freiheit und ergab sich ihm vollends. Er schätzte das Volk und die Völker gering, und er buhlte um die Gunst des Volkes. ... Beglücken wollte er die Welt, und er verschaffte ihr Plage.«[145] Roth spricht in diesen Sätzen vom legendären Kaiser der Franzosen, aber zumindest seine damaligen Leser werden gewusst haben, welches Volk und welchen Diktator er hier auch vor Augen hat: die Deutschen und ihren Führer Adolf Hitler.

In zwei der insgesamt vier Bücher des Romans wird die Geschichte der Wäscherin Angelina Pietri erzählt. Das schöne Mädchen aus Korsika, der Heimat Bonapartes, arbeitet am kaiserlichen Hof, und es fühlt sich vom Charisma Napoleons erotisch und patriotisch angezogen. Sie wird in ihrem ganzen Leben vergeblich darauf warten, von dem Angebeteten erkannt zu werden. Nach der verlorenen Schlacht weint sie aus Rührung »über eine ganze tote Welt, an deren ewigen Bestand sie geglaubt hatte. Nichts mehr war vorhanden seit der Abfahrt des Kaisers. Sie wußte auf einmal, daß ihre Liebe zu ihm größer und mächtiger war als eine gewöhnliche Liebe«.[146] Am Ende schreit das opportunistische Volk wieder »Es lebe der König«. Angelina aber ruft »Es lebe der Kaiser«. Der Mob erschlägt sie.

In der Geschichte der kaisertreuen Wäscherin setzt Roth das »private« Gegengewicht zu seiner weltgeschichtlichen Figur Napoleon. Er selbst spricht, wie erwähnt, von den Schwierigkeiten, die ihm die Niederschrift dieses Romans bereitet hat. Vor allem gilt das sicher für die Teilung der Geschichte. Es gelingt Roth im Grunde nicht, die beiden Erzählstränge – Napoleons »arger Weg der Erkenntnis«[147] einerseits und die ein wenig kolportagehaft geschilderte Liebe Angelinas andererseits – dramaturgisch überzeugend zusammenzuführen.

Die Reaktion auf den Roman ist geteilt. Von katholischer Seite gibt es Beifall. Walter Berendsohn dagegen meint, dass »dem Werke die Einheit (fehlt), es ist weder Roman noch Novelle; es ist als Kunstwerk missglückt«.[148] Der »Neue Vorwärts« kritisiert, »die Figur Napoleons« sei »ein zufälliges Gefäß, in das Roth seine Botschaft an alle gießt«.[149] Im Den Haager »Het Vaderland« wiederum äußert sich Leopold Fabrizius alias Albert Vigoleis Thelen erneut zustimmend: »Roth, der uns in einem früheren Buch überzeugend und mit großer menschlicher Wärme das Schicksal des Mörders Tarabas geschildert hat, wählt nun aus dem Leben des Massenmörders Napoleon die letzten Tage seiner Laufbahn aus. ... Mit ergreifender Klarheit steht hinter den knappen und farbigen Worten der Erzählung (das Buch kann wegen seiner Komposition kaum Roman genannt werden) der Mensch, dem die ganze Tragik seiner mißglückten Existenz bewußt wird.«[150] Als Übersetzer der Napoleon-Biographie von Teixeira de Pascoaes ist Vigoleis Thelen immerhin ein Kenner der Materie.[151] Auch der Portugiese vergleicht den französischen Kaiser mit Hitler und sieht in dem Korsen einen der großen Massenmörder der Weltgeschichte.

In Frankreich stößt das Buch weitgehend auf Desinteresse. Roths Napoleon-Bild widerspricht zu sehr dem der Franzosen. Durch Vermittlung von Stefan Zweig erwirbt der Verlag Grasset trotzdem die Rechte für Frankreich. In der literarischen Zeitschrift »Candide« erscheinen »Die Hundert Tage« als Fortsetzungsroman. Walter Landauer schreibt am 20. September 1935 optimistisch: »Wir haben ungefähr 2000 Vorausbestellungen für die hundert Tage. ... Ich führe mit allen Ländern Verhandlungen.«[152]

Mit Blick auf die politische Lage bleibt der Hinweis, dass Roth den »katholischen« Napoleon-Roman in einer Zeit schreibt, in der nicht nur die Linke, sondern auch der demokratische Liberalismus geschockt auf die Haltung des Vatikans gegenüber dem Dritten Reich reagieren. Am 20. Juli 1933 haben Berlin und der Vatikan ein Konkordat abgeschlossen. Es ist der erste bedeutende diplomatische Erfolg Hitlers. Er bewirkt, dass der katholische Widerstand geschwächt und der Nationalsozialismus im deutschen Katholizismus eine erheblich stärkere Akzeptanz findet als unmittelbar nach der Machtergreifung. Roth wird sich erst später kritisch über diesen Vertrag äußern.

Fritz Hackert schreibt im Zusammenhang mit dem Lynchmord an Angelina: »Roths Monarchismus wird durch seine Absage an die Massengesellschaft ergänzt, die im Europa der dreißiger Jahre entweder zu militanten Gewaltposen überging oder vor diesen eine ängstliche Gaffer-Rolle einnahm.«[153] So richtig diese Einschätzung ist, sie bedarf der Ergänzung, dass auch die Monarchisten und die Legitimisten sich damals nicht anders verhielten als das »Volk«. Roth will das nicht sehen.

Anfang vom langen Ende

Im Mai 1935 ist Roth in Wien. Es geht um Friedl, er hat Scheidungspläne, die er rasch wieder verwirft. Dann erneut Nizza und Marseille. Er schreibt an einem neuen Roman, der den Arbeitstitel »Der Stammgast« trägt. Es geht ihm schlecht. Ungelöste Verlagsprobleme und verzweifelte Versuche, Geld aufzutreiben. Der Körper wehrt sich gegen den Alkohol. Herzschmerzen, Hämorriden, Schlaflosigkeit und jede Nacht die schrecklichen Brechanfälle. »Was soll ich tun? Ich habe nichts zu essen, nicht einmal mehr zu trinken.«[154] Seine Wut über die politischen Entwicklungen löst Rundumschläge aus. »Alle geistigen Kräfte versagen, wie zum Beispiel auch der Vatikan. Er hätte eine entscheidende Wirkung in Europa und im Völkerbund gehabt, wenn er offen, mit Mut, wie es sich eigentlich für einen heiligen Vater geziemt, gesagt hätte, er verbiete, oder zum mindesten, er verbäte sich seine Unterstützung für einen italienischen Eroberungskrieg (in Abessinien – WvS). Aber der Papst von heute ist das unter den Christen, was der Thomas Mann unter den Nobelpreisträgern ist, der Bermann Fischer unter den Verlegern, der Gottfried Benn unter den Ärzten, der Rothschild unter den reichen Juden.«[155] Thomas Mann hat zu lange gezögert, sich öffentlich gegen Hitler zu stellen, der Verleger Bermann Fischer hat zu lange in Deutschland taktiert, bis er wegging, Benn begrüßt die Nazis bei ihrem Machtantritt, Rothschild macht mit dem Dritten Reich Geschäfte – und Roth ist im Verfluchen unerbittlich. Mitte Januar 1936 schreibt Landauer seinen harschen Brief an Roths Anwalt, der weitere Vorschüsse des Verlages de Lange ausschließt. Roth bricht zusammen: »Sie erfahren aus dem beiliegenden Brief (von Landauer – WvS), daß das Ende nahe ist, wenn nicht schon da«, schreibt er Stefan Zweig. »Es ist unmöglich, daß ich weiter lebe und schreibe, nach 5 Büchern innerhalb 3er Jahre. Dieser Brief hier macht mir das Schreiben an meinem laufenden Roman unmöglich. Ich wäre in 5 Tagen fertig geworden. … Sie sind der Einzige, der mir tatsächlich helfen kann. Nur mit Ihnen kann ich mein Leben verändern und retten. Bitte, kommen Sie zu mir. Ich bitte Sie wahrhaftig de profundis. Ich will nicht lächerlich umkommen.«[156] Es ist der Anfang der letzten Lebensphase. Sie wird die Hölle sein, in die er so viele seiner Romanfiguren hat stürzen lassen.

Im Mai 1936 beendet Joseph Roth die Beziehung zu Andrea Manga Bell. Sie erzählt später, Roth habe den Kontakt aber aufrechterhalten, sie immer wieder um Rat und praktische Hilfe gebeten, sogar versucht die Beziehung zu erneuern. Das habe sie abgelehnt.[157] Darauf weist auch ein Brief hin, den Roth im Juli an Blanche Gidon schreibt. Von dem Geld, das er von Stefan Zweig erwarte, könne er mit Frau Manga Bell gemeinsam in Brüssel leben, »ich habe es ihr geschrieben, aber sie antwortet nicht«. Nur zwei Sätze später folgen die Vorwürfe: »Frau Manga Bell hat sich konstant geweigert, nach den Gesetzen meines Lebens zu leben.«[158] Tatsächlich bleibt die verlassene Lebensgefährtin auch nach der Trennung eine große Stütze, berät ihn, tippt vielfach seine Manuskripte. Ein Vierteljahrhundert nach Roths Tod wird sie immer noch mit Liebe und Hochachtung von dem ehemaligen Geliebten sprechen.

Neben Paris sind Amsterdam, Ostende, Wien und Brüssel in Roths letzten Lebensjahren häufigere Aufenthaltsorte. Nach Holland führen ihn meist Verlagsverhandlungen und Korrekturarbeiten. Nachgewiesen sind Aufenthalte im Oktober 1933, im Mai 1935, März bis Juli und Oktober bis November 1936, sowie im September 1937. Die Niederlande sind ab 1933 der Exilort für viele deutsche Künstler und Schriftsteller. Georg Hermann und zeitweise Klaus Mann leben dort, der Maler Max Beckmann, der einstige Berliner Revue-König Rudolf Nelson und der Schauspieler Kurt Gerron. Bis zum Überfall der deutschen Wehrmacht im Mai 1940 kann das Land auch etlichen anderen Flüchtlingen Schutz bieten.

»Ich würde hier gern leben«, erklärt er in einem Interview mit der Tageszeitung »Het Volk«. »Vielleicht, wenn mein neues Buch (Die Hundert Tage – WvS) fertig ist. Dies ist ein kleines Land. Aber von den kleinen Ländern, die ich kenne, ist dieses Land das freieste. Spinoza, Rembrandt, ihnen begegne ich hier auch heute noch. Ihre Menschen sind äußerlich nach wie vor die Menschen, die Rembrandt malte. Innerlich sind sie noch immer Menschen wie Spinoza. Sie leben in seinem Geist.«[159] Das ist höflich, aber wohl nicht viel mehr. Denn Roths »Kenntnis« des Landes rührt tatsächlich nur von Arbeitsaufenthalten her, zumal das Leben in Holland nicht billig ist.

Wenn Roth wenig Geld hat, wohnt er in Amsterdam im kleinen und einfachen Hotel Eden in Bahnhofsnähe. Zahlt der Verlag oder erreicht ihn ein guter Vorschuss, wählt er das noble American Hotel. Im Eden wird der Besitzer Antonius Blansjaar ein freundlicher Helfer, der Übernachtungskosten stundet und immer wieder kleine Kredite gewährt. Als er das City-Hotel übernimmt, logiert sein geschätzter Gast dort. »Joseph Roth verbrachte einen großen Teil des Tages im Hotel«, schreibt Fritz Landshoff in seinen Erinnerungen, »vom frühen Morgen an schreibend und rauchend und trinkend. Er hatte schon geraume Zeit vor dem Exil in Berlin das Essen nahezu aufgegeben. Während wir in den ersten Jahren ... gelegentlich zusammen aßen, erinnere ich mich aus den Amsterdamer Jahren, in denen ich ihn oft täglich sah, an keine einzige gemeinsame Mahlzeit. Ich suchte ihn im Hotel auf, abends oft im Café Reynders, manchmal im Hotel Americain oder bei Keizer. Von allen Autoren, die Deutschland verlassen hatten, war er einer der sehr wenigen, der (obgleich er niemals auch nur versucht hatte, ein Wort holländisch zu lernen) Kontakt mit einigen holländischen Autoren hatte ... Ein holländischer Freund fragte ihn einmal in Zandvoort im Strandcafé, ob er manchmal ans Meer schwimmen ginge. Er antwortete: ›Kommen denn die Fische ins Café?‹«[160]

Klaus Mann schreibt in seinem Lebensrückblick: »Die Visiten des österreichischen Dichters Joseph Roth brachten mancherlei Aufregung. Er ... befremdete die Herren von der Presse durch bizarre politische Theorien, die er mit großer Beredsamkeit und Insistenz vertrat. ... Säße erst wieder die gesalbte Majestät in der Wiener Hofburg, so würde noch alles gut: Das Regiment des ›Antichrist‹ wäre vorüber.«[161] Klaus Manns Schwester Erika, die sich im Frühjahr 1935 zu einem dreimonatigen Gastspiel ihres Kabaretts »Die Pfeffermühle« in Holland aufhält, urteilt in einem Brief an den Bruder dagegen ziemlich harsch über Roths Auftritte in Amsterdam: »Roth war ja hier und soll amusant erzählt haben. Als ich ihn sah, – gestern, im Americain, war er nichts als widerlich, – besoffen, eitel, geschmacklos, laut, geldgierig, – albern und abstoßend.«[162]

Nach einem dieser Besuche in Holland berichtet die Zeitung »De Telegraaf« im November 1936, der Schriftsteller Joseph Roth sei bestohlen worden. Es ist keine Falschmeldung. Sein »Amsterdamer Sekretär«, der Rezeptionschef des Eden, Andries van Ameringen, hat ihn tatsächlich um den gesamten Vorschuss für »Die Geschichte von der 1002. Nacht« betrogen. Das dürfte seine Sympathien für das Land seiner Verlage nicht erhöht haben.

Bekannt ist er allerdings in den Niederlanden. Das zeigt nicht nur die Zeitungsnotiz über den Diebstahl, sondern darauf weisen auch die vielen Rezensionen der Bücher Roths in niederländischen Zeitungen und Zeitschriften hin. Als er am 12. Juni 1936 in der Buchhandlung Allert de Langes seinen Vortrag »Der Aberglaube an den Fortschritt« hält, ist der Andrang enorm. Unter den Zuhörern sind 20 Journalisten, um über die Veranstaltung zu berichten. Der Vertriebsleiter des Verlages berichtet, Roth habe auf dem Rednerpult eine Wasserkaraffe, gefüllt mit Genever, verlangt.

In diesem Vortrag wiederholt Roth seine große Skepsis gegenüber der Moderne. »Der neuzeitliche Mensch hat gewissermaßen vergessen, daß er das sittliche Gesetz von Gott am Sinai bekommen hat. Er meint, es sei gleichsam *sein* geistiges Eigentum.«[163] Roths Feind ist der Fortschrittsglaube: »Wir sind zehntausend Meilen weiter, aber nicht einen Zentimeter höher gekommen durch irgendeine der Erfindungen... Ebensowenig wie Sie imstande sind, aus der Tatsache, daß Ihnen der Zauberer im Varieté eine soeben zersägte Jungfrau nach einer Weile wieder lebendig und ganz präsentiert, den Schluß ziehen können, daß der Zauberer mit übernatürlichen Mitteln arbeite – ebensowenig können Sie aus den Tatsachen des Radios, des Flugzeugs, des Fernsehens den Schluß ziehen, daß die menschliche Vernunft gewachsen sei.«[164] Roths sehr schlichtes moralisches Fazit: »Man kann das Radio erfunden haben, das Kino – und dennoch ein Schuft sein.«[165]

In den 30er-Jahren sieht nicht nur Roth all die Werte verraten, an die das aufgeklärte Europa seit zwei Jahrhunderten geglaubt hat. »Und es ist ein billiger Irrtum und ein noch billigerer Trost, wenn der und jener, im Angesicht der Greuel, die sich heute vor seinen Augen vollziehen, in den Ruf ausbricht: ›Das ist ein Rückfall ins Mittelalter!‹ Ich glaube, dieser Ruf ist eine schwere Beleidigung des Mittelalters.«[166] Selbst wenn Roths so bedingungslose Kritik am Fortschrittsglauben – auch eine Folge seines immer bitterer werdenden Kulturpessimismus – nicht mehr vor dialektischen Überspitzungen zurückscheut, er spricht in der Amsterdamer Buchhandlung die Schrecken der Zeit an: »Aber, siehe da! kaum hat Moses begonnen, den Sinai emporzusteigen, und schon haben sie ein Goldenes Kalb! Ach, die Menschen haben viel mehr symbolische Kälber, als es auf Erden wirklich gibt. Jetzt haben sie zum Beispiel das *Nationalkalb* und das *Rassekalb*, wieviel mehr Opfer haben diese beiden Kälber allein schon verschlungen als einst das Goldene! Es gibt, meine Damen und Herren, auch ein sogenanntes Klassenkampfkalb! Und auch dies verschlingt gar viele Opfer. Am gefährlichsten erscheint mir das Fortschrittskalb.«[167]

Es ist der Vortrag eines Redners, der den Glauben an den Menschen verloren zu haben scheint. Roth selbst nennt ihn in einem Brief an Friderike Zweig einmal die »katholisch-konservative Sache«.[168] Ludwig Marcuse wird dagegen im selben Jahr in einem offenen Brief Roths generelle Fortschrittskritik höflich, aber bestimmt zurückweisen: »Weil Du böse bist auf das Jahrhundert des Fortschritts, das auch Dich betrogen hat, lobst Du, was davor war. Das ist nur ein Kunstgriff, gewiß. Aber in welche Gesellschaft gerätst Du mit diesem Kunstgriff? Und wie schnell wird aus einem Trick mit Augenzwinkern ein Glaube!«[169]

Eine Liebe in Ostende

Nach Ostende reist er im Juli 1936. Zweig hat ihn in den belgischen Badeort eingeladen, in der Hoffnung, dass der Freund sich erholt, weniger trinkt und besser arbeiten kann. Roth leidet unter geschwollenen Beinen, verbringt die Nächte hustend, »ich fürchte, mein Herz arbeitet nicht mehr«.[170] Ostende soll helfen. Stefan Zweig ist dabei, und Egon Erwin Kisch lebt dort schon länger. Hermann Kesten reist an und sitzt Tag für Tag in den Strandcafés und schreibt an einem neuen historischen Roman: »Philipp II.« Ernst Toller – auf dem Weg nach London – bleibt einige Tage. Dann taucht Irmgard Keun auf. Kesten erzählt: »In der Halle des Hotels Métropole fand ich ein hübsches junges Mädchen, blond und blauäugig, in einer weißen Bluse, das lieb lächelte und wie ein Fräulein aussah, mit dem man gleich tanzen gehen möchte. Aber wir saßen noch nicht am Tisch, bei einer Tasse Kaffee und einem Glas Wein, da sprach sie schon von Deutschland, mit blitzenden Augen und roten, witzigen Lippen. ... Irmgard Keun erzählte den ganzen Abend und die halbe Nacht, und wir tranken ein Glas Wein nach dem andern, beziehungsweise eine Tasse Kaffee nach der andern.«[171]

Die 1905 in Berlin geborene Schriftstellerin hat vor Hitlers Machtantritt mit den Romanen »Gilgi – Eine von uns« und »Das kunstseidene Mädchen« großen Erfolg gehabt. Nach dem 30. Januar 1933 bemüht auch sie sich, Mitglied der Reichsschrifttumskammer zu werden. Ihr Antrag ist chancenlos, denn ihre Bücher werden im Sommer 1934 verboten. Nach Meinung der neuen Herren sind sie »Asphaltliteratur mit antideutscher Tendenz« und »nicht die geeignete Lektüre für ein nationalsozialistisches Volk«.[172] Sie versucht, sich mit kleinen Geschichten für Zeitungen durchzuschlagen. »Im April 1935 fuhr ich nach Ostende. Ich verreiste nicht, ich wanderte aus, und ich war keineswegs sicher, daß ich noch einmal wiedersehen würde, was ich verließ.«[173] Ganz so geradlinig, wie es Irmgard Keun in ihren Erinnerungen schreibt, ist es nicht zugegangen, aber sie ist zweifellos eine Gegnerin des neuen Regimes. In dem Seeort lernt sie auch Kisch kennen. »Wir saßen am Strand und tranken Vin rosé, einen Wein von der Farbe des Abendrotes ... und lasen einander aus unseren Manuskripten vor. Kisch arbeitete gerade an seinem schwungvollen Erlebnisbuch ›Landung in Australien‹ ... Später, als noch mehr Kollegen nach Ostende kamen, hatte jeder ein bestimmtes Café, in dem er an einem stets gleichen Tisch eine Art Dauer-Büro errichtete. Man besuchte einander in den Büros, und besonders gern ließ Kesten sich besuchen, um sich mit heiterem Schwung in ein literarisches Gespräch zu stürzen.«[174]

Irmgard Keun trifft dann Joseph Roth. »Wir fanden zusammen – jeder für seinen Teil – aus Angst, allein zu sein, obwohl das gegenseitige Interesse bei der ersten Begegnung vorhanden war.«[175] Aus der Begegnung am Strand der belgischen Nordsee wird eine intensive 18-monatige Liaison. »Als ich Joseph Roth zum erstenmal in Ostende sah, da hatte ich das Gefühl, einen Menschen zu sehen, der einfach vor Traurigkeit in den nächsten Stunden stirbt. Seine runden blauen Augen starrten beinahe blicklos vor Verzweiflung, und seine Stimme klang wie verschüttet unter Lasten von Gram.«[176] Auch die 31-jährige Schriftstellerin ist auf dem Weg zur Alkoholikerin. Alle Versuche Zweigs, den Freund in Belgien etwas vom Trinken wegzubringen, müssen nun erst recht scheitern.

Keun und Roth verbringen die Nächte in den Cafés von Ostende. Beide sind Gegner des Dritten Reiches, beide schreiben an neuen

Romanmanuskripten, und beide befinden sich in permanenter Geldnot. »Roth und ich ... waren bald daran gewöhnt, uns immer auf irgendetwas zu verlassen, womit wir gar nicht rechnen konnten. Es kam dann auch immer wieder von irgendwoher Geld – vom Verlag, von einer Zeitung oder durch Auslandsübersetzungen. ... Peinliche Momente der Geldverlegenheit gab es dauernd.«[177] Roth unterstützt die schriftstellerische Arbeit der Geliebten, die an ihrem Emigrantenroman »Nach Mitternacht« schreibt. Er selbst sitzt im Café am Place d'armes und denkt sich die Geschichte des Eichmeisters Anselm Eibenschütz aus.

Es ist zeitweise eine turbulente Beziehung. Das alkoholisierte Paar streitet sich oft, es kommt zu manch peinlicher Szene. Als sie gemeinsam nach Wien reisen, kündigt Egon Erwin Kisch sie bei seinem Bruder mit einer bezeichnenden Warnung an: »Wenn Du sie kennenlernst werde ich mich sehr freuen, aber besauf Dich nicht dabei, die beiden saufen wie die Löcher.«[178] Später erzählt Irmgard Keun: »Roth war in jeder Hinsicht eifersüchtig. ... Durch den Alkohol verstärkte sich diese Tendenz noch bei ihm, so daß er mich zum Schluß nicht mehr aus den Fingern ließ. Nicht einmal austreten konnte ich, ohne daß er unruhig wurde. Schlief ich ein, so hatte er seine Finger in meinen Haaren eingewühlt, auch noch, wenn ich aufwachte. Abschiede waren ihm unerträglich geworden, so daß ich ihm schwören mußte, ich würde ihn nie verlassen.«[179] In ihrem im April 1938 veröffentlichten Roman »D-Zug dritter Klasse« schildert Keun eine Szene, bei der sie vielleicht an die Tage mit Roth gedacht hat: »Karl Bornwasser quälte sie mit Mißtrauen und einer Eifersucht, die bis in ihre Kindheit drang. Nacht für Nacht verwickelte er sie in komplizierte Gespräche, wies ihr Widersprüche nach und Lügen. Sie weinte, weil sie bei ihm war, und sie weinte, wenn er drohte, fortzugehen.«[180]

Keuns Skizze von Roth aus den gemeinsamen Jahren trifft sicher den Kern seiner Psyche: »Er war gequält und wollte sich selbst loswerden und unter allen Umständen etwas sein, was er nicht war. Bis zur Erschöpfung spielte er zuweilen die Rolle eines von ihm erfundenen Menschen, der Eigenschaften und Empfindungen in sich barg, die er selbst nicht hatte. Es gelang ihm nicht, an seine Rolle zu glauben, doch er empfand flüchtige Genugtuung und Trost, wenn er andere daran glauben machen konnte. Seine eigene Persönlichkeit war viel zu stark, um nicht immer wieder das erfundene Schattenwesen zu durchtränken, und so empfand er sich manchmal als ein seltsam wandelndes Gemisch von Dichtung und Wahrheit, das ihn selbst zu einem etwas erschrockenen Lachen reizte.«[181]

Im Winter 1936 reist Roth auf Einladung des dortigen P.E.N. nach Polen. Es wird seine letzte Reise in die Heimat sein. Irmgard Keun ist dabei. Die Fahrt geht nach einem kurzen Aufenthalt in Wien nach Lemberg, Warschau, Wilna und in zahlreiche kleinere Städte. Roth wird dort meist auf Polnisch seinen Amsterdamer Vortrag halten, jetzt unter dem Titel »Glaube und Fortschritt«. Klagelieder: »Seit Monaten friste ich mein armseliges Leben durch Vorträge in winzigen Ortschaften, ein miserables Leben. Ich weiß überhaupt noch nicht, wie ich wieder nach Westeuropa zurückkomme. Ich leide entsetzlich. ... Ich fahre von einem kleinen Ort zum andern, ein Wanderzirkus, jeden zweiten Abend im Smoking, es ist schrecklich, jeden zweiten Abend den gleichen Vortrag. Der Penclub hat mir das verschafft, sonst wäre ich längst tot.«[182]

In Lemberg besuchen sie seine Verwandtschaft und die Freundin Helene von Szajnocha-Schenk. »Dies hier ist eine alte bürgerliche jüdische Familie«, schreibt Irmgard Keun am Weihnachtsabend 1936 an den Freund Arnold Strauss. »Roth gehört zu ihnen, ich bin fremd und eine ›Goyte‹ (Ich weiß nicht, wie man das schreibt.) Das Haus ist alt und düster, und alles ist in eine Atmosphäre von Schwermut getaucht. Es leben dort Paula, die bekannte Cousine, ihre ältere Schwester, die vor einem Jahr ihren Mann verlor ... Roth und ich haben uns gestern dieses Lemberger Nachtleben ... angesehen, es ist unbeschreiblich trostlos und leichenhaft. ... Weiter lebt in dem Haus noch die alte verwitwete Mutter (eine Tante Roths – WvS), eine brave alte Jüdin. Alle sind richtige Juden, die auch noch die Riten einhalten. ... Wenn polnisch gesprochen wird, sitze ich wie blöde dabei.«[183]

Im gleichen Brief folgt der erschütternde Krankenbericht über einen 42-jährigen Alkoholiker: »Roth hat immer schreckliche Leberschmerzen, ich gebe mir wahnsinnige Mühe, daß er wenigstens Wein statt Schnaps trinkt. Aber gerade so ein Leberleiden macht einen Menschen, der von Natur herzensgut ist, so bösartig und gereizt, daß der Umgang mit ihm recht schwer ist. Ich habe aber – unberufen – einen großen medizinischen Erfolg zu verzeichnen. Seit 6 Jahren mußte Roth *jeden* Morgen, wenn er aufwachte, eine Stunde lang würgen und greulich brechen, ob er was im Magen hatte oder nicht. Von dieser Anstrengung bekam er gräßliche Herzschmerzen – und man dachte jeden Morgen, jeden Vormittag, er würde sterben. ... Ich glaube, er hat auch eine Angina pectoris. Schreib mir doch bitte das Mittel... Dieser Mann hat soviel für mich getan, daß ich froh bin, wenn ich ihm etwas helfen kann, obwohl er oft schrecklich boshaft und verletzend wird und in seinen Launen und Stimmungen zermürbend wechselvoll ist. ... Er fängt jetzt auch erst nachmittags an zu trinken. Leider Schnaps. Er ist so mager wie ein verhungertes Kind, nur die Milz ist schrecklich geschwollen. Ich weiß nicht, ob da noch was zu retten ist.«[184]

Im Januar 1938 trennen sich Joseph Roth und Irmgard Keun. Aus Keuns Sicht: »In Paris verließ ich ihn mit einem tiefen Seufzer der Erleichterung und ging mit einem französischen Marineoffizier nach Nizza. Ich hatte das Gefühl, einer unerträglichen Belastung entronnen zu sein.«[185] Roth äußert sich in seinen Briefen dazu nicht. In seinem Roman »Das falsche Gewicht« verfällt der Eichmeister Eibenschütz der schönen, verführerischen Zigeunerin Euphemia Nikitsch. Er schreibt in Ostende an dieser Geschichte. Irmgard Keun wird 1940 auf verschlungenen Pfaden nach Deutschland zurückkehren. Als Autorin bleibt sie lange vergessen. Erst am Ende ihres Lebens, in den späten 70er-Jahren, wird ihr Werk wiederentdeckt.

Beichte eines Mörders

»Mein Roman der ›Stammgast‹ ist gestern fertig geworden«,[186] schreibt Roth am 1. März 1936 an Walter Landauer. Der Verlag wartet seit Monaten auf das Manuskript. Schon am 19. Juni 1935 kommt ein dringlicher Mahnruf aus Amsterdam: »Herr de Lange ... rechnet bestimmt darauf, daß Sie das Manuskript Ihres Romanes ›Der Stammgast‹ per 1. September 1935 abgeliefert haben.«[187]

Während Roth in Ostende lebt und am Manuskript des Romans

»Das falsche Gewicht« schreibt, erscheint im September 1936 sein Prosawerk »Beichte eines Mörders« (Arbeitstitel »Der Stammgast«). Es ist eine klassische Novelle, und sie ist so geschrieben, als sei der Autor nicht am Ende, sondern am Anfang des 19. Jahrhunderts geboren worden. Im russischen Restaurant »Tari-Bari« sitzt der Erzähler in einer kleinen Runde, in der eines Nachts ein Mann seine unheimliche Lebensgeschichte erzählt. Das Lokal hat sich geleert, die Nacht senkt sich nieder, und der Leser wird im Laufe der Erzählung immer tiefer in das Schicksal eines Menschen hineingezogen, der zum Mörder wurde. Auf vielen Seiten dieser Erzählung geht es so unheimlich und spannungsgeladen zu wie in den Geschichten des romantisch-skurrilen E.T.A. Hoffmann: »Eine Bestie, um es glatt zu sagen: eine Frau, meine Herren, hat mich zum Mord getrieben.«[188] Mit dieser Beichte des ehemaligen russischen Geheimpolizisten und Spitzels Semjon Semjonowitsch Golubtschik, »erzählt in einer Nacht«, hat Roth eines der sehr gelungenen Werke seiner späten Jahre geschrieben.

Golubtschik wird als unehelicher Sohn des reichen und mächtigen Fürsten Krapotkin geboren. Obwohl der Fürst seine Hand über ihn hält, er das Gymnasium besuchen kann, »hörte (ich) nicht auf, mich über meinen unsinnigen Namen (Roth übersetzt ihn mit »Täubchen« – WvS) zu ärgern«.[189] Er fährt nach Odessa, um dort das Meer zu sehen, an dem die Villa seines Vaters steht. In einer Konditorei tritt ein unheimlicher Mann an seinen Tisch. »Er hielt ein ganz weiches, feines Panama-Strohhütchen in der Hand ... und ein gelbes Rohrstöckchen mit silbernem Knauf. Er trug ein gelbliches Röckchen aus russischer Rohseide, eine weiße Hose mit zarten blauen Streifen und gelbe Knopfstiefel. ... Er hatte pechschwarze, in der Mitte gescheitelte Haare, sehr dicht, eine kurze, knappe Stirn und ein winziges Schnurrbärtchen, aufwärtsgezwirbelt ... Die Hautfarbe war eine blasse, bleiche ...«[190] Er stellt sich als Jenö Lakatos aus Ungarn vor und bietet seine Hilfe an. Golubtschik bemerkt, dass »sein Begleiter hinkte ... Als ich aber dieses graziöse, ja einschmeichelnde und liebenswürdige Hinken meines Genossen bemerkte, glaubte ich, im Nu zu fühlen, daß es ein Abgesandter der Hölle war, kein Mensch, kein Ungar, kein Lakatos ... «.[191] Der »Teufel« wird mehrfach an Eckpunkten im Leben des Erzählers auftauchen und sein intrigantes Handwerk fortführen. Zunächst überredet er Golubtschik, seinen Vater aufzusuchen und seine Rechte als Sohn einzufordern. Der Fürst empfängt ihn. Einen jungen Mann, der dazutritt, stellt er als »mein Sohn«[192] vor. Mit einer goldenen Tabaksdose als Geschenk wird Golubtschik entlassen. »Aber kaum war ich wieder draußen, ... als ich bereits genau zu fühlen glaubte, daß mir ein großer Schimpf angetan worden war.«[193] Lakatos klärt ihn darüber auf, dass der junge Mann gar nicht der Sohn des Fürsten ist. »Der tragische Sinn meines Lebens bestand darin, daß ich das unglückliche Opfer eines tückischen Jungen war. Das Ziel meines Lebens bestand darin, daß ich von dieser Stunde an die Pflicht hatte, den tückischen Jungen zu vernichten.«[194]

Eine Intrige – angeblich hat Golubtschik die Tabaksdose gestohlen – bringt ihn ins Gefängnis. »Denn was war unsereins im alten Rußland, meine Freunde? Ein Insekt ... ein Nichts, ein Staubkörnchen unter der Stiefelsohle eines großen Herrn. Und dennoch, meine Freunde, ...: Ich wollte heute, wir wären noch die alten Staubkörnchen! Wir waren nicht von Gesetzen, sondern von Launen abhängig. Aber diese Launen waren fast eher berechenbar als die Gesetze. ... Ein großer, ein echter Herr, der strafen kann und Gnade üben, ist durch ein einziges Wort böse zu machen, aber manchmal auch durch ein einziges Wort wieder gut. ... Die Gesetze aber, meine Freunde, sind fast immer böse.«[195]

Golubtschik wird Mitglied der russischen Geheimpolizei, der Ochrana. »Ich wollte ... Macht haben, um eines Tages allen Schimpf rächen zu können.«[196] Sein Lebensweg ist gepflastert mit »gemeinen Taten«, er leistet Spitzeldienst und liefert zahlreiche Menschen an die Polizei aus.

Die Liebe zu einer jungen Französin führt ihn nach Paris. Er soll sie dort für die Ochrana überwachen und lebt hochstaplerisch unter dem Namen Krapotkin an der Seine. Kolportage: Der verhasste »Sohn« des Fürsten taucht auf, wird bei der Geliebten zum Konkurrenten. Finale: Golubtschik findet Fürstensohn und Geliebte im Bett und schlägt in blindem Zorn zu. Er glaubt, beide getötet zu haben. Wie Tarabas bewahrt auch Golubtschik der Ausbruch des Krieges vor den Folgen seiner Tat. Als er nach der Revolution als Emigrant nach Paris zurückkommt, entdeckt er, dass seine beiden

Opfer noch leben. Der Fürstensohn durch die Schläge behindert, die Geliebte entstellt. Aber ein Mörder ist er doch: Kurz vor Kriegsausbruch hilft er, ein junges jüdisches Geschwisterpaar an die russische Geheimpolizei auszuliefern.

Roth will in diesem Roman in erster Linie eine spannende Geschichte erzählen. Seine Botschaften über Glaubensfragen und Politik sind nur im Hintergrund spürbar. Aber sie sind da. Roth lässt beispielsweise den Erzähler seine Geschichte ausdrücklich unterbrechen, damit er sein monarchistisches Bekenntnis formulieren kann. Nicht Gesetze, so verkündet Roth, sondern »große echte Herrn« sollen strafen dürfen und Gnade ausüben. Selten hat er mit so fataler Offenheit seinen politischen Irrglauben geäußert. Auch wenn bei vielen Menschen in dieser Zeit die Zweifel an der demokratischen Idee wachsen: Wer »echte Herren« über das Gesetz stellt, vergisst, dass auch Monarchen den Gesetzen unterworfen sein müssen. Die Alternative ist die Diktatur. Ludwig Marcuse schreibt zu Roths kruden Schlussfolgerungen in seinem schon erwähnten offenen Brief an den Freund: »Auch gibt es einige – und es sind wahrlich nicht die Besten –, die sich zu sehr freuen, daß Du die feudale Willkür dem bürgerlichen Gesetz vorzuziehen vorgibst, als daß sie Dich nicht mit Wonne mißverstehen werden. Ja, bisweilen, scheint mir, mißverstehst Du Dich selbst und suchst nach Argumenten zu Deinen gereizten Paradoxen.«[197]

Auszüge aus dem Roman veröffentlicht das »Neue Tage-Buch« im April 1935 unter dem Titel »Der Stammgast«. Ein weiterer Teilabdruck erscheint im Oktober in der »Pariser Tageszeitung«. Roth ist nach der Niederschrift – wie fast immer, wenn er ein Werk vollendet hat – unzufrieden. »Ich glaube, daß mein Roman sehr schwach ist, ich habe ihn zu schnell geschrieben. Mir hat Landauer nichts von ihm gesagt. Und selbst, wenn er gut wäre, was hätte ich schon davon? Der Roman muß noch im Juni erscheinen, sagt der Verlag, und mein Name ist erledigt. Durch das schnelle Erscheinen meiner Bücher.«[198] Stefan Zweigs Antwort auf diese pessimistischen Zeilen: »Ihr Roman ist ausgezeichnet und zwar gerade darum, weil er nicht über sein Mass hinaus gedehnt ist. Der Fehler der letzten Jahre lag doch nur darin, dass Sie aus rein materiellen Tendenzen Ihre Stoffe über ihr natürliches Mass dehnten (Tarabas,

Antichrist). Diesmal ist das Gleichmass *vollkommen*, und das Russische liegt nicht nur in den Gestalten, sondern auch im Rhythmus. Grossen Glückwunsch.«[199] Wohl die meisten Leser von Roths »Beichte« werden Zweig zustimmen.

»In trauriger Resignation«

Im Jahr 1936 hat Roth keinen Zeitungsartikel veröffentlicht. Lediglich im Oktober erscheint im »Neuen Tage-Buch« eine Zuschrift von ihm, die den Titel trägt: »Statt eines Artikels«. Sie zeigt einen angesichts der politischen Lage in Europa düster argumentierenden Autor. Sein Ich-will-nicht-mehr ist nicht ganz unverständlich. Die Westmächte haben im März die vertragswidrige Remilitarisierung des Rheinlandes schweigend hingenommen, das Dritte Reich feiert im Sommer mit den Olympischen Spielen in Berlin einen gewaltigen Propagandaerfolg, am 18. Juli beginnt mit dem Aufstand der Generäle der Spanische Bürgerkrieg, im gleichen Monat schließen Berlin und Wien ein »freundschaftliches« Abkommen.

Die Redaktion des »Neuen Tage-Buch« hat im Herbst bei Roth angefragt, ob er nicht wieder einmal etwas für die Zeitschrift schreiben wolle. Er antwortet, dass er nicht in der Lage sei, »Artikel zu schreiben, von denen ich befürchten muß, sie könnten einen Grad von Pessimismus verraten, den vor einem weitern Publikum – und sei es auch noch so sehr der Wahrheit gewachsen – zu äußern nicht angebracht sein kann. ... Ich beuge mich vor dem Edelmut, der sich in Resolutionen äußert, in Protesttelegrammen, in der Teilnahme an Kongressen, auf denen die Güter der Menschheit verteidigt werden, in Pamphleten, die Europas Führer und Feinde zu demaskieren suchen, in Artikeln, Kritiken und Glossen, in denen sich ein Achtung heischender, elanvoller Glaube an den berühmten ›Rest des europäischen Gewissens‹ täglich äußert. *Nun, an diesen Rest des europäischen Gewissens glaube ich nicht*«.[200] Es habe keine Periode »in der ganzen europäischen Vergangenheit ... gegeben«, schreibt er weiter, »die mit der unsrigen zu vergleichen wäre. Von allen dunklen und grausamen Menschen, die in der Schreckenskammer der europäischen Geschichte verewigt sind, sehe ich keinen einzigen, der die typischen Kennzeichen der zeitgenössischen Tyrannen aufzuweisen hätte: nämlich die Armseligkeit der Persönlichkeit. Selbst ihre Feigheit noch ist ja substanzlos! ... Allein, die *Vergewaltigten von heute* scheinen mir vernünftigerm Zuspruch ebenso unzugänglich wie die Tyrannen«.[201]

Roth schließt seine Zuschrift mit abgrundtiefem Pessimismus: »Was soll mein Wort gegen Kanonen, Lautsprecher, Mörder, törichte Minister, ratlose Diplomaten, dumme Interviewer und Journalisten, die durch den Nürnberger Trichter die ohnehin verworrenen Stimmen dieser Babel-Welt vernehmen?« Unterzeichnet ist sein im Oktober 1936 im »Neuen Tage-Buch« veröffentlichter Brief mit »In trauriger Resignation, Ihr Joseph Roth«.[202]

Roths finsterer Ausblick bleibt nicht ohne Resonanz. In der nächsten Ausgabe der Zeitschrift antwortet Ludwig Marcuse dem alten Freund in dem schon besagten offenen Brief. »Zur Trauer haben wir alle ganz gewiß viel Grund: der Sieger wird immer dicker, der Besiegte immer dünner ... Nachdem wir Deutschland verloren haben, verlieren wir nun auch Europa.«[203] Aber dann nimmt Marcuse doch eine klare Gegenposition ein: »Kein noch so gefälliger Biograph hat unsere Tyrannen geehrt wie Dein poetischer Brief. ... Du schenkst ihnen viel mehr mit Deinem Zweifel, daß es je in der Vergangenheit etwa Ähnliches gegeben habe wie sie. Du machst aus ihnen geheimnisvolle Elementargeister – irreale Schrecken, denen nur die Phantasie eines Dichters nachkommen kann. Du bist – verzeih mir, lieber Roth! – ihr legitimer Hofphotograph; denn sie möchten für ihr Leben gerne so sein, wie Du sie schilderst. ... Auch die Gilde der Schriftsteller, die sich nicht beugen, umgibst Du mit einer schwarzen Glorie und sprichst ihr den Rekord an Ohnmacht zu. Ach, was war der Heine gegen den Apparat Metternichs? Was war der Herwegh gegen Bismarck und sein Reich?«[204]

Das falsche Gewicht

»Die Korrektur des *Falschen Gewicht* ist hier eingetroffen. Das Buch ist fertig und erscheint in den ersten Tagen nach Pfingsten«, schreibt Fritz Landshoff am 14. Mai 1937 an Roth. »Die Geschichte eines

Eichmeisters« – so der Untertitel des neuen Romans – spielt in einer Welt, durch die der Autor im vorangegangenen Winter gereist ist: Galizien, seine Heimat, die nun zu Polen gehört. Grenzland ist es, bevölkert von Deserteuren und Schmugglern, Kriminellen und Gendarmen, jüdischen Händlern und armen Bauern.

Anselm Eibenschütz – er »war ein sehr stattlicher Mann«[205] – ist gerne Soldat. »Er hatte seine zwölf Jahre als längerdienender Unteroffizier beim Elften Artillerieregiment verbracht.«[206] Als er heiratet, will seine Frau, dass er das Militär verlässt. »Aber der Zorn nutzte gar nichts dem Anselm Eibenschütz, nachdem er die Nachricht erhalten hatte, daß der Posten eines Eichmeisters in Zlotogrod frei sei. Er rüstete ab. Er verließ die Kaserne, die Uniform, die Kameraden und die Freunde. Er fuhr nach Zlotogrod.«[207]

Die Stadt liegt fern im Osten der Monarchie. Die Menschen leben in ihrer eigenen Welt, Recht und Gesetz sind relativ, und »in jener Gegend hatte es vorher einen faulen Eichmeister gegeben«.[208] Misstrauen empfängt den Neuen, der als alter Soldat genau ist und die Gewichte, mit denen die Händler und Gastwirte ihre Ware wiegen, sorgfältig prüft. Es wird einsam um den gesetzestreuen und geraden Mann. Die Menschen »sah(en) nämlich auf den ersten Blick, daß er nicht alt, nicht schwächlich, nicht trunksüchtig war, sondern, im Gegenteil, stattlich, kräftig und redlich; vor allem: allzu redlich«.[209] Im nahegelegenen Dorf Szwaby »war Leibusch Jadlowker mächtiger als der Wachtmeister der Gendarmerie selbst«.[210] In der Gastwirtschaft des undurchsichtigen, umtriebigen Wirtes, von dem das Gerücht geht, er sei der Urheber aller Verbrechen im Bezirk, treiben sich die Deserteure, die über die nahe russische Grenze gekommen sind, und dunkle Geschäftemacher herum. Hier begegnet Eibenschütz zum ersten Mal der schönen Zigeunerin Euphemia Nikitsch.

Seine Frau betrügt ihn indessen mit einem seiner Untergebenen und wird von ihm schwanger. Es wird noch einsamer um den Eichmeister. Er reist mit dem Gendarmen Slama durch das Land, pflichtgetreu und gehasst. Die Schöne aus der Gastwirtschaft kann er nicht vergessen. »Der Eichmeister Eibenschütz war auch nur ein Mensch. Das leise Klingeln der Ohrringe Euphemias konnte er nicht loswerden.«[211] Als Jadlowker wegen einer Schlägerei für zwei Jahre ins

Zuchthaus muss, wird Eibenschütz von den Behörden mit der Verwaltung der Gastwirtschaft beauftragt. Er zieht in das Gasthaus und beginnt ein Liebesverhältnis mit Euphemia. »Solange der Sommer dauerte, war Eibenschütz glücklich. Er erfuhr die Liebe und alle seligen Veränderungen, die sie einem Manne bereitet.«[212]

Als der Winter kommt, taucht, wie jedes Jahr, Euphemias Geliebter auf: Konstantin Sameschkin. »Und damit begann auch das Leid des Eichmeisters Eibenschütz.«[213] Er verliert die geliebte Frau und fängt an zu trinken. »Er hielt sich noch stark und aufrecht, zu Fuß und im Wägelchen. Aber in seinem Innern brannte der Schnaps, wenn er ihn getrunken hatte, und die Sehnsucht nach dem Schnaps, solange er ihn nicht getrunken hatte.«[214] Eibenschütz verfällt.

Beim armen Händler Mendel Singer prüft er die Gewichte und notiert die Fehler. Dem Juden droht die Schließung seines Geschäftes. Er fleht den Eichmeister an: »›Euer Hochgeboren, Herr General, ich bitte Sie, streichen Sie alles aus. Sie sehen, ich habe Frau und Kinder!‹ ... Er wollte etwas sagen. Er will zum Beispiel sagen: Es geht nicht, lieber Mann, es ist Gesetz. Er will sogar sagen: Ich hasse dieses Gesetz und mich auch dazu. Aber er sagt nichts. Warum sagt er nichts? Gott hat ihm den Mund verschlossen und der Gendarm stößt Mendel Singer fort.«[215]

Leibusch Jadlowker gelingt es, aus dem Gefängnis zu fliehen, und er versteckt sich bei dem zwielichtigen Kapturak, der die Deserteure über die Grenze schmuggelt und noch manch anderes schlimme Geschäft macht. Sie beschließen – aus Hass, weil Euphemia vor seiner Verhaftung die Geliebte Jadlowkers gewesen ist, und aus Geldgier, weil Kapturak die Gastwirtschaft an sich reißen will –, den Eichmeister zu vernichten. Jadlowker erschlägt Anselm Eibenschütz. Im Übergang vom Leben zum Tod hört dieser eine Klingel, »und herein kommt der große Eichmeister, der größte aller Eichmeister ... ›Dienst ist Dienst! Wir prüfen jetzt Ihre Gewichte!‹ ... Der große Eichmeister beginnt die Gewichte zu prüfen. Schließlich sagt er – und Eibenschütz ist höchst erstaunt: ›Alle deine Gewichte sind falsch, und alle sind dennoch richtig. Wir werden dich also nicht anzeigen! Wir glauben, daß alle deine Gewichte richtig sind. Ich bin der Große Eichmeister‹«.[216]

Ein Buch über Galizien und seine Menschen; eine Legende, in der letztinstanzlich Gericht gehalten wird; dazu eine Kriminalgeschichte, die mit einem Mord endet, ein Liebesroman, in dem ein einfacher Mann der geheimnisvollen Schönen verfällt, eine Erzählung über eine Trinkerkarriere – im »Falschen Gewicht« lässt der Autor seine Leser viele Geschichten verfolgen. Und natürlich, wie fast immer in seinen Romanen: Ein Mensch, der zufrieden und aufrecht durch sein Leben gegangen ist, wird vom Schicksal aus der Bahn geworfen und zugrunde gerichtet.

Józef Wittlin schreibt in seinen Erinnerungen mit Blick auf Roths Werk: »Unterstreichen möchte ich auch, daß die herrlichen Gegenden, aus denen wir mehr oder weniger beide stammen, Roth durch die Nähe der alten russischen Grenze besonders faszinierten.«[217] Ein Hinweis, der auf diese Geschichte besonders zutrifft. Roth plant seit Mitte der 30er-Jahre einen autobiographischen Roman mit dem Titel »Erdbeeren«. Er soll vor allem seine Jugend im alten Österreich, im Kronland Galizien, wieder aufleben lassen. Teile des schon verfassten Manuskripts hat er offenbar aus Geld- und Zeitnot für »Das falsche Gewicht« verwendet. Es wiederholen sich auf manchen Seiten schon vielfach bei Roths früheren Geschichten geschilderte Szenen.

Ein ihm ansonsten wohlgesonnener Rezensent der holländischen Zeitung »Het Vaderland« wird mit dem Roman denn auch scharf ins Gericht gehen: »Talent erzeugt Verpflichtungen, vor allem wenn es sich im Lauf der Jahre in aufsteigender Linie entwickelt hat. Ich bin deshalb der Meinung, daß man sich, wenn man Joseph Roth heißt, nicht den Luxus erlauben kann, einen Roman zu schreiben, der so stark mit Elementen höheren Blödsinns gewürzt ist, daß man das Buch am liebsten nach ein paar Seiten in die Ecke schmeißen möchte. Man schuldet seinem Publikum in gewissem Maße Verantwortung, auch wenn man ein arrivierter Autor ist.«[218] Andere Kritiker – und das ist nicht untypisch für die Exiljahre – bemängeln Roths Flucht ins Dunkle, seine missverständliche religiöse Attitüde. Mit Blick auf das Auftreten des Großen Eichmeisters schreibt Fritz Erpenbeck: »Joseph Roth könnte und müßte anders antworten – auch wenn er an die Existenz und das Wirken des Großen Eichmeisters glaubt. Ja, gerade dann! In diesem Roman ist er selbst nicht nur vor den Leser, sondern auch vor seinen Großen Eichmeister mit falschem Gewicht getreten; denn schließlich: wo hört, nach Joseph Roth, das göttliche Verstehen und Verzeihen auf? Bei *welchen* Missetätern tritt das Wort in Kraft: ›Dienst ist Dienst?‹ *Wem* wird das zugebilligt? ... Nur den armen Teufeln von Zlotogrod samt ihrem gutmütigen Quäler Eibenschütz? Oder der ganzen k. u. k. Doppelmonarchie? Warum nicht auch – *wer will den Leser hindern, das Symbol so zu deuten?* – dem Österreich Schuschniggs oder dem Deutschland Hitlers? ... Joseph Roth geht vom Hellen ins Dunkle. Das ist ein gefährlicher Weg.«[219] Das sind enttäuschte Stimmen von links, die Parteinahme und optimistischen Widerstandswillen von dem Autor fordern. Lob gibt es dagegen von Hermann Kesten und René Schickele.

Roth ist besorgt über das Echo, wird aber von Landshoff beruhigt: »Wenn der Verkauf ebenso gut wäre wie die Urteile, die ich von vielen Seiten – nicht nur von Schickele – bekomme, wäre Ihnen und uns gedient.«[220] Aufgelegt werden 3000 Exemplare und innerhalb eines Monats sind immerhin 1089 verkauft. Roth nörgelt dennoch. An Blanche Gidon schreibt er im Juli 1937: »Der Verlag Querido tut nichts für mich in Frankreich. Sie können es als Buch anbieten...«[221] An Zweig schreibt er am 2. August: Ben Huebsch habe ihm mitgeteilt, »daß mein falsches Gewicht *litterarisch* nicht wertvoll wäre!«[222] Dennoch, es gibt Teilabdrucke in der »Pariser Tageszeitung«, in der »Jüdischen Revue«, die in Prag und Paris erscheint, und in der Wiener Zeitschrift »Die Stunde«.

Bernhard Wicki verfilmt den Roman 1974, die Rolle des Eichmeisters Eibenschütz hat er mit Helmut Qualtinger ideal besetzt.

Der Christliche Ständestaat

Nach seiner Rückkehr aus Polen besucht Roth im Frühjahr 1937 die Zweigs in Salzburg, wohnt dort im Hotel Stein, einem Gasthof unterhalb der Dichtervilla am Kapuzinerberg, und reist weiter nach Wien und Budapest. »Ich spreche Mittwoch in Wien meinen Vortrag ›Der Aberglaube an den Fortschritt‹ und werde noch zwei Vorträge im Radio halten...«[223] Im Juni ist er in Brüssel. Er schreibt bereits wieder an einem neuen Manuskript, es entsteht der Roman »Die Kapuzinergruft«. Roths Kontakte zu den österreichischen Legitimisten haben sich seit 1935 intensiviert. Im Mai dieses Jahres schreibt Roth in der »Wiener Sonn- und Montags-Zeitung«: »Alle Kaiser von Österreich waren meine Kaiser gewesen. Alle Kaiser von Österreich, die noch kommen könnten, werden *meine* Kaiser sein.«[224] In Paris hält er Vorträge, zu denen vor allem die an der Seine lebenden Legitimisten kommen.

Ein Forum für ihn wird die österreichische Wochenschrift »Der Christliche Ständestaat«, zu dessen Herausgebern Klaus Dohrn gehört, ein Bekannter Roths. Das Blatt wird 1932 ins Leben gerufen. Es wendet sich an das konservative, katholische Österreich, in der Dollfuß-Zeit wird es zum Sprachrohr der Regierung und fordert eine geistig-moralische Wende im Land. Der politische Kurs ist rückwärtsgewandt. Die Herausgeber lehnen allerdings ohne Einschränkung den Nationalsozialismus und ein Großdeutschland ab. Für die Regierung Schuschnigg ist die Zeitschrift bald ein Ärgernis. Wien versucht sich mit Berlin zu arrangieren, da empfindet der Bundeskanzler die anti-deutsche Haltung der Zeitung als störend. Die staatlichen Subventionen werden gekürzt, und das Blatt verliert angesichts der innerösterreichischen Entwicklungen an Bedeutung.

Der österreichische Komponist Ernst Krenek hat im Sommer 1935 im »Christlichen Ständestaat« einen sehr positiven Artikel über Roth veröffentlicht. Einige patriotische Leser beschweren sich offenbar darüber, dass in ihrer Zeitung ein Dichter gewürdigt worden sei, der mit seinen Romanen »wahre Pamphlete gegen Österreich« veröffentlicht habe. Die Redaktion bittet Roth um eine Stellungnahme. In seiner Antwort polemisiert Roth gegen seine Kritiker, aber ihre Haltung sei »in einer Zeit wie dieser unseligen, in der wir leben (begreiflich). Der Bedrohte – und wie furchtbar sind wir Österreicher bedroht – mißtraut sogar der Liebe, die ihn umwirbt und schützen will, sobald sie die gefährlichen Züge der Kritik, des Humors, der Ironie gar angenommen hat«.[225] Dann ein Bekenntnis zu Österreich: »Wir sind ... nicht ›das kleine Alpenländchen‹, in dem zu leben wir gezwungen sind, wir sind immer noch jener große Gedanke, ohne den nicht einmal unser ›kleines Ländchen‹ eine Woche Bestand haben könnte! Der ›Österreichische Gedanke‹ ist kein ›patriotischer‹, sondern beinahe ein religiöser. Wir sind nicht ›der zweite deutsche Staat‹, sondern der erste, sozusagen: *der allererste deutsche und übernationale und christliche Staat!*«[226]

Roth wird in den nächsten Jahren mehrere Artikel in dem Blatt veröffentlichen. Er beschäftigt sich mit dem christlich-jüdischen Zusammenleben, will an eine Symbiose zwischen Juden und Katholiken glauben. »Wenn die katholische Kirche in bezug auf das Verhältnis der Gläubigen zu den Juden etwas wünscht, so ist es dies: die Wirtsvölker mögen aufhören, Antisemiten zu sein; und nicht: die Juden möchten aus ihrer Mitte verschwinden.«[227] Wunschdenken. Als die Nationalsozialisten das Land übernehmen, gibt es auf den Straßen der Städte schreckliche Szenen: Jüdische Mitbürger werden verprügelt und gedemütigt. Der katholische Klerus Österreichs, an der Spitze Kardinal Theodor Innitzer, aber fordert bei der Volksabstimmung über den Anschluss vom April die Katholiken auf, mit »Ja« zu stimmen. Unter der kirchlichen Proklamation steht »Heil Hitler«. Vier Jahre später werden auch Österreichs Juden in den östlichen Vernichtungslagern ermordet.

In dem Artikel »Juden, Judenstaat und Katholiken«, veröffentlicht im September 1937, versteigt sich Roth zu der seltsamen These, »die Zionisten wie die Rosenbergianer (Alfred Rosenberg war einer der Ideologen des deutschen Nationalsozialismus – WvS), sie möchten beide nicht wissen, daß der Heiland aus dem Geschlechte Davids stammt. ... *Der Antichrist eint die (›nationalen‹) Juden und die (›modernen‹) Antisemiten.*«[228]

Wesentlich klarer sind Roths Äußerungen in einem unveröffentlichten Manuskript aus demselben Jahr: »Täuschen wir uns nicht über folgende drei entscheidende Tatsachen: erstens darüber, daß die Mehrzahl der deutschen Emigranten Juden sind; zweitens, daß in den meisten Ländern ein latenter Antisemitismus herrscht; drittens, daß unter den Vorwürfen, die man gegen das Dritte Reich erhebt, jener gegen seinen tierischen Antisemitismus am wenigsten Wirkung haben kann.«[229]

Mag sein, dass ihn die Freundschaft zu dem österreichischen Diplomaten Martin Fuchs in seinem konservativen Denken beeinflusst hat. Fuchs arbeitet seit 1927 in Paris und übernimmt 1937 die Leitung der Presseabteilung der österreichischen Botschaft. Er gehört zu den Gründern der »Österreichischen Post«. Das ist das Blatt der monarchistischen »Ligue Autrichienne«, der »Liga für das geistige Österreich«, der Roth angehört und deren Gründer Franz Werfel ist. In den Exiljahren wird Fuchs ein enger Mitarbeiter von Otto von Habsburg und organisiert eine Widerstandsgruppe. 1940 flieht er in die USA. Nach dem Zweiten Weltkrieg wird Fuchs Botschafter in Brüssel und in Paris. Zweifellos hat der konservative Beamte viel mit dem Dichter über die Situation im gemeinsamen Geburtsland diskutiert. In all den Jahren hilft er, wenn Roth in Pass- und Aufenthaltsfragen Probleme mit Wiener Behörden hat. Es ist ein enger Kontakt: »... mein Freund Fuchs, der mir bei den Correcturen hilft...«[230] Im Mai 1939 wird Fuchs am Grab des Freundes weinen.

Friedrich Ritter von Wiesner, Führer der Legitimisten, zählt ebenfalls zum konservativen Freundeskreis Roths. Wie von Fuchs erhält Roth auch durch den Kontakt mit dem Ministerialrat Nachrichten über interne politische Diskussionen. »Vor einigen Tagen habe ich Herrn von Wiesner getroffen, der direkt vom Kaiser (gemeint ist Otto von Habsburg – WvS) kam. Die Kaiserin ist in Italien. Unsinnigerweise versucht sie, eine Heirat mit einer italienischen Prinzessin zu verhindern, um die sich die Italiener anscheinend sehr bemühen. Ich habe versucht, die Unsinnigkeit dieser Bemühungen darzulegen.«[231] Der Dichter als politischer Ratgeber in den höchsten »monarchistischen« Kreisen oder: Joseph Roth und seine Bewunderung für den Adel. Das ist besonders in den 30er-Jahren ein kurioses Kapitel.

Im März 1938 ist Roth dann zum letzten Mal in Wien. Er will – wohl im Auftrag der Legitimisten – mit Bundeskanzler Schuschnigg sprechen, um ihn von einer Regierungsübernahme durch Otto von Habsburg zu überzeugen. Er wird vom Kanzler nicht empfangen. Daraufhin nimmt Roth direkt Kontakt zu dem Mann auf, der für die Monarchisten der kommende Throninhaber ist. Brief eines Untertanen, gerichtet an Heinrich Graf Degenfeld: »Mein Freund, Herr Klaus Dohrn berichtet mir, daß Seine Majestät, unser Kaiser, mir den Wunsch übersenden läßt, ich möchte gesünder werden, als ich es im Augenblick bin, und mich den ärztlichen Vorschriften unterwerfen. Ich bitte Sie, sehr verehrter Graf, Seiner Majestät meinen ergebensten Dank zum Ausdruck zu bringen und meine Versicherung, daß ich selbstverständlich jeder Anordnung Seiner Majestät Folge leisten werde. Insbesondere freue ich mich mit der Einladung Seiner Majestät, Sie in der nächsten Woche besuchen zu dürfen. Ich bin von der Gnade Seiner Majestät die mich Ihres Interesses gewürdigt, äußerst gerührt.«[232]

Monarchie und Ständestaat – Roth klammert sich angesichts der politischen Entwicklungen in Europa an diesen Strohhalm. Es ist nicht politische Logik, sondern eine letzte, irreale Hoffnung.

Ende 1937 zeichnet er im »Neuen Tage-Buch« ein kleines Porträt Grillparzers. Die Gestalt des großen österreichischen Dramatikers fasziniert ihn. Er erzählt darin weniger von dem großen Dichter als von Habsburg, von der »Grandezza« Spanien-Österreichs – und von Joseph Roth. »Er revoltierte niemals, er rebellierte immer, und zwar aus konservativer Neigung, als Bekenner hierarchischer Ordnung und als Verteidiger traditioneller Werte, die ihm nicht von unten, sondern im Gegenteil von oben her vernachlässigt, angegriffen, verletzt erschienen.«[233] Grillparzers »Weltschmerz« ist Roths Leiden. »Jedenfalls hat ihm Grillparzer den klassischen gültigen Ausdruck verliehen: dem Weltschmerz, der weiß, daß dem Europa des universalistischen, lateinischen, einigenden, die nationalen Verschiedenheiten aufhebenden Mittelalters – das in Österreich immer noch Bestand und Kraft hatte – unweigerlich das Europa der Reformation, der Französischen Revolution, das Europa Napoleons und das Bismarcks folgen mußte. ›Von der Humanität durch Nationalität zur Bestialität!‹ heißt: von Erasmus durch Luther, Friedrich, Napoleon, Bismarck zu den heutigen europäischen Diktaturen.«[234] Hier hebt ein großer Hasser an, die abendländische Zeitgeschichte auf den Kopf zu stellen. »Es wird der Nachweis sein, daß *Luther* den Antichrist vorbereitet hat«, schreibt er 1934 aus Nizza an Anton von Duinkerken im Zusammenhang mit seinem Essay »Der Antichrist«.[235] Und Andrea Manga Bell überliefert den Satz: »Hitler war nur der letzte Furz von Luther.«[236] Demokraten, Sozialisten, Protestanten, »Saupreußen«, Amerika – ein Verzweifelter versucht sich in einer auseinanderbrechenden Welt zu orientieren.

Das Hotel Foyot

Wenn Roth in Paris ist, wohnt er im Hotel Foyot. Er kennt es seit 1927. Es liegt in der Rue de Tournon, wenige Schritte vom Palais du Luxembourg entfernt. Kleine, nicht zu teure Zimmer, Wirtsleute und Kellner, die ihren Stammgast verehren und auch immer wieder für kreditwürdig halten, und unten ein Feinschmeckerrestaurant. Hermann Kesten schildert in seinem Roman »Die Zwillinge von Nürnberg« die Atmosphäre, in der Roth bis zum Abbruch des Hotels gewohnt hat. Ein Portier erklärt einem Gast, der nach einem Kaffee fragt, »die Küche sei jetzt geschlossen, sonst sei das Restaurant berühmt für seine Weine und seine Preise, beliebt bei Gourmets und Senatoren, das viertbeste Restaurant in Paris. Das Hotel sei dagegen billiger geworden, die alten Engländer von ehemals seien ausgestorben, nun kämen nur noch arme Emigranten, nach dem Krieg gab es Flüchtlinge aus allen Ländern, das Leben scheine überall gefährlich zu werden, zuerst kamen die Armenier, dann die Russen, dann die Polen, die Serben, die Griechen, die Italiener, die Kroaten, die Rumänen, jetzt die Deutschen und die Spanier. Juden seien immer dabei, selbstverständlich. Es gebe im Hotel ein halbes Dutzend deutscher Dichter im Exil, das sei Tradition, seit jener sanfte Dichter aus Böhmen im Foyot gelebt habe, Monsieur Rilke, vous savez? Le grand poète!«[237]

Roth schreibt auf seinem Zimmer oder im gegenüberliegenden Café Le Tournon. Am Spätnachmittag sitzt er dort mit Freunden, Bekannten oder Verhandlungspartnern. »›Republik Tournon‹ nannte er diese Ecke am Senatspalais; er liebte die Menschen, die kamen und gingen, vor allem die Chauffeure, die Clochards, die Briefträger und die Polizisten.«[238] Soma Morgenstern schildert eine der typischen Alltagsszenen aus diesen Jahren: »Roths Tisch in dem Bistro war ein offenes Haus. Man kam, setzte sich hin und redete. Er legte eine Weile die Feder beiseite, öffnete seine verwunderten Augen und hörte zu. Gute und schlechte Nachrichten. Zu den guten kommentierte er: ›Unerhört!‹, griff nach der Feder und schrieb weiter. Die schlechten kommentierte er mit einem Satz: ›Das ist ja ekelhaft!‹ Das war der häufigste Kommentar.«[239] In einem Interview mit der Zeitschrift »Les Nouvelles Litteraires« macht Roth seinem Pariser Quartier 1934 eine Liebeserklärung: »Ich liebe mein Quartier Latin, mein Hotel Foyot. Es ist mein Hotel. Man gibt mir dort Geld und zu essen, wenn ich in Not bin. Es ist diskret, ruhig, vornehm wie ein altes Plätzchen in der Provinz...«[240]

In den gemeinsamen Jahren mit Andrea Manga Bell wohnt Roth auch mit der Geliebten und ihren Kindern im Foyot. Diese familiäre Enge empfindet er als störend, besonders wenn er unter Druck ist, ein Manuskript zu beenden. In dieser Zeit weicht er häufig in ein anderes Hotel aus. »... soeben habe ich meinen Roman (»Beichte eines Mörders« – WvS) beendet«, schreibt er am 1. März 1936 an Zweig. »Ich bleibe noch drei Tage in diesem Hotel (gemeint ist das Hotel Galilée – WvS)... Ich bin ganz krank. Ich mußte das Foyot für die drei Tage verlassen, in denen ich fertig werden sollte. Es ging nicht mit Familie zu arbeiten; besonders nicht schnell.«[241]

Am 2. November 1937 schreibt Roth an Stefan Zweig: »Das Hotel Foyot wird auf Befehl des Magistrats demoliert, und ich bin gestern als der letzte Gast von dort ausgezogen. Die Symbolik ist allzu billig geworden.«[242]

Als das Foyot abgerissen wird, ist das für Roth wie ein weiterer Untergang seiner Welt. »Gegenüber dem Bistro, in dem ich den ganzen Tag sitze, wird jetzt ein altes Haus abgerissen, ein Hotel, in dem ich sechzehn Jahre gewohnt habe – die Zeit meiner Reisen ausgenommen. Vorgestern abend stand noch eine Mauer da, die rückwärtige, und erwartete ihre letzte Nacht. Die drei anderen Mauern lagen schon, in Schutt verwandelt, auf dem halb umzäunten Platz. Wie merkwürdig klein schien mir heute dieser Platz im Verhältnis zu dem großen Hotel, das einst auf ihm gestanden hatte! ... An der einzigen Wand erkannte ich noch die Tapete meines Zimmers, eine himmelblaue, zart goldgeäderte. Gestern schon zog man ein Gerüst, auf dem zwei Arbeiter standen, vor der Wand hoch. Mit Pickel und Steinhammer schlug man auf die Tapete ein, auf meine Wand; und dann, da sie schon betäubt und brüchig war, banden die Männer Stricke um die Mauer – die Mauer am Schafott. ... Jetzt sitze ich gegenüber dem leeren Platz und höre die Stunden rinnen. Man verliert eine Heimat nach der anderen, sage ich mir. Hier sitze ich am Wanderstab. Die Füße sind wund, das Herz ist müde, die Augen sind trocken. Das Elend hockt sich neben mich, wird immer sanfter und größer, der Schmerz bleibt stehen, wird gewaltig und gütig, der Schrecken schmettert heran und kann nicht mehr schrecken. Und dies ist eben das Trostlose.«[243] Welch ein todtrauriger Text! Der Dichter zieht in das Hotel de la Poste, dessen Zimmer über dem Café Le Tournon liegen. Es wird Roths letztes Quartier. Dort entstehen die Zeichnungen, die der österreichische Graphiker Bil Spira von Roth – und anderen Gästen – in dessen letzten Lebensmonaten anfertigt. Der Porträtierte, elend und versoffen, wird sie mit selbstironischen Zitaten versehen.

Die Geschichte von der 1002. Nacht

Auch wenn es – vor allem in den Exiljahren – über nahezu alle Veröffentlichungen Roths viele Irritationen bei seinen Verlegern gibt, Terminüberschreitungen, verspätete Korrekturen, verschiedene Fassungen: Die Geschichte der Erzählung über die 1002. Nacht hält da wohl den Rekord. Mitte 1937 ist nach Auskunft Roths der Roman »schon gesetzt ... aber nicht korrigiert und durchgearbeitet«.[244] Anfang August kann er Stefan Zweig melden: »Ich habe den großen Roman ›1002. Nacht‹ fertig... Ich habe ... erreicht, daß mein ... Buch *nicht* Weihnachten, sondern erst 38 erscheint.«[245] Der Verlag hat inzwischen bereits Probe-Exemplare hergestellt. Noch am 2. Dezember mahnt De Gemeenschap die endgültige Fassung an: »Wir haben bis jetzt noch immer nicht erhalten die Korrekturen der ›1002. Nacht‹. Der Roman musz (!) im nächsten Frühjahr erscheinen, es ist daher höchste Zeit, dass wir jetzt die Korrekturen empfangen, soll das Buch zeitig fertig kommen. Auch des Druckers wegen der seit Monaten wartet und ungeduldig wird da er den für das Buch verwendeten Satz braucht. Wir bitten Sie deshalb uns nicht länger warten zu lassen...«[246] Am 11. Dezember meldet sich der Verlag erneut: »Die 1002. Nacht hatte dieses Jahr erscheinen müssen, Sie und wir waren darüber einig. Die Vertreter besuchten den Buchhandel und verkauften, versuchten jedenfalls zu verkaufen, mit der Versprechung dass der Roman im Herbst erscheinen würde. Plötzlich kommen Sie mit Beschwerden, infolge dessen erscheint das Buch nicht im Herbst. ... Der Verkauf bis jetzt ist so wie so nicht all zu gut gegangen, die Käufer sind empört das Buch nicht – wie versprochen – im Herbst erhalten zu haben und fragen was denn eigentlich los ist.«[247] Am 5. Januar 1938 teilt Roth De Gemeenschap mit: »Gestern habe ich Ihnen recommandiert die Korrekturen meines Romans ›Die 1002. Nacht‹ geschickt.«[248] Am 18. Januar schickt der Verlag den Bürstenabzug. Erst am 23. Mai schreibt Roth dann: »Ich habe schwere Bedenken mein durch die politischen Umstände überholtes und veraltetes Buch jetzt erscheinen zu lassen. ... Wenn Sie unbedingt darauf beharren, werde ich Ihnen dieses Buch mit Vorwort und Korrekturen zuschicken. Ich glaube aber, dass es für uns beide eine Art Misserfolg wäre, weil dieses Buch durch die politischen Umstände seine Bedeutung verloren hat, auch die literarische Bedeutung.«[249] Die politischen Umstände: Am 12. März 1938 ist die deutsche Wehrmacht in Österreich einmarschiert. Heinz Lunzer bezeichnet Roths Argument als »in keiner Weise stichhaltig; es ist eine Über-Ausrede«.[250] Das Gezerre um Korrekturen jedenfalls geht weiter. Am 13. Juni wird der Ton des Verlages schärfer: »Wir erhielten Ihren Brief vom 8. d. M. aber wir haben nicht erhalten die uns in ihrem Schreiben vom 23. Mai ›spätestens innerhalb zehn Tagen‹ versprochene Korrekturen der 1002. Nacht. Dies ist das Xste Mal dass Sie Ihre Versprechungen nicht halten. Sie sind selbst Schuld daran dass die Leitung unserer Stiftung (Die Eigner des Verlags) nicht mehr volles Vertrauen hat in Ihre Versprechungen.«[251]

Roth wird die Veröffentlichung des Romans nicht mehr erleben. Eines seiner besten im Exil geschriebenen Bücher erscheint erst im Dezember 1939. Fünf Monate später wird Holland von der deutschen Wehrmacht bombardiert und besetzt.

»Die Geschichte von der 1002. Nacht«, so könnte man den Titel verstehen, ist die Fortsetzung der orientalischen Märchennächte, die einst mit den Erzählungen der Scheherazade ausgefüllt waren. Ein wenig 1001-Nacht-Atmosphäre bietet jedoch alleine der Anfang, auf den bald die Ernüchterung folgt.

Weil ihn eine unklare Sehnsucht befällt, unternimmt der Schah von Persien eine Reise ins »exotische« Europa nach Wien. Auf einem Ball betrachtet er mit Wohlgefallen die Damen. »Alle Freuden, die ihm das Geschlecht der Frauen gewähren konnte, hatte er ja bereits genossen. Ihm fehlte nur noch eins: der Schmerz, den nur die Einzige bereiten kann.«[252] Sein Auge fällt auf die Gräfin W., mit welcher er die Nacht verbringen möchte. Der Hofstab ist in Verlegenheit. Rittmeister Taittinger aber, eigens für den Besuch des Schahs abkommandiert, hat den Einfall, dem Staatsgast eine ehemalige Geliebte zuzuführen. Mizzi Schinagl – das ewige Roth-Opfer der Sinnlichkeit suchenden Männer – arbeitet seit ihrer Beziehung zu Taittinger, von dem sie auch einen unehelichen Sohn hat, in einem Bordell. Der Gräfin sieht sie verblüffend ähnlich, wie der Rittmeister, der auch mit der W. eine Affäre hatte, nur zu gut weiß. Der Plan wird durchgeführt, der Schah lässt Mizzi eine märchenhaft wertvolle Perlenkette zukommen und reist ab.

Nun erzählt Roth, wie es mit den zurückgebliebenen Wienern weitergeht. Die peinliche Affäre verschwindet in den »Geheimarchiven der Polizei«,[253] Rittmeister Taittinger wird jäh in seine schlesische Provinzgarnison zurückversetzt, wo er zu trinken beginnt und über »seine fatale Geschichte« nachgrübelt. »Die Frauen freuten ihn nicht mehr, der Dienst langweilte ihn, die Kameraden liebte er nicht, der Oberst war fad. Die Stadt war fad, das Leben war noch schlimmer als fad. Es gab im Vokabular Taittingers dafür keinen Ausdruck. Er glitt und sank. Er fühlte sich auch gleiten und sinken. Er hätte gerne mit jemandem darüber gesprochen... Aber es war ihm, als sei er zu stumm und zu stumpf, um das Richtige und Wahre sagen zu können. Er schwieg also. Und er trank.«[254] Mizzi muss sich derweil in ihrem neuen Reichtum einrichten. »Wenn aber das Glück über ein armes, hilfloses Mädchen mit einer Gewalt hereinbricht, mit der sonst nur Katastrophen zu kommen pflegen, wieviel muß so ein armer Mensch nachdenken!«[255] Sie fällt auf einen Hallodri und Betrüger rein. Beide werden zu Haftstrafen verurteilt. Der windige Polizeireporter Lazik bekommt Hinweise zur peinlichen, der Baron würde sagen: »peniblen« Affäre W. in die Hände. Er bauscht sie für eine Zeitungsserie kräftig auf. Diese erscheint auch in Sonderdrucken, die vom naiven Taittinger sogar mitfinanziert werden. Um den daraus erwachsenden neuerlichen Skandal zu verhindern, muss dieser die Armee verlassen und sich auf sein heruntergewirtschaftetes Gut in den Karpaten zurückziehen. »Wie ein

Sterbender den Körper ablegt, so zieht ein Soldat die Uniform aus. Zivil, Zivil: das war ein unbekanntes, vielleicht ein schreckliches Jenseits.«[256]

Mizzi kommt aus dem Gefängnis und gerät sofort wieder in schlechte Gesellschaft. Auch der Baron wird darin verwickelt und gibt sein letztes Geld für den Kauf eines Wachsfigurenkabinetts. Sein missratener Sohn sitzt mittlerweile nach einem Mordversuch in Haft. Als Taittingers Gesuch, wieder in der Armee aufgenommen zu werden, wegen der leidigen Affäre scheitert, erschießt er sich. Der Schah von Persien kommt erneut zu Besuch nach Wien. Anstelle des Rittmeisters führt nun ein ehrgeiziger und verlässlicher Pole die Aufsicht, eine Wiederholung der Affäre ist schon dadurch ausgeschlossen.

Roth beschreibt also eine Abfolge unglücklicher Umstände, schildert nüchtern und im Stil seiner stärksten Feuilletons, wie Menschen von Ereignissen zermahlen werden. Aber weder der Fortschritt noch das Ende des Habsburger Reichs sind diesmal daran schuld. Der Roman spielt in der zweiten Hälfte des 19. Jahrhunderts, und es herrscht »tiefer und übermütiger Frieden in der Welt«.[257] Frei von Zorn und Ideologie kann Roth, während das Geschehen langsam, aber erbarmungslos fortschreitet, eine großartige Szenen- und Personenkette aneinanderreihen. Diese umfasst auch die Nebenfiguren: den Schah, der an chronischem Misstrauen und komplizierten Gedankengängen laboriert, oder die alternde Bordellbesitzerin Josephine Matzner, die nach dem Niedergang ihres Geschäfts privatisiert und um ihr Geld zittert, während sie sich – ganz Österreicherin – nachmittags »dem Genuß des Kaffees, des Guglhupfs und der Musik auslieferte«.[258] Nicht der Katholizismus-Sympathisant, sondern der Feuilletonist Roth beschreibt die letzte Beichte der (vorerst vermeintlich) Sterbenden: »So fragte sie (den Priester) zum Beispiel, ob er glaubte, daß der Beruf, den sie ihr Lebtag ausgeübt habe, sie zur Hölle verdamme. Und als er sie fragte, was für einen Beruf sie denn ausgeübt habe, sagte sie, sie sei Besitzerin des Hauses Matzner auf der Wieden gewesen. Er verstand nicht und sagte, Hausbesitz sei keine Sünde. Sie sagte ihm ferner, daß sie ledig sei. Auch das war keine Sünde, in seinen Augen.«[259]

Am intensivsten jedoch gerät das Porträt des Barons Taittinger, eines Mannes, der seine Umgebung in charmante, gleichgültige und langweilige Menschen einteilt und darüber hinaus, ohne sich dessen bewusst zu sein, ein Weltferner ist. Mizzi schreibt ihm aus dem Gefängnis. »Er war weiter nicht neugierig. Er war nie im Leben besonders neugierig gewesen. Solch ein Brief, mit solch einer lächerlichen, erbärmlichen und vor allem langweiligen Aufschrift gehörte zu den unerklärlichen Erscheinungen, die den Baron Taittinger von Zeit zu Zeit verfolgten, wie zum Beispiel die Briefe seines Ökonomen Brandl, die Rechnungen des Oberkellners Reitmayer, irgendwelche überflüssigen Mitteilungen des Bürgermeisters aus Oberndorf, wo sich sein Gut befand. Es waren beinahe okkulte Erscheinungen.«[260]

Von außen beurteilt ihn – für den Leser – der Rechnungsunteroffizier Zenower, unehelicher Sohn einer Köchin, der übrigens später in eine entfernte Garnison versetzt wird, »weit weg von aller Welt, in Brody, an der russischen Grenze«.[261] Vorerst aber wird er Taittinger in einem typisch Roth'schen Moment spontan zum Vertrauten: »Er hatte den Rittmeister gern, so wie er war, mit all seiner munteren Herzlosigkeit, den kümmerlichen paar Gedanken, für die der Schädel ein viel zu geräumiger Aufenthaltsort schien, mit seinen winzigen Liebhabereien und kindischen Leidenschaften und den zwecklosen Bemerkungen, die ohne Zusammenhang in die Welt aufs Geratewohl aus seinem Munde kamen. … Zenower verstand keineswegs die innere Mechanik, die ein Lebewesen wie den Baron zu lauter sinnlosen, leeren und ihm selbst schädlichen Handlungen antrieb. … Wenn er wenigstens ausgesprochen dumm gewesen wäre! Wenn er wenigstens ausgesprochen böse gewesen wäre!«[262] Helfen jedoch kann er ihm nicht. Immer tiefer gerät der wehrlose, nur von kurzen Anwandlungen von Erkenntnis angewehte Taittinger in Schwierigkeiten. »Längst war die Welt nicht so einfach mehr wie früher; besonders nicht mehr seit der Stunde, in der man die Uniform abgelegt hatte. Längst gab es nicht nur drei einfache Kategorien von Menschen mehr: Charmante, Gleichgültige und Langweilige, sondern vor allem: Unerkennbare.«[263]

Das geradezu sanfte Staunen, mit dem Taittinger seinem Ruin

entgegengeht, hat interessanterweise sein Pendant ausgerechnet in Mizzi, dem Mädchen vom anderen Ende der sozialen Stufenleiter. Wie Taittinger zurück zur Armee möchte, wünscht sich Mizzi wieder in ihre überschaubare Gefängniszelle. Auch sie erwägt den Selbstmord, ein Plan, der bei ihr freilich sentimental schmeckt und eine Episode vor dem für sie passablen Ausgang der Geschichte bleibt, während Taittinger ihn schließlich ohne Erklärungen ausführt. Warum er sich eigentlich umgebracht habe, wird ein Bekannter des Barons gefragt. »Halt so!«, sagt er. »Ich glaub', er hat sich verirrt im Leben. Derlei gibt's manchmal. Man verirrt sich halt!«[264]

Auch »Die Geschichte der 1002. Nacht« ist auf ihre Weise ein politischer Roman, voller satirischer Elemente und präziser Beobachtungen. Roth schildert das Mitglied einer geistig, emotional und wirtschaftlich heruntergekommenen Elite, die selbst einer noch so friedlichen Gegenwart nicht mehr gewachsen ist. Wie der vaterlose, aus einfachen Verhältnissen stammende Zenower beschreibt er Taittinger schonungslos und doch individuell und nicht ohne Menschenfreundlichkeit. Unerbittlichkeit in der Analyse trifft auf Leichtigkeit im Ton. Roth tritt hier nicht als Sprachrohr der Monarchie auf. Aber ausgerechnet dem spottlustigen und in Psychologie bewanderten Romancier gelingt, was dem Essayisten und Briefeschreiber in dieser Zeit kaum noch möglich ist: dem Leser bis heute einen Eindruck davon zu vermitteln, dass es am Ende dennoch auf eine geheimnisvolle, unbegreifliche Art liebenswert war, dieses von gleichgültigen, teils schlechten, teils lediglich dummen, impulsiv und zumeist falsch handelnden Menschen bewohnte Land namens Österreich-Ungarn.

Einer Bitterkeit indes, die wohl vor allem auf die Gegenwart gemünzt ist, gibt Roth erst ganz am Ende nach, wenn er dem alten Puppenbauer, der Mizzis Figurenkabinett bestückt, die letzten Worte überlässt: »Ich könnte vielleicht Puppen herstellen, die Herz, Gewissen, Leidenschaft, Gefühl, Sittlichkeit haben. Aber nach dergleichen fragt in der ganzen Welt niemand. Sie wollen nur Kuriositäten in der Welt; sie wollen Ungeheuer. Ungeheuer wollen sie!«[265]

Die Kapuzinergruft

Noch plagt Roth sich mit den Korrekturen zur »Geschichte von der 1002. Nacht« herum, da sitzt er schon wieder über einem neuen Manuskript. Der Roman sollte zunächst »Der Kelch des Lebens« heißen, dann taucht der Titel »Ein Mann sucht sein Vaterland« auf, und schließlich einigen sich Verlag und Autor auf »Die Kapuzinergruft«. Roth möchte nach den politischen Ereignissen in Österreich dieses Buch vor der »1002. Nacht« veröffentlichen, da er dafür beim Publikum nach dem »Anschluss« ein größeres Interesse erwartet. Im Laufe des Sommers 1938 sendet er immer wieder Teile des Textes an den Verlag De Gemeenschap, der in vielen Briefen die Lieferung neuer Seiten anmahnt. Erst während der Arbeit entscheidet sich Roth für einen Ich-Erzähler.

Am 5. August schickt er einen erbetenen Vorschlag für das Verlags-Prospekt: »Joseph Roth, der Verfasser des Romans ›Radetzkymarsch‹ gibt in seinem neuen Roman ›Die Kapuzinergruft‹ eine Fortsetzung seines ersten österreichischen Romans. So wie er im ›Radetzkymarsch‹ den Untergang der alten österr. ungar. Monarchie geschildert hatte, gibt er in der ›Kapuzinergruft‹ ein erschütterndes Bild von dem Untergang des letzten österreichischen Rechtes (sic!). Joseph Roth erzählt an der Hand privater Schicksale den schrecklichen Niedergang des letzten Winkels mitteleuropäischer Freiheit; die Verschlingung Oesterreichs durch Preussen. ›Die Kapuzinergruft‹ ist der aktuellste Roman dieser Zeit.«[266]

Es ist in der Tat noch einmal ein Zeitroman, den Roth schreibt. Die Geschichte des Franz Ferdinand Trotta setzt im Jahr 1913 ein, und sie endet im März 1938 mit dem Einmarsch der Deutschen. Trotta sitzt in seinem Stammcafé, als »ein gestiefelter Mann« das Lokal betritt: »Volksgenossen! Die Regierung ist gestürzt. Eine neue deutsche Volksregierung ist vorhanden!«[267] Schweigend verlassen die Gäste den Raum, und der jüdische Gastwirt Adolf Feldmann sagt: »Herr Baron, wir nehmen Abschied für immer. Wenn wir uns einmal irgendwo in der Welt wiedersehen sollten, werden wir einander erkennen.«[268]

Roth kehrt in diesem Roman an viele Schauplätze zurück, die er uns schon in seinen früheren Büchern geschildert hat: Wien, Galizien, die Ostfront, Sibirien. Aber »Die Kapuzinergruft« ist nur formal eine »Fortsetzung« des »Radetzkymarsch«. Die Erzählung über das Schicksal des Nachkommen erreicht nicht die literarische Höhe des Buches über den Enkel des »Helden von Solferino«, und sie ist in ihren Betrachtungen über die untergegangene österreichische Monarchie auch nicht von der differenzierten Klarheit, die den 1932 erschienenen Roman so sehr ausgezeichnet hat. Fast ganz verzichtet der Autor diesmal auf Ironie. Die Zeiten sind nicht so: Roth hat während der Niederschrift des Manuskriptes seine Heimat untergehen sehen. Todesahnungen und Resignation suchen den Autor heim. Und diese Grundstimmung liegt auch über der Geschichte des Franz Ferdinand Trotta.

Er lebt in der jungen, übermütigen, etwas dekadenten Welt Wiens. Der Freundeskreis ist groß, heiter und von bescheidenem geistigen Niveau. »Wir schimpften fröhlich, wir lästerten sogar bedenkenlos. Einsam und alt, fern und gleichsam erstarrt, dennoch uns allen nahe und allgegenwärtig, im großen, bunten Reich lebte und regierte der alte Kaiser Franz Joseph.«[269] Sie alle ahnen nicht, was auf sie wartet. »Der Tod kreuzte schon seine knochigen Hände über den Kelchen, aus denen wir tranken, fröhlich und kindisch. Wir fühlten ihn nicht, den Tod. Wir fühlten ihn nicht, weil wir Gott nicht fühlten.«[270]

Die Ahnung von Glück, von Freiheit und Heimat findet Trotta bei einem Besuch der Verwandten im galizischen Zlotogrod. In den Figuren seines Vetters Joseph Branco und des jüdischen Fiakerkutschers Manes Reisiger baut Roth die Gegenwelt zum Wien der unmittelbaren Vorkriegszeit auf: Natur, Ursprünglichkeit und das wirkliche Leben verkörpern Zlotogrod und seine Menschen für Trotta. »... all dies war Heimat, stärker als nur ein Vaterland, weit und bunt, dennoch vertraut und Heimat: die kaiser- und königliche Monarchie.«[271] Und dann – wie so häufig in Roths Romanen – der Scheitelpunkt der Erzählung: »Es begann zu regnen. Es war ein Donnerstag. Am nächsten Tag, Freitag also, klebte die Botschaft schon an allen Straßenecken. Es war das Manifest unseres alten Kaisers Franz Joseph, und es hieß: ›An Meine Völker‹.«[272] Heirat mit der Jugendliebe Elisabeth, verpatzte Hochzeitsnacht und das Roth'sche Panorama: Front, Gefangenschaft in Sibirien, Rückkehr in ein verändertes, revolutionäres Wien.

Elisabeth hat inzwischen ein lesbisches Verhältnis, kehrt aber zu ihrem Mann zurück, ein Sohn wird geboren. Sie leben im Haus der verwitweten Mutter, die großbürgerliche Lebensart verweht und lässt sich nur noch durch innere Haltung und äußere Formen aufrechterhalten. Man muss leben: Das Haus wird zur Pension. »Ich alleine hatte also, wie man zu sagen pflegt, die Verantwortung. Ich – und eine Verantwortung! Nicht, daß ich feige gewesen wäre! Nein, ich war einfach unfähig.«[273]

Eine Welt zerbricht: Die Mutter liegt jahrelang von einem Schlaganfall gelähmt im Bett und stirbt. Elisabeth kehrt zur Geliebten zurück. »Ich kümmerte mich nicht mehr um die Welt. Meinen Sohn schickte ich zu meinem Freund Laveraville nach Paris. Allein blieb ich, allein, allein, allein. Ich ging in die Kapuzinergruft.«[274]

Als die österreichische Götterdämmerung einsetzt und sich der jüdische Gastwirt mit einer Verbeugung von Franz Ferdinand verabschiedet hat, wandert dieser einsam durch die Straßen einer verlorenen Stadt. Er steht vor der Grabstätte der Habsburger. Ein Mönch fragt ihn, was er wünsche. »›Ich will den Sarg meines Kaisers Franz Joseph besuchen‹, erwiderte ich. ›Gott segne Sie!‹ sagte der Bruder und schlug das Kreuz über mich. ›Gott erhalte...!‹ rief ich. ›Pst!‹ sagte der Bruder. Wohin soll ich, ich jetzt, ein Trotta?«[275]

»Ein stiller, feierlicher, wehmütiger Nachruf«, schreibt Ludwig Marcuse über diesen Roman. »... Ist dieser Trotta und sein Freundeskreis und seine Mutter und seine Frau die selige kaiserliche und königliche Monarchie? Ist das Abbild porträtähnlich?«[276] Franz Theodor Csokor jubelt: »Ja, ein Buch voll Tod und dennoch dem Leben, um das wir Versprengte nun kämpfen, am nächsten...«[277] Vorabdrucke einzelner Kapitel erscheinen im April 1938 im »Neuen Tage-Buch« und in der »Pariser Tageszeitung«. Die Buchausgabe wird im Dezember ausgeliefert. Ein Erfolg wird dieser Titel zunächst nicht. Allerdings zählt der Roman nach dem Zweiten Weltkrieg zu Roths bekanntesten Werken. Johannes Schaaf hat ihn 1971 unter dem Titel »Trotta« verfilmt.

Als »Die Kapuzinergruft« erscheint, ist Roth körperlich und seelisch in einem verheerenden Zustand. Nach der Besetzung Österreichs, die seinen letzten Faden in die Heimat zerrissen hat, sieht auch er keine politische Perspektive mehr. Es bleibt nur ohnmächtiger Zorn: »Der preußische Stiefel stampft über älteste europäische Saat. Den Stephansturm, dem ein paar Jahrhunderte lang der Halbmond erspart geblieben ist, wird bald das Hakenkreuz in ein Unwahrzeichen verwandeln... Über ein Land kam nicht die Sintflut, sondern die Kloake.«[278] Die Besetzung des Sudetenlandes im September ist ein weiterer Schock. Roth schreibt an seinem letzten Werk, »Die Legende vom heiligen Trinker«. Er ist ausgebrannt. Um im Spätherbst noch einmal von Amsterdam nach Paris fahren zu können, muss er sich – so jedenfalls die Gerüchte – Geld vom Hotelwirt für die Fahrkarte leihen.

Die Legende vom heiligen Trinker

Umso erstaunlicher, zu welchem Schwanengesang der Schriftsteller in der Lage ist. Eine Wundergeschichte, heiter, abgeklärt und ohne den monarchistischen Zeigefinger schreibt er im Frühjahr 1939. Unter den Brücken von Paris lebt Andreas, der Obdachlose, der Verwahrloste, der Trinker und verurteilte Totschläger. An einem Abend begegnet ihm ein »wohlgekleidete(r)« Herr in »gesetztem Alter«, der »auch jeden Tag unter einer anderen Brücke lebte«.[279] Er gibt Andreas 200 Francs. »Ich bin nämlich ein Christ geworden, weil ich die Geschichte der kleinen heiligen Therese von Lisieux gelesen habe.«[280] Zurückzahlen soll Andreas die Schuld beim Priester nach einer Messe in der Ste Marie des Batignolles. »Wenn Sie es überhaupt jemandem schulden, so ist es die kleine heilige Therese.«[281] Und nun erlebt Andreas Wochen voller Wunder. Immer, wenn er zur Messe gehen will, um seine Schuld an die heilige Therese zurückzuzahlen, hält ihn etwas auf, vertrinkt er das Geld. Er kauft eine Brieftasche, in der er tausend Francs findet. Kaum sind die vertrunken, trifft er einen alten Schulfreund, der ein reicher Fußballstar geworden ist und ihm ein Hotelzimmer zahlt. Er begegnet Karoline, der Frau, zu deren Schutz er den gewalttätigen Ehemann erschlagen hat und die er geliebt hat. Er verlebt berauschende Tage mit einer Tänzerin. Er trifft erneut den vornehmen Herrn, der ihm wieder 200 Francs anbietet. Alles wird vertrunken. Ein Polizist gibt ihm eine Brieftasche, die auf der Straße liegt, im

Glauben, sie gehöre Andreas. Wieder ein Geldsegen. »Siehst du! Das ist ein Zeichen Gottes. Jetzt gehe ich hinüber und zahle endlich mein Geld!«[282]

»In diesem Augenblick tat sich die Tür auf, und während Andreas ein unheimliches Herzweh verspürte ... sah er, daß ein junges Mädchen hereinkam und sich genau ihm gegenüber auf die Banquette setzte. Sie war sehr jung, so jung, wie er noch nie ein Mädchen gesehen zu haben glaubte.«[283] Sie heißt Therese. Als er ihr die Geldschuld zahlen will – »Ich verstehe nicht, was Sie reden, sagte das kleine Fräulein ziemlich verwirrt«[284] –, bricht Andreas zusammen. Man trägt ihn in die Sakristei, und er stirbt. »... er macht nur eine Bewegung, als wollte er in die linke innere Rocktasche greifen, wo das Geld, das er der kleinen Gläubigerin schuldig ist, liegt...[285]«

Roth nennt seinen Andreas einen »heiligen« Trinker. Der Schriftsteller verabschiedet sich mit einem liebevollen, souveränen und selbstironischen Augenzwinkern: »Denn es war einfach ein Wunder, und innerhalb des Wunders gibt es nichts Verwunderliches.«[286] Roth weiß das. Denn der wohlgekleidete, ebenfalls heimatlose Herr ist ihm vielfach begegnet. Und jedes Mal hat er dem Trinker Joseph Roth 200 Francs zugesteckt. Sein Name – wir wollen es einmal so deuten – ist Stefan Zweig. Eine katholische Novelle? Auch das, aber doch mehr noch ein Hohelied auf die Menschlichkeit.

War Roth, in dessen letzter Geschichte die heilige Therese von Lisieux Wunder bewirkt, am Ende nun Katholik? Es ist keine Frage, dass sich der Schriftsteller in den 30er-Jahren im Leben wie im Werk verstärkt und nicht ohne gelegentlichen Einsatz von Weihrauch über den Katholizismus äußert. Glaubensfragen sind biographisch nur schwer zu beantworten. Zwei katholische Geistliche, die beim Begräbnis dabei waren: »Joseph Roth war Katholik, so wie er mir selbst gesagt hat ... Joseph Roth wurde von mir oefter bei der Sonntagsmesse gesehen...«[287] Hermann Kesten: »Roth ist nie konvertiert. Er wurde nie getauft. Er spielte mit vielen Bekenntnissen, auch mit der katholischen Religion.«[288] Heinrich Mann: »Er ist als Jude in Galizien auf die Welt gekommen, aber manchmal negiert er das. Einmal ist er ein engagierter Katholik, angeblich als solcher geboren, ein andermal ist er ein kämpferischer Jude.«[289] Andrea Manga Bell: »Roth wurde katholisch aus Snobismus. Ich glaube nicht, daß er davon ergriffen war.«[290] Es gibt noch viele andere Äußerungen, aber sie schwanken zwischen den hier zitierten Polen. Roth selbst hat sich sehr unterschiedlich zu dieser Frage geäußert, meist kommt es dabei auf den Gesprächspartner an. So schreibt er im Februar 1939 an Schalom Ben-Chorin: »Katholik bin ich seit dem Kriege und meine jüdische Abstammung habe ich nicht nur nicht verleugnet, sondern immer betont.«[291] Eine Taufe ist jedenfalls nicht belegt. Roth glaubt an Gott; Roth ist tief in das Alte und das Neue Testament eingedrungen; Roth träumt von der christlich-jüdischen Symbiose.

Der Tod des Dichters

Im Januar 1939 lädt ihn seine amerikanische Übersetzerin und Präsidentin des amerikanischen P.E.N.-Zentrums, Dorothy Thompson, für den Mai in die USA ein. Roth denkt über eine Übersiedlung nach Amerika nach, lässt Freunde erste Schritte einleiten. Seinem amerikanischen Agenten Barthold Fles schreibt er: »Ich habe keine Luft mehr. Verhelfen Sie mir sofort nach Amerika, statt mir sentimentale Briefe zu schreiben.«[292] Aber das sind nur kurze Augenblicke des Überlebenswillens und keine ernsthaften Überlegungen mehr. »Ich will hier bleiben. Ich gehe nicht fort, ich will nicht nach Amerika! Ich bin ein Europäer und ich will mit Europa sterben, hier, auf einer Straße in Paris, vor diesem Hotel...«[293] Diese Sätze zitiert der Mitemigrant Hans Sahl, und zumindest ihre Tendenz trifft wohl zu. Roth hat resigniert. Noch einmal Österreich, in einer Artikelserie »Schwarz-gelbes Tagebuch« für »Die Österreichische Post«. Zu Hitlers Geburtstag erscheint dort der Text »Wiegenfest«: »Nicht älter soll er werden! Ich wünsche ihm einen natürlichen Tod – freilich –, aber keinen schnellen und keinen leichten. Tausende, was sage ich: Zehntausende, vielleicht mehr, sind seinetwegen, auf seine Veranlassung unter langsamen Qualen gestorben.«[294]

Roth schreibt an einem Essay über Georges Clemenceau, dessen vereinbarten Druck der Verlag De Gemeenschap dann doch ablehnt. Er veröffentlicht dafür lieber »Die Legende vom heiligen Trinker«. Im März – zum Jahrestag des österreichischen Anschlusses an Hitler-Deutschland – hat der Dichter noch einmal auf sechs Veranstaltungen der »Ligue de l'Autriche vivante« gesprochen. Bis in die letzten Lebenswochen hinein versucht Roth, sich für Flüchtlinge und Emigranten einzusetzen, ihnen bei Ämtern und Behörden zu helfen.

Bericht des Arztes Eduard Broczyner, der Roth in den letzten Monaten seines Lebens behandelt hat: »Sechs Wochen vor seinem Tode erlitt Joseph Roth einen Kollaps ... Joseph Roth hat eine schwere Herzmuskelentartung mit Ausgleichsstörungen, wie Ödeme, vergrößerte Leber usw.«[295] Erstaunlich, konstatiert der Arzt, wie gut die gesundheitliche Grundkonstitution trotzdem war. Aber der schwere Herzanfall im Jahre 1938 hat doch deutliche Spuren hinterlassen.

Am 3. Mai wandern Soma Morgenstern und Joseph Roth durch den Jardin du Luxembourg. Sie setzen sich auf eine Parkbank in der großen schattigen Allee. Roth bittet den Freund, ihm zwei Lieder aus ihrer Heimat vorzusingen, ein jüdisches und ein ukrainisches: »Mit beiden Händen auf seinen Stock gestützt, gesenkten Kopfes, hörte er zu, dann schwieg er eine lange Zeit, und ich sah, wie seine Tränen auf seine bleichen Finger fielen. Mir stockte der Atem. Ich hatte Roth in nüchternem Zustand noch nie offen weinen sehn... Es war das letzte Mal, daß ich ihm ein Lied gesungen habe. Es war sein letzter Spaziergang.«[296]

Im Nachlass findet sich ein Blatt mit dem Zusatz von fremder Hand: »Letzter Artikel vor seinem Tode Montag 22. V. 1939«. Der Titel lautet: »Die Eiche Goethes in Buchenwald«. »An dieser Eiche gehen jeden Tag die Insassen des Konzentrationslagers vorbei; das heißt: sie werden dort vorbeigegangen. Fürwahr! man verbreitet falsche Nachrichten über das Konzentrationslager Buchenwald; man möchte sagen: Greuelmärchen. Es ist, scheint mir, an der Zeit, diese auf das rechte Maß zu reduzieren: an der Eiche, unter der Goethe mit Frau von Stein gesessen ist und die dank dem Naturschutzgesetz noch wächst, ist bis jetzt, meines Wissens, noch kein einziger der Insassen des Konzentrationslagers ›angebunden‹ worden; vielmehr an den andern Eichen, an denen es in diesem Wald nicht mangelt.«[297] Es sind die letzten Zeilen, die der Schriftsteller Josef Roth schreiben wird.

Am 23. Mai erreicht ihn im Café Le Tournon die Nachricht vom Selbstmord Ernst Tollers. Fassungsloses Entsetzen. Franz Carl Weiskopf, 1938 aus Prag nach Paris geflohen, überliefert Roths unmittelbare Reaktion auf diese Meldung: »Wie schade, wie schade, daß Ernst Toller aus dem Leben gegangen ist, jetzt, da man schon sehen kann, daß es mit unseren Feinden zu Ende geht!«[298] Soma Morgenstern erzählt: Roth »wollte sich mit einem Armagnac stärken, konnte aber das Gläschen nicht in der Hand halten. Ich half ihm, sein erstes Gläschen des Tages zu trinken. ›Daß er's nicht mehr ausgehalten hat, verstehe ich ... Aber aufhängen! Kannst Du das begreifen?‹«[299] Wenig später bricht Roth zusammen: »Plötzlich streckte er beide Arme über den Tisch und wäre gleich zu Boden gefallen, wenn ich ihn nicht rechtzeitig aufgefangen hätte.«[300] Der Ohnmächtige wird auf sein Zimmer getragen. Eine Koffein-Injektion und ein Glas Cognac beleben ihn. »Halb gehend, halb von seinen Freunden gestützt, begab sich der keuchende Roth in den Krankenwagen, der ihn in das Hôpital Necker brachte.«[301] Sein Krankenbett steht – nur durch eine Glaswand abgeschirmt – in einem größeren Gemeinschaftssaal.

Verwirrende Zeitzeugenberichte: Einerseits will Blanche Gidon, Ehefrau eines bekannten Arztes, das Hôpital informiert haben, wer da gerade eingeliefert worden ist. Andererseits heißt es seitens des Krankenhauspersonals nach dem Tod des Dichters, man habe nicht gewusst, welch berühmter Mann da auf dem Krankenbett mit dem Tode gerungen hatte. Einerseits werden rasch Vorwürfe laut, Roth sei falsch behandelt bzw. wenig beachtet worden, andererseits soll in den letzten Tagen »ein feierlicher Zug von Freunden und Verehrern an seinem Bett vorbei (geströmt)«[302] sein. Warum hat keiner unter diesen vielen Besuchern bei Ärzten und Schwestern interveniert, dass bei ihnen ein Alkoholiker untergebracht ist und ein berühmter Schriftsteller? Angeblich soll eine junge Hilfsärztin unmittelbar nach Roths Ableben erklärt haben: »Wenn ich das gewußt hätte, hätte ich mich nicht von seinem Bett fortgerührt.«[303]

Roth schreit nach Alkohol, will das Spital verlassen. Man fesselt ihn ans Bett. Das schildern die Zeitzeugen später alles sehr eindringlich, und keiner hat gegen diese menschenunwürdigen Umstände, in die der Freund geraten ist, laut und wirkungsvoll protestiert? Soma Morgenstern nicht, Friderike Zweig nicht, Stefan Fingal nicht? Seltsam mutet es demgegenüber an, wie genau alle von dem schrecklichen Sterben des Dichters zu berichten wissen und wie hart ihre Vorwürfe mit Blick auf das Krankenhauspersonal sind. Auch das erstaunt: Angeblich hat man dem Kranken jeglichen Alkohol versagt, was rasch zu Delirium tremens geführt hat. Andererseits entdeckt eine Krankenschwester nach seinem Ableben angeblich eingeschmuggelten Alkohol unter seinem Bett. Viele Ungereimtheiten finden sich in den Berichten der Freunde und Gefährten über diese letzten Stunden des Sterbenden.

Vier Tage ringt Joseph Roth mit dem Tod. Da das Fieber steigt, beginnen sich seine Gedanken zu verwirren. Lungenentzündung und Atemnot. Zehn Jahre später schildert Stefan Fingal in der jüdischen Zeitschrift »Aufbau« die letzten Stunden: »Im Hospital gab es nicht einmal Kissen mit Rücklehne. Man liess ihn liegen, und als er fort wollte band man ihn fest. Joseph Roth, mit Riemen festgeschnallt in einem Armenleute-Hospital!«[304] Wahnbilder, hochgradige Erregung – der Tod. Es ist der 27. Mai 1939. Joseph Roth wird nicht einmal 45 Jahre alt.

Drei Tage später jüdisch-katholisch-sozialistisch-monarchistische Gespensterszenen auf dem Friedhof Thiais in der Banlieue, südöstlich von Paris. Katholisches Begräbnis? Jüdisches Kaddisch? Man findet keinen Taufschein, man streitet und rechtet. Priester beginnen mit der Einsegnung und empörtes Murmeln erhebt sich im Kreis der jüdischen Trauergäste. Die Monarchisten würdigen »den treuen Kämpfer der Monarchie« mit einem Kranz, und der Kommunist Egon Erwin Kisch wirft mit lautem Ruf einen roten Nelkenstrauß auf den Sarg. Anton Wanzl, der Vorzugsschüler, lachte, als er endlich im Sarg lag. Wahrscheinlich hatte Joseph Roth, der Dichter, auch sein Vergnügen, als sie am Grab um seine Seele stritten.

Danksagung

In den Jahren, in denen ich mich mit diesem Buch beschäftigt habe, sprach ich in Archiven, Bibliotheken, im Freundes- und Familienkreis mit vielen Menschen über den Mann und sein Werk. Ihnen allen habe ich zu danken.

Eine solche Biographie zu schreiben, ist ohne die literaturwissenschaftlichen und historischen Arbeiten zu Joseph Roth und über seine Zeit gar nicht denkbar. Stellvertretend seien hier die Herausgeber der Gesammelten Werke Roths, Fritz Hackert und Klaus Westermann, genannt. Unverzichtbar ist der Hinweis auf den Roth-Biographen David Bronsen, der 1990 verstarb. Seine Gespräche mit den damals noch lebenden Zeitzeugen in den 60er- und frühen 70er-Jahren haben dazu beigetragen, die vielen Leerstellen im Leben Roths zumindest doch teilweise zu füllen. Bronsen hat hier Pionierarbeit geleistet.

Im Besonderen gilt mein Dank meiner Tochter Judith von Sternburg. Sie hat mich in vielen langen Diskussionen immer wieder angeregt und unterstützt und meine Arbeit mit Ratschlägen und Hinweisen begleitet. Frau Ingeborg von Lips (geborene Sültemeyer) hat das entstehende Manuskript kritisch gelesen, und ich verdanke ihr Einschätzungen, Korrekturvorschläge und einige Briefe von Roth-Weggefährten, die sie mir freundlicherweise zur Verfügung gestellt hat. Auch sie war eine kluge Begleiterin bei der Erstellung des Textes. Heinz Lunzer, ebenfalls ein großer Kenner Roths, hat mir in Wien gastfreundlich und überaus hilfsbereit zur Seite gestanden. Rainer-Joachim Siegel, Leipzig, erlaubte mir, an seinem großen Wissen über Fundstellen und Details zur Werkgeschichte teilzuhaben. Der ukrainische Schriftsteller und Roth-Übersetzer Jurko Prochasko war ein vorzüglicher Führer durch die Welt Galiziens, insbesondere Brodys und Lembergs. Marco Verhülsdonk hat das Manuskript im Verlag geduldig, zuverlässig und sehr hilfreich betreut.

Zu danken habe ich der freundlichen Hilfe der Mitarbeiter des Deutschen Exilarchivs 1933–1945 der Nationalbibliothek in Frankfurt am Main, des Deutschen Literaturarchivs Marbach am Neckar, der Dokumentationsstelle für neuere österreichische Literatur im Literaturhaus in Wien, des Leo Baeck Institute New York und der Universitätsbibliothek Frankfurt am Main.

Wiesbaden, im Januar 2009

Anhang

Anmerkungen

Verzeichnis der in den Anmerkungen verwendeten Abkürzungen

Briefe – Joseph Roth: Briefe 1911–1939. Hrsg. und eingeleitet von Hermann Kesten. Köln/Berlin 1970

Bronsen – David Bronsen: Joseph Roth. Eine Biographie. Köln 1974

Dst. Wien – Dokumentationsstelle für neuere österreichische Literatur im Literaturhaus in Wien

LBI – Leo Baeck Institute New York

Verlagsbriefe 1 – Joseph Roth: Aber das Leben marschiert weiter und nimmt uns mit. Der Briefwechsel zwischen Joseph Roth und dem Verlag De Gemeenschap 1936–1939. Hrsg. und eingeleitet von Theo Bijvoet und Madeleine Rietra. Köln 1991

Verlagsbriefe 2 – Joseph Roth: Geschäft ist Geschäft. Seien Sie mir privat nicht böse. Ich brauche Geld. Der Briefwechsel zwischen Joseph Roth und den Exilverlagen Allert de Lange und Querido 1933–1939. Hrsg. und eingeleitet von Madeleine Rietra. In Verbindung mit Rainer-Joachim Siegel. Köln 2005

Werke 1–6 – Joseph Roth: Werke. 6 Bände. Hrsg. von Klaus Westermann und Fritz Hackert. Köln 1989–1991

Kapitel 1

1 Briefe, S. 220
2 Briefe, S. 244
3 Briefe, S. 450 f.
4 Soma Morgenstern: Joseph Roth im Gespräch. In: David Bronsen (Hrsg.): Joseph Roth und die Tradition. Darmstadt 1975, S. 39 f.
5 Zit. nach Donald A. Prater: Stefan Zweig. Das Leben eines Ungeduldigen. München-Wien 1981, S. 358. Prater zitiert diese Bemerkung aus einem undatierten Brief Zweigs an seine zweite Frau Lotte Altmann.
6 Klaus Mann: Der Wendepunkt. Ein Lebensbericht. Frankfurt am Main 1966, S. 310
7 Briefe, S. 186
8 Briefe, S. 253
9 Briefe, S. 262
10 Briefe, S. 261

11 Nachgewiesen sind 132 veröffentlichte und 25 nicht veröffentlichte Artikel, die Roth in seinen Exiljahren verfasst hat. Möglicherweise taucht die eine oder andere journalistische Arbeit noch auf. Vgl. Rainer-Joachim Siegel: Joseph Roth-Bibliographie. Morsum/Sylt 1995
12 Franz Kafka: Briefe an Felice und andere Korrespondenz aus der Verlobungszeit. Frankfurt am Main 1967, S. 65
13 Briefe, S. 452
14 Briefe, S. 527
15 Werke 3, S. 765 ff.
16 Brief von Leo Perutz an Richard A. Bermann vom 11.9.1939. Zit. nach: Hans-Harald Müller: Leo Perutz. Biographie. Wien 2007, S. 258
17 Golo Mann: Briefe 1932-1992. Herausgegeben von Tilmann Lahme und Kathrin Lüssi. Göttingen 2006, S. 89
18 Stefan Zweig: Die Welt von Gestern. Erinnerungen eines Europäers. Frankfurt 2007, S. 325
19 Werke 4, S. 922
20 Stunde der Wahrheit. Gespräch mit dem Nobelpreisträger Imre Kertész über Europa und die Verteidigung seiner Werte. In: Neue Zürcher Zeitung, Nr. 155 v. 7./8. Juli 2007, S. 25
21 Werke 5, S. 657
22 Ulrich Greiner: Der heilige Trinker. In: Die Zeit v. 25.10.1986, Beilage »Das Magazin«, S. 78 f.
23 Werke 5, S. 316
24 Werke 3, S. 65
25 Briefe, S. 240
26 Werke 5, S. 675
27 Stefan Zweig: Die Welt von Gestern. a.a.O., S. 15
28 Werke 3, S. 793
29 Hans Natonek: Die Legende Roth. In: David Bronsen (Hrsg.): Joseph Roth und die Tradition, a.a.O., S. 74 ff.
30 Briefe, S. 499 f.
31 Briefe, S. 266
32 Briefe, S. 373
33 Werke 3, S. 712 f.
34 Werke 6, S. 543
35 Bronsen, S. 596
36 Zit. nach: Heinz Lunzer: Joseph Roth. Im Exil in Paris 1933 bis 1939. Wien 2008, S. 202
37 Brief von Andrea Manga Bell v. 17. August 1969, Dst. Wien
38 Briefe, S. 165
39 Werke 4, S. 917

40 Bronsen-Interview mit Józef Wittlin, Dst. Wien. In der Dokumentationsstelle für neuere österreichische Literatur, Wien, sind die vollständigen, von David Bronsen nach den Gesprächen angefertigten Notizen archiviert.
41 Briefe, S. 145
42 Briefe, S. 77
43 Józef Wittlin: Erinnerungen an Joseph Roth. In: Joseph Roth. Leben und Werk. Ein Gedächtnisbuch. Hrsg. Hermann Linden, Köln und Hagen 1949, S. 57
44 Werke 2, S. 287
45 Franz Kafka: Hochzeitsvorbereitungen auf dem Lande und andere Prosa aus dem Nachlaß. Frankfurt am Main 1953, S. 121
46 Briefe, S. 417 f.
47 Stefan Zweig: Briefe 1914–1919. Hrsg. von Knut Beck, Jeffrey B. Berlin und Natascha Weschenbach-Feggeler. Frankfurt am Main 1998, S. 107 f.
48 Werke 2, S. 889
49 Lion Feuchtwanger: Der historische Prozeß der Juden. In: Lion Feuchtwanger: Centum Opuscula. Hrsg. Wolfgang Berndt. Rudolstadt 1956, S. 477
50 Arnold Zweig: Das ostjüdische Antlitz. Berlin 1922, S. 50
51 Heinrich Heine: Ludwig Börne. Eine Denkschrift. In: Heinrich Heine: Sämtliche Schriften. Vierter Band. München 1971, S. 40
52 Lion Feuchtwanger: Über ›Jud Süß‹. In: Lion Feuchtwanger: Centum Opuscula, a.a.O., S. 388
53 Jakob Wassermann: Mein Weg als Deutscher und Jude. Berlin 1921, S. 125
54 Briefe, S. 243
55 Bronsen-Interview mit Siegfried van Praag, Dst. Wien
56 Werke 1, S. 933
57 Werke 2, S. 840
58 Bronsen-Interview mit Andrea Manga Bell, Dst. Wien
59 Heinrich Böll: Ein Denkmal für Joseph Roth. Über Joseph Roth ›Werke in drei Bänden‹. In: Heinrich Böll: Werke. Band 10. 1956–1959. Hrsg. von Viktor Böll. Köln 2005, S. 61 f
60 Theodor Herzl: Der Judenstaat. Versuch einer modernen Lösung der Judenfrage. Augsburg 1996, S.16.
61 Werke 2. S. 837
62 Werke 2, S. 902
63 Briefe, S. 421
64 Briefe, S. 168
65 Bronsen-Interview mit Irmgard Keun, Dst. Wien

66 Imre Kertész: Dossier K. Eine Ermittlung. Reinbek bei Hamburg 2006, S. 66
67 Gustav Janouch: Gespräche mit Kafka. Frankfurt am Main 1961, S. 81
68 Briefe, S. 57
69 Werke 1, S. 780
70 Werke 3, S. 30
71 Werke 4, S. 503
72 Werke 4, S. 604
73 Bronsen-Interview mit Ludwig Marcuse, Dst. Wien
74 Werke 3, S. 1032 f.
75 Sigmund Freud: Der Dichter und das Phantasieren. In: Gesammelte Werke. Siebenter Band. Werke aus den Jahren 1906–1909. Frankfurt am Main 1976, S. 214
76 Soma Morgenstern: Joseph Roth im Gespräch., a.a.O., S. 65
77 Franz Kafka: Brief an den Vater. Frankfurt am Main 1982, S. 7 f.
78 Franz Kafka: Brief an den Vater, a.a.O., S. 11
79 Franz Kafka: Brief an den Vater, a.a.O., S. 31 f.
80 Stefan Zweig: Der Kampf mit dem Dämon. Hölderlin – Kleist – Nietzsche. Frankfurt am Main 2004, S. 36
81 Sigmund Freud: Das Unbehagen in der Kultur. In: Gesammelte Werke. Vierzehnter Band. Werke aus den Jahren 1925–1931, Frankfurt 1976, S. 430
82 Zit. nach: Eleonore Fronk / Werner Andreas: »Besoffen, aber gescheit«. Joseph Roths Alkoholismus in Leben und Werk. Oberhausen 2002, S. 57
83 Heinrich von Kleist: Sämtliche Werke und Briefe in 4 Bänden. Hrsg. von Ilse Marie Barth u. a. Frankfurt am Main 1988–1991, Band 4, S. 196
84 Bronsen-Interview mit Gotthard Jedlicka, Dst. Wien
85 Briefe, S. 378
86 Werke 3, S. 3
87 Stefan Zweig: Der Kampf mit dem Dämon, a.a.O., S. 18 f.
88 Briefe, S. 283
89 Franz Kafka: Briefe an Felice und andere Korrespondenz aus der Verlobungszeit, a.a.O., S. 412
90 Werke 2, S. 451
91 Klaus Westermann: Joseph Roth, Journalist. Eine Karriere 1915–1939. Bonn 1987, S. 11
92 Werke 1, S. 943
93 Werke 1, S. 921
94 Bronsen-Interview mit Joseph Breitbach, Dst. Wien
95 Werke 5, S. 393
96 Briefe, S. 429
97 Briefe, S. 355
98 Briefe, S. 403

99 Heinrich von Kleist: Sämtliche Werke und Briefe in 4 Bänden, a.a.O., Band 4, S. 448
100 Heinrich von Kleist: Sämtliche Werke und Briefe in 4 Bänden, a.a.O., Band 4. S. 450
101 Zit. nach: Gerhard Schulz: Heinrich von Kleist. Eine Biographie. München 2007, S. 483
102 Werke 2, S. 521
103 Werke 2, S. 552
104 Werke 2, S. 81
105 Werke 2, S. 263
106 Benno Reifenberg: Lichte Schatten. Aus den Schriften. Frankfurt am Main 1953, S. 212 f.
107 Briefe, S. 88
108 Werke 1, S. 616
109 Werke 2, S. 351
110 Werke 2, S. 798
111 Werke 2, S. 794
112 Briefe, S. 42
113 Briefe, S. 87
114 Werke 2, S. 519 f.
115 Soma Morgenstern: Joseph Roths Flucht und Ende. Erinnerungen. Lüneburg 1994, S. 26
116 Werke 2, S. 824
117 Werke 2, S. 824
118 Vgl. Fritz Hackert: Kulturpessimismus und Erzählform. Studien zu Joseph Roths Leben und Werk. Bern 1967; Ingeborg Sültemeyer: Das Frühwerk Joseph Roths. 1915–1926. Studien und Texte. Wien-Freiburg-Basel 1976; Klaus Westermann: Joseph Roth, Journalist. Eine Karriere 1915-1939. Bonn 1987. Der Wiederabdruck der journalistischen Texte in: Joseph Roth: Werke 1–3, Köln 1989/91. Joseph Roth: Unter dem Bülowbogen. Prosa zur Zeit. Hrsg. von Rainer-Joachim Siegel. Köln 1994
119 Ludwig Marcuse: Ein Gast auf dieser Erde. In: Wie alt kann Aktuelles sein? Literarische Porträts und Kritiken. Zürich 1989, S. 209
120 Marcel Reich-Ranicki: Der Fanatiker der Klarheit. In: Nachprüfung. Aufsätze über deutsche Schriftsteller von gestern. Stuttgart 1990, S. 267
121 Heinrich Böll: Ein Denkmal für Joseph Roth, a.a.O., S. 61
122 Auskunft des Verlages Kiepenheuer & Witsch, Köln, im Januar 2008
123 Peter Wapnewski: Hiob. Leben und Werk des Joseph Roth. In: Zumutungen. Essays zur Literatur des 20. Jahrhunderts. Düsseldorf 1979, S. 149
124 Heinrich Böll: Ein Denkmal für Joseph Roth, a.a.O., S. 61

125 Reinhard Baumgart: Auferstehung und Tod des Joseph Roth. München-Wien 1991, S. 12f.
126 Egon Schwarz: Joseph Roth und die österreichische Literatur. In: David Bronsen (Hrsg.): Joseph Roth und die Tradition, a.a.O., 1975, S. 142
127 Briefe, S. 34
128 Werke 2, S. 60
129 Werke 3, S. 1035
130 Werke 1, S. 617
131 Werke 3, S. 267
132 Werke 3, S. 44ff.
133 Marcel Reich-Ranicki: Vorwort. In: Géza von Cziffra: Der Heilige Trinker. Erinnerungen an Joseph Roth. Frankfurt/M. – Berlin 1989, S. 5
134 Werke 3, S. 97
135 Vgl. Fritz Hackert: Kulturpessimismus und Erzählform, a.a.O., S. 92–111
136 Werke 3, S. 157
137 Ludwig Marcuse: Die Neue Unsachlichkeit. In: Wie alt kann Aktuelles sein?, a.a.O., S. 498
138 Reinhard Baumgart: Auferstehung und Tod des Joseph Roth, a.a.O., S. 64
139 Egon Erwin Kisch: Der rasende Reporter, Berlin 1930, S. 10
140 Werke 3, S. 153f.
141 Werke 3, S. 156f.
142 Werke 3, S. 157f.
143 Joseph Roth 7.6.1930 an die Redaktion des Jüdischen Lexikons, Dst. Wien
144 Soma Morgenstern: Joseph Roths Flucht und Ende, a.a.O., S. 79
145 Dieses Zitat stammt aus einem Text, der sich im Nachlass von Roth fand, LBI. Eine zweite, veränderte Fassung unter dem Titel »Heute kam ein Brief...« in Werke 4, S. 1037–1043
146 Auskünfte über die Auflagen der Roth-Werke vom Verlag Kiepenheuer & Witsch, Köln
147 Briefe, S. 450
148 Werke 6, S. 337
149 Werke 3, S. 574
150 Marcel Reich-Ranicki: Joseph Roth, a.a.O., S. 281
151 Walter Mehring: Die verlorene Bibliothek. Autobiographie einer Kultur. Düsseldorf 1978, S. 283
152 Stefan Zweig: Joseph Roth, in: Zeit und Schicksale. Aufsätze und Vorträge aus den Jahren 1902–1942. Frankfurt am Main 1990, S. 326
153 Briefe, S. 98
154 Werke 4, S. 1008
155 Hans-Albert Walter: Joseph Roths Widersprüche. Zu seinen Briefen 1911–1939. In: Merkur. 25. Jahrgang. Heft 8. August 1971, S. 802

156 Stefan Zweig: Joseph Roth, a.a.O., S. 337
157 Heiner Müller: Gedichte 1949-89. Berlin 2007, S. 63
158 Briefe, S. 492
159 Hermann Kesten: Der Mensch Joseph Roth. In: Joseph Roth. Leben und Werk, a.a.O., S. 15
160 Gustav Kiepenheuer: Eine Reverenz vor Joseph Roth. In: Joseph Roth. Leben und Werk, a.a.O., S. 41
161 Józef Wittlin: Erinnerungen an Joseph Roth. In: David Bronsen (Hrsg.): Joseph Roth und die Tradition, a.a.O., S. 17
162 Friderike Maria Zweig: Spiegelungen des Lebens. Frankfurt am Main 1985, S. 165
163 David Bronsen: Joseph Roth und sein Lebenskampf um ein inneres Österreich. In: David Bronsen (Hrsg.): Joseph Roth und die Tradition, a.a.O., S. 9
164 Benno Reifenberg: Lichte Schatten, a.a.O., S. 206
165 Hans Natonek: Joseph Roth. In: Die Neue Weltbühne. Jahrgang 35. 1939. Nr. 22, S. 681
166 Ludwig Marcuse: Die Neue Unsachlichkeit, a.a.O., S. 498
167 Géza von Cziffra: Der Heilige Trinker, a.a.O., S. 126
168 Walter Mehring: Die verlorene Bibliothek, a.a.O., S. 284
169 Klaus Mann: Der Wendepunkt, a.a.O., S. 309
170 Ludwig Marcuse: Die Neue Unsachlichkeit, a.a.O., S. 504 f.
171 Bronsen-Interview mit Joseph Breitbach, Dst. Wien
172 Carl Zuckmayer: Als wär's ein Stück von mir. Horen der Freundschaft, Frankfurt am Main 1966, S. 114
173 Soma Morgenstern: Joseph Roths Flucht und Ende, a.a.O., S. 80
174 Fred Grubel: Schreib das auf eine Tafel die mit ihnen bleibt. Jüdisches Leben im 20. Jahrhundert. Wien-Köln-Weimar 1998, S. 95
175 Werke 3, S. 1034
176 Briefe, S. 276 f.
177 Briefe, S. 305
178 Briefe, S. 304
179 Briefe, S. 243
180 Briefe, S. 443
181 Werke 2, S. 801
182 Robert Musil: Briefe 1901–1942. Hrsg. von Adolf Frisé. Reinbek 1981, S. 507
183 Zit. nach: Helmuth Nürnberger: Joseph Roth. Reinbek bei Hamburg 1981, S. 134
184 Thomas Mann: Tagebücher 1933–1934. Frankfurt am Main 1977, S. 172
185 Thomas Mann: Tagebücher 1935–1936. Frankfurt am Main 1978, S. 193

186 Zit. nach Donald A. Prager: Stefan Zweig, a.a.O., S. 347
187 Arnold Zweig: Joseph Roth gestorben. In: Arnold Zweig: Über Schriftsteller. Berlin und Weimar 1967, S. 137
188 Werke 4, S. 822
189 Heinrich von Kleist: Sämtliche Werke und Briefe in vier Bänden, a.a.O., Band 4, S.513
190 Vgl. Géza von Cziffra: Der Heilige Trinker, a.a.O., S. 8
191 Friedrich Hölderlin: Die Heimat. In: Gedichte. Jena und Leipzig 1905, S. 158
192 Friedrich Nietzsche: Aus dem Nachlaß der Achtzigerjahre. In: Werke in sechs Bänden. Band VI. München – Wien 1980, S. 832
193 Werke 3, S. 507
194 Hermann Kesten: Meine Freunde, die Poeten. Frankfurt-Berlin-Wien 1980, S. 174

Kapitel 2

1 Vgl. Karl Heinz Mack (Hrsg.): Galizien um die Jahrhundertwende. Politische, soziale und kulturelle Verbindungen mit Österreich. Wien 1990, S. 19
2 Werke 5, S. 258 f.
3 Werke 5, S. 282
4 Hugo von Hofmannsthal: Gesammelte Werke. Dramen V. Operndichtungen. Frankfurt am Main 1979, S. 521
5 Hugo von Hofmannsthal/Leopold von Andrian: Briefwechsel. Frankfurt am Main 1968, S. 63 f.
6 Heinrich Heine: Über Polen. In: Heinrich Heine: Sämtliche Schriften. Zweiter Band. München 1969, S. 75 f.
7 Bronsen-Interview mit Pierre Bertaux, Dst. Wien
8 Werke 2. S. 281
9 Zit. nach Martin Pollack: Galizien. Eine Reise durch die verschwundene Welt Ostgaliziens und der Bukowina. Frankfurt am Main 2001, S.16
10 Ivan Franko: Die galizische Schöpfungsgeschichte. In: Stefan Simonek und Alois Woldan (Hrsg.): Europa erlesen. Galizien. Klagenfurt 1998, S. 11
11 Werke 2, S. 285
12 In Leopold von Sacher-Masochs Erstlingsroman »Eine galizische Geschichte« steht der Februar-Aufstand im Zentrum des Geschehens. Ebenso in einigen seiner »Galizischen Geschichten«. Der polnische Freiheitskampf bildet auch den Hintergrund der »Galizischen Erzählungen« und des Romans »Ein Kampf ums Recht« von Karl Emil Franzos. Marie von Ebner-Eschenbach veröffentlicht in ihren »Dorf- und Schloßgeschich-

ten« zwei Erzählungen, die die Ereignisse von 1846 thematisieren: »Der Kreisphysikus« und »Jakob Szela«.
13 Werke 5, S. 160
14 Martin Pollack: Galizien, a.a.O., S. 83
15 Zit. nach Isabel Röskau-Rydel: Galizien, Bukowina, Moldau. Berlin 1999, S. 24
16 Werke 5, S. 402
17 Stefan Zweig: Die Welt von Gestern. Erinnerungen eines Europäers. Frankfurt am Main 2007, S. 27
18 Andreas Kappeler: Kleine Geschichte der Ukraine. München 2000, S. 163
19 Werke 2, S. 944
20 Werke 4, S. 1010f.
21 Alexander Granach: Da geht ein Mensch. Lebensroman eines Schauspielers. München-Berlin 1973, S. 7
22 Zit. nach Günter Busch: Der Maler Marc Chagall und seine Kunst. In: Universitas 204. 18. Jahrgang. Stuttgart 1963, S. 492f.
23 Werke 4, S. 1031
24 Das gilt für die Prosawerke »Hotel Savoy«, »Tarabas«, »Der Leviathan«, »Die Büste des Kaisers«, »Hiob«, »Radetzkymarsch« oder »Das falsche Gewicht«. Aber auch in anderen Romanen oder Erzählungen – »Das Spinnennetz« und »Die Flucht ohne Ende« beispielsweise – stammt ein Teil des Personals aus Galizien oder dem östlichen Europa.
25 Werke 4, S. 1009
26 Leopold von Sacher-Masoch: Souvenirs. Autobiographische Prosa. München 1985, S. 34
27 Werke 2, S. 886
28 H(erz) W(olff) Katz: Die Fischmanns. Weinheim-Berlin 1994, S. 16
29 Vgl. John u. Carol Garrard: The Bones of Berdichev – The Live and Fate of Vasily Grossman. New York 1996, S. 61
30 Isaak Babel: Tagebuch 1920. Berlin 1990, S. 78f.
31 Werke 2, S. 832
32 Imre Kertész: Dossier K. Eine Ermittlung. Reinbek bei Hamburg 2006, S. 130
33 Zit. nach Jacob Katz: Aus dem Ghetto in die bürgerliche Gesellschaft. Jüdische Emanzipation 1770-1870. Frankfurt am Main 1986, S. 173
34 Adolf Hitler: Mein Kampf. München 1939, S. 64
35 Franz Werfel: Cella oder die Überwinder. Versuch eines Romans, S. 128
36 Werke 3, S. 944
37 Werke 5, S. 350
38 Werke 2, S. 829
39 Werke 4, S. 1008

40 Heiko Haumann: Geschichte der Ostjuden. München 1999, S. 61
41 Vgl. Heiko Haumann: Geschichte der Ostjuden, a.a.O., S. 103
42 Werke 2, S. 863
43 Alfred Döblin: Reise nach Polen. Olten 1968, S. 189
44 Leopold von Sacher-Masoch: Souvenirs, a.a.O., S. 79
45 Werke 2, S. 842
46 Heiko Haumann: Geschichte der Ostjuden, a.a.O., S. 168
47 Martin Buber: Die Legende des Baalschem. Zürich 2005, S. 11 f.
48 Martin Buber: Die Legende des Baalschem, a.a.O., S. 19
49 Werke 2, S. 840
50 Manès Sperber: Die Wasserträger Gottes. In: Manès Sperber: All das Vergangene. Wien-Zürich 1983, S. 29
51 Werke 2, S. 841
52 Werke 2, S. 879
53 Werke 2, S. 885
54 Franz Kafka: Der Verschollene. Frankfurt am Main 1993, S. 7
55 Werke 2, S. 828
56 Werke 2, S. 828
57 Werke 2, S. 828 f.
58 Werke 5, S. 132
59 Werke 5, S. 136
60 Bronsen-Interview mit Abraham Parnes, Dst. Wien
61 Briefe, S. 420
62 Lion Feuchtwanger: Nationalismus und Judentum. In: Lion Feuchtwanger: Centum Opuscula. Hrsg. Wolfgang Berndt. Rudolstadt 1956, S. 482
63 Werke 3, S. 739
64 Werke 2, S. 836
65 Werke 2, S. 836
66 Werke 2, S. 836
67 Das gilt vor allem für die beiden Legendenbücher »Die Geschichten des Rabbi Nachmann« (1906) und »Die Legende des Baalschem« (1908).
68 In diesem Zusammenhang sei auf »Aus Halb-Asien. Kulturbilder aus Galizien, der Bukowina, Südrußland und Rumänien« (1876), die Romane »Ein Kampf ums Recht« (1882), »Moschko von Parma« (1880), »Judith Trachtenberg« (1891), »Der Pojaz« (1905) oder den Novellenband »Die Juden von Barnow« (1877) hingewiesen.
69 Arnold Zweig: Das ostjüdische Antlitz. Berlin 1922, S. 43
70 Franz Kafka: Tagebücher 1909–1923. Fassung der Handschrift. Frankfurt am Main 1997, S. 52
71 Einige dieser Volksgeschichten sind veröffentlicht in: Ostjüdische Erzäh-

ler. J.-L. Perez / Scholem-Alejchem / Scholem Asch. Ausgewählt und aus dem Jiddischen übersetzt von Alexander Eliasberg. Weimar 1916
72 Werke 2, S. 829 ff.
73 L. Held: Das Ostjudenbild in Deutschland. In: Neues Lexikon des Judentums. Hrsg. von Julius H. Schoeps. Gütersloh-München 1992, S. 351
74 Salka Viertel: Das unbelehrbare Herz. Ein Leben mit Stars und Dichtern des 20. Jahrhunderts. Reinbek bei Hamburg 1979, S. 20
75 Werke 2, S. 833
76 Werke 2, S. 534
77 Werke 5, S. 256 ff.
78 Werke 5, S. 192 f.
79 Werke 4, S. 1021
80 Werke 5, S. 257
81 Illustrierter Führer durch Galizien. Wien und Leipzig 1914, S. 301
82 Werke 4, S. 1008
83 Fred Grubel: Schreib das auf eine Tafel die mit ihnen bleibt. Jüdisches Leben im 20. Jahrhundert. Wien-Köln-Weimar 1998, S. 25
84 Fred Grubel: Schreib das auf eine Tafel die mit ihnen bleibt, a.a.O., S. 25
85 Fred Grubel: Schreib das auf eine Tafel die mit ihnen bleibt, a.a.O., S. 25
86 Fred Grubel: Schreib das auf eine Tafel die mit ihnen bleibt, a.a.O., S. 29
87 Briefe, S. 165 f.
88 Fred Grubel: Schreib das auf eine Tafel die mit ihnen bleibt, a.a.O., S. 29
89 Briefe, S. 165
90 Briefe, S. 23
91 Vgl. Briefe, S. 313
92 Stefan Zweig: Joseph Roth. In: Zeiten und Schicksale. Aufsätze und Vorträge aus den Jahren 1902–1942. Frankfurt am Main 1990, S. 328
93 Werke 4, S. 986
94 Bronsen-Interview mit Miguel Grübel, Dst. Wien
95 Bronsen-Interview mit Moses Wasser, Dst. Wien
96 Werke 3, S. 407
97 Arthur Schnitzler: Frau Beate und ihr Sohn. In: Arthur Schnitzler. Das erzählerische Werk. Band 3. Frankfurt am Main 1978, S. 180
98 Arthur Schnitzler: Frau Beate und ihr Sohn, a.a.O., S. 230
99 Arthur Schnitzler: Frau Beate und ihr Sohn, a.a.O., S. 247 f.
100 Richard Wagner: Siegfried. In: Richard Wagner: Die Musikdramen. München 1978, S. 728
101 Werke 5, S. 173
102 Werke 4, S. 75
103 Werke 6, S. 238

104 Zit. nach Heinz Lunzer und Victoria Lunzer-Talos: Joseph Roth 1894-1939. Ein Katalog der Dokumentationsstelle für neuere österreichische Literatur zur Ausstellung des Jüdischen Museums der Stadt Wien. 7. Oktober 1994 bis 12. Februar 1995. Wien 1994, S. 44
105 Bronsen-Interview mit Moses Wasser, Dst. Wien
106 Soma Morgenstern: Joseph Roths Flucht und Ende. Erinnerungen. Lüneburg 1994, S. 15
107 Fred Gruber: Schreib das auf eine Tafel die mit ihnen bleibt, a.a.O., S. 29
108 Werke 1, S. 261 f.
109 Werke 1, S. 261
110 Brief an Willy Grübel aus dem Jahre 1912. LBI
111 Notizbuch von 1919, Dst. Wien
112 Géza von Cziffra: Der Heilige Trinker. Erinnerungen an Joseph Roth. Frankfurt/M. – Berlin 1989, S. 33 f.
113 Bronsen-Interview mit Moses Wasser, Dst. Wien
114 Bronsen-Interview mit Moses Wasser, Dst. Wien
115 Soma Morgenstern: Joseph Roths Flucht und Ende, a.a.O., S. 15
116 Notizbuch von 1919, Dst. Wien
117 Stefan Zweig: Joseph Roth, a.a.O., S. 327
118 Ernst Toller: Eine Jugend in Deutschland. Reinbek bei Hamburg 1990, S. 11 f.
119 Werke 2, S. 828
120 Notizbuch von 1919, Dst. Wien
121 Notizbuch von 1919, Dst. Wien
122 Briefe, S. 23
123 Notizbuch von 1919, Dst. Wien
124 Werke 3, S. 231
125 Notizbuch 1919, Dst. Wien
126 Fred Grubel: Schreib das auf eine Tafel, die mit ihnen bleibt, a.a.O., S. 36
127 Bronsen-Interview mit Abraham Pares, Dst. Wien
128 Bronsen-Interview mit Leo Brisker, Dst. Wien
129 Briefe, S. 23
130 Soma Morgenstern: Joseph Roths Flucht und Ende, a.a.O., S. 7
131 Briefe, S. 185
132 Briefe, S. 75
133 Donald W. Goodwin: Alkohol & Autor. Zürich 1995, S. 285
134 Briefe, S. 25
135 Briefe, S. 77
136 Vgl. Elias Canetti: Masse und Macht. Düsseldorf 1978.
137 Notizbuch von 1919, Dst. Wien
138 Werke 4, S. 1044

139 Vgl. Bronsen, S. 101
140 Briefe, S. 24
141 Brief o. D., LBI
142 Briefe, S. 25
143 Werke 3, S. 231 f.

Kapitel 3

1 Illustrierter Führer durch Galizien, Wien und Leipzig 1914, S. 216
2 Illustrierter Führer durch Galizien, a.a.O., S. 214
3 Illustrierter Führer durch Galizien, a.a.O., S. 231
4 Stanisław Lem: Das Hohe Schloß. Frankfurt am Main 1990, S. 71
5 Arthur Schnitzler: Jugend in Wien. Frankfurt am Main 1981, S. 77
6 Arthur Schnitzler: Jugend in Wien, a.a.O., S. 155
7 Wikipedia. Stichwort: Jüdische Studentenverbindungen
8 Werke 4, S. 793
9 Soma Morgenstern: Joseph Roths Flucht und Ende. Erinnerungen. Lüneburg 1994, S. 8
10 Soma Morgenstern: Joseph Roths Flucht und Ende, a.a.O., S. 8 f.
11 Soma Morgenstern: Joseph Roths Flucht und Ende, a.a.O., S 10
12 Arthur Schnitzler: Jugend in Wien, a.a.O., S. 322
13 Briefe, S. 24 f.
14 Bronsen-Interview mit Miguel Grübel, Dst. Wien
15 Bronsen-Interview mit Irmgard Keun, Dst. Wien
16 Józef Wittlin: Erinnerungen an Joseph Roth. In: Joseph Roth. Leben und Werk. Ein Gedächtnisbuch. Gesammelt, ausgewählt und herausgegeben von Hermann Linden. Köln und Hagen 1949, S. 57
17 Briefe, S. 323
18 Reiner Stach: Kafka. Die Jahre der Entscheidungen. Frankfurt am Main 2002, S. 404
19 Franz Kafka: Tagebücher 1909–1923. Fassung der Handschrift. Frankfurt am Main 1997, S. 479
20 Franz Kafka: Briefe an Felice und andere Korrespondenz aus der Verlobungszeit. Frankfurt am Main 1967, S. 465
21 Werke 2, S. 857
22 Friderike Maria Zweig: Spiegelungen des Lebens. Frankfurt am Main 1985, S. 129
23 Leo Lania: Welt im Umbruch. Biographie einer Generation. Frankfurt – Wien o. J., S. 5
24 Stefan Zweig: Die Welt von Gestern. Erinnerungen eines Europäers. Frankfurt am Main 2007, S. 30
25 Werke 3, S. 502

26 Arthur Schnitzler: Briefe. 1875–1912. Hrsg. von Therese Nickl und Heinrich Schnitzler. Frankfurt am Main 1981, S. 142
27 Werke 6, S. 270
28 Stefan Zweig: Briefe 1897–1914. Hrsg. von Knut Beck u. a. Frankfurt am Main 1995, S. 242
29 Jacques Le Rider: Arthur Schnitzler oder Die Wiener Belle Époque. Wien 2007, S. 98
30 Leo Lania: Welt im Umbruch, a.a.O., S. 26
31 Werke 5, S. 342
32 Werke 5, S. 321 f.
33 Werke 2, S. 910
34 Werke 5, S. 345
35 Arthur Schnitzler: Tagebuch 1917–1919. Wien 1995, S. 215
36 Arthur Schnitzler: Jugend in Wien, a.a.O., S. 154
37 Werke 2, S. 858
38 Bronsen-Interview mit Joseph Gottfarstein, Dst. Wien
39 Werke 2, S. 842
40 Werke 5, S. 174
41 Soma Morgenstern: Joseph Roths Flucht und Ende, a.a.O., S. 14
42 Briefe, S. 31
43 Diesen Hinweis verdanke ich Ingeborg Sültemeyer, die in den Sechzigerjahren entsprechende Auskünfte von der Familie Trautmannsdorff erhielt.
44 Werke 3, S. 1014 f.
45 Werke 3, S. 721
46 Józef Wittlin: Erinnerungen an Joseph Roth, a.a.O., S. 49
47 Soma Morgenstern: Joseph Roths Flucht und Ende, a.a.O., S. 8
48 Notizbuch 1919, Dst. Wien
49 Reinhard Baumgart: Auferstehung und Tod des Joseph Roth. Drei Ansichten. München – Wien 1991, S. 60
50 Bronsen-Interview mit Miguel Grübel, Dst. Wien
51 Briefe, S. 31
52 Briefe, S. 30
53 Briefe, S. 33
54 Soma Morgenstern: Joseph Roths Flucht und Ende, a.a.O., S. 20
55 Notizbuch 1919, Dst. Wien
56 Briefe, S. 33
57 Leo Lania: Welt im Umbruch, a.a.O., S. 46
58 Notizbuch 1919, Dst. Wien
59 Ingo Schulte: Soma Morgenstern – der Autor als Überlebender. In: Soma Morgenstern: Joseph Roths Flucht und Ende, a.a.O., S. 301
60 Soma Morgenstern: Joseph Roths Flucht und Ende, a.a.O., S. 7

Anmerkungen 501

61 Ingo Schulte: Soma Morgenstern – der Autor als Überlebender, a.a.O., S. 316 f.
62 Soma Morgenstern: Joseph Roths Flucht und Ende, a.a.O., S. 20
63 Zit. nach: Andreas Lawaty: Der Autor. In: Józef Wittlin: Die Geschichte vom geduldigen Infanteristen. Frankfurt am Main 1986, S. 393
64 Józef Wittlin: Erinnerungen an Joseph Roth, a.a.O., S. 50 ff.
65 Das gilt für die Romane und Erzählungen »Hotel Savoy«, »Die Flucht ohne Ende«, »Radetzkymarsch«, »Die Kapuzinergruft« und »Die Büste des Kaisers«.
66 Hubert Orlowski: Joseph Roth und Józef Wittlin. In: Komparatistik. Theoretische Überlegungen und südosteuropäische Wechselseitigkeiten. Hrsg. von Fridrun Rinner und Klaus Zerinschek. Heidelberg 1981, S. 445
67 Zit. nach: Hubert Orlowski: Joseph Roth und Józef Wittlin, a.a.O., S. 447
68 Józef Wittlin: Erinnerungen an Joseph Roth, a.a.O., S. 58
69 Briefe, S. 33
70 Es handelt sich um die Romane: »Die Flucht ohne Ende«, »Zipper und sein Vater«, »Hiob«, »Beichte eines Mörders« und »Die Kapuzinergruft«.
71 Werke 3, S. 769 f.
72 Bronsen-Interview mit Miguel Grübel, Dst. Wien
73 Briefe, S. 166
74 Briefe, S. 167
75 Werke 2, S. 920 f.
76 Briefe, S. 30
77 Notizbuch 1919, Dst. Wien
78 Notizbuch 1919, Dst. Wien
79 Géza von Cziffra: Der heilige Trinker. Erinnerungen an Joseph Roth. Frankfurt/M. – Berlin 1989, S. 94
80 Irmgard Keun: Ich lebe in einem wilden Wirbel. Briefe an Arnold Strauss 1933 bis 1947. Hrsg. von Gabriele Kreis und Marjory S. Strauss. Düsseldorf 1988, S. 188
81 Irmgard Keun: Für Joseph Roth. In: Joseph Roth. Leben und Werk, a.a.O., S. 249
82 Notizbuch 1919, Dst. Wien
83 Vgl. Heinz Lunzer und Victoria Lunzer-Talos: Joseph Roth. Leben und Werk in Bildern. Köln 1994, S. 48
84 Werke 4, S. 796
85 Notizbuch 1919, Dst. Wien
86 Briefe, S. 30
87 Werke 2, S. 877

88 Notizbuch 1919, Dst. Wien
89 Reinhard Baumgart: Auferstehung und Tod des Joseph Roth, a.a.O., S. 63
90 Hugo von Hofmannsthal – Walther Brecht. Briefwechsel. Hrsg. von Christoph König und David Oels, Göttingen 2005, S. 29
91 Zit. nach: Hugo von Hofmannsthal – Walther Brecht. Briefwechsel, a.a.O., S. 182
92 Carl von Kraus: Walther Brecht. 1.8. 1876 – 1.7.1950, in: Jahrbuch 1950 der Bayerischen Akademie der Wissenschaften, München, S. 184 f.
93 Józef Wittlin: Erinnerungen an Joseph Roth, a.a.O., S. 52
94 Briefe, S. 101
95 Bronsen-Interview mit Heinz Kindermann, Dst. Wien
96 Bronsen, S. 133
97 Józef Wittlin: Erinnerungen an Joseph Roth, a.a.O., S. 52
98 Werke 4, S. 67
99 Heinz Kindermann: Das Burgtheater. Erbe und Sendung eines Nationaltheaters Wien – Leipzig 1939, S. 11
100 Heinz Kindermann: Das Burgtheater, a.a.O., S. 100
101 Heinz Kindermann: Das Burgtheater, a.a.O., S. 6
102 Werke 3, S. 899
103 Werke 4, S. 5
104 Werke 5, S. 201
105 Briefe, S. 23
106 Werke 3, S. 68
107 Werke 4, S. 837
108 Wiener Zeitung, Nr. 175 v. 29. Juli 1914, S. 1
109 Bronsen-Interview mit Klaus Dohrn, Dst. Wien
110 Arthur Schnitzler: Briefe 1913–1931. Hrsg. von Peter Michael Braunwarth u.a., Frankfurt am Main 1984, S. 44 f
111 Werke 2, S. 731
112 Werke 2, S. 731
113 Józef Wittlin: Erinnerungen an Joseph Roth, a.a.O., S. 52 f.
114 Robert Neumann: Ein leichtes Leben. Wien-München-Basel 1963, S. 358
115 Józef Wittlin: Erinnerungen an Joseph Roth, a.a.O., S. 53
116 Soma Morgenstern: Joseph Roths Flucht und Ende, a.a.O., S. 27
117 Notizbuch 1919, Dst. Wien
118 Józef Wittlin: Erinnerungen an Joseph Roth, a.a.O., S. 54
119 Soma Morgenstern: Joseph Roths Flucht und Ende, a.a.O., S. 26
120 Józef Wittlin: Erinnerungen an Joseph Roth, a.a.O., S. 54
121 Notizbuch 1919, Dst. Wien
122 Werke 4, S. 838

123 Werke 3, S. 804
124 Briefe, S. 239 f.
125 Briefe, S. 167
126 Józef Wittlin: Erinnerungen an Joseph Roth, a.a.O., S. 54 f.
127 Werke 2, S. 910 f.
128 Schreiben des Österreichischen Staatsarchivs v. 16. Mai 1962, Dst. Wien
129 Briefe, S. 34
130 Werke 2, S. 290
131 Briefe, S. 35
132 Werke 2, S. 281
133 Werke 2, S. 283
134 Stefan Zweig: Briefe 1914-1919. Hrsg. von Knut Beck u. a. Frankfurt am Main 1998, S. 20
135 Zit. nach: Andreas Kappeler: Kleine Geschichte der Ukraine. München 2000, S. 166
136 Stefan Zweig: Briefe 1914–1919, a.a.O., S. 63
137 Werke 1, S. 1105
138 Briefe, S. 35
139 Werke 4, S. 844
140 Erich Maria Remarque: Im Westen nichts Neues. Köln 1998, S. 9
141 Arnold Zweig: Caliban oder Politik und Leidenschaft. Berlin 2000, S. 318
142 Soma Morgenstern: Joseph Roths Flucht und Ende, a.a.O., S. 291 f.
143 Werke 2, S. 804
144 Werke 1, S. 1103
145 Vgl. »Illustrierte Kriegszeitung« v. 10. Januar 1917, S. 10
146 Werke 4, S. 851
147 Briefe, S. 34
148 Werke 4, S. 548
149 Notizbuch von 1919, Dst. Wien
150 Werke 2, S. 947
151 Vgl. »Bilder aus dem Osten«. Unter diesem Stichwort notierte Roth während seiner Soldatenzeit einige Eindrücke während seines Aufenthaltes in Galizien, LBI
152 Briefe, S. 35
153 Briefe, S. 36
154 Werke 2, S. 451
155 Soma Morgenstern: Joseph Roths Flucht und Ende, a.a.O., S. 13
156 Hans Natonek: Jugendgedichte eines Toten. Unveröffentlichtes Manuskript. Bundesarchiv Potsdam
157 Hermann Kesten (Hrsg.): Deutsche Literatur im Exil. Briefe europäischer Autoren 1933–1949. Frankfurt am Main 1973, S. 81

158 Die Postkarte von Pauline Grübler befindet sich im Bundesarchiv Potsdam.
159 Die überlieferten Gedichte von Joseph Roth befinden sich im Leo Baeck Institute, New York. Einige Gedichte sind abgedruckt in Werke 1, S. 1100–1107
160 Ingeborg Sültemeyer: Das Frühwerk Joseph Roths 1915-1926. Studien und Texte. Wien-Freiburg-Basel 1976, S. 24 f.
161 Bronsen, S. 142 ff.
162 Werke 1, S. 1100
163 Briefe, S. 31
164 Bronsen, S. 91
165 Briefe, S. 24
166 Józef Wittlin: Erinnerungen an Joseph Roth, a.a.O., S. 52
167 Weltbrand 1917. Kriegspoesie gesammelt von Raimund Fürlinger. Verlag der neuen Druck- und Verlagsgesellschaft Wien, S. 14 f.
168 Werke 1, S. 1104
169 Vgl. Werke 1, S. 1104
170 Werke 1, S. 8 ff.
171 Joseph Roth 1894-1939. Katalog: Eine Ausstellung der Deutschen Bibliothek. Frankfurt am Main 1979, S. 55
172 Ingeborg Sültemeyer: Das Frühwerk Joseph Roths 1915–1926, a.a.O., S. 31
173 Werke 1, S. 4
174 Werke 1, S. 6
175 Werke 4, S. 1
176 Werke 4, S. 1
177 Werke 4, S. 3
178 Werke 4, S. 3
179 Werke 4, S. 2
180 Werke 4, S. 4
181 Werke 4, S. 5
182 Werke 4, S. 7
183 Werke 4, S. 10
184 Werke 4, S. 12
185 Ingeborg Sültemeyer: Das Frühwerk Joseph Roths, a.a.O., S. 37
186 Werke 4, S. 13
187 Werke 4, S. 13
188 Werke 4, S. 13
189 Werke 4, S. 10
190 Vgl. erstmals in Ingeborg Sültemeyer: Das Frühwerk Joseph Roths, a.a.O., S. 162–168.
191 Werke 4, S. 19 f.

192 Werke 4, S. 20
193 Werke 4, S. 21
194 Werke 4, S. 21
195 Werke 4, S. 22
196 Werke 4, S. 14

Kapitel 4

1 Stefan Zweig: Briefe 1914–1919. Hrsg. von Knut Beck u. a. Frankfurt am Main 1998, S. 239
2 Stefan Zweig: Briefe 1914–1919, a.a.O., S. 272
3 Karl Vocelka: Geschichte Österreichs. Kultur – Gesellschaft – Politik. München 2002, S. 276
4 Werke 4, S. 533
5 Werke 1, S. 42
6 Friderike Maria Zweig: Spiegelungen des Lebens. Frankfurt am Main 1985, S. 75
7 Werke 1, S. 385
8 Zit. nach: Eva Raffel: Vertraute Fremde. Das östliche Judentum im Werk von Joseph Roth und Arnold Zweig. Tübingen 2002, S. 33 f.
9 Heinz Lunzer und Victoria Lunzer-Talos: Joseph Roth 1894-1939. Ein Katalog der Dokumentationsstelle für neuere österreichische Literatur zur Ausstellung des Jüdischen Museums der Stadt Wien vom 7. Oktober bis 12. Februar 1995. Wien 1994, S. 66
10 Heinz Lunzer und Victoria Lunzer-Talos: Joseph Roth 1894–1939, a.a.O., S. 66
11 Heinz Lunzer und Victoria Lunzer-Talos: Joseph Roth 1894–1939, a.a.O., S. 65
12 Heinz Lunzer und Victoria Lunzer-Talos: Joseph Roth 1894–1939, a.a.O., S. 65
13 Heinz Lunzer und Victoria Lunzer-Talos: Joseph Roth. Leben und Werk in Bildern. Köln 1994, S. 88
14 Soma Morgenstern: Joseph Roths Flucht und Ende. Erinnerungen. Lüneburg 1994, S. 51
15 Soma Morgenstern: Joseph Roths Flucht und Ende, a.a.O., S. 52
16 Briefe, S. 136 f.
17 Soma Morgenstern: Joseph Roths Flucht und Ende, a.a.O., S. 51
18 Werke 4, S. 843
19 Werke 1, S. 147
20 Vgl. Werke 1, S. 23–283
21 Vgl. Werke 1, S. 23–283 und Joseph Roth: Unter dem Bülowbogen. Prosa zur Zeit. Hrsg. von Rainer-Joachim Siegel. Köln 1994, S. 11–85

22 Der Friede, Nr. 1 v. 26. Januar 1918, S. 3
23 Der Friede, Nr. 3 v. 9. Februar 1918, S. 49
24 Zit. nach: Marcus G. Patka (Hrsg.): Der rasende Reporter Egon Erwin Kisch. Eine Biographie in Bildern. Berlin 1998, S. 61
25 Zit. nach: Dieter Schlenstedt: Egon Erwin Kisch. Leben und Werk. Berlin 1985, S. 134
26 Rudolf Olden: In memoriam Joseph Roth. In: Das Neue Tage-Buch. Jahrgang 7 (1939). Heft 23, S. 545
27 Vgl. Werke 1, S. 10–15
28 Benno Karpeles: Der Neue Tag. In: Der Friede, Nr. 3 v. 7. März 1919, S. 148
29 Benno Karpeles: Der Neue Tag. In: Der Friede, a.a.O., S. 147
30 Benno Karpeles: Der Neue Tag. In: Der Friede, a.a.O., S. 148
31 Ingeborg Sültemeyer (Hrsg.): Joseph Roth. Der Neue Tag. Unbekannte politische Arbeiten 1919 bis 1927. Wien–Berlin, Moskau–Köln 1970, S. 13
32 Joseph Roth: Unter dem Bülowbogen, a.a.O., S. 31
33 Rudolf Olden: In memoriam Joseph Roth, a.a.O., S. 545
34 Werke 1, S. 23
35 Werke 1, S. 27
36 Joseph Roth: Unter dem Bülowbogen, a.a.O., S. 23 ff.
37 Werke 1, S. 236
38 Werke 1, S. 235
39 Werke 1, S. 171
40 Werke 1, S. 172 f.
41 Werke 1, S. 276 ff.
42 Werke 1, S. 104
43 Werke 1, S. 106
44 Briefe, S. 364
45 Géza von Cziffra: Der Heilige Trinker. Erinnerungen an Joseph Roth. Frankfurt am Main/Berlin 1989, S. 13
46 Werke 1, S. 105
47 Werke 1, S. 135
48 Werke 1, S. 139
49 Werke 1, S. 256
50 Werke 1, S. 148
51 Bronsen-Interview mit Lisl Polgar, Dst. Wien
52 Rudolf Olden: Nachruf auf einen Freund. In: Das Neue Tage-Buch. Jahrgang 6 (1938). Heft 6, S. 141
53 Rudolf Olden: Nachruf auf einen Freund, a.a.O, S. 141
54 Werke 1, S. 281

55 Stefan Zweig: Briefe 1914–1919, a.a.O., S. 583 f.
56 Anton Kuh: »Central« und »Herrenhof«. In: Anton Kuh: Der unsterbliche Österreicher. Wien 2001, S. 203 f.
57 Alfred Polgar: Theorie des Café Central. In: Alfred Polgar: Kleine Schriften. Band 4. Literatur. Hrsg. von Marcel Reich-Ranicki in Zusammenarbeit mit Ulrich Weinzierl. Reinbek bei Hamburg 1984, S. 254 f.
58 Zit. nach: Jüdisches Wien. o. O. 2007, S. 58
59 Anton Kuh: »Central« und »Herrenhof«, a.a.O., S. 208 f.
60 Géza von Cziffra: Der Heilige Trinker, a.a.O., S. 61
61 Soma Morgenstern: Joseph Roths Flucht und Ende, a.a.O., S. 147
62 Briefe, S. 50
63 Briefe, S. 111
64 Briefe, S. 226
65 Briefe, S. 298
66 Bronsen-Interview mit Manfred George, Dst. Wien
67 Klaus Mann: Tagebücher 1931 bis 1933. Hrsg. Joachim Heimannsberg, Peter Laemmle und Wilfried F. Schoeller. München 1989, S. 145
68 Bronsen-Interview mit Martin Fuchs, Dst. Wien
69 Briefe, S. 354
70 Briefe, S. 357
71 Briefe, S. 298 f.
72 Briefe, S. 436
73 Briefe, S. 430
74 Die nicht ausdrücklich nachgewiesenen Schriftsteller-Zitate dieses Abschnitts sind dem ausgezeichneten Buch des amerikanischen Psychoanalytikers Donald W. Goodwin entnommen: Alkohol & Autor. Zürich 1995
75 Briefe, S. 353
76 Donald W. Goodwin: Alkohol & Autor, a.a.O., S. 30 u. S. 177
77 Klaus Dörner und Ursula Plog: Irren ist menschlich. Lehrbuch der Psychiatrie/Psychotherapie. Bonn 1992, S. 246 f.
78 Zit. nach: Wolfgang Martynkewicz: Edgar Allan Poe. Reinbek bei Hamburg 2003, S. 28
79 Zit. nach: Wolfgang Martynkewicz: Edgar Allan Poe, a.a.O., S. 28
80 Vgl. Bronsen, S. 202 f.
81 Donald W. Goodwin: Alkohol & Autor, a.a.O., S. 233
82 Briefe, S. 432
83 Briefe, S. 349
84 Briefe, S. 474
85 Bronsen-Interview mit Benno Reifenberg, Dst. Wien
86 Macbeth, Zweiter Akt, Dritte Szene nach der Übersetzung von Thomas

Brasch. In: Thomas Brasch: Shakespeare Übersetzungen. Frankfurt am Main und Leipzig 2002, S. 383
87 Bronsen-Interview mit Irmgard Keun, Dst. Wien
88 Briefe, S. 485
89 Bronsen-Interview mit Hedy Davis, Dst. Wien
90 Wilfried F. Schoeller: Das letzte Glas. Aber der Name dieses Landes ist Hölle. In: Du. Heft 12. Dezember 1994, S. 82
91 O'Neill befreit sich 1925 vom Alkohol. 1928/31 entsteht die Trilogie »Trauer muß Elektra tragen«, 1939/40 »Der Eismann kommt« und 1940/41 »Eines langen Tages Reise in die Nacht«. Diese Stücke finden sich noch heute vielfach auf den Spielplänen der Theater.
92 Zit. nach: Donald W. Goodwin: Alkohol & Autor, a.a.O., S. 201
93 Marcel Reich-Ranicki: Joseph Roths Flucht ins Märchen. In: Nachprüfung. Aufsätze über deutsche Schriftsteller von gestern. Stuttgart 1990, S. 282
94 Géza Cziffra: Der Heilige Trinker. Erinnerungen an Joseph Roth, a.a.O., S. 15
95 Briefe, S. 179
96 Briefe, S. 135
97 Werke 5, S. 235
98 Werke 4, S. 96
99 Werke 5, S. 294 ff.
100 Werke 5, S. 502
101 Werke 6, S. 202
102 Briefe, S. 450
103 Irmgard Keun: Bilder aus der Emigration. In: Irmgard Keun: Wenn wir alle gut wären. München 1993, S. 122
104 Briefe, S. 39
105 Briefe, S. 39
106 Briefe, S. 111
107 Soma Morgenstern: Joseph Roths Flucht und Ende, a.a.O., S. 151
108 Bronsen-Interview mit Stefan Fingal, Dst. Wien
109 Bronsen, S. 331
110 Soma Morgenstern: Joseph Roths Flucht und Ende, a.a.O., S. 150
111 Notizbuch von 1919, Dst. Wien
112 Briefe, S. 46
113 Briefe, S. 78
114 Bronsen-Interview mit Stefan Fingal, Dst. Wien
115 Bronsen-Interview mit Oskar Maurus Fontana, Dst. Wien
116 Bronsen-Interview mit Ludwig Marcuse, Dst. Wien
117 Brief Friederike Roths v. 12. Februar 1929 an ihre Eltern, Dst. Wien
118 Werke 4, S. 815
119 Briefe, S. 38

120 Briefe, S. 60
121 Briefe, S. 75
122 Briefe, S. 100
123 Bronsen, S. 206
124 Briefe, S. 70
125 Briefe, S. 125
126 Briefe, S. 126
127 Briefe, S. 129
128 Bronsen-Interview mit Gotthard Jedlicka, Dst. Wien
129 Briefe, S. 146
130 Briefe, S. 145
131 Briefe, S. 148
132 Telegramm v. 5. August 1929, Privatbesitz
133 Briefe, S. 154
134 Briefe, S. 155f.
135 Briefe, S. 204
136 Brief an Hedi Reichler v. 12. April 1930, Dst. Wien
137 Bronsen, S. 340
138 Bronsen-Interview mit Benno Reifenberg, Dst. Wien
139 Bronsen, S. 348
140 Soma Morgenstern: Joseph Roths Flucht und Ende, a.a.O., S. 146
141 Bronsen-Interview mit Stefan Fingal, Dst. Wien
142 Bronsen, S. 340
143 Briefe, S. 189
144 Werke 3, S. 215
145 Werke 3, S. 216
146 Werke 3, S. 217 ff.
147 Werke 3, S. 218f.
148 Werke 3, S. 219
149 Werke 3, S. 221
150 Werke 3, S. 223
151 Soma Morgenstern: Joseph Roths Flucht und Ende, a.a.O., S. 154
152 Briefe, S. 174
153 Briefe, S. 193
154 Brief an Frau Dr. Szabo v. 23. September 1930, Dst. Wien
155 Briefe, S. 161
156 Briefe, S. 193
157 Briefe, S. 171
158 Brief an die Schwiegereltern, o. D., Dst. Wien
159 Briefe, S. 209
160 Briefe, S. 211

161 Friderike Maria Zweig: Spiegelungen des Lebens. Frankfurt am Main 1985, S. 167
162 Briefe, S. 159
163 Brief v. 12. April 1930 an Hedi Reichler, Dst. Wien
164 Brief v. 5. April 1930 an die Schwiegereltern, Dst. Wien
165 Briefe, S. 161
166 Friderike Maria Zweig: Spiegelungen des Lebens, a.a.O., S. 167
167 Bronsen-Interview mit Friderike Zweig, Dst. Wien
168 Brief an die Schwiegereltern, o. D., Dst. Wien
169 Briefe, S. 158
170 Brief an Jenny Reichler v. 14. September 1934, LBI
171 Brief an Jenny Reichler v. 14. September 1934, LBI
172 Stefan Zweig: Briefe 1914 -1919, a.a.O., S. 295
173 Vgl. Frédéric Lefèvre: Une heure avec Joseph Roth. In: Les Nouvelles Littéraires v. 2. Juni 1934, Dst. Wien
174 Briefe, S. 168

Kapitel 5

1 Carl Zuckmayer: Als wär's ein Stück von mir. Horen der Freundschaft. Frankfurt am Main 1966, S. 311
2 Bruno Walter: Thema und Variationen. Erinnerungen und Gedanken. Frankfurt am Main 1967, S. 349 f.
3 Werke 1, S. 752
4 Carl Zuckmayer: Als wär's ein Stück von mir, a.a.O., S. 312
5 Zit. nach: Klaus Täubert: Emil Faktor. Ein Mann und (s)eine Zeitung. Berlin 1994, S. 59
6 Peter de Mendelssohn: Zeitungsstadt Berlin. Frankfurt–Berlin–Wien 1982, S. 304 f.
7 Zit. nach: Ludwig Marcuse: Mein zwanzigstes Jahrhundert. Auf dem Weg zu einer Autobiographie. Zürich 1975, S. 54
8 Zit. nach: Klaus Schröter: Heinrich Mann. Reinbek bei Hamburg 1967, S. 110
9 Bertolt Brecht: Journale 1. 1913–1941. Große kommentierte Berliner und Frankfurter Ausgabe. Hrsg. Werner Hecht u.a.. Berlin, Weimar und Frankfurt am Main 1994, S. 259
10 Stefan Zweig: Briefe 1920–1931. Hrsg. von Knut Beck und Jeffrey B. Berlin. Frankfurt am Main 2000, S. 57
11 Bertolt Brecht: An die Nachgeborenen. In: Bertolt Brecht: Gedichte 2. Sammlungen 1938–1956, Große kommentierte Berliner und Frankfurter Ausgabe, a.a.O., S. 87
12 Ernst Josef Aufricht: Erzähle damit du dein Recht erweist. Berlin 1966, S. 43

13 Werke 1, S. 387
14 Werke 1, S. 661
15 Werke 1, S. 351 f.
16 Werke 1, S. 871
17 Werke 1, S. 836 f.
18 Werke 1, S. 284
19 Werke 4, S. 464 f.
20 Bronsen-Interview mit Alfred Beierle, Dst. Wien
21 Géza von Cziffra: Der Heilige Trinker. Erinnerungen an Joseph Roth. Frankfurt/M. – Berlin 1989, S. 17
22 Géza von Cziffra: Der Heilige Trinker, a.a.O. S., S. 32
23 Bruno Frei: Der Papiersäbel. Autobiographie. Frankfurt am Main 1972
24 Géza von Cziffra: Der Heilige Trinker, a.a.O., S. 31
25 Ludwig Marcuse: Mein zwanzigstes Jahrhundert, a.a.O., S. 82 f
26 Max Tau: Das Land, das ich verlassen musste. Hamburg 1965, S. 218 f
27 Bronsen, S. 209
28 So legte Nicole Frank im Wintersemester 2007/08 eine Dissertation vor, in der sie 150 neu entdeckte Zeitungsarbeiten von Roth vorstellt. Vgl. Nicole Frank: »Mich zu fixieren ist unmöglich.« Schreibstrategien von Joseph Roth. Eine Analyse neu entdeckter Zeitungsartikel aus seiner Berliner Zeit 1920–1923. Diss. Université Fribourg, Schweiz. Rainer-Joachim Siegel, Leipzig, veröffentlichte schon 1994 über 120 bis dahin verschollene Roth-Artikel, die er in jahrelanger Sucharbeit in nationalen und internationalen Archiven gefunden hatte. Vgl. Rainer-Joachim Siegel: Unter dem Bülowbogen. Prosa zur Zeit. Köln 1994
29 Werke 1, S. 338 f.
30 Werke 1, S. 319 f.
31 Werke 1, S. 320
32 Werke 1, S. 461
33 Ulla C. Lerg-Kill: Berliner Börsen-Courier. In: Heinz-Dietrich Fischer (Hrsg.): Deutsche Zeitungen des 17. bis 20. Jahrhunderts. Band 2. Pullach bei München 1972, S. 286
34 Zit. nach: Ulla C. Lerg-Kill: Berliner Börsen-Courier, a.a.O., S. 292
35 Peter de Mendelssohn: Zeitungsstadt Berlin, a.a.O., 1982, S. 457
36 Walter Kaul: Der Mann und eine Zeitung. Dr. Faktor zum Gedenken. In: Der Kurier vom 30. August 1956
37 Leo Lania: Welt im Umbruch. Biographie einer Generation. Frankfurt – Wien 1953, S. 248
38 Zit. nach: Klaus Täubert: Emil Faktor, a.a.O., Berlin 1994, S. 95
39 Werke 1, S. 757
40 Werke 1, S. 805

41 Werke 1, S. 835 f.
42 Werke 1, S. 768 f.
43 Werke 1, S. 598
44 Werke 1, S. 809
45 Werke 1, S. 780 f.
46 Briefe, S. 40
47 Zit. nach: Klaus Täubert: Emil Faktor, a.a.O., S. 83
48 Bronsen, S. 220
49 Bronsen-Interview mit Stefan Fingal, Dst. Wien
50 Briefe, S. 39
51 Kurt Tucholsky: Rathenau. In: Kurt Tucholsky: Gesammelte Werke. Band 3. 1921–1924. Reinbek bei Hamburg 1995, S. 214
52 Werke 1, S. 876
53 Werke 1, S. 889
54 Werke 1, S. 977 f.
55 Stefan Zweig: Briefe 1920-1931, a.a.O., S. 449
56 Bronsen-Interview mit Tanja Tschuppik, Dst. Wien
57 Max Brod: Prager Tagblatt. Roman einer Redaktion. Frankfurt am Main 1968, S. 8
58 Max Brod. Prager Tagblatt, a.a.O., S. 8
59 Werke 1, S. 1068 f.
60 Werke 1, S. 1084 f.
61 Werke 1, S. 961
62 Werke 1, S. 1001
63 Werke 1, S. 893 f.
64 Rudolf Olden: Joseph Roth, in: Das Neue Tage-Buch. 7. Jahrgang. 3. Juni 1939. Heft 23, S. 545
65 Zit. nach: Udo Achten (Hrsg.): Lachen links. Das republikanische Witzblatt 1924 bis 1927. Berlin-Bonn 1985, S. 9
66 Werke 2, S. 20
67 Werke 2, S. 23
68 Werke 2, S. 29 f.
69 Werke 2, S. 27
70 Werke 2, S. 106
71 Werke 2, S. 107
72 Bronsen, S. 270
73 Briefe, S. 79
74 Klaus Westermann: Joseph Roth, Journalist. Eine Karriere 1915–1939. Bonn 1987, S. 44
75 Hermann Kesten: Meine Freunde, die Poeten. Frankfurt/M.-Berlin-Wien 1980, S. 172

76 Verlag der Frankfurter Zeitung (Hrsg.): Geschichte der Frankfurter Zeitung. Frankfurt a. M. 1911, S. 43 f.
77 Briefe, S. 68
78 Briefe, S. 68
79 Briefe, S. 74
80 Briefe, S. 98
81 Briefe, S. 105 f.
82 Briefe, S. 138
83 Briefe, S. 64
84 Briefe, S. 58
85 Margret Boveri: Joseph Roth und die Frankfurter Zeitung. In: Merkur. Deutsche Zeitschrift für Europäisches Denken. Heft 8. 25. Jahrgang. August 1971, S. 78
86 Briefe, S. 48
87 Briefe, S. 73
88 Briefe, S. 96
89 Margret Boveri: Joseph Roth und die Frankfurter Zeitung, a.a.O., S. 791
90 Briefe, S. 120
91 Briefe, S. 134
92 Briefe, S. 61 f.
93 Benno Reifenberg: Erinnerung an Joseph Roth. In: Benno Reifenberg: Lichte Schatten. Frankfurt am Main 1953, S. 213
94 Benno Reifenberg: Erinnerungen an Joseph Roth, a.a.O., S. 212
95 Briefe, S. 280
96 Briefe, S. 301 f.
97 Bronsen-Interview mit Maryla Reifenberg, Dst. Wien
98 Zit. nach: Dagmar Bussiek: »Nur in Deutschland selbst ließ sich das deutsche Geschehen – wenn überhaupt – begreifen.« Benno Reifenberg und die »Frankfurter Zeitung« im Nationalsozialismus. In: Francois Beilecke und Katja Marmetschke (Hrsg.): Der Intellektuelle und der Mandarin. Für Hans Manfred Bock. Kassel 2005, S. 359
99 Zit. nach: Dagmar Bussiek: »Nur in Deutschland selbst ließ sich das deutsche Geschehen – wenn überhaupt – begreifen«, a.a.O., S. 360
100 Wilhelm Hausenstein: Impressionen und Analysen. Letzte Aufzeichnungen. München 1969, S. 82
101 Zit. nach: John Hughes: Joseph Roth and Benno Reifenberg: Aspects of the Author-Editor Relationship. In: The Modern Language Review. Volume 101. Part 4. Octobre 2006, S. 1048
102 Briefe, S. 70
103 Briefe, S. 69
104 Ludwig Marcuse: Mein zwanzigstes Jahrhundert, a.a.O., S. 93

105 Briefe, S. 56
106 Briefe, S. 225
107 Werke 2, S. 90
108 Werke 2, S. 281
109 Werke 2, S. 281 f.
110 Max Krell: Das alles gab es einmal. Frankfurt am Main 1961, S. 262
111 Werke 2, S. 398 f.
112 Werke 2, S. 399
113 Werke 2, S. 406
114 Briefe, S. 121 f.
115 Briefe, S. 38
116 Werke 4, S. 103
117 Zit. nach Ingeborg Sültemeyer: Das Frühwerk Joseph Roths, 1915–1926. Studien und Texte. Wien–Freiburg–Basel 1976, S. 105
118 Werke 4, S. 65
119 Werke 4, S. 66
120 Werke 4, S. 67
121 Werke 4, S. 86
122 Werke 4, S. 70
123 Werke 4, S. 66
124 Werke 4, S. 72 f.
125 Werke 4, S. 100
126 Werke 4, S. 82
127 Werke 4, S. 82
128 Werke 4, S. 80
129 Werke 4, S. 110
130 Werke 4, S. 111
131 Werke 4, S. 133 f.
132 Ingeborg Sültemeyer: Das Frühwerk Joseph Roths, a.a.O., S. 114
133 Peter Wilhelm Jansen: Nachwort. In: Joseph Roth: Das Spinnennetz. Köln – Berlin 1967
134 Vgl. Frank Hermann u. Heinke Schmitz: Der Verlag Die Schmiede 1921–1929. Morsum /Sylt 1996
135 Kurt Tucholsky: Schmiede und Schmiedegesellen, in: Die Weltbühne, Nr. 34 vom 29. August 1929, S. 284
136 Briefe, S. 44
137 Briefe, S. 68
138 Werke 4, S. 149
139 Werke 4, S. 213
140 Bronsen-Interview mit Józef Wittlin, Dst. Wien
141 Werke 2, S. 952

142 Werke 4, S. 171 f.
143 Wolfgang Müller-Funk: Joseph Roth. München 1989, S. 52
144 Werke 4, S. 236
145 Werke 4, S. 190
146 Werke 4, S. 149
147 Werke 4, S. 168
148 Werke 4, S. 187
149 Werke 4, S. 203
150 Werke 4, S. 207
151 Werke 4, S. 235
152 Werke 4, S. 191
153 Werke 4, S. 242
154 Werke 4, S. 193
155 Werke 4, S. 204
156 Werke 4, S. 227
157 Werke 4, S. 203
158 Werke 4, S. 245
159 Werke 4, S. 246
160 Werke 4, S. 246
161 Werke 4, S. 250
162 Werke 4, S. 267
163 Werke 4, S. 267 f.
164 Werke 4, S. 273
165 Werke 4, S. 280
166 Werke 4, S. 280
167 Werke 4, S. 283
168 Werke 4, S. 283
169 Werke 4, S. 292
170 Werke 4, S. 316 f.
171 Werke 4, S. 290
172 Werke 4, S. 330
173 Werke 4, S. 330 ff.
174 Werke 4, S. 308
175 Werke 4, S. 290
176 Werke 4, S. 307
177 Werke 4, S. 313
178 Werke 4, S. 314
179 Matthäus 6, Vers 26 nach der Übersetzung von Martin Luther
180 Psalm 37, Vers 3 nach der Übersetzung von Martin Luther

Kapitel 6

1 Briefe, S. 45
2 Briefe, S. 53
3 Werke 2, S. 419 und Briefe, S. 51. Zu Lebzeiten Roths wurde dieser Text nicht veröffentlicht.
4 Briefe, S. 46
5 Briefe, S. 54
6 Briefe, S. 54
7 Werke 2, S. 453 f.
8 Bronsen-Interview mit Maryla Reifenberg, Dst. Wien
9 Werke 2, S. 451 ff.
10 Durch einen Irrtum sind die einzelnen Kapitel dieses Buches als Feuilleton-Zyklus in der Werkausgabe von 1956 abgedruckt worden. Vgl. Ingeborg Sültemeyer: Das Frühwerk Joseph Roths, a.a.O., S. 82–90
11 Werke 2, S. 430 f.
12 Werke 2, S. 496
13 Briefe, S. 59
14 Briefe, S. 55
15 Briefe, S. 56
16 Briefe, S. 62
17 Briefe, S. 84
18 Briefe, S. 72
19 Briefe, S. 84
20 Briefe, S. 68
21 Briefe, S. 64
22 Werke 2, S. 547
23 Briefe, S. 74
24 Briefe, S. 79
25 Briefe, S. 81
26 Briefe, S. 83 f.
27 Briefe, S. 84
28 Briefe, S. 86
29 Briefe, S. 88
30 Briefe, S. 87
31 Briefe, S. 91 f.
32 Briefe, S. 92
33 Briefe, S. 65
34 Briefe, S. 65
35 Werke 4, S. 333
36 Werke 4, S. 333
37 Werke 4, S. 341

38 Werke 4, S. 347
39 Werke 4, S. 350
40 Werke 4, S. 351
41 Werke 4, S. 360
42 Werke 4, S. 364
43 Werke 4, S. 379
44 Werke 4, S. 381
45 Werke 4, S. 385
46 Werke 4, S. 388
47 Werke 4, S. 387f.
48 Werke 4, S. 387
49 Briefe, S. 89
50 Briefe, S. 90
51 Werke 2, S. 827
52 Werke 2, S. 842
53 Werke 2, S. 854ff.
54 Werke 2, S. 872
55 Werke 2, S. 880
56 Werke 2, S. 891
57 Werke 2, S. 892
58 Werke 2, S. 894ff.
59 Werke 2, S. 900
60 Werke 2, S. 902
61 Werke 2, S. 1019
62 Werke 2, S. 1019
63 Briefe, S. 93
64 Briefe, S. 97
65 Werke 2, S. 1011
66 Werke 2, S. 1011
67 Werke 2, S. 1013
68 Briefe, S. 99
69 Egon Erwin Kisch: Zaren, Popen, Bolschewiken. In: Egon Erwin Kisch: Nichts ist erregender als die Wahrheit. Reportagen aus vier Jahrzehnten. Band 1. Hrsg. von Walter Schmieding. Frankfurt am Main–Wien–Zürich o. J., S. 232
70 Hermann Kesten: Dichter im Café. Frankfurt am Main–Berlin–Wien 1983. S. 92
71 Briefe, S. 95f.
72 Briefe, S. 98
73 Briefe, S. 94
74 Briefe, S. 95

75 Werke 2, S. 591
76 Werke 2, S. 1009 f.
77 Werke 2, S. 1012
78 Werke 2, S. 1019
79 Werke 2, S. 613
80 Werke 2, S. 612 f.
81 Werke 2, S. 619
82 Werke 2, S. 625
83 Werke 2, S. 630
84 Werke 2, S. 652
85 Werke 2, S. 712
86 Werke 2, S. 725
87 Zit. nach Klaus Westermann: Nachwort. In: Werke 2, S. 1027 f.
88 Bronsen, S. 308
89 Werke 2, S. 779 f.
90 Werke 2, S. 795 ff.
91 Bronsen-Interview mit Benno Reifenberg, Dst. Wien
92 Werke 2, S. 816 f.
93 Werke 2, S. 818
94 Briefe, S. 117
95 Zit. nach Bronsen, S. 310
96 Briefe, S. 111
97 Briefe, S. 95
98 Joseph Roth. 1894-1939. Eine Ausstellung der Deutschen Bibliothek. Frankfurt am Main 1979, S. 422
99 Briefe, S. 104
100 Wolfram Göbel: Der Kurt Wolff Verlag (1910–1930). In: Barbara Weidle (Hrsg.): Kurt Wolff. Ein Literat und Gentleman. Bonn 2007, S. 26
101 Zit. nach Wolfram Göbel: Der Kurt Wolff Verlag, a.a.O., S. 39
102 Zit. nach Wolfram Göbel: Der Kurt Wolff Verlag, a.a.O., S. 39
103 Kurt Wolff: Briefwechsel eines Verlegers. 1911–1963. Hrsg. von Bernhard Zeller und Ellen Otten. Darmstadt 1966, S. 352
104 Briefe, S. 114
105 Briefe, S. 118
106 Bronsen-Interview mit Siegfried Kracauer, Dst. Wien
107 Werke 4, S. 391
108 Rudolf Leonhard: Geschichten vom Joseph Roth. In: Die Neue Weltbühne. Jg. 35 (1939). Heft 25, S. 792
109 Claudio Magris: Weit von wo. Verlorene Welt des Ostjudentums. Wien 1974, S. 65 f.
110 Werke 3, S. 45 f.

111 Werke 4, S. 463
112 Werke 4, S. 395 f.
113 Werke 4, S. 396
114 Werke 4, S. 405
115 Werke 4, S. 415
116 Werke 4, S. 422
117 Werke 4, S. 427
118 Werke 4, S. 430
119 Werke 4, S. 431
120 Werke 4, S. 455
121 Werke 4, S. 485 f.
122 Werke 4, S. 496
123 Briefe, S. 240
124 Briefe, S. 109
125 Briefe, S. 122
126 Werke 4, S. 607
127 Werke 4, S. 517
128 Werke 4, S. 517
129 Werke 4, S. 516
130 Werke 4, S. 523
131 Werke 4, S. 531
132 Werke 4, S. 533
133 Werke 4, S. 535
134 Werke 4, S. 536
135 Werke 4, S. 568 f.
136 Werke 4, S. 598
137 Werke 4, S. 543
138 Hartmut Scheible: Joseph Roth. Mit einem Essay über Gustave Flaubert. Stuttgart 1971, S. 15
139 Briefe, S. 129
140 Briefe, S. 129
141 Werke 2, S. 946
142 Werke 2, S. 951
143 Werke 2, S. 959
144 Briefe, S. 136
145 Briefe, S. 138
146 Zit. nach Bronsen, S. 312
147 Briefe, S. 88
148 Werke 2, S. 985
149 Werke 2, S. 987
150 Werke 2, S. 980 f.

151 Zit. nach Klaus Westermann: Nachwort. In: Werke 2, S. 1027
152 Vgl. Bronsen, S. 312
153 Briefe, S. 103f.
154 Briefe, S. 137
155 Briefe, S. 152
156 Briefe, S. 152
157 Brief v. 29. Juni 1929, Privatbesitz
158 Brief v. 3. Juli 1929, Privatbesitz
159 F. C. Weiskopf: Rot und Schwarz. In: Berlin am Morgen vom 13. Juni 1929
160 Hans Bauer: Ein Vorschlag und seine Erfüllung. In: Die Weltbühne. 25. Jahrgang. Zweites Halbjahr 1929. Nummer 39 v. 24. September 1929, S. 492f.
161 Joseph Roth antwortet. In: Die Weltbühne, a.a.O., S. 493f.
162 Hans Bauer: Ein Vorschlag und seine Erfüllung, a.a.O., S. 493
163 Briefe, S. 162f.
164 Briefe, S. 163f.
165 Zit. nach: Cornelia Caroline Funke: Im Verleger verkörpert sich das Gesicht seiner Zeit. Gustav Kiepenheuer Verlag 1909 bis 1944. Wiesbaden 1999, S. 21
166 Zit. nach: Cornelia Caroline Funke: Im Verleger verkörpert sich das Gesicht seiner Zeit, a.a.O., S. 20
167 Vgl. Cornelia Caroline Funke: Im Verleger verkörpert sich das Gesicht seiner Zeit, a.a.O., S. 164
168 Fritz H. Landshoff: Amsterdam, Keizersgracht 333. Querido Verlag. Erinnerungen eines Verlegers. Berlin und Weimar 1991, S. 23f.
169 Fritz H. Landshoff: Amsterdam, Keizersgracht 333, a.a.O., S. 26
170 Zit. nach: Cornelia Caroline Funke: Im Verleger verkörpert sich das Gesicht seiner Zeit, a.a.O., S. 164
171 Briefe, S. 168
172 Gustav Kiepenheuer: Eine Reverenz vor Joseph Roth. In: Hermann Linden (Hrsg.): Joseph Roth. Leben und Werk. Ein Gedächtnisbuch. Köln und Hagen 1949, S. 40
173 Briefe, S. 141
174 Briefe, S. 113
175 Briefe, S. 116
176 Briefe, S. 141
177 Werke 4, S. 611
178 Werke 4, S. 612
179 Werke 4, S. 614
180 Werke 4, S. 615f.
181 Werke 4, S. 628

182 Werke 4, S. 630
183 Werke 4, S. 630 f.
184 Werke 4, S. 631
185 Werke 4, S. 632
186 Werke 4, S. 633
187 Werke 4, S. 638
188 Werke 4, S. 704
189 Werke 4, S. 685
190 Werke 4, S. 738
191 Werke 4, S. 712
192 Werke 4, S. 760
193 Werke 4, S. 770 f.
194 Werke 3, S. 130 f.
195 Werke 3, S. 132
196 Hermann Kesten. Die Legende vom Heiligen Trinker. In: Joseph Roth. 1894–1939. Eine Ausstellung der Deutschen Bibliothek, a.a.O., S. 432
197 Werke 4, S. 1070
198 Es handelt sich um »Ein Kapitel Revolution« in: Hermann Kesten (Hrsg.): 24 deutsche Erzähler, Berlin 1929 und »Der stumme Prophet« in: Die Neue Rundschau, Nr. 40, Berlin 1929 und »Die Verbannten« in: Neue Freie Presse, Wien, vom 19.2.1931
199 Peter W. Jansen: In die falsche Revolution geraten. In: Frankfurter Hefte, Nr. 21. Frankfurt am Main 1966, S. 579–581. Zit. nach: Joseph Roth 1894-1939. Eine Ausstellung der Deutschen Bibliothek, a.a.O., S. 435
200 Marcel Reich-Ranicki: Joseph Roth – barmherzig und unerbittlich. Aus dem Nachlaß: »Der stumme Prophet«. In: Die Zeit, Nr. 21 v. 20. Juni 1966, S. 23
201 Manès Sperber: Rebell oder Revolutionär? Zu dem nachgelassenen Roman von Joseph Roth. In: Neues Forum, Nr. 13, 1966, S. 625 ff.
202 Bronsen-Interview mit Soma Morgenstern, Dst. Wien
203 Briefe, S. 151
204 Briefe, S. 296
205 Werke 4, S. 779
206 Werke 4, S. 779
207 Werke 4, S. 780
208 Werke 4, S. 884
209 Werke 4, S. 883
210 Werke 4, S. 909
211 Werke 4, S. 913 f.
212 Werke 4, S. 878
213 Werke 4, S. 924

214 Werke 4, S. 809 f.
215 Werke 4, S. 811
216 Werke 4, S. 928
217 Werke 4, S. 898
218 Werke 4, S. 902
219 Werke 4, S. 904
220 Werke 4, S. 905
221 Werke 4, S. 926
222 Werke 3, S. 693
223 Manès Sperber: Rebell oder Revolutionär? Zu dem nachgelassenen Roman von Joseph Roth. In: Neues Forum, Jg. 13, 1966, Heft 154, S. 625 f.
224 Ulrich von Bülow: Neues zum »Hauslehrer« von Joseph Roth. In: Der »Berliner Nachlaß« von Joseph Roth. Hrsg. von der Kulturstiftung der Länder in Verbindung mit der Deutschen Schillergesellschaft Marbach am Neckar. Berlin 1995, S. 5
225 Briefe, S. 145
226 Vgl. Friedemann Berger: Nachwort. In: Joseph Roth: Perlefter. Die Geschichte eines Bürgers. Köln 1978, S. 159
227 Briefe, S. 157 f.
228 Werke 4, S. 943
229 Werke 4, S. 963 ff.
230 Werke 4, S. 957
231 Werke 4, S. 956 f.
232 Werke 4, S. 950 f.
233 Werke 4, S. 995
234 Werke 4, S. 994 f.
235 Werke 4, S. 1001
236 Briefe, S. 146 f.
237 Briefe, S. 151
238 Harald Hartung: Ein epischer Gottesbeweis. In: Marcel Reich-Ranicki (Hrsg.): Romane von gestern – heute gelesen. Band 2: 1918–1933. Frankfurt am Main 1996, S. 257
239 Briefe, S. 147 f.
240 Werke 5, S. 3
241 Werke 5, S. 6
242 Werke 5, S. 7
243 Werke 5, S. 11
244 Werke 5, S. 31
245 Werke 5, S. 42
246 Werke 5, S. 75
247 Werke 5, S. 85

248 Werke 5, S. 105
249 Werke 5, S. 106
250 Werke 5, S. 109
251 Buch Hiob, Kapitel 30, Vers 21 und 22. Nach der Übersetzung von Martin Luther.
252 Werke 5, S. 107
253 Buch Hiob, Kapitel 30, 9. Nach der Übersetzung von Martin Luther.
254 Werke 5, S. 129
255 Werke 5, S. 130
256 Werke 5, S. 131
257 Buch Hiob, Kapitel 42. Vers 2 und 3. Nach der Übersetzung von Martin Luther.
258 Bernd Hüppauf: Joseph Roth: Hiob. Der Mythos des Skeptikers. In: Gunter E. Grimm / Hans-Peter Bayerdörfer (Hrsg.): Im Zeichen Hiobs. Jüdische Schriftsteller und deutsche Literatur im 20. Jahrhundert. Königstein/Ts. 1985, S. 310
259 Ludwig Marcuse: Eine neue Hiob-Legende. In: Ludwig Marcuse: Wie alt kann Aktuelles sein? Zürich 1989, S. 21 f.
260 Stefan Zweig: Der Roman ›Hiob‹ von Joseph Roth. In: Stefan Zweig: Begegnungen mit Büchern. Aufsätze und Einleitungen aus den Jahren 1902–1939. Gesammelte Werke in Einzelbänden. Frankfurt am Main 2006, S. 109 ff.
261 Harald Hartung: Ein epischer Gottesbeweis, a.a.O, S. 259
262 Heinrich Böll: Ein Denkmal für Joseph Roth. Über Joseph Roth, »Werke in drei Bänden«. In: Heinrich Böll: Werke. Kölner Ausgabe. Band 10. 1956–1959. Hrsg. von Viktor Böll. Köln 2005, S. 62
263 Heinrich Böll: Ein Denkmal für Joseph Roth, a.a.O., S. 62
264 Ludwig Marcuse: Eine neue Hiob-Legende, a.a.O., S. 23
265 Zit. nach: Joseph Roth. 1894-1939. Eine Ausstellung der Deutschen Bibliothek, a.a.O, S. 447
266 Brief von Schalem Ben–Chorin vom 2. Februar 1939, Privatbesitz
267 Bronsen, S. 368
268 Vgl. Briefe, S. 343 f.
269 Briefe, S. 235
270 Bronsen-Interview mit Andrea Manga Bell, Dst. Wien
271 Bronsen-Interview mit Andrea Manga Bell, Dst. Wien
272 Bronsen-Interview mit Ludwig Marcuse, Dst. Wien
273 Briefe, S. 211
274 Briefe, S. 235
275 Briefe, S. 427 f.
276 Briefe, S. 441 f.

277 Briefe, S. 468
278 Briefe, S. 108
279 Briefe, S. 197 f.
280 Brief v. Juli 1934, LBI
281 Brief v. 31. Oktober 1930, Privatbesitz
282 Brief v. 13. Februar 1930, Privatbesitz
283 Briefe, S. 209
284 Briefe, S. 230
285 Klaus Mann: Der Wendepunkt. Ein Lebensbericht. Frankfurt am Main 1966, S. 308
286 Briefe, S. 462
287 Das gilt in erster Linie für die beiden Bücher »Meine Freunde, die Poeten« (1953) und »Dichter im Café« (1959)
288 Zit. nach Fritz H. Landshoff: Amsterdam, Keizersgracht 333, a.a.O., S. 418
289 Hermann Kesten: Die Zwillinge von Nürnberg. Amsterdam 1947, S. 310
290 Werke 3, S. 117 f.
291 Briefe, S. 231
292 Klaus Mann: Der Wendepunkt, a.a.O., S. 306
293 Briefe, S. 191
294 Briefe, S. 194
295 Els Snick, Doktorandin an der Universität Gent, hat dem Verfasser freundlicherweise die Ergebnisse ihrer Recherchen über Maria Gillès de Pélichy zur Verfügung gestellt.
296 Briefe, S. 195 f.
297 Briefe, S. 200
298 Briefe, S. 200
299 Briefe, S. 201
300 Werke 5, S. 874
301 Werke 5, S. 139
302 Werke 5, S. 148
303 Werke 5, S. 169
304 Werke 5, S. 156
305 Werke 5, S. 168
306 Werke 5, S. 170
307 Werke 5, S. 299
308 Werke 5, S. 234
309 Werke 5, S. 266
310 Werke 5, S. 335
311 Werke 5, S. 336
312 Werke 5, S. 447
313 Werke 5, S. 874

314 Werke 5, S. 874
315 Werke 5, S. 875
316 Hermann Hesse: Der Mann ohne Eigenschaften. In: Hermann Hesse: Schriften zur Literatur. Band 2. Frankfurt am Main 1996, S. 355
317 Hilde Spiel: Eine Welt voller Enkel. In: Marcel Reich-Ranicki: Romane von gestern – heute gelesen. Frankfurt am Main 1996, S. 355
318 Ludwig Marcuse: Radetzkymarsch. In: Ludwig Marcuse: Wie alt kann Aktuelles sein? Literarische Porträts und Kritiken. Zürich 1989, S. 53
319 Zit. nach: Joseph Roth 1894–1939. Eine Ausstellung der Deutschen Bibliothek, a.a.O, S. 462
320 Briefe, S. 241
321 Bronsen-Interview mit Fred Grubel, Dst. Wien
322 Briefe, S. 245 f.

Kapitel 7

1 Margarete Willerich-Tocha: Rezeption als Gedächtnis. Studien zur Wirkung Joseph Roths. Frankfurt am Main 1984, S. 224
2 Zit. nach Margarete Willerich-Tocha: Rezeption als Gedächtnis, a.a.O., S. 225
3 Brief v. 4. März 1930 an Siegfried Kracauer, Privatbesitz
4 Briefe, S. 247
5 Briefe, S. 249
6 Zit. nach: Brita Eckert: Joseph Roth und der Film. Anmerkungen zu Joseph Roths und Leo Mittlers Scenario »Der letzte Karneval von Wien«. In: Michael Kessler/Fritz Hackert (Hrsg.): Joseph Roth. Interpretation – Rezeption – Kritik. Tübingen 1990. S. 104
7 Zit. nach: Deutsche Intellektuelle im Exil. Ihre Akademie und die »American Guild for German Cultural Freedom«. Eine Ausstellung des Deutschen Exilarchivs 1933–1945 der Deutschen Bibliothek, Frankfurt am Main. München 1993, S. 79
8 Vgl. Deutsche Intellektuelle im Exil, a.a.O., S. 127
9 Zit. nach: Heinz Lunzer: Joseph Roth. Im Exil in Paris 1933 bis 1939. Wien 2008, S. 29
10 Zit. nach: Deutsche Intellektuelle im Exil, a.a.O., S. 258 ff.
11 Zit. nach: Deutsche Intellektuelle im Exil, a.a.O., S. 221
12 Zit. nach: Deutsche Intellektuelle im Exil, a.a.O., S. 358
13 Briefe, S. 255
14 Werke 5, S. 456
15 Werke 5, S. 457
16 Werke 5, S. 457
17 Werke 5, S. 458

18 Werke 5, S. 462
19 Werke 5, S. 478 und Joseph Roth: Unter dem Bülowbogen. Prosa zur Zeit. Hrsg. Rainer-Joachim Siegel. Köln 1994, S. 330–359
20 Werke 5, S. 456
21 Briefe, S. 276
22 Briefe, S. 305
23 Fritz H. Landshoff: Amsterdam, Keizersgracht 333, Querido Verlag. Erinnerungen eines Verlegers. Berlin/Weimar 1991, S. 215
24 Briefe, S. 289
25 Briefe, S. 297f.
26 Zit. nach: Karl Vocelka: Geschichte Österreichs. Kultur – Gesellschaft – Politik. München 2002, S. 292
27 Briefe, S. 314
28 Briefe, S. 282
29 Briefe, S. 264
30 Werke 3, S. 728
31 Werke 3, S. 532
32 Briefe, S. 391
33 Verlagsbriefe 2, S. 152
34 Briefe, S. 312
35 Werke 3, S. 563
36 Werke 3, S. 564
37 Werke 3, S. 565
38 Werke 3, S. 566
39 Werke 3, S. 574
40 Werke 3, S. 600
41 Werke 3, S. 603f.
42 Werke 3, S. 589
43 Werke 3, S. 594
44 Werke 3, S. 638
45 Werke 3, S. 638
46 Werke 3, S. 640
47 Werke 3, S. 641
48 Werke 3, S. 643
49 Werke 3, S. 664
50 Briefe, S. 320
51 Briefe, S. 339
52 Verlagsbriefe 2, S. 411
53 Zit. nach: Verlagsbriefe 2, S. 393
54 Briefe, S. 255
55 Über die Verlage Querido und Allert de Lange vgl. »Geschäft ist Geschäft.

Seien Sie mir privat nicht böse. Ich brauche Geld«. Der Briefwechsel zwischen Joseph Roth und den Exilverlagen Allert de Lange und Querido 1933–1939. Hrsg. und eingeleitet von Madeleine Rietra in Verbindung mit Rainer-Joachim Siegel. Köln 2005. Auch: Hans-Albert Walter: Deutsche Exilliteratur 1933–1950. Band 2. Asylpraxis und Lebensbedingungen in Europa. Darmstadt 1972, S. 178–197

56 Briefe, S. 265
57 Verlagsbriefe 2, S. 21
58 Verlagsbriefe 2, S. 23
59 Verlagsbriefe 2, S. 22
60 Verlagsbriefe 2, S. 106
61 Verlagsbriefe 2, S. 34
62 Brief o. D., LBI
63 Brief v. 26. April 1933, LBI
64 Briefe, S. 271 f.
65 Zur Affäre »Orcovente« vgl. Rainer-Joachim Siegel: Die Orcovente. In: Verlagsbriefe 2, S. 477-513
66 Verlagsbriefe 2, S. 277
67 Verlagsbriefe 2, S. 210
68 Verlagsbriefe 2, S. 225
69 René Schickele: Werke in drei Bänden. Hrsg. von Hermann Kesten. Dritter Band. Köln-Berlin 1959, S. 1221
70 Verlagsbriefe 2, S. 199
71 Werke 3, S. 676
72 Verlagsbriefe 2, S. 247 f.
73 Briefe, S. 425
74 Fritz H. Landshoff: Amsterdam, Keizersgracht 333, a.a.O., S. 268
75 Über die Beziehungen Roths zum Verlag De Gemeenschap vgl.: »Aber das Leben marschiert weiter und nimmt uns mit«. Der Briefwechsel zwischen Joseph Roth und dem Verlag De Gemeenschap 1936–1939. Hrsg. und eingeleitet von Theo Bijvoet und Madeleine Rietra. Köln 1991
76 Werke 5, S. 481
77 Werke 5, S. 481
78 Werke 5, S. 482
79 Werke 5, S. 484
80 Werke 5, S. 501
81 Werke 5, S. 526
82 Werke 5, S. 537
83 Werke 5, S. 551
84 Werke 5, S. 581 ff.
85 Werke 5, S. 589

86 Werke 5, S. 624
87 Werke 5, S. 626
88 Briefe, S. 265
89 Werke 5, S. 553
90 Werke 5, S. 548
91 Briefe, S. 317
92 Verlagsbriefe 2, S. 106
93 Briefe, S. 402
94 Leopold Fabrizius: Georg Hermann scheitert. Neue Bücher von Adrienne Thomas und Joseph Roth. In: Albert Vigoleis Thelen: Die Literatur in der Fremde. Literaturkritiken. Bonn 1996, S. 44
95 Zit. nach: Joseph Roth. 1894–1939. Eine Ausstellung der Deutschen Bibliothek. Frankfurt am Main 1979, S. 477
96 Briefe, S. 329
97 Werke 2, S. 499
98 Briefe, S. 341
99 Werke 5, S. 634
100 Werke 5, S. 635
101 Werke 5, S. 649
102 Werke 5, S. 640
103 Werke 5, S. 632
104 Werke 5, S. 652
105 Werke 5, S. 654
106 Werke 5, S. 655
107 Werke 5, S. 659
108 Werke 5, S. 660
109 Werke 5, S. 663
110 Werke 5, S. 666
111 Werke 5, S. 674
112 Werke 5, S. 675
113 Werke 5, S. 670
114 Hans-Albert Walter: Die Helfer im Hintergrund. In: Frankfurter Hefte. 20. Jahrgang 1965. Heft 2, S. 129
115 Werke 6, S. 544
116 Werke 6, S. 546
117 Werke 6, S. 546
118 Werke 6, S. 546 f.
119 Werke 6, S. 547
120 Werke 6, S. 547
121 Werke 6, S. 564
122 Werke 6, S. 567

123 Werke 6, S. 568 f.
124 Werke 6, S. 568
125 Werke 6, S. 573
126 Werke 6, S. 573
127 Werke 6, S. 574
128 Werke 6, S. 574
129 Werke 6, S. 566
130 Hermann Kesten: Meine Freunde, die Poeten. Frankfurt/M.-Berlin-Wien 1980, S. 36
131 Briefe, S. 351
132 Briefe, S. 348
133 Briefe, S. 430
134 Briefe, S. 403
135 Briefe, S. 412
136 Briefe, S. 394
137 Briefe, S. 394 f. Roth hat diesen Brief im Original auf Französisch geschrieben: »Il m'intéresse, ce pauvre Napoléon – il s'agit pour moi de le *transformer*: un Dieu redevenant un homme – la seule phase de sa vie, ou il est ›homme‹ et malheureux. C'est la seule fois dans l'histoire où on voit qu'un ›incroyant‹ devient VISIBLEMENT petit, tout petit. Et c'est ça qui m'attire. Je voudrais faire un ›*humble*‹ d'un ›grand‹. C'est visiblement la PUNITION DE DIEU, la première fois dans l'histoire moderne. Napoleon abaissé: voilà le symbole d'une âme humaine absolument terrestre qui s'abaisse et qui s'élevè à même temps.«
138 Vgl. Verlagsbriefe 2, S. 60 ff.
139 Verlagsbriefe 2, S. 209
140 Briefe, S. 402 f.
141 Briefe, S. 429 f.
142 Werke 5, S. 689 f.
143 Werke 5, S. 832
144 Werke 5, S. 688
145 Werke 5, S. 680 f.
146 Werke 5, S. 773
147 So lautet die Titelunterzeile des Romans »Goya« von Lion Feuchtwanger.
148 Zit. nach: Joseph Roth. 1894–1939. Eine Ausstellung der Deutschen Bibliothek, a.a.O., S. 483
149 Zit. nach: Joseph Roth. 1894–1939. Eine Ausstellung der Deutschen Bibliothek, a.a.O., S. 483
150 Leopold Fabrizius: Warum historische Romane? Napoleon und seine Epoche bei Roth und Speyer. In: Albert Vigoleis Thelen: Die Literatur in der Fremde, a.a.O., S. 84 f.

151 Vgl. Teixeira de Pascoaes: Napoleon. Spiegel des Antichrist. Aus dem Portugiesischen übersetzt und mit einem Text zu Pascoaes von Albert Vigoleis Thelen. Bonn 1997
152 Verlagsbriefe 2, S. 226
153 Fritz Hackert: Nachwort. In: Werke 5, S. 898
154 Briefe, S. 429
155 Briefe, S. 437
156 Briefe, S. 445
157 Bronsen-Interview mit Andrea Manga Bell, Dst. Wien
158 Briefe, S. 486
159 Zit. nach: Verlagsbriefe 2, S. 81
160 Fritz H. Landshoff: Amsterdam, Keizersgracht 333, a.a.O., S.104
161 Klaus Mann: Der Wendepunkt. Ein Lebensbericht. Frankfurt am Main 1966, S. 309
162 Zit. nach: Veit J. Schmidinger und Wilfried F. Schoeller: Transit Amsterdam. Deutsche Künstler im Exil 1933–1945. München 2007, S. 103 f.
163 Werke 3, S. 695
164 Werke 3, S. 700 f.
165 Werke 3, S. 701
166 Werke 3, S. 693 f.
167 Werke 3, S. 696
168 Briefe, S. 490
169 Ludwig Marcuse: Lieber Joseph Roth! In: Ludwig Marcuse: Wie alt kann Aktuelles sein? Literarische Porträts und Kritiken. Zürich 1989, S. 148
170 Briefe, S. 470
171 Zit. nach: Hiltrud Häntzschel: Irmgard Keun. Reinbek bei Hamburg 2001, S. 61 f.
172 Zit. nach: Hiltrud Häntzschel: Irmgard Keun, a.a.O., S. 48
173 Irmgard Keun: Bilder aus der Emigration. In: Irmgard Keun: Wenn wir alle gut wären. München 1993, S. 107
174 Irmgard Keun: Bilder aus der Emigration, a.a.O., S. 114 ff.
175 Bronsen-Interview mit Irmgard Keun, Dst. Wien
176 Irmgard Keun: Bilder aus der Emigration, a.a.O., S. 121
177 Irmgard Keun: Bilder aus der Emigration, a.a.O., S. 118
178 Egon Erwin Kisch: Briefe an den Bruder Paul und an die Mutter 1905–1936. Berlin 1987, S. 297
179 Bronsen-Interview mit Irmgard Keun, Dst. Wien
180 Irmgard Keun: D-Zug dritter Klasse. Düsseldorf 1983, S. 50
181 Irmgard Keun: Bilder aus der Emigration, a.a.O., S. 121 f.
182 Briefe, S. 489
183 Irmgard Keun: Ich lebe in einem wilden Wirbel. Briefe an Arnold Strauss

1933 bis 1947. Hrsg. von Gabriele Kreis und Marjory S. Strauss. Düsseldorf 1988, S. 204 f.
184 Irmgard Keun: Ich lebe in einem wilden Wirbel, a.a.O., S. 205 f.
185 Bronsen-Interview mit Irmgard Keun, Dst. Wien
186 Verlagsbriefe 2, S. 261
187 Verlagsbriefe 2, S. 218
188 Werke 6, S. 9
189 Werke 6, S. 15
190 Werke 6, S. 21 f.
191 Werke 6, S. 23
192 Werke 6, S. 33
193 Werke 6, S. 33
194 Werke 6, S. 35
195 Werke 6, S. 41 f.
196 Werke 6, S. 43
197 Ludwig Marcuse: Lieber Joseph Roth!, a.a.O., S. 148
198 Briefe, S. 469
199 Briefe, S. 478
200 Werke 3, S. 687
201 Werke 3, S. 687 f.
202 Werke 3, S. 690
203 Ludwig Marcuse: Lieber Joseph Roth!, a.a.O., S. 145
204 Ludwig Marcuse: Lieber Joseph Roth!, a.a.O., S. 145 f.
205 Werke 6, S. 130
206 Werke 6, S. 130
207 Werke 6, S. 131
208 Werke 6, S. 131
209 Werke 6, S. 132
210 Werke 6, S. 139
211 Werke 6, S. 161
212 Werke 6, S. 183
213 Werke 6, S. 185
214 Werke 6, S. 204
215 Werke 6, S. 211
216 Werke 6, S. 222
217 Józef Wittlin: Erinnerungen an Joseph Roth. In: Hermann Linden (Hrsg.): Joseph Roth. Leben und Werk. Ein Gedächtnisbuch. Köln und Hagen 1949, S. 57
218 Leopold Fabrizius: Joseph Roth in der Sackgasse – Alfred Döblin im Urwald. In: Albert Vigoleis Thelen: Die Literatur in der Fremde. Bonn 1996, S. 164 f.

219 Fritz Erpenbeck: Falsches Gewicht. In: Das Wort. 2. Jahrgang 1937. Heft 9, S. 66
220 Verlagsbriefe 2, S. 281
221 Verlagsbriefe 2, S. 461
222 Briefe, S. 500
223 Verlagsbriefe 1, S. 77
224 Werke 3, S. 672
225 Werke 3, S. 673
226 Werke 3, S. 674
227 Werke 3, S. 738
228 Werke 3, S. 741
229 Werke 3, S. 756
230 Briefe, S. 480
231 Briefe, S. 282
232 Briefe, S. 524
233 Werke 3, S. 742
234 Werke 3, S. 745
235 Verlagsbriefe 2, S. 398
236 Bronsen-Interview mit Andrea Manga Bell, Dst. Wien
237 Hermann Kesten: Die Zwillinge von Nürnberg. Amsterdam 1947, S. 294 f.
238 Hans Natonek: Joseph Roth. In: Die Neue Weltbühne. Jahrgang 35, Nr. 22 v. 1. Juni 1939, S. 680
239 Soma Morgenstern: Joseph Roths Flucht und Ende. Erinnerungen. Lüneburg 1994, S. 235
240 Werke 3, S. 1034
241 Zit. nach: Verlagsbriefe 2, S. 449
242 Briefe, S. 516
243 Werke 3, S. 813 ff.
244 Briefe, S. 495
245 Briefe, S. 503
246 Verlagsbriefe 1, S. 127 f. – Zu den verschiedenen Fassungen vgl. Heinz Lunzer: Die Versionen von Joseph Roths Roman »Die Geschichte von der 1002. Nacht«. Textkritische Überlegungen. In: Michael Kessler/Fritz Hackert (Hrsg.): Joseph Roth., a.a.O., S. 201–226. Und: Werke 6, S. 788 f.
247 Verlagsbriefe 1, S. 130
248 Verlagsbriefe 1, S. 132
249 Verlagsbriefe 1, S. 143
250 Heinz Lunzer: Die Versionen von Joseph Roths Roman »Die Geschichte von der 1002. Nacht«. Textkritische Überlegungen, a.a.O., S. 208
251 Verlagsbriefe 1, S. 147

252 Werke 6, S. 368
253 Werke 6, S. 388
254 Werke 6, S. 388 f.
255 Werke 6, S. 390
256 Werke 6, S. 466
257 Werke 6, S. 406
258 Werke 6, S. 415
259 Werke 6, S. 429
260 Werke 6, S. 416 f.
261 Werke 6, S. 477
262 Werke 6, S. 450 f.
263 Werke 6, S. 499
264 Werke 6, S. 509
265 Werke 6, S. 514
266 Verlagsbriefe 1, S. 153
267 Werke 6, S. 343
268 Werke 6, S. 344
269 Werke 6, S. 233
270 Werke 6, S. 247
271 Werke 6, S, 253
272 Werke 6, S, 258
273 Werke 6, S. 325
274 Werke 6, S. 341
275 Werke 6, S. 346
276 Ludwig Marcuse: Joseph Roths Roman vom Untergang der kaiserlich-königlichen Monarchie. In: Die Zukunft. 2. Jahrgang 1939. Heft 10, S. 7
277 Franz Theodor Csokor: Ein Abschiedswort. Zit. nach Joseph Roth 1894–1939. Eine Ausstellung der Deutschen Bibliothek, a.a.O., S. 473
278 Werke 3, S. 795 f.
279 Werke 6, S. 516
280 Werke 6, S. 516
281 Werke 6, S. 516
282 Werke 6, S. 542
283 Werke 6, S. 542
284 Werke 6, S. 543
285 Werke 6, S. 543
286 Werke 6, S. 533
287 Zit. nach: Heinz Lunzer: Joseph Roth. Im Exil in Paris 1933 bis 1939, a.a.O., S. 203
288 Zit. nach: Heinz Lunzer: Joseph Roth. Im Exil in Paris 1933 bis 1939, a.a.O., S. 204

289 Zit. nach: Géza von Cziffra: Der Heilige Trinker. Erinnerungen an Joseph Roth. Frankfurt/M.-Berlin 1989, S. 81
290 Bronsen-Interview mit Andrea Manga Bell, Dst. Wien
291 Brief von Schalom Ben-Chorin vom 2. Februar 1939, Privatbesitz
292 Zit. nach: Brita Eckert: Joseph Roth und der Film, a.a.O., S. 105
293 Hans Sahl: Das Exil im Exil. Frankfurt/M. 1990, S. 61
294 Werke 3, S. 929
295 Zit. nach: Heinz Lunzer: Joseph Roth. Im Exil in Paris 1933 bis 1939. a.a.O., S. 202
296 Soma Morgenstern: Joseph Roths Flucht und Ende. a.a.O., S. 286
297 Werke 3, S. 946
298 F.C. Weiskopf: Abschiedssymphonie. In: F. C. Weiskopf: Über Literatur und Sprache. Berlin 1960, S. 281
299 Soma Morgenstern: Josephs Roths Flucht und Ende, a.a.O., S. 265f.
300 Soma Morgenstern: Josephs Roths Flucht und Ende, a.a.O., S. 272
301 Bronsen, S. 595
302 Bronsen-Interview mit Stefan Fingal, Dst. Wien
303 Zit. nach Stefan Fingal: Legende vom ›Heiligen Trinker‹. Gedenkblatt zum 10. Todestag von Joseph Roth. In: Aufbau. Jg. 15., Ausgabe 25 v. 24. Juni 1949, S. 9
304 Stefan Fingal: Legende vom ›Heiligen Trinker‹, a.a.O., S .9

Bibliographie

Die wissenschaftliche Literatur über das Werk von Joseph Roth ist inzwischen nahezu unübersehbar geworden. Im Folgenden sind nur Monographien, Dissertationen und Untersuchungen aufgeführt, die für diese Biographie unmittelbar benutzt wurden.

1. Werke

1.1 Gesamtausgaben

Werke in drei Bänden. Eingeleitet von Hermann Kesten. Amsterdam/Köln/Berlin 1956
Werke. Hrsg. und eingeleitet von Hermann Kesten. Vier Bände. Amsterdam 1975/1976
Werke 1–3. Das journalistische Werk. Hrsg. von Klaus Westermann. Köln 1989–1991
Werke 4–6. Romane und Erzählungen. Hrsg. von Fritz Hackert. Köln 1989–1991
Joseph Roth-Bibliographie. Bearbeitet von Rainer-Joachim Siegel. Morsum/Sylt 1995

1.2 Romane und Erzählungen

Der Vorzugsschüler (Erzählung, 1916)
Barbara (Erzählung, 1918)
Karriere (Erzählung, 1920)
Das Kartell (Erzählung, 1923)
Das Spinnennetz (Roman, 1923)
Hotel Savoy (Roman, 1924)
Die Rebellion (Roman, 1924)
April (Erzählung, 1925)
Der blinde Spiegel (Roman, 1925)
Die Flucht ohne Ende (Roman, 1927)
Das reiche Haus gegenüber (Erzählung, 1928)
Zipper und sein Vater (Roman, 1929)
Rechts und Links (Roman, 1929)
Der stumme Prophet (Roman, 1929)
Perlefter (Romanfragment, 1929)
Erdbeeren (Romanfragment, 1929)

Hiob (Roman, 1930)
Radetzkymarsch (Roman, 1932)
Stationschef Fallmerayer (Novelle, 1933)
Tarabas (Roman, 1934)
Triumph der Schönheit (Novelle, 1935)
Die Büste des Kaisers (Novelle, 1935)
Die Hundert Tage (Roman, 1936)
Beichte eines Mörders (Roman, 1936)
Das falsche Gewicht (Roman, 1937)
Die Kapuzinergruft (Roman, 1938)
Die Geschichte von der 1002. Nacht (Roman, 1939)
Die Legende vom heiligen Trinker (Novelle, 1939)
Der Leviathan (Novelle, 1940)

1.3 Essays und Artikel

Juden auf Wanderschaft (1927)
Panoptikum. Gestalten und Kulissen. Gesammelte Feuilletons (1928)
Der Antichrist (1934)
Unter dem Bülowbogen. Prosa zur Zeit. Hrsg. von Rainer-Joachim Siegel. Köln 1994

1.4 Briefe

Briefe 1911–1939. Hrsg. und eingeleitet von Hermann Kesten. Köln/Berlin 1970
Aber das Leben marschiert weiter und nimmt uns mit. Der Briefwechsel zwischen Joseph Roth und dem Verlag De Gemeenschap 1936–1939. Hrsg. und eingeleitet von Theo Bijvoet und Madeleine Rietra. Köln 1991
Geschäft ist Geschäft. Seien Sie mir privat nicht böse. Ich brauche Geld. Der Briefwechsel zwischen Joseph Roth und den Exilverlagen Allert de Lange und Querido 1933–1939. Hrsg. und eingeleitet von Madeleine Rietra. In Verbindung mit Rainer-Joachim Siegel. Köln 2005

2. Zu Leben und Werk

2.1 Biographien

Bronsen, David: Joseph Roth. Eine Biographie. Köln 1974
Koester, Rudolf: Joseph Roth. Berlin 1982
Lunzer, Heinz & Lunzer-Talos, Victoria: Joseph Roth. Leben und Werk in Bildern. Köln 1994
Nürnberger, Helmuth: Joseph Roth. Reinbek bei Hamburg 1981

2.2 Einzeldarstellungen

Arnold, Heinz Ludwig (Hrsg.): Joseph Roth. Text + Kritik. München 1982
Baumgart, Reinhard: Auferstehung und Tod des Joseph Roth. München/Wien 1991
Birk, Matjaž: »Vielleicht führen wir zwei verschiedene Sprachen...«. Zum Briefwechsel zwischen Joseph Roth und Stefan Zweig. Mit 21 bisher unveröffentlichten Briefen. Münster 1997
Blanke, Hans-Jürgen: Joseph Roth. Hiob. München 1993
Böning, Hansjürgen: Joseph Roths »Radetzkymarsch«. München 1968
Bronsen, David (Hrsg.): Joseph Roth und die Tradition. Aufsatz- und Materialsammlung Darmstadt 1975
Chiao, Hui-Fang: »Eine junge, unglückliche und zukünftige Stadt«. Das Berlin der zwanziger Jahre in Joseph Roths Werk. Berlin 1994
Curling, Maud: Joseph Roths «Radetzkymarsch«. Eine psycho-soziologische Interpretation. Frankfurt am Main 1981
Düllo, Thomas: Zufall und Melancholie. Untersuchungen zur Kontingenzsemantik in Texten von Joseph Roth. Münster/Hamburg 1994
Eggers, Frank Joachim: »Ich bin ein Katholik mit jüdischem Gehirn« – Modernitätskritik und Religion bei Joseph Roth und Franz Werfel. Frankfurt am Main 1996
Eicher, Thomas (Hrsg.): Joseph Roth: Grenzüberschreitungen. Oberhausen 1999
Evangelische Akademie Baden (Hrsg.): »Die Schwere des Glücks und die Größe der Wunder«. Joseph Roth und seine Welt. Karlsruhe 1994
Fronk, Eleonore / Andreas, Werner: »Besoffen, aber gescheit«. Joseph Roths Alkoholismus in Leben und Werk. Oberhausen 2002
Grimm, Gunter E. / Bayerdörfer, Hans-Peter (Hrsg.): Im Zeichen Hiobs. Jüdische Schriftsteller und deutsche Literatur im 20. Jahrhundert. Königstein/Taunus 1985
Hackert, Fritz: Kulturpessimismus und Erzählform. Studien zu Joseph Roths Leben und Werk. Bern 1967
Hammer, Almuth: Erwählung erinnern. Literatur als Medium jüdischen Selbstverständnisses. Mit Fallstudien zu Else Lasker-Schüler und Joseph Roth. Göttingen 2004
Heizmann, Jürgen: Joseph Roth und die Ästhetik der Neuen Sachlichkeit. Heidelberg 1990
Henze, Volker: Jüdischer Kulturpessimismus und das Bild des Alten Österreich im Werk Stefan Zweigs und Joseph Roths. Heidelberg 1988
Kessler, Michael / Hackert, Fritz (Hrsg.): Joseph Roth. Interpretation – Rezeption – Kritik. Tübingen 1990
Kiefer, Sebastian: Braver Junge – gefüllt mit Gift. Joseph Roth und die Ambivalenz. Stuttgart/Weimar 2001

Klaß-Meenken, Petra: Die Figur des schwachen Helden in den Romanen Joseph Roths. Aachen 2000

Kraske, Bernd M. (Hrsg.): Joseph Roth. Werk und Wirkung. Bonn 1988

Kraus, Wolfgang / Zatons'kyj, Dmytro (Hrsg.): Von Taras Ševčenko bis Joseph Roth. Ukrainisch-Österreichische Literaturbeziehungen. Bern 1995

Linden, Hermann (Hrsg.): Joseph Roth. Leben und Werk. Ein Gedächtnisbuch. Köln und Hagen 1949

Magris, Claudio: Weit von wo. Verlorene Welt des Ostjudentums. Wien 1974

Marchand, Wolf R.: Joseph Roth und völkisch-nationalistische Wertbegriffe. Bonn 1974

Mehrens, Dietmar: Vom göttlichen Auftrag der Literatur. Die Romane Joseph Roths. Ein Kommentar. o. O. 2000

Müller-Funk, Wolfgang: Joseph Roth. München 1989

Ochse, Katharina: Joseph Roths Auseinandersetzung mit dem Antisemitismus. Würzburg 1999

Pauli, Klaus: Joseph Roth: Die Kapuzinergruft und Der stumme Prophet. Untersuchungen zu zeitgeschichtlichen Porträtromanen. Frankfurt am Main 1985

Raffel, Eva: Vertraute Fremde. Das östliche Judentum im Werk von Joseph Roth und Arnold Zweig. Tübingen 2002

Reich-Ranicki, Marcel: Nachprüfung. Aufsätze über deutsche Schriftsteller von gestern. München 1990

Scheible, Hartmut: Joseph Roth. Mit einem Essay über Gustave Flaubert. Stuttgart/Berlin/Köln/Mainz 1971

Schmidjell, Christine: Joseph Roth. Hiob. Stuttgart 2004

Schroeder, Irene: Experimente des Erzählens. Bern 1998

Steierwald, Ulrike: Leiden an der Geschichte. Zur Geschichtsauffassung der Moderne in den Texten Joseph Roths. Würzburg 1994

Steinmann, Esther: Von der Würde des Unscheinbaren. Sinnerfahrung bei Joseph Roth. Tübingen 1984

Stillmark, Alexander (Hrsg.): Joseph Roth. Der Sieg über die Zeit. Londoner Symposium. Stuttgart 1996

Sültemeyer, Ingeborg: Das Frühwerk Joseph Roths 1915–1926. Studien und Texte. Wien 1976

Weigel, Robert G. (Hrsg.): Vier große galizische Erzähler im Exil: W. H. Katz, Soma Morgenstern, Manès Sperber und Joseph Roth. Frankfurt am Main 2005

Westermann, Klaus: Joseph Roth, Journalist. Eine Karriere 1915–1939. Bonn 1987

Willerich-Tocha, Margarete: Rezeption als Gedächtnis. Studien zur Wirkung Joseph Roths. Frankfurt am Main 1984

Wirtz, Irmgard: Joseph Roths Fiktionen des Faktischen. Das Feuilleton der zwanziger Jahre und »Die Geschichte von der 1002. Nacht« im historischen Kontext. Berlin 1997

Zimmer, Michael: Joseph Roth. Hiob. Interpretationen und Materialien. Hollfeld 1998

2.3 Kataloge

Joseph Roth 1894–1939. Eine Ausstellung der Deutschen Bibliothek. Frankfurt am Main 1979

Joseph Roth 1894–1939. Katalog einer Ausstellung, gemeinsam erarbeitet vom Bundesministerium für Auswärtige Angelegenheiten und von der Dokumentationsstelle für neuere österreichische Literatur in Wien, zusammengestellt von Heinz Lunzer & Victoria Lunzer-Talos. Wien 1995

Joseph Roth 1894–1939. Ein Katalog der Dokumentationsstelle für neuere österreichische Literatur zur Ausstellung des Jüdischen Museums der Stadt Wien. 7. Oktober 1994 bis 12. Februar 1995

Lunzer, Heinz: Joseph Roth. Im Exil in Paris 1933 bis 1939. Buch zur gleichnamigen Ausstellung im Literaturhaus in Wien 2008

Schiller-Nationalmuseum Deutsches Literaturarchiv Marbach am Neckar: Der »Berliner Nachlaß« von Joseph Roth. Marbach am Neckar 1995

3. Erinnerungen – Briefe – Tagebücher

Aufricht, Ernst Josef: Erzähle damit Du Dein Recht erweist. Frankfurt am Main/Berlin 1966

Brecht, Bertolt: Journale 1. 1913–1941. Große kommentierte Berliner und Frankfurter Ausgabe. Hrsg. Werner Hecht u. a. Berlin/Weimar/Frankfurt am Main 1994

Cziffra, Géza von: Der Heilige Trinker. Erinnerungen an Joseph Roth. Frankfurt am Main/Berlin 1989

Frei, Bruno: Der Papiersäbel. Autobiographie. Frankfurt am Main 1972

Granach, Alexander: Da geht ein Mensch. Lebensroman eines Schauspielers. München 1973

Grubel, Fred: Schreib das auf eine Tafel, die mit ihnen bleibt. Jüdisches Leben im 20. Jahrhundert. Wien/Köln/Weimar 1998

Hausenstein, Wilhelm: Impressionen und Analysen. Letzte Aufzeichnungen. München 1969

Hofmannsthal, Hugo von / Andrian, Leopold von: Briefwechsel. Frankfurt am Main 1981

Hofmannsthal, Hugo von / Brecht, Walther: Briefwechsel. Mit Briefen Hugo von Hofmannsthals an Erika Brecht. Hrsg. von Christoph König und David Oels. Göttingen 2005

Kafka, Franz: Briefe an Felice und andere Korrespondenz aus der Verlobungszeit. Hrsg. von Erich Heller und Jürgen Born. Frankfurt am Main 1967

Kafka, Franz: Tagebücher 1909–1923. Fassung der Handschrift. Frankfurt am Main 1997

Kesten, Hermann: Meine Freunde, die Poeten. Frankfurt am Main/Berlin/Wien 1980

Kesten, Hermann: Dichter im Café. Frankfurt am Main/Berlin/Wien 1983

Keun, Irmgard: Ich lebe in einem wilden Wirbel. Briefe an Arnold Strauss 1933 bis 1947. Hrsg. von Gabriele Kreis und Marjory S. Strauss. Düsseldorf 1988

Keun, Irmgard: Wenn wir alle gut wären. München 1993

Krell, Max: Das alles gab es einmal. Frankfurt am Main 1961

Landshoff, Fritz H.: Amsterdam, Keizersgracht 333, Querido Verlag. Erinnerungen eines Verlegers. Berlin/Weimar 1991

Lania, Leo: Welt im Umbruch. Biographie einer Generation. Frankfurt am Main/Wien o. D.

Mann, Klaus: Der Wendepunkt. Ein Lebensbericht. Frankfurt am Main 1966

Mann, Klaus: Tagebücher 1931 bis 1933. Hrsg. von Joachim Heimannsberg u. a. München 1989

Mann, Thomas: Tagebücher 1933–1934. Hrsg. von Peter de Mendelssohn. Frankfurt am Main 1977

Mann, Thomas: Tagebücher 1935–1936. Hrsg. von Peter de Mendelssohn. Frankfurt am Main 1978

Marcuse, Ludwig: Mein zwanzigstes Jahrhundert. Auf dem Weg zu einer Autobiographie. Zürich 1975

Morgenstern, Soma: Joseph Roths Flucht und Ende. Erinnerungen. Lüneburg 1994

Musil, Robert: Briefe 1901–1941. Hrsg. von Adolf Frisé. Reinbek bei Hamburg 1981

Neumann, Robert: Ein leichtes Leben. Bericht über mich selbst und Zeitgenossen. Wien/München/Basel 1963

Reifenberg, Benno: Lichte Schatten. Frankfurt am Main 1953

Schnitzler, Arthur: Briefe 1875–1912. Hrsg. von Therese Nickl und Heinrich Schnitzler. Frankfurt am Main 1981

Schnitzler, Arthur: Briefe 1913–1931. Hrsg. von Peter Michael Braunwarth u. a. Frankfurt am Main 1984

Schnitzler, Arthur: Jugend in Wien. Eine Autobiographie. Frankfurt am Main 1981

Tau, Max: Das Land das ich verlassen mußte. Hamburg 1965

Toller, Ernst: Eine Jugend in Deutschland. Reinbek bei Hamburg 1990
Viertel, Salka: Das unbelehrbare Herz. Ein Leben mit Stars und Dichtern des 20. Jahrhunderts. Reinbek bei Hamburg 1979
Wassermann, Jakob: Mein Weg als Deutscher und Jude. Berlin 1921
Wolff, Kurt: Briefwechsel eines Verlegers. 1911–1963. Hrsg. von Bernhard Zeller und Ellen Otten. Frankfurt am Main 1966
Wolff, Kurt: Autoren – Bücher – Abenteuer. Betrachtungen und Erinnerungen eines Verlegers. Berlin 2004
Zuckmayer, Carl: Als wär's ein Stück von mir. Horen der Freundschaft Frankfurt am Main 1966
Zweig, Friderike Maria: Spiegelungen des Lebens. Frankfurt am Main 1985
Zweig, Stefan: Briefe 1914–1919. Hrsg. von Knut Beck u. a. Frankfurt am Main 1998
Zweig, Stefan: Briefe 1920–1931. Hrsg. von Knut Beck und Jeffrey B. Berlin. Frankfurt am Main 2000
Zweig, Stefan: Briefe 1932–1942. Hrsg. von Knut Beck und Jeffrey B. Berlin. Frankfurt am Main 2005
Zweig, Stefan: Die Welt von Gestern. Erinnerungen eines Europäers. Frankfurt am Main 2007

4. Zur Geschichte

4.1 Galizien, Österreich

Allerhand, Jacob / Magris, Claudio: Studien zur Literatur der Juden in Osteuropa. Eisenstadt 1977
Andlauer, Teresa: Die jüdische Bevölkerung im Modernisierungsprozess Galiziens (1867–1914). Frankfurt am Main 2001
Haumann, Heiko: Geschichte der Ostjuden. München 1999
Jüdisches Wien. Mit einem Vorwort von Robert Schindel. o. O. 2007
Kappeler, Andreas: Kleine Geschichte der Ukraine. München 2000
Klanska, Maria: Aus dem Schtetl in die Welt. 1772–1938. Ostjüdische Autobiographien in deutscher Sprache. Wien-Köln-Weimar 1994
Krupnyckyj, Borys: Geschichte der Ukraine. Von den Anfängen bis zum Jahre 1917. Wiesbaden 1963
Mack, Karlheinz: Galizien um die Jahrhundertwende. Politische, soziale und kulturelle Verbindungen mit Österreich. München 1990
Magris, Claudio: Der habsburgische Mythos in der modernen österreichischen Literatur. Wien 2000
Mayr-Harting, Anton: Der Untergang. Österreich-Ungarn 1848–1922. Wien/München 1988

Pollack, Martin: Galizien. Eine Reise durch die verschwundene Welt Ostgaliziens und der Bukowina. Frankfurt am Main/Leipzig 2001

Röskau-Rydel, Isabel: Galizien – Bukowina – Moldau. Berlin 1999

Vocelka, Karl: Geschichte Österreichs. Kultur – Gesellschaft – Politik. Graz/Wien/Köln 2000

4.2 Medien

Funke, Cornelia Caroline: Im Verleger verkörpert sich das Gesicht seiner Zeit. Gustav Kiepenheuer Verlag 1909 bis 1944. Wiesbaden 1999

Fischer, Heinz-Dietrich (Hrsg.): Deutsche Zeitungen des 17. bis 20. Jahrhunderts. Band 2. Pullach bei München 1972

Gillessen, Günther: Auf verlorenem Posten. Die Frankfurter Zeitung im Dritten Reich. Berlin 1986

Hermann, Frank / Schmitz, Heinke: Der Verlag Die Schmiede. 1921–1929. Morsum/Sylt 1996

Mendelssohn, Peter de: Zeitungsstadt Berlin. Menschen und Mächte in der Geschichte der deutschen Presse. Frankfurt am Main/Berlin/Wien 1982

Täubert, Klaus: Emil Faktor. Ein Mann und (s)eine Zeitung. Berlin 1994

Weidle, Barbara (Hrsg.): Kurt Wolff. Ein Literat und Gentleman. Bonn 2007

4.3 Exil

Deutsche Literatur im Exil in den Niederlanden. Eine Ausstellung des Deutschen Exilarchivs 1933–1945. Die Deutsche Bibliothek. Leipzig/Frankfurt am Main/Berlin 1993

Deutsche Intellektuelle im Exil. Ihre Akademie und die »American Guild for German Cultural Freedom«. Eine Ausstellung des Deutschen Exilarchivs 1933–1945 der Deutschen Bibliothek, Frankfurt am Main. München 1993

Grandjonc, Jacques / Grundtner, Theresia (Hrsg.): Zone der Ungewißheit. Exil und Internierung in Südfrankreich 1933–1944. Reinbek bei Hamburg 1993

Kantorowicz, Alfred: Politik und Literatur im Exil. München 1983

Schiller, Dieter / Pech, Karlheinz / Herrmann, Regine / Hahn, Manfred: Kunst und Literatur im antifaschistischen Exil 1933–1945. Band 7. Exil in Frankreich. Frankfurt am Main 1981

Schmidinger, Veit Johannes und Schoeller, Wilfried F.: Transit Amsterdam. Deutsche Künstler im Exil 1933–1945. München 2007

Walter, Hans-Albert: Deutsche Exilliteratur 1933–1950. Band 2 (1.2) Asylpraxis und Lebensbedingungen in Europa. Darmstadt/Neuwied 1972

Walter, Hans-Albert: Deutsche Exilliteratur 1933–1950. Band 2 Europäisches Appeasement und überseeische Asylpraxis. Stuttgart 1984

Walter, Hans-Albert: Deutsche Exilliteratur 1933–1950. Band 4 Exilpresse. Stuttgart 1978

Lebensdaten

1894   2. September: Moses Joseph Roth in Brody, Galizien, als Kind jüdischer Eltern geboren. Mutter: Maria Roth, geb. Grübel; Vater: Nachum Roth, Getreideeinkäufer und Holzhändler, der – noch vor der Geburt des Sohnes – nach eineinhalbjähriger Ehe von einer Geschäftsreise nicht mehr nach Brody zurückkehrt.

1901–05   Besuch der jüdischen Gemeindeschule in Brody

1905–13   Besuch des k. k. Kronprinz Rudolf-Gymnasiums in Brody. – Wiederholte Aufenthalte in Lemberg. – Erste Gedichte

1913   Mai: Roth besteht mit Auszeichnung die Matura. – Immatrikulation an der Universität Lemberg (Wintersemester 1913/14). – Herbst: Reise (wahrscheinlich bereits Übersiedlung) nach Wien

1914   Einschreibung an der Universität Wien zum Sommersemester 1914

1915   Roths erste Veröffentlichung, das Gedicht *Welträtsel*. – Freundschaft mit Józef Wittlin. – Beziehungen zu Professor Walther Brecht

1916   *Der Vorzugsschüler* (gekürzte Fassung; vollständig erschienen zuerst 1973). – 28. August: Roth rückt zur Einjährigen-Schule des 21. Feldjäger-Bataillons ein. – 21. November: Tod Kaiser Franz Josephs I.

1917   Feuilletons und Gedichte in Wiener und Prager Blättern. – Militärdienst in Galizien

1918   Dezember: Rückkehr nach Wien. – Reise nach Brody

1919   Flucht aus Brody. – Ende März: Roth wieder in Wien. – 20. April: Erstes Feuilleton in der neu gegründeten Wiener Tageszeitung »Der Neue Tag« (binnen eines Jahres über 100 Beiträge)

1920   30. April: »Der Neue Tag« stellt sein Erscheinen ein. – 1. Juni: Übersiedlung nach Berlin. Mitarbeit an Berliner Zeitschriften und Zeitungen

1921   Mitarbeit am »Berliner Börsen-Courier«

1922   5. März: Heirat mit Friederike Reichler im Pazmaninentempel in Wien. – Juni: Beginn der Mitarbeit am »Vorwärts«

1923   21. Januar: Erstes Feuilleton in der »Frankfurter Zeitung«. – Februar: Beginn der Mitarbeit am »Prager Tagblatt«. – Spätsommer: Erste Reise nach Prag. – 7. Oktober bis 6. November: Vorabdruck von *Das Spinnennetz* in der Wiener »Arbeiterzeitung«

1924   Feuilletons und Gedichte in »Lachen links« – *Hotel Savoy. Roman* (Vorabdruck im »Vorwärts«) – *Die Rebellion. Roman*

1925   Frühjahr: Feuilletonkorrespondent der »Frankfurter Zeitung« in Paris. Freundschaft mit Benno Reifenberg. – 8. September bis 4. November: Artikelserie »Im mittäglichen Frankreich«. – *Die weißen Städte* (postum). – *April. Die Geschichte einer Liebe. Der blinde Spiegel. Ein kleiner Roman*

1926 Verlust der Pariser Position an Friedrich Sieburg. – Ende August bis Dezember: Roth bereist für die »Frankfurter Zeitung« die Sowjetunion. Arikelfolge *Reise in Rußland*

1927 Reportage-Reisen. Artikelfolgen *Reise nach Albanien* und *Briefe aus Deutschland* in der »Frankfurter Zeitung«. – *Juden auf Wanderschaft.* – *Die Flucht ohne Ende. Ein Bericht*

1928 Februar: Erkrankung Friedls (Schizophrenie). – Freundschaft mit Stefan Zweig. – *Zipper und sein Vater.* Weitere Reisen. *Briefe aus Polen* und *Das vierte Italien* in der »Frankfurter Zeitung«

1929 Mitarbeit an den »Münchner Neuesten Nachrichten« (bis Frühjahr 1930). – Verbindung mit Sibyl Rares. – Erste Begegnung mit Andrea Manga Bell. – *Rechts und Links. Roman.* – *Ein Kapitel Revolution* und *Der stumme Prophet* (Auszüge aus dem gleichnamigen Roman)

1930 *Hiob. Roman eines einfachen Mannes.* – *Panoptikum. Gestalten und Kulissen*

1931 Frühjahr: Aufenthalt in Antibes. Amerikanische Ausgabe von *Hiob. Radetzkymarsch. Roman* (Vorabdruck in der »Frankfurter Zeitung«)

1933 Ende Januar: Reise nach Paris. Beginn des Exils. *Stationschef Fallmerayer.* Beginn der Mitarbeit an Exilzeitschriften und -zeitungen

1934 Ab Juni Aufenthalt in Südfrankreich. *Tarabas, ein Gast auf dieser Erde; Le triomphe de la beauté* (dt. zuerst 1935); *Le buste de l'empereur* (dt. zuerst 1935); *Der Korallenhändler* (Teildruck; postum unter dem Titel *Der Leviathan*)

1935 6.–14. Mai: *Triumph der Schönheit* in »Pariser Tageszeitung«. – Juni: Rückkehr nach Paris. – 28. Juli bis 1. August: *Die Büste des Kaisers* in »Pariser Tageszeitung«. – Beginn der Mitarbeit in der von Emigranten in Österreich herausgegebenen Zeitschrift »Der christliche Ständestaat«. – *Die Hundert Tage*

1936 März–Juni: Aufenthalt in Amsterdam, ab Juli in Ostende. Ende des Jahres wieder in Paris. – *Beichte eines Mörders, erzählt in einer Nacht*

1937 Februar–März: Auf Einladung des polnischen P.E.N.-Clubs Vortragsreise durch Polen. – Aufenthalt in Wien. – Abbruch des Hotels »Foyot« in Paris, Roth zieht ins »Hôtel de la Poste«, Café »Tournon«. – *Das falsche Gewicht. Die Geschichte eines Eichmeisters*

1938 Februar: Letzter Besuch (im Auftrag der österreichischen Legitimisten) in Wien. – Spätherbst: Letzter Besuch in Amsterdam. – Gesundheitlicher Verfall. *Die Kapuzinergruft*

1939 15. Februar–1. Mai: Artikelserie *Schwarz-Gelbes Tagebuch* in »Die österreichische Post« – *Die Geschichte von der 1002. Nacht.* – 23. Mai: Zusammenbruch beim Erhalt der Nachricht vom Selbstmord Ernst Tollers. – 27. Mai: Tod im Hôpital Necker. – 30. Mai: Beisetzung auf dem Cimetière Thiais, südöstlich von Paris

Postum erschienen:
1939	*Die Legende vom heiligen Trinker*
1940	*Der Leviathan*
1966	*Der stumme Prophet. Roman*
1967	*Das Spinnennetz. Roman*
1974	*Erdbeeren* (Romanfragment)
1978	*Perlefter. Die Geschichte eines Bürgers* (Romanfragment)
1994	*Unter dem Bülowbogen. Prosa zur Zeit*

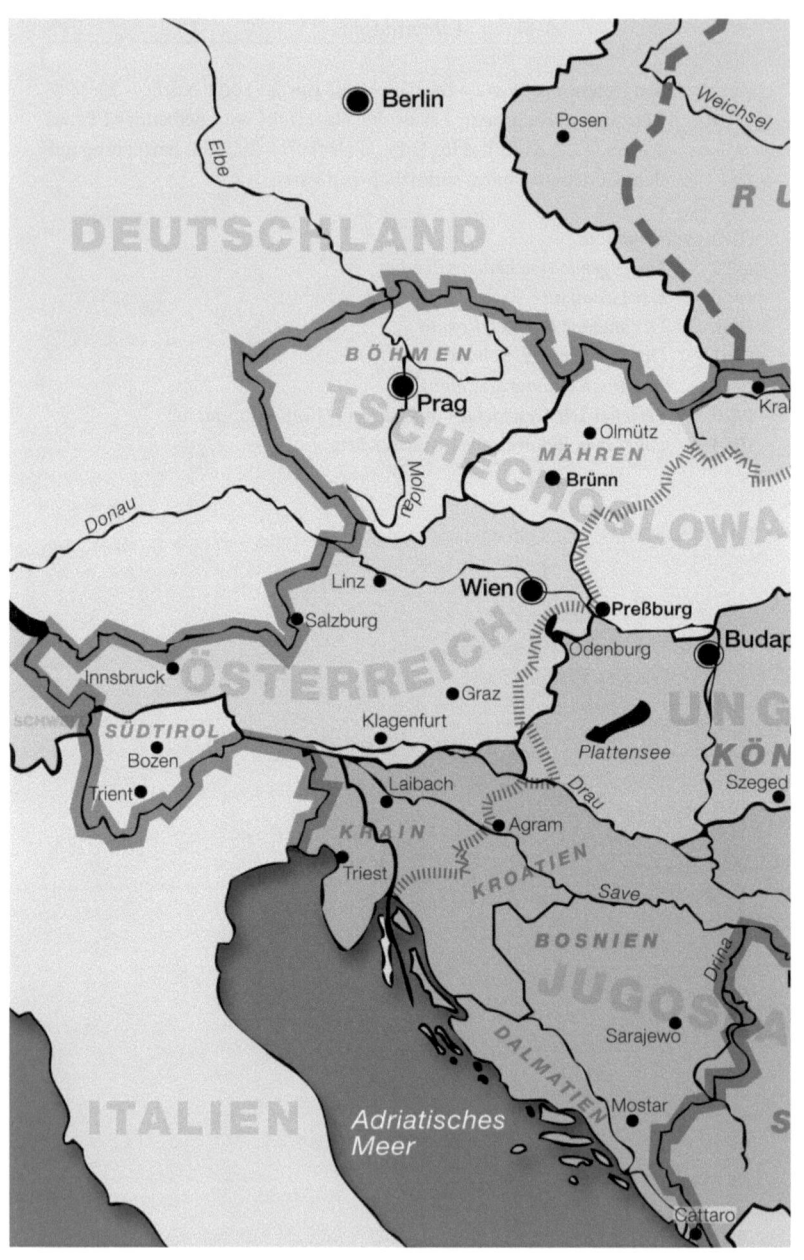

Österreich – Ungarn. Landkarte mit den Grenzen von 1914 und 1921

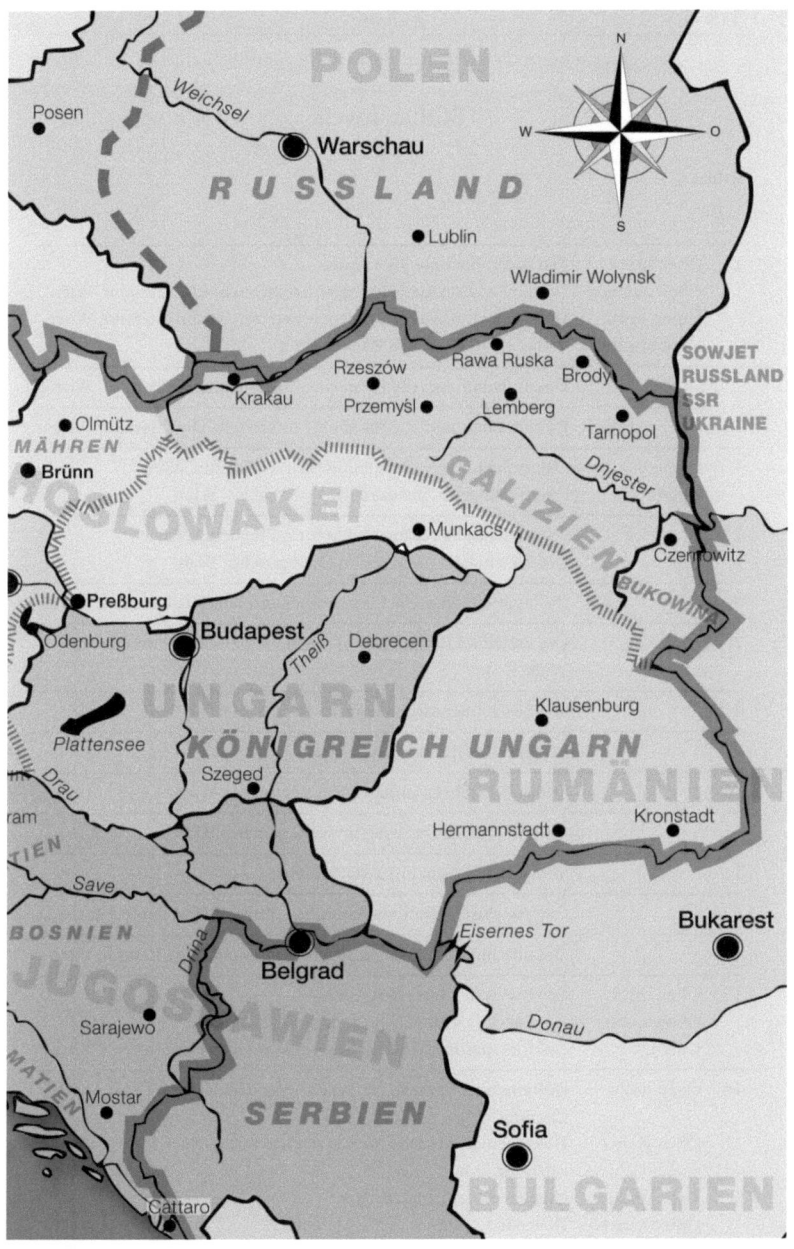

Bildnachweis

Bildteil 1
Seite

1	Oben links:	Leo Baeck Institute, New York
	Oben rechts:	Dokumentationsstelle für neuere österreichische Literatur, Wien
	Unten links:	Dokumentationsstelle für neuere österreichische Literatur, Wien
	Unten rechts:	Verlag Kiepenheuer & Witsch, Köln
2		Dokumentationsstelle für neuere österreichische Literatur, Wien
3		Dokumentationsstelle für neuere österreichische Literatur, Wien
4	Oben:	Österreichische Nationalbibliothek, Bildarchiv, Wien
	Unten:	Österreichisches Staatsarchiv/ Kriegsarchiv, Wien
5	Oben:	Österreichische Nationalbibliothek, Bildarchiv, Wien
	Unten:	Österreichisches Staatsarchiv/ Kriegsarchiv, Wien
6		Dokumentationsstelle für neuere österreichische Literatur, Wien
7		Österreichische Nationalbibliothek, Druckschriftensammlung, Wien
8		Leo Baeck Institute, New York
9		Leo Baeck Institute, New York
10		Österreichisches Staatsarchiv/ Kriegsarchiv, Wien
11		Österreichisches Staatsarchiv/ Kriegsarchiv, Wien
12		Verlag Kiepenheuer & Witsch, Köln
13		Österreichische Nationalbibliothek, Bildarchiv, Wien
14		Dokumentationsstelle für neuere österreichische Literatur, Wien
15	Oben links:	Leo Baeck Institute, New York
	Oben rechts:	Leo Baeck Institute, New York
	Unten:	Dokumentationsstelle für neuere österreichische Literatur, Wien
16	Oben links:	Dokumentationsstelle für neuere österreichische Literatur, Wien
	Oben rechts:	Dokumentationsstelle für neuere österreichische Literatur, Wien
	Unten links:	Ullstein Bilderdienst, Berlin
	Unten rechts:	Deutsches Literaturarchiv, Marbach

Bildteil 2
Seite

1		Leo Baeck Institute, New York
2		Dokumentationsstelle für neuere österreichische Literatur, Wien
3	Oben:	Leo Baeck Institute, New York
	Unten links:	Deutsches Literaturarchiv, Marbach
	Unten rechts:	Martina Keun-Geburtig, Mainz
4	Oben:	Leo Baeck Institute, New York
	Unten:	Leo Baeck Institute, New York
5		Dokumentationsstelle für neuere österreichische Literatur, Wien
6		Leo Baeck Institute, New York
7	Oben:	Leo Baeck Institute, New York
	Unten:	Leo Baeck Institute, New York
8		Dokumentationsstelle für neuere österreichische Literatur, Wien
9		Dokumentationsstelle für neuere österreichische Literatur, Wien
10	Oben links:	Heinz Lunzer
	Oben rechts:	Heinz Lunzer
	Unten links:	Heinz Lunzer
	Unten rechts:	Heinz Lunzer
11	Oben links:	Münchner Stadtbibliothek – Monacensia, Literaturarchiv und Bibliothek
	Oben rechts:	akg-images, Archiv Klaus Wagen, Berlin
	Unten links:	Verlag Kiepenheuer & Witsch, Köln
	Unten rechts:	Verlag Kiepenheuer & Witsch, Köln
12	Oben:	Stadsarchief Amsterdam
	Unten:	Leo Baeck Institute, New York
13	Oben:	Österreichische Nationalbibliothek, Bildarchiv, Wien
	Unten:	Dokumentationsstelle für neuere österreichische Literatur, Wien
14	Oben:	Leo Baeck Institute, New York
	Unten:	Library of Congress, Ben Huebsch Collection, Washington D.C.
15	Oben links:	Leo Baeck Institute, New York
	Oben rechts:	Verlag Kiepenheuer & Witsch, Köln
	Unten links:	Joseph Breitenbach Trust
	Unten rechts:	Dokumentationsstelle für neuere österreichische Literatur, Wien
16		Nederlands Letterkundig Museum en Documentatiecentrum, Amsterdam

Namensregister

A
Adler, Friedrich 187
Adler, Viktor 176, 197
Adorno, Theodor W. 141, 274, 276
Agnon, Samuel Josef 60
Alejchem, Scholem 86
Alexander III., Zar 72
Altenberg, Peter 36, 129, 140, 203, 205, 207, 255
Ameringen, Andries van 448
Andrian, Leopold von 58
Appelfeld, Aharon 60
Asch, Scholem 86
Aufricht, Ernst Josef 236, 240
Ausländer, Rose 60

B
Babel, Isaak 72
Bahr, Hermann 129, 206
Baker, Josephine 236
Ballon, Kalman 104 f.
Balzac, Honoré de 44
Bassermann, Albert 236
Baudelaire, Charles 211 f.
Bauer, Felice 13, 127 f.
Bauer, Hans 354 f.
Bauer, Otto 187, 409
Baumgart, Reinhard 43
Bebel, August 275
Becher, Johannes R. 241, 273
Beckmann, Max 239 f., 276, 447
Beer-Hofmann, Richard 129
Begin, Menachem 84
Behan, Brendan 212
Beierle, Alfred 245, 247
Ben-Chorin, Schalom 378, 481

Benjamin, Walter 141, 253, 274, 405
Benn, Gottfried 209, 239, 446
Berendsohn, Walter A. 444
Berg, Alban 130, 141, 236, 252
Berger, Friedemann 370
Bergner, Elisabeth 236
Bermann, Richard A. (Höllriegel, Arnold) 14, 36, 195, 198, 409
Bermann Fischer, Gottfried 390, 446
Bernhard, Georg 238, 407
Bertaux, Félix 360, 372, 386
Bertaux, Pierre 386
Bie, Oskar 253
Bismarck, Otto von 64, 105, 275, 277, 459, 467
Blansjaar, Antonius 447
Blei, Franz 380
Bleichröder, Gerson von 105
Bloch, Ernst 273 f.
Böhm-Ermolli, Eduard Freiherr von 165
Böll, Heinrich 25, 43, 377
Borinskij, Graf 166
Börne, Ludwig 22, 286
Brecht, Bertolt 236, 239, 241, 251 f., 258, 273, 286, 357
Brecht, Walther 149–153
Breitbach, Joseph 35
Brentano, Bernard von 109, 114 f., 208, 225, 273 f., 276, 278, 284 f., 310, 312 ff., 328, 330, 338, 343, 352, 386
Brentano, Heinrich von 285
Broch, Hermann 129
Broczyner, Eduard 482

Brod, Max 36, 264f., 273, 298, 410
Bronsen, David 93, 221, 225, 258
Bruch, Ludwig 336
Bruckner, Ferdinand 421
Buber, Martin 23, 60, 81, 85
Büchner, Georg 180

C
Camus, Albert 212
Canetti, Elias 115
Capote, Truman 212
Carpentier, Georges 254
Cassirer, Bruno 247
Castle, Eduard 149
Celan, Paul 60
Chagall, Marc 69
Chamberlain, Houston Stewart 200
Clemenceau, Georges 482
Corti, Alexander 397
Csokor, Franz Theodor 233, 274, 478
Cuno, Wilhelm 262
Czecher, Joseph 145, 211
Cziffra, Géza von 52, 148, 207, 217, 246

D
d'Alembert, Jean-Baptiste le Rond 74
Darwin, Charles 331
Degenfeld, Heinrich Graf 466
Dehmel, Richard 131, 143, 178
Dempsey, Jack 254
Deutsch, Ernst 236
Dickens, Charles 44
Diderot, Denis 74
Diebold, Bernhard 278
Dietrich, Marlene 237, 378
Dix, Otto 240

Döblin, Alfred 54, 79, 88, 236, 239, 273, 297, 405, 408, 410, 420
Dohrn, Klaus 464, 466
Dollfuß, Engelbert 412–415, 464
Dostojewski, Fjodor Michailowitsch 45, 383, 429
Duinkerken, Anton van 426, 467
Dunant, Henri 394

E
Ebert, Friedrich 18, 243, 263, 289f.
Ebner-Eschenbach, Marie von 62
Edison, Thomas Alva 255
Eggebrecht, Axel 253
Ehrenstein, Alfred 11
Einstein, Albert 419
Eisler, Hanns 207
Eisner, Kurt 260, 265
Elisabeth von Österreich-Ungarn, Kaiserin 132
Engels, Friedrich 195f.
Erasmus von Rotterdam 467
Erpenbeck, Fritz 462
Eschkol, Levi 84
Ewers, Heinz 242

F
Fabrizius, Leopold siehe Thelen, Albert Vigoleis
Faktor, Emil 238, 251–254, 256ff., 280
Fallada, Hans 212
Faulkner, William 28, 212, 216
Feiniger, Lyonel 240
Feuchtwanger, Lion 18, 23, 33, 42, 85, 109, 130, 239, 286, 289, 292, 301, 357f., 405, 408, 410, 415, 420, 439f.
Feuchtwanger, Siegmund 109

Fingal, Stefan 221, 223, 228, 234, 244, 258, 484
Fischer, Samuel 337, 339, 357, 365, 390
Fitzgerald, F. Scott 168, 209f., 212f.
Flake, Otto 239
Flaubert, Gustave 45, 172, 310, 429
Flavius Josephus 33
Fles, Barthold 481
Fontaine, Jean de La 43
Fontane, Theodor 44
Fouché, Joseph 383
Frank, Bruno 434
Frank, Leonhard 178, 273
Franko, Ivan 59f., 65
Franz Ferdinand von Österreich-Este 157
Franz Joseph I., Kaiser 17, 29, 76, 132ff., 158, 164, 288, 317, 397
Franzos, Karl Emil 59f., 62, 64, 85
Frei, Bruno 245f.
Freud, Sigmund 28f., 66, 130, 207, 213, 229, 286, 383, 408
Frey, Alexander M. 434
Frey, Emil 413
Friedell, Egon 254
Friedrich II., König 73, 467
Frisch, Max 339
Fuchs, Martin 465f.
Furtwängler, Wilhelm 236

G

Gebühr, Otto 237
Geck, Rudolf 278, 281
George, Manfred 208
George, Stefan 54
Gerron, Kurt 447
Geßler, Otto 349
Gidon, Blanche 282, 380, 387, 390, 410, 440, 446, 463, 483
Gillès de Pélichy, Maria 391f.
Glöckel, Otto 106
Goebbels, Joseph 238, 313, 414
Goethe, Johann Wolfgang von 54, 109f., 114, 210, 212, 306, 482
Gogh, Vincent van 284
Gogol, Nikolai Wassiljewitsch 44, 45
Goldstein, Kurt 227
Gollancz, Victor 202, 385
Gozzi, Carlo 179
Grabbe, Christian Dietrich 212
Gräber, Moische Jossif 94
Granach, Alexander 69
Grass, Günter 339
Grillparzer, Franz 129, 467
Großmann, Stefan 252
Grosz, George 241, 273
Grubel, Fred bzw. Grübel, Fred 53, 95ff., 112
Grübel, Heinrich 259
Grübel, Jechiel 94f., 98f., 104
Grübel, Maria siehe Roth, Maria
Grübel, Michael (Miguel) 96, 145
Grübel, Paula 137, 139f., 145, 171f., 179, 220, 259, 291, 453
Grübel, Rachel geb. Czecher 95
Grübel, Rebekka 95
Grübel, Resia 44, 113, 122, 156, 170
Grübel, Salomon 97
Grübel, Siegmund 99f., 103, 122f., 135, 188, 300
Gründgens, Gustaf 239
Gubitz, Friedrich Wilhelm 35
Gurion, Ben 84
Guttmann, Bernhard 277f.

H

Haas, Willy 273, 338, 357
Habsburg, Otto von 13, 17, 29, 399, 413, 466
Hackert, Fritz 445
Harden, Maximilian 36
Hasenauer, Carl von 130
Hasenclever, Walter 258
Hausenstein, Wilhelm 284
Hauptmann, Gerhart 153, 212, 265, 290
Hausenstein, Wilhelm 274
Haumann, Heiko 79
Heartfield, John 241
Heine, Heinrich 22, 45, 58, 109, 136, 173, 215, 286, 334, 459
Hemingway, Ernest 168, 209, 212, 216
Hermann, Georg 421, 447
Hermann, Klaus 338
Herwegh, Georg 459
Herzl, Theodor 25, 84, 126, 131
Hesse, Hermann 110, 143, 178, 400, 430
Hesterberg, Trude 236
Heuss, Theodor 274
Heyme, Georg 180
Hindenburg, Paul von 289f., 317f.
Hirsch, Moritz 105
Hitler, Adolf 12, 18, 60, 71, 76, 120, 240f., 243, 253, 263, 270, 283, 291, 318, 357, 397, 404, 408, 413f., 418. 430, 443–446, 451, 463, 467, 481
Hofmannsthal, Emil von 122
Hofmannsthal, Hugo von 53, 58, 66, 122, 129, 151f., 169, 205f., 384
Höflich, Lucie 236

Hoffmann, E. T. A. 212, 254, 455
Hölderlin, Friedrich 29, 31, 55, 109, 232, 383
Holländer, Friedrich 236
Höllriegel, Arnold siehe Bermann, Richard A.
Holroyd-Reece, John 422
Horváth, Lajos von 52
Horváth, Ödön von 53, 246, 405, 421
Hubermann, Bronisław 179
Huebsch, Ben 35, 419, 422f., 463
Huelsenbeck, Richard 253
Hugenberg, Alfred 348

I

Ibsen, Henrik 254
Ihering, Herbert 36, 238, 253, 256, 258
Innitzer, Theodor 465
Israel, Lotte 380

J

Jacobsohn, Siegfried 36, 237, 252
Jahnn, Hans Henny 357
Janacek, Leos 236
Jannings, Emil 237
Jansen, Peter Wilhelm 296
Jaspers, Karl 14
Jessner, Leopold 235, 252
Johnson, Uwe 212, 216, 299, 339
Joseph II., Kaiser 73
Joyce, James 43, 212
Jünger, Ernst 54

K

Kaas, Ludwig 348
Kafka, Franz 13, 22, 26, 28f., 31, 44, 53, 83, 86, 127f., 298, 338
Kahr, Gustav von 263, 354
Kaiser, Georg 258, 297

Kandinsky, Wassily 240
Kantorowicz, Alfred 405
Kapp, Wolfgang 201
Karpeles, Benno 194–198, 204, 280
Kaul, Walter 253
Kehlmann, Michael 378, 397
Kerr, Alfred 36, 238, 252
Kertész, Imre 15, 26, 73
Kesten, Hermann 43, 52, 143, 172, 274, 329, 357, 363, 380, 387 ff., 410, 412, 421, 437 ff., 450 f., 463, 468, 481
Kesten, Toni 437
Keun, Irmgard 26, 98, 124, 148, 215, 220 f., 450–454
Kiepenheuer, Gustav 25, 52, 54, 97, 125 f., 146, 163, 234, 356 ff., 369 f., 387, 390, 393, 422 f.
Kiepenheuer, Noa 125, 359
Kierkegaard, Søren 22, 207
Kindermann, Heinz 152–155
Kippenberg, Anton 166
Kisch, Egon Erwin 36, 48, 169, 195 f., 203, 273, 297, 329 f., 421, 450 ff., 484
Klabund 273
Klee, Paul 240
Kleiber, Erich 236
Kleist, Heinrich von 29 ff., 35, 55, 109, 383
Klemperer, Otto 236
Klimt, Gustav 130
Klötzel, C. Z. 334
Kluger, Maggid Salomon 95
Koeppen, Wolfgang 247, 253
Kokoschka, Oskar 130, 252
Kolb, Annette 11, 337, 405
Kollwitz, Käthe 270
Korngold, Erich 286
Kortner, Fritz 236

Kracauer, Siegfried 226, 285, 352, 358, 386, 406
Krag, Wilhelm 254
Kraus, Carl von 151
Kraus, Karl 26, 36, 44, 129, 140, 160, 205
Krauß, Werner 236
Krell, Max 267, 289
Krenek, Ernst 208, 415, 464
Kröger, Nelly 437
Kuh, Anton 36, 205 f.
Kun, Bela 202
Kuttner, Erich 270

L
Landau, Max 111
Landau, Yehezkel 74
Landauer, Gustav 241
Landauer, Walter 19, 265, 297, 357, 387 f., 397, 415, 419, 421 f., 424 f., 441, 445 f.
Landmann, Ludwig 275
Landshoff, Fritz 208, 357 f., 387–390, 420–423, 426, 430, 448, 459, 463
Lang, Fritz 237
Lange, Gerard de 208, 421 f., 424 f., 427, 431, 440 f., 454
Lania, Leo 132, 253
Lehár, Franz 236
Lem, Stanisław 60, 119
Lenin, Wladimir Iljitsch 241, 328, 368
Lenz, Jakob Michael 154
Leo XIII., Papst 76
Leonhard, Rudolf 195, 273, 297, 340
Lessing, Gotthold Ephraim 109
Lewis, Sinclair 212
Lichtenstein, Erich 298
Lichtenstern, Dr. 231

Liebknecht, Karl 249, 260
Lilienstein, Dr. 230
Liszt, Franz 380
Löbe, Paul 317
Loerke, Oskar 253
London, Jack 212
Lorre, Peter 237
Löwenstein, Prinz Hubertus zu 407, 409
Lowry, Malcolm 210, 219
Löwy, Jizchak 86
Loyola, Ignatius von 286
Ludendorff, Erich 263, 270, 289, 414
Ludendorff, Mathilde 414
Ludwig XVIII., König 442
Lueger, Karl 76
Lüttwitz, Walther Freiherr von 201
Lunzer, Heinz 471
Luther, Martin 467
Luxemburg, Rosa 249, 260

M

Magris, Claudio 340
Mahler, Gustav 66, 130
Mailer, Norman 212
Manga Bell, Andrea 19, 98, 380–383, 401 f., 423, 431, 437 f., 446 f., 467, 469, 481
Mann, Erika 390, 448
Mann, Golo 14
Mann, Heinrich 44, 239, 252, 286, 305, 338, 357, 363, 372, 386, 388, 405, 408, 415, 420, 437 ff., 480
Mann, Klaus 12, 209, 313, 383, 390, 405, 412, 420, 426, 447 f.
Mann, Thomas 53 ff., 109 f., 239, 284, 286, 384, 386, 390, 399, 405, 405, 446
Marcu, Valeriu 424

Marcuse, Ludwig 41, 52, 54, 224, 246, 253, 273, 277, 284 f., 338, 350, 376 f., 381, 386, 400, 405, 457, 459, 478
Margulies, Hanns 222, 234, 258
Maria Stuart, Königin 383
Maria Theresia 73 f.
Marie Antoinette, Königin 383
Marx, Karl 26, 331
Matussek, Paul 30
Maupassant, Guy de 363
Maximilian, Kaiser von Mexiko 132
Mehring, Walter 52, 236
Meier-Graefe, Julius 239, 424
Meir, Golda 84
Metternich, Klemens Wenzel Lothar von 459
Meyer, Conrad Ferdinand 151
Meyrink, Gustav 338
Miller, Arthur 212
Mittler, Leo 407
Morgenstern, Soma (Salomo) 11, 40, 108, 114, 121 f., 138, 140 ff., 162, 168, 172, 192 f., 207 f., 221, 228, 230, 233, 245, 284 f., 365, 405, 468, 482 ff.
Müller, Heiner 51
Müller, Hermann 348
Müller-Funk, Wolfgang 299
Münzenberg, Willy 238, 415
Musil, Robert 44, 53 f., 129, 169, 195, 273, 400
Mussolini, Benito 348 ff., 404

N

Napoléon Bonaparte 411, 439 f., 442–445, 467
Natonek, Hans 17, 52, 172, 377 f.
Nelson, Rudolf 447
Nernst, Walther 269

Nestroy, Johann 290
Neumann, Robert 160, 410
Nietzsche, Friedrich 31, 56, 75, 134, 232, 383, 419
Nikolaus II. (Alexandrowitsch), Zar von Russland 422
Nolde, Emil 240

O

O'Neill, Eugene 210 ff., 216, 219
O'Neill, Jamie 210
Olbrich, Joseph Maria 129
Olden, Rudolf (Oltschi, Renatus) 196, 198, 204, 238
Oltschi, Renatus siehe Olden, Rudolf
Ossietzky, Carl von 18, 196, 203, 237 f.

P

Pabst, Georg 237
Pascoaes, Teixeira de 444
Paul, Jean 212
Perez, Jizschok-Lejb 86
Perutz, Leo 14, 169
Piscator, Erwin 235, 252, 273
Poe, Edgar Allan 210 ff.
Poincaré, Raymond 262
Polgar, Alfred 36, 129, 195, 197, 203–206, 238
Polgar, Elise 204
Potocki, Andreas Graf 65
Princip, Gavrilo 157
Pringsheim, Alfred 109
Proust, Marcel 44, 298

Q

Qualtinger, Helmut 463
Querido, Emanuel 420 f., 427, 430 f.

R

Raabe, Wilhelm 44
Rabelais, François 44
Radek, Karl 368
Radetzky von Radetz, Joseph Wenzel Graf 62
Rares, Sybil 379
Rathenau, Walther 260 f.
Regler, Gustav 241
Reichler, Friederike siehe Roth, Friederike (Friedl)
Reichler, Selig (Siegmund) 221, 259
Reich-Ranicki, Marcel 42, 216, 364
Reifenberg, Benno 36, 38 f., 50, 52, 125 f., 152, 192, 208, 217, 220, 227, 245, 274, 276–284, 287, 308–316, 322, 327, 335 ff., 339, 347 ff., 351–354, 356 f., 379
Reifenberg, Maryla 279, 282, 310
Reiling, Netty siehe Seghers, Anna
Reimann, Hans 272
Reimer, Georg Andreas 35
Reinhardt, Max 235, 408
Remarque, Erich Maria 42, 168, 212, 238, 289, 440
Rembrandt van Rijn 447
Reusch, Paul 354
Rilke, Rainer Maria 143, 169
Rimbaud, Arthur 212
Ringelnatz, Joachim 252
Rolland, Romain 263
Rosenberg, Alfred 414, 465
Roth, Friederike (Friedl) geb. Reichler 34, 194, 198, 220–225, 227–234, 247 f., 258 f., 264, 266, 279, 288, 291, 308 f., 315, 322, 326 f., 333 f., 346, 373, 379, 406, 411, 424, 445

Roth, Leon 142
Roth, Maria (Mania) geb. Grübel 95–98, 100, 103 f., 135, 258
Roth, Nachum 96 f.
Rousseau, Jean-Jacques 74
Rowohlt, Ernst 252, 338, 357
Rudolf, Kronprinz von Österreich-Ungarn 132

S
Sacher-Masoch, Leopold von 60, 62, 70, 79
Sahl, Hans 481
Salomon, Ernst von 261
Schaaf, Johannes 478
Schacherl, Max 231 f.
Schamir, Jitzchak 84
Schapiro, David 116
Schenk, Josef Freiherr von 124
Schickele, René 282, 297, 338, 401, 415, 421, 424, 437, 440, 463
Schiele, Egon 130
Schiller, Friedrich 109 f., 235
Schleicher, Kurt von 283
Schlier, Paula 338
Schnitzler, Arthur 44, 53, 66, 101 f., 119–122, 129–132, 135 f., 154, 158, 182, 205, 321, 384
Schöller, Wilfried F. 216
Schönberg, Arnold 109, 130 f., 286
Schönerer, Georg von 76
Schreker, Franz 131
Schröder, Rudolf Alexander 152
Schubert, Franz 109
Schuhmeier, Franz 129
Schulz, Bruno 60, 110
Schulze, Hugo 192
Schumann, Robert 109
Schuschnigg, Kurt von 415, 463 f., 466

Schwarzschild, Leopold 238, 407
Seelig, Carl 31, 440
Seghers, Anna (Reiling, Netty) 241, 274, 357, 405, 415, 420, 440
Seipel, Ignaz 186
Semper, Gottfried 130
Seyß-Inquart, Arthur 163
Shakespeare, William 108 f., 215, 235
Shaw, George Bernard 216, 235
Sieburg, Friedrich 274, 313–316
Simenon, Georges 212, 216
Simon, Heinrich 115, 276 f., 281 ff., 287, 314, 350, 352
Simon, Kurt 276
Singer, Isaak Bashevis 86
Sonnemann, Leopold 275 f.
Spengler, Oswald 419
Sperber, Manès 60, 82, 364, 368
Spiel, Hilde 400
Spira, Bil 470
Stalin, Josef 61, 71, 325, 328, 368, 415, 418
Stampfer, Friedrich 268
Starhemberg, Ernst Rüdiger 414
Stein, Charlotte von 482
Stein, Gertrude 168
Steinbeck, John 212
Steinrück, Albert 236
Stendhal 310, 363, 383
Sternberger, Dolf 284
Sternheim, Carl 338
Stinnes, Hugo 263
Strauss, Arnold 453
Strauß, Johann (der Ältere) 62
Strawinsky, Igor 252
Stresemann, Gustav 263, 354
Strindberg, August 232
Strobel, Heinrich 253

Sültemeyer, Ingeborg 296
Szajnocha-Schenk, Helene von 124 ff., 259, 291, 347, 453

T

Tal, Ernst Peter 297
Tarabas, Nikolaus 44
Tau, Max 245, 247
Thackeray, William Makepeace 44
Thelen, Albert Vigoleis (Fabrizius, Leopold) 430, 444
Thimig, Helene 236
Thompson, Dorothy 481
Titus, Kaiser 33
Toller, Ernst 19, 110, 130, 241, 265, 273, 329 f., 380, 410, 450, 483
Tolstoi, Lew Nikolajewitsch 44, 172, 213, 383
Torberg, Friedrich 206, 274
Trautmannsdorff, Gräfin 137
Trotzki, Leo 189, 328, 368
Tschuppik, Karl 138, 195 ff., 264
Tschuppik, Tanja 264
Tschuppik, Walter 264
Tucholsky, Kurt (alias Ignaz Wrobel alias Theobald Tiger alias Peter Panter) 26, 36, 136, 203, 236 ff., 260, 272, 297, 386
Turgot, Anne Robert Jacques 74

U

Unruh, Fritz von 238
Urzidil, Johannes 253, 264

V

Vaugoin, Carl 414
Verlaine, Paul 54
Viertel, Berthold 87
Viertel, Salka 87
Villon, François 54
Voltaire 74, 331
Vos, C. J. 426

W

Wagner, Richard 95, 102 f., 109, 130, 183, 200, 251, 286
Waldoff, Claire 236
Walewska, Maria 411
Walser, Robert 31
Walter, Bruno 236, 408
Walter, Hans-Albert 51, 434
Wand, Klara 229
Wassermann, Jakob 23, 410
Webern, Anton von 130
Wedekind, Frank 235
Weill, Kurt 109, 236, 252
Weininger, Otto 206 f.
Weiskopf, Franz Carl 354, 483
Weiß, Ernst 253, 405, 410
Weltsch, Lise 128
Werfel, Franz 14, 53, 76, 154, 195, 206, 338 f., 408, 410, 466
Wicki, Bernhard 296, 463
Wieland, Christoph Martin 109
Wiesner, Friedrich Ritter von 466
Wilde, Oskar 179, 212
Wilder, Billy 258
Wilhelm II., Kaiser 158, 200
Williams, Tennessee 212
Winder, Ludwig 36
Winkler, Franz 414
Wirth, Joseph 260
Witsch, Joseph Caspar 389
Wittlin, Józef 52, 125, 138, 142–145, 152 f., 160 ff., 164, 176, 298, 333, 462
Wolfe, Thomas 210, 212
Wolff, Helen 339
Wolff, Kurt 337 ff., 344, 357

Wolff, Theodor 203, 238, 252
Wollheim, Ernst 227 f.
Wüllner, Ludwig 140

Z

Zemlinsky, Alexander 131
Zille, Heinrich 270
Zola, Émile 41
Zsolnay, Paul 339
Zuckmayer, Carl 53, 235, 258
Zweig, Arnold 18, 23, 54 f., 86, 125 f., 130, 168, 239, 338, 357, 408, 410, 420, 439 f.
Zweig, Friderike 52, 125, 128, 188, 231 f., 385, 412, 437, 484
Zweig, Stefan 12 ff., 16, 18, 22, 24, 29 ff., 35, 50 f., 55, 66, 109, 129, 131, 154, 166, 169, 186 ff., 205, 208 f., 214 f., 229, 234, 239, 263, 291, 343, 351 f., 359 f., 365, 370, 377, 382–385, 387 f., 390 f., 402, 406, 408, 410, 412 ff., 419 ff., 425, 429 f., 438 f., 441, 445 f., 450 f., 457, 463, 469 f., 480